青藏铁路冻土环境和冻土工程

穿越 "十二五"国家重点图书出版规划项目

冻 土 工 程 研 究 与 实 践

热棒工程

郭宏新 马巍 熊治文 著

张鲁新 主审

人民交通出版社股份有限公司
China Communications Press Co.,Ltd.

内 容 提 要

本书是国内首部系统论述热棒工程相关理论与实践应用的专著。主要内容有从传热基础理论出发剖析了热棒这种特殊传热元件的工作机理、影响因子和分类特征，基于工艺保证理论论述了热棒制作的关键技术和保证工艺，应用冻土工程学的"冷却地基"理论试验研究和论证了热棒降低地基土体温度、冷却地基土体的特殊作用，进而从工程安全可靠度理论的视角论述了热棒在寒区工程中节能高效的换热效果及对工程稳定性的长期效果。

本书内容丰富，涵盖理论、试验、工程的诸多方面，可供相关工程技术人员参考，亦可作为寒区工程岩土工程等专业的研究生教学教材。

图书在版编目（CIP）数据

热棒工程／郭宏新，马巍，熊治文著. —北京：人民交通出版社股份有限公司，2016.1

ISBN 978-7-114-12235-4

Ⅰ.①热… Ⅱ.①郭… ②马… ③熊… Ⅲ.①铁路路基－冻土地基－路基工程 Ⅳ.①U213.1

中国版本图书馆 CIP 数据核字（2015）第 101703 号

书　　名： 热棒工程
著 作 者： 郭宏新　马　巍　熊治文
责任编辑： 王　霞　陈力维
出版发行： 人民交通出版社股份有限公司
地　　址： （100011）北京市朝阳区安定门外外馆斜街 3 号
网　　址： http://www.ccpress.com.cn
销售电话： （010）59757973
总 经 销： 人民交通出版社股份有限公司发行部
经　　销： 各地新华书店
印　　刷： 北京盛通印刷股份有限公司
开　　本： 787 × 1092　1/16
印　　张： 26.5
字　　数： 610 千
版　　次： 2016 年 1 月　第 1 版
印　　次： 2016 年 1 月　第 1 次印刷
书　　号： ISBN 978-7-114-12235-4
定　　价： 98.00 元

“热棒工程”作者简介

郭宏新

男，1963 年生，工学博士、教授，享受国务院政府津贴专家，“万人计划”高层次人才。曾任南京工业大学热管技术研究院副院长，科技部国家热管推广中心副主任，现任新加坡上市公司江苏中圣集团董事长，中科院南京冻土工程中心主任。承担完成数项国家火炬计划和国家科技支撑计划的项目，获得数十项国家专利，获数项省部级科技进步一等奖和其他奖项，作为“全国交通工程设施标准化技术委员会热棒工作组”组长，牵头和主持制定的《热棒》标准获国家标准创新贡献奖。

马巍

男，1963 年生，博士，研究员，博士生导师，从事多年冻土力学与冻土工程研究工作。现任中国科学院寒区旱区环境与工程研究所所长、冻土工程国家重点实验室主任。曾经主持、参与、完成包括“青藏铁路”在内的国家和省部级科技成果奖 15 项，现为国家“973 项目”首席科学家、国家基金委创新群体学术带头人，优秀国家重点实验基金项目负责人。作为中国科学院知识创新重大工程重大项目“青藏铁路工程与多年冻土相互作用及其环境效应”首席科学家，为青藏铁路多年冻土筑路技术提供了坚实的科学基础；作为“973 项目”的首席科学家，在为我国冻土区重大工程建设、设计提供理论基础的同时，其学术成果促进了我国寒区工程及相关学科的发展。

熊治文

男，1968 年生，工学博士，研究生导师，教授级高工，中铁西北科学研究院有限公司副总经理、总工程师，茅以升铁道科学技术奖获得者。现任甘肃省岩石力学与工程学会秘书长、青海省环境与冻土工程重点实验室主任。主要从事冻土及其他特殊土地区铁路、公路、输油管道、输电线路等工程修筑技术和病害治理方面的科学研究、技术服务等工作。先后主持科研课题 18 项，解决多项特殊土地区工程建设、维修养护技术难题，获国家科技进步二等奖 1 项、省部级科技进步奖 11 项；获国家专利 13 项，其中发明专利 5 项。发表论文 20 余篇，合作著有《青藏铁路冻土环境和冻土工程》学术专著 1 部，参编国家技术标准两部。

张鲁新

男，1947年生，教授、博士生导师，我国著名冻土工程专家，中铁西北科学研究院研究员、专家委员会专家。青藏铁路建设期间担任青藏铁路建设总指挥部专家咨询组组长，为青藏铁路建设作出突出贡献，作为主要人员获得国家科技进步特等奖，并获得全国火车头奖章和全国五一劳动奖章。研究经历和研究成果曾经在中央电视台多个专题节目介绍和海内外新闻媒体多次详细报道，具有广泛社会影响。

他毕生从事我国寒区工程的科学研究工作和工程技术工作，主持多项重大研究课题，研究成果为青藏铁路、哈大高速铁路建设提供了重要的技术咨询和技术支撑，在中铁西北科学研究院、兰州大学、北京交通大学和中国科学院冻土工程国家重点实验室担任教授和博士生导师期间，为寒区工程建设和科学研究单位培养数十名博士研究生，研究成果获得铁道部、教育部科技进步一等奖各一项。2011年出版专著《青藏铁路冻土环境与冻土工程》，该书2014年获得中国政府专项图书奖和原创奖。

Preface
前　言

岩土工程问题多是研究荷载作用下工程本体和工程基础的变形和强度问题，一般地区岩土条件下，影响工程本体和工程基础变形和强度的主要因素主要是地基土体的岩性和水分。寒区工程的变形和强度由于岩土中水的相变转换而呈现剧烈波动，因此相变产生的土体温度就成为地基土体变形和强度的关键性也是特殊性的影响因素。

寒区工程变形和强度问题由于温度的介入和影响，演变为热学过程主导的力学问题，解决这类工程问题则需要从传热学的基本概念和基本现象入手，以控制传热过程为基础，最终以力学问题的研究和解决为最终目标。

寒区工程建设面临的主要工程问题最终可以归结为两类，即多年冻土地区以融化过程主导的工程稳定和变形问题，季节冻土地区以冻结过程主导的工程稳定和变形问题。前者工程变形以融沉变形为主，后者工程变形则以冻胀变形为主。

目前解决多年冻土地区的融沉问题主要是以"冷却地基"的思路提出的工程设计理论和工程措施，解决季节冻土区的冻胀问题主要是以"控制水分"为核心思路提出的一系列防冻胀工程设计理论和工程措施。但是从工程问题的本质分析，寒区工程的主要问题还是传热过程控制的工程变形问题，因此解决这些问题的具体方法还是离不开对传热过程的诱导和控制，除了多年冻土地区"冷却地基"的思路以外，作者认为"加热地基"的思路也可以在解决季节冻胀问题的过程中推广和应用。

热棒就是控制工程本体传热过程影响的一种特殊工程构件，就其传热特点和传热过程而言热棒是一种无源热虹吸管，它是一种高效传热元件。这种管状金属传热元件，由于青藏铁路冻土工程中热棒的广泛应用而受到诸多关注，也把国内热棒研究和应用技术提高到新的理论和实践水平。

热棒工程是指热棒技术与工程紧密结合和大规模应用的工程结构形式。热棒工程的概念是从青藏铁路冻土区工程建设开始提出的，随着我国冻土学界提出以"冷却地基"的思路修建青藏铁路，以散热导冷为主要机理和功能的热棒开始发挥独特的作用，随后在青藏公路改建工程、青藏铁路运营期工程补强工程、青海省柴达木地方铁路冻土区工程和青藏铁路输变电塔基工程建设中陆续扩大了其应用范围，热棒工程逐渐显示了它的生命力和卓越的工程效果。近期对我国热棒工程的应用状态调研证明了热棒技术及其相关理论与实践的成功，也促使我们进一步思考关于热棒技术和热棒工程应用的深层次问题，这些对提高我国寒区工程建设水平具有重要的意义。

本书是业内第一部关于热棒这种特殊传热元件，热棒工程这种冷却地基的工程措施的全面详细的论著。作者及其所供事单位都是我国冻土区工程理论研究和应用技术研究的开拓单位和参加单位，也是包括青藏铁路在内的其他冻土区重要工程研究和建设的亲历者。

本书的作者长期从事工程用传热元件的研究和生产工作，多年来致力于青藏铁路、青藏公路等国内重要工程热棒技术的应用研究和工程实践，主持研究和制定了我国第一部热棒技术国家标准。近年来继多年冻土地区热棒技术的成功应用后，在季节冻土区也正在拓展热棒技术应用的另一条途径，为我国寒区工程建设普遍存在的季节冻胀问题提供了新的解决思路和方法。

本书是作者对长期研究和生产实践成果的梳理、探索和总结，也是对国内外冻土工程、热棒生产应用领域专家、学者和工程技术人员已有成果和经验的学习和借鉴，对涉及热棒技术的一些关键专用词汇及其物理含义、工程意义等，由作者第一次给出了论述和定义，并在本书和作者主持、参与、编写、制定的规范和标准中都有所体现。这些对热棒的标准化生产，热棒工程的科学应用，对冻土区工程设计、施工和既有工程病害整治，都具有一定借鉴和指导意义。

本书的写作得到了中铁西北科学研究院张鲁新教授的具体指导和帮助，作为我们的师长张鲁新教授对全书构架、章节内容、数据分析付出了辛勤的劳动，逐字逐句的推敲和修改印证了对我们一贯的无私帮助，使我们受益匪浅，仅用感谢不能表达我们的心情。

写作过程中中国科学院南京冻土工程中心、中国科学院寒区旱区环境与工程研究所冻土工程国家重点实验室、中铁西北科学研究院、江苏中圣高科技产业有限公司等许多同仁也提供了密切的合作和具体的支持，对此表示衷心的谢意。

由于编写材料繁多、编写时间有限，本书中的疏漏和不当之处在所难免，恳请广大专家和读者不吝指正。

作者

2014 年 10 月

Contents

目　录

第1章 绪论

热棒是两相闭式热虹吸管(Two-Phase Closed Thermosyphon)的工程应用的称谓,是冻土区广泛使用的一种传热元件。热棒原来在传热元件制造界被称为低温热管,冻土工程界一般在非承载应用时称之为热棒,在承载应用时则称之为热桩。国家技术标准制定后,定名为热棒。

与普通热虹吸管所不同的是,这种热棒内没有吸液芯,冷凝液从冷凝段返回到蒸发段不是靠吸液芯所产生的毛细力,而是靠冷凝液自身的重力。因此这种热虹吸管的工作具有一定的方向性,蒸发段必须置于冷凝段的下方,这样才能使冷凝后的液体工质靠自身重力得以返回到蒸发段。但是在更复杂的工程条件下,热棒的埋设方法受到限制,需要通过管芯来帮助液体从冷凝段返回到蒸发段,因这种管子无法依赖于重力开启工作。

热棒工程指在冻土区设置热棒的工程结构物。如,路基不同部位(路肩、边坡、护道、坡脚、排水沟等)设置热棒;桥梁墩台周围设置热棒;涵洞进出口设置热棒;房屋基础周围设置热棒;输油管道支撑和输变电塔基设置热棒等。设置热棒以后的工程结构物综合系统称为热棒工程。

热棒工程的研究对象,包括热棒和工程结构物两个主要工程单元。这两个工程单元都置身于寒区环境和冻土环境下,因此热棒工程的研究内容应该包括:

①寒区环境和冻土环境条件及其对热棒传热过程、传热效果的影响;

②热棒置身于寒区环境和冻土环境下的工程效果;

③工程结构物在热棒影响下工程稳定性变化;

④为更好发挥热棒的工程效果对热棒自身结构的工艺技术改进等。

人们对热棒和热棒工程的认识和深化是随着寒区工程建设的发展而不断延伸和变化的。尤其是在当今全球性气温变化向着升温方向发展的趋势日益明显的情况下,被动的应对气温变化对寒区工程的影响已经被实践证明了其局限性,而用“冷却地基”的思想,主动应对气温升高对寒区工程热稳定性带来的巨大影响,逐渐成为寒区工程界的共识。热棒作为“冷却地基”的首选措施越来越广泛的应用在寒区工程中,热棒工程也逐渐成为一种特殊的综合工程结构物在寒区工程建设中发挥着特殊的作用。

人们对冻土和冻土环境变化影响冻土工程结构物的工程表现和热学本质的研究和试验结果,更加深了对热棒和热棒工程的这种特殊作用的认识。

地球上寒区面积约占陆地面积的50%,寒区主要指分布多年冻土、季节冻土和瞬时冻土的区域。在我国,多年冻土与季节性冻土区域的面积占国土总面积的60%以上,其中多年冻土区域面积占国土面积的22.4%。这些地区的工程建设不可避免地遇到越来越多的寒区工程问题。已经通车的青藏铁路和哈尔滨到大连的高速铁路的研究和建设实践,证明寒区工程稳定性问题是多年冻土地区和季节冻土地区工程建设的主要技术难题。

多年冻土地区工程问题集中体现在土体融沉引起的工程变形,季节冻土区工程问题集中体现在土体冻胀引起的工程变形,这些工程变形问题都是影响寒区工程结构物正常使用的主要问题。热棒和热棒工程主要解决的是多年冻土地区的融沉造成的工程变形问题。

青藏铁路建设开始前的几十年研究积累,为解决多年冻土区的工程问题奠定了坚实的技术基础,青藏铁路建设初期工程实体试验研究为解决冻土工程问题做出卓有成效的拓展和深化,这些研究和实践都证明:从传热理论基础来讲,调控辐射、调控对流和调控传导,均可有效地调控地基土体的温度场,最终达到工程建筑物的变形稳定。

冻结和融化过程对冻土工程的影响以及冻土在温度变化时对冻土工程的影响都是热学过程的力学表现,控制这种过程使冻土工程保持稳定状态,是冻土工程技术的核心。

热学过程的控制主要应该通过传热媒介进行。热棒作为一种高效传热元件,在控制这种热学过程中具有无可替代的作用。热棒技术成为调控热传导的一种重要技术,它利用和采集自然能,在工作季节降低土体温度,提高土体的热惰性,减缓气温变化对未来冻土路基冻融变形的影响,避免建筑物地基出现灾难性破坏。热棒技术还可以预防建筑物可能发生的冻土融沉病害。

这种能够利用自然能源又不破坏既有建筑物地基基础原有状态的热棒技术,已经成为冻土区保证工程稳定性的重要手段。对于已经建成的冻土工程的补强和病害预防整治工作,热棒技术更是具有不可替代的优势。

多年冻土地区面临的主要技术问题是气温变化导致的多年冻土温度变化,使冻土热稳定性及冻土工程力学稳定性发生变化,这些变化主要表现在以下几个方面:

①多年冻土上限(最大季节融化深度)变化导致发生冻融变化过程的土体厚度改变;

②多年冻土上限附近的地下冰融化,导致附加融化下沉并引发一些次生冻融灾害;

③冻土负温值变化决定冻土强度,因而也是决定冻土用作建筑物地基时的承载力能否满足要求的关键因素,多年冻土地温升高,改变了多年冻土热稳定性,也改变了地基土体承载力。

热棒技术对传热过程和传热效果的调控和影响,最终改变了建筑物地基土体的力学性质,改善了其工程稳定性,这种功效集中表现在:

①在多年冻土区,热棒降低土体温度,增加土体冷量储备,增加了土体的热惰性,减缓多年冻土上限的变化甚至使多年冻土上限抬升,土体温度的降低还改善了土体力学性质,在抑制工程变形发展的同时,还可以提高土体力学强度;

②在季节冻土区饱和土壤中埋置热棒后,土体冻结过程由自上而下的单向冻结改为垂直和水平方向的多向冻结,从而抑制了冰透镜体生成,对季节冻胀起到抑制作用。

综上所述,热棒工程包括热棒和工程两大基础部分,研究和应用应该从热棒自身传热基础理论和工艺制作技术、工程应用基础技术两个方面进行。

基于以上的基本认识,以往国内外科学技术人员对热棒和热棒工程的研究的展开与深化可以概括为以下几个方面:

①热棒传热机理和传热效率、传热效果影响因素的基础理论研究;

②热棒应用环境对热棒工程状态影响途径和影响方式的应用基础研究;

③热棒解决冻土工程问题的应用性研究。

由于研究环境和研究条件以及工程应用条件的差异和局限,目前国内外既有的研究工作单方面深化研究的报道较多,系统性、综合性研究工作的报道鲜有出现。

1.1 热棒工作机理基础性研究

早在1942年,美国发电机工程师Gaugler就曾提出热棒的原理。1964年,美国Los Alamos科学实验室的Grover等人独立地推出了类似Gaugler提出的一种器件,取名为热棒。美国科学家做了第一批试验,证明了热棒高效的传热能力,此后在业界引起了广泛关注,德国、意大利、荷兰、英国、苏联、法国及日本等均开展了大量的研究工作。

加拿大在20世纪60年代后期,向美国购买了热棒专利,开展热棒技术应用研究,并于70年代成立了加拿大北极基础有限公司,向加拿大北极多年冻土区提供热棒及相关技术服务。

苏联在20世纪60年代初期曾由C. Taneeb提出过热传导桩的概念,当时的列宁格勒铁路运输设计院,曾用煤油做工质,设计了单相单管和单相多管热传输系统。20世纪70年代,开展了两相热传输技术研究。

1.1.1 热棒结构参数和热传输性能的研究

Andros和Frank Edward(1980)通过可视化的试验研究,观察并解释了热棒的热传输特征是由以下条件决定:

①温度和不同液体填充数量;

②热传输速率;

③冷凝器温度;

④蒸发段与冷凝段长度之比。

研究发现随着液体填充量急速增加到31%,热传输极限迅速增加;而对于更大的填充量,传输极限不依赖于热棒中流体的数量。

Li H,Akbarzadeh A和Johnson P(1991)以水为工质研究了在蒸发器和冷凝器之间具有最小的温度差时热棒的稳态热传输性能,给出了需要启动和维持低温热棒沸腾的最小温差。

Vincent Charles C J等(1992)研究了在瞬态运行时两相封闭回路热棒的整体性能。使用一维方程描述了热棒系统蒸汽运动与液相变化,发现蒸汽-液体的密度之比、无量纲的摩擦系数以及水柱的长度能分别决定热棒的总体动力行为特征。

Lock G S H和Fu Jialin(1992)研究了工质为水的蒸发条件下直角热棒的传热性能。研究考虑了两种情况——垂直冷凝器(下面是水平蒸发器)和垂直蒸发器(上面是水平冷凝器),给出了热传输数据并对两种情况进行比较。

Zuo Z J和Gunnerson F S(1994,1995)研究了热棒的运行温度、几何尺寸、工质数量以及冷凝器散热性能的参数。通过水为工质的模型试验,研究了尺寸减小对两相热棒稳态热传输行为的影响。研究考虑了干涸、临界热流量和溢出极限等对热棒性能的限制,使用的热棒直径从大约 3mm 到 37mm，长度 80 ~ 1200mm。研究认为随着热棒变小，热振荡发生的幅度就越大，热传输的能力和效率就会显著地降低。

Farsi Hichem 和 Joly Jean Louis 等(2003)进行了两相封闭热棒瞬态温度场的试验和理论研究，建立数学模型来获得系统随时间变化的分析表达式，发现不同参数的反应时间依赖于热棒的几何尺寸和热传输规律。

1.1.2 热棒埋置倾斜角度研究

传统的热棒，一般要求顶部到底部至少具有一定倾斜度，以保证冷凝后液体通过重力作用回流到热棒底部，倾斜角度随着蒸发器直径的变化而变化。对于 50mm 直径的热棒典型的倾斜度是 5%；75mm 直径的热棒为 3%；100mm 直径的热棒为 2%。

美国进行了许多计算倾斜热棒的研究，这些研究模拟了热棒的瞬态运行，瞬态热棒建模的难度非常大，特别是冻结启动问题。

T Payakaruk 和 P Terdtoon(2000)研究了无量纲的参数(Bond 数、弗鲁德数、Weber 数和 Kutateladze 数)对倾斜热棒热阻之上的热传输速率的影响。

G S H Lock 和 J D Kirchner(2003)通过试验研究了低雷诺数下倾斜封闭热棒的特征，给出了加热段和冷凝段长度相同的热棒的热传输数据并且讨论了内部流的概念模型。

Gholami M M(2003)通过试验研究了封闭两相热棒的倾斜角度对热传输行为的影响。试验使用水为工质的垂直和倾斜碳钢管。试验表明，热棒中最大的热流量依赖于倾斜角度，在倾斜角度为 70° ~90°时热流量最大值为 230W。同时，发现热棒有效的热传导系数在很大程度上依赖于倾斜角度和热流率，因此倾斜角度越大，热流率越大，有效的热传导也就越高。冷却区的冷凝具有最大的传输阻抗。加热区沸腾时的热传输根据倾斜角度的不同也有较大的局部差别。

工程应用中的地基系统几何形态有可能限制了热棒的倾斜角度，最近又开发出了一种新的热棒系统，允许热棒的冷凝器安装时不要倾斜角度，即所谓水平放置的热棒。

水平热棒是使用气-液对流热传输系统的倾斜热棒的特例。水平系统的差别在于冷凝器通过蒸发器进行循环的方式不同。水平系统的一端连接散热器/冷凝器，另外一端连接冷凝物收集器的底部。当冷凝器中的冷凝物冷却成为液体，通过重力降落到冷凝物收集器中(实际上是一个液体冷凝剂的存储器)，这个收集器保持液体冷凝物的垂直下落，迫使液体冷凝物进入到蒸发器的循环中。液体冷凝物从土体吸收热量，然后通过蒸发器回路中压力差的作用汽化，在冷凝器中形成环流。这一过程使得冷凝剂通过蒸发器回路从液体收集器到冷凝器形成回流，冷凝物和蒸气始终在一个方向流动从而使得热棒壁一直保持湿润状态。

1.1.3 热棒流体性能和传热过程模拟试验研究

Bernier M A 和 Baliga B R(1992)研究了具有垂直蒸发段的封闭热棒一维/二维模型，模型考虑了混合对流效果和绝缘部分的热损失(热收益)，将提出的一维/二维模型与补充的试验进行了对比。

Harley(1994)开发了一个瞬态的两维热棒模型，该模型考虑了管壁和下落的冷凝物之间的热耦合。

Zuo Z J 和 Gunnerson F S(1994,1995)使用热力学第一定律建立了两相封闭热棒的数值模型,模型能够进行热棒的优化研究和设计。他们的模型中包含了之前研究所忽略的液膜运动时水平对流形成的轴向应力,并且发现该轴向应力对热棒的性能有很大的影响。该研究使用了数值技术来解非线性控制方程和边界条件。

Li Xiulun 和 Wen Jiaping 等(1996)通过在热棒中插入两个内置管设计了一种新型的两相封闭热棒,并基于 Saliman 冷凝热传输模型来建立狭长区域环形冷凝热传输的数学模型。

REED Jeffrey 和 Gordon(2002)研究了两相封闭热棒的分析模型,建立了蒸气和液膜在热棒的不同部分流动时的质量、动量和能量平衡的控制量方程。该模型对于预测系统的运行特征、系统运行时的溢出和干涸很有效。

Hangying Hu 和 Cunzhen Wu(2003)研究了相变和热棒结合的热传输问题,提出了高温相变介质冻结时两相封闭热棒的组合热传输模型。

Bayley&Lock(1965)基于加热端和冷凝端之间的温度差假定液体流可以被分为较大温差、小温差和适度温差三大类。

Japikse(1973)描述了从填充空气的圆形热棒的横断面看到的流体,但没有给出在横断面和热棒整个区域的具体流体形式。

Mallinson 等(1981)对没有绝缘段的封闭方形热棒自然对流引起的三维流和热传输进行了数值和试验研究,并且报道了流场和温度场的详细情况。

Chen Shyh-jou(1984)观察了考虑翻转蒸气流的重力无芯热棒的返回流的冷凝流动现象以及系统的运行限制。发现采用 Nusselt 数不能满意地解释观察到液膜冷凝的现象,蒸气剪切滞后冷凝物的流动从而增加了液膜的厚度,摩擦因子成为相变期间扩大剪切边界的因素,而出现在界面上的波可以增加热传输效率。

Lavine Adrienne Gail(1984)通过环形热棒的试验表明在稳态流的条件下,轴向速度和温度不是对称的,断面流的速率不是0,区域存在逆流。简单的一维/二维分析数据不能够解释这些现象,研究给出对于两个控制参数(Grashof 数和倾斜角度)不同值的结果,证明流体的翻转对于管壁摩擦和浮力有很大的影响,最终对轴向速度也有影响,从而认为没有考虑翻转流的简化分析实际上是错误的。

S S Leong 研究了封闭热棒中的自然对流,给出了封闭式热棒浮力驱动流的三维数值方程的解法。

Yerkes(1990)研究了航空旋转热棒热控制应用。

Peterson(1991)研究了热棒的携带极限以及装有气体返回流热棒中流体的不稳定性。

Niro Alfonso 和 Beretta Gian Paolo(1992)通过试验研究了两相封闭热棒蒸发器中液-气混合物填充量的简化理论模型,得出混合物的密度与蒸气的流动速率相关联的结论,并给出了混合物容量、液体的注入量和能量输入之间的关系式。

Monde Masanori 等(1993)研究了有逆向环流液膜和蒸气流的两相热棒的极限热流量。研究使用一个方程控制液膜的流动,其他方程控制热棒质量和能量平衡。研究认为当液体补充给热棒时极限热流发生。

Randy Clarksean(1993)通过试验研究了热棒中的自然对流。加利福尼亚伯克利大学的 Fox(1993)使用已烷-戊烷与已烷-R11 的混合物观察了热棒中的热质传输,建立了这些热棒中的热传输与两种混合物之间的关系。

Zhou X 和 Collions R E(1995)对包含不可压缩气体的两相逆流热棒接触区进行了模型试验,发现在高能量条件下,接触区蒸气-液体边界是不稳定的,接触区的质量传输很大程度上受到该区域对流的影响。

A C KEARY 和 R J BOWEN(1998)研究了自然对流对于低温热棒冻结的影响。Ángela Jiménez 等(2001)进行了包含 Soret 效应的封闭热棒的数值分析,考虑以温度为变量的温度传输效果来获得热棒的通用模型。

Ishihara 等(2002),以一个垂直壁作为热传输表面的垂直方块,通过数值方法和试验揭示了液体流和热传输特征以及热棒的自然对流和温度特征,发现它们和直径与热棒长度的比率、热传输表面的温度差以及工质的普朗特数有关。X Zhou 和 R E Collins 研究了两相翻转流热棒中蒸气冷凝热传输的度量方法。

近十年来,国外冻土工程技术界还关注了对热棒结构中若干技术问题,如:

①当流体是空气时,在层流条件下鳍齿管流动和摩擦特征的试验和数值研究中,分析了雷诺数、长度/半径的比率、内外管面积之比的影响;

②对大倾角甚至垂直方位的两相热虹吸管传热极限,即干涸限、沸腾限和淹没现象研究,理论分析推导了垂直放置的无芯重力热棒的相应于干涸限的最佳充灌量计算方法,得到干涸限 Q_{max} 与工质充入量 m 的关系;

③对热棒管内流动的淹没现象提出了经验公式来计算开始出现淹没现象时的热流量等。

以上理论和试验研究对热棒自身结构参数的确定和优化提供了理论支持,并具有一定技术指导作用。

1.2 热棒工程应用基础技术研究

热棒自身性能研究是工程应用的前提条件,而热棒应用在冻土工程中成为热棒工程,需要在以下几个方面进行基础性和系统性研究:

①热棒和土体之间传热系统研究;

②热棒应用类型和热棒工程形式研究;

③热棒工程规模化实体工程研究。

1.2.1 热棒-土体耦合传热系统研究

在热棒应用于寒区工程用以保护多年冻土的研究过程中,不同国家的学者和工程技术人员从不同角度,对大气-热棒-土体这一热交换系统进行了深入的多层次的研究,在热棒工程不同应用领域得到了卓有成效的研究成果。这些研究成果体现在以下几个方面。

20 世纪 70 年代开始进行的热棒在多年冻土地基中应用的评估和试验研究以及单相和两相热棒的试验观测工作由 Bayley 和 Lock(1965)、Jahns(1973)、Japikse(1973)、Galate(1974)、Reid 和 Tennant(1974)、Glover(1975)、Feldman 和 Munje(1979)完成。

20 世纪 80 年代陆续得出了在不考虑冰边界处水的对流时,通过水和冰的热敏感性的准静态分析方法。利用热阻模型对冻结土体中热棒蒸发器传热过程的研究分析由 Haynes 和 Zarling(1983)给出。模型热棒试验发现:使用水平蒸发器热传导率有明显的降低,蒸发段有“干涸”(冷凝物在蒸发之前不能到达管的底部)现象,这一现象在使用不同蒸发段倾斜角度(0°~12°)的热棒实体试验中得到证实(Lee 和 Bedrossian、Negishi 和 Sawada、Haynes 和 Zarling,1983—1988 年)。

20 世纪 90 年代的工作证明:低温热棒在季节冻结土体的应用是消除冻胀影响的有效技术,在热棒的作用下,土体冻结很快发生,通过限制水从非冻结区向冻结区的运动而消除冻胀(Hangfu Fan 和 Cunwu Wu 等,1995 年)。阿拉斯加应用热棒的实践及研究结果证明,当热棒的单位热传输率值为 1.6W/(m·℃)时,使用热棒技术对于保持多年冻土地区地基的稳定性是合理的。实体两相热棒在大气风洞试验研究,计算了热棒各个部件的热阻抗,发现通过土的热传导阻抗和从冷凝器鳍齿到空气的热传输具有密切关系。

1984 年,黑龙江低温建筑研究所刘鸿绪高级工程师率先在国内研究热棒的传输特性,但由于种种原因未能取得研究成果。2013 年开始,中交第一公路勘察设计研究院为青藏高速公路进行的前期研究课题,涉及了有关热棒传输性能及影响因素的试验研究和数值计算研究。

大气-热棒-土体热传输系统涉及的因素很多,状态变化复杂,因此数值模拟具有很大的难度。Haynes 和 Zarling(1988)通过带相变的两维非稳态热传导的计算机有限元程序分析认为,蒸发段最优的埋置位置为粗颗粒填土的底部,该程序允许指定不同的边界方程和描述年气温变化的周期方程。

F D Hayens 和 J P Zarling(1988)在热棒应用于多年冻土分层地基的设计中,使用有限元技术建模,认为填土中的融化深度随着热棒的导热率和绝热层的厚度的增加而减少。模拟显示:热棒蒸发器垂直于填土放置的效果更好。

Paterson Lincoin 和 Schlanger Harry P(1992)用一个冷却土体的热棒研究了封闭的热对流回路与周围土体的热耦合问题,按照热流来自独立的热源对应用于多孔介质的热棒进行了近似分析和数值模拟。研究得到,当 Rayleigh 数超过 1 的时,对流导致热源附近的土体温度降低。

Yau Y H(2001)使用 Microsoft Visual Basic 6.0 开发的程序模拟了基于热棒热交换的无芯热棒在自然通风建筑基础中的热性能,应用效力-热传输单元(NTU)方法和迭代的方法预测了热棒断面温度的分布、热性能及总体热传输效率。

俄罗斯 C·C· 维亚洛夫等对土体和热棒做了一系列的假设后用焓法对应用于多年冻土地区的热棒进行热物理计算,认为在考虑到土温和荷载随时间的变化的情况下,应用热棒能使基础尺寸减小若干倍。

潘阳和吴存真(2001)研究了饱和土中热棒的物理数学模型,建立了柱坐标系的连续方程、动量方程和能量方程,并通过 Simple 法用数值方法求解,代入我国东北地区地质与气象条件,将模拟值和实测值进行比较。

1.2.2 热棒-大气-土体系统传热影响因素研究

众多学者研究了热棒-大气-土体系统的传热影响因素,其中环境温度(土体温度和环境风速)是最为显著的影响因素,因此对这两种因素的研究相对深入和广泛。

(1)环境风速对热棒传热的影响研究

很多学者认识到环境风速对热棒传热的显著影响,已有研究得出热棒的导热率是风速和蒸发器倾斜角度的函数,并随着空气速度的增加成指数增加(G. S. H. Lock 等,1989)。

国外学者曾经研究利用人工风加速在热棒内产生强迫对流冻结地基土体,提出了诸如主动法、文氏管法、涡轮通风法以及涡轮-风扇法等不同控制强迫对流的方法,讨论了风驱动热棒空气流动速率变化时的流动损失和热传输率(应用于热棒管壁周边的冻结土体中)计算的详细过程。还有研究发现了热棒的几何形状和风速对冻结半径的影响。中铁西北科学研究院在1984年根据当时我国所采用的热棒散热条件器,得出蒸发器和冷凝器之间的温差与通过散热器的风速有关,热棒散热器的热扩散系数可以看作是风速的函数。

Haynes Frank Donald 和 Zarling John P 等(1992)在试验室中模拟热棒埋入土体的野外条件进行试验研究,试验中热棒蒸发段水平放置,具有鳍齿的冷凝端垂直放置,并且热棒具有一个可以将部分冷凝物返回到蒸发器底部的设备,研究得到了直接加在冷凝器表面的风速为0~2.4m/s的单位热传导率,并将这一热传导率值用在有限元分析中来验证多年冻土的设计。

Evans Austin Lewis(1985)通过对热棒保护多年冻土的试验研究,对速度和温度的观测数据证明,低频率、高振幅的摆动存在于整个流体场中,风的模拟表明夏天的空气受迫对流是一个值得注意的问题;研究结果显示翻转流发生的时候,周围的空气从桩的出口进入、入口离开,研究建立的理论模型用来分析影响翻转流的几个影响因素;模型给出了包括空气流过桩之前和启动条件下的传导和辐射的热传输控制微分方程的解法。

(2)环境温度对热棒传热的影响研究

俄罗斯研究学者斯洛耶夫进行了关于装有热棒装置的中、小型桥柱墩地基中预报不稳定温度场的理论研究。研究编制了计算装有冷却装置的物体温度场的专门算法;详细分析了适用于温度计算方法的前提条件;查明了与自然因子和结构因子有关的热棒装置的应用范围。该计算研究用三维问题数学模拟法完成。研究认为热棒装置在冷却桥墩地基中的应用范围主要受年平均气温 t_B 指标的限制。在 t_B 高于-5℃的地区应用冷却装置是不合适的;在 t_B 低于-5℃的低温区,冷却装置适用,尤其适用于存在融区带、高含冰量土等的复杂场合。

1999年的夏天,瑞典学者提出一个名为"亚北极气候中的热棒"的研究课题,用来研究在斯堪的那维亚和其他相似的亚北极气候条件下使用的热棒技术和环境温度之间的内在联系。研究详细记录了地温变化和气候数据,正如预想的一样,与自然地基相比,热棒地基获得了较大的冷量。

1.2.3 热棒应用类型研究

热棒应用类型的研究,随着寒区工程建设的进展以及不同工程类型提出的保护冻土的要求,深入开展并得到长足的进展。

(1)垂直热棒

冻土区的线形条带状工程,以铁路、公路路基为典型代表,为减少路基横断面上多年冻土人为上限的差异，最终达到减少路基横向变形差异的要求，使用的热棒是按照地表以上设置冷凝器部分，垂直安装在土体中的形式来设计的。随着对冻土研究的深入和冻土路基工程的需要，逐渐提出倾斜热棒和水平热棒系统的设想并成功进行了设计和施工。

青藏铁路和青海省柴木地方铁路，大量使用的热棒是一种垂直设置在土体中的热棒。按照热棒内工作温度划分，它属于低温热棒；按管壳与工作液体的组合结构方式划分，它属于氨-碳钢管。它在冻土中的作用像热二极管，在一个方向的热传导非常高（向上），另一个方向非常低（向下），是一种起到散热导冷作用的热棒。这种热棒实际上是管内没有吸液芯的热虹吸管，其结构相对简单、制造方便、成本低廉，并且传热性能优良、工作可靠。这种热棒是靠自身内部工作液体相变来实现热量交换和传热的。

这种低温热棒的优良工作特性表现在导热性能高、等温性能好、热流密度可变（热棒可以独立改变蒸发段或冷凝段的传热面积）、具有热二极管和热开关性能等热学特征上，更因为其工作过程无须外加动力源而符合节能环保要求。此外，工作过程无须日常维修养护、对不同工程环境具有广泛适应性，这种热棒在寒区工程已经广泛应用。

（2）水平热棒

水平热棒相对垂直热棒具有适应地形、节省空间、结构灵活等特点，因此水平热棒一直是多年来研究和应用的热点。

最早在1988年俄罗斯学者报道了水平热棒的研究情况，之后雅科夫维研制出了在水平蒸气液化冷却装置系统冷却的填土上的建筑物下面温度的计算方法。但是利用小直径（比其埋深小20~50倍）的热棒在计算中会产生麻烦，即双曲线函数公式中的自变量太大，使最终结果的准确性大大降低。为了简化公式，将这些函数分解为幂级数。

俄罗斯《地基基础和土力学》1995年发表文章讨论了用小直径水平冷却装置冷却的多年冻土温度的计算，提出用小直径（与埋深相比）水平蒸气液化冷却装置系统冷却的高填土建筑物下面温度场的有效计算方法。Yarmak Jr、Edward 和 Lon（2002）介绍了使用不同结构单元组合成为水平循环型热棒冷却地基的方法，这些不同结构单元的设计和使用及其多功能性，极大的优于倾斜整体型热棒，而且构造简化易于制作和安装。安装环境风速相同的地方，其传热性能优于一般热棒。

同时期，俄罗斯的学术期刊集中刊出了对混合式热棒、冷凝器埋置的热棒、水平蒸发器热棒、蒸发器活动的热棒应用前景的分析讨论文章。

俄罗斯学者曾经对不同类型热棒及其各个组成部分的作用进行了广泛研究，如1992年F D Hayens 和 J P Zarling 等使用垂直的空气冷却的冷凝器以及放置在水箱里的水平蒸发器进行试验，发现内部的冷凝物返回工具被用来将部分的冷凝物返回到蒸发器的最末端，从而提供高的热传输效率，这个传热率包括热传导的影响、热棒内的蒸发和冷凝、辐射以及发生在鳍齿表面的对流。

俄罗斯国家石油天然气科学研究设计院提出的热虹吸管，可使蒸发（受热）部分长度增至几百米。这种设施不仅可以铺设在建筑下面，还可以铺设在邻近地区，可保证建筑物边缘下的热工状况较平衡，且使边缘基础的承载力提高。

1991年俄罗斯西伯利亚研究机构，开发了一种结构原理新颖的水平卧式气液热棒，与传统热棒不同的是，这种系统具有两个循环线路——地下循环线路和地面循环线路。循环线路具有一定压力梯度差，而且制冷工质（氨）在地下线路内作单向流动，据报道此类结构可以将地下热交换器的长度增加到800m。

（3）倾斜热棒

与水平热棒相比，在寒区工程中，倾斜热棒的效果研究相对来说要少得多，集中见于俄罗斯相关学术杂志的报道，但是未见详细工程应用报道。

1983年白俄罗斯科学院热量和物质交换科研所研究人员测定了各种结构热棒（包括对水平面的倾角）的工作效率。研究表明，在需要加速冻结土的时候，使用热棒最适宜，并且与自动对流冷却装置相比热棒的优点在倾斜状态下表现得最为明显。相关研究人员还结合试验研究了用倾斜热棒冻结土的效果，当热虹吸管向水平倾斜到小于一定角度时（在制冷剂不完全充满冷凝器时），由于破坏了蒸发器部分内表面的浸润性，它的热阻可能会显著增大，因为液态制冷剂不再均匀地沿管子内部表面流动，而是以小水流形式只浸润热棒的部分周边，在倾角为40°～80°时的倾斜热虹吸管中，有一个热传递的最佳值。

（4）发夹热棒

2001年和2003年报道了加拿大多年冻土地区的费尔班克斯道路扩建工程项目中，为了防止冻土地基融沉而使用了一种新型热棒，后来称之为“发夹热棒”。资料显示现场试验的测试断面中，“发夹热棒”完全埋置在道路基床之下，包围着一层刚性绝缘板，冬季依靠热棒原理工作，夏季依靠刚性绝缘板来阻止热量进入多年冻土，这种技术还与空气对流路基护坡组合使用。

（5）开放型热棒和封闭型热棒

热棒还可以分为开放型热棒和封闭型热棒。在开放系统中，管子在底部封闭而在顶部开放，顶部可以与流体的储存池相连通，流体在管内自然对流开始之前，必须要被大气冷却，从而使得它从埋藏它的土体中吸收热量。在封闭系统中，管子延伸到大气中，但是它的顶部封闭，这样就可以在管内封存流体，受到大气的冷却作用，然后在管的上部产生一个自然的回路，流动系统在管的底部（蒸发段）产生了相同的回路。单向自然对流不能产生高的热传输率，但是它不会对热棒性能造成限制。例如，如果空气紊流到管底，就可以很大的提高开放和封闭热棒系统的传输率；如果封闭管里只有一部分充入流体，该流体在低端沸腾，高端冷凝，系统的自存储、自运行，有很高的内部热传输率。

（6）混合热棒

国内外学者均注意到所有的主动冷却系统都依赖于大气环境和地基土体之间的温度差，也有人试图摆脱温度差的影响而研制出了与气温无关的混合热棒系统（Hybrid Thermosyphon）。这种混合热棒使用传统的机械冷却系统工作，当空气温度足够冷的时候，热棒系统开始运行；当空气温度太热，机械系统单独工作。它克服了普通热棒依赖较低地温的缺点，混合热棒部分不用电能工作，这较大地减少了能量的消耗。混合热棒用于建造滑冰场的冰层，或者在其他的应用中产生冰层，也可以被用来人为制造多年冻土。

在试图人为制造冰冻环境的研究中，为了创建比在正常条件下更快的寒季环境条件，俄罗斯学者科罗特钦科等曾经在2001年进行了保障多年冻土基础稳定性的全年运转的热稳定器的研制和试验。波波夫等研究了用小直径气液热稳定器来冻结已融化的地基土和冷却塑性冻土的方案。为评价它们在已形成情况下的应用可能性，进行了以不同间距设置的、既在自然冷能下运转又在提供能量下运转的、能在暖季进行人工冻结的热稳定器对土体热作用的数值模拟。全俄天然气科学研究院完成了关于建造新的高效两相季节冷却装置(各种类型和各种用途的改型热稳定器)的综合科学技术研究,目的在于提高在多年冻土上可建造并营运的建筑物土基和桩基的承载力,并曾研究、制造、试验和广泛推行了小直径的热稳定器。

研究制造主动热棒的前景在于其低廉的运营维护费用和环保效果,即在地基中没有任何的有毒物质的溢出或者对环境不利的冷凝物的产生。但是这种前景受环境温度限制,当空气温度高于地面温度的时候,系统不能运行。

人为制造冰冻环境的另外一种,即混合热棒(也是一种热稳定器)的优势是它可以在一年的任何时间内运行,可以调整冷凝剂的数量来满足散热的需求。劣势主要有较高的运行费用和维护费用以及溢出冷凝物对地基的潜在危害。

1.3 热棒工程应用形式研究和实践

热棒工程应用形式的研究和工程实践是和冻土区工程建设的规模和工程建设目的紧密相连的。冻土区工程无论何种形式和结构,其工程目的简单说都是防止或消除不同部位多年冻土的融沉对工程稳定性的危害,防止不同工程部位的冻土融沉变形,这种直接的工程目的,促进了不同工程应用形式研究的深入和发展。

美国在20世纪60年代末,申请了应用于多年冻土中的热棒技术专利后,成立了专门研究机构,对热棒技术在多年冻土中的应用开展了大量的研究工作,主要的研究和工程应用单位为美国北极基础有限公司、阿拉斯加大学寒区工程研究所以及美国寒区军事工程研究所。

加拿大在20世纪60年代后期向美国购置了热棒专利,开展了热棒技术应用的研究,并于20世纪70年代后期成立了加拿大北极基础有限公司,向加拿大多年冻土区提供热棒系统和技术服务。

苏联在20世纪60年代早期提出了热传导桩的概念。列宁格勒铁路运输设计院、莫斯科铁路运输设计院以及西伯利亚冻土研究站曾用煤油做工质设计了单相单管和多管热传导设计,应用于伊尔库茨克公路和雅库斯克水库等工程项目中。煤油热棒属于液体对流,较气液两相对流的热棒传热效率要差。目前也被成功地应用于土芯坝基等水利工程以及冻土区铁路路基工程,但热棒技术的研究和工程应用与美国和加拿大相比还有一定差距。

20世纪80年代以来,我国开始热棒和热棒基础的研究,当时的铁道部科学研究院西北研究所[1]、铁道第一勘察设计院、中科院兰州冰川冻土研究所以及交通部第一公路勘察设计院等单位的专家和技术人员曾经多次赴美国、加拿大、苏联以及俄罗斯等国家参观调研热棒的使用情况。为了进一步发展我国寒区铁路工程勘测、设计和施工技术,更好地解决寒区铁路工程中存在的有关热学、力学问题,铁道部于1987年组织了“冻土地区应用热棒技术的研究”的科研立项,铁道部科学研究院西北研究所承担了此项研究任务,经3年的室内室外试验研究,解决了热棒制作工艺、低温风洞试验等关键技术,设计制作了我国第一批用于土木工程的热棒,进行了低温风洞试验并测定了有关热参数。该项目于1988年冬在兰州进行了

[1] 现为中铁西北科学院有限公司。

野外试验，后又于1989年在青藏高原五道梁多年冻土地区进行了现场应用试验，取得了一定的成果。同一时期中国科学院冰川冻土研究所和铁道部科学研究院西北研究所在甘肃张掖地区进行了热棒冷藏库的工程实践，既有成功的经验也有失败的教训，但是也是国内在此领域的第一次实践。

日本对热棒技术应用的研究始于1985年，其研究重点是热棒冷库，在融雪和防冻方面也有应用。研究热棒在寒区工程应用的国家还有瑞典、挪威以及芬兰等。

热棒在寒区土体改良中也有作用。施行此类改良措施，在于将塑性冻土和融土转化为坚硬冻土，从而提高其强度、降低其变形性能，同时给建筑场地创造均匀冻土条件。

1.3.1 热棒在冻土工程点式基础中的应用

热棒本身埋设在土体中呈点式分布，最早和最普通的应用就是针对房屋基础等点式结构的工程的变形问题进行设计和施工。

1987年，铁道部科学研究院西北研究所，在完成了铁道部“冻土地区应用热桩技术的研究”基础上，将设计制作的我国第一批用于土木工程的热棒于1989年成功用于青藏公路多年冻土区涵洞基础工程中，用以防止涵洞基础的融沉和冻胀，取得了预期效果。当时青藏公路某一钢筋混凝土盖板涵出口破坏严重，1985—1989年间八字墙及端墙分别下沉53cm和38cm。为防止地基多年冻土上限继续下降，并使基础下融化的多年冻土部分逐渐恢复冻结状态，在试验涵洞进出口各埋设热棒4根，热棒于1989年9月安装至今，涵洞除原有冻害外再无新的冻害发展，多年冻土人为上限上升至0.31~0.50m，多年冻土3.5m深处以上年平均地温降低1.26℃左右，从而有效地防止了冻土融化，提高了多年冻土强度。

美国和加拿大对热棒的工程应用要早一些。美国陆军工程兵团的Erwin Long，在20世纪50年代末期，从养护多年冻土、利用衰退的不稳定多年冻土地基出发，研发了一种热传输系统，即无芯重力式热棒，被命名为“Long热桩”。该热棒作为第一根商业性热棒，被该兵团于1960年安装在Glennallen的通信塔地基中，随后取得发明专利。1973年，Erwin Long在阿拉斯加的安科雷奇建立了北极基础有限公司，向北极多年冻土地区的私人和工业企业提供热棒和技术服务。在阿拉斯加北冰洋沿岸的工业与民用建筑，大多采用了热棒基础。实践证明，热棒地基可以很好地保证高含冰量多年冻土上采暖房屋的稳定。目前，北极基础有限公司已将热棒生产规格化。它生产着直径从3.81cm到50.8cm的热棒桩，其标准长度为6.4m。

Gakona Alaska(2003)曙光项目研究了Antenna塔使用的热棒。该处的土体主要由含有较高未冻水含量的冻结泥岩组成。当增加荷载的时候，这些土体显示了较高的蠕变速率。此外，自然植被的扰动引起了多年冻土的退化，热棒有效地冷却地基从而为该塔提供了一个稳定的基础。1990年之后，热棒也被用来创建或维持冻结壁。Edward Yarmak和Jr Elizabetrh C Phillips(2002)报道了橡树国家实验室HRE池塘冻结壁，使用混合热棒技术形成盛放放射性物质污染的土体的容器。研究发现热棒对于阻止地下水很有效。这一项目使用的混合热棒技术是产生和维持长期的污染物壁的一个有效的冻结系统。Mobley AKF和Barlow BLJ(2003)报道了阿拉斯加的普拉德霍湾油田关闭垃圾场附近的一个天然采矿场采用的热棒技术，旨在将流体里的污染物控制在垃圾体之内。研究用计算机建模来评价矿坑出水对于垃圾场污物系统下的多年冻土的影响。

热棒的高效传热特性和无源启动的工作特征，引起寒区工程技术界越来越广泛的关注，随着中国青藏铁路和寒区道路工程建设的展开，深化了热棒基础理论和热棒工程应用理论的研究，并在广泛的工程实践中取得了长足的进步。

1.3.2 热棒在条带状冻土工程中的应用

20 世纪 70 年代中期，热棒在美国阿拉斯加输油管工程中，得到了大量应用。该输油管线从北冰洋起纵贯阿拉斯加至太平洋，全长超过 1200km，共用热棒 112000 根。该输油管线大部分区段地面下为多年冻土层。为了防止油热引起的地面下沉，将管道置于地面上，在管线支撑的垂直支柱内安装热棒，依靠季节性制冷起到阻止垂直支柱冻土下沉的作用，甚至使冻土层过冷来增加其强度。热棒直径为 5 ~ 7.5cm，长度为 8 ~ 18m，工质为氨。运行测试结果表明，安装热棒后，输油管线支柱壁面和 6m 深处冻土温度迅速下降，到 1975 年 1 月初达 -24℃，到 4 月中旬回升到 -7℃，夏天也保持在 0℃以下，至 10 月份热棒又开始工作，从而保持了冻土的稳定。目前，这些热棒已稳定运行了 26 年，阿拉斯加输油管线工程是人类利用热棒技术解决冻土稳定问题的最成功的工程典范。

此后，热棒被成功地应用在阿拉斯加地区公路工程、房屋工程以及通信、输变电等工程中。到 20 世纪 80 年代，热棒被应用于北冰洋哈德逊湾地区的铁路路基工程中，用以防治基底多年冻土融化、确保路基稳定，取得了良好效果。

20 世纪 80 年代，美国陆续将热棒成功地应用于寒冷地区公路工程、水利工程、铁路工程以及房屋等工程。在用热棒处理土坝渗漏方面，取得的成果尤为突出。Kubaka 大坝建立在一个冻结地基上，在富冰细沙上有 2m 厚的煤层，在大坝建造期，使用热棒冻结来形成一个不可渗透的冻结地基，极大地减少了持水大坝沉降的可能性。热棒被安装到一些冻土路基之下以控制多年冻土的融化，如阿拉斯加地区的机场跑道、阿拉斯加费尔班克斯附近农场的环形路以及休斯敦安大略湖的海湾铁路。热棒可以替代反渗透聚合薄膜，通过冻结土体形成的反渗透层来阻止地面加热效果和斜坡上多年冻土水的影响。

加拿大自 20 世纪 80 年代末期开始将热棒广泛应用于北美寒冷地区的工程建筑物，用来冷却地基以确保冻土稳定性。Manitoba 省北部有一段 50km 的高速公路，在 20 世纪 70 年代末期修建，到了 80 年代初期这段道路产生了严重的地基问题，乘车舒适度变差，不得不进行经常性的大修。在 1995 年夏天重新铺设了 30km 的路面，安装了总共 900m 的两个热棒现场测试断面，观测数据显示热棒起到了很好的效果。离北极 650km 的加拿大 Ellesmere 岛的边缘 CFS 报警站，由于通风板混凝土地基通风孔的堵塞，下部多年冻土的过度的热退化引起了垫板沉降超过允许值。为了重建建筑物下的温度场，使用新开发的水平热棒系统安装在现有的通风管中来恢复地基，起到了阻止基础沉降的良好作用。

冻土区高速公路地基失稳的主要原因就是斜坡或边坡坡脚多年冻土退化，这种退化还引起路肩的开裂和路面的纵向裂缝。路肩积雪影响了路基的散热过程也改变了路基的热平衡，从而导致病害发生。采用水平热棒系统平行安装在道路坡脚可以预防或整治这种病害。

1987 年，加拿大的哈德逊湾多年冻土区铁路上。曾用热棒冷却 4km 铁路路基；对于防止热融下沉收到了良好的效果。1995 年秋天，Manitoba 省的 Rockcliff 公寓的地基主底板之下产生蠕变，开始的深度是 1m，多年冻土的退化导致地基土的蠕变融沉发展，建筑物的中间蠕变空间达到4m,采用水平热棒系统使最后的蠕变量减小到1.5m。

热棒目前主要的应用领域有工业与民用建筑、公路工程、铁路工程、机场跑道、输油管线、通信塔、大坝及冻结墙等工程。当前美国和加拿大正在联合研究并推进热棒在铁路工程中的应用,开发热棒通用分析方法,研究和编制通用、简便的电子计算机程序,改进制造和安装工艺。但是这些方面的研究成果,仍属于公司所有,未见公开发表。

热棒在寒区条带状工程(路基)中的最典型的应用过程是将低温环境温度的能量传输到土体或水中,使土体温度降低从而使土体保持在冻结状态。热棒在寒区基础工程中的应用,解决了基础冻胀、融沉等热力过程中的许多工程问题,保障了多年冻土地基的稳定。热棒可以在多年冻土融化发生时使用;在不连续的多年冻土区,可以安装热棒来提高下部土体温度的连续性和稳定性。此外,弱冻结、非冻结土体可以通过热棒加固使其稳定,可渗透的土体在热棒的作用下变得不可渗透。热棒可以被用来作为结构的或者非结构的单元。在冻结地基中,气候变化和热扰动将引起预先冻结地基的融化和退化,如果地基重新被冻结,反复的融化和冻结将会引起冻胀、融沉、沼泽化以及蠕动,地基在几个冻融季节之后将被破坏,使用热棒技术可解决这些问题。

国内外热棒在寒区工程中的应用基本包括以下领域和类型:

①用来改善多年冻土分布区工业和民用建筑物土基、煤厂内部、低温储存库、桩基和基础、地上管道、蓄水池、输电线路、桥墩、涵洞等的修建和营运时的地基稳定;

②防治道路、飞机起降跑道、堤坝等的修建与营运时的冻胀融沉问题,建造"冻土墙"和防渗幕、冰岛、冰道和冰渡口,用来防治多年冻土的热融、热侵蚀、融冻泥流、冻胀等不良过程;

③用来形成冻结壁,成为寒区存储危险性废弃物的天然容器壁,地下工程、采矿工程等需要进行人工冻结时形成高强度的冻结壁;

④对土壤进行化学、物理的改良。

1.3.3 热棒在我国冻土区工程建设中的规模应用

国外冻土工程中应用热棒的报道虽然很多,但是除了美国阿拉斯加试验管线工程属于大规模应用以外,还未见其他规模应用的实例。

自2001年青藏铁路开工建设以来,中国逐渐成为世界上热棒技术应用范围最广、工程规模最大的国家,而其热棒技术的理论和试验研究也随之得以深化和发展,热棒工程应用理论和应用技术逐渐在业界处于领先地位。

2001年青藏铁路开始热棒路基工程试验,同年在清水河试验段路基工程中填筑了50m热棒试验路堤,用热棒冷冻路堤基底下的多年冻土。通过一年多的观测试验研究,收到了一定效果,但由于热棒设计和制作方面的原因,还未达理想的效果。其后热棒生产厂对热棒设计和生产工艺作了改进。2002年在青藏铁路安多段开始进行后续热棒应用试验研究,2003年在北麓河进行热棒应用的试验工程,目的是在深化2001年开展的清水河试验段热棒路基试验研究项目的基础上,进一步取得施工经验、施工参数和设计参数,并研究不同多年冻土类型的热棒的适应性,为多年冻土地区铁路路基的病害防治做好技术准备。2002年进行的青藏公路二期改造中,在公路路基中使用了大量的热棒。

2004年前后,青藏铁路的头二九山垭口北山前缓坡之上由于路堤所在地为一横向斜坡,暖季上游侧的冻结层上水沿冻结面向下游侧迁移。施工初期，地基土含水率过高、强度较低，将影响到路堤的整体稳定。寒季，冻结层上水结冰，引发基底的冻胀，导致路堤被抬起；暖季冻结的土体、冰融化，在路堤荷载作用下，融化的水被排除，造成基底下沉，导致路堤下沉。为避免以上问题，在挡水埝上设置热棒，以提高挡水埝处的冻洁上限，将冻结层上水阻挡在挡水埝外侧并沿埝外排水沟排泄。

热棒与其他保护措施组合使用的复合路基的综合效果很少有人进行深入研究，也没有相关设计参数的研究文献，导致进行这些方案的设计时缺乏理论依据和参数。一定功率的热棒作用下路基合理高度以及热棒与垂直面呈倾斜角度时的制冷效果和合适值是热棒路基设计时重要的参数，但未见有这方面的研究报道。

2003 年中铁西北科学研究院开始在青藏铁路北麓河地区和开心岭地区对低温热棒的技术应用参数进行现场实体工程观测试验，并继续对低温热棒工作原理、影响因素、工程效果理论计算等开展了深入研究。

青藏铁路沿线多年冻土全段长 550km，其中融区约 90km。实际通过多年冻土地段 460km。其中年平均地温高于 -1℃ 地段约 310km。这种多年冻土属不稳定多年冻土，热稳定差，一旦受到外界热干扰，其温度状况很难恢复，有的地段甚至永远不能恢复。用热棒来冷冻这些地段的地基，可以确保地基基础稳定。2005—2006 年，青藏铁路应用热棒的路基工程超过 33km，这些热棒路基工程基本上都是在路基坡脚处和护道平台处设置不同长度和间距的热棒，为取得了很好的效果。

2007—2010 年，青海省柴木地方铁路部门在青海省大通河流域多年冻土区冻土沼泽地段进行了大规模热棒工程实践，是迄今为止我国规模最大的热棒工程。

2009 年以后，随着青藏铁路运营时间的推移，个别冻土地段（桥梁墩台、涵洞、路基坡脚等）出现一些病害现象，大部分地段在采用不同类型的热棒以后达到了预期工程效果。

最近几年，青藏铁路输变电塔基热棒工程、中俄输油管道输变电塔基热棒工程等陆续开始了研究和工程建设工作。

虽然热棒的使用与研究已经有 40 多年的历史，但是由于热棒本身的复杂性以及多年冻土融化时相变的复杂性，使得热棒的研究不管是从理论上还是应用上都存在一定的缺陷。热棒已经成功地被应用在寒区工程中，但是热棒的长期稳定性并不明确，也没有人做过这方面的研究。热棒中气体阻隔的原因以及如何避免，它们的研究，也没有定论。混合相气体动力性以及对于完全边界条件区域的热棒和它周边环境的合适的热传输方程的建立与模拟，也存在种种困难，是仍旧需要解决的问题。

热棒在土体中的效果与几何尺寸、制冷剂、土体和结构材料的热物理和热力学性质、装置内部和从冷凝壁到空气的散热条件、土温和气温等因素有关，描述这一相互作用的方程组非常复杂。因此，需要从水分场、温度场的热力学规律研究其与土体耦合过程。

1.4 热棒工程理论和试验研究思路

热棒工程包括热棒元件和工程体两大部分。热棒工程技术的研究，也就应该涵盖两个领域的若干理论和应用技术问题。

国外已有的关于热棒和热棒应用的进展的研究报道很多，但是由于国外工程实践规模较小、应用范围局限性大，大多数研究理论性较强，工程应用性较弱；实验室研究较深入，现场试验观测和研究较少。另外受不同国家研究条件和工程条件以及国情所限，国外关于这方面研究还缺乏系统化和规范化。

中国的热棒工程研究有大量工程作背景，以工程实际需要为目的，因此热棒工程相关理论和应用技术的研究更深入、实际和系统，工程应用更具有规范性和指导性。

热棒工程的理论和试验研究思路可以归纳为以下几个方面。

1）热棒传热保证技术研究

根据热棒工作原理和基本特性，热棒传热保证技术包括以下几项。

①温度展平，又称均温技术。利用热棒本身的均温性，把一个温度不均匀的温度场，展平成为一个均匀的温度场。

②汇源分隔。利用热棒将热源和热汇（冷源）分隔在两个场所进行热交换，分割距离根据热棒性能及实际需要来定。这种技术在连续生产的工程换热中具有十分重要意义。

③交换热流密度。热棒能以较小的加热面积输入热量，而以较大的冷却面积输出热量；相反，也可以较大的加热面积输入热量，而以较小的冷却面积输出热量。如此而使单位加热和冷却传热面积上的热流量发生变化。

④热控制（可变导热棒）。热阻可以改变的热棒，可用来控制热源或热汇的温度。

⑤单向导热（热二极管）。利用重力热棒的传热原理，可将热棒看作为单向导热元件。蒸发段在冷凝段的下方，热棒可以正常工作，反之不能工作。

⑥旋转元件的传热（旋转热棒）。

⑦微型热棒技术。

⑧高温热棒技术。

热棒技术研究的目的是保证热棒具有以下性能。

①安全、可靠、长期连续运行。

②热棒关闭温度的可调性。

③冷热段结构和位置布置的灵活性。

④效率高、节能效果显著。

2）热棒传热保证理论研究

热棒传热保证理论有下列几个研究方向。

①根据静力平衡条件得出最大毛细压差与热棒最大长度的关系。

②根据质量守恒定律、连续性方程及 Hagen-Poiseuille 方程，导出液体压降的微分方程。

③利用他人研究成果确定热棒内蒸气流动压降的微分方程。

④根据气体分子动力理论建立气-液交界面上质量传递关系式。

⑤根据能量守恒定律建立热流量和质量流量之间关系式。

⑥给出特定条件下（均匀加入热量和输出热量）微分方程的解。

⑦提出最佳热棒毛细吸液芯尺寸。

3）热棒结构制作技术

研究热棒工程，首先需要研究影响热棒在地基中发挥散热导冷作用的自身结构参数，热棒结构参数对传热过程影响,利用热阻和热流程图确定热棒的总体热传输率和各部分热阻对传输效果影响。进而研究热棒的携带极限、干涸极限、沸腾极限,热棒的倾斜角度、工质填充率、自然风速和绝缘段的长度等对热棒传热性能的影响,以及制作工艺对上述影响的改进。

4)热棒工程应用技术

(1)热棒工程结构参数

热棒自身结构参数是热棒工程应用的基础,而热棒工程的设计目的则是通过热棒工程结构参数设计实现的。热棒工程结构参数包括:热棒埋设平面位置、热棒蒸发段埋设位置、热棒埋设方式、热棒间距、横断面热棒位置对称形式、热棒和普通工程过渡段长度。

热棒工程结构参数研究和应用的前提是设计思想和设计目的的确定。不同的设计思想和设计目的实现的途径也不同。

“冷却地基”为主导思想时,设计目的是增加地基土体冷量储备,降低土体温度,保护冻土热稳定性。热棒工程结构参数确定原则是均衡布置热棒,热棒埋设方式和蒸发段埋设位置能够直接增加最薄弱区域的冷量储备,使设计目的准确实现。

“传热均衡”的冷却地基土体为主导思想时,设计目的是在降低土体温度前提下减少不同坡向工程变形差异。热棒工程结构参数确定原则是差异性设置热棒,采用横向不对称热棒结构形式。

(2)热棒工程环境适应性评价技术

热棒启动和持续工作需要气温环境条件支持,热棒工程设计地段,需要对既有气温资料和气候资料、冻土环境和各类影响因素进行评价。模糊评判方法是热棒工程环境适应性评价之一。

(3)热棒冷却效果室内试验和现场试验技术

国内大多数热棒应用工程项目都开始重视热棒散热导冷的现场试验,通过室内试验和现场试验研究分析热棒冷却半径,为工程设计提供基础参数。

(4)热棒工程冷却地基效果试验技术

在热棒散热导冷试验基础上,开展热棒工程结构的实体工程试验,以此作为未来热棒工程长期应用的实时监测系统,对监测热棒长期运行状况、评价热棒工程热稳定性是不可缺少的手段。

(5)热棒工程长期稳定性评价技术

计算机和计算软件的开发应用及发展,给工程稳定性预测研究带来新的手段。以现场试验研究为条件,通过数值模拟评判热棒工程的长期传热效果和长期热稳定性,成为热棒工程研究和应用的新内容。

(6)热棒运行状态监测和检测技术

随着热棒技术应用范围的扩大,热棒工程应用区域的扩展,实时进行热棒运行状态典型检测和全面监测非常必要,典型检测技术和全面监测技术的常态化技术和手段的研究成为新的课题。

(7)热棒工质更换和热棒更换技术

热棒具有一定的使用寿命。失效的热棒更换技术,包括现场工质更换和密封技术及热棒整体更换技术。这项技术目前还没有实质性开始研究,应该引起寒区工程技术和热棒生产及应用单位的注意。

第 2 章
热棒传热理论基础

热棒是一种两相闭式热虹吸管,在热管应用分类中属于低温热管。热棒是国家技术标准沿用工程应用名称而定名的,它是一种高效单向传热元件,由一根密封的金属管及管内充装的工质组成。金属管的材料可以是碳钢或其他合金材料,所充工质可以是氨、二氧化碳等。管的上部置于空气中,一般装有散热翅片,称为冷凝段;管的下部埋入多年冻土中,称为蒸发段。冻土区工程大多采用的是这种热棒。

研究热棒内部传热机理和传输能力控制因素,是热棒设计和工艺制作的理论基础;研究热棒与土体耦合传热机理及其控制因素,是热棒工程结构设计的理论基础。

2.1 热棒基本特征和传热机理

热棒利用管内灌入的工质的蒸发和冷凝来传递热量,工质的相态变化的启动依赖热棒两端温度差完成,不需要外加动力,工质变化自行循环。但是与普通热管所不同的是,热棒内没有吸液芯,冷凝液从冷凝段返回到蒸发段不是依靠吸液芯所产生的毛细力,而是依靠冷凝液自身的重力。因此热虹吸管的工作具有一定的方向性,蒸发段必须置于冷凝段的下方,这样才能使冷凝液依靠自身重力得以返回到蒸发段。重力式热棒的称谓也是由此而来。

2.1.1 热棒基本特征和定义

热棒基本特征应该从三个方面进行表述:热棒基本构造特征、热棒基本传热过程特征和热棒基本传热效果特征。热棒的定义也应该包含这三个方面的物理意义和工程意义的精髓。

1)热棒的基本特征

(1)热棒基本构造特征

通用热棒由管壳、吸液芯(冻土区热棒现在已经不再设吸液芯)、端盖组成,将管内抽真空形成一定负压后充入适量的工作液体,或者使紧贴管内壁的吸液芯毛细多孔材料中充满液体,或者使管的底端含有一定体积的液体冷却剂(氨或二氧化碳等),而管内其余部分含有冷却蒸气,充液以后密封管体。热棒的高端部分(散热器/冷凝器)温度低于低端部分(蒸发器)时,液-汽转换过程造成的热交换过程开始。管顶部的蒸气在热棒冷凝器部分冷凝放热,热量散发到大气环境中,蒸气冷凝形成压力滴,通过重力作用返回管底部蒸发段。管底部冷凝剂冷凝形成的压力滴促进蒸发端液体沸腾散热,和土体进行热交换(吸收土体热量,使土体散热）形成蒸气。这些蒸气然后沿着热棒管壁上升到冷凝段形成一个液－汽转换的相态循环，伴随发生土体和热棒之间的热交换。。如图 2-1 所示

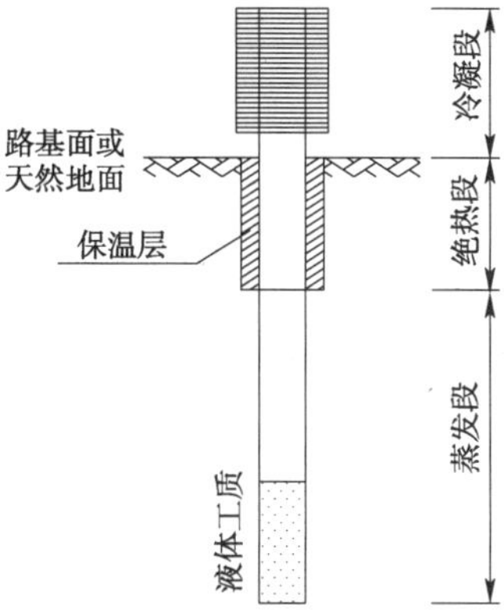

a)热棒结构

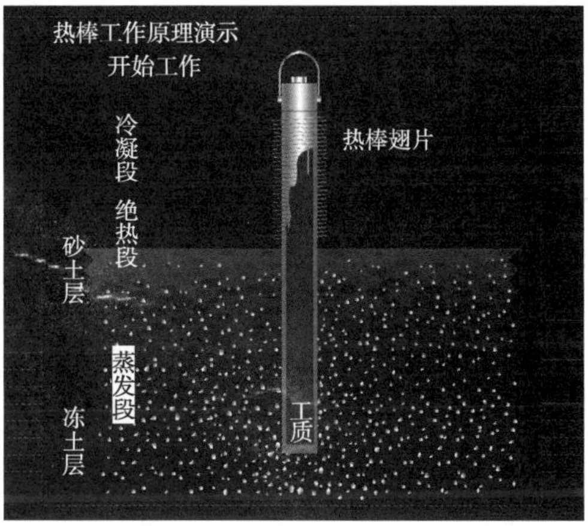

b)热棒工作原理

图 2-1　热棒结构和工作示意图

还有一种设置有干道的热棒。干道的作用是为了给从冷凝段回到蒸发段的液体提供一个压力降较小的通道，大大提高了热棒的传输能力。

（2）热棒基本传热过程特征

带吸液芯的热棒在实现上述热量传递过程中，包含了以下 6 个相互关联的主要过程。

①热量从热源通过热棒管壁和充满工作液体的吸液芯传递到液-气分界面。

②液体在蒸发段内的液-气分界面上蒸发。

③蒸气腔内的蒸气从蒸发段流到冷凝段。

④蒸气在冷凝段内的气-液分界面上凝结。

⑤热量从气-液分界面通过吸液芯、液体和管壁传给冷源。

⑥在吸液芯内由于毛细作用使冷凝后的工作液体回流到蒸发段。

热棒正常工作的必要条件如式（2-1）所示：

$$\Delta p_c \geqslant \Delta p_i + \Delta p_v + \Delta p_g \tag{2-1}$$

式中：Δp_c——毛细压头，是热棒内部工作液体循环的推动力，用来克服 Δp_i、Δp_v 和 Δp_g；

Δp_i——冷凝液体从冷凝段流回蒸发段的压力降；

Δp_v——蒸汽从蒸发段流向冷凝段的压力降；

Δp_g——重力场对液体流动引起的压力降。

沿整个热棒长度，气-液交界处的气相与液相之间的静压差都与该处的局部毛细压差相平衡。

不带吸液芯的重力式热棒的工作过程与此的区别在于：充入冷凝剂，热棒的底端将含有液体冷却剂，而其余部分含有冷却蒸气。当热棒的高端部分（散热器/冷凝器）比低端部分（蒸发器）冷的时候，热传输就开始。热管顶部的蒸气在热管冷凝器冷壁的作用下冷凝放出潜热，这些潜热随之散发到大气中。冷凝剂冷凝形成的压力滴允许从土体到蒸发器中一些

沸腾的液体来散热，然后这些蒸气沿着热管上升到冷凝段，冷凝剂通过重力作用返回蒸发段，这样就完成了一个循环。这种循环分为5个步骤：

①热量从热源通过热管管壁和工作液体芯传递到液-气分界面。

②液体在蒸发段内的液-气分界面上蒸发。

③蒸气腔内的蒸气从蒸发段流到冷凝段。

④蒸气在冷凝段内的气-液分界面上凝结。

⑤凝结后的蒸气变成液体通过重力作用回流。

热棒基本传热效果特征

(3)传热过程不同，造成两种热棒传热效果不同。

冻土工程大量应用的是重力式热棒，重力式热棒通过上述五个步骤，依靠自身内部工作液体相变来实现传热，它的基本传热效果具有以下的基本特性。

①很高的导热性能。热棒内部主要靠工作液体的气、液相变传热，因此具有很高的传热能力，相对于银、铜、铝，单位重量的热棒可以多传递几个数量级的热量。当然，高导热性也是相对而言，温差仍然存在。并且热棒的传热能力受到各种因素限制，存在一些传热极限，热棒轴向导热性强，径向并无太大改善。径向热棒除外。

②优良的等温性。热棒内腔蒸气处于饱和状态，饱和蒸气的压力决定于饱和温度，饱和蒸气从蒸发段流向冷凝段所产生的压降很小，根据热力学 Clausuis - Clapeyron 方程可知，温降亦很小，因而热棒具有优良的等温性。

③热流密度可变性。热棒可以独立改变蒸发段或冷却段的加热面积，即以较小的加热面积输入热量，而以较大的冷却面积输出热量；或以较大的传热面积输入热量，而以较小的冷却面积输出热量。

④热流方向的可逆性。一根水平放置的有芯热棒，由于其内部循环动力是毛细力，因此，任意一端受热就可作为蒸发段，而另一端向外散热就成为冷凝段。

⑤热二极管和热开关性。所谓热二极管，就是只允许热流向一个方向流动，而不允许向相反方向流动；热开关性则是指当热源温度高于某一温度时，热棒开始工作，当热源温度低于这一温度时，热棒就不传热。

⑥恒温特性(可变热棒)。普通热棒的各部分热阻基本上不随加热量的变化而变，因此当加热量变化时，热棒各部分的温度亦随之变化，但是另一种热棒——可变热棒，使冷凝段的热阻随加热量变化而降低，随加热量的减少而增加，这样可使热棒在加热量大幅度变化的情况下，蒸气温度变化很小，实现温度的控制，这就是热棒的恒温特性。

⑦良好的环境适应性。热棒形状可随热源和冷源条件而变化，也可做成分离式，以适应长距离换热或冷热流体不能混合情况下的换热。

综上，重力式热棒在应用时可以做到：

①安全、可靠、长期连续运行。

②热棒关闭的温度可调。

③冷热段结构和位置布置灵活。

④传热效率高，降温效果显著。

因此，重力式热棒在我国冻土区各类工程中应用广泛。

2)热棒定义

根据以上分析,热棒可以定义为:热棒是一种无动力源的热虹吸管,在一定外部温度条件下,依靠自身结构特征(有无吸液芯)实现封闭管内工质气-液转换,完成热棒两端热量传递过程的一种高效传热元件。

内部结构(吸液芯存在与否)不同的热棒,工作液体回流动力不同;热棒内工作温度较低是有别于其他热管(-273~0℃)的主要特征;热棒管壳与工作液体的不同,应用状态也不同;热棒的热二极管作用,还可以控制单向导热与制冷。

由于热棒的热量传递过程利用了工质的蒸发和冷凝相变,其轴向传热能力非常大,是普通实心金属棒的成百上千倍,所以热棒常被称为“热超导体”;另外,热棒作为一种无芯重力热棒,工作时工质冷凝液向下回流是依靠重力进行的,这就决定了其单向传热性能,即热量只能从下往上传递,而反向传热能力却很差,所以热棒可以看成是“热二极管”;热棒工作运行时无运动部件、无需外加动力源,因而又有“无源冰箱”之称。

热棒的“热超导体”性能、“热二极管”性能和“无源启动”的节能绿色环保特征,是热棒广泛应用于冻土工程中的基础。

根据热棒的基本特征和应用特征的不同,在工程应用中形成了不同分类,本书后续章节对此还有详细描述。

2.1.2 热棒传热机理

热棒埋设土体中发生的传热过程包括两部分:一是热棒自身液-气转换的传热过程;二是埋入土体后与土耦合作用的传热过程。热棒传热机理指这两个传热过程发生发展的机理。

1)热棒自身传热机理

冻土区使用的这种低温热棒,作为热虹吸管,其内部传热过程包括两相流和相变传热,传热机理不仅涉及传热传质学,而且涉及热力学问题。1981 年对竖直热虹吸管传热机理提出的传热模型,将热虹吸管的全部传热过程分成三个区域,并建立了相应的传热模型。

热棒传热机理主要在于:

在热虹吸管的冷凝段是饱和蒸气的层流膜状凝结,遵循竖直平板层流膜状凝结理论(Nusselt)。

在热虹吸管的蒸发段的液池内,当热流密度较小时,进行的是自然对流蒸发;当热流密度较大时,是液池内的核态沸腾。

在热虹吸管蒸发段液池以上部分,当热流密度较小时,进行的是冷凝液膜的层流膜状蒸发;当热流密度较大时,是冷凝液膜的核态沸腾。

由热棒基本特征可知,热棒的传热量主要取决于冷凝器的放热(图 2-2)。冷凝器处于空气中,它与空气之间的换热过程是十分复杂的,这一过程实际上包含对流、辐射和传导。

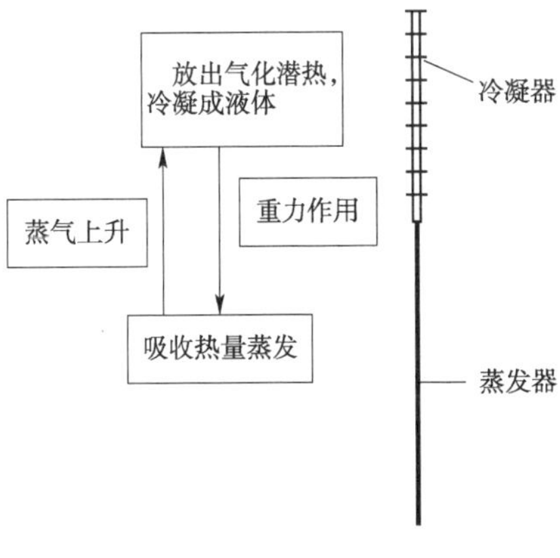

图 2-2 热棒传热机理示意图

目前我国大部分寒区工程热棒就是这种两相闭式热虹吸管(Two-Phase Closed Thermosyphon),即重力热棒,而且大部分在工程中使用的热棒没有吸液芯,冷凝液从冷凝段返回到蒸发段不是靠吸液芯所产生的毛细力,而是靠冷凝液自身的重力,因此热虹吸管的工作具有一定的方向性,埋入土体蒸发段必须置于冷凝段的下方,这样才能使冷凝液靠自身重力得以返回到蒸发段。

研究热棒自身传热机理目的是找出传热过程影响因子,克服其中的负面影响,这也是热棒工艺制作过程的关键。

2)热棒与土体耦合传热机理

热棒与土体的耦合传热(图2-3),是在无外动力源的条件下,热量自热棒壁面沿径向向土体进行热传导的动态传热过程。

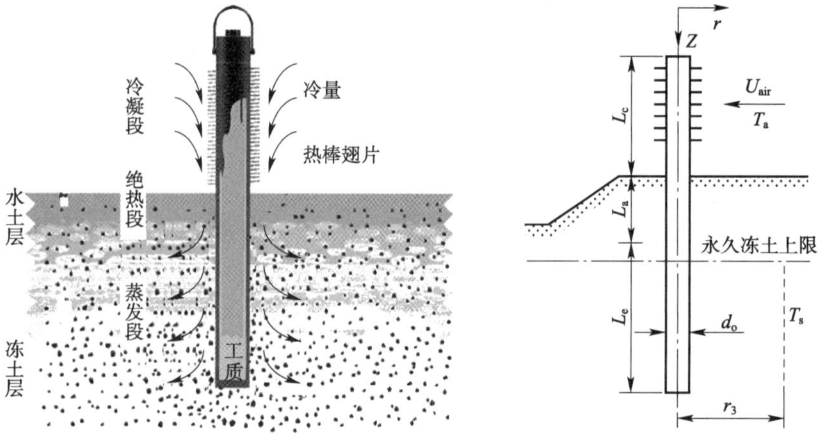

图2-3 热棒-土壤耦合传热(热棒工作原理演示)

热棒埋设地段进入寒季时,热棒蒸发段周围土体的温度高于外界大气温度,热棒蒸发段所充填工质吸热汽化并向上流动,经绝热段后遇到比其温度低的冷凝段凝结放热,热量经冷凝段壁面和外部翅片传出并由低温的外部空气对流换热带走;与此同时,在冷凝段冷凝的工质蒸气变为液态,由于重力作用,液态工质沿壁面流回蒸发段,并再次吸热汽化,这样不断地循环就能将蒸发段附近土体的热量带出并排入大气,从而为附近土体降温。

另外,由于热棒传热的单向性,进入暖季时,外部大气温度比蒸发段附近土体的温度高,热棒停止传递热量,从而能够有效保证在暖季的热量不被传入蒸发段附近土体,那么在一个寒-暖季变化周期中,蒸发段附近土体温度可以得到有效的降低,起到保护多年冻土稳定性的作用。

在多年冻土区热棒工程设计和施工中,利用寒季低温环境,通过腔内工质的相变传热,自动将环境中的冷量导入冻土层中,对冻土层进行强化冷却、加厚冻土层,储存冷量,而暖季则自动停止工作,不将热量导入冻土,这样就能提高冻土热惰性,减缓冻土的退化过程,稳定多年冻土,使冻土工程的稳定性得到相对保证。

多年冻土区的寒季,大气温度大部分时间低于冻土层温度(需要应用热棒技术的多年冻土地区,冻土层温度一般不低于-2℃),热棒可以启动和连续工作,将冻土层的热量散发带给大气，也可以说将大气的冷量传递给多年冻土。暖季大气的温度高于冻土层温度，热棒停止工作。周而复始的循环过程，使得土壤中埋置热棒后，可在寒季将大气中的冷能采集储存于冻土中，降低地基温度，提高了多年冻土的热惰性，提高地基冻土的冻结强度、抗剪强度和抗压强度，热棒与土体的耦合传热效果成为冻土工程稳定的保证。

热棒的自身传热机理和与土体耦合传热机理是冻土工程应用热棒的基础。利用热棒传热过程和传热效果的特殊功效，可以灵活设置热棒，满足不同工程设计和工程目的的需要。

在所有多年冻土区寒季环境温度和土体温度差满足热棒启动条件的地方，都可以应用热棒技术，热棒的高效传热性能使其在有限的时间段内高效发挥其散热导冷作用，迅速使土体冷量积累，预防和整治既有工程运行过程发生的病害。

热棒的优良等温性能使热棒周围形成比较均匀的温度场，防止和减少土体冷生过程的差异造成的病害和潜在病害。

热棒热流密度可变性能实际应用在热棒结构形式的灵活改变上面，随吸热端和散热端条件的变化分别改变蒸发段或冷凝段的换热面积，提高热传输效率，也可应用分离式热棒，以适应长距离换热或冷热流体不能混合情况下的换热。

充分了解和利用热棒自身传热机理和热棒与土体的耦合传热机理，准确判断热棒工程应用环境的适应性，选择热棒路基或热棒工程的合理结构形式，使热棒工程目的明确，技术应对性更强。

2.1.3 热棒传热能力

热棒的传热能力，指热棒在与土体耦合传热过程中的总传热量。

热棒的传热能力取决于热棒不同结构组成部分在与土体和大气环境接触的部位的传热能力。裸露在大气环境中的是冷凝器，它与空气之间的换热过程包含对流、辐射和传导，它将路基地基土体中的热量通过风、空气温度变化、散热器等的综合作用带入大气环境。

如前所述，在这一热传输的循环中，热棒不同部位发生了不同的热传输过程：在热棒的底部有热传导和热对流；沿着热棒的长度有热对流；散热器表面和风之间有空气的侧向热对流。

因而热棒与土体耦合传热过程中的传热能力与热棒的传热面积 F、环境温度与路基内部温度的温差 ΔF 以及空气的侧对流传热系数 α 等因素有关。

热棒的传热能力可以用以下函数式表示：

$$\begin{cases} Q(F,\alpha,\Delta T,t) = \alpha \times F \times \Delta T(t) & \Delta T > 0 \\ Q(F,\alpha,\Delta T,t) = 0 & \Delta T \leqslant 0 \end{cases} \tag{2-2}$$

式中：Q——热棒的传热能力；

$\Delta T(t)$——路基与环境内部的温差，$\Delta T(t) = T_{路基}(t) - T_{环境}(t)$；

$T_{路基}(t)$——t 时刻路基基础下土体的温度；

$T_{环境}(t)$——t 时刻外界的温度，一般取大气环境的温度；

α——空气的侧对流传热系数，该系数根据外界条件的基本情况选取，相关因素有换热表面的形状、大小与布置以及风速等，在冻土区路基应用中主要考虑风速的影响，根据风速度的不同选取相关对流传热系数。

在温度不高的情况下，可以把对流看成是热棒中主要的传热方式，而辐射换热只是影响对流换热的次要因素，用总的放热系数 $\alpha_0=\alpha_k+\alpha_l$ 作为对流换热来考虑。其中 α_k 为对流放热系数，它包括气体的导热作用在内，α_l 为表面的辐射放热系数。

热棒冷凝器在空气中其放热系数可以看作是风速 V、冷凝器表面温度 t_w 和空气温度 t_f 的函数：

$$\alpha_0=f(V,t_w,t_f) \tag{2-3}$$

以上表达式是不同条件下热棒传热能力的数学描述。

热棒传热能力数学描述的物理意义是热棒的传热能力与热棒不同部位的导热性能有关，与热棒冷凝段环境温度及蒸发段土体温度有关。

2.1.4 基于热阻分析的热棒总体热传输率

热棒的传热能力，受不同传热部位在不同传热阶段的热阻影响，表现出不同的热传输效率。

流体的转移和运动可以分为自由运动和受迫运动。流体由于各个部分温度差异而引起的运动叫自由运动；受外力影响而产生的运动叫受迫运动。当流体为层流时，沿壁面法线方向的热量转移主要靠导热，并且主要取决于流体的导热系数。当流动为紊流时，导热只保留在边界层内，至于紊流核心中的热量转移，则依靠流体各部分的剧烈位移。此时放热的强度基本上取决于边界层的热阻。在流速增加时，边界层厚度减小，热阻减小，放热强度增加。

影响放热过程的因素有放热表面的形状和大小。因此，放热系数 α_0 是形状 ϕ，尺码 L_1、L_2、L_3，放热表面温度 t_w，流体温度 t_f，流动速度 v 以及流体的物理性质（导热系数 λ、密度 ρ、比热 C_p、黏度 μ 等）等因素的复杂函数：

$$\alpha_0=f(\phi,L_1,L_2,L_3,v,t_w,t_f,\lambda,C_p,\rho,\mu) \tag{2-4}$$

对于选定的冷凝器在空气中进行试验时，放热系数可以看作是风速 V、冷凝器表面温度 t_w 和空气温度 t_f 的函数：

$$\alpha_0=f(V,t_w,t_f) \tag{2-5}$$

在实际的计算中，可以使用下面的热传输率公式表示成一个整体的热传输过程：

$$Q=C(T_g-T_{air}) \tag{2-6}$$

式中：Q——稳态热传输率；

C——热棒性能特征参数，$C=Q/\Delta T$；

ΔT——平均空气温度和地基温度（通常取蒸发段外壁温度）之间的温差；

T_g——地基土体温度；

T_{air}——空气温度。

确定热棒热传输率的关键，是计算上述公式的热棒性能特征参数 C。由能量守恒定律知，输入的能量等于热棒带走热量的速率和稳态时通过绝缘段的热损失率之和。对于两相封闭热棒，使用一系列热阻模型。通过确定热棒的每一部分的热阻与热棒的管壁温度、热棒的热流密度来描述组合发生在热棒中的热传输。热棒在单位时间内的传热量 Q 应根据热棒—地基基础系统的热状态分析获得的热流图来确定。对于垂直埋入天然地基中的热棒，Haynes 和 Zarling 给出冻结土体的热棒蒸发器的分析。

热棒单位时间内的传热量可以由下式计算：

$$\Omega_e = \Omega_c = \Omega = \frac{T_s - T_a}{\sum R} = \frac{T_s - T_a}{R_f + R_{wc} + R_{cc} + R_c + R_e + R_{ce} + R_{we} + R_s} \tag{2-7}$$

式中：R_f——冷凝器的放热热阻；

R_{wc}——冷凝器壁的热阻；

R_{cc}——冷凝器中冷凝液体膜的热阻；

R_c——冷凝热阻；

R_e——蒸发热阻；

R_{ce}——蒸发器中冷凝液体膜的热阻；

R_{we}——蒸发器壁的热阻；

R_s——蒸发器壁周围土体热阻；

T_a——计算期平均气温；

T_s——计算期平均地温。

由于冷凝器中冷凝液体膜的热阻（R_{cc}）和蒸发器中冷凝液体膜的热阻（R_{ce}）对热棒整个的热阻影响很小，R_{cc}、R_{ce}可以忽略不计。

考虑热棒在工程实践中以散热导冷为主要应用目的，重点考虑以下基于热阻分析的影响热传输率的因素。

（1）热棒冷凝器的放热热阻 R_f

它是冷凝器形状、尺寸、表面温度、气温和风速等许多因素的函数，可以通过试验确定。冷凝器放热热阻可以用下式表示：

$$R_f = \frac{1}{A\alpha_0} \tag{2-8}$$

式中：A——冷凝器的散热面积，m^2；

α_0——冷凝器的放热系数，kcal/m^2h℃，由试验确定。

（2）通过蒸发器管壁热阻 R_{we}

$$R_{we} = \frac{\ln(d_0/d_i)}{2\pi k_w l_e} \tag{2-9}$$

式中：d_0——蒸发器管壁内径，m；

d_i——蒸发器管壁外径，m；

k_w——蒸发器管壁的导热系数，W/(m·℃)；

l_e——蒸发器长度，m。

（3）蒸发器中相变的热阻 R_e

由于在蒸发器中存在液池和液膜，在这一区域的热传输系数用下式计算：

$$h_e = 0.075\left[1 + 10\left(\frac{\rho_v}{\rho_l - \rho_v}\right)^{0.67}\right]\left(\frac{k_l^2 \rho l}{\mu_l \sigma T_v}\right)^{0.33} q_T^{2/3} \tag{2-10}$$

式中：ρ——工质的密度，kg/m^3；

ρ_l——液膜的密度，kg/m^3；

ρ_v——蒸气的密度，kg/m^3；

k_l——液体导热系数，W/(m℃)；

l——蒸发器的长度，m；

σ——表面张力，N/m^2；

μ_1——液体动力黏性，kg/ms；

q_T——蒸发器中的热流，W/m^2。

因此，R_e 可以用式(2-11)计算：

$$R_e = \frac{1}{h_e A_e} \tag{2-11}$$

其中，A_e——蒸发器的表面积，由式(2-12)计算：

$$A_e = \pi d_e l_e \tag{2-12}$$

式中：d_e——蒸发器直径，m；

l_e——蒸发器长度，m。

(4)冷凝器中的相变热阻 R_c

$$R_c = \frac{1}{h_c A_c} \tag{2-13}$$

$$h_c = \frac{k_l\left(\frac{4}{3}\right)^{4/3}\left(\frac{4q_c l_c}{\lambda\mu_l}\right)}{\frac{\mu_1}{g^{1/3}}} \tag{2-14}$$

$$A_c = \pi d_c l_c \tag{2-15}$$

式中：q_c——冷凝端的热流，W/m^2；

l_c——冷凝器的长度，m；

λ——蒸发潜热，J/kg；

d_c——冷凝器直径，m。

其他符号同上。

(5)通过冷凝器管壁传导的热阻 R_{wc}

$$R_{wc} = \frac{\delta_c}{k_w A_c} = \frac{\lambda \frac{d_0}{d_i}}{2\pi k_w l_c} \tag{2-16}$$

式中：d_0——热棒冷凝器端外径，m；

d_i——热棒冷凝器端内径，m；

k_w——管壁的热传导系数，W/(m·℃)。

其他符号同上。

(6)土体的热阻 R_s

对于垂直埋入地基中的热棒，传热影响范围内圆柱土体的热阻用式(2-17)计算：

$$R_s = \frac{\ln \frac{r_2}{r_1}}{2\pi KN} \tag{2-17}$$

式中：r_2——冻结期传热影响范围的平均半径，m；

r_1——热棒蒸发段的外半径，m；

K——土体导热系数,kcal/mh℃;

N——热棒的埋深,m。

对于倾斜成组埋于地基中的热棒,任一热棒周围土体融化状态和冻结状态的热阻由式(2-18)、式(2-19)确定。

$$R_u = \frac{L_n\left[\frac{2L}{\pi D}\sinh\left(\frac{G_u \pi \mu}{L}\right)\right]}{G_d \pi K_u N} \tag{2-18}$$

$$R_d = \frac{L_n\left[\frac{2L}{\pi D}\sinh\left(\frac{G_d \pi u}{L}\right)\right]}{G_d \pi K_u N} \tag{2-19}$$

式中:L——热棒的中心间距,m;

D——热棒蒸发段的外直径,m;

μ——热棒蒸发段的平均埋深,m;

K_u——融化土体导热系数,kcal/mh℃;

h——小时数;

N——热棒蒸发段长度,m;

G_u、G_d——比例系数,由式(2-20)、式(2-21)计算:

$$G_u = \frac{2q_u}{q_u + q_d} \tag{2-20}$$

$$G_d = \frac{2q_d}{q_u + q_d} \tag{2-21}$$

式中:q_u、q_d——融化时与冻结时来自热棒上部的热流,kcal/h。

通常,冷凝器的放热热阻和土体热阻较之其他热阻要大得多。如以外径为 0.4m、壁厚 0.01m 的钢管桩为例,若蒸发段埋入土体中 7m,在传热半径为 1.5m 时,土体热阻为 0.0269h℃/kcal,而管壁热阻仅为 0.0000299h℃/kcal,即管壁的热阻仅为土体的热阻的 1/800。在各接触面的对流换热热阻中,以冷凝器与大气接触面的热阻 R_f 最大,该热阻约为液体工质与管壁接触面热阻的 20 倍。而蒸发与冷凝热阻则更小,为冷凝器与大气接触面热阻的 1/1000 ~ 1/400。所以,在实际计算中,忽略其他热阻,仅采用土体热阻和冷凝器放热热阻进行分析,对于工程应用来讲,其精度是完全可以满足要求的。这样一来,式(2-7)变成:

$$\Omega = \frac{T_s - T_a}{R_f + R_s} \tag{2-22}$$

这就是热棒传热计算中的基本简化公式。Donald Haynes & John P Zarling(1992)给出了这种计算过程:热量从冻结壁到蒸发器的传递是通过热传导完成,通过蒸发和冷凝作用经过热棒,从冷凝器到空气通过对流和辐射来完成。该分析采用准静态法分析水和冰的热敏感性,也不考虑冰边界外水的对流。这种分析用下式表示:

$$\Omega = \frac{(T_f - T_a)}{\frac{\ln(r/r_t)}{2\pi kl} + \frac{1}{Cl}} = 2\pi r l \lambda \frac{\mathrm{d}r}{\mathrm{d}t} \tag{2-23}$$

式中:T_f、T_a——冻结锋面和空气的温度,℃;

r——到冻结锋面的距离,m;

r_t——管的外半径,m;

k——冰的热传导系数,W/(m℃);

C——热棒的单位热传输率;

l——蒸发端的长度,m;

λ——冰的融化潜热,J/kg。

将式(2-23)变为:

$$f_{t_0}^{t}(T_f - T_a)\mathrm{d}t = 2\pi\lambda f_{r_t}^{r}\left[\frac{1\mathrm{n}(r/r_t)}{2\pi k} + \frac{1}{C}\right]r\mathrm{d}r \tag{2-24}$$

左边式是冻结状态的时间,积分得到:

$$\mathrm{FDH} = 2\pi\lambda\left[\frac{r^2 - r_t^2}{2}\left(\frac{1}{C} - \frac{1}{4\pi k}\right) + \frac{r^2 1\mathrm{n}(r/r_t)}{4\pi k}\right) \tag{2-25}$$

式中:FDH——冻结过程中由热棒从土体中带走的热量,kJ。

式(2-25)用热棒的单位热传输率表示得到:

$$C = \frac{1}{\frac{2}{(r^2 - r_t^2)}\left[\frac{\mathrm{EDH}}{2\pi\lambda} - \frac{r^2\ln(r/r_t)}{4\pi k}\right] + \frac{1}{4\pi k}} \tag{2-26}$$

对于倾斜安装的热棒,采用 Gerstmann 和 Griffith 公式计算平均热传输率。

$$C_{\mathrm{clined}} = \frac{g\ \cos\theta\rho_1(\rho_1 - \rho_v)h_{fg}}{k_1\mu\Delta T}\left[\frac{\sigma}{g(\rho_l - \rho_v)\cos\theta}\right]^{3/2} \tag{2-27}$$

$$\overline{N}\mu = 0.81(C_{\mathrm{clined}})^{0.193}10^{10} > C_{\mathrm{clined}} > 10^8 \tag{2-28}$$

$$\overline{N}\mu = 0.69(C_{\mathrm{clined}})^{0.20}10^8 > C_{\mathrm{clined}} \tag{2-29}$$

$$\frac{\overline{h}L}{k} = \overline{N}\mu \tag{2-30}$$

式中:h_{fg}——蒸发热量,kJkg/℃;

g——重力加速度;m/s^2;

k_1——液体的热传导,W/(m ℃);

ρ_1——液体密度,kg/m^3;

ρ_v——蒸气密度,kg/m^3;

μ——动力黏滞系数,kg/ms;

k——热传导系数,W/(m ℃)。

对于垂直的热棒,$\cos\theta = 1$。倾斜热棒和垂直热棒的热传输效率具有很大的不同,根据资料,$\theta = 90°$的蒸发器的热传输系数随着热传输速率(管壁的热流密度)的增长迅速增长,$\theta = 45°$的冷凝器的热传输系数随着热传输效率的增长略有降低。$\theta = 45°$时蒸发器的热传输系数随着液体填充量的增加略有增加,$\theta = 45°$时冷凝器的热传输系数随着液体充入量的增加而略有减少。

热棒成组使用时,其传热量与热棒的间距有关。当间距减小时,对单根热棒来说,热阻增大,传热量减小。当间距从 1m 增加到 5m 时,热棒的热阻迅速减少,传热量迅速增加。间距再增大，这种影响就不太明显了。因此，在热棒基础在设计时应该根据热工计算确定热棒合理的间距。

如果热传输速率超出了某一水平，冷凝物蒸发时受到蒸气流的影响而停滞，因此用最大热传输速率来限制管中流体。单根热棒的最大热传输速率通过试验用式(2-31)确定：

$$\Omega_{max}=17998\varphi^{-0.545}T_i^{-0.175}\left(\frac{V_\lambda}{V_e}\right)^{-0.043} \tag{2-31}$$

式中：Ω——最大的热传输量，W；

V_λ、V_e——液体和蒸气的体积，m^3；

φ——热棒的倾斜角度，°；

T_i——热棒内壁温度，℃。

对于式(2-31)代入角度值的计算结果，可以知道，倾斜角度为 45°的热棒比垂直热棒最大的热传输速率高 40% 左右。

在实际计算中，可以使用下面的热传输率公式表示成一个整体的热传输过程：

$$Q=C(T_g-T_{air}) \tag{2-32}$$

式中：Q——稳态热传输率；

C——热棒性能特征参数，$C=Q/\Delta T$，ΔT 是平均空气温度和地基温度（通常取蒸发段外壁温度）之间的温差；

T_g——地基土体温度；

T_{air}——空气温度。

确定上述热棒热传输率的关键是计算上述公式的热棒性能特征参数 C。由能量守恒定律知，输入的能量等于热棒带走热量的速率和稳态时通过绝缘段的热损失率之和。对于两相封闭热棒，通过热棒的每一部分的热阻、热棒的管壁温度、热棒的热流密度，用来描述组合热传输期间发生在热棒中的现象。

热棒热传输效率分析揭示的物理意义与热棒传热能力相同，只是引入了量化分析的方法更清晰地给出了热棒各部分和土体、环境温度之间的相互关系，通过上述分析还揭示了热棒制作过程和热棒设计工程提高热棒冷却降温效率的途径。

2.2 热棒传热极限

热棒传热极限问题，实质上是热棒内部发生的传热过程和传热效率的保证条件问题，通俗地讲就是限制热棒高效传热发生的负面条件存在的极限。

热棒高效传热影响负面条件的存在，影响了热棒传热过程正常进行，影响传热工质相变过程最大化，影响热传输效率最大化。克服和防止这些负面条件的存在是热棒制作工艺过程必须考虑的关键技术问题。

2.2.1 热棒传热负面条件

限制热棒高效传热的负面条件，包括管内毛细力、管内不同部位蒸气速度、蒸气压力、工质温度、工质相态均衡、不凝性气体存在条件等。这些负面条件的存在，受制于热棒尺寸、形状、工作介质、吸液芯结构、工作温度等,这些因素决定了热棒在不同工作温度下各负面条件的极限值,限制了热棒传热量。

由以上负面条件决定的热棒传热极限主要有:

(1)连续流动极限。微型热棒以及工作温度很低的热棒,管内蒸气流动可能处于自由分子状态或稀薄、真空状态,从而不能获得连续蒸气流,传热能力受到限制。

(2)冷冻启动极限。在从冷冻状态启动过程中,蒸发段来的蒸气可能在绝热段或冷凝段再次冷冻,这将耗尽蒸发段来的工作介质,导致蒸发段干枯,热棒无法正常启动工作。

(3)黏性极限。又称为蒸气压力极限。当蒸气压力由于黏性力的作用在热棒冷凝段的末端降为零,如液态金属热棒,在这种条件下热棒传热将受到限制,热棒的工作温度低于正常工作温度范围时将遇到这种极限。

(4)声速极限。热棒管内蒸气流动,由于惯性力的作用,在蒸发段出口处蒸气速度可能达到声速或超声速,而出现阻塞现象,这时的最大传热量称为声速极限。

(5)携带极限。当热棒中的蒸气速度足够高时,液气交界面存在的剪切力,可能将吸液芯表面液体撕裂并将其带入蒸气流,这种现象减少了冷凝回流液,限制了传热能力。

(6)毛细极限。热棒中工作介质的循环靠毛细吸液芯结构与工作液体产生的毛细压力头维持,由于毛细结构为循环提供的毛细压头是有限的,这将使热棒的最大传热量受到限制,这种限制通常称作毛细极限或流体动力极限。

(7)冷凝极限。热棒最大传热能力可能受到冷凝段冷却能力的限制,不凝性气体的存在将降低冷凝段的冷却效率。

(8)沸腾极限。如果径向热流或管壁温度变得非常高,吸液芯中工质的沸腾可能阻碍工作液体的循环而导致沸腾。

2.2.2 冻土区热棒应用中的传热极限问题

对本书主要涉及的冻土区应用的热棒,影响其传热过程和传热效率最关键的几种传热极限是携带极限、干涸极限和沸腾干涸极限。这些必须在热棒工艺技术中得到有效控制,以保证热棒的正常工作,保证热棒传热效率和降低土体温度效果的最大化。

在不同工程应用目的和应用条件下的不同类型热棒,需要考虑的传热极限不同,而大多数冻土区工程应用的热棒为重力式热棒,这种热棒所具有的热虹吸管结构特征,决定了它的传热极限主要研究和考虑声速极限、携带极限、干涸极限和沸腾极限,对这些传热极限的计算是对最大负面条件下极限传热功率的一种验证。

所有具有实际应用意义的传热极限问题,主要是限制热棒的工艺制作必须满足管内工质的相态变化环境条件,并使这种相态变化的效率最大化。

1)声速极限

热棒内蒸气流动,由于惯性力的作用,在蒸发段出口处蒸气速度可能达到声速或超声速,而出现阻塞现象,这时的最大传热量称为声速极限。

声速极限的计算公式为:

$$Q = _{s,max} = A_v \rho_0 h_{fg} \left[\frac{\gamma_v R_v T_0}{2(\gamma_v + 1)} \right]^{\frac{1}{2}} \tag{2-33}$$

式中：$Q_{s,max}$——极限传输功率；

A_v——蒸气通道截面积，这里忽略液膜厚度对蒸气通道的影响，取为 41.85cm^2；

ρ_0——静止状态下的蒸气密度，取 -20℃ 的值，由克拉伯龙方程计算 1mol 氨气的体积是 11.058L，此时的密度是 1.537kg/m^3；

h_{fg}——汽化潜热，为 1328.5kJ/kg；

γ_v——蒸气比热容比，对于多原子分子该值恒为 4/3；

R_v——蒸气的气体常数，等于通用气体常数除以气体的分子量：

$$R_v = \frac{T_0}{M} \tag{2-34}$$

其中：R_0——通用气体常数，等于 8.314×10^3J/(kmol · K)；

M——蒸气分子量，为 17；

T_0——蒸气温度，为 253.15K。

故有：

$$Q_{s,max} = A_v\rho_0 h_{fg}\left[\frac{\gamma_v R_v T_0}{2(\gamma_v+1)}\right]^{\frac{1}{2}}$$

$$=41.85\times10^{-4}\times1.537\times1.3285\times10^6\left[\frac{\frac{4}{3}\times\frac{8314}{17}\times253.15}{2\times\left(\frac{4}{3}+1\right)}\right]^{\frac{1}{2}}=1607\text{kW} \tag{2-35}$$

2）携带极限

携带极限也称作液阻极限，易出现于充液量较大、轴向热流密度也较大的情况。携带极限是由热虹吸管内逆向流动的蒸气流回流的液体在界面上相互作用引起的，其机理与普通热棒的携带机理一致。

随着气-液间相对速度的增大，气-液界面上的黏滞剪切力阻碍着回流液体从冷凝段回到蒸发段，高速的蒸气流将携带着回流液体到达冷凝段，使得蒸发段干涸，管壁温度飞升。当热流体状况稳定时，管内液体被阻止回流到蒸发段，就达到了热虹吸管的携带传热极限。

Faghri 在综合大量实验数据基础上，考虑了管径、表面张力、工质物性等影响，提出了预测计算携带极限的公式。

当热棒中蒸气速度足够高时，气-液交界面处在的剪切力可能将洗液芯表面液体撕裂而将其代入蒸气流。这种现象减少了冷凝回流，限制了传热能力。

携带极限的计算公式为：

$$Q_{x,max} = Kh_{fg}A_v\left[g\sigma(\rho_l-\rho_v)\right]^{\frac{1}{4}}\left(\rho_v^{\frac{1}{4}}+\rho_v^{-\frac{1}{4}}\right)^{-2} \tag{2-36}$$

式中：K——无因次 Kutataladze 准则数，计算式为：

$$K = C_k^2 = \left(\frac{\rho_l}{\rho_v}\right)^{0.14}\tanh^2 B_o^{\frac{1}{4}} \tag{2-37}$$

$$B_o = \left(\frac{C_k}{C_w}\right)^4\left[\frac{\sigma}{g(\rho_l-\rho_v)}\right]^{\frac{1}{2}} \tag{2-38}$$

$$\frac{C_{\mathrm{k}}}{C_{\mathrm{w}}}=\sqrt{3.2} \tag{2-39}$$

式中：ρ_{l}——气体的密度，$\mathrm{kg/m^3}$；

ρ_{v}——液体的密度，$\mathrm{kg/m^3}$；

σ——气—液交界面处的剪切应力，$\mathrm{N/m^2}$。

代入数据，其中表面张力：

$$\sigma=28.976-0.1033t+0.00145t^2=31.622\mathrm{dyn}^{❶}/\mathrm{cm} \tag{2-40}$$

$$B_{\mathrm{o}}=\left(\frac{C_{\mathrm{k}}}{C_{\mathrm{w}}}\right)^4\left(\frac{\sigma}{g(\rho_{\mathrm{l}}-\rho_{\mathrm{v}})}\right)^{\frac{1}{2}}=3.2^2\left(\frac{31.622\times10^{-3}}{9.8(665-1.537)}\right)^{\frac{1}{2}}=0.02275 \tag{2-41}$$

$$\tanh^2B_{\mathrm{o}}^{\frac{1}{4}}=\tanh^2\times0.3884=0.137 \tag{2-42}$$

$$K=C_{\mathrm{k}}^2=\left(\frac{\rho_l}{\rho_v}\right)^{0.14}\tanh^2B_{\mathrm{o}}^{\frac{1}{4}}=\left(\frac{665}{1.537}\right)^{0.14}\times0.137=0.32 \tag{2-43}$$

$$\begin{aligned}Q_{\mathrm{x,max}}&=Kh_{\mathrm{fg}}A_{\mathrm{v}}[g\sigma(\rho_{\mathrm{l}}-\rho_{\mathrm{v}})]^{\frac{1}{4}}(\rho_v^{\frac{1}{4}}+\rho_l^{-\frac{1}{4}})^{-2}\\&=0.32\times1.3285\times10^6\times41.85\times10^{-4}[9.8\times31.622\times\\&\quad10^{-3}(665-1.537)]^{\frac{1}{4}}\left(665^{\frac{1}{4}}+1.537^{\frac{1}{4}}\right)^{-2}=5618.3\mathrm{W}\end{aligned} \tag{2-44}$$

目前，冻土区应用的热棒实际计算数值低于携带极限数值，则不会出现液体回流受阻现象，热棒传热不受影响。

3）沸腾极限

在充液量较大、径向热流密度很大的情况下，易发生沸腾传热极限，又称之为烧毁传热极限。随着径向热流密度的增大，蒸发段液池内开始产生核态沸腾。热流密度进一步增大，液池内沸腾越来越激烈，当达到临界热流密度时，气泡聚合连成一片贴近管壁而形成蒸气膜，蒸气膜将液体与壁面隔绝开来，导致壁面温度突然增高，这种现象类似于池沸腾中的膜沸腾状态，即认为达到沸腾极限。

沸腾限是指蒸发段管壁过热度 $\Delta\theta$：

$$\Delta\theta=\theta_{\omega}-\theta_{\mathrm{s}} \tag{2-45}$$

式中：θ_{ω}——介质温度，℃；

θ_{s}——管壁温度，℃。

当 $\Delta\theta$ 大时，在加热面上将直接产生蒸气泡，从而出现泡核沸腾，此时，热管尚能正常工作，且蒸发段换热系数更高。$\Delta\theta$ 由式(2-46)确定：

$$\Delta\theta=\theta_{\omega}-\theta_{\mathrm{s}} \tag{2-46}$$

但当过热度 $\Delta\theta$ 再增大时，则气泡进一步扩大以而在加热面上形成一层气膜，即出现膜态沸腾。在这种情况下，蒸发段温度显著升高，热棒工作失效。管内出现泡核沸腾时的传热量称作沸腾限或沸腾极限。

目前预示沸腾限的理论还不成熟，因此无法准确计算。据根据室内试验，沸腾限一般较大，当工作介质为氨时，若工作温度为26℃，达沸腾限时，蒸发段的热流密度为 $7.5\mathrm{W/cm^2}$。

---

❶ 阻碍力学单位，达因，$1N=10^5\mathrm{dyn}$，编辑注。

据中铁西北科学研究院低温风洞试验，当热棒蒸发段和冷凝段之间的温差为15℃时，功率约150W，这时蒸发段的热流密度约0.12W/cm²，这与上面数据7.5W/cm²相比要小得多。因此，在一般情况下，热棒不会出现沸腾极限。

沸腾极限的计算式为：

$$\frac{Q_{\max}}{Q_{\max,\infty}} = C^2\left[0.4 + 0.012R\sqrt{\frac{g(\rho_l - \rho_v)}{\sigma}}\right]^2 \tag{2-47}$$

式中：$Q_{\max,\infty}$——池沸腾向膜沸腾转变的临界热流密度，计算式为：

$$Q_{\max,\infty} = 0.14h_{fg}\sqrt{\rho_v}\left[g\sigma(\rho_l - \rho_v)\right]^{\frac{1}{4}} \tag{2-48}$$

$$C = A\left(\frac{D}{L_c}\right)^{-0.44}\left(\frac{D}{L_e}\right)^{0.55}\Omega^n \tag{2-49}$$

式中：R——热棒内半径；

D——热棒内直径；

L_c——冷凝段长度；

L_e——蒸发段长度；

Ω——工作介质量与总容积的比；

A——常数，等于0.538；

n——常数，等于0.13。

ρ_l——液体的密度，kg/m³；

ρ_v——气体的密度，kg/m³；

σ——气—液交界面处的剪切应力，N/m²。

代入数据：

$$C = A\left(\frac{D}{L_c}\right)^{0.44}\left(\frac{D}{L_e}\right)^{0.55}\Omega^n = 0.538\times\left(\frac{0.073}{6}\right)^{-0.44}\times\left(\frac{0.073}{3}\right)^{0.55}\times\left(\frac{5000}{50000}\right)^{0.13} = 0.3595 \tag{2-50}$$

$$\begin{aligned} Q_{\max,\infty} &= 0.14h_{fg}\sqrt{\rho_v}\left[g\sigma(\rho_l - \rho_v)\right]^{\frac{1}{4}} \\ &= 0.140\times 1.3285\times 10^6\times\sqrt{1.537}\left[9.8\times 31.622\times 10^{-3}\times(665 - 1.537)\right]^{\frac{1}{4}} \\ &= 873\text{kW} \end{aligned} \tag{2-51}$$

$$\begin{aligned} Q_{\max} &= Q_{\max,\infty}C^2\left[0.4 + 0.012R\sqrt{\frac{g(\rho_l - \rho_v)}{\sigma}}\right] \\ &= 8.37\times 10^5\times 0.3595^2\left[0.4 + 0.012\times 36.5\times 10^{-3}\times\sqrt{\frac{9.8(665 - 1.537)}{31.622}\times 10^3}\right]^2 \\ &= 38.736\text{kW} \end{aligned} \tag{2-52}$$

4）干涸极限

当热虹吸管的充液量很少，蒸发段的径向热流密度也相对较小时，在蒸发段的底部可能出现干涸传热极限。在这种情况下，冷凝段的下降液膜仍继续回流到蒸发段，然而蒸发段底部的液膜厚度接近于零，可见此时充液量只能满足热虹吸管的循环，即蒸气和下降液膜的流动，蒸发段底部无液池存在。当蒸发段的热流密度增大时，热虹吸管的底部出现干涸，干涸的区域随着热流密度增大而扩展，壁面温度持续上升，这就是干涸极限。

干涸极限是由于热流增加，使沿管壁回流的冷凝液还未到达管底液坑时已干涸，液膜和液坑之间出现干涸区，此处局部温度稍高，但热棒还能继续运行。干涸极限随着工质充装量增大而增大，随冷凝器长度增加而增加，随蒸发器长度增加而增加。Streltsav 推导了垂直放置的无芯重力热管相应于干涸限的最佳充灌量计算方法，得到干涸极限 Q_{max} 与工质充入量 m 的关系为：热管的功率与冷凝段和蒸发段之间的温差有关，它随温差的增大而增大。

$$m = \left[\frac{4}{5}(L_e + L_c) + L_a\right]\left(\frac{3\mu_1 \pi^2 D_c^2 v\rho_1}{L_g} Q_{max}\right)^{\frac{1}{3}} \tag{2-53}$$

式中：L_e——蒸发段长度，m；

L_c——冷凝段长度，m；

L_a——绝热段长度，m；

μ_1——液体工质的黏度，kg/ms；

D_c——热管蒸气通道直径，m；

ρ_1——液体的工质的密度，kg/m^3；

L_g——蒸发潜热，kJ/kg。

如前所述，除了充液量，工质的物性、热虹吸管尺寸及其工作温度都是影响干涸极限的重要因素。

影响两相闭式热虹吸管传热性能的因素很多，如热虹吸管的几何尺寸、倾角、充液量、工质的物理性质、管内工作温度等，但是对作为重力式热管的热棒来讲，最重要的是充液量和倾角。

热虹吸管充液量与几何尺寸、工质物性有关，与热流量的立方根成正比，最小充液量可以由公式算出。若实际充液量小于计算值，则虹吸管底部出现干涸，发生干涸极限；若过大则会引起不稳定传热，影响传热效果。试验证明，最佳充液量以控制在热虹吸管总容积的18% ~20% 为佳。

对一定的充液率，当倾角较小时，传热量随倾角增大而迅速上升；超过一定倾角后，传热量变化较平坦。总的说来，在其他工况不变的情况下，倾斜角为 20° ~40°会获得较好的传热效果。

蒸发段长度与内径的比率对倾斜热虹吸管有一定影响。在一定充液率（使热虹吸管正常工作）下，随蒸发段长径比的增加，在同样倾角下该热虹吸管的传热功率也有所增加。

冻土区工程应用热棒的功率一般不超过 300W，因此上述传热极限问题基本可以满足。

2.2.3 热棒工艺制作和传热极限控制

传热极限种类、形成原因和控制因素的理论研究的目的在于了解冻土区应用的热棒可能产生的传热极限和控制因素，进而指导热棒的设计、制作工艺过程。

具有热虹吸管构造形态和工作状态的热棒，在正常启动和操作过程中，常常会出现不稳定状态，这些不稳定状态包括小充液量时的干涸震荡和大充液量低热流量输入情况下的间歇沸腾，以及由于携带引起的震荡。这是一个传热极限问题，其中干涸振荡主要指在充液量较小情况下，从冷凝段回流的液体在蒸发段管壁形成溪流，溪流的传热是不稳定的，由此引起壁温的波动。

间歇沸腾，一般发生在工业热管换热器制作中，工业热管的热虹吸管的充液量一般要比单一温度下计算出的量适当大一些。在热管换热器启动过程中，输入的热量较小，在液池中不足以形成稳定的核态沸腾，液池里的温度不断上升直至过热。在此期间，液池内会生成气泡并很快长大至直径与管内径相当，形成弹状气泡冲至冷凝段，并将其上部的液柱也抛至热虹吸管顶部，撞击冷凝段的端盖，发出类似汽锤的声音。液柱冲至冷凝段后，过冷的液体在管壁上形成液膜，回落到蒸发段液池被加热到过热状态，产生下一个气泡，如此不断循环形成间歇沸腾，对热虹吸管的传热和寿命都不利。

携带震荡，一般发生在热流密度较高时，热虹吸管内蒸气由于气-液界面上的剪切力将液膜上的液滴卷入蒸气，一同带至冷凝段。因为此时热虹吸管仍在正常工作，所以并未达到携带极限。所谓携带极限是指由于气-液界面的剪切力将下降液膜携带至冷凝段，而使蒸发段干涸，热虹吸管无法工作。由于携带，热虹吸管内的温度和压力将产生很大波动，出现振荡现象。

总之，携带极限涉及逆向流动的蒸气和液体界面的剪切力，干涸极限与一定热流密度下的最小充液量有关，沸腾极限则类似于池沸腾的蒸气全部覆盖管壁的临界热流密度。这些传热极限都将导致管壁温度升高而过热，严重时将烧毁热虹吸管。携带极限是对蒸发段轴向热流密度的限制，干涸极限和沸腾干极限是对蒸发段径向热流密度的限制。

通常热棒均有较大的充液量，所以对于细长管，即在热棒蒸发段的长径比很大时，应该要考虑携带极限问题。

考虑有可能出现的传热极限发生问题，对冻土工程使用的热棒进行过有关参数的测试，测试结果证明热棒满足在传热极限上的要求。

据中铁西北科学研究院低温风洞试验，当热管蒸发段和冷凝段之间的温差为15℃时，功率约为150W，这时蒸发段的热流密度约0.12W/cm^2，这与上面数据7.5W/cm^{2}相比要小得多。因此，在一般情况下，热棒是不会出现沸腾极限的。

淹没现象与携带现象类似，即蒸气携带液滴流向冷凝段的现象。由于液滴在冷凝段聚积，使冷凝段的径向热阻增大，冷凝段外壁温度下降，但是这种现象并不能影响热棒的正常运行。因为当液滴聚积到一定程度时，液滴的重力将克服蒸气流的剪切力而落回蒸发段。

在充液量比较大，径向热流密度很大时，蒸发段液池内工质沸腾达到移动剧烈程度时，气泡聚合在贴近管壁处，形成一层液膜阻碍工作液体和管壁接触，导致壁温升高，达到沸腾极限。

热棒传热极限的工程意义指控制其工作状态和工作效率的那些传热极限对热棒设计参数和热棒制作工艺技术的影响。

在一定充液率范围内，充液率变化对于在一定倾角下热虹吸管的传热功率影响不大。但充液率过小时，受传热极限等影响传热率明显下降。

在正常运行过程中，热棒蒸发段内包括各种两相流动及传热现象，其中也有池沸腾、膜沸腾以及棒内工质的往复脉动引起的热量传递，热棒的传热存在多种复杂的状态。根据热棒蒸发段埋设于冻土环境中、长期处于低温小温差传热状态的特点，在低热流密度和高充液量情况下，一般呈现间歇沸腾的特征，如图 2-4 所示。这个沸腾过程为：气泡生成、长大至直径与管内径相等，将其上部的工质托至热棒顶部，气泡破裂后液体在热棒内壁形成环状液膜，受热沸腾，实现全蒸发段的换热，部分过冷工质回到液池被加热，产生下一个气泡，如此不断循环形成间歇沸腾换热。

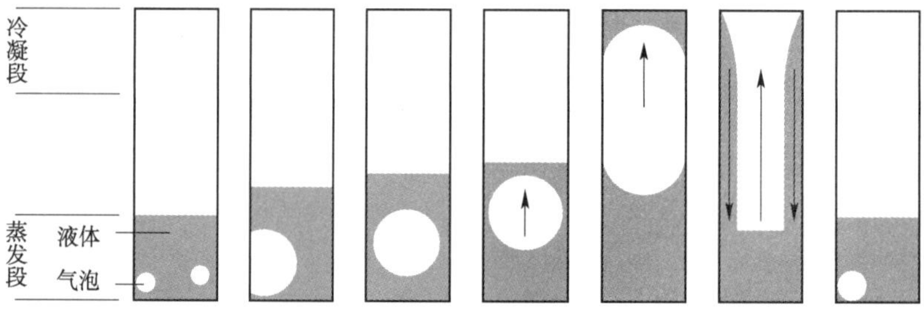

图 2-4 热棒间歇沸腾示意图

间歇沸腾不是热棒的传热极限，但其发生的频率高低受工质液位高度的影响较大，液位高，气泡不易破裂，液池热阻大，热棒的传热稳定性不好，甚至因驱动力不够不能沸腾，从而使热棒休眠；但在小充液量的情况下，从冷凝段回流的液膜在蒸发段形成间断性细流，由于细流间有干涸现象，所以其换热系数低于稳定液膜，在壁温稳定的情况下，这种局部干涸也不是传热极限。当然，当工质充装量非常小时，所有的工质液体用于传热循环，而无液池存在，热棒内壁出现干涸，此时即出现了干涸传热极限。根据笔者多年工程试验工作的经验和观测，热棒在长径比大于 100 的情况下，热棒内工质的充装量应在总容积的 5% ~8% 。

冻土区应用的低温热棒，其启动温差一般在 1℃左右，因而其传热属于小温差传热类型。由于热棒蒸发段的主要传热机理是导热加蒸发，当热棒处于低热流量的情况下，热量一部分通过工质传导到气-液分界面上，另外一部分则通过自然对流到达气-液分界面。如果热流量增大，与管壁接触的液体会在核化中心生成气泡，如果生成的气泡无法通过液池上升到液池表面，则会在蒸发段形成一层气泡使得蒸发段热阻急剧增大，热棒无法正常工作。由此可见，沸腾极限在小温差传热的低温热棒中起到了关键的控制作用，而影响沸腾极限的主要因素是液池热阻，液池热阻又是由热棒充液量决定。因而，热棒的工作性能很大程度上取决于热棒的充液量。

2.3 冻土区热棒工况

热棒是两端密封的热虹吸管，管中装有液体工质。管的上部（散热段）装有散热片，管的下部（蒸发段）埋入多年冻土中（图 2-5）。在寒冷季节，由于空气温度低于多年冻土温度，热棒中的液体工质吸收多年冻土中的热量，蒸发成气体，（吸收汽化潜热）。蒸气在压差的驱动下，沿热棒中心通道向上流动至热棒上部（冷凝段），遇到较冷的管壁放出气化潜热，冷凝成液体，液体工质薄膜在重力作用下，沿管壁流回蒸发段再蒸发，如此循环，把地基多年冻土中的热量源源不断地传输到大气中。

在温暖季节，空气温度高于多年冻土温度，液体工质蒸发的蒸汽到热棒上部（冷凝段）后，由于管壁温度较高，蒸气不能冷凝，达到气液相平衡后，液体停止蒸发，热棒停止工作（热棒的单向传热特性),这样大气中的热量就不会通过热棒传到多年冻土中。

在冻土区,热棒表现出传热能力大、传热温差小、启动温度低、均温性能好、单向传热以及安全、经济等良好的工程特性。

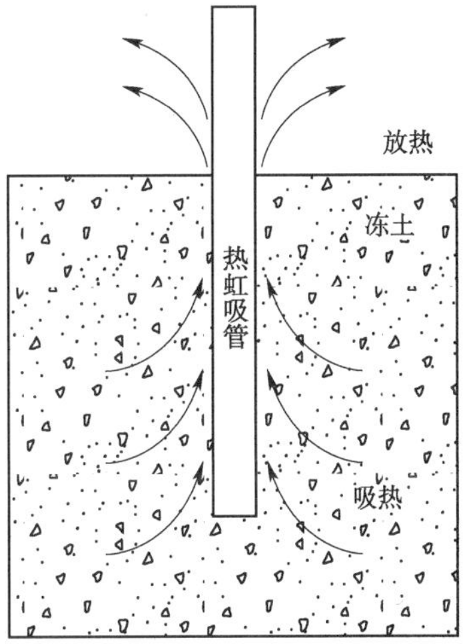

图 2-5 热棒冷却冻土路基原理

对我国青藏铁路冻土区和多数寒区多年冻土层来讲,寒季和暖季的部分时间段(夜晚或太阳落下之后),环境温度低于热棒蒸发段所在的周围冻土层温度,土体热量传入热棒,使其内部的工作介质气化,在蒸气压的作用下向上部——冷凝段流动;在冷凝段,由于温度比较低,蒸气遇冷凝结,凝结液在重力的作用下回到蒸发段,进行下一个循环。如此不断工作,将地下的热量带走。而夏天,环境温度比较高,由于热棒内部没有吸液芯,工作介质不能从下面流到蒸发段,所以此时的热量只能依靠管壁的热传导。正是由于热虹吸管的这个特点,使地下的永冻层变厚,增加了冻土的强度,减小了以冻土为路基的铁路在运行时的下沉。在冻土层,没有应用热棒时,其内部的冷冻和融化是完全依靠冻土本身的传导。在冬季,冻土得不到充分的冷冻,低温冻土区冻土层的年平均地温温度只有 -2℃。而在放置热棒后,冻土层的冷冻过程就变成了二维的导热过程,其内部增加了一个长期作用的、有一定热流密度且在管壁形成一定负温的温度的冷源,可以把从地面到地下 5 ~6m 接近热棒壁土层的温度大幅度降低,强化了冻土层的冷冻过程。而在夏季又不会增加融化过程,增加了冻土层的冷储量,增加了抵御环境气温温度升高而导致地温升高、冻土热稳定性降低。

目前我国冻土区热棒多采用氨为工质且垂直放置,工作温度为 50℃时,蒸发段径向传热极限热流密度 $50kW/m^2$,轴向传热极限热流密度 $8.9MW/m^2$。单支管的最低传热能力,以中 $\phi83 \times 5mm$ 元件为例,在工作温度为 -5℃时,其传热能力不低于 6kW,元件的实际传热能力介于极限传热能力和最低传热能力之间。

如图 2-6 所示,热棒周围不同距离的点温度分布图用以说明热棒冷却效果,表明了在距离热棒 x 方向不同距离的位置的冻土层温度。图上距离热棒最近的点是 0.5m,直线为无穷远点的温度分布,横坐标 0 表示地面,10 表示地下 10m。从图上可以看出,热棒引起的温度场变化的比较明显的作用区域在 4 ~5m,而在此范围内的温度均有所降低,所以,在冻土层内布置热棒以加固铁路路基的方法作用比较明显,即采用热棒技术加固冻土段路基的方案是可行的。埋置热棒后土体冻结时热流方向如图 2-7 中箭头所示,除了冷空气导致的自上而下的冻结过程以外,土体天然地面寒季冷却时,热流方向是自下而上,冻结过程是自上而下的垂直方向单向进行程,埋置热棒相当于增加了一个水平方向的冷源,也就是增加了一个水平方向(热棒的径向)的冷却冻结过程,将天然地面自上而下的单向冻结过程改变为垂直和水平方向的多向冻结过程。

图 2-8 是根据青藏铁路某多年冻土地区土体物性和气象条件模拟出的热棒在寒季工作 100d 时周围的等温线分布(温度单位为℃),热棒埋入地下总长为 9m,地面至地下 3m 为绝热段,地下 3 ~9m 为蒸发段。从图中可见,在热棒蒸发段径向 0 ~3m 的范围内,等温线是接

近于垂直方向的,而未埋置热棒土壤冻结时,等温线应该是接近于水平方向的。

热棒工况分析对热棒应用目的和热棒设计目标确定具有重要的参考价值。

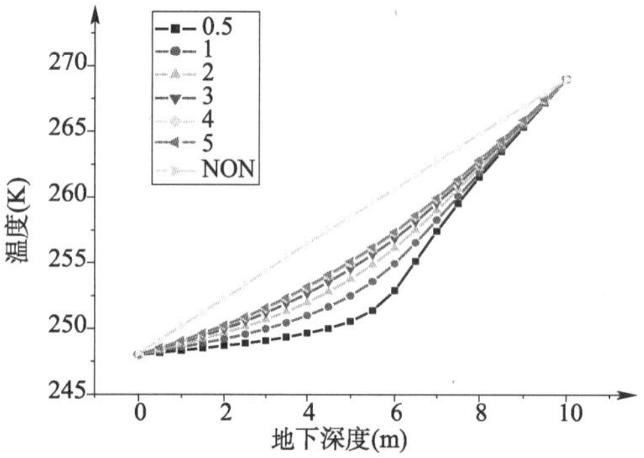

图 2-6　热棒周围不同距离点的温度分布

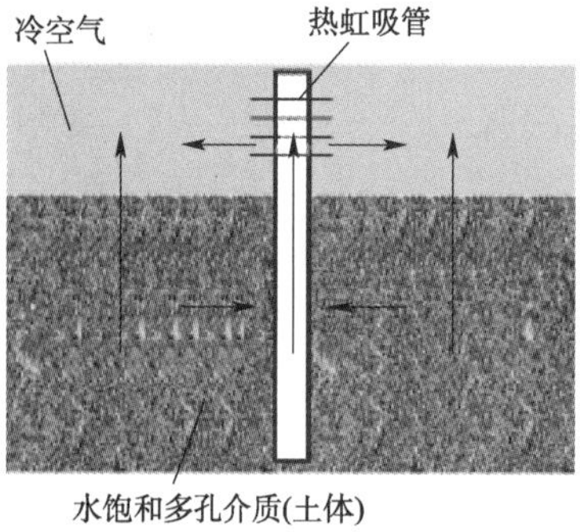

图 2-7　埋置热棒后土体冻结时热流方向

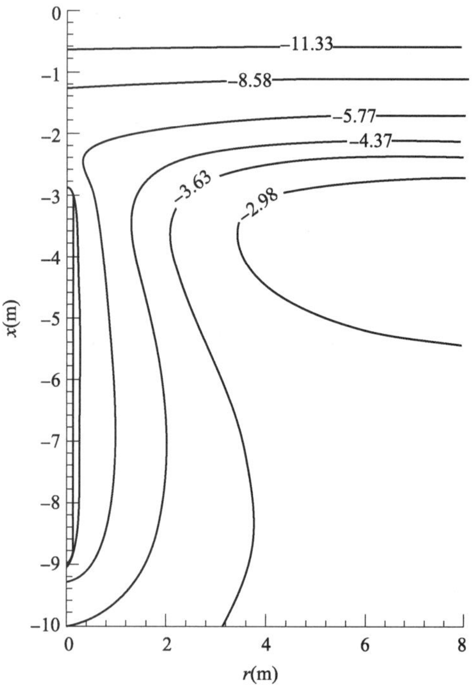

图 2-8　埋置热棒后土体冻结时等温线分布

2.4　冻土区热棒分类

冻土区热棒不同的分类原则对应着不同的分类,目前从热棒制作、传热技术、工程应用的不同要求和不同原则出发,对应的热棒分类方法有:按热棒产品分类,按热棒工程应用形态分类及按热棒工程应用形式分类。

热棒的产品分类,一般在产品制作方适用,工程应用方面更多的是通过应用形态和应用形式对热棒进行分类。

一般的是工程应用决定应用形态,二者结合对产品提出工艺制作要求,这些要求决定产品的类别。

冻土工程性质,指工程所处冻土区域特征和环境特征决定的工程可能的变化特征。工程形态是指工程存在的几何形态特征。工程目的是指设计思想指导下工程欲解决的工程问题。热棒的应用形态指针对工程可能发生的不利于工程稳定性的变化和稳定工程基底多年冻土为直接目的,根据工程形态决定的热棒安装设置位置、设置方式和形态。

2.4.1　热棒产品分类

热棒产品属于一种传热元件,作为传热分类,主要考虑它的工作温度、工作介质、机械结构形式和功能，因此热棒设计制作过程和终极产品从上述因素出发热棒分类有以下几种：

(1)按照热棒内工作温度区分。分为低温热棒(－273～0℃)、常温热棒(0～250℃)、中温热棒(250～450℃)和高温热棒(450～1000℃)。

(2)按照工作液体回流动力区分。分为有芯热棒、两相闭式热虹吸管(重力热棒)、重力辅助热棒、旋转热棒、电流体动力热棒、磁流体动力热棒和渗透热棒。

(3)按管壳与工作液体的组合方式区分。分为铜—水热棒、碳钢—水热棒、铜钢复合—水热棒、铝—丙酮热棒、碳钢—萘热棒和不锈钢—钠热棒。

(4)按结构形式区分。分为普通热棒、分离式热棒、毛细泵回路热棒、微型热棒、平板热棒和径向热棒。

(5)按热棒功用区分。分为传输热量的热棒、热二极管、热开关、热控制用热棒、仿真热棒和制冷热棒。

这种热棒分类适用于热棒制作过程对不同制作工艺过程的控制。

2.4.2　热棒的结构形态分类

热棒结构形态分类是工程应用分类的一种，一般根据冻土工程地基形态和冻土工程设计目的而决定。冻土工程地基形态有路基、桩基等重要形态，为了满足设计目的，改善地基不同部位冻土热状态，所应用的热棒有不同结构形态。

冻土区工程热棒就热棒整体结构而言可以分为一体型热棒和分体型热棒两大类，也即封闭型和开放型热棒。这种分类是以热棒散热导冷系统中冷凝部分与蒸发部分的分布和结构形式为基础划分的。热棒的这两种结构形态是根据冻土工程地基形态和设计目的要求，保证内部工质在一定温差条件下启动和延续液—气变化循环过程。

1)一体型热棒

蒸发段和冷凝段是一个整体，有直线形、折线形和曲线形。

(1)直线形热棒

最常用的一种热棒，可以垂直安装，也可以倾斜安装，需要保持蒸发段在下，冷凝段在上。

(2)L形热棒

图2-9a)是L形热棒的外观图，图2-9b)是任意弯曲的L形热棒的示意图。该类热棒尚未大规模用于工程实践，试验应用的L形热棒一般的结构尺寸：蒸发段管名义直径65mm，长12.8～14m；冷凝段名义直径80mm，管长2.4m，直立部分带翅片，面积6.5m^2；一般埋设的间距2.4m。

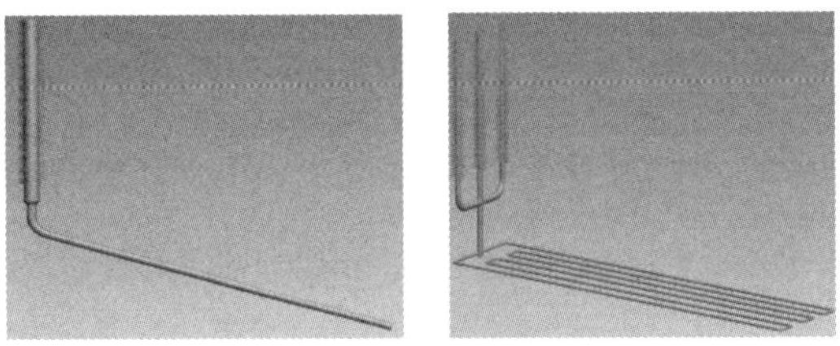

a)L形地温热棒

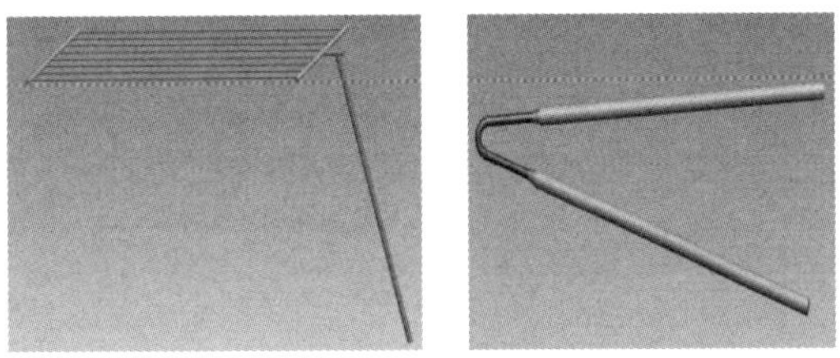

b)任意弯曲热棒

图2-9　L形热棒

热棒管内装有凝液收集器和降液管,保证液体返回到水平的或上翘的蒸发段的端部。但此结构不适合于向下倾斜的蒸发段,因为有干壁现象发生(向下倾斜的蒸发段不需要降液管)。这种L形热棒比较适合公路路基埋设。我国东北冻土区公路部分工程采用这种热棒。

(3)曲线形热棒——水平循环蒸发热棒(全埋式热棒)

冻土区工程有时候受地基系统几何形态的限制,不可能满足热棒埋设的倾斜角度或者垂直埋设,为此研究开发出一种新的热棒传输系统,容许热棒的冷凝器安装的时候不需要倾斜和垂直角度埋设,这种热棒传输系统为水平循环蒸发热棒。

水平循环蒸发热棒是同样使用气—液转换对流的热传输系统,水平循环蒸发热棒传热系统的差别在于冷凝器通过蒸发器进行循环的方式不同。水平系统的一端连接散热器/冷凝器,另外一端连接冷凝物收集器的底部。当冷凝器中的冷凝物冷却成为液体,它通过重力降落到冷凝物收集器中(实际上是一个液体冷凝剂的存储器),这个收集器保持液体冷凝物的垂直下落,这样迫使液体冷凝物进入蒸发器的循环中。液体冷凝物从土体吸收热量,然后由于蒸发器回路中压力差的作用汽化,在冷凝器中形成环流,这一过程使得冷凝剂通过蒸发器回路从液体收集器到冷凝器形成回流。这样,冷凝物和蒸气始终在一个方向流动,从而使得热管壁一直保持湿润状态。

国内已有的水平循环蒸发热棒的典型结构有12个蒸发单元,每个单元宽2.7m,长12.2m或14.2m,管子直径为20mm,水平网状布置。

一垂直的冷凝段与水平蒸发段连接,冷凝段名义直径80mm,管长4.9m,带翅片,面积15.8m^2,可安装在水平路基或建筑地基上,不必挖沟、填土作斜坡,安装方便、成本低。

这种水平循环蒸发热棒,国外业界称之为全埋热棒(图2-10)。图中的热棒共16个单元,垂直的蒸发段埋在路边,水平的冷凝段埋于路面下,冷凝段宽2.3m,长5.5或7.7m,由多根40mm的管子组成,连接在一根长6.4m的蒸发管上,冷凝段位于路面以下0.3m,保温层以上0.6m。全埋式热棒主要是冷却地基和温暖路面(融),无冷凝段露出地面,有利于路面上的水分升华。

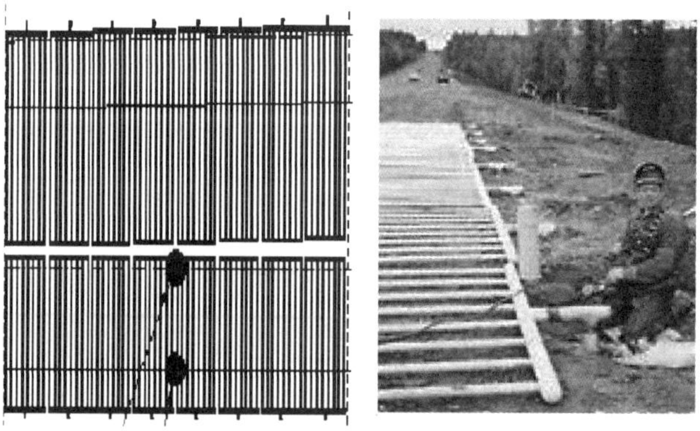

图2-10 水平循环全埋式热棒

2)分体热棒

分体热棒是开放型热棒,热棒底部封闭,顶部开放,顶部可以与流体的储液池相连。流体在热棒系统内自然对流开始之前必须要被大气冷却成为液体,然后液体经过汽化从埋藏它的土体中吸收热量。一体型热棒是封闭型热棒，热棒顶部延伸到大气中，但是它的顶部是封闭的，这样就可以在管内封存流体。受到大气的冷却作用，然后在管的上部产生一个自然的回路，流动系统在管的底部（蒸发段）产生了相同的回路。单向自然对流不能产生高的热传输率，但是它不会对热棒性能造成限制。例如，如果空气紊流到管底，就可以明显提高开放和封闭热棒系统的传输率。如果封闭管里只有一部分充入流体，该流体在低端沸腾，高端冷凝，系统实现自存储与自运行，有很高的内部热传输率。

分体热棒还可以通过管道阀门进行连接，分隔距离视降温目标体使用环境而定，安装相对复杂，其特点是内置测温管，可监控热棒工作状态，确保安全。热棒影响半径大于 2m。热棒壳体为碳钢，成本低。防腐技术先进，热棒寿命可以保证大于 30 年。

目前在冻土区工程中已经开始试验应用的分体型热棒是发卡式热棒（图 2-11）。这是一种用金属软管连接的分体式热棒，可任意弯曲成发卡式、L 形，发卡式热棒类似制冷系统中分隔而立的冷却降温蒸发系统和提供动力的机械系统，系统之间进行机械连接。目前这种热棒的工艺制作技术还需要进一步提高。

图 2-11 新藏公路 G219 水平安置发卡式热棒

2.4.3 热棒工程结构和应用形态分类

热棒工程结构按照需要冷却的地基基础类型，划分为点式基础热棒和条带状基础热棒工程结构。热棒工程结构，包括热棒埋设方式和地基工程形态两部分，热棒的埋设方式由基础工程形态以及工程设计目的决定。

冻土工程的地基基础形态，一般可以划分为点式基础和条带状基础。在点式基础中，一般采用直线形热棒，热棒的埋设方式采用直插式；在条带状基础中可以采用直线形、曲线形以及分体式热棒，埋设方式可以灵活多变。

（1）点式基础热棒工程

点式基础，一般指地基工程中的桩基础，多年冻土地区的房屋基础、输变电塔基、桥梁涵洞桩基、输油管道支撑桩基等都是这种类型的点式基础。

点式基础冻土稳定性，主要由基础底部一定范围多年冻土地温决定，热棒布置一般环绕基础周围而设，热棒冷却地基的效果除了体现在整个基础面底部，还体现在环绕基础而设的热棒对周围土体和环境的热扰动具有一定“屏蔽”作用。

采用热棒防治点式基础的冻胀融沉问题是冻土区最有效的工程措施之一，一般将热棒埋设在点式基础周围一定深度（多年冻土上限以下）范围内，环基础而设置，热棒间距不大于热棒有效制冷范围。

直插式埋设热棒是将其蒸发端垂直埋入欲降温的目标土体（如多年冻土上限以下）内，冷凝端置于大气环境中。点式基础大多采用直插式埋设热棒。图 2-12 是典型的点式基础——青藏铁路输变电工程塔基施工埋设热棒的施工图和竣工后输变电塔。

a) b)

图 2-12 输变电塔基热棒及其施工埋设位置

(2)条带状基础热棒工程

多年冻土地区条带状基础,指铁路路基、公路路基、机场跑道等工程的基础。这类基础的热棒工程根据工程目的(冷却冻土地基的重点部位,冷却地基的目的),可以沿路基路基、坡脚、路基护道坡脚、路基挡水埝呈条带状布置,热棒纵向间距也是根据不同地区的热棒有效制冷范围而定。

在条带状基础中,除了采用直插式埋设热棒以外,还可以采用斜插式埋设热棒,使热棒蒸发段更接近降温目标体。最初应用热棒均采用这种形式,旨在冷却路基基底多年冻土,埋设在路肩部位的目的是平缓路基工程人为上限(冻土核)的形态,减少路基横断面变形差异。图 2-13a)是 2003 年青藏铁路北麓河热棒路基,就是将热棒设置在路肩部位,为直插式埋设;图 2-13b)是青藏铁路安多地段的路肩部位设置的斜插式热棒。

a) b)

图 2-13 青藏铁路北麓河和安多热棒工程

冻土区工程形态和工程特征往往给热棒应用带来特殊要求,工程目的往往会决定热棒的埋设位置和埋设方式。条带状工程构筑物如公路、铁路、输油管线等,构筑物中心是工程运行核心部位,不能安置影响工程运行的热棒,但是工程需要解决的冻土稳定性问题,包括这些带状工程建筑物的各个部位,这就要求热棒应用形式除了直立安装以外,还需要斜插式安装或者和直立式热棒形成复合应用形式。

当工程目的主要解决冻土区路基冻融界面的形态时(本书后面章节还要详细阐述),热棒一般需要直立安装在路基的路肩、坡脚等部位[图 2-14a)]。

当工程目的主要是要解决路基中心底部冻土的稳定性时,热棒无法直立安装在路基中心,一般采用斜插路肩部位,使其底端斜插在路基中心,以便更好地降低中心部位冻土温度,保证路基中心冻土稳定性。如图 2-14b）所示的安多地区铁路路基的斜插热棒[图 2-14b）]，对于保护路基中心多年冻土稳定性超到很好的效果。

特殊要求和特殊工程条件下，还可以采用预埋方式埋设热棒。

当路基宽度较宽时，如公路路基宽度一般是铁路路基宽度的 1 ~ 2 倍（达 15 ~ 20m），采用斜插热棒仍然不能解决路基中心多年冻土的稳定性，对此工程条件下的冻土问题，如图 2-11所示，公路 G219 新疆是段水平安置了发卡式热棒。

热棒的各种形态决定了它的应用领域，不同形态热棒可广泛用于解决多年冻土地区铁路路基、公路、桥梁、涵洞、隧道、飞机跑道、输油管线、固变电铁塔、房屋建筑等工程设施的地基土体冻胀融沉变形问题。

如图 2-14 所示的青海省 G214 公路姜路岭隧道热棒工程（2010 年施工），也是用直插式埋设在一定面积的隧道顶部土体中，以解决隧道浅埋段多年冻土退化的问题。

图 2-14　青海省玉树姜路岭隧道热棒工程

条带状基础冻土稳定性主要表现在两个方面，一方面需要冷却整个基础基底多年冻土，另一方面冷却效果在条带工程横向上表现均衡。铁路、公路路基冻土稳定性主要表现在路堤工程，路堤填土使路基基底多年冻土上限上升，最终这种上限界面呈现抛物线形，导致路基冻融变形在横向上的差异，这是影响路基保证列车平顺运行的不利因素。在路基不同部位设置热棒就是解决这种差异最好的工程措施之一。

在不同基础形态条件下，热棒类型和埋设方式不局限于上述两种分类，尚需要根据不同基础形态对保护冻土稳定性的需求差异决定。

根据工程形态、工程设计主要目的综合考虑热棒的结构类型、应用形态和工程应用形式，是热棒工程应用技术的基础性和关键性问题。

第3章 热棒工艺技术基础和制作

热棒工艺是应用热棒构件各个组成部分的原材料,通过一定工具设备进行加工处理,最终使之成为符合工程应用成品的方法和过程。这些方法和过程是热棒工艺和制作技术的主要组成部分,它是热棒高效传热性能充分发挥的硬件基础,也是使热棒这种传热形态寿命耐久的软件保证。

(1)热棒工艺技术和制作的基础是热棒设计。

热棒设计包括热棒管内工作液体选择,热棒管壳材料选择,热棒管内吸液芯结构形式,热棒工作温度,以及在工作情况下热棒内部工作液体的饱和蒸气温度;还包括热棒主要构件(管壳、端盖、吸液芯、连接密封腰板)的选择和设计。

(2)热棒产品质量的保证是技术标准。

热棒制作应该遵循一定规范和标准。热棒结构形式、规格、材质;高频焊翅片管的尺寸、翅片尺寸及偏差;对工质的要求;对热棒质量检验的标准、运行期限、试验方法、验收内容、包装和运输,都是热棒工艺技术和制作的基本内容。

制定热棒技术标准是对热棒工艺技术和制作进行规范和统一。热棒技术标准是一种法规性技术文件,它对有关热棒的术语、定义及分类作了规定[比如按结构分为有芯热棒和热虹吸管(无芯)两种],在不同结构中按温度范围分类,对强度计算公式及各种管材机械性能,热棒制造程序及方法等也进行了规范和规定。

(3)热棒产品性能的保证是先进的制作工艺。

热棒制造工艺主要针对构件进行,工艺过程和工艺内容主要包括:化学清洗,机械加工,惰性气体保护焊,管壳的检漏,高真空的获得,封口测试等。

热棒制造工艺过程也包括在热棒技术标准中,热棒技术标准应该规定热棒的结构形式、规格、材质;高频焊翅片管的尺寸、翅片尺寸及偏差;对热棒工质的要求;对热棒质量检验的标准,运行期限,试验方法;验收内容;包装和运输内容。

3.1 热棒材质和管壳设计

热棒的材质、处理和工质选择的最终目的,是使热棒在设计规定的工程环境中具有一定强度和刚度,热棒外部对自然环境侵蚀应该具有耐久性,热棒内部对工质应该具有抗腐蚀性,热棒本体和土体之间应该具有优良的导热性能,热棒内部处理应该尽量减少不凝结气体的形成并延长这一过程。这是热棒各种工艺技术形成的统一的主要技术目标。

因此,热棒管壳材料的选择主要考虑以下传热技术和工程应用条件:

（1）材质本体优良的导热性能，保证热棒与土体之间的热传导效率。

（2）材质本身的强度和刚度，应满足热棒在土木工程中的作用（在土木工程中，热棒除冷却地基外，有时需承担建筑上部荷载）。

（3）材质本身应该满足热棒的相容性条件。热棒相容性是指热棒在预期的设计寿命内，管内工作液体同壳体不发生显著化学变化或物理变化，或有变化但是不足以影响热棒的工作效能。相容性在热棒应用中具有重要意义。只有长期相容性好的热棒，才能保证稳定的传热性能、长期的工作寿命以及工业应用的可能性。

（4）满足基本使用条件下的经济性。

综合以上热棒的使用条件和工程造价问题，由于一般热棒尺寸较大，所以土木工程中的热棒多由普通钢材制作。

热棒管壳设计的任务是确定管壳的尺寸和壳壁的厚度。管壳的大小和长度，应根据热棒是否承载、要求的最小埋深以及地上部分的最小高度来确定。如果需另加冷凝器，热棒的总长应包括冷凝器。承载的热棒（热桩），其尺寸应由热工计算和力学稳定计算来确定；不承载的热棒，根据制冷需求和冷却地基的要求，其尺寸由热工计算确定。

管壁的厚度，应考虑热棒处于最高温度时，管壁应能承受工质的压力。可按“厚壁圆筒”进行计算，但是在这里仅需计算拉应力，径向应力和轴向应力均不需要计算。最大拉应力按式（3-1）计算：

$$\sigma_{t\max} = P_1\left(\frac{r_2^2 + r_1^2}{r_2^2 - r_1^2}\right) \tag{3-1}$$

式中：P_1——热棒处于最高温度时工质产生的压力，MPa/cm²；

r_1——管壳的内半径，cm；

r_2——管壳的外半径，cm。

用于土木工程中的热棒需考虑搬运、安装和防腐蚀等的需要，管壁厚度远远大于上面的数值。所以在一般情况下，热棒管壳厚度满足了工程要求就能满足承受压力的要求。

3.2　工质选择和充注

热棒是依靠工作液体的相变来传递热量的，因此工作液体的各种物理性质对于热棒的工作特性也就具有重要的影响。

一般应考虑：工作液体应适应热棒的工作温度区，并有适当的饱和蒸气压；工作液体应该与壳体、吸液芯材料相容，具有良好的热稳定性；具有良好的综合热物理性质；另外还要考虑经济性、毒性、环境保护等。符合上述条件的热棒工作液体称之为热棒工质，即指热棒中进行气—液两相转变工作过程的、并且是依靠相变传递热量的工作物质。工质的选择，应根据工程环境要求的热棒工作温度范围和管壳的耐压性能确定，同时还需考虑工质与管壳材料的相容性。

表 3-1 列出了常用的几种工质的凝固点、沸点和临界点及工作温度范围。

热棒的工作温度范围一定要在工质的凝固点和临界温度之间，但应避免在接近临界点及凝固点附近工作。因为接近凝固点时，工质的饱和蒸气压及密度均很低，蒸气流动速度大,造成大的蒸气压降或出现声速限及携带限。接近临界点时,工质的品质因素将大大下降,压力过高。一般来讲,其工作温度在工质的正常沸点附近较好。

常用工质的物理参数 表3-1

工质	凝固点(℃)	沸点(℃)	临界温度(℃)	临界压力(MPa/cm^2)	工作温度范围(℃)
氨(NH_3)	-76.15	-33.45	132.15	115	-63.1~66.85
二氧化碳(CO_2)	-57.6	-77.4	31.04	75.3	-46.6~15.64
丙烷(C_3H_8)	-18.77	-42.1	96.8	43.4	-151.7~48.8
氟利昂($CHCL_2F_2$)	-160.0	-40.8	96.0	50.8	-129.3~48.4

特殊环境条件如青藏高原冻土区工程应用的热棒工质选择,还应该考虑到高原低气压条件对工质各项性能指标的影响。

工质的选择,还应考虑工质与管壳材料不能起化学作用,否则在化学作用过程中生成的气体和其他物质将可能使热棒不能工作。因为铜和氨不能兼容,故一般热棒的材质以钢质为多。

工质的品质因素越高,热棒的热传输性能越好。因此,在条件允许时,应选用高品质因素的工质,工质的品质因素用式(3-2)计算:

$$N = K\left[\frac{g_c\rho_e(\rho_e-\rho_v)L}{\mu}\right]^{\frac{1}{3}} \tag{3-2}$$

式中:K——液体的导热系数,kcal/mh℃;

g_c——重力常数,9.8m/s^2;

ρ_e——液体密度,kg/m^3;

ρ_v——蒸气密度,kg/m^3;

L——汽化潜热,kcal/kg;

μ——液体的黏度,kg/ms。

工质确定以后,不同工质在一定容积的热棒体内都有一个充灌量最佳值的问题,最佳充灌量条件下热棒内部工质气—液转换效率最高,因而传热效果最好。

在热棒设计中,工质的充灌量常用热棒不工作时,管底液坑高度占热棒总长度的百分数来表示。由于液膜的厚度与液体工质的黏质性和密度等有关,因此,不同的工质有不同的液膜厚度,同一工质在不同温度下其液膜厚度也不同。过小的充灌量或者过大的充灌量影响液膜厚度,使得热棒的传热效率下降。

考虑上述因素,目前我国冻土区工程用热棒大多选用纯氨(NH_3)或者二氧化碳(CO_2)。工质的充灌量随热棒的总长度而变,它等于热棒运行时,管中蒸气工质与壳壁上液膜数量与管底部液池中液体工质质量之和。从理论上讲,充灌量等于蒸气和液膜量之和就够了,但为了安全起见,一般在管底都留有液池。

根据热棒的工作温度,当选择氨作为热棒管内工作介质时,充灌量可以按照下式进行计算:

$$V = \pi r_i^2 L \tag{3-3}$$

根据式(3-3)计算,长度均为12m,内半径为36.5mm,总容积为0.05m^3,蒸发段容积为

0.025m^3。若取蒸发段容积的 20% 充液，则充液量为 5000ml。

3.3　热棒结构参数验证计算

热棒结构的设计，首先由热棒工程设计部门根据工程目的和工程结构确定热棒蒸发段埋设深度，然后由生产部门相关技术人员进行一些验证计算。

根据一定的蒸气速度确定热棒直径，根据工作压力对热棒进行机械强度校核，按照毛细极限对吸液芯进行计算，然后进行热棒换热器的设计计算。

3.3.1　热棒结构设计原则

热棒整体结构，由冷凝段、蒸发段和绝热段组成。热棒工程设计部门，决定蒸发段埋设深度以后，根据工程自然环境确定冷凝端散热条件，综合确定热棒长度后，生产部门再根据热工计算进行热棒结构设计，即冷凝器设计、蒸发器设计和绝热段设计。

冷凝器的设计，应主要考虑两点：一是冷凝器要有足够的冷凝面积，以确保蒸发端吸收的热量能及时地散发到大气中去；二是冷凝器与管壳的连接最好不要有变径，也就是说，最好冷凝器的中心管管径与热棒管壳直径一致或略大，这样可以防止在变径段蒸气流速加大而过早出现淹没的现象。要扩大冷凝器冷凝面积，可采用鳍齿。带鳍齿的冷凝器的有效面积的计算公式为：

$$F_k = l_k(\pi d_T + 2k_p F_p) \tag{3-4}$$

式中：l_k——冷凝器长度，m；

d_T——冷凝器管子直径，m；

k_p——鳍齿散热片效率系数；

F_p——长度为 1m 的冷凝器鳍齿整个表面积，m。

计算冷凝器表面积时，鳍齿散热片效率系数 k_p 一般取为 0.6～0.8。

冷凝器放热的好坏取决于冷凝器的表面与空气之间的放热系数。蒸发器中的热传输则取决于蒸发器表面与液体工质之间的放热系数。

据有关资料介绍，热棒外表面与空气之间的放热系数为 5～200kcal/m^{2}hr℃；而热棒内表面与液体间放热系数则在 100～6000kcal/m^{2}hr℃。即在上述两种情况下放热系数相差 20～30 倍。

为了使蒸发段吸收的热量能及时地散发至大气中，冷凝器的散热面积应为蒸发段蒸发面积的 20～30 倍。在工程实践中，按上述比例设计的冷凝器是不经济的，常用的散热面积与蒸发面积之比为 5～10 倍。当散热面积与蒸发面积之比超过 10 倍以后，散热面积增加，传热量增加甚小。在热棒设计中，其比数采用 5～7 倍是合理的。

在其他条件相同时，热棒的热传输率由蒸气通道直径决定。显然，蒸气通道截面越大，单位时间内流过的蒸气越多，从而传递的热量越多，热棒的功率越大。在土木工程中，热棒尺寸往往并不由所要求的功率来决定，而是由工程需要来决定。

绝缘段长度对热棒的热传输性能有一定影响。计算表明，当绝缘段长度为 275mm、325mm、350mm 时，热流输入和输出的值具有明显差异，最长的绝缘段长度（350mm）以较高的热流速率输入时会产生最大的热输出，随着输入的热流减少，在325mm绝缘段热棒会经历最大的热传输。很明显，热棒传输大量热量的能力随着绝缘长度的增加而增加。

3.3.2 热棒结构验证计算

热棒结构参数验证计算，主要验证热棒蒸发段传热量和冷凝段散热量，保证在典型冻土环境条件下热棒的冷凝段，能够将蒸发段吸热有效的散发到大气环境中去，保证热棒正常工作。

验证计算方法和步骤如下。

1）确定热棒应用冻土环境条件和基本结构参数

蒸发段的传热主要是热棒管壁与冻土之间的传热过程，蒸发段确定埋设在多年冻土上限附近，根据路基工程几何尺寸，确定热棒规格。

根据热棒埋设地段确定（以青藏铁路某地段为例）。

（1）环境条件：大气温度 $t_1 = -25 \sim -10℃$，风速 $V = 3 \sim 6\text{m/s}$。

（2）冻土温度：$t_e = -5 \sim -2℃$ （指热棒蒸发段埋设位置土体的平均温度）。

（3）冻土导热系数 $\lambda = 1.1\text{W/m} \cdot ℃$；热容 $C_p = 1\text{kJ/(m}^{-3} \cdot ℃)$；密度 $= 1500\text{kg/m}^3$，热扩散系数 $a = 0.002\text{m}^2\text{/h}$。

（4）表面张力：$\sigma = 28.976 - 0.1033t + 0.00145t^2$。

（5）热棒结构参数：基管直径 $d_0 = 89\text{mm}$，壁厚 $s = 6\text{mm}$，长度7m，蒸发段传热3.6m；散热翅片高度 $h = 25\text{mm}$，厚度 $\delta = 1.5\text{mm}$，翅间距10mm；冷凝段长度1.4m，绝热段长度1.8m；材料导热系数 $\lambda_w = 36.5\text{W/m} \cdot ℃$。

2）计算冷凝段散热量

冷凝段传热方式，主要是强制风冷和自然对流，对辐射产生的影响暂不考虑，空气定性温度取 $-10℃$ 和 $-25℃$ 分别进行计算。

（1）当空气温度为 $-10℃$ 时。

①空气物理性质。

空气在温度为 $-10℃$ 时的物理性能参数为：密度 $\rho_k = 1.342\text{kg/m}^3$，热容 $C_p = 1.009\text{kJ/(m}^{-3} \cdot ℃)$；导热系数 $\lambda = 2.36 \times 10^{-2}\text{W/m} \cdot ℃$；黏度 $\mu_k = 16.7 \times 10^{-6}\text{Pa} \cdot \text{S}$；普朗特数 $P_r = 0.712$；风速 $V_1 = 3\text{m/s}$，$V_2 = 6\text{m/s}$。

②穿过热棒翅片段的最大质量流速（下角标1表示 V_1，下角标2表示 V_2）。

$$G_{f_{\max1}} = \rho_k \cdot V_1 = 1.342 \times 3 = 4.026\text{kg/m}^2 \cdot \text{s}$$

$$G_{f_{\max2}} = \rho k \cdot V_2 = 1.342 \times 6 = 8.052\text{kg/m}^2 \cdot \text{s}$$

③管外流体的雷诺数。

$$R_{e1} = \frac{G_{f\max1} \cdot d_0}{M_f} = \frac{4.026 \times 89 \times 10^{-3}}{16.7 \times 10^{-6}} = 21455.9$$

$$R_{e2} = \frac{G_{f\max2} \cdot d_0}{M_f} = \frac{8.052 \times 89 \times 10^{-3}}{16.7 \times 10^{-6}} = 42911.8$$

④管外流体努谢尔数。

$$N_{uf1}=0.134R_{ef1}{}^{0.681}P_{rf}{}^{1/3}\left(\frac{s_f}{h_f}\right)^{0.2}\left(\frac{s_f}{\delta_f}\right)^{0.1134}$$

$$=0.134\times 21455.9^{0.681}\times 0.712^{1/3}\left(\frac{10-1.5}{25}\right)^{0.2}\left(\frac{10-1.5}{15}\right)^{0.1134}$$

$$=0.134\times 890.8\times 0.89295\times 0.806\times 1.217$$

$$=104.55$$

同理：

$$N_{uf2}=0.134\ \mathrm{Ref}\ 2^{0.681}\rho_{rf}{}^{1/3}\left(\frac{s_f}{h_f}\right)^{0.2}\left(\frac{s_f}{\delta_f}\right)^{0.1134}=167.63$$

⑤热棒冷侧换热系数。

$$\alpha_{f1}=\frac{N_{uf1}\cdot\lambda_f}{d_0}=\frac{104.55\times 2.36\times 10^{-2}}{89\times 10^{-3}}=27.72\mathrm{W/m}\cdot℃（风速\ V=3\mathrm{m/s}）$$

$$\alpha_{f2}=\frac{N_{uf2}\cdot\lambda_f}{d_0}=\frac{167.63\times 2.36\times 10^{-2}}{89\times 10^{-3}}=44.45\mathrm{W/m}\cdot℃（风速\ V=6\mathrm{m/s}）$$

⑥计算翅片效率 η_f。

由 $h_f\sqrt{\frac{2\cdot\alpha_{f1}}{\lambda_w\cdot\delta_f}}=0.025\sqrt{\frac{2\times 27.72}{36.5\times 0.0015}}=0.795$ 和 $\frac{D_0}{d_0}=\frac{d_0+2h_f}{d_0}=\frac{139}{89}=1.561$，查图得 $\eta_{f1}=0.8$。

由 $h_f\sqrt{\frac{2\cdot\alpha_{f2}}{\lambda_{w.}\cdot\delta_f}}=0.025\sqrt{\frac{2\times 44.45}{36.5\times 0.0015}}=1.007$ 和 $\frac{D_0}{d_0}=\frac{d_0+2h_f}{d_0}=\frac{139}{89}=1.561$，查图得 $\eta_{f2}=0.77$。

⑦冷凝段换热面积 A_f。

冷凝段换热面积包括热棒翅片表面积和热棒翅片间管表面积两部分。

热棒的翅片表面积：

$$A_{fc}=\left[2\times\frac{\pi}{4}(D_0^2-d_0^2)+\pi d_0\cdot\delta_f\right]\times L\times\frac{L_1}{S_1}=3.59\mathrm{m}^2$$

热棒翅片间管表面积：

$$A_{fj}=\pi d_0\left(L-\frac{L_1}{S_1}\cdot\delta_f\right)=\pi\times 0.089\left(1.4-\frac{1.4}{0.01}\times 0.0015\right)=0.333\mathrm{m}^2$$

$$A_f=\eta_f\times A_{fc}+A_{fj}=0.8\times 3.59+0.333=3.20\mathrm{m}^2$$

$$A_f=\eta_f\times A_{fc}+A_{fj}=0.77\times 3.59+0.333=3.1\mathrm{m}^2$$

⑧污垢热阻及管壁热阻。

油漆污垢热阻 r_y 取 $0.005\mathrm{m}^2\cdot℃/\mathrm{W}$。

管壁热阻：

$$r_w=\frac{\delta_w}{\lambda_w}=\frac{0.006}{36.5}=0.00016\mathrm{m}^2\cdot℃/\mathrm{W}$$

⑨冷凝段有效换热参数。

$$\frac{1}{\alpha_{e1}}=\frac{1}{\alpha_{f1}}+0.00516+\frac{1}{\alpha_H}$$

α_H 取 3500。

$\alpha_{e1}=24.05\mathrm{W/m}\cdot℃$，同理，$\alpha_{e2}=\frac{1}{\alpha_{f2}}+0.00516+\frac{1}{\alpha_H}=35.72\mathrm{W/m}\cdot℃$。

⑩冷凝段散热量 Q_c。

$$Q_{c1}=\alpha_{e1}A\Delta t_m=24.05\times3.2\times2=153.92\text{W}(\text{风速 }V=3\text{m/s})$$

$$Q_{c2}=\alpha_{e2}A\Delta t_m=35.72\times3.1\times2=221.46\text{W}(\text{风速 }V=6\text{m/s})$$

(2)空气温度为 -25℃计算。

①空气物性参数。

密度 $\rho_k=1.424\text{kg/m}^3$;热容 $C_p=1.011\text{kJ/kg}\cdot℃$;导热系数 $\lambda=2.24\times10^{-2}\text{W/m}\cdot℃$;黏度 $\mu_k=15.95\times10^{-6}\ \text{Pa}\cdot\text{S}$;普朗特数 $P_r=0.7195$(风速 $V_2=6\text{m/s}$)。

②管外流体的雷诺数。

$$R_{e1}=\frac{G_{f\max1}\cdot d_0}{M_f}=\frac{4.272\times89\times10^{-3}}{15.95\times10^{-6}}=23837.5$$

$$R_{e2}=\frac{G_{f\max2}\cdot d_0}{M_f}=\frac{8.544\times89\times10^{-3}}{15.95\times10^{-6}}=47675$$

$$\begin{aligned}N_{uf1}&=0.134R_{ef1}^{0.681}P_{rf}^{1/3}\left(\frac{s_f}{h_f}\right)^{0.2}\left(\frac{s_f}{\delta_f}\right)^{0.1134}\\&=0.314\times23837.5^{0.681}\times0.7195^{1/3}\times\left(\frac{10-1.5}{25}\right)^{0.2}\times\left(\frac{10-1.5}{1.5}\right)^{0.1134}\\&=0.134\times957\times0.896\times0.806\times1.217\\&=112.71\end{aligned}$$

$$\begin{aligned}N_{uf2}&=0.134R_{ef2}^{0.681}P_{rf}^{1/3}\left(\frac{s_f}{h_f}\right)^{0.2}\left(\frac{s_f}{\delta_f}\right)^{0.1134}\\&=0.134\times1534.3\times0.896\times0.806\times1.217\\&=180.6\end{aligned}$$

③热棒冷侧换热参数。

风速 $V_1=3\text{m/s}$ 时:

$$\alpha_{f1}=\frac{N_{uf1}\cdot\lambda_f}{d_0}=\frac{112.71\times2.24\times10^{-2}}{89\times10^{-3}}=28.37(\text{W/m}\cdot℃)$$

风速 $V_1=6\text{m/s}$ 时:

$$\alpha_{f2}=\frac{N_{uf2}\cdot\lambda_f}{d_0}=\frac{180.6\times2.24\times10^{-2}}{89\times10^{-3}}=45.45(\text{W/m}\cdot℃)$$

④计算翅片效率 η_f。

由 $h_f\sqrt{\dfrac{2\cdot\alpha_{f1}}{\lambda_w\cdot\delta_f}}=0.025\sqrt{\dfrac{2\times28.37}{36.5\times0.0015}}=0.805$ 和 $\dfrac{D_0}{d_0}=\dfrac{d_0+2h_f}{d_0}=\dfrac{139}{89}=1.561$,查图得 $\eta_{f1}=0.8$。

由 $h_f\sqrt{\dfrac{2\cdot\alpha_{f2}}{\lambda_w\cdot\delta_f}}=0.025\sqrt{\dfrac{2\times45.45}{36.5\times0.0015}}=1.02$ 和 $\dfrac{D_0}{d_0}=\dfrac{d_0+2h_f}{d_0}=\dfrac{139}{89}=1.561$,查图得 $\eta_{f2}=0.76$。

⑤冷凝段换热面积 A_f。

热棒的翅片表面积 A_{f1}:

$$\begin{aligned}A_{fc}&=\left[2\times\frac{\pi}{4}\left(D_0^2-d_0^2\right)+\pi d_0\cdot\delta_f\right]\cdot L\cdot\frac{L_1}{S_1}\\&=3.59\text{m}^2\end{aligned}$$

热棒翅片间管表面积 A_{f2}：

$$A_{fj}=\pi d_0\left(L-\frac{L_1}{S_1}\cdot\delta_f\right)=\pi\times0.089\left(1.4-\frac{1.4}{0.01}\times0.0015\right)=0.333\text{m}^2$$

$$A_f=\eta_f\times A_{fc}+A_{fj}=0.8\times3.59+0.333=3.2\text{m}^2$$

$$A_f=\eta_f\times A_{fc}+A_{fj}=0.76\times3.59+0.333=3.06\text{m}^2$$

⑥污垢热阻。

油漆污垢热阻 r_y 取 $0.005\text{m}^2\cdot℃/\text{W}$。

⑦穿过热棒翅片段的最大质量流速。

$$G_{f\max1}=\rho_k v_1=1.424\times3=4.272\text{kg/m}^2\cdot\text{s}(\text{风速 }V_1=3\text{m/s})$$

$$G_{f\max2}=\rho_k v_2=1.424\times6=8.554\text{kg/m}^2\cdot\text{s}(\text{风速 V}_2=6\text{m/s})$$

⑧管壁热阻。

$$r_w=\frac{\delta_w}{\lambda_w}=\frac{0.006}{36.5}=0.00016\text{m}^2\cdot℃/\text{W}$$

⑨冷凝段有效换热参数。

$$\frac{1}{\alpha_{e1}}=\frac{1}{\alpha_{f1}}+0.00516+\frac{1}{\alpha_H}=\frac{1}{28.37}+0.00516+\frac{1}{\alpha_H}$$

$$\alpha_{e1}=24.5\text{W/m}\cdot℃$$

$$\frac{1}{\alpha_{e2}}=\frac{1}{\alpha_{f2}}+0.00516+\frac{1}{\alpha_H}=\frac{1}{45.45}+0.00516+\frac{1}{\alpha_H}$$

$$\alpha_{e2}=36.36\text{W/m}\cdot℃$$

⑩冷凝段散热量 Q_c。

$$Q_{c1}=\alpha_{e2}A\Delta t_m=24.5\times3.2\times3=235.2\text{W}$$

$$Q_{c2}=\alpha_{e2}A\Delta t_m=36.36\times3.06\times3=333.8\text{W}$$

3）计算蒸发段传热量

蒸发段的传热量主要是热棒管壁与冻土之间的热交换过程产生，热棒结构参数取值同上。

（1）冻土温度为 -2℃，环境温度为 -10℃的计算。

$$Q_{h1}=\frac{t_0-t_s}{\frac{1}{2\pi\lambda L}\ln\left(\frac{4L}{d_0}\right)}$$

$$=[-8-(-2)]/\left[\frac{1}{2\pi\times1.1\times3.6}\times\ln\left(\frac{4\times3.6}{0.089}\right)\right]$$

$$=29.34\text{W}$$

（2）冻土温度为 -2℃，环境温度为 -25℃的计算。

$$Q_{h2}=\frac{t_0-t_s}{\frac{1}{2\pi\lambda L}\ln\left(\frac{4L}{d_0}\right)}$$

$$=[-22-(-2)]/\left[\frac{1}{2\pi\times1.1\times3.6}\times\ln\left(\frac{4\times3.6}{0.089}\right)\right]$$

$$=97.8\text{W}$$

(3)冻土温度为 -5℃,环境温度为 -10℃的计算。

$$Q_{h1}=\frac{t_0-t_s}{\frac{1}{2\pi\lambda L}\ln\left(\frac{4L}{d_0}\right)}$$

$$=[-8-(-5)]/\left[\frac{1}{2\pi\times1.1\times3.6}\times\ln\left(\frac{4\times3.6}{0.089}\right)\right]$$

$$=14.67\text{W}$$

(4)冻土温度为 -5℃,环境温度为 -25℃的计算。

$$Q_{h2}=\frac{t_0-t_s}{\frac{1}{2\pi\lambda}\ln\left(\frac{4L}{d_0}\right)}$$

$$=[-22-(-5)]/\left[\frac{1}{2\pi\times1.1\times3.6}\times\ln\left(\frac{4\times3.6}{0.089}\right)\right]$$

$$=83.13\text{W}$$

通过以上计算条件和计算过程得出了热棒在环境温度(即大气温度)为 -25 ~ -10℃,风速为 3 ~6m/s,冻土温度为 -5 ~ -2℃的条件范围内工作时,热棒设计结构参数条件下冷凝段的散热量为 153.92 ~333.8W,蒸发段的吸热量为 14.67 ~83.13W。冷凝段的散热能力远大于蒸发段的吸热能力,热棒设计满足工程要求。

在热棒连续工作时,随着工作时间的延长,热棒的工作温度接近大气温度,吸热量增大,但还是小于散热量,说明按照以上计算进行热棒冷凝段长度设计的合理性,由此可以确定热棒的结构参数。

冻土区工程采用的热棒结构参数设计原则和验证计算可以参照本节方法,在确定工程目的和设计目标后给出控制尺寸,然后根据工程环境、使用条件适当调整热棒各部分结构的尺寸,验证其经济合理性,按照验证后的结构尺寸进行工艺制作。

3.4 除锈和防腐

影响热棒的寿命因素很多,最主要的有三个方面:产生不凝性气体、工作液体热物理性质恶化和管壳材料腐蚀溶解。

除锈和防腐是合理延长热棒使用寿命的制造工艺中重要组成部分。除锈和防腐的目的就是从制作工艺的角度防止这三种影响热棒使用寿命的因素发挥作用,延缓这三种因素对热棒寿命的损害。

不凝性气体是由于工作液体与管壳材料发生化学反应或电化学反应产生的,在热棒工作时,该气体被蒸气流吹扫到冷凝段聚集起来形成气塞,从而使有效冷凝面积减小,热阻增大,传热性能恶化,这种不相容的最典型的例子就是碳钢—水热棒,碳钢中铁与水发生化学反应,产生不凝性氢气,使热棒性能恶化,传热能力降低甚至失效。

工作液体物理性质恶化是因为有机工作介质在一定温度下,会逐渐发生分解,这主要是由于有机工作液体的性质不稳定或与壳体材料发生化学反应,使工作介质改变其物理性能,如甲苯、烷、烃类等有机工作液体已发生该类不相容现象。

管壳材料腐蚀溶解是由于工作液体在管壳内连续流动,同时存在温差、杂质等因素,使管壳材料溶解腐蚀,流动阻力增大,热棒传热性能降低,当管壳被腐蚀后,引起强度下降,甚至腐蚀穿孔,热棒失效。这类现象以碱金属高温热棒居多。

合理选择热棒管材、工作液体、吸液芯结构,可避免热棒由于材质问题引起的上述三种不良因素的影响,使热棒长期有效的工作的本质得到保障。表3-2列出了热棒常用的工作介质、工作温度和与之对应的相容材料。

热棒工作介质和相容材料 表3-2

种类	工作介质	工作温度(℃)	相容壳体材料
热棒	氨	-60~100	铝、不锈钢、低碳钢
	氟利昂-21($CHCl_2F$)	-40~100	铝、铁
	氟利昂-11(CCl_3F)	-40~120	铝、不锈钢、铜
	氟利昂-113($CClF_2$)	-10~100	铝、铜

根据表3-2所列合理地选用热棒材质以后,对热棒管壳进行除锈和防腐处理有助于进一步解决上述三种因素对热棒的相容性及热棒寿命的不良影响。

碳钢—水热棒通过化学处理方法,有效地解决了碳钢与水的化学反应问题,才使得碳钢—水热棒这种高性能、长寿命、低成本的热棒得以大规模应用。

热棒管壳的外表面进行除锈和防腐主要针对热棒使用的寒区自然环境的锈蚀,根据现场环境条件(空气、水分、温差)提出合理可行的防腐技术措施,以保证热棒的理论寿命。

管壳内壁除锈和钝化使管内基面形成完整的钝化膜,表面无油、无锈、无杂质,基管内外表面没有超过0.5cm^2,深度超过0.2mm的锈蚀和面积超过10cm^2的锈斑,这样的处理结果可减小管内工质工作阻力,减少不冷凝气体形成,可以提高热棒气—液转换效率,延长转换过程的寿命。

热棒基管经清洗和钝化处理后,在焊端盖之前,基管内表面用压缩空气吹扫,再用丙酮擦洗,最后用塑料盖两端临时封口,以防污染。

热棒管壳除锈时,钝化效果检验可以通过简单方法判断,在内壁面上滴丙酮,丙酮应迅速分散,均匀覆盖在管内壁,无成股的丙酮流下。

防腐处理效果一般利用失重法检测。

制备试件[矩形:50mm×25mm×(2~3)mm],试验前经过粗磨、细磨和抛光处理,达到$R_a=3.2\mu m$。

取现场土样,与水充分混合。试验温度为室温;试验时间不低于200h。

计算公式:

$$\bar{v}=\frac{W_0-W_1}{St} \tag{3-5}$$

式中:$\bar{v}$——金属的失重速度,g/m^2h;

W_0——试件腐蚀前重量,g;

W_1——腐蚀并经清除腐蚀产物后试件的重量,g;

S——试件暴露在腐蚀环境中的表面积,m^2;

t——试件腐蚀的时间,h。

$$v = \frac{8760\bar{v}}{\rho} \tag{3-6}$$

式中:v——金属的腐蚀速度,mm/y;

ρ——试样金属的密度,kg/m^3。

根据热棒应用环境条件和一般钢材的锈蚀年限与热棒内部不冷凝气体形成时间分析,热棒除锈和防腐工艺中控制热棒寿命的最关键工艺目的,首先是控制内部工质在液气循环过程不冷凝气体积累的程度,其次是控制外壁裸露环境时的锈蚀速率。

3.5 散热翅片类型和制作工艺

热棒的散热翅片类型和制作工艺,在很大程度上影响了整个热棒最终的散热导冷效果。

冻土区热棒埋设位置多处于自然风比较大的地理位置,列车运行还会引起较大的空气流动,所以热棒散热翅片类型宜采取水平圆翅片结构,如矩形螺旋翅片、圆翅片和圆形开花翅片等类型。

热棒散热翅片管参数设计,视环境气温和空气流动条件而定。

根据设计条件,对不同种类的换热气体应选择合适的翅片管参数,对清洁气体可以选择较密的翅片间距和较薄较高的翅片。

散热翅片常规设计计算通过以下方法进行:

肋(翅)片导热。一般热棒换热器的热棒外部总带有翅片,以弥补气—气换热时传热系数较小的缺陷。

热棒冷凝段所加翅片并非完全等效,而是沿热流方向,翅片本身存在温度梯度,因而引进肋效率 η_f的概念。

肋效率的定义,为翅片实际传热率除以翅片处具有管壁温度这个假定情况下的传热率:

$$\eta_f = f[l_f(2h_f/\lambda_w\delta_f)^{1/2}, r_f/r_o]$$

式中:l_f——翅片高;

h_f——流体对翅片管的换热系数;

λ_w——翅片材料的换热系数;

δ_f——翅片厚度;

r_f——翅片外半径;

r_o——管子外半径。

当 $l_f(2h_f/\lambda_w\delta_f)^{1/2}$一定时,$r_f/r_o$越大,$\eta_f$越低,$\delta_f$越大,$\eta_f$也大,冻土区使用热棒冷凝段翅片厚度在1.2~2mm。

翅片管的另一个重要参数是名义肋化系数β,即加肋后总表面积与加肋前表面积之比。

$$\beta = A_f + A_r/A_o$$

式中:A_f——翅片表面积;

A_r——翅片间光管表面积;

A_o——光管外表面积。

肋化系数可以对比不同散热翅片类型的结构尺寸，当冷凝段长度受到限制时，可以通过合理调整翅片结构达到相同散热效率，翅片结构确定以后的制作工艺和一般机械加工工艺相同。

3.6　热棒制作工艺流程

由于冻土区工程用的低温热棒应用环境的严酷性、应用目的的特殊性，其制造工艺、产品有着特殊的要求。我国能够达到批量生产这种热棒，而且在生产技术和生产能力上都能够满足冻土区工程需要的热棒生产厂家，不过2～3家。

通过青藏铁路、青藏公路、青海省地方铁路、冻土区输变电工程的实践，我国的低温热棒生产逐渐走向标准化、规模化量产，在制造、检测方法上逐渐建立起一套成熟的、科学的工艺技术。在逐渐增加的大批量工程需求的热棒生产过程中，不断发现一些制造、检验环节中的问题，经过试验研究和生产改进，形成了低温热棒制作过程的成套工艺、检验技术。

低温热棒的制作工艺流程如图3-1所示。

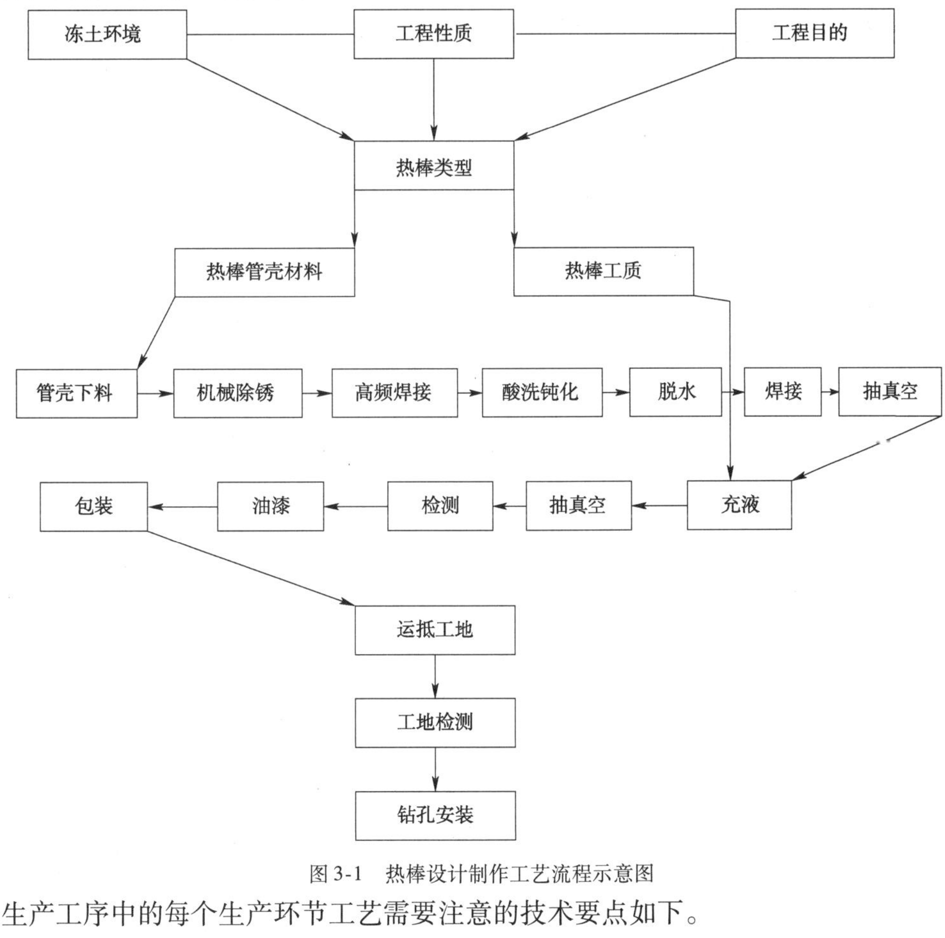

图3-1　热棒设计制作工艺流程示意图

生产工序中的每个生产环节工艺需要注意的技术要点如下。

(1)下料

由于低温热棒的使用场合没有严格的尺寸要求，并且低温热棒的管径较大，一般下料方法不能保证其端面平齐，所以对其总长尺寸一般不下料。

（2）机械除锈

为保证焊着率，高频焊接前，需要使用机械除锈方法去除钢管表面氧化层。

（3）高频焊接

低温热棒管径大、翅片厚，焊接难度较大，对高频焊机的工装要求较高，工厂在该方面已经有了较好的解决方法。翅片的两端需要使用氩弧焊封头。

（4）酸洗、钝化

由于使用的工质为氨，与碳钢不反应，因此低温热棒的酸洗、钝化，按一般热棒处理即可。

（5）脱水

脱水是低温热棒制造过程中比较特殊且很重要的环节，工厂现在使用的是无水乙醇脱水，其中对于脱水时间、无水乙醇使用量还在试验过程中，需要保证钢管充分脱水，又要保证脱水后的存放时间尽量地短。

（6）焊接

低温热棒的焊接中的充液管、测温管的焊接难度较大，主要原因是上封头的焊接结构不良，工厂建议对充液管、测温管采用强度涨、密封焊的工艺方法或在上封头上留焊接凸台，保证热棒的焊接的质量。涨管器需要定做，上封头上留焊接凸台加工难度比较大。

其他焊接没有问题，因为使用手工焊盖面，焊接的外观不是太好时，在后续工作中要加强焊缝的外观质量。

（7）抽真空

由于使用快速接头连接，抽真空中存在一个盲区，在抽真空与充液之间有 10～20s 的时间系统关闭，热棒内的真空状态不受系统监控，可能出现真空破坏现象，工厂通过在系统关闭之前加强对各接点的检查，避免该现象的发生。

（8）充液

充液量的影响，热棒充液量的多少影响热棒的启动时间，通过加强对操作过程的控制，限制充液量的误差控制在 50ml 以内。

（9）封口

由于是正压封口，并且检漏方便，封口没有问题。

（10）检测

由于在检验时遇到很多问题，经过开会讨论，具体问题如下：

①由于工厂检测工装比较简陋，在热棒放入水槽时，无法对入水的长短、时间、状态进行准确控制，可能出现检测偏差。

②热棒在水槽中的热交换能力，受到水槽中水温分布情况、水流情况的限制，不能达到理想状态。

③热电偶在测温孔内与钢管的接触情况，测温孔内的小环境的状态，对热电偶的测量数值有较大影响，并且热电偶本身也有一定的误差影响读数。

④热棒在下水时，因为动作原因，会影响热电偶在测温孔内的接触状态，对热电偶的测量数值有一定影响。

⑤因为测试在开放环境中进行，室内外的大环境对热棒的测量数据有一定的影响。

⑥人为因素对测量结果有一定的影响。

(11)油漆

管架厂在此次使用环氧树脂漆,油漆效果不错。

所有工艺制作过程的具体技术要求,均按照热棒生产的国家技术标准进行。

热棒制作的所有工序和技术保证的核心都是为了保证热棒持续高效工作和保证使用寿命,其中保证热棒传热极限的真空技术,保证热棒内不凝气体形成(影响热棒寿命)的防腐蚀清洗钝化技术既是简单的,又是难以达到理想效果的。

3.7　热棒检测技术

热棒工艺制造的最终效果需要通过产品的检测证明,这也是产品制作完整过程中不可或缺的组成部分。

由于热棒是一种特殊产品,它的特殊性在于既是一种机械产品,还是一种热工产品,因此热棒产品检测包括热工产品前提下的质量检验和热工产品的热学性能一般性检测。

3.7.1　热棒产品质量检验

热棒的质量检验,主要指产品外观和内部表观两个方面。

对外观的检查,应当着眼于热棒的垂直度、表面有无伤痕和缺陷、焊缝的平整度,如果是翅片管,还应检查翅片及管壳的焊着率、翅片有无褶皱等缺陷。

3.7.2　热棒传热功率和热阻试验

在外观检验合格的基础上,应对热棒的内部传热性能进行测试试验,包括对管内的真空度、热棒等温性、传热热阻、充液量等进行检测。热棒所有内部性能指标最后都反映在内部蒸发段的蒸发传热热阻和冷凝段的冷凝传热热阻上。应先测出热棒的传热功率 Q,已知 Q 则可以用式(3-7)、式(3-8)分别求得蒸发传热热阻 r_e 和冷凝段的冷凝传热热阻 r_c。

$$r_e = \frac{t_{we} - t_v}{Q} - \frac{\ln\left(\frac{d_o}{d_i}\right)}{2\pi\lambda_w l_e} \quad (℃/W) \tag{3-7}$$

$$r_c = \frac{t_v - t_{wc}}{Q} - \frac{\ln\left(\frac{d_o}{d_i}\right)}{2\pi\lambda_w l_c} \quad (℃/W) \tag{3-8}$$

式中:r_e——热棒蒸发段内部蒸发传热热阻;

r_c——热棒冷凝段内部冷凝传热热阻;

Q——热棒传递功率;

t_{we}——蒸发段外壁面平均温度;

t_{wc}——冷凝段外壁面平均温度;

t_v——热棒内部蒸气平均温度(可用绝热段温度代替);

λ_w——管壁材料的导热系数,W/(m·℃);

d_o——热棒外径,mm;

d_i——热棒内径,mm;

l_e——热棒蒸发段长度,m;

l_c——热棒冷凝段长度,m。

上述的式中,右侧第一项均为传热总热阻,第二项均为管壁导热热阻。

3.7.3 热棒传热性能检测

热棒产品在出厂送交工程现场之前,还需要通过气密性试验、启动性能试验和等温性能试验检查热棒的传热性能。

(1)气密性试验

气密性试验的目的是保证热棒充液封口以后热棒的密闭性,以保证热棒在一定真空度条件下的工质工作条件。

热棒工质氨的检漏试验,可用氦质谱检漏仪进行检漏,也可用酚酞试纸进行。

氦质谱检漏仪法:将氦质谱检漏仪靠在充液管的封口处,观察氦质谱检漏仪的告警情况。

酚酞试纸法:将潮湿的酚酞试纸敷在充液管的封口处,检查是否有氨泄露。若有微量泄漏,酚酞试纸颜色会发生变化;若无泄漏,酚酞试纸颜色不发生变化。

二氧化碳的检漏试验,按照环境中二氧化碳浓度测定检测方法,用红外线二氧化碳分析器进行检测。

(2)启动性能试验

启动性能的试验是保证热棒在通过一般质量检验后,必须通过热学性能的基本试验,检验其能否满足启动传热过程的条件。

启动性能试验,必须在以下试验条件满足时进行:

①试验加热段、保温段和冷凝段长度要求。

热棒蒸发段长度小于9m时,其蒸发段长度的1/2为加热段,且不大于3m,其余蒸发段的长度与绝热段长度之和为绝热保温段长度,试验冷凝段长度为热棒冷凝段全长。

热棒蒸发段长度大于9m时,其蒸发段长度的1/3为加热段,且不大于5m,其余蒸发段的长度与绝热段长度和冷凝段的1/2长度之和为绝热保温段长度,试验冷凝段长度为热棒冷凝段的1/2长度。

②倾斜角:试验时热棒与水平方向夹角应大于15°。

③冷凝条件:试验冷凝段在室内无风条件下自然对流冷却。

④测试在气密性试验完成72h后进行。

启动性能试验装置条件有热棒中心测温管、热电偶和计时秒表。

启动性能试验按照以下规定步骤和方法进行:

a. 安装中心测温管。

b. 进行气密性试验。

c. 加热试验蒸发段。恒温水浴加热,水温高于室内温度20℃ ±5℃;低温电加热炉加热或其他方法加热,冷凝段的平均壁温高于室内温度20℃ ±5℃。

d. 试验结果的处理。对试验蒸发段加热的同时,启动计时秒表。仔细观察三个热电偶的示值变化情况，直到三个示值不再随时间增加而上升为止，停止计时，读取秒表示值为一次启动时间试验。共进行三次试验，取平均值为检测结果。

根据图3-2热电偶（或热敏电阻）检验指标，有：测点①点温度在30s之内发生变化，且升高值不小于1℃，①、②、③点温度启动稳定后各点间温差不大于0.5℃。

启动性能检验指标见表3-3。

（3）等温性试验

等温性试验的条件、装置和步骤与启动性能试验相同。

一般热棒长度的1/3为蒸发段，1/3为绝热段，1/3为冷凝段。在冷凝段上均布测点，顶部测点距顶压盖200mm。冷凝段置于大气环境中依靠自然对流冷却。等温性能试验的蒸发段采用恒温水浴加热，水温高于室内温度20℃±5℃。此外，也可以采用低温电加热炉加热或其他方法加热，冷凝段的平均壁温高于室内温度20℃±5℃。检验指标见表3-4（详见附录热棒国家标准有关规定）。

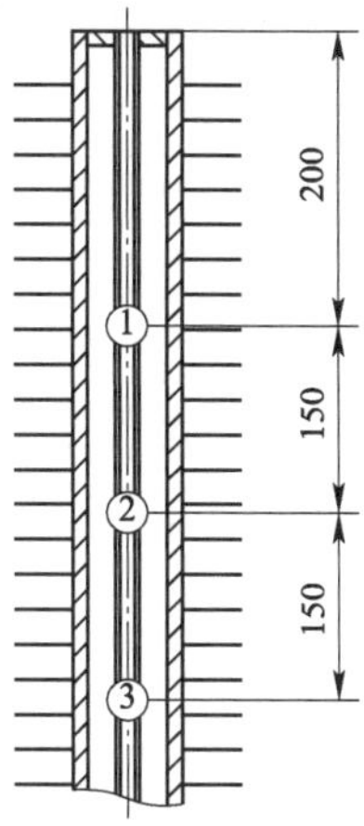

图3-2　检测示意图（尺寸单位：mm）
线段所指自上至下顺序为：顶压盖，中心管，翅片①、②、③-热电偶测点

启动性能检验指标　表3-3

热棒长度（m）	从加热开始至稳态所需加热时间（min）	热棒长度（m）	从加热开始至稳态所需加热时间（min）
L≤4	<10	L≤12	<25
L≤6	<12	L≤16	<30
L≤8	<15	L≤18	<35
L≤10	<20		

热棒等温性能检验指标　表3-4

热棒长度（m）	冷凝段全长轴向温度差（℃）	热棒长度（m）	冷凝段全长轴向温度差（℃）
L≤4	≤2	L≤12	≤3
L≤6	≤2	L≤16	≤3
L≤8	≤2	L≤18	≤3
L≤10	≤2.5		

试验结果：当中心测温管测点①的温度在20s之内发生变化，且升高值不小于0.5℃，测点①、②、③温度启动达到稳定工作状态后，各点间温差不高于0.5℃时，从测点①开始，冷凝等温性试验的目的是验证热棒传热效率和传热均匀能力。

3.7.4　热棒现场检验方法

热棒运抵现场以后仍然要检查产品的外观、几何尺寸规格是否满足设计技术条件及图纸要求、外观表面质量；对管子是否平直、翅片是否倒伏、焊缝是否饱满、光滑有无毛刺、表面防腐等技术条件进行抽检。

现场检测通过抽检方式进行，可以根据工程要求确定抽检比例。抽检项目出来后，除检验上述表观质量以外，还要对热棒出厂之前的启动性能和等温性能进行抽检，检测方法和条件与前述章节相同。

如表3-5所示，热棒现场检测指标控制中，①、②、③点分别指距离中心管管口20cm、35cm和50cm的测温点。根据2010年6月20日全国热棒标准工作委员会在南京通过的我国第一个热棒技术标准中的“稳定工作状态”（指热棒各处温度不随时间变化的状态）来理解，在实际试验过程中受诸多因素的影响，很难找到温度完全不变的状态，所以按照每相邻两次读数的平均值之差小于0.4℃的标准来衡量，这一标准是在对检测数据进行大量统计的基础上得出的。

热棒现场检测指标控制 表3-5

项目＼规格	9m	7m
启动性能	（1）①点温度在30s内发生变化，且升高值≥1℃； （2）①、②、③点温度启动稳定后各点间温差≤0.5℃； （3）长度小于10 m的热棒，从加热开始至稳态所需加热时间＜20min	（1）①点温度在30s内发生变化，且升高值≥1℃； （2）①、②、③点温度启动稳定后各点间温差≤0.5℃； （3）长度小于8 m的热棒，从加热开始至稳态所需加热时间＜15min
等温性	长度小于10 m的热棒，冷凝段全长轴向温度差≤ 2.5℃	长度小于8m的热棒，冷凝段全长轴向温度差≤ 2.0℃

而“冷凝段全长轴向温度差”按照试验全过程冷凝段表面测点间温度的最大差值进行控制。

检测方法：检测必须控制水温与环境温度之差在20℃ ±5℃的条件下，将热棒的蒸发段置于水中（热棒倾角约15°），读取不同时刻中心管①、②、③点和冷凝段表面的温度，按前述标准确定各指标。布设测点时，按照规定中心管布设3个测温点，冷凝段的中部和距离翅片两端20cm处各布置1个测点。同时，设置测定水温和环境温度的测点。

较为适宜的读数时间间隔为每2min读取一次数据。热棒的检测时间长度，按照9m规格20min、7m规格15 min进行控制。

如表3-6所示是青藏铁路2005年一个批次热棒现场检测结果和评判表。

热棒检测结果判断表 表3-6

组别		一		二		三	
规格（m）		9	7	9	7	9	7
数量（根）		24	24	21	21	73	73
不合格数量（根）	30s①点升温值	8	2	7	2	20	5
	启动稳定后①、②、③温度差	0	0	0	0	0	0
	稳定时间	0	0	0	1(1)	0	1(1)
	冷凝段轴向温差	0	0	0	0	0	0
合格率（%）		67	92	67	90	73	93
总合格率（%）		79		79		83	
平均合格率（%）		81					

表3-6中所列情况大部分热棒检测不合格的情况主要是“30s①点升温值”这一指标，而且主要集中在较长规格的热棒上，这一现象与热棒的散热段长度有关。“启动稳定后①、②、③温度差”“稳定时间”和“冷凝段轴向温差”这三个指标一般比较易于满足要求。

对热棒检测技术和检测结果分析，提出以下注意事项：

(1)用30s升温值作为热棒启动性能的评判标准有一定缺陷。热棒蒸发段置入水中的起算时间由人工控制，不可避免地存在人为误差，每差1s，仅时间上的误差就是3.3%，考虑热棒升温的加速度，实际操作中引起的误差可能更大。

(2)目前现场热棒检测按照热棒技术标准的要求进行，但是某些关键性技术参数还未作明确规定(如水浴槽检测时热棒的倾角)。

(3)当水—气温差较大时，热棒启动性能相对较好(30s升温值较高)，原来青藏铁路现场执行的《青藏铁路公司热棒技术规格和验收标准(暂行稿)》规定的试验温差为20℃±5℃，根据现场实际工作经验，在国家标准制定中适当减小了试验温差的允许波动范围。

3.7.5 工程运行期间热棒工作状态检测

冻土区工程设置热棒以后，除了通过工程监测系统进行工程稳定性监测以外，对热棒投入运行以后一定工作年限，也需要进行工作状态检测，所以热棒产品检测技术和长期运行条件下的工作状态检测技术都是热棒应用技术中不可或缺的重要组成环节。

为了解热棒在使用过程中是否能一直正常工作，必须对热棒在工作状态的性能进行检测，检测的方法及准确性是非常重要的。热棒在高海拔寒区环境条件中工作，其散热能力达到6000W以上，而热棒的实际传热功率为20～120W，热棒上部管壁温度几乎接近大气温度。采用便携式红外热像测温仪(如:美国MIKRON INFRAREDINC的7515型便携式红外热像测温仪，是一种非接触式、高灵敏度的先进精密仪器)，它的测量是通过目标物体表面发射的红外线辐射，将此红外射线转换成与温度分布有关的两维热图像来测量，它对测试环境要求高，如;环境温度不能低于-15℃;环境噪声不能大;测试目标周围无强光(如太阳光等)、无屏蔽物(如:灰尘、沙尘、蒸气等)。例如，沙尘会影响红外线辐射，引起较大的测量误差。重要的是在微小温差下，测得的热棒管壁温度反映不出热棒管内蒸气温度，即无法判定热棒是否正常运行。

根据热棒工作原理及工作环境条件，采用经典的便携式热电阻测温仪是非常科学、准确的。热棒用于低温寒冷地区，热棒内的蒸气温度，只有通过接触式热电阻测温仪才能准确测得。在寒冷、风速大的情况下，即使在1℃的温差内，热棒管内工质也能启动，蒸气向上流动。采用中心管热电阻测温仪测量，热阻与蒸气直接接触，即使蒸气温度与大气温度相接近，中心管热电阻测温仪也能测得蒸气的真实温度，且不受环境条件限制，所以中心管热阻测温仪能够准确判定热棒是否正常工作。

现将便携式热电阻测温仪与便携式红外成像测温仪进行热棒工作状态检测的性能作一比较，如表3-7所示。

热棒在工作状态下的性能判断，应该在大气温度低于热棒远处土体温度5℃时进行检测，例如在土体温度-2℃、大气温度低于-7℃时进行测量。

测试方法:管内蒸气温度高于大气温度1℃以上，则表示热棒在工作，测点位置为中心测温管中的最低点。

便携式热电阻测温仪与便携式红外成像测温仪　　表 3-7

序号	便携式热电阻测温仪	便携式红外成像测温仪
1	精度较高,为 ±(0.15 +0.002% | t |),t 为测量值	精度较低,为测量值的 ±2% 或 2℃(取较大值)
2	使用环境温度可低至 -250℃	使用环境温度不宜低于 -15℃
3	可用于恶劣的外部环境	不适于风沙大、强光、噪声大的环境的环境
4	价格低,性价比好	价格昂贵,使用方便
5	维修方便	维修不方便

3.8　结语

第 2 章和第 3 章从热棒散热导冷内因出发,对热棒路基应用技术的基础——热棒自身的传热性能、传热效率影响因素进行了详尽分析,并在此基础上进行了热棒结构参数设计优化方法的探讨,然后进行了热棒制作工艺保证技术研究和热棒技术性能的检测方法研究。

本章涉及的热棒工艺制作技术应该在清楚热棒传热机理、传热效率影响因素的基础上确定工艺制作控制的关键技术,热棒工艺制作和热棒传热过程的有机联系在于:

(1)热棒的散热导冷传输过程主要由热棒底部的热传导和热对流,沿热棒长度的热对流,散热器表面和风之间空气的侧向热对流组成。这个过程主要与热棒的传热面积 F、环境温度与路基内部温度的温差 ΔT,以及空气的侧对流传热系数 α 等因素有关。在温度不高的情况下,对流是热棒主要的热交换过程,因此热棒制作工艺应该保证热棒传热效率的发挥。

(2)在制作过程考虑需要控制的传热极限,主要是涉及逆向流动的蒸气和液体界面的剪切力携带极限和一定热流密度下的最小充液量有关的干涸极限。当充液量较小时,一般首先发生干涸极限;当充液量较大且蒸发段径向热流密度大而轴向热流密度较小时,将首先发生沸腾极限,当充液量较大且蒸发段径向热流密度小而轴向热流密度较大时,将首先发生携带极限。

(3)当热棒蒸发段埋设在冻土层或季节融化层时,原来设为绝热段的部分在蒸发段之上,但是除了冷凝段以外热棒均埋设在地表面以下。从土体温度的变化规律可以知道,由于温度变化的滞后和土体热阻的存在,寒季土体任何部位温度都高于环境温度,热棒埋设在任何部位都可以启动工作,而绝热段部位温差也能满足热棒内部工质的气化—冷凝条件,没有必要特别设置绝热段,因而节省热棒造价,但不影响热棒散热导冷整个过程的实现。

(4)热棒正常启动和操作过程中,常常出现不稳定状态,这包括小充液量时的干涸震荡、大充液量低热流量输入情况下的间歇沸腾以及由于携带引起的震荡,因此充液量问题也是制作过程的一个重要因素。

明确热棒在插入过程中的传热特征和传热效率的控制因素,对热棒生产工艺过程的关键环节具有科学的指导作用。

热棒的工艺制作技术和产品质量检验以及运行状态监测,是热棒技术工程应用的基础工作,是热棒传热效率和冷却土体功能的保证。热棒工艺制作和产品现场应用信息的反馈密切结合是提高热棒应用效果的手段,热棒生产和应用是“产、学、研”一体化的典型范例。

第4章 热棒技术标准和专利技术

标准是指对重复性事物和概念所作的统一规定,它以科学、技术和实践经验的综合为基础,经过有关方面协商一致,由主管结构批准,以特定形式发布,作为共同遵守的准则和依据。制定、发布以及实施标准的过程,称之为标准化。标准分为国家标准、行业标准、地方标准、企业标准四个层次,国际标准在世界范围通用。

新产品的规模化生产和应用离不开科学研究和科学试验,热棒作为寒区工程跨学科跨行业应用的新型传热元件,它的生命力表现在三个方面:

(1)工作原理的科学性。

(2)工程应用的可行性。

(3)工程效果的可靠性。

热棒本身的传热机理的科学性,已经得到业内的公认,多年冻土区"冷却地基"指导思想的提出和应用为热棒技术和热棒成品的可行性打开了想象的空间,实验室和现场的先导性试验提供了热棒技术应用可靠性的保证。因此,热棒在寒区工程的应用迅速从实验室、工程试验走向了规模化的工程实践。

热棒成为一种成熟的规范的工业产品,不可或缺的一项工作是制定这种产品的技术标准,技术标准规范生产、扩大应用范围、稳定产品质量,为寒区工程的广泛应用奠定了基础。

热棒作为一种特殊产品,在实现它的特殊成品目标的工艺过程中有大量的问题需要研究,科学的工艺需要提炼,因而会形成特有的专利技术。任何一种产品的专利技术都是产品品质的技术保证。

《热棒》(GB/T 27880—2011)技术标准的制定始于2004年青藏铁路多年冻土地区热棒技术和热棒工程的大规模应用,最初以青藏铁路公司企业标准形成文件并在青藏铁路颁布应用,而后开始国家标准的制定。这些技术标准的制定反映了工程实践的迫切需要,也是我国寒区工程理论研究和工程实践技术水平的映照。

4.1 技术标准制定的科学和创新意义

技术标准制定的表面意义是"没有规矩,不成方圆",强调的是产品制作需要遵循一定规则。但是从科学研究和技术创新分析还有更深层次的含义,即掌握技术标准即规则的制定权,将拥有行业技术的话语权,成为行业技术的"领导者",其他只能作为"跟随者"。要做行业技术的"领导者"而不做"跟随者",只有通过科学研究和技术进步,追求更高标准提升产品质量,利用技术创新拥有知识自主权,积极参与国家技术标准形成过程,进而参与制定和修订,才能从“跟随者”变成“领导者”,以自主的创新和专利技术成为技术标准制定的主导者,破除各种各样的科学技术壁垒,成为行业技术的主导者和先行者。

作为热棒的研发和生产企业,参与和主导制定产品的国家标准的积极意义和影响体现在:在制定过程发出自身企业在科学技术创新方面的声音,为产品的发展应用争取更高的平台,争取更广阔的发展机遇。

作者认为,作为一个高科技产业参与生产和推广应用热棒这种高科技产品的过程,大致可以分为三个阶段:

(1)第一阶段:追赶国家和国际标杆产品

热棒作为标准化产品,在中国的生产和应用起步于青藏铁路建设初期,国内和国际对热棒的认识处在从实验室走向科学实验现场的产品初级阶段。远在美国有阿拉斯加输油管道的热桩(热棒支架)支撑应用实践;近在俄罗斯有点式工程建筑物的热棒应用实践;我国仅在青藏公路小桥涵进行了个别工点的试验性应用,热棒产品仍处于试验研制阶段。

青藏铁路的建设打开了热棒应用的空间,给热棒生产企业带来足够的想象空间,作者和所在企业以自身雄厚的研发能力和生产技术,以国内外标杆产品为标准,迅速开始热棒生产研发的第一阶段。

(2)第二阶段:超越国内和国际主要产品

热棒生产的第二阶段是自行开发生产技术和生产设备,以科技创新体现自身特色,利用独立知识产权从追随式生产提升到引领式生产,实现在热棒研发领域和主要生产工艺方面的超越,并在技术创新方面实现一枝独秀,成为行业权威,这是对第一阶段发展的全面提升,也是创品牌的过程。

伴随第二阶段创品牌过程的,是企业的热棒产品从参加青藏铁路冻土区热棒试验工程到在青藏铁路冻土区工程的全面应用,进而在国家众多冻土区重点工程中的广泛、规模化应用。

(3)第三阶段:制定国家产品标准

在热棒产品研发和应用的发展过程中逐渐认识到“标准”的重要性。作者及所在企业,一方面加强与制定修订标准组织的沟通,一方面以“超越”标准的姿态积极参与,通过参与确立行业“领导者”地位,最终成为国家热棒技术标准制定的主持单位。

对标准的认识程度,参照国际流行的几句话:“一流企业卖标准,二流企业卖品牌,三流企业卖产品。”热棒技术和产品的发展过程恰恰验证了上述流行话语。

企业成功不可一蹴而就,参与标准制定和修订也是如此,标准制定涉及面广,影响重大,每一次制定和修订慎之又慎,从准备参与到制定和标准颁布实施,整个过程需要数年。

4.2 热棒技术标准制定理论基础

任何一种产品都是依赖于科技进步而存在和发展。热棒作为一种传热元件,首先依赖热工理论和传热理论发现密闭管壳内工质的相态转换带来的热量传递现象,进而通过岩土工程理论和实践将其置入土中,利用环境气温和土体温度差启动这种热传递过程,降低土体温度,通过“冷却地基”理论,将其应用在寒区多年冻土工程中,获得产品的生命力。

热棒技术标准制定理论基础,包括基于热工理论的热棒自身传热性能工艺制作保证和基于冻土工程应用理论的热棒散热导冷条件的优化和保证。

在热棒传热极限理论指导下的热棒制作技术是热棒应用的基础。

4.3　热棒技术标准涵盖内容

热棒作为一种特殊产品,它的最终产品形态不仅仅是作为机械产品、机械元件的成型和标准来体现,还要通过热工试验和标准体现它的热工产品特殊性。因此,热棒技术标准应该包括以下基本内容:

第一,热棒作为一种特殊热工产品,在技术标准中需要统一有关热棒的术语及定义,对热棒分类作规定,我国按结构分为有芯热棒和热虹吸管(无芯)两种,在不同结构中按温度范围分类。

第二,热棒作为机械产品和元件,应该规定热棒管材机械性能,热棒制造程序及方法,热棒标准需要规定结构形式、规格、材质;结构的尺寸、偏差;传热工质要求。

第三,热棒作为热工产品,应该规定最终产品形态和应用的试验方法、检测方法及检测标准。

第四,热棒生产和应用场地的距离的特殊性要求对包装和运输制定专门标准。

技术标准从制定到修改颁布的过程,体现了该产品技术领域新技术新专利成果的水平和应用。热棒技术标准的制定,建立在我国寒区工程冷却地基基础理论研究和热棒应用工程技术研究的基础之上,体现了当今我国寒区热棒工程技术水平。

热棒性能、质量的好坏,除了设计合理,在很大程度上取决于热棒的制造工艺、检测方法,以及在制造过程中对各道工序质量控制的严格程度。为此根据设计、试验、制造工序、检验方法及在寒区的安装使用情况,制定了青藏铁路公司热棒技术规格和验收标准及江苏中圣石化工程有限公司热棒企业标准。标准规定了热棒的使用范围,引用标准,术语及定义,材质;高频焊翅片管的尺寸、翅片管尺寸及偏差;工质液氨的要求;热棒质量检验的标准、试验方法、检验规则及运行寿命;包装、运输及储存、验收内容等。

4.3.1　热棒术语

热棒(Thermoprobe):用于寒区工程,工作温度在 200 ~ 333K(−73 ~ 60℃),蒸发段在下方,冷凝段在上方,管内凝结液依靠重力而回流的传热棒。

基管(Plain Tube):用于制造热棒壳体的金属管。

工质(Working Fluid):热棒内用于传递热量的介质。

蒸发段(Evaporator):热棒工质受热汽化的区域。

冷凝段(Condenser):热棒工质放热凝结的区域。

绝热段(Adiabatic Section):热棒的蒸发段与冷凝段之间的,且不与外界换热的部分。

不凝性气体(Non-Condensable Gas):在热棒管壳内工作温度和压力范围不凝结的气体。

工作温度(Operating Temperature):热棒运行时的工质蒸气温度。

稳定工作状态(Steady Operating State):在设定工作条件下,热棒管内或管外壁沿长度方向各点温度不随时间变化的工作状态。

额定功率(Rated Power):在设定工作条件下,热棒所能传递的最大功率。

启动特性(Start Up):在一定条件下从热棒开始受热到进入稳定工作状态之前的特性,以时间为特性指标。

等温特性(Iso Thermal):在一定的热负荷和工作条件下,热棒内部工质蒸气温度沿长度方向呈现出温度均匀且相等的特征。

4.3.2 热棒形态分类

热棒产品按形状分为两类热棒的形状分Ⅰ型和Ⅱ型(又称L形),见图4-1。

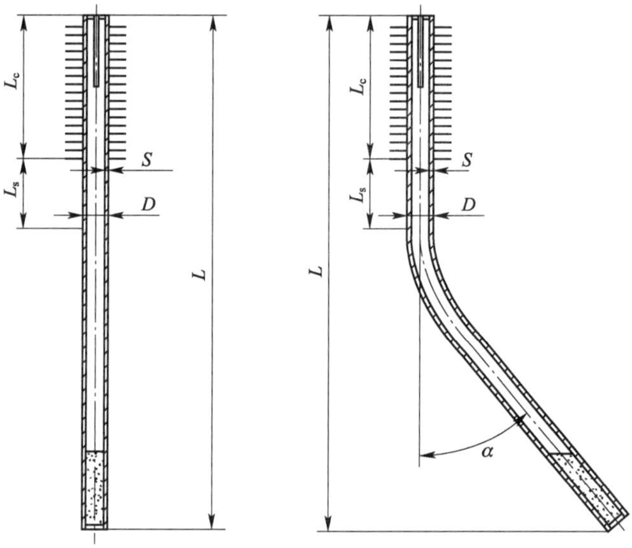

图4-1 热棒形态图(S以上为冷凝段,SD段为绝热段,D以下为蒸发段)

D-基管外径(mm);L_c-冷凝段长度(m);L_s-绝热段长度(m);L-热棒高度(m);S-基管公称壁厚(mm);α-弯曲角(°)

按翅片存在与否的结构形式分为:

(1)冷凝段有翅片、蒸发段无翅片,代号为TPA;

(2)冷凝段和蒸发段均无翅片,代号为TPB。

翅片的形状分为四类:

(1)螺旋圆盘翅片[图4-2a)],代号为a;

(2)齿型翅片[图4-2b)],代号为b;

(3)轧制翅片[图4-2c)],代号为c;

(4)纵向翅片[图4-2d)],代号为d。

需要指出上述分类仅仅是产品机械形式分类,与本书第1章中热棒分类目的不同。

4.3.3 热棒规格结构尺寸

技术标准根据我国冻土区热棒工程实践及现场试验数据,规范了热棒规格和结构尺寸,见表4-1。

规定规范了不同结构不同规格的单元划分和代号,见表4-2。

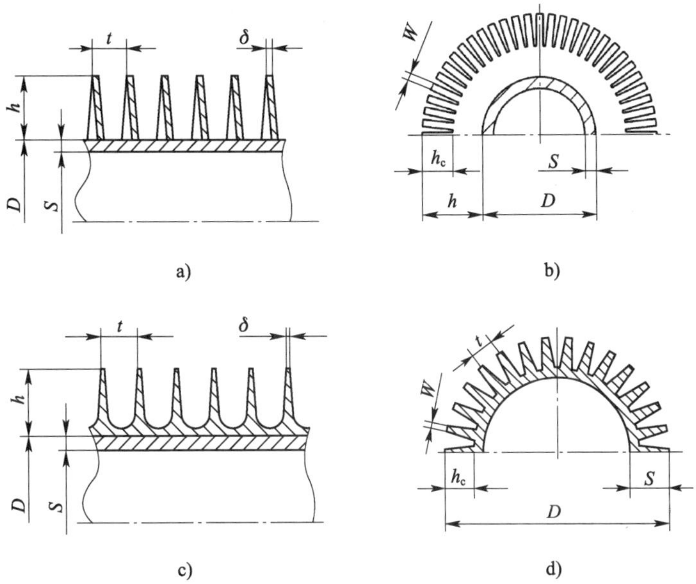

图 4-2　热棒翅片形状图

D-基管外径(mm);h-翅片高度(mm);h_c-齿形翅片高度(mm);S-基管公称壁厚(mm);t-翅片节距(mm);W-齿宽(mm);δ-翅片厚度(mm)

热棒规格尺寸　　表 4-1

D(mm) \ 规格	S(mm)	L(m)	L_c(m)	L_s(m)	α(°)
30 ~ 45	2.5 ~ 3.5	≤6	≤2	≤1	≤90
45 ~ 60	3.5 ~ 4.5	≤9	≤3	≤1	≤90
60 ~ 80	4.0 ~ 5.5	≤12	≤4	≤2	≤90
80 ~ 100	5.0 ~ 6.5	≤20	≤5	≤2	≤90
90 ~ 110	5.0 ~ 7.5	≤30	≤6	≤3	≤90
110 ~ 130	6.0 ~ 8.5	≤40	≤8	≤4	≤90

注:根据工程要求,可以选用表 4-1 规定以外规格的热棒。

翅片及开齿规格尺寸(单位:mm)　　表 4-2

D \ 规格	h	δ	t	h_c	W
30 ~ 45	≤25	≤2	5 ~ 20	5 ~ 20	2 ~ 8
45 ~ 60	≤25	≤2	5 ~ 20	5 ~ 20	2 ~ 10
60 ~ 80	≤30	≤2	5 ~ 25	10 ~ 25	2 ~ 10
80 ~ 100	≤40	≤2	5 ~ 25	15 ~ 35	2 ~ 12
100 ~ 120	≤50	≤2	5 ~ 30	20 ~ 40	2 ~ 12

注:根据工程要求,可以选用表 4-2 规定以外规格的翅片。

4.3.4 技术要求

根据热棒使用寿命要求，管壳外壁按《建筑防腐工程施工及验收规范》(GB 50212—2002)的防腐技术措施处理，管壳内壁采用化学成膜处理方法。

(1)材料：用于制造热棒的基管应为冷拔(轧)无缝钢管。碳钢管应按 GB 3087 的规定选用。奥氏体不锈钢管应按《锅帅、热交换器用不锈管》(GB 13296—2013)的规定选用。用于制造翅片的钢带应为冷轧薄钢板或钢带。碳钢钢带应符合《优质碳素结构钢冷扎钢校和钢管》(GB/T 13237—2013)和《优质碳素结构钢热扎薄钢校和钢管》(GB/T 710—2008)的规定，不锈钢钢带应符合 GB/T 3280 的规定。热棒工质应选用液体无水氨(液氨)或工业液体二氧化碳。液体无水氨(液氨)应符合《液体无水氨》(GB 536—1988)的规定，工业液体二氧化碳应符合《工业液体二氧化碳》(GB/T 6052—2011)的规定。产品质量均符合优等品要求。

(2)外观质量：外表面有金属光泽，表面无裂纹、凹坑及毛刺，焊缝平整光滑。油漆成膜均匀、无裂纹及结疤，翅片间无镶入物。尺寸偏差应符合《一般公差未注公差的线性和角度尺寸的公差》(GB/T 1804—2000)的 m 级规定。热棒管壳直段的弯曲度应不大于 1.5mm/m 。

(3)焊接：管壳的焊接按《承压设备焊接工艺评定》(NB/T 47014—2011)、《压力容器焊接规程》(NB/T 47015—2011)的规定执行，接头和坡口的形式及尺寸应满足 GB 150—2011 的相关规定。管壳的焊接焊缝的外表面，应抽样进行渗透检测，应符合 GB/T 18851 无损检测　渗透检测 I 级合格。

(4)气密性试验：管壳气密性试验的压力为 0.6MPa，试验介质为空气。

(5)启动特性：热棒的启动特性应符合表 4-3 的规定。

热棒启动特性　　表 4-3

热棒长度(m)	从加热开始至稳定工作状态所需加热时间(min)	热棒长度(m)	从加热开始至稳定工作状态所需加热时间(min)
≤4	≤3	≤16	≤6.5
≤6	≤4	≤20	≤8
≤8	≤5	≤30	≤8.5
≤10	≤5.5	≤40	≤9
≤12	≤6		

(6)等温特性：热棒的等温特性，应符合表 4-4 的规定。

等温特性　　表 4-4

热棒长度(m)	测量冷凝段沿长度方向温度差(℃)	热棒长度(m)	测量冷凝段沿长度方向温度差(℃)
≤8	≤2	≤30	≤3.5
≤12	≤2.5	≤40	≤4
≤20	≤3		

(7)试验方法：外观检查，应在充分照明条件下逐根目视检查。当目视判断不清时，应用放大镜检查。尺寸应采用符合中等级(M)，精度要求的量具进行测量。渗透检测方法，应按 GB/T 18851 的规定进行。

热棒技术标准中还对气密性试验方法、启动特性试验方法、等温特性试验方法和判断标准进行了详细说明(见第 3 章)。

4.3.5 热棒检测

热棒的检验分为型式检验和出厂检验,热棒通过型式检验合格后,才能批量生产。

型式检验,一般由国家法定的质量监督机构组织进行。凡有下列情况之一时,应进行型式检验:新产品试制定型鉴定或老产品转厂生产;正式生产后,如结构、材料、工艺有较大改变,可能影响产品性能时;产品停产半年以上,恢复生产时。

(1)检测频率

①正常批量生产时,每年一次。

②国家质量监督机构提出要求时。

(2)检测概率

型式检验的样品,应随机抽取 3 根热棒。

(3)检测项目

型式检验的项目按表 4-5 规定执行。

检验项目表　　表 4-5

项目	试验项目	技术要求	试验方法	型式检验	出厂检验
1	外观	标准 6.2	标准 7.1	√	√
2	尺寸	标准 6.2	标准 7.2	√	√
3	渗透检测	标准 6.4	标准 7.3	√	√
4	气密性试验	标准 6.6	标准 7.5	√	√
5	启动特性	标准 6.7	标准 7.6	√	√
6	等温特性	标准 6.8	标准 7.7	√	√

(4)检测标准

型式检验中,等温特性不合格时,该次型式检验为不合格;若其他项目出现不合格,应在同一批产品中加倍抽取样品,对不合格项进行检验,若仍不合格,则该次型式检验不合格。

(5)出厂检验

热棒由其生产企业质量检验部门,按表 4-5 规定,应随机抽取不少于 2% 的样品进行检验。若检验全部合格,则整个检验批合格,签发合格证,允许出厂;若检验存在不合格项,则加倍抽检;检验若还有不合格项,则逐根检验,剔除不合格品。出厂检验中,剔除的不合格品允许返修,返修后重新对不合格项进行检验。

4.3.6 其他要求

(1)热棒产品经过出厂检验程序检测合格后,经过铭牌标志、产品说明和质量证明、钢架木箱包装、专用车厢运输到达工程现场或指定地点储存。

(2)经过现场试验工作性能检测后,进入工程实用。

(3)热棒的技术标准随着热棒技术的深入研究、工程实践的数据反馈、应用范围和应用目的的提出,在一定时间段需要进行修订。

4.4 热棒专利技术对技术标准的提升

热棒专利技术拓展了热棒技术在寒区工程建设的适应范围，推动了热棒工程规模化应用的速度并拓宽了应用范围。

本书作者根据寒区工程应用要求，开发研究的大功率柔性热棒和高效热棒就是这样一种新型专利技术。

4.4.1 大功率柔性热棒

经过几十年的不断探索，低温热棒技术解决了长期以来困扰低温地区基础设施建设的难题，在我国青藏铁路建设及西部低温地区的水利、交通等基础设施的建设中，得到了广泛的运用。

长期以来，受运输条件所限，热棒的长度不能超过车辆长度的一定值，而热棒特有的结构决定了它不能在现场进行制造和组装，因此限制了它在一些大型基础工程，如机场跑道、大型水坝等需要特长型热棒的场合中的应用。

大功率柔性热棒专利技术是改进铁路、公路、机场、隧道等基础设施设计中热棒应用的一种新技术。这种专利技术提供了一种在低温冻土地基基础中使用的，用于防止土壤因季节气温变化交替发生结冰和融化而影响地基基础稳定的，长度不受限制，制造、运输方便的热棒。

此外在有些应用场合不仅要求热棒的长度很长，而且要求能根据需要改变形状，已有热棒产品目前尚无一种能满足上述要求。

该发明是针对现有功率小、长度较小的热棒不能适应工程场地的变化的缺点，研制出的一种功率大、长度多变、便于运输且安装时可以改变形状的热棒。

如图 4-3 所示是不同形状的大功率柔性热棒结构图。

结构特征：

由冷凝段和蒸发段组成，冷凝段和蒸发段通过金属软管连通成为整体，降液管在金属软管之外时，一端与热棒冷凝段的下部即与金属软管相连的一端连接，另一端与热棒蒸发段下部不与金属软管相连的一端连接。

降液管为金属管或塑料管，它位于金属软管中时，由位于金属软管中的气—液通道分隔板组成。

大功率柔性热棒专利技术目的是针对现有的热棒长度较短且不易变形的问题，设计一种适合大型基础设施需要的、长度可根据需要设计、便于运输、安装时可改变形状的大功率柔性热棒。

该项技术专利填补国家冻土工程领域的一项空白，丰富深化了冻土工程冷却地基技术，扩展了应用领域和改善了应用条件。

4.4.2 高效热棒

高效热棒是一种涉及一种交通、铁路、公路、机场、桥梁、隧道、涵洞、输变电铁塔等基础设施的新型产品，已有的热棒结构多为简单管状结构，为了增加吸热效果，其深入地基中的部分有时需要做得很长，且间隔距离较短，冷却半径较小，一般每 3 ~ 5m 就需要铺设一根热棒,导致基建投资相对增加,而高效热棒的发明改善了这种缺陷。

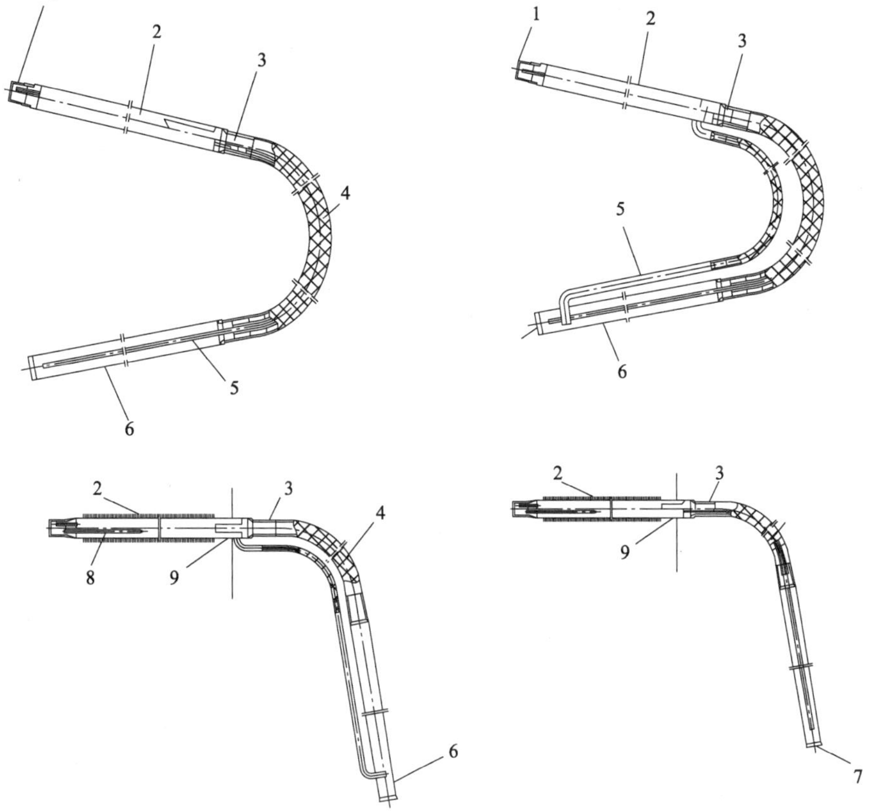

图4-3　大功率柔性热棒结构图

1-端盖;2-冷凝段;3-管接头连件;4-金属连接软管;5-降液管;6-蒸发段;7-封头;8-测温中心管;9-柔性热棒

高效热棒如图4-4所示。

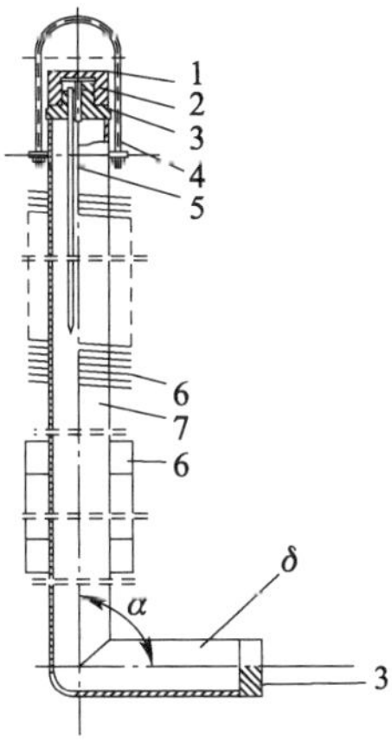

图4-4　高效热棒专利图

1-端盖;2-工作介质注入管;3-封头;4-吊耳;5-测温管;6-翅片;7-壳体;δ-管壁厚度;α-管轴线与壳体轴线的夹角根据需求可变

具整体结构的特点有:

高效热棒的特征是在壳体埋入地基基础中的一端上至少连接有一个以上与内部连通的支管,增加分支壳体的办法极大地扩大了原先壳体的吸热范围,使地基土体降温范围扩大,冻实率提高;同时结构简单,易于实现,且投资小,可扩大相邻热棒之间的热影响半径,节约投资。

这项专利技术的特点:

(1)壳体为整体结构或密封相连的分体式结构。壳体的表面设有开花锯齿翅片或螺旋翅片或U形翅片,支管轴线与壳体轴线的夹角根据需求可变,为$0° < \alpha < 180°$。

(2)高效热棒根据壳体埋入地基土体一端与支管连接形式分为不同结构形式,以适应不同的工程环境和工程条件。

①垂直连接一个支管与壳体,整体呈"L"形。

②垂直连接有两个与其内部相通的支管，所述支管与壳体整体呈倒“F”形。

③垂直连接三个与其内部相通的支管，与壳体埋入地基基础中的部分形成一个“E”形结构。

有工作介质注入孔或安装有工作介质注入管的封头盖上安装有伸入壳体内腔中的测温管。

专利技术在实际应用时显示了比现有热棒传热效率更高、降温效果更佳的优势棒。

如图4-5所示是这种专利技术典型实施结构图，分别为上述的L形、F形和E形结构，图中标示1～7同图4-4。

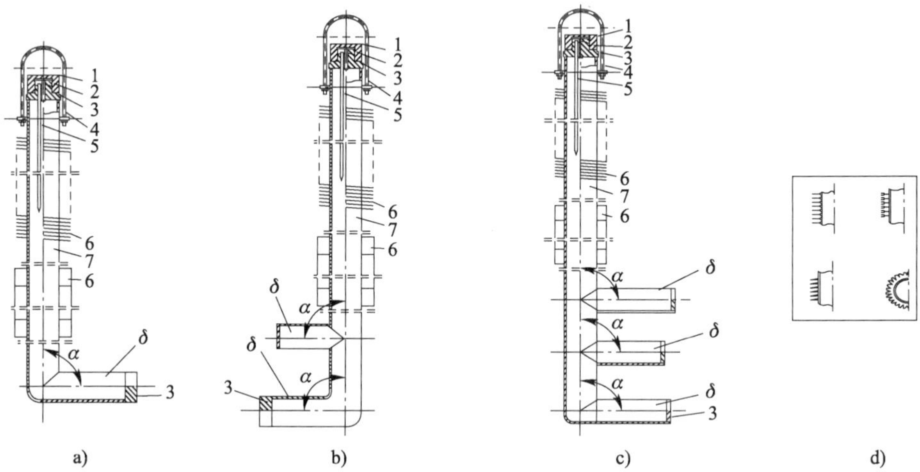

图4-5 高效热棒结构示意图
δ-管壁厚度

不同结构形式的高效热棒，连接方式类似，结构组成方式相同，只是形态不同，都包括两端密封的壳体，壳体可采用整体式结构，为了制造方便，也可分段制造后焊接相连或螺栓相连，壳体及与壳体整体相连（也可为分体式结构）的支管，支管与壳体以不同方式相交并相通，壳体内部装有工作介质（可为液氨或氟利昂等），封头盖上安装有工作介质注入管，还安装有伸入壳体内腔中的测温管，壳体表面设有开花锯齿翅片、螺旋翅片或U形翅片，以进一步增加散热面积，提高冷凝效率。

为了便于维修保养，在工作介质注入管的外侧安装有保护盖，在壳体的外侧连接可拆卸的吊耳，保护盖可为活动连接，也可焊接连接。

支管轴线与壳体轴线的平面夹角灵活可变，以90°为最佳。不同数量支管与壳体的连接形成不同结构类型，如上所述的L形、倒F形和E形。

上述两种热棒新型专利技术，对目前寒区工程热棒应用是一种丰富和改善。

4.4.3 大面积降温热棒系统专利技术

由于冻土区输油管道系统和储油罐基础长期处在油温热侵蚀作用下，基础多年冻土会快速退化，以热棒技术为基础开发的大面积降温系统专利技术可以很好地解决这一工程问题。针对大面积冻土地基加固难度大、成本高的问题，发明了热棒技术基础上的一种大面积冻土地基建筑的加固方法及自动降温均温加固系统（图 4-6）。

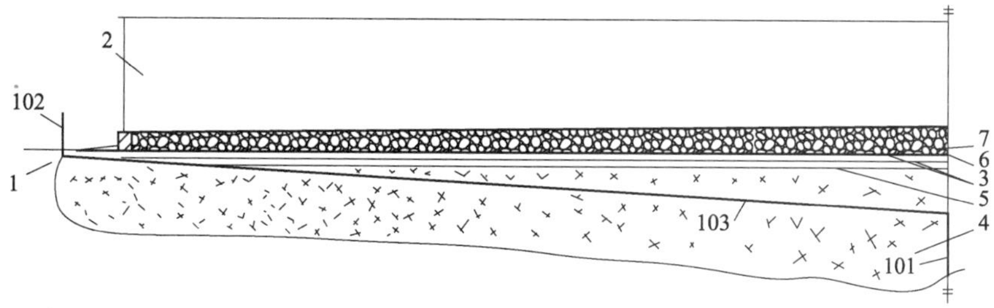

图 4-6　大面积降温热棒系统示意图

101-热棒蒸发段；102-热棒冷凝段；103-连接管；1-连接管；2-储油罐；3-均温热棒蒸发段；4-冻土层；5-土沙层；6-绝热层；7-填土层

本发明的实施方案之一是：

首先根据地基表面性质在被加固物地基表面加工出 1 ~ 4m 深的填坑；其次在所述的填坑中按设定的间隔将分离式热棒的蒸发段插入冻土层中，使热棒的冷凝段从填坑周边伸出，并使其沿地基上建筑物的周围布置，每根热棒由蒸发段、连接管和冷凝段组成；最后在填坑中回填砂石料、回填土或砂石料与回填土的混合物形成填土砂层，形成分离式热棒自动降温均温地基结构。热棒的连接管呈斜置安装。

在填坑的底部设置有绝热层，在绝热层下部设置有回填土沙层，在回填土沙层中水平布置有均温热棒蒸发段。

在回填土沙层中水平布置的均温热棒有两层，且所述的两层均温热棒空间相交或正交。

本发明的实施方案之二是：

作为大面积冻土地基加固系统，它由多根按设定间隔安装在被加固地基上的分离式热棒组成，被加固地基由填土沙层和冻土层组成，冻土层位于填土沙层的下部，其特征是所述的分离式热棒由插装在被加固地基冻土层中的蒸发段、插装在被加固地基上的建筑物周围的热棒的冷凝段以及连接蒸发段和冷凝段的位于填土沙层中的连接管组成。

所述的连接管呈斜置安装，以便使冷凝水在重力作用下自然下降至蒸发段中。

在所述的填土沙层中的下部还设有绝热层，在绝热层下部土层中水平安装系统中设置一层或两层空间，呈交叉或正交的均温分离式热棒。

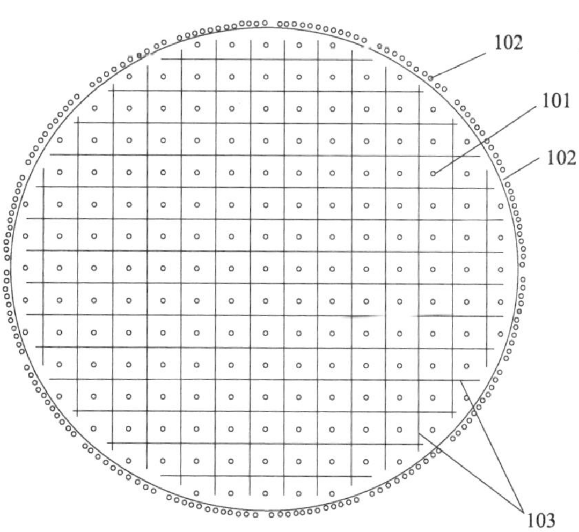

图 4-7　油罐地基降温系统布置图

101-降温热棒；102-热棒冷凝段；103-均温热棒

如图 4-7 所示是本发明在冻土区油罐地基实施降温系统的结构布置图，在油罐基础上布置两种热棒：降温冷却热棒 1 和均温热棒 3。利用分离热棒技术，分离式热棒的蒸发段和冷凝段由一连接管（直管或金属软管）连接，蒸发段直接插入油罐底部的多年冻土层,冷凝段布置在油罐的周围。在回填土的最下面加一层保温层(由绝热层和土沙层组成),以减少原油向冻土层的传热量。在保温层之下,如图布置水平安装的起均温作用的均温热棒,使土层保持比较均温的温度分布,均温热棒全部埋在沙土里。

热棒蒸发段间距4m,上述地基降温系统设置177根降温热棒和28根均温热棒,成功地解决了大面积冷却降温和控温的难题。

第5章 热棒工程应用理论基础

冻土区工程建设是大规模扰动多年冻土的工程活动。冻土区铁路工程建设改变了冻土生存环境,改变了天然条件下冻土本身和周围环境水热平衡,形成新的工程环境下水热平衡的特征。但是由于全球性气候变化的影响,这种水热平衡是一种动态平衡,已经采用稳定的工程建筑物地基基础的工程结构,在这种动态平衡体系中,其稳定性会受到渐进破坏,最终可能以工程建筑物变形的方式表现出来。

抵御冻土区工程热平衡动态体系向不利于建筑物稳定的方向发展,关键是降低土体温度,增加冻结土体的热惰性,这是冷却地基理论的核心。使冻土区建筑物不同方向和部位受热均衡,使线形建筑物平顺,点式建筑物冻胀融沉变形均匀,关键是在建筑物不同部位附加不同热源(冷源),纠正不均衡传热。热棒作为一种高效传热元件,它特殊的散热导冷功能和布置的灵活多样是解决上述关键问题的所在。

热棒的应用源于人们对冻土性质和变化的动态认识的深化,热棒工程应用的理论基础包括:冷却地基理论的提出奠定了热棒得以广泛应用的基础,传热均衡的认识是热棒应用方式和应用类型及工程结构设计的依据,热源在土体中的传播由于热阻的存在而呈现级次衰减现象,使我们明确了热棒有效传热范围的概念,科学的界定是经济应用的基础。既有冻土区工程病害的预警理论使热棒的工程应用得以飞速发展。

热棒工程应用理论的研究和实践是热棒技术的核心和基础。

5.1 冷却地基理论

冷却地基理论是我国冻土区工程建设,尤其是青藏铁路建设前期40余年的科学研究和建设期间工程实践形成的冻土工程学界的共识。

考虑未来全球性气温升高的背景,冻土区筑路技术的关键在于必须执行贯彻“冷却地基土,减少传入多年冻土的热量,提高多年冻土的热稳定性,从而保证修建在其上的铁路建筑物的稳定”的技术路线,这也是多年冻土地区工程建设需要贯彻的一条技术路线,是热棒工程在建设阶段和运营阶段应用的理论基础。

冷却地基理论包括几个方面含义和实际内容:

(1)冷却地基提出的背景条件(寒区环境条件的演变尤其是气温升高趋势的形成)。

(2)冷却地基原则和冷却地基关键技术(被动型工程措施向主动型工程措施转变的设计理念)。

(3)冷却地基主要工程措施的目标效果(降低土体温度,增加地基土体冷储量,提高多年冻土热惰性)。

热棒技术正是从这三个方面来满足应用环境条件、应用原则和工程的目的效果。

热棒技术可以很好地利用和采集自然能,在工作季节启动内部液—气相态变化过程,降低土体温度,提高土体的热惰性,缓解了气温变化对未来冻土路基冻融变形的影响,避免建筑物地基出现灾难性破坏,传热过程中冷量的积蓄可以预防建筑物可能发生的病害。

从工程设计原理上讲,热棒路基结构是能够达到保护冻土、提高路基稳定性目的的最有效的工程措施之一。因此,这种能既够利用自然能源,又不破坏既有建筑物地基基础原有状态的低温热棒结构就成为冻土区采用的主要路基结构,尤其是补强设计的主要结构形式。

冷却地基的理论是热棒应用的基本理论基础,冷却地基理论的形成主要从寒区环境变化、寒区地基工程应用技术研究的深化而来,热棒工程的提出和应用随着冷却地基理论的提出而得到重视和发展,它的应用基础也和寒区环境变化密切相关。

5.1.1 寒区环境变化和多年冻土

寒区环境的变化和全球气温在过去的120年以来持续升高趋势密切相关。近年来升温尤为明显,气温正在升高,如图5-1所示的全球气温变化统计图显示了气候的明显转暖趋势。

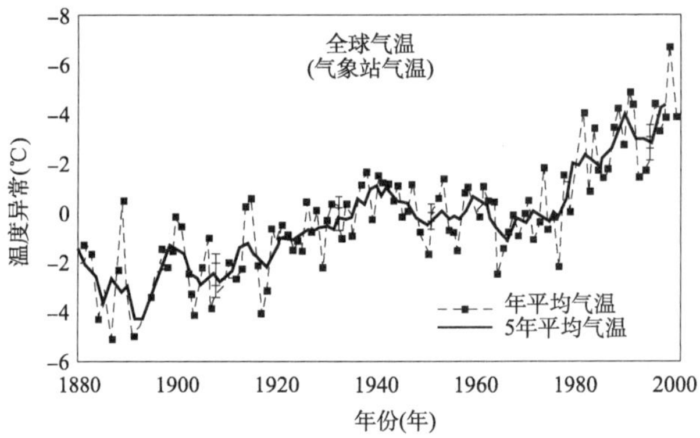

图5-1 全球气温变化统计图(引自中科院2003年青藏铁路创新课题年度科学报告)

从青藏高原近50年来的气温变化可以看出,青藏高原气温也在持续升温,且升温幅度大于全球气温变化,如图5-2所示。预测结果表明,50年气温升高1℃后,多年冻土基本未发生退化,但多年冻土地温状态普遍升高,多年冻土地温分区分布范围将发生演化。伴随着多年冻土地温升高,局部会出现地下冰融化导致路基产生较大变形。气温升高2.0℃后,多年冻土将会发生强烈退化,年平均地温高于-0.51℃多年冻土将退化为季节冻土,初步估计多年冻土融区范围将由原来的102km扩大到302km左右,高温极不稳定多年冻土区范围由原来的200km变为129km,高温不稳定多年冻土范围由原来的75km变为85km。若仅从数据来看,高温极不稳定和高温不稳定多年冻土路段长度减少了,但这是由多年冻土年平均地温升高演化而来的,多年冻土地温升高总体向着不利工程稳定性趋势发展。

多年冻土对气候变化的响应是长期而缓慢的过程。气候长期影响引起多年冻土缓慢变化;多年冻土对工程活动的响应是一个短期而快速的过程。工程活动短期影响加快并加剧了多年冻土变化,它使得工程状态下多年冻土对气候变化的响应在相当长一段时间内并不十分敏感。对于高温多年冻土来说,工程建设完成后不长时间内,工程状态下多年冻土就将承受气候变化和工程本身对多年冻土的双重影响，因此高温多年冻土将表现出更为强烈的变化，对工程稳定性产生极大影响。因此高温多年冻土区工程必须要考虑气候变化的影响，而低温多年冻土变化只有在超过工程状态下的变化后才需要考虑气候变化的影响。

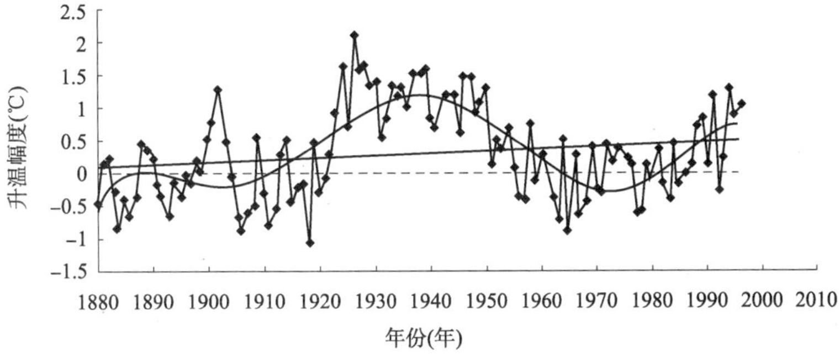

图5-2 青藏高原气温发展变化趋势

气候是引起多年冻土变化的动力，地质和地理条件差异是导致多年冻土出现区域分异变化的主要原因。所以，随着影响多年冻土热状态的地质、地理条件的变化，多年冻土必然不断变化。此外，土层在冻结和融化过程的相变将影响地层内的温度分布，这将影响地气系统的能量交换特征，并进而影响气候的变化进程。因此，从严格意义上讲，冻土作为一地质历史综合体，它属于整个地球环境系统一部分，其自身的变化受地球环境的变化的制约，同时也影响整个系统的变化进程。

在受气候变暖影响的地球系统各圈层中，冰冻圈首当其冲。冰冻圈对气候变暖的敏感程度最高，变化最快，也最显著，而且人类对它的变化采取有效的防范措施很困难，因此被公认为是最容易受气候变化影响的脆弱圈层。气候变化必然引起青藏高原多年冻土温度状况和分布范围的变化。已有的研究表明，自1974年至1989年的15年间，青藏高原多年冻土北界附近的岛状多年冻土已经消失，多年冻土20 m深度处的地温平均上升了0.2~0.3℃。将1975年的多年冻土勘探资料和2002年进行的探地雷达（GPR）勘探资料进行对比分析发现，在青藏高原大片连续多年冻土分布的北界西大滩地区，多年冻土的下界高度在过去的30年间上升了近25 m，多年冻土面积发生较大的萎缩。由气候变暖引起的青藏高原多年冻土的退化已经引起高原生态系统和环境发生了不同程度的变化，近地表多年冻土层的融化必然影响到寒区的道路工程建设。

在气候变化的诸多要素中，气温是最重要的能量指标之一。高原的气温在近几十年来呈明显上升的趋势（图5-3），对分布在青藏高原多年冻土区内的五个常规气象站的气温观测资料和中铁西北科学研究院于1976年开始在风火山观测点进行的常规气象观测资料进行统计分析，六个观测点的基本情况及年平均气温年代际变化情况见表5-1。如表所示，所有台站的10年平均气温值，20世纪60年代低于70年代，80年代中期经过短暂的降温后，一直到20世纪90年代末期气温都在升高。其中沱沱河的增温幅度最小，温度升高不到0.50℃，增温率为0.012℃/a；增温幅度最高的为风火山站，近30年来气温上升了0.65℃，增温率为0.022℃/a；其次是玛多站和曲麻莱站，40年升温达0.80℃，增温率为0.020℃/a。六个站年平均气温递增率为0.019℃/a，略高于整个高原气温的平均递增率。从图5-3也可以看出，自20世纪80年代中期以来，六个站的增温趋势非常明显，增温的幅度比较大。

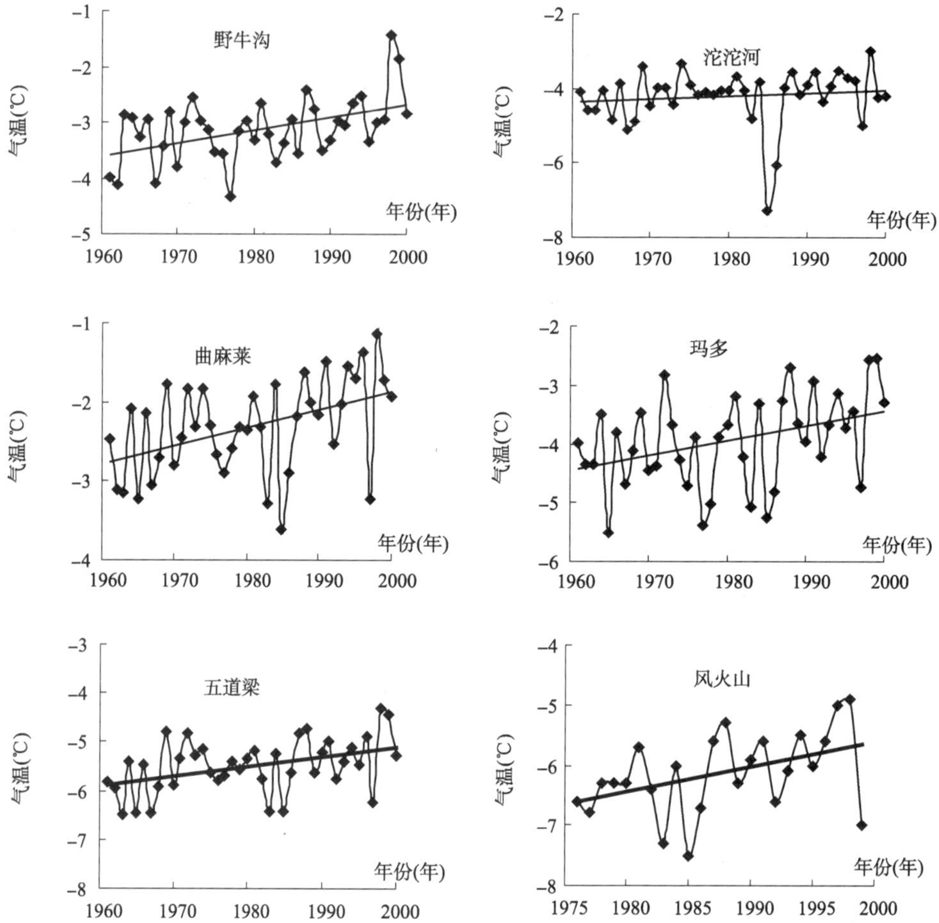

图 5-3 青藏高原多年冻土分布区近年来气温的年际变化情况

青藏高原多年冻土分布区年平均气温的年代际变化情况 表 5-1

项目 地点	经度	纬度	海拔 (m)	年平均气温 (℃)	60 年代 (℃)	70 年代 (℃)	80 年代 (℃)	90 年代 (℃)	增温率 (℃/a)
野牛沟	99°35′E	38°25′N	3320.0	-3.1	-3.43	-3.26	-3.15	-2.66	0.019
玛多	98°13′E	34°55′N	4272.3	-3.9	-4.22	-4.17	-3.94	-3.42	0.020
曲麻莱	95°47′E	34°08′N	4175.0	-2.3	-2.65	-2.36	-2.38	-1.87	0.020
五道梁	93°05′E	35°13′N	4612.2	-5.5	-5.87	-5.40	-5.51	-5.19	0.017
风火山	34°43′E	92°53′N	4776.0	-6.1	—	-6.46	-6.27	-5.81	0.022
沱沱河	92°26′E	34°13′N	4533.1	-4.2	-4.39	-4.01	-4.53	-3.93	0.012

此外，据 6 个站冷暖季的气温观测统计资料揭示，近 40 年来高原多年冻土区冷季气温平均上升了 0.90℃，增温率为 0.022℃/a。升温幅度最大的为玛多站，上升了 1.15℃，增温率为 0.029℃/a，野牛沟次之，升温幅度也达 0.98℃，增温率为 0.024℃/a；而暖季气温平均上升 0.62℃，增温率为 0.016℃/a。高原多年冻土区的冷暖季气温年代际变化趋势与高原年平均气温年代际变化总趋势是同步的，表现为冷季增温比较明显，尤其是近 10 年递增幅

度比较大,相比而言暖季的增温就相对弱一些。气温的这个变化特点对多年冻土的热状况影响很大,冷季气温的显著升高将使区域冻结能力减弱,冻结指数和融化指数差距减小,多年冻土受到干扰后恢复热平衡的能力减弱。

青藏高原已经观测到的近50年气候变化引起的多年冻土地温变化的年升温速率表明,低温多年冻土要高于高温多年冻土,低温稳定型多年冻土升温速率一般在0.051~0.063℃/年,大于气温升温速率;低温基本稳定型多年冻土一般在0.021~0.051℃/年,高温不稳定型多年冻土一般在0.023~0.027℃/年,它们均低于气温升温速率。

寒区环境条件演变及其对多年冻土的影响说明冷却地基理论提出的必要性,环境温度变化特征和温度条件证明了实施主动降低冻土温度的工程措施的可行性,这是热棒技术和热棒工程措施实施的环境条件,也是必要条件之一。

5.1.2 冻土区地基工程主要技术

冻土区地基工程设计和施工建设面对的主要问题是:

全球性气温升温趋势的持续,改变了多年冻土的年平均地温,改变了多年冻土热状态(热稳定性和热敏感性),使多年冻土的工程性质向不利于冻土地基工程稳定的方向发展。

多年冻土热敏感性对气候变化的响应日益明显,冻土区地基工程的稳定性对气候变化的响应也更敏感。

气候变化改变了多年冻土空间分布特征,预测显示气温变化对多年冻土平面分布的影响,气温升高1℃后,50年后极不稳定型多年冻土将退化为季节冻土,其他类型多年冻土地温升高;气温升高2.6℃,30年后极不稳定型多年冻土将退化为季节冻土,50年后可导致不稳定型多年冻土将退化为季节冻土。气候变化后,多年冻土地温带发生了极大的变化,Ⅰ区退化为季节冻土,Ⅰ区部分退化为季节冻土,部分转为Ⅰ区,Ⅲ区演化为Ⅱ区甚至Ⅰ区,Ⅳ区将会演化为Ⅱ区和Ⅲ区。

多年冻土平面分布改变了区域冻土特征。多年冻土垂直剖面变化:一是多年冻土上限的变化(实际上是冻结温度等温线的位置);二是不同深度多年冻土的年平均温度。这些变化最终都影响和改变了冻土力学性质,影响了保持工程稳定性的设计原则和工程对策。

冻土区地基工程主要技术需要解决的是:

气温升高趋势下,多年冻土的变化对工程产生直接影响的主要有两方面:一是不同层面多年冻土温度变化;二是多年冻土上限变化。这两方面的变化影响地基工程的强度和变形。

冻土区地基工程技术就是需要消除或减缓气候变化引起的多年冻土上限发生变化,特别是高温极不稳定型和高温不稳定型多年冻土上限的变化,以及由此产生的工程变形问题;主动降低土体温度,提高减少多年冻土上限的变化,使多年冻土和冻土工程保持相对稳定;减少传热地基土体的热量,保持冻土生存环境的热稳定性。

在热棒技术成熟应用之前,准确地说在青藏铁路建设初期和之前,冻土工程界对多年冻土地区工程建筑的认识主要停留在减少传热地基土体热量的层面上。随着青藏铁路建设的进展和人们对冻土技术问题认识的深化,冻土工程学界逐渐把重点转移到主动冷却地基土体的认识上。

从冻土工程技术区分,冻土地基工程技术可以分为以下两大类工程措施。

(1)被动措施

所谓被动措施,是指仅仅从减少传入地基多年冻土的热量出发采取的一些工程措施,如采取适当的路基填土高度或在路堤中铺设一定厚度的保温材料(图5-4),以这种增大热阻的方法,达到减少传入土体热量的目的。但是这种方法在寒季起的负面作用是在一定程度上也会阻碍土体向大气的散热过程。

青藏铁路早期研究工作证明,在低温冻土区采用这类保温措施可以有效地起到保护冻土的作用。但是在高温冻土区,过高地抬高路堤反而容易在路堤基底下形成融化盘一样的上限界面,由于吸热面加大和阴阳坡热量传递的不均匀性,这种融化盘的不对称性还会造成路基的不均匀变形。保温材料在高温冻土区使用的长期过程中,会在路基内部形成热量累积,反而会使冻土上限下移。这类被动的保护冻土的措施在全球性气温升高的背景下更扩大了它的这种致命缺点?因此这种措施仅在一些含冰量较少的冻土地段和越岭地段配合一定的填土措施采用。

(2)主动冷却降温措施

如图5-5所示是片石层冷却路基、降低多年冻土温度原理图,这是第二类所谓主动降温冷却地基的主动措施依赖的基本原理,也是已经在青藏铁路建设中大量采用的积极性的保护冻土措施,也即冷却冻土的措施。

图5-4 青藏铁路低温冻土区保温板路基

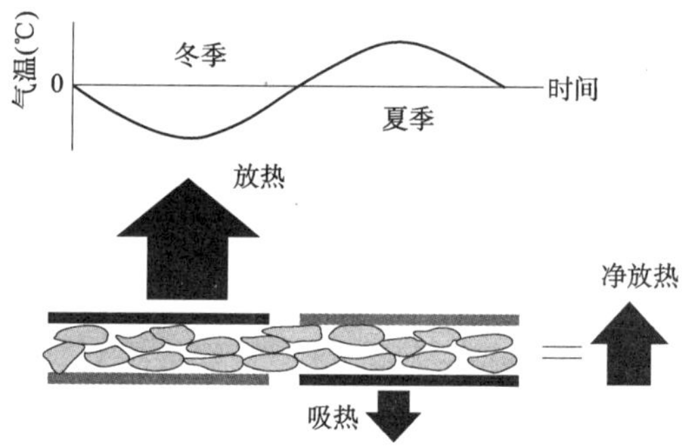

图5-5 冷却路基、降低多年冻土温度原理图

这类措施的特点在于采取主动调控地温,冷却地基土,增加冻土本身的冷储量,提高冻土的热稳定性。如遮阳、表面反射、抛石路基、通风管路基和热棒路基等结构形式都属于这类措施(图5-6)。

a)遮挡路基　b)碎石护坡+片石气冷路基

图5-6 青藏铁路唐古拉山区遮挡路基和开心岭碎石护坡+片石气冷路基

青藏铁路已经实施的片石气冷路基工程实践表明,片石气冷结构面临着以下问题:片石路基在青藏高原一些大河盆地区域,由于暖季热风及列车行驶引起的空气扰动,会在片石路基局部产生负压,热量交换结果导致片石路基温度升高,可能引起路基下沉。地表水进入片石路堤也会带进热量,提高地基温度。

冻土区工程设计理论的实施目的是保证冻土区工程的稳定性。就工程结构而言,桥梁桩基、路基是冻土区主要地基结构形式,这些地基结构承载力和强度的形成多是依靠冻土的冻结力和冻土强度实现的。而无论是靠冻土冻结力形成的桥梁桩基承载力,还是靠冻土本身强度形成的路基稳定性,都与冻土区区域环境气候条件、冻土特征有着直接的关系,气温升高会给这些工程的地基土体带来负面影响,需要靠这些主动冷却地基的措施保护以冻土为地基的工程结构的稳定性。

随着寒区的开发和建设,国际上俄罗斯东西伯利亚铁路和美国阿拉斯加输油管线的建设及国内青藏、青康公路的改扩建、青藏铁路建设等大型冻土区工程建设的进展,都证明了主动冷却降温工程措施具有明显的工程效果。

在主动冷却地基土体的工程措施里面,热棒技术是最为特别的工程措施,因为它不是靠工程结构本身的传热过程达到新的热平衡状态,最终达到冷却地基土体的效果,而是自身可以直接产生冷却地基土体的能量,因此具有更为强大的生命力。

上述冻土区地基工程技术措施,从传热学原理出发,对降低地温和控制地温措施已经不单纯从主动和被动分类,而是从原动力和调控目的得到细化和深化的研究。这种分类从理论上讲更接近问题的本质,从而更容易对各类工程措施的影响因素具有明确的认识,在实施上可以使其效果、功能发挥最大化。

冻土地基工程技术的传热学分类如下。

1)无源控温技术

从降低地温和调控地温有无动力源,分为无源技术和有源技术。无源技术是指不用动力和没有移动机械装置的技术,至今已发展成天然对流装置、热障、热穴、架空建筑模式和改善地表条件五大系列。有源技术是指有动力和移动机械装置的技术,包括通过埋管中冷、热流休的强迫循环、土层中注入蒸气和水及电热示踪等。

与无源技术相比,有源技术的造价、运营和维护成本均较高,但因为其输热率可以人为控制,故具有较大的灵活性。这些技术用于季节冻土和多年冻土区管线、房屋、道路、跑道、铁路和通信塔等各类建筑工程,通过地温调控,解决融化下沉、冻胀、边坡不稳定和冻土变形等地基基础问题,都取得了良好的效果。

我国多年冻土的分布有两大类:以东北北部为代表的低纬度高寒地区的多年冻土和以青藏高原为代表的中、低纬度,高海拔地区多年冻土。这些地区的多年冻土具有厚度薄、地温高和太阳辐射强等特点,人为活动一般都会使进入多年冻土层的热量有所增加,引起多年冻土的融化、多年冻土上限下降和沉降变形,导致冻土不稳定程度更为强烈,因此,地温调控的任务更为艰巨和复杂,尤其是在高温多年冻土区和厚层地下冰发育地区。但是,青藏高原以及我国其他寒区的环境条件对于无源调控技术具有特有的可利用价值,例如:大风、日照都是一些无源调控技术的能量来源。

无源调控技术包括改变地表传热条件的无源控温技术、改变冻土—大气热传导体系控温技术和调控对流控温技术三类。

2）改变地表传热条件的无源控温技术

地表是多年冻土和大气环境之间的热交换媒介，改变地表特征意味着改变散热面的条件，就可以改变冻土和大气环境热交换的结果。直接改变地表温度条件改善地下多年冻土生存的能量条件也可以改变多年冻土的热状态。

已经采用的改变地表条件的技术主要包括抬高路堤高度、使用遮阳棚、将沥青路面粉刷成浅色来增加反射率（Reckard，1985）、Kontratjev. V. G（1996），将路基表面或边坡面涂刷白色油漆，或在路基面处铺设白色碎石等；利用雪盖阻止热量向地基传送以及去除路基边坡的雪，隔断辐射热，如在路基上设置遮阳措施，遮挡太阳，防止辐射热的传入。

在铁路上修筑遮阳棚是加固路堤基底、防止其变形的一种方法。用遮阳棚来预防路堤堤身与基底土免受直接的太阳辐射和雨雪水的影响，因为这些都是造成路基底冻土层退化和线路沉陷的主要原因。俄罗斯曾经对遮阳棚这一方法提出三种模式：圆形、多边形和单一形。它们都能有效地保护路堤、边坡和邻近的区域。为了提高遮阳棚对太阳辐射的反射率，增加遮阳棚的防辐射效果，还可以在遮阳棚外表面涂上具有高反射性质的涂料油漆，例如涂上白色或银白色的油漆材料，效果会更佳。

我国早在1997年，对用遮阳避雨棚防护的路基和未经防保的暴露在外面的路基进行了数字热范围模拟。计算结果表明，防护棚能有效地防止太阳能辐射对路基的热影响。对青藏铁路格尔木—拉萨段冻土路基热状况变化趋势的数值分析也证明，修筑遮阳棚可以有效地降低路基下多年冻土地温度；还对减少冻土路基最大季节融深有非常显著的效果，棚内外路基的最大季节融深之差可达0.90m左右；同时指出气候变暖对遮阳棚内的冻土路基最大季节融化深度影响很小，这样可以有效地减缓和减少因气候变暖而带来的路基冻土融化的问题。

在现场试验方面，中铁西北科学研究院1997年在青藏高原不同路段路堤上铺设了碎石护坡并架设了遮阳棚，并且取得了较为显著的成果。2003年，青藏铁路唐古拉山地段第一次在铁路正式线路修建了遮阳棚路基，取得很好的效果（图5-6）。

3）改变冻土—大气热传导体系控温技术

改变冻土—大气热传导体系的控温技术之一是采用保温材料。在欧美，广泛应用了保温材料路基工程措施，取得了较为满意的效果。但是保温材料的应用效果和冻土环境温度及冻土层温度有很大关系，一般来讲，低温冻土区应用效果较好。

另一种措施是改变路基高度，即确定一个"合理"的路基高度，保护其下冻土不致退化。对于路基高度的研究，可能是冻土区路基研究中的最早内容。在我国，20世纪60年代前后，由于大兴安岭等地区的开发，开始了对多年冻土地区路基工程及其高度问题的研究。20世纪70年代以来，开始了大规模的高原多年冻土地区道路工程实践的研究。朱林楠从能量再分配的平衡原理出发，讨论了冻土路基临界高度的近似计算方法。吴紫汪通过大量的现场调查研究，得出了青藏公路沥青路面的临界高度。黄小铭根据大量的现场观测研究，得出青藏高原风火山地区黏性土路基的上临界高度；袁筱林通过二维数值计算分析了冻土路基的临界高度。此外，在吴紫汪、程国栋等人著作的《冻土路基工程》中，对青藏公路冻土路基的临界高度与设计高度问题作了详细的讨论。

上述这些被动工程措施的出发点均在于克服或延缓由于冻土退化造成的路基破坏。国内外大量的工程实践已证明,增加热阻的措施,能够延缓多年冻土的融化,但是不能从根本上改善路基的热状况。提升路堤高度或铺设保温材料均可有效地保护多年冻土,即使多年冻土上限抬升。但是在高温多年冻土区,抬高路堤不但不能使冻土上限上升,反而可能会形成融化盘,若过高地抬高路堤,由于吸热面的增大和阴阳坡的作用,又会造成融化盘的不对称,进而导致路基的不均匀沉降。若铺设保温材料,则由于它既可在夏季阻挡上部热量的传入,又可在冬季阻挡上部冷量传入和下部的热量传出,长期运行会在路基中形成热量累积,致使多年冻土上限下降。因此,抬高路堤高度或铺设保温材料保护冻土路基均是被动保护多年冻土的方法,它无法抵御上述多年冻土的变化,造成路基稳定性发生变化,尤其在全球气温升高的大趋势下更是如此。

4)调控对流控温技术

调控对流方案:主动地温调控措施主要包括调控传导和调控对流的方法,前者包括利用潜热和采用热半导体材料,后者包括通风路基、碎(片)石护坡与块石路基、热棒(冷桩)路基。

通风管路基(图5-7)的工作原理是,在寒冷季节,冷空气有较大的密度,在自重和风的作用下将管中的热空气挤出,进而不断地将通风管周围土体中的热量带走,达到保护地基土冻结状态的目的。通风基础包括架空通风和管道通风两种。

图5-7 青藏铁路楚玛尔河地区通风管路基

通风基础曾被广泛地应用于车库、仓库、储油罐以及房屋建筑物。人们认识到对小型或轻型建筑物,管道通风系统可以简单地由一系列平行、开口的通风管组成;对于大型或重型建筑物,尤其是在年均气温较高的地区,通风管必须用风扇驱动其内的空气流动,并要建造相应独立的进风口和出风口。

在多年冻土区的路基施工中,碎石护坡路基和块石路基也是保护冻土有效的方法之一,其原理是应用碎(片)石堆砌体冬季蓄冷夏季隔热的效能,国外曾应用于贝阿铁路Ⅳ级融沉性富冰和永久地区。我国早在1973年青海省热水煤矿专用线修筑时,部分区段就曾使用了碎(片)石路基,发现碎(片)石路基在保护多年冻土方面是有明显的优越性。块石层在寒季的当量导热系数是暖季当量导热系数的5~10倍甚至更多。当不稳定的空气密度存在时,构成路基材料的高渗透性使得冬季孔隙空气的对流发生在路基中。这种对流在冬季从路基和基础底部中带出热量,在夏季,路基填土的密度差别比较稳定并且不发生回流。这样,路基的工作类似于单相的热传输设备或者热二极管(Goreingetal),它在寒季高效地从路基和基础中带走热量,而在随后的夏天并不重新注入热量。冬季增长的冷量阻止了夏天下部多年冻土的融化,这样就避免了融沉。研究表明,块石层路基冬季对流降低地基的温度与一般的砂石路基相比要高出6℃。抛石堆体内以其较大的空隙和较强的自然对流,使得冬夏冷热空气可以充分利用冬季冷储量和夏季冷热空气比重上的差异及对流特点来维持冻土基础的热平衡,保持路基下冻土上限位置或促使上限上升。

碎(片)石护坡与块石路基比普通路基有两个改进的地方:首先,它在年循环整个过程中不依赖于改变材料的特性(例如含水率)来增加路基的稳定,避免了几何形状的复杂、热融沉、非渗透薄膜以及吸收水分的能力。其次,由于它依靠冬季的对流效应和夏季的热屏蔽效应,使得它通常在降低多年冻土的年平均温度上更为有效。众所周知,在多孔材料中的对流可以使得热传输能力比只有热传导大好几倍。路基的渗透性主要由粒径和孔隙率控制。为了获得较高的冷却能力,需要这一材料内在的渗透性(100000Darcy)。满足渗透性可以通过使用磨圆度差的冲击土、砾石或者粉碎的岩石。

5)无源制冷技术

热棒技术是典型的无源制冷技术,热棒路基用于保护多年冻土路基的热棒(桩)是一种依靠重力而不需要外动力的主动冷却系统。在纯主动形式下,只要单元的上部比下部冷,循环就会重复进行(Long&Yarmark ,1988)。它可以将冷量有效地传递储存于地下,又可有效地阻止热量向下传递,是一种可控热量传递的高效热导装置。热棒在世界各地已有广泛的应用,可以用于人工低温储藏库,也可以用于冷却地基、防止融沉冻胀等冻害问题等。早在1963年,美国的Long. E. L就曾介绍将热棒应用于保护冻土地基稳定性的方法,之后得到了较为广泛的应用。我国开展热棒研究始于20世纪80年代,并曾在青藏公路可可西里山区段进行了少量试验,其结果较为满意。热棒在处理多年冻土地基的稳定性方面有较高的应用价值,技术上和理论上都是可行的。它不但可降低土体的温度,提高冻土地基的承载力,而且也可有效地防止冻胀和融沉。虽然热棒是冷能综合利用的重要手段之一,但热棒本身的应用也有着一定的局限性,其性能取决于气候条件,如气温、风速等,同时也受热棒周围土体重度和含水率的影响,低于冻结温度的冻结期长短和冷凝循环从基础中排出热量的速度都是决定热棒周围土体冻结半径的直接因素。同时,若冻结期短,融化期长,热柱形成的冻结核尚未在下一个冬季来临之前全部融化,那么就失去了热棒的应用价值。在冻结指数大于500℃·d的地区,热棒具有良好的应用前景。青藏高原年平均气温较低,冻结指数较大,产冷量大,冻结半径为1 ~2m,适合使用热棒。

6)人工冷冻技术

除上述主动措施外,采用机械系统冷冻的人工冻结技术也可应用于冻土地基的保护,但由于其造价高,常在抢险或重大工程时才可得以应用,这也是一种有源调控技术。

但是在人工冷冻技术中也可以不直接利用机械动力,而是借助太阳能、风能,转换成机械动力来实现人工冷冻技术,目前青藏铁路已经在开发应用这种技术。

所有已经采用的冻土区工程技术的核心是针对温度变化提出抵御这种变化的方式方法或者提出反向变化的方式方法,热棒技术的关键在于针对温度的升高,通过自身传热机理和传热过程特点,对土体施加额外的冷量冷却土体,减缓气温升高带来的负面影响,是“冷却地基”理论最好的工程解释和工程体现。

5.1.3 冷却地基理论的提出和应用

冻土区筑路技术问题的技术关键和技术难题的核心是冻土的热稳定性问题。冻土区修建铁路的工程活动破坏了冻土的天然热平衡状态,削弱和破坏了冻土的热稳定性,最终影响到路基的工程稳定性;从工程建设的角度说,技术难题在于:逐年变化的气温条件,使冻土本身的热稳定性逐渐削弱，我们从保护冻土出在冻结状态的设计思想出发，采取一定的工程结构形式和工程措施，在施工中采取相应的保护性措施，力求达到保护冻土热稳定性，从而保证路基稳定的目标。

基于对多年冻土本身工程性质和多年冻土外部环境变化相互影响过程认识的深化，对冻土区工程修建后冻土和工程结构物的相互影响认识的不断深化，我国寒区工程设计思想和设计理念不断更新和提高。

以青藏铁路为代表的寒区工程设计理念的变化表现在：

设计和施工的紧密结合，在设计和工程实践中不断深化对冻土的认识，促使设计工作实现了从静态设计到动态设计的转变。

密切注视国内国际对全球性气候变化的研究动态，紧密结合青藏铁路冻土区气温变化的响应过程的研究实践，深入研究冻土对气候变化的响应特点，在设计工作中逐步实现工程结构和工程措施从单一到综合的转变。

随着青藏铁路冻土区铁路建设的深入和发展，建设者对冻土问题的认识也在不断提高，设计思想、施工技术经过地质勘察、初步设计、试验段工程和全面施工等几个阶段和“被动防御向主动降温、单一措施到综合补强”等认识层次的转折和建设实践的检验，在借鉴我国已有研究成果和寒区工程实践的基础上，青藏铁路建设初期提出贯彻“冷却地基土体、减少传入冻土的热量”的技术路线，在工程结构和工程措施的选取中，全面实现从被动措施向主动措施的转变，在建设过程各个阶段贯彻这种技术路线，正式贯彻“冷却地基”理论，以保护冻土的热稳定性为核心，达到保护路基工程和其他铁路工程结构物稳定的目的。

冷却地基理论系统化的提出，是在青藏铁路和我国寒区工程建设数十年的实践中，集合科学研究成果、工程设计理念、工程施工实践、建设管理经验之大成，在青藏铁路建设展开，科学研究并取得丰富成果，反思之前数十年研究成果之局限，在国际上首次创造性地提出了调控热的传导、对流、辐射为理论基础的冷却路基、降低多年冻土温度的新理论和新思路。

冷却地基理论的提出，在工程设计和施工中得以广泛应用和实施，采用了大特殊工程结构和工程技术措施调控铁路路基热的传导、对流和辐射的新方法，以“减少夏季进入路基的热量，增加冬季进入路基的冷量，使年内冬季放热量大于夏季的吸热量”的技术路线统一施工组织、建设管理，使科学研究、工程设计、工程施工、建设管理在冷却地基理论的指导下达到技术路线高度一致，使青藏铁路冻土区工程真正做到有效地冷却路基，降低路基下部多年冻土温度，抬升多年冻土上限，确保多年冻土热稳定性，从而确保了冻土工程的稳定性。

冷却地基的新思路从根本上解决了我国寒区多年冻土筑路技术的核心难题，为解决高温高含冰量多年冻土路基稳定性提供了科学途径，实践这种新的设计思路的典型工程措施——热棒技术在青藏铁路工程设计和施工中得到大规模的应用。

热棒技术的提出和发展依赖的理论基础是冷却地基的新理论、新思路，热棒技术应用的冻土环境条件是青藏铁路高原的多年冻土温度高、厚度薄、局地差异强的特点，热棒技术的应用效果主要针对多年冻土富含厚层地下冰，在气候和工程影响下及易发生融化而导致路基融化层下沉破坏的特殊工程条件。

数十年的冻土工程研究和近十年青藏铁路冻土工程的研究，深化和提高了对冻土的认识。试验和实践证明,高温高含冰量多年冻土区路基工程设计仅采用简单的“保”温只能延缓冻土融化,不能够从根本上确保路基稳定性,冷却路基、主动降低多年冻土温度的思路,最直接的工程效果是以热棒技术为代表的工程技术措施,采用热棒技术最有效的体现了暖季减少进入路基的热量,寒季增加进入路基的冷量,使年际冻融循环过程中寒季放热量大于暖季的吸热量(参见本章冷却路基降低多年冻土温度的原理图),有效地冷却路基、降低路基下部多年冻土温度,抬升多年冻土上限,确保多年冻土热稳定性。青藏铁路采用热棒技术实现冷却路基思路设计的路段总长约33km,热棒技术消除了工程潜在病害,保证了热棒路基地段在未来气候变化下工程的稳定性。

热棒技术的应用前提是冷却地基理论的提出,应用条件是冻土区环境气候条件对热棒启动、热棒工作时长的保证,应用途径是通过不同工程结构达到不同设计目的,这些是热棒技术在寒区地基工程中发展的理论基础。

5.2 传热均衡理论

冷却地基理论的提出是热棒工程设计和工程应用的前提,传热均衡理论则是采用热棒技术进行冻土区地基工程设计、地基补强设计和病害整治的应用基础。

传热均衡理论的核心内容包括传热条件差异和传热效果差异两个方面。

坡向和地表性状差异造成的传热条件差异表现在:冻土区工程不同表面接受太阳辐射的差异明显,线性工程(铁路、公路)存在阴阳坡差别,坡向不同则接收太阳辐射的时间和强度不同。在地表性状影响下,作为冻土存在的能量标志的地表温度形成巨大差异。

接收太阳辐射的差异具有总量差异和阶段差异两个层次,最终体现在地表温度的差异上,也是表现在两个层次,即年平均地表温度和不同季节阶段性平均温度(旬、月平均值)。地表温度的差异对工程的直接影响是不同冻融阶段多年冻土冻融界面的形态和达到最大融化深度时冻融界面(多年冻土上限位置)最终形态。

上述传热均衡理论的表述,对工程稳定性的影响是:无论是工程的横向还是工程的纵向,不同阶段多年冻土冻融深度不同,最终阶段最大冻融深度不同,这些冻融深度的不同意味着发生冻融变化的土层厚度不同,因此各个阶段各种工程变形存在差异性,这种差异性是影响工程稳定和建筑物正常使用的主要因素,也是冻土工程技术需要解决的主要问题。

综上所述,太阳辐射造成的环境温度是冻土存在和发展的能量条件,太阳辐射的差异是冻土环境差异的原动力,穿越寒区的条带状工程结构接收太阳辐射将热量传递给下卧土层,由于接收辐射面积差异、接收辐射能力差异以及接受辐射时间的不同,使得传递给下卧土层热量具有明显差异。通常所说的冻土区条带状工程结构的阴阳坡差异、地表性状差异都是由于上述传热不均衡造成的地温场差异,这种地温场差异最终造成工程变形的差异,从而影响工程使用的稳定性。

从传热均衡理论角度分析,冻土工程技术始终是以改善传热差异性为主要目的,人类的工程活动最终是要改变自然环境造成的差异,减少工程活动的干扰,保证工程稳定和正常使用。

由太阳辐射差异造成的冻土工程体,自身传热差异表现在时间差异和空间差异两方面,由此造成的传热效果则表现在传热累积总量差异和阶段传热量差异两个方面。热棒技术在减少这两种传热差异和均衡这两种传热效果差异方面都具有特殊的效果，这也是热棒技术和热棒工程应用方式方法的理论基础。

5.2.1　冻土区工程体自身传热的时间差异

冻土区工程体（铁路、公路路基以及输油管道基础等）传热的时间差异主要指工程体全部表面接收太阳辐射并和周围环境进行热交换造成的本体传热效果的积累差异。影响这种积累差异的因素有：工程体表面性状、工程体内部组成和工程体结构形式。

工程体表面是多年冻土与大气层进行热交换的媒介，与天然地面不同，工程体表面一般是人为建造的，有一定密实度和强度，比天然地表的导热性能要好，特殊情况和部位也可以用人工种植植被或人为遮挡来改变表面性状。

工程体内部包括天然地面以下和天然地面以上部分，由于工程施工过程压实天然地面和以下一定深度土体，天然地面以上是人工填筑，较之天然土体密实度要好，这些人为的工程变化都改变了土体的传热性能。

工程体结构形式不同，与大气环境热交换的界面不同，结构本身导热性能不同。

冻土区工程体自身的这些特征，决定了工程体与大气和环境热交换的能力不同，这种能力差异随时间积累日益扩大，形成传热的不均衡，最终导致工程体力学性质的不均衡，影响其使用效果。

上述工程体传热时间差异的典型表现形式有：

（1）路堤：填土路堤（高路堤、低路堤），片石路堤，保温板路堤。

（2）路堑：浅路堑，深路堑。

（3）涵洞：不同横截面形状涵洞，波纹管涵洞。

（4）桥梁基础：各类桩基础，桥梁墩台。

（5）不同工程体过渡段。

针对上述冻土工程体自身传热时间差异的影响因素，一般通过三类方式来减少或均衡这种差异：

（1）改变工程体表面性质和性状：覆盖浅色材料（如反光道砟），铺设保温散热均衡的材料（路基边坡铺设草皮砖），遮挡路基边坡等（图 5-8）。

图 5-8　改变工程表面性状的片石护坡

（2）改变工程体内部组成：各种保温换填（不同条件不同目的的换填粗细颗粒土），土体不同部位铺设保温板等。

（3）改变工程体结构：片石气冷路基，碎石边坡，通风管路基，以桥代路结构，热棒工程。

特别指出的是，热棒技术是改变工程体结构的一种特殊方式，热棒插入土体不是从力学角度改变工程结构，而是从热学角度增加冷源的方式改变了土体热交换过程，从而均衡了传热的时间差异造成的传热效果差异。这是热棒技术应用依据的又一传热理论。

5.2.2 冻土区工程体传热的空间差异

冻土区工程体（铁路、公路路基以及输油管道基础等）传热的时间差异主要指工程体全部表面接受太阳辐射时间和强度差别，以及和周围环境进行热交换时间差异，这些差异最终造成工程体本体传热效果的积累差异。影响这种积累差异的因素有：

冻土区工程传热的空间差异主要由于工程表面接收太阳辐射方向不同，时间不同，因而辐射效果不同。这种不同表现在工程体内部温度场和下伏多年冻土地温场差异，这种差异最终导致工程体本身强度和变形差异，影响工程体正常运行和使用。

本节对造成冻土区工程体传热空间差异的主要工程体结构类型从空间位置差异到传热效果差异进行详细论述，对热棒技术在均衡这种差异中所起的作用进行说明。

1）斜坡不对称路基

由于斜坡路基走向不同，路基两个坡面已经存在空间位置（阴阳坡）的差异，而且修筑于斜坡上的冻土路基，由于地势的限制，路堤两侧边坡及天然地表在几何上表现为强烈的不对称，由此导致路堤两侧受太阳直接辐射的面积和与大气直接接触的面积均存在很大的差异，路基温度场呈强烈的不对称（图5-9）。

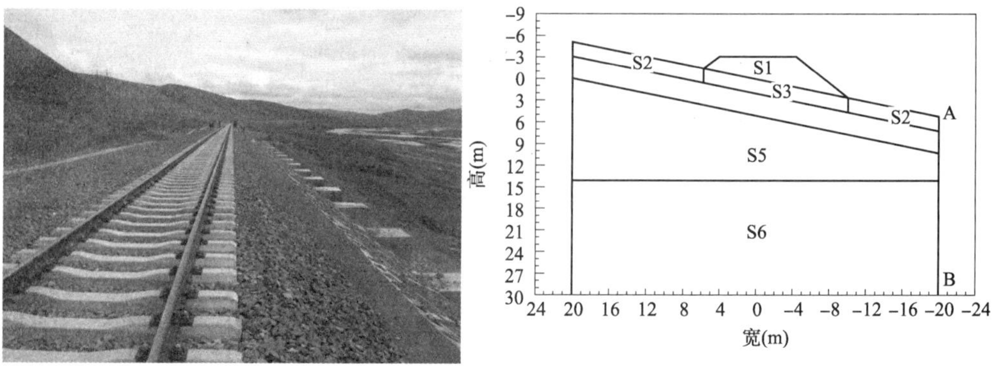

图5-9 青藏铁路K1335+400斜坡路基和不对称示意图

图5-10是我国冻土区铁路和公路存在许多典型斜坡路堤地温场变化的计算图示，这种斜坡路基温度场的不对称状态十分典型。根据观测和计算研究，路堤在上坡侧的冻土人为上限埋深小于路面中轴线上人为上限的埋深，而路堤在下坡侧的冻土人为上限埋深大于路面中轴线上人为上限的埋深，但路肩下最大基底融深出现在上坡侧一方。融化季节路堤下冻融分界面为一倾斜的滑动面，融化状态持续的时间较长，这很容易引起路堤滑动或突陷。过去的研究工作表明，在年平均气温低于－4.5℃的冻土区，若忽略气候持续变暖对地表及冻土地温的影响，则计算所得斜坡不对称路基温度场逐年变化很小，但当气候变暖时，这种变化将加大，需要通过增加地基冷储量的方式来抵御和防治。西南交通大学（苏谦）研究结果表明，斜坡路基最小安全系数 F_{smin} 随路堤高度、软弱土层厚度、地层坡度和冻土上限深度的增加而相应减小，其最危险滑面区域呈现扩大趋势。

热棒技术就是任意增加路基任一侧地基冷储量的典型技术。这种斜坡路基地温场特征证明通过增加不对称热源如热棒，可以减少甚至于消除地温场的不对称，有利于斜坡路基的稳定。

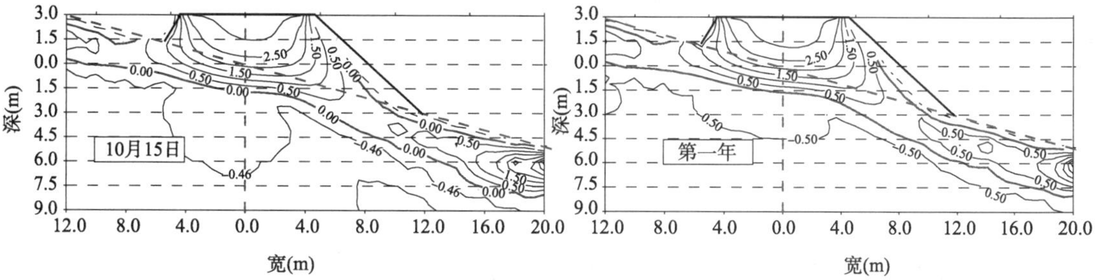

图 5-10　青藏公路斜坡路基不对称温度场的演变(左为运行 25 年后,右为第一年最大融化季节地温场)

2)坡向不对称路基

路基坡面一面是背阴的阴坡,而另一面是向阳的阳坡(在线路一定区段是南坡与北坡,在另外一些区段则可能是东坡与西坡),不同坡面接收太阳辐射和传热的差异导致路堤两侧融化深度也存在一定的差异,路基温度场表现为明显的不对称。

事实上,任意走向的冻土路基两侧的表面温度均存在一定的差异,只是差异的大小不同而已,严格意义上的对称路基是不存在的。青藏铁路试验段路基地温场的观测资料和冻土区工程长期观测系统的观测资料说明了这种不对称温度场的存在。

图 5-11 是青藏铁路楚玛尔河典型的坡向不对称路基和观测数据显示的地温场严重不对称形态,观测和分析结果可以看出:

(1)10 月中旬路堤下温度场呈明显的不对称状态,阳坡侧地温高于阴坡侧,在年平均气温为 -3.0℃和 -5.0℃地区,阳坡侧路肩下垂向最大融化深度较阴坡侧分别深约 20cm 和 35cm,路面下 0℃等值线最深点在水平方向上分别偏向阳坡一侧约 1.0m 和 4.0m。

(2)11 月上旬,阴坡侧路肩及边坡下已完全回冻,而路面下、阳坡侧路肩下仍存在融化盘,年平均气温为 -3.0℃和 -5.0℃的地区,路堤下 0℃等值线最深点在水平方向上分别偏向阳坡一侧约 1.0m 和 5.0m;当路基温度场呈强烈的不对称时,冬季由于未冻水的不等量迁移作用,路基阴阳坡两侧的含水率和冻结深度都将产生差异,使路基产生明显的不均匀冻胀;而夏季融化开始时,冻土路基中将形成倾斜的冻融滑动面,在填土荷载作用下(运营过程中还将受到行车的振动荷载作用),融化后含水率较大,甚至处于饱和状态的黏性土易沿冻结面挤出,造成路基阳坡侧路肩及边坡开裂、下滑,影响铁路的正常运营。为此,工程结构应该增加土层冷储量,提高冻土上限,减小发生沉降的土层厚度,减少坡向因素造成的横向变形不均匀(主要由不对称温度场造成)。

这种由于不同坡向路基接受太阳辐射对路基边坡的差异热影响,引起的多年冻土温度场差异,进而导致多年冻土上限在不同坡向的差异现象并导致大量的工程问题,如路基横向不均匀变形、纵向裂缝等。

青藏铁路冻土工程长期监测系统提供的温度变化数据表明,路基边坡阴阳坡下部冻土温度场和多年冻土上限存在较大差异,而且在低温多年冻土区路基的阴阳坡效应差异明显比高温冻土区要弱,观测数据证明,路基阳坡下多年冻土上限最大比阴坡深 1.5 ~2 m,路基边坡下部阴阳坡温度相差 0.5 ~3℃。普通路基下部浅层阴阳坡温度平均相差 0.7 ~1.58℃,特殊工程措施路基下部浅层阴阳坡温度平均相差 0.23 ~1.2℃,通过对阴阳坡太阳辐射和边坡表面温度的计算,发现太阳辐射和边坡表面温度差异与路基走向成正相关关系(吴青柏,牛富俊. 青藏高原多年冻土变化与工程稳定性[J].科学通报,2013,58卷第2期:115－130)。

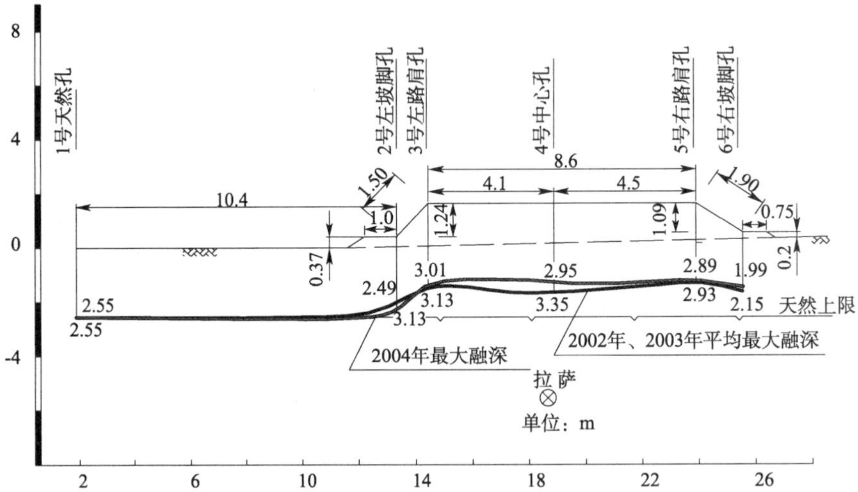

a)

b)

图5-11 青藏铁路楚玛尔河坡向不对称路基地温场严重不对称形态(左是阳坡,右是阴坡)

热棒的特点是可以提供局部温度变化的"源",可以灵活设置在路基的任何位置,增加任意薄弱部位的地基冷储量,作为热量交换过程中的外来增量设置,它可以灵活均衡热量传递过程,改善上述的不对称差异,使地温场达到对称和稳定。

3)越岭地段低路堤

考虑填土对下伏多年冻土的影响,冻土区铁路对路堤高度规定了最小路堤临界高度和最大路堤临界高度,最小路基临界高度的限制是为了防止路堤填筑后换热过程的改变引发的多年冻土上限的下移,最大路堤临界高度的限制则是为了防止融化夹层的出现,这些都是为了保证路堤的工程稳定性。

但在工程线路设计中,由于线路纵断面坡度限制和线路总体坡度的均衡和分配,有些越岭地段难以达到路基最小临界高度,称之为低路堤(图5-12)。某些地段采用了一定厚度的保温板代替一定填土高度。这种工程结构，其阴阳坡差异有一定缩小，但是总体吸收太阳辐射的能力增加。考虑未来气温变化和保温板的寿命性能影响，这类结构吸收辐射的积累会造成路堤温度场的缓慢变化，最终使路堤变形增加。

保温板应用的利弊前面章节已经讲过，保温板和热棒的组合应用可以达到“扬长避短”的效果，因此越岭地段低路堤稳定性隐患可以通过材料当量置换（路堤底部设保温板夹层）、外来冷量增量加入（热棒），以及保温板＋热棒综合方法进行防治。

4）冻土层上水发育地段传热差异

水热环境条件的不同和工程修建以后对水热环境的改变，是影响冻土区工程体传热的重要的空间因素。

冻土层上水发育地段修筑路堤以后，由于地表水系和冻土层上水的发育，对路基坡脚的稳定和坡脚部位基底冻土季节融化层的变化有很大影响，当地面有一定自然横向坡度时，路堤基底压实以后对地表水和层上水形成阻隔作用，水分对路基本体和基底多年冻土的水热侵蚀作用不对称，形成冻融过程的差异，导致路基变形的差异。

图5-13是典型的层上水发育地段路基和坡脚二维传热差异以及坡脚水热侵蚀情况工程图片。

图5-12　唐古拉山区越岭地段低路堤

图5-13　层上水发育地区路基坡脚二维传热差异和水热侵蚀

这种水热条件引发的工程病害和病害隐患，除了纵向排水方法以外，还可以采取横向隔水的方法，这种隔水方法的核心是通过外来冷量的加入，人为抬高冻土层上水上游多年冻土上限，阻挡上游水分向路基侵入。抬高方法除了修筑挡水埝以外，还可以设置热棒代替挡水埝，或者与挡水埝综合设置则效果更好。

5）路基坡脚的传热差异

路基坡脚位处路基坡面和天然地面交汇处，路基坡脚接受太阳辐射的表面积是路基坡面和天然地面的叠加，这种叠加由于交汇处的折线效应易使坡脚热流更加集中，因此也是工程体传热的一种空间差异因素。

路基坡脚的二维传热特征使坡脚多年冻土最大季节融化深度增加，折线效应使坡脚融化下沉速率加大，在最大融化季节前后容易使路基本体失稳。

以往对路基坡脚都是增加各类保温护道以缓解二维传热造成的隐患，减小土层温度较差、减少水分迁移，热棒技术是较保温护道更为有效的工程措施，热棒可以局部降低土层温度、减少这种传热空间差异，最终更有效地保证工程体稳定。

6)冻土工程特殊位置传热差异

冻土区工程还有一些特殊位置,如涵洞进出口(图5-15)、桥梁墩台、锥体护坡(图5-14),由于这些特殊位置受热面积不均匀,局部小环境差别大,形成各种传热空间差异造成的工程安全隐患。

图5-14 桥梁椎体护坡

图5-15 涵洞进出口处水热侵蚀

冻土区涵洞类似穿越路基本体底部的通风管,可以降低路基基底多年冻土地温形成保护作用,但是在涵洞进出口附近区域,由于水流穿越和局部滞留现象及通风条件与涵洞内部的差异,形成另外一种传热空间差异,水热侵蚀造成冻土地温差异导致局部地基下沉,通风散热造成的地温差异导致局部冻胀,都会影响工程体本身的稳定性和正常使用。

由于桥梁墩台周围混凝土灌注桩基础的存在,改变了墩台周围多年冻土传热条件,墩台周围积水造成水热侵蚀,墩台周围由于桥梁遮阳作用的不对称存在改变地表传热条件,这些都是传热空间差异形成的原因。锥体护坡自身形成巨大的不同于天然地面的传热界面,也是造成锥体地基下沉的原因。

冻土工程特殊位置造成的传热差异引发的病害隐患和已经形成的病害,最有效的整治技术就是热棒技术,热棒是最能有效地施加局部热量的唯一方法。

5.2.3 冻土区工程传热均衡的途径和方法

自然辩证法和哲学的理论认为自然界的差异需要差异方式解决,不对称问题也必须用不对称的方法解决。传热的时间和空间的差异对多年冻土地温场影响的差异,必须通过外加热量造成人为差异的方法最终达到时间和空间传热的均衡的途径解决。

冻土区工程设计和施工建设阶段解决传热不均衡的途径和方法可供选择的余地较大,一般可以采取工程结构的不对称解决传热差异造成的地温场不对称,常用方法有以下几种:

(1)片石气冷路基+不对称延伸片石护道。

(2)几何尺寸不对称的片石或碎石护坡。

(3)几何尺寸不对称的土护道。

(4)局部遮挡结构。

(5)局部设置热棒(外加冷源)。

上述措施都是通过人为施加不对称因素和差异性热源达到平衡温度场的目的。一般施加上述主动型措施，一方面达到冷却地基土体的目的，另一方面也能减少路基温度场的不对称，使发生冻胀和融沉变形的多年冻土活动层厚度趋于一致，冻融过程发展趋于均衡，从而减少由于温度场的不对称所导致的冻胀融沉变形的不同步和最终冻胀融沉变形的差异，保证冻土区工程长期运行的平稳和平顺。

在冻土区工程长期运行使用阶段，如铁路长期运行阶段，由于既有线路在使用上的特殊性（不间断），线路病害预警和预防性整治，以及局部病害整治，不能采用上述大部分工程措施，唯有热棒技术是可以不受运营线路限制的方法。

冻土区工程长期运营阶段，工程补强和病害整治，需要外加不对称冷量的输入时，热棒的高效传热功能使其成为一种典型的外加冷量方式，由于热棒安装施工方便，安装位置灵活多变，对于纠正上述不同传热时空差异具有最大的发挥空间。

5.3 有效传热范围和合理埋设间距

热源的传热影响范围从理论上讲应该是以热棒中心的热源向周围传热的无限远距离，但是在周围传热媒介的热阻作用下，传热强度是逐渐衰减的，因此具有实用价值的概念是满足一定标准的热棒有效传热范围或称有效冷却半径，由此衍生的工程设计概念即热棒的合理埋设间距。

一般在工程应用时，首先通过现场热棒试验确定热棒在典型应用区域环境条件和工程条件下，满足一定冷却要求的有效传热范围，以有效冷却半径表示。在确定有效冷却半径以后，根据工程可靠性理论，考虑未来热棒应用环境变化和冻土变化，在工程设计上预留一定冷量的安全储备，确定热棒在纵向上的合理埋设间距。

对于冻土区条带状工程（主要指公路、铁路路基），热棒横向合理埋设间距一般不按照有效冷却半径确定，而是根据工程设计欲达到的传热差异效果和传热总量积累目标确定在路基横断面上的不同埋设位置，如路肩、坡脚、护道中心或护道坡脚等。

5.3.1 热棒传热范围分析

热棒技术和冻土区其他冷却地基的工程措施的传热过程不同之处是，其他如片石路基、遮挡式路基等的热棒的传热是沿路基表面进行的热交换过程，热棒自身主要是沿径向的热交换过程。

如图5-16所示是热棒周围地温沿径向动态发展曲线示意图。

热棒启动开始工作后，从大气中采集冷量带入地下，因热棒传热远大于土体的导热，热棒周围土体冷量来不及向外发散，热棒壁温度不断降低，与周围土体的温差不断加大。图中曲线1到曲线5反映的就是此过程径向温度的变化。在温差的作用下，热棒所采集的冷量向四周扩散量也不断增大。当扩散的冷量和热棒采集的冷量相当，热棒壁温达到最低，此时，热棒制冷影响半径即为曲线5对应的r_1。此后，随着气温回升，热棒采冷量逐渐减少，最终停止工作。而热棒所采集的冷量在与周围土体的温差作用下，继续向外扩散，如图中曲线5到曲线9所示。曲线9为地温临界梯度时的径向地温曲线，此时热棒蒸发段升温至最高值，该值较周围土体温度低0.6℃左右，所对应的影响范围即为热棒的传热影响范围。在热棒径向传热影响范围内，受热棒所采集冷量扩散的影响，地温会比天然状况低，其降温幅度沿径向距离增大而减小。在传热影响范围边界，幅度为0。热棒径向传热影响范围外，地温和天然状况相同。

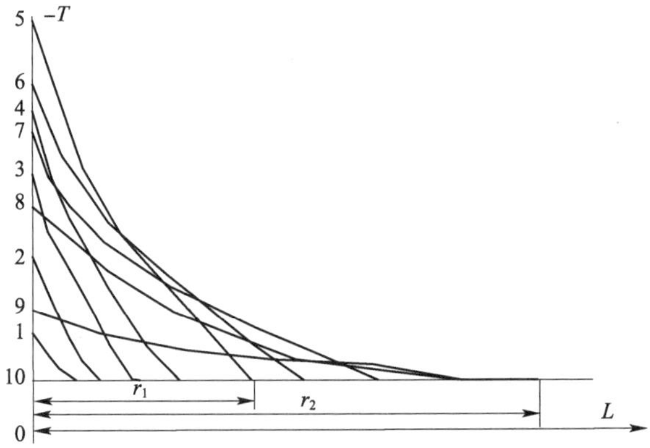

图 5-16 热棒周围地温沿径向动态发展示意图

从理论上讲，热棒的传热范围应该是在以热棒为中心无限远的距离；但是从实际应用价值看，应该是将一个冻结期内温度明显上升的范围视为热棒的传热范围。

5.3.2 热棒有效传热半径的确定

热棒的传热范围仅仅具有理论意义而没有实用工程意义。在各类冻土工程上具有实用工程意义的是根据不同类型工程的不同工程目的指标所决定的热棒的有效传热范围，量化的概念称为热棒有效传热半径或热棒影响冷却半径。

通过周围土体降温程度确定其散热冷却强度，因此将热棒有效传热范围定义为有效冷却半径。热棒有效传热半径应该根据热棒工程设计目标进行定义，它包括热学和力学两部分含义：一是热棒的传热范围，二是工程要求的传热效果。

热棒有效冷却半径一般定义为：热棒冷却降温范围内温度变化大于等于设定的温度标准时，其降温边界与热棒之间的距离为有效冷却半径。有效冷却半径可以理解为以热棒为中心，经给定时间，冻土受热棒传冷影响达到保持路基稳定所要求的温度或温降的最大同心圆半径。

根据工程设计的目的，考虑未来气温升高趋势预留一定冷却安全储备，在有效冷却半径基础上乘以一定安全系数即为热棒的合理埋设间距。

热棒有效冷却半径需要根据冻土环境条件和冻土工程要求的目的效果，通过一定理论计算和现场试验数据分析确定。

工程要求的目的效果，视具体工程设计目标而定，对于路基工程而言，设计目标有两种：土体降温效果和抬升多年冻土上限效果及其均衡性，有效传热半径应该根据这两种具体目标确定。

确定热棒有效冷却半径的关键在于确定对应的降温值，一般高温冻土区为热棒设计进行的。现场试验认为，以0.1℃为热棒传热范围的边界对应的降温界限是合适的，在现场试验分析中也可以根据多年冻土上限抬升情况确定。

1)热棒冷却半径计算

在多年冻土地区使用热棒技术后,由于热棒在冬季将热量从土体中带走,会在热棒周围形成一个冻结球,冻结球通常会增大;在夏季,冻结球会随着热量的注入而变化。因此,定量分析冻结球大小是衡量多年冻土冷却地基效果和冻土区基础稳定性的一个非常重要的指标。下面用大气—热棒—土体相互作用的简化模型(图 5-17)来分析与计算冻结半径。

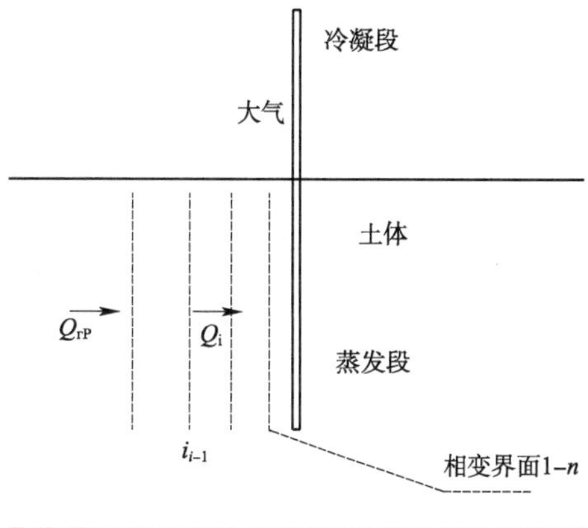

图 5-17　土体—热棒—大气相互热作用的计算图

该系统内的相互热作用用下面的平衡方程来描述:

$$Q_1 - Q_{\Gamma P} = \sum_{j=1}^{n} Q_{\Phi j} \tag{5-1}$$

$$Q_i - Q_{\Gamma P} = \sum_{j=i}^{n} Q_{\Phi j} \qquad (i=2,3,\cdots,n) \tag{5-2}$$

式中:n——相界面数量;

Q_1——从热棒算起第一个相界面流向热棒的热流量;

Q_i——从第 i 个相界面流向第$(i-1)$个相界面的热量;

$Q_{\Gamma P}$——从周围土体流向第 n 个相界面的热流量;

$Q_{\Phi j}$——第 j 个相界面$(j=1,2,\cdots,n)$上水冻结时所释放的热量。

t 时刻来自相界面的热流强度由下式确定:

$$q_1 = \frac{Q_1 - \theta_B}{\frac{1}{2\pi\lambda_M l_e}\ln\left(\frac{r_1}{r_e}\right) + \frac{1}{\alpha_T F_k}} \tag{5-3}$$

$$q_i = \frac{2\pi\lambda_M (Q_i - \theta_{i-1}) l_e}{\ln\left(\frac{r_i}{r_{i-1}}\right)} \qquad (i=2,3,\cdots,n) \tag{5-4}$$

$$q_{\Gamma P} = \frac{2\pi\lambda_T (Q_{\Gamma P} - Q_n)}{\ln\left(\frac{r_B}{r_e}\right)} \tag{5-5}$$

式中:q_1——从第 1 个相界面流向热棒的热流强度;

q_i——从第 i 个相界面流向第$(i-1)$相界面的热流强度$(i=2,3,\cdots,n)$;

$q_{\Gamma P}$——从周围土体流向第 n 个相界面热流强度,kcal/h;

λ_M——冻土导热系数;

λ_T——融土导热系数;

α_T——从热棒冷凝器向大气的传热系数;

l_e——热棒蒸发段的长度;

r_1——从热棒中心到第 1 相界面的距离;

r_i——从热棒中心到第 i 个相界面的距离$(i=2,3,\cdots,n)$;

r_e——土体的冻结半径。

从式(5-3)~式(5-5)可知:热流强度取决于热棒中心到相变界面的半径之比。因为半径之比随时间变化,所以求热流量就是求计算期平均积分热流强度与计算期长度的乘积。

$$Q=\frac{t-t_0}{U-U_0}\int_{U_0}^{U}q(U)\,\mathrm{d}U \tag{5-6}$$

式中:U_0——计算期开始时(t_0)的半径比;

U——计算期结束时(t)的半径比。

求积分,得到:

$$Q_1=2\pi\lambda_M l_e(Q_1-Q_B)(t-t_0)\frac{l_i\left[\left(\frac{r_1}{r_e}\right)e^{B}\right]-l_i\left[\frac{r_{1,0}}{r_e}\right]e^{B}}{\left(\frac{e^{B}}{r_e}\right)(r_1-r_{1,0})} \tag{5-7}$$

$$Q_i=2\pi\lambda_M l_e(Q_i-Q_{i-1})(t-t_0)\frac{l_i\left(\frac{r_i}{r_{i-1}}\right)-l_i\left(\frac{r_{1,0}}{r_{i-1,0}}\right)}{\left(\frac{r_i}{r_{i-1}}-\frac{r_{i,0}}{r_{i-1,0}}\right)} \tag{5-8}$$

$$Q_{\Gamma P}=1.07\pi\lambda_T l_e(Q_{\Gamma P}-Q_n)(t-t_0) \tag{5-9}$$

式中:$r_{1,0}$——计算期开始时(t_0)第1个相界面半径;

$r_{i,0}$——计算期开始时(t_0)第i个相界面半径($i=2,3,\cdots,n$)。

$$b=\frac{\lambda_M F_e}{\alpha r_e F_e} \tag{5-10}$$

相界面上水冻结时释放的热量:

$$Q_{\Phi j}=\pi l_e p(r_j^2-r_{j,0}^2)W_j \qquad (j=1,2,\cdots,n) \tag{5-11}$$

式中:p——水的相变热。

将式(5-7)、式(5-8)、式(5-9)代入方程,则得到超越方程系:

$$\frac{t-t_0}{p}\left[2\lambda_M(\theta_1-\theta_B)\frac{l_i\left[\left(\frac{r_1}{r_e}\right)e^{b}\right]-l_i\left[\left(\frac{r_{1,0}}{r_e}\right)e^{b}\right]}{\left(\frac{e^{b}}{\mathrm{r}_e}\right)(r_1-r_{i,0})}-1.07\lambda_T(\theta_{\Gamma P}-\theta_n)\right]=\sum_{j=1}^{n}(r_j^2-r_{j,0}^2)W_j \tag{5-12}$$

$$\frac{t-t_0}{p}\left[2\lambda_M(\theta_i-\theta_{i-1})\frac{l_i\left(\frac{r_i}{r_{i-1}}\right)-l_i\left(\frac{r_{i,0}}{r_{i-1,0}}\right)}{\frac{r_i}{r_{i-1}}-\frac{\mathrm{r}_{i,0}}{r_{i-1,0}}}-1.07\lambda_T(\theta_{\Gamma P}-\theta_n)\right]=\sum_{j=1}^{n}(r_j^2-r_{j,0}^2)W_j(i=2,3,\cdots,n) \tag{5-13}$$

式中:t_0——主动期结束时间;

$r_{j,0}$——主动期结束时第j个相界面半径。

从上面的超越方程系能求得未知半径。

$t_0=0$时(开始冻结时),建议按下述公式确定$\frac{r_i}{r_{i-1}}$的值:

$$\frac{r_i}{r_{i-1}} = \sqrt{\frac{\sum_{j=i-1}^{n} W_j}{\sum_{j=i}^{n} W_j}} \tag{5-14}$$

$$W_i = W_{H,i+1}(t_{i+1}) - W_{H,i}(t_i) \tag{5-15}$$

式中：W_i——第 i 相界面上 1m^3 土中参与相变的水的重量；

$W_{H,i+1}$——从热棒算起第($i+1$)个相界上 1m^3 土的未冻水重量，此量取决于此界面上水的相变温度 θ_{i+1}；

W_{Hi}——第 i 界面上 1m^3 土的未冻水重量，取决于 θ_i。

根据上述采用数理模型理论计算热棒影响半径的方法，结合多年热棒地温观测，确定热棒的影响半径在 1.9 ~ 2.5m，考虑工程安全储备，采用冷却半径值为 2.0m。

2）冻结指数法计算热棒冷却半径

该方法计算基础与上述方法类似，应用粗略计算热棒冷却半径的超越方程计算方法，下面的计算公式中包含了风速、土质条件和冻结指数等影响热棒传热的重要因素。

$$F_I = \frac{L}{24}\left[\pi N R_f\left(r^2 - r_t^2\right) + \frac{r^2}{4K_s}\left(\ln\frac{r^2}{r_t^2} - 1\right) + \frac{r_t^2}{4K_s}\right] \tag{5-16}$$

式中：F_I——冻结指数，℃d；

N——热棒埋深，m；

R_f——冷凝器热阻，m^2h℃/kcal；

r——冻结半径，m；

r_t——热棒外半径，m；

K_s——土体导热系数，kcal/mh℃；

L——土的体积相变潜热，kcal/m^3。

$$L = \rho_s \Delta H (W - W_u) \tag{5-17}$$

式中：ρ_s——土骨架颗粒的密度，kg/m^3；

ΔH——水的相变潜热，kJ/kg，一般工程热工计算中取 334.56kJ/kg；

W、W_u——土体的含水率和冻土中的未冻含水率。

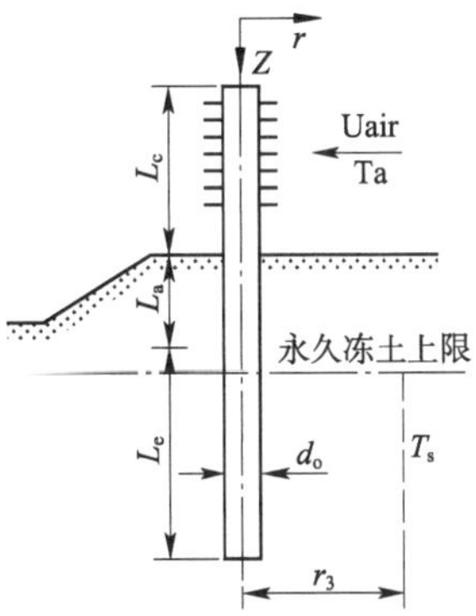

图 5-18　热棒传热计算模型

3）有限差分计算方法

热棒与路基土壤耦合传热计算模型如图 5-18 所示。

热棒与路基土壤的耦合传热，是热棒内部气—液转换产生系统热量通过热棒壁面沿径向向土壤进行热传导的动态传热过程，过程的数学描述可以用式(5-18)的三维热传导微分方程式表示：

$$\frac{\partial^2 T}{\partial r^2} + \frac{1}{r}\cdot\frac{\partial T}{\partial r} + \frac{1}{r^2}\cdot\frac{\partial^2 T}{\partial \theta^2} + \frac{\partial^2 T}{\partial z^2} = \frac{1}{\alpha}\cdot\frac{\partial T}{\partial \tau} \tag{5-18}$$

通过上述数学表达式计算，需要作如下假设：

(1)沿热棒长度温度梯度为零，温度梯度垂直于热棒为中心的圆柱面。

(2)土壤各向同性，土壤密度、热容和导热系数为常数(因温度变化较小无相变)；计算初始温度与热天然土壤温度一致。

（3）热棒结构原理决定热棒是单向传热。

当热棒足够长后，忽略管端不均匀温度影响，将式（5-18）简化为一维非齐次方程：

$$\frac{\partial^2 T}{\partial r^2}+\frac{1}{r}\cdot\frac{\partial T}{\partial r}=\frac{1}{\alpha}\cdot\frac{\partial T}{\partial \tau} \tag{5-19}$$

初始条件是，当时间 $\tau=0$ 时，土壤温度均为 T_s：

$$T(r,\tau)\big|_{\tau=0}=T_s$$

当热棒开始工作后，远离热棒作用之外的土壤温度未受影响，为初始土壤温度 T_s：

$$T(r,\tau)\big|_{r\geqslant r_1}=T_s$$

边界条件是，沿热棒土壤交界面法线方向传导的热量与热棒向空气散失的热量相等：

$$-\pi d_o k_s L_e\cdot\frac{\partial T}{\partial r}\bigg|_{r=do/2}=\frac{T_a-T_w}{R_a+R_b}$$

其中，环境温度曲线可用年温度波动的正弦值和日温度波动正弦值的叠加表示如下：

$$T_a=T_0+T_1\sin\left[\frac{2\pi}{365.25}\left(\frac{\tau}{24}+\tau_0\right)\right]+T_2\sin\left[\frac{\pi(\tau-9)}{12}\right]$$

每年的春分日和秋分日为大气的平均温度，夏至日为最高点，而冬至日为最低点。每日15点为日气温最高点，凌晨3点为最低点。

热棒表面与空气对流传热热阻 R_a：

$$R_a=\frac{1}{Ah_a}$$

空气与热棒表面对流传热系数 h_a，参照翅片管顺排对流传热经验公式计算：

$$h_a=0.30\,\frac{k}{d_o}Re^{0.625}\beta^{-0.376}Pr^{\frac{1}{3}}$$

雷诺（Reynolds）数：

$$Re=\frac{U_{air}\cdot d_o}{\upsilon}$$

热棒的热阻 R_b 由以下四部分传热热阻之和组成。

蒸发器金属管壁的导热热阻 R_{b1}：

$$R_{b1}=\frac{\mathrm{Ln}\left(\dfrac{d_o}{d_i}\right)}{2\pi kwLe}$$

冷凝器金属管壁的导热热阻 R_{b2}：

$$R_{b2}=\frac{\mathrm{Ln}\left(\dfrac{d_o}{d_i}\right)}{2\pi kwLc}$$

蒸发器蒸发传热系数 h_e[11]：

$$h_e=0.32\left(\frac{\rho_l^{0.65}k_l^{0.3}C_{pl}^{0.7}g^{0.2}q_e^{0.4}}{\rho_v^{0.25}h_{fg}^{0.4}\mu_l^{0.1}}\right)\cdot\left(\frac{P_{sat}}{P_a}\right)^{0.3}$$

冷凝器中冷凝液膜传热系数 h_c：

$$h_c = 0.925\frac{k_l}{\left(\frac{v_l^2}{g}\right)^{1/3}}Re_l^{-\frac{1}{3}}$$

雷诺(Reynolds)数：

$$Re_l = \frac{Q}{\pi d_i \mu_l h_{fg}}$$

用有限差分法求解传热方程(5-19)，得：

$$T_{i+1,j} = T_{i,j} + \alpha\Delta\tau\left(\frac{T_{i,j+1} - 2T_{i,j} + T_{i,j-1}}{\Delta r^2} + \frac{T_{i,j} - T_{i,j-1}}{r\Delta r}\right) \tag{5-20}$$

同时，由边界条件式得：

$$T_{i,0} = \frac{T_{i,1} + \omega \cdot T_a}{1 + \omega}$$

其中：

$$\omega = \frac{\Delta r}{\pi d_o k_s L_e (R_a + R_b)}$$

热棒的传冷功率可按下式计算：

$$Q = \frac{T_w - T_a}{R_a + R_b} = \frac{\Delta\tau}{(R_a + R_b)}\sum_{i=1}^{m}(T_{i,0} - T_a) \tag{5-21}$$

根据以上计算方法进行计算。

计算条件：按面积比为 2.5，而管径变化，分别取 ϕ51mm、ϕ63mm、ϕ76mm、ϕ89mm 和 ϕ108mm 五种规格。

管径为 89，而面积比变化，分别取 0.5、1.5、2.5 和 3.5 四种规格。

计算参数见表 5-2。

计　算　参　数　　表 5-2

项目	符号	单位	数值	项目	符号	单位	数值
年平均气温	T_{npj}	℃	-5.2	土壤密度	ρ_s	kg/m^3	1400
平均风速	U_{air}	m/s	4	土壤导热系数	k_s	W/m·℃	1.43
最热月平均气温	—	℃	5.6	土壤比热	C_{ps}	kJ/kg·℃	0.941
最冷月平均气温	—	℃	-16.7	冷凝段长度	L_c	m	3
平均日较差	T_{njc}	℃	15	蒸发段长度	L_e	m	6
平均昼夜温差	T_{zyc}	℃	12	时间增量	Δt	min	5
土壤温度	T_s	℃	-1.5	半径增量	Δr	m	0.03

计算了暖季 7 月 15 日开始完整的冻融循环季节后，热棒传热影响下的地温分布、热棒传冷量和有效传冷半径的变化。

计算结果显示出以下基本规律：

(1)热棒面积比变化对有效传冷半径的影响：有效传冷半径随面积比增加而增加，当面积比大于 1.5 后，有效传冷半径受面积比变化的影响迅速减小。

(2)传冷量随热棒直径增加而增加，但增加幅度随热棒直径增加而略微减小。

(3)传冷量随热棒面积比增加而增加，但增加幅度随面积比增加而减小，当面积比大于1.5之后，面积比变化对传冷量的影响迅速减小，表明传冷过程已转变为受土壤热传导控制。

(4)有效传冷半径随热棒外径近似线性关系增加。外径 $\phi51 \sim \phi108$mm 的热棒都可以使半径4m内的土体温度降低1.0℃以上，而直径 $\phi89$mm 以上的热棒可使半径2m内的土体温度降低1.5℃。

以上计算揭示了热棒有效冷却半径的影响因素，可供设计参考。

4)经验公式计算法

热棒传热影响范围与热棒蒸发段表面温度较差、温度波动周期和冻土的热物理性质有关。可用下面的经验公式计算：

$$L = k\sqrt{\frac{\lambda T}{\pi C}}\ln\frac{A_0}{A_1} \tag{5-22}$$

式中：L——热棒传热影响范围，m；

k——修正系数，可取 $k=0.20 \sim 0.25$；

λ——热棒蒸发段周围冻土的平均导热系数，kcal/(m·h℃)；

T——热棒蒸发段温度波动周期，h；

C——热棒蒸发段周围冻土的平均热容量，kcal/(m^3·℃)；

A_0——计算期热棒蒸发段的温度较差，℃；

A_1——计算期热棒传热影响范围边界的温度较差，可取 $A_1=0.1 \sim 0.2$℃。

以青藏铁路清水河热棒试验段为例，热棒传热影响范围计算如下：

设地基多年冻土为黏性土(干重度为1500kg/m^3，含水率为25%)；

$A_0=16$℃；$A_1=0.1$℃；$T=2952$h(10月1日~1月31日)；

$\lambda_f=1.36$kcal/(m·h℃)；

$C_f=532.7$kcal/(m^3·℃)；

$k=0.20$。

将上面资料代入公式计算得：$L=7.86\times0.20=1.57$m。

经验公式计算青藏铁路清水河地区每年10月1日至次年1月31日，热棒的传热影响范围半径约为1.57m。

5)多年冻土上限变化比较分析法

当路基工程的设计目的主要是以多年冻土上限抬升为主要目的时，可以根据设置不同埋设间距热棒的试验工程观测结果分析和计算热棒有效冷却半径。

试验目的是验证设计目的为提升上限位置到2~2.5m时热棒有效冷却半径，表5-3是根据试验观测数据(1~3年)和计算(5~50年)数据列出的不同埋设间距热棒路基多年冻土上限变化情况。

从表5-3所列数据可以看出：当热棒间距为5~6m时，热棒的冷却降温作用对多年冻土上限的影响极其有限，埋设热棒和无热棒填土路基上限变化不大，当热棒间距为3~4m时，热棒的降温冷却作用对多年冻土上限影响明显的显现出来，而热棒埋设间距为3~3.5m时对多年冻土上限的影响最明显，而且能够满足设计要求，根据观测数据和计算数据分析，热棒的有效冷却半径也就是合理的热棒埋设间距可以确定为3~3.5m。

填土路基和不同埋设间距热棒路基多年冻土上限试验观测数据（1～3年）和计算（5～50年）数据　表5-3

时间＼项目	填土路基	间距6.0m	间距5.0m	间距4.0m	间距3.5m	间距3.0m
第1年	3.260	3.059	2.667	2.228	1.907	1.894
第3年	3.425	3.104	2.916	2.291	1.932	1.916
第5年	3.509	3.115	3.010	2.297	1.985	1.954
第10年	3.798	3.334	3.167	2.305	2.004	1.984
第30年	4.475	3.395	3.288	2.314	2.093	2.010
第50年	5.380	3.571	3.314	2.335	2.488	2.367

这种基于某一特定设计目标的试验、观测、分析和计算方法可以合理地确定在不同环境条件和工程条件下热棒的有效冷却半径，为最终设计热棒的合理埋设间距奠定基础。

5.3.3　热惰性和抑制冰晶生长理论

冻土区工程已有的实践和室内试验研究证明：季节冻土区饱和土壤埋置热棒后，土体冻结过程由自上而下的单向冻结改为垂直和水平方向的多向冻结，从而抑制了冰透镜体生成，对季节冻胀能够起到抑制作用。

如图5-19所示是作者与中南大学合作完成的课题研究试验系统示意图。

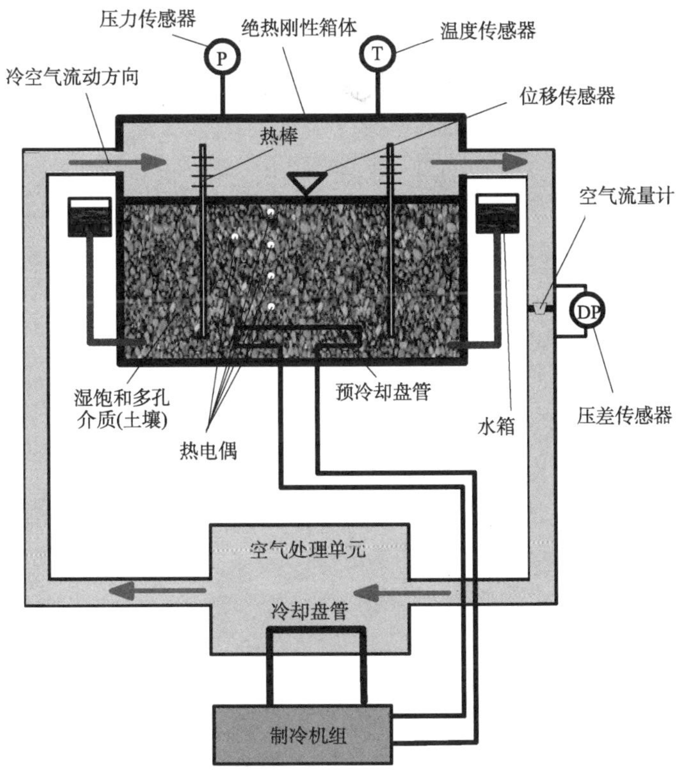

图5-19　试验模型箱图

试验结果说明:在土体的单向冻结完成后,打开试验箱的保温板,从有机玻璃侧可以看到有一条明显的冰透镜,如图 5-20 所示。从图 5-20 的试验照片可以看出,离土壤上部 30mm 的地方形成了一条厚度约为 5mm 的冰透镜,且冰透镜的形成方向与土壤上部平面平行,靠近紫铜板的地方冰透镜向紫铜板侧倾斜成圆弧状。

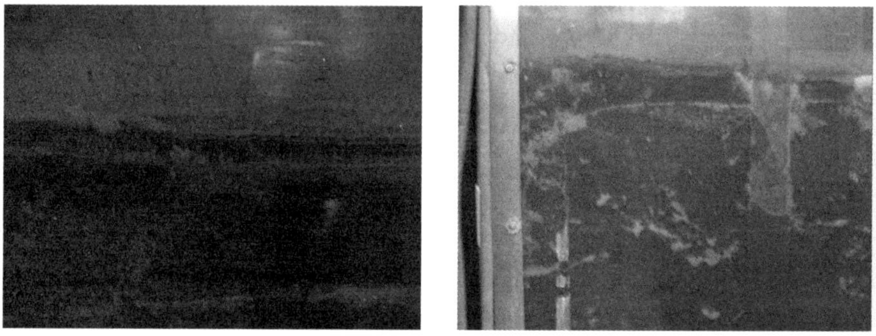

a) b)

图 5-20 单向冻结过程冰透镜体形成情况

在试验土样内看不到水平状的大冰透镜,土样内冰透镜以竖直状细微冰透镜为主,冻结结束后表面冻胀变形很小,因此,紫铜板的导冷加速了靠近铜板处土样的冻结,促使土样内形成垂直于温度梯度方向的竖直冰透镜,在靠近土样表面处,由于外界冷空气的作用,形成了部分水平状的冰透镜。试验表明黏土土样在多向冻结条件下,能够有效抑制冻胀变形。多向冻结试验的冰镜体如图 5-21 所示。

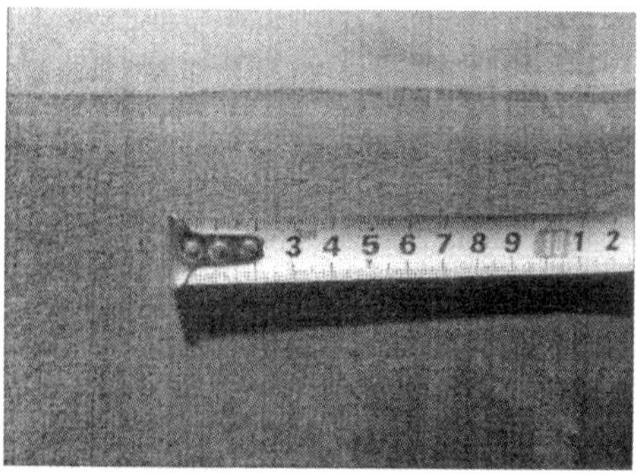

图 5-21 多向冻结试验的冰镜体

对比试验表明,饱和土壤垂直单向冻结时,会产生水平方向的冰透镜,导致明显冻胀现象的发生;当垂直和水平方向多向同时冻结时,水平方向冰透镜的生成得到了抑制,无明显冻胀现象发生。

试验说明了土体内埋设热棒后的传热过程、热流方向及冰透镜形成机理。以往研究认为,热棒抑止冻土融沉冻胀的机理主要是在寒季将大气中的冷能采集储存于冻土中,降低地基温度,防止多年冻土融化,这一点已经通过现场试验和数值模拟研究得到了验证。

但是通过试验还可以看出,热棒控制融沉冻胀的机理更重要的是通过在寒季增大土壤的冻结速率并改变土壤冻结热流方向,将天然地面自上而下的单向冻结改变为垂直和水平方向(热棒径向)的多向冻结,从而抑制了冰透镜的形成,达到控制冻胀的目的,因此使得暖季也不会发生附加融沉。

土壤天然地面寒季冷却时,热流方向是自下而上,冻结过程是自上而下的垂直方向单向进行的。埋置热棒后土壤冻结时,除了冷空气导致的自上而下的冻结过程,埋置热棒相当于增加了一个水平方向的冷源,也就是增加了一个水平方向(热棒的径向)的冷却冻结过程。

冻结时形成的冰透镜是垂直于热流方向、平行于等温线方向的,而埋置热棒后,土壤中靠近热棒的区域的等温线在冻结过程中将由天然冻结时的水平分布朝垂直分布变化。土体在向上的方向是可以自由膨胀的,而在水平方向是有约束的。因此,土体埋置热棒后的径向冻结作用,将抑制冰透镜的形成。这个结论已经在实验室条件下进行了验证(见中南大学和中铁西北院、江苏中圣研究成果)。

上述研究结论说明热棒的设置可以抑制或减轻土体的季节冻胀。在基础旁埋上热棒后,基础周围活动层土体的冻结,是从基础向外径向进行的。从而,变从地表向下的单向垂直冻结为二维冻结,这就防止了水平方向冰透镜体的形成和聚集,进而可减小甚至消除切向冻胀力,防止基础冻胀。另外,由于热棒的超前(在活动层开始稳定冻结,冻胀力形成和发展前)冷冻作用,在切向冻胀力发展时,热棒已经降低了多年冻土的温度,增加了基础的抗冻胀能力,所以可用热棒来防止基础冻胀。

5.4 热棒散热导冷环境模糊评价理论

不同环境条件下,热棒的应用效果不同。研究热棒应用多因素、多层次的综合影响体系,贯穿一种层次综合分析评判思路,对热棒应用进行综合评价,是热棒工程设计和施工的技术基础。

应用热棒散热导冷环境模糊评价理论进行热棒应用综合评价,目的是对冻土区热棒散热导冷环境进行热棒适应性分区。

热棒适应性分区是从众多影响热棒散热导冷评判因素中,择出对其起主要作用的因素,并确定相应指标,按因素区域的相似归类与差异分区原理,对研究对象进行分区,以区划的形式来反映热棒散热导冷现象在地区上的宏观规律性,以达到实际应用的目的。

从模糊理论出发的分区原则有发生学原则、主要因素原则、相对一致性原则、综合分析原则和相对完整性原则等。随着数值计算理论和计算方法的改进,分区评价的方法也层出不穷,最常见的方法有层次分析法、模糊综合评判法、聚类分析法(模糊动态聚类分析、灰色聚类分析)、神经网络法以及主成因分析等方法。

5.4.1 热棒散热导冷环境评价方法

本节论述的分析方法是用层次分析法来分析影响热棒路基冷却效果的诸多因素,这些因素主要包括多年冻土地区地形地貌条件影响下的区域气候条件、冻土地温和冻土含冰量等冻土环境条件,以及不同时间段这些条件的阶段特征和相互影响特征。

热棒在多年冻土路基中的冷却半径,是反映热棒对多年冻土冷却效果的一个综合标度,也是众多评价因素有效组合的结果,评价因素间相互制约相互影响,关系复杂且组合特征各不相同。

气候条件与地质条件组合的冷却效果是两类性质不同的因素,但它是评判热棒冷却效果的必要条件。影响热棒冷却效果的冻土环境条件中的工程地质条件,是由年平均地温、路基体的形态、几何尺寸、路基两侧的地质病害、路基及地基土的性质(温度、土质、含水率等)、地表覆盖等因子组合评判得出,它们的组合特征要求体现各个因素的权重关系等。

因此反映热棒影响半径的多种组合方式,可以采用多层次的方法来进行模糊评判,用综合分析法建立冻土热棒路基冷却半径的综合评判模型。

在层次综合分析评判中，先以相对独立因素为核心，通过与其相关影响因子的逻辑关系组成层次，而后根据各大因素及各项因子对热棒传热半径进行综合评价的思路，构成影响因子层次关系框图（图5-22）。

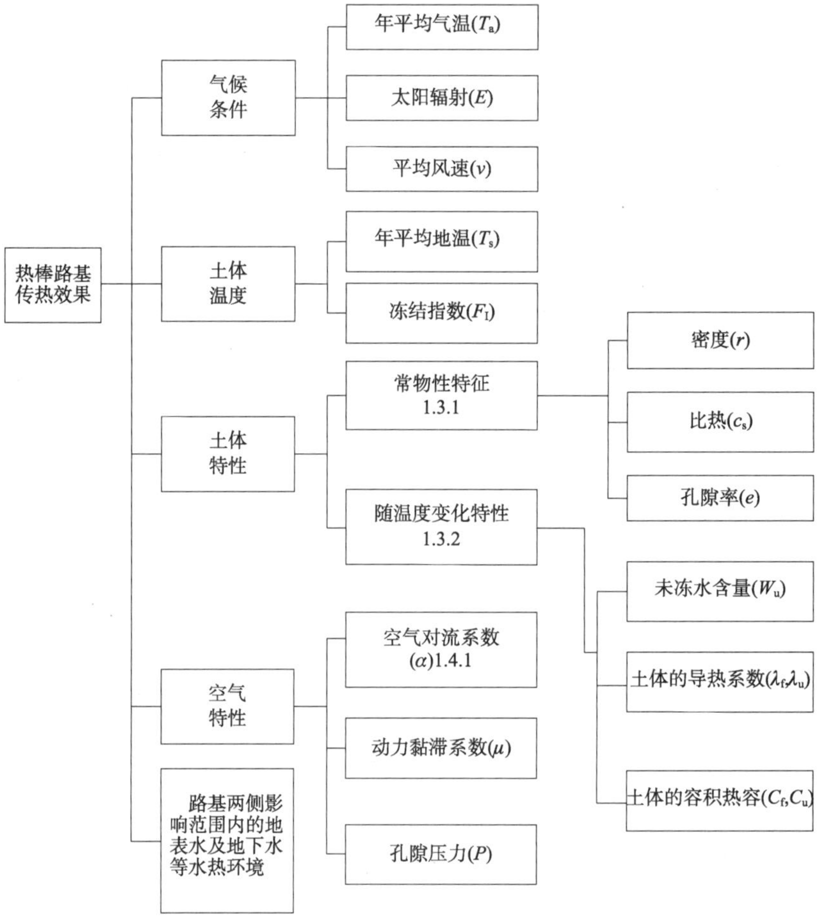

图5-22 热棒应用综合条件评判

如图5-22所示，热棒路基的冷却半径评价分为两个层次：

第一个层次由气候条件、土体温度、土体特性、流体特性以及路基两侧地表水和地下水特征因子组合评估得出。

第二个层次是第一个层次的各个组成部分，分别由子因素评判得出，如气候条件由年平均气温、太阳辐射、年平均风速条件组合评估获得等。

在计算过程中，需综合分析因子的组合特征，采用相应综合函数算子来展开计算，用不同的运算来表现不同的组合方式。

5.4.2 热棒应用环境评价因子计算

研究过程中，需综合分析各影响因素因子的组合特征，采用相应综合函数算子来展开计算，近似和定量的进行分析。

以下是对热棒的制冷效果综合分析评判的计算方法。

设 $U=\{u_1,u_2,u_m\}$ 为影响热棒路基制冷效果的因素集，$V=\{v_1\cdots,v_n\}$ 为影响制冷因素的评价结果集。作映射得单因素评判向量：

$$f:U\rightarrow F(V) \tag{5-23}$$

对于各影响因素的权重表示为 U 上的一个模糊子集，可用模糊向量表示为：

$$\underset{-}{A}=(a_1,a_2,\cdots,a_n) \tag{5-24}$$

其中，a_i 是对第 i 个元素 U_i 的权重，通常满足归一性和非负性条件：

$$\sum_{i=1}^{n}a_i=1 \qquad a_i\geqslant 0 \tag{5-25}$$

在热棒路基制冷效果的评价中，宜采用"穷尽成对比较法"来确定各因素的权重。该法将因素集中各个元素两两相比，对于 u_i 和 u_j 两种元素比较的结果有三种可能：

$$u_i,j=\begin{cases}1 & u_i\text{ 比 }u_j\text{ 重要}\\0.5 & u_i\text{ 与 }u_j\text{ 同等重要}\\0 & u_i\text{ 不如 }u_j\text{ 重要}\end{cases} \tag{5-26}$$

为防止某一因素的权重为零，可另设一虚拟因素 u_{n+1}，使所有因素都比其重要，显然有：

$$u_{i,n+1}=1 \qquad (i=1,2,\cdots,n) \tag{5-27}$$

如果考虑全部比较结果，则所有因素比较值之和为：

$$\sum_{i=1}^{n+1}\sum_{\substack{j=1\\j\neq 0}}^{n+1}u_{i,j}=\frac{n(n+1)}{2} \tag{5-28}$$

各因素的权重为：

$$a_i=\frac{\sum\limits_{\substack{j=1\\j\neq i}}^{n+1}u_{i,j}}{\sum\limits_{i=1}^{n+1}\sum\limits_{\substack{j=1\\j\neq i}}^{n+1}u_i,j} \qquad (i=1,2,\cdots,n+1) \tag{5-29}$$

因素集 U 与决断集之间的模糊关系可以用评判矩阵表示：

$$R=\begin{bmatrix}R_1\\R_2\\\cdots\\R_n\end{bmatrix}=\begin{bmatrix}r_{11} & r_{12} & \cdots & r_{1m}\\r_{21} & r_{22} & \cdots & r_{2m}\\\cdots & \cdots & \cdots & \cdots\\r_{n1} & r_{n2} & \cdots & r_{nm}\end{bmatrix} \tag{5-30}$$

其中，元素 r_ij 表示对评判对象在考虑因素 u_i 时作出评判结果 V_j 的权重，R_i 便表示考虑第 i 个因素的单因素评判集，它是决断集 V 上的一个模糊子集。当 A 和 R 已知时，便可得到对评判对象的综合评判结果，即模糊综合评判集 B：

$$B=A\Theta R \tag{5-31}$$

式中：Θ——一个合成运算，一般按普通矩阵乘法进行运算。

采取最大隶属度法确定评判结果，就是把与最大的评判指标 $\max b_j$ 相对应的决断集元素 v_j 取为评判结果：

$$V=\{v_j\mid v_j\rightarrow \max b_j\} \tag{5-32}$$

5.4.3　热棒应用环境分区方法

任何一种热棒应用环境评价的多因素综合评价方法，都需要获得单个因素影响的权重。

目前，热棒虽然在我国多年冻土地区工程中已经得到广泛应用，但是除了青藏铁路是在冻土区规模化(跨越冻土区各类地温分区和地形地貌单元)应用，工程实施以前需要对热棒应用环境进行分区以外(青海省柴木地方铁路应用规模较大，但是应用环境条件比较单一)，基本都是冻土湿地或沼泽湿地，工程实施以前分区的必要性稍差，因此对冻土工程经过的多年冻土地区，热棒应用环境分区的权重系数没有对应的专家系统支撑。

青藏铁路多年冻土分布的长度达550km左右，线路跨越低温稳定冻土区、低温基本稳定冻土区、高温不稳定冻土区、高温极不稳定冻土区，还要经过冻土南北界边缘地区，对于这样一个广泛的区域，必须进行热棒应用环境评价和适应性分区。考虑气候因素、地质因素的影响在内，对热棒在线路中的应用环境条件进行分类，不但可以对该地区和其他地区冻土区热棒路基的设计有参考价值，而且对于线路运营期间的维护也具有指导作用。

根据计算热棒传热半径的经验公式[式(5-31)]，该超越方程已经被用来粗略计算热管的冷却半径，这个公式中包含了风速、土质条件和冻结指数等影响热管传热的重要因素。

$$F_{\mathrm{I}}=\frac{L}{24}\left[\pi NR_{\mathrm{f}}(r^{2}-r_{\mathrm{t}}^{2})+\frac{r^{2}}{4K_{\mathrm{s}}}\left(\ln\frac{r^{2}}{r_{\mathrm{t}}^{2}}-1\right)+\frac{r_{\mathrm{t}}^{2}}{4K_{\mathrm{s}}}\right] \tag{5-33}$$

式中：F_{I}——冻结指数，℃·d；

N——热棒埋深，m；

R_{f}——冷凝器热阻，$\mathrm{m^2h℃/kcal}$；

r——冻结半径，m；

r_{t}——热管外半径，m；

K_{s}——土体导热系数，kcal/mh℃；

L——土的体积相变潜热，$\mathrm{kcal/m^3}$。

$$L=\rho_{\mathrm{s}}\Delta H(W-W_{\mathrm{u}}) \tag{5-34}$$

式中：ρ_{s}——土骨架颗粒的密度，$\mathrm{kg/m^3}$；

ΔH——水的相变潜热，kJ/kg；一般工程热工计算中取334.56kJ/kg；

W、W_{u}——土体的含水率和冻土中的未冻含水率。

除了该半经验公式，本节还采用另外几个指标，考虑青藏铁路多年冻土的地温分区和沿线路基两侧的地表水和地下水的影响、路基两侧的病害发育程度、含冰量多少的影响。分区思路为：

(1)代入公式中的各个地学及热力学参数，根据上述超越方程求解得出热管在该地段制冷效果的影响半径；以相同(或近似)参数在Ansys中建立模型，进行30年的数值模拟，得出影响半径，该影响半径与超越方程解出的数值进行对比，如果两个值相差不大，即$\Delta r<1$，则半径取两个影响半径的平均值；如果相差比较大，即$\Delta r\geqslant 1$。考虑到热管超越方程的实用性，按下式取值：

$$r=0.4r_{\mathrm{e}}+0.6r_{\mathrm{m}} \tag{5-35}$$

式中：r——折合影响半径，m；

r_{e}——数值模拟获得的影响半径，m；

r_{m}——超越方程解得的影响半径，m。

影响半径对应的定量化值可以按表5-4的方式取值。

影响半径评价取值　　表5-4

影响半径 r	≥3	2.5~3	2~2.5	1.5~2	1~1.5	0.5~1	≤0.5
定量取值	1.0	0.98	0.95	0.90	0.85	0.6	0.1

(2)根据沿线地质资料,结合现场工程调查,判断路基地表及地下水系发育和对路基侧向热侵蚀情况,在半径计算的基础上乘以一个系数,系数的情况可以按照表5-5取值。

水文地质条件影响评价取值　　表5-5

水文条件	很差	比较差	一般	比较好	很好
定量取值	1.0	0.8	0.6	0.3	0.1

(3)由于热棒埋设在地表以下穿越季节融化层和多年冻土层,多年冻土的年平均地温直接影响热棒工作状态,因此根据青藏铁路多年冻土地区的地温分区不同,乘以一定的系数,体现这种影响。根据青藏铁路冻土区的具体情况,可以按照表5-6进行取值。

年平均地温影响评价取值　　表5-6

地温分区	高温极不稳定冻土区	高温不稳定冻土区	低温基本稳定冻土区	低温稳定冻土区
定量取值	1.0	0.9	0.4	0.1

(4)冻土区病害一般发生在一些不良冻土现象发育地区,但是考虑青藏铁路在设计时已经尽量避免通过这些不良冻土现象发育地区,所以考虑问题应当主要考虑运营期间病害整治应用热棒情况,根据冻土区路基修建以后改变了水热通道,产生次生的不良冻土现象和工程裂缝等工程现象,据此将潜在病害影响划分为以下几个层次,见表5-7。

病害影响评价取值　　表5-7

病害描述	冰锥—冰丘	冻胀丘	热融滑塌	热融湖塘	沼泽化	厚层地下冰	其他	无
定量取值	1.0	1.0	1.0	1.0	1.0	1.0	0.4	0.1

(5)含冰量不同的多年冻土(表5-7是依据含冰量进行的冻土工程分类的不同制定)对热棒的制冷效果的影响,是由于冰与土体的热容量不同,热容量不同引起温度变化滞后,因此根据含冰量大小,乘以一定的系数取值。表5-8列出了这种影响的取值变化。

地下冰量影响的评价取值　　表5-8

含冰量	含土冰层	饱冰、富冰冻土	多冰冻土	少冰冻土
定量取值	1.0	0.9	0.6	0.1

最后可以形成综合的评价指标,综合指标分为四个层次,热棒制冷效果的值域为[0,1]。用"非常适宜""比较适宜""一般""不适宜"四个等级进行评估,见表5-9。非常适宜:该地段地质条件差,综合分析,需要进行热棒加强措施,才不会对行车安全有严重威胁;比较适宜:对行车安全有一定威胁,但是使用片石路基、碎石护坡等可以达到同样的效果;一般:采用一般的被动措施就可以起到很好的效果;不适宜:地质条件良好,无须防护。

热管路基适宜性综合评价的等级与量化值　　表5-9

定性描述	非常适宜(A)	比较适宜(B)	一般(C)	不适宜(D)
定量取值	1~0.75	0.75~0.50	0.50~0.25	0.25~0

根据以上计算确定各个因素的权重影响系数可以应用在冻土区热棒工程应用环境分区中,进行综合评价。

5.4.4 热棒路基适应性评价实例

根据以上对热棒工程适应性评价方法，对青藏铁路多年冻土地区的热棒适应性进行评价分区。在调查、搜集、确定影响因子的区域数据基础上，进行权重系数计算，最后进行热棒路基适应性分区。

1）影响因子1：冻土区平均风速

根据已有气象站风速资料如下：

五道梁气象站（DK957 + 640 ~ DIK1164 + 344，平均风速 $4.1m/s^2$）；

沱沱河气象站（DIK1164 + 344 ~ DK1419 + 300，平均风速 $3.7m/s^2$）；

北麓河气象站（DK1141 + 300 ~ DK1141 − 355，平均风速 $4.1m/s^2$）；

清水河试验段（DK1024 + 400 ~ DK1027 + 400，平均风速 $4.5m/s^2$）；

安多气象站（DK1419 + 300 ~ DK1513 + 753，平均风速 $4.8m/s^2$）；

昆仑山区（$5.4m/s^2$）平均风速。

2）影响因子2：冻结指数

清水河试验段的冻结指数为 −2760℃ · d；

沱沱河气象站的年冻结指数为 −1371.3℃ · d；

昆仑山区的年冻结指数为 −1820.7 ℃ · d；

五道梁气象站观测的年冻结指数为 −1781.4℃ · d；

风火山气象观测站的年冻结指数为 −2597.7℃ · d；

安多气象站年冻结指数为 −1684.9℃ · d；

北麓河试验段年冻结指数为 −1896.3℃ · d。

3）影响因子3：水文地质条件

多年冻土区的水文地质条件，是由区内的气候特征、地形及地貌条件、地层岩性及地质构造特征、地质构造活动等多种自然因素综合作用所形成的。从总体上来看，青藏铁路冻土区沿线水系比较发达，河谷较多，河水的局部汇集会形成热融湖塘，加速路基周边基础下冻土的融化速度和范围，进而影响到铁路路基的稳定性。

西大滩、温泉、扎加藏布断陷谷地下部砂砾层孔隙中及楚玛尔河高平原、沱沱河、通天河等高平原及盆地中半成岩粉细砂岩孔隙中存在孔隙裂隙水。

可可西里、风火山及其间高平原与盆地下部的泥岩、砾岩、砾岩孔隙裂隙存在孔隙裂隙水。昆仑山、唐古拉山的构造裂隙中存在裂隙水。

楚玛尔河高平原、沱沱河盆地及唐古拉山麓泥灰岩及碳酸盐岩岩溶裂隙、孔隙中存在岩溶水。

楚玛尔河、北麓河、沱沱河、布曲等较大河流的河床下部及河谷两侧，存在带状发育的带状融区水。

昆仑山以北地区（DK957 + 766 ~ DK983 + 800）地下水补给充沛，径流强烈，排泄条件较好。

昆仑山至唐古拉山之间（DK983 + 800 ~ DK1419 + 600）的低山与断陷盆地及高平原相间地形，唐古拉山北麓至雁石坪一带的高山区，排泄条件良好。盆地之间低矮的山区补给来源贫乏，排泄条件差。

唐古拉山至安多间（DK1419 + 600 ~ DK1513 + 753）大气降水充沛，冻结层上水及层下水迳流通畅，排泄条件良好。

4）影响因子4：冻土不良现象（表5-10）

冻土不良现象 表5-10

序号	起止里程	冻土不良地质现象	与路基平面关系
1	CK975 +846	冻胀丘	路基右侧211m
2	CK990 +968 ~ CK991 +096	冻土湿地	—
3	CK991 +254 ~ CK991 +428	冻土湿地	—
4	CK991 +828 ~ CK991 +996	冻土湿地	—
5	CK992 +100 ~ CK992 + +280	冻土湿地	—
6	CK993 +650	冰锥群	路基左侧98m
7	CK996 +300	冰幔	路基左侧
8	CK998 +138 ~ CK998 +230	冰锥群	—
9	昆仑山垭口、公路62道班处	开敞型多年冻胀丘	线路下方200m
10	DK1050 +335 ~ DK1050 +365	热融湖塘	离路基坡脚1m
11	DK1091 +000	泉冰锥	线路上方20m
12	CK1001 +823 ~ CK1002 +100	冻土湿地	路基右侧
13	CK1002 +152 ~ CK1002 +400	冻胀丘群	路基右侧
14	CK1119 +500 ~ CK1119 +660	热融湖塘	—
15	DK1123 +610	泉冰锥	—
16	DK1130 +593	冰锥、冰幔	—
17	CK1134 +200	冰锥群	路基左侧180m
18	DK1138 +776	冰锥	垂直于线路
19	DK1140 +085	冰锥、冰幔	—
20	DK1140 +288	冰锥	垂直于线路
21	DK1142 +000 ~ DK1142 +350	厚层地下冰	—
22	DK1145 +550	泉冰锥、河冰锥	下路下方
23	DK1145 +430	积冰	与路基平行
24	DK1149 +997	冰锥	与线路垂直
25	DK1164 +400	冰幔	线路上方
26	DK1172 +304	冰塞涵洞	—
27	CK1175 +952 ~ CK1176 +536	冰锥群	—
28	CK1176 +618 ~ CK1176 +992	冰锥群	—
29	CK1177 +086 ~ CK1177 +428	冰锥群	—
30	DK1178 +800	冰锥、冰幔	—
31	DK1178 +000 ~ DK1178 +050	冰锥、冰幔	—
32	DK1181 +800 ~ 1182 +420	有冻胀丘及积冰现象，泉眼涌水量20m^3/h，雨后水量增大	—

续上表

序号	起止里程	冻土不良地质现象	与路基平面关系
33	CK1198 +318 ~ CK1198 +394	冰锥	路基右侧 17m
34	DK1199 +900	热融湖塘	—
35	DK1202 +648	地表出现冰丘,隆起 1.5m	地层为断层泥,泉水发育,寒季易形成冰锥
36	DK1210 +670	涵内积冰,厚度 60cm	融区、持力层为碎砾石
37	DK1206 +257	涵内积冰	融区、持力层为角砾土
38	CK1224 +000 ~ CK1224 +800	冻土湿地	—
39	DK1229 +280	冰锥、冰幔	—
40	CK1245 +428 ~ CK1245 +496	冰锥	—
41	CK1246 +204 ~ CK1246 +542	冰锥群	—
42	CK1246 +590 ~ CK1246 +692	冰锥	—
43	DK1277 +366 ~ DK1277 +965	涵内积冰,冰厚 10 ~ 20cm	6.27m
44	DK1251 +249	涵内有积冰	与路基垂直斜交
45	DK1269 +600	热融湖塘	—
46	CK1290 +096 ~ CK1290 +104	冰幔	—
47	CK1290 +204 ~ CK1290 +212	冰幔	—
48	CK1293 +418 ~ CK1293 +534	泉冰锥	—
49	CK1294 +676 ~ CK1294 +786	泉冰锥	—
50	DK1308 +250	热融湖塘	—
51	DK1310 +480 ~ DK1310 +580	地下水出露、汇集	平行
52	DK1319 +360 ~ DK1319 +370	地下水冒出,形成冰锥	距线路中心 150m
53	CK1323 +386 ~ CK1323 +400	冰幔	—
54	CK1323 +316 ~ CK1323 +458	泉冰锥	—
55	CK1342 +948 ~ CK1343 +810	冰幔	—
56	CK1345 +748 ~ CK1345 −766	冰幔	—
57	CK1349 +464 ~ CK1349 +488	冰幔	—
58	CK1368 +740 ~ CK1368 +852	冻胀丘群	—
59	DK1370 +420 ~ DK1371 +180	冰幔及冻土湿地	—
60	DK1375 +375 ~ DK1375 +890	河滩湿地	—
61	ICK1436 +849 ~ ICK1436 +916	冰幔	—
62	ICK1437 +520 ~ ICK1437 +710	泉冰锥	—
63	ICK1445 +070 ~ ICK1446 +330	冰幔	—
64	ICK1447 +520 ~ ICK1447 +850	冰幔	—
65	CK1515 +485 ~ CK1515 +610	冰幔	—
66	CK1516 +575 ~ CK1516 +650	泉冰锥	—

5)影响因子5:地温分区及地下含冰量(表5-11)

冻土地温分区和含冰量 表5-11

地貌单元	地温分区	序号	里　程	长度(m)	地下冰含量
楚玛尔河高平原	Tcp-Ⅰ	1	DK1027+400~DK1027+581	181	F+S
		2	IDK1069+694~IDK1070+100	406	D+S+F+B
	Tcp-Ⅱ	1	DK1023+965~DK1024+400	369	D+B+H+S
		2	DK1040+915~DK1041+030	115	H+D
		3	DK1042+910~DK1043+300	390	F+B+D
		4	DK1043+300~DK1043+470	170	D+F+H
		5	DK1043+470~DK1045+000	1530	H+D+F+S
		6	DK1045+000~DK1045+100	100	S+F+B
		7	DK1045+100~DK1045+690	590	S+F+B
		8	DK1045+690~DK1045+800	110	S+D+F+H
		9	DK1066+140~DK1067+105	965	B+H+F+D+S
北麓河盆地	Tcp-Ⅰ	1	DK1124+630~DK1124+760	140	FD
		2	DK1134+195~DK1134+350	155	F+D
		3	DK1134+840~DK1135+090	250	F+S
		4	DK1138+206~DK1138+700	494	H+F+D+B
		5	DK1138+852~DK1139+155	303	F+D
	Tcp-Ⅱ	1	DK1128+920~DK1129+100	180	FD
		2	DK1129+235~DK1129+350	115	H+F+B
		3	DK1129+660~DK1130+190	530	H+F+B
		4	DK1130+550~DK1131+850	1300	FB D
		5	DK1135+330~DK1136+050	720	FB D
		6	DK1143+620~DK1145+500	1880	H+F+D
尺曲谷地	Tcp-Ⅰ	1	DK1182+000~DK1183+150	1150	F+S
		2	DK1183+700~DK1183+827	127	F+D
		3	DK1183+955~DK1184+265	310	D+F
		4	DK1191+750~DK1192+700	950	D+F
		5	DK1192+700~DK1193+200	500	F+B+H
	Tcp-Ⅱ	1	DK1172+684~DK1173+169	485	F+S
		2	DK1175+040~DK1175+440	400	H+S
		3	DK1175+860~DK1176+360	500	S+H+F
		4	DK1177+388~DK1177+780	392	H+F+D
		5	DK1179+900~DK1180+345	445	F+S
		6	DK1180+545~DK1181+830	1285	F+S
		7	DK1190+200~DK1191+750	1550	D+S+F+B

续上表

地貌单元	地温分区	序号	里　程	长度(m)	地下冰含量
乌丽盆地	Tcp－Ⅰ	1	DK1193＋200～DK1193＋931	731	F＋B＋H
		2	DK1194＋179～DK1194＋400	221	H＋F＋S
		3	DK1194＋400～DK1194＋960	560	H＋F＋S
		4	DK1194＋960～DK1195＋900	940	F＋B＋D＋S
		5	DK1195＋900～DK1196＋200	300	H＋F＋D
		6	DK1196＋200～DK1196＋900	700	F＋B＋H
		7	DK1196＋900～DK1197＋159	259	F＋B＋H＋S
		8	DK1197＋341～DK1197＋518	177	F＋S
		9	DK1197＋862～DK1198＋635	773	F＋B＋S
		10	DK1198＋720～DK1198＋760	40	F＋D
		11	DK1199＋600～DK1199＋902	302	F＋D
		12	DK1200＋084～DK1201＋700	1616	F＋D
		13	DK1201＋700～DK1202＋007	307	F＋B＋D
		14	DK1202＋084～DK1202＋585	501	F＋B＋D
乌丽山区	Tcp－Ⅰ	1	DK1202＋585～DK1202＋747	162	F＋B＋D
		2	DK1206＋130～DK1206＋240	110	F
		3	DK1211＋300～DK1211＋710	410	F＋D
沱沱河盆地	Tcp－Ⅰ	1	DK1217＋760～DK1218＋080	320	D＋F
		2	DK1221＋910～DK1222＋080	170	F
		3	DK1224＋960～DK1226＋486	1526	D＋S
		4	DK1226＋700～DK1227＋560	860	D＋B＋H＋F
		5	DK1228＋280～DK1228＋890	610	F＋D＋S
		6	DK1238＋410～DK1238＋610	200	F＋H＋D
		7	DK1238＋800～DK1239＋450	650	F＋B＋D
		8	DK1239＋750～DK1240＋400	650	F＋D＋S
		9	DK1240＋600～DK1244＋600	3930	F＋B＋D
	Tcp－Ⅱ	1	DK1244＋850～DK1244＋946	96	F＋D
通天河盆地	Tcp－Ⅰ	1	DK1267＋333～DK1269＋920	2587	H＋D＋F＋B
		2	DK1278＋800～DK1279＋000	200	F＋B＋D
	Tcp－Ⅱ	1	DK1262＋800～DK1263＋450	650	H＋B＋F＋D
		2	DK1263＋450～DK1263＋705	255	H＋F＋S
		3	DK1263＋705～DK1267＋259	3554	D＋B＋F＋S
		4	DK1270＋320～DK1274＋200	4068	H＋F＋B＋D

续上表

地貌单元	地温分区	序号	里　程	长度(m)	地下冰含量
布曲河谷地	Tcp－Ⅰ	1	DK1283 +650 ~ DK1284 +150	500	F + D
		2	DK1287 +800 ~ DK1288 +700	900	F + D
		3	DK1290 +050 ~ DK1290 +700	650	F + D
		4	DK1291 +200 ~ DK1292 +425	1225	F
		5	DK1292 +505 ~ DK1293 +900	1395	F + D
		6	DK1296 +000 ~ DK1296 +500	500	F + D
		7	DK1296 +765 ~ DK1298 +070	1305	F + D
		8	DK1298 +070 ~ DK1299 +100	1030	F
		9	DK1299 +500 ~ DK1304 +150	4650	F + H
		10	DK1304 +570 ~ DK1305 +100	530	F
		11	DK1305 +270 ~ DK1305 +650	380	F
		12	DK1305 +650 ~ DK1306 +840	1190	F + B + D
		13	DK1308 +330 ~ DK1308 +660	330	B + F + S
		14	DK1308 +912 ~ DK1309 +020	108	F
		15	DK1310 +560 ~ DK1310 +780	220	F
		16	DK1310 +780 ~ DK1310 +970	190	F
		17	DK1310 +970 ~ DK1312 +209	1239	F + B + D
		18	DK1312 +975 ~ DK1313 +115	140	H + F + B
		19	DK1313 +115 ~ DK1313 +635	520	H + F + B + D
		20	DK1318 +160 ~ DK1318 +586	426	F + H + B
		21	DK1319 +380 ~ DK1319 +510	130	F + B
		22	DK1319 +510 ~ DK1322 +817	3307	F + D
		23	DK1323 +147 ~ DK1324 +100	953	F + H + S + D
		24	DK1324 +605 ~ DK1325 +540	935	F + D
		25	DK1326 +160 ~ DK1326 +800	640	B + F + D
		26	DK1337 +100 ~ DK1337 +815	715	H + B + D
		27	DK1337 +815 ~ DK1338 +720	905	F + H + B + D
		28	DK1343 +138 ~ DK1343 +306	168	F + S
		29	DK1345 +350 ~ DK1345 +490	140	S + F + B
		30	DK1349 +950 ~ DK1346 +150	200	F + D
		31	DK1348 +545 ~ DK1348 +820	275	F
		32	DK1350 +200 ~ DK1350 +370	170	F
	Tcp－Ⅱ	1	DK1352 +560 ~ DK1353 +560	1000	B + F + D

续上表

地貌单元	地温分区	序号	里　程	长度(m)	地下冰含量
温泉断陷盆地	Tcp－Ⅰ	1	DK1360+799~DK1360+875	76	F+D+S
		2	DK1361+705~DK1362+370	665	F+B+H+D+S
		3	DK1362+370~DK1362+700	330	F+B+H+D+S
		4	DK1370+420~DK1370+920	500	D+S+F+B
		5	DK1370+920~DK1371+180	260	F+B+D+S
		6	DK1379+245~DK1379+365	120	D+F+H
唐古拉山及山间盆地	Tcp－Ⅰ	1	DK1400+180~DK1400+900	720	F
		2	DK1406+770~DK1409+880	3110	D+F+S+H
		3	DK1416+240~DK1418+260	2020	F+S+D+H
		4	DK1428+100~DK1432+610	1500	S+D+F
		5	DK1429+600~DK1430+210	4510	D+F+H+B
		6	DK1448+700~DK1449+500	800	F
		7	DK1457+300~DK1458+450	1150	F
		8	DK1458+885~DK1461+950	3065	F+D+B
		9	DK1466+270~DK1468+700	2430	D+F
		10	DK1469+400~DK1469+890	490	S
		11	DK1472+491~DK1508+905	36414	F
		12	DK1512+700~DK1513+790	1090	D+F
		13	DK1508+905~DK1512+700	3795	F+B
唐古拉山及山间盆地	Tcp－Ⅱ	1	DK1394+673~DK1398+140	4327	F+D
		2	DK1432+610~DK1435+500	2890	F+B+H
		3	DK1442+950~DK1448+700	5750	B+F+D
		4	DK1461+950~DK1468+858	6908	D+H+F
		5	DK1449+500~DK1457+300	7800	D+H+F
	冻融交会区	1	DK1397+140~DK1398+981	1841	Tcp－Ⅱ、融区　D
		2	DK1400+900~DK1405+500	4600	融区、Tcp－Ⅰ、Tcp－Ⅲ F+D
		3	DK1458+685~DK1458+885	200	融区、Tcp－Ⅰ　F+B
		4	DK1468+958~DK1469+400	442	融区、Tcp－Ⅰ　D

注:H-含土冰层;B-饱冰冻土;F-富冰冻土;D-多冰冻土; S-少冰冻土。

6)影响因子6:土体热物理参数(表5-12)

对典型地段土体的热物理参数进行了必要的简化,使用单一土层代替分层地基。

热棒工程的适宜性进行的分区计算和分析结果:

土体物理参数　　表 5-12

序号	对应地点	计算土体描述	密度 ρ (kg/m^3)	含水率 (%)	热传导系数 (W/m·℃)		容积热容 (kJ/m^3·℃)	
					λ_f	λ_u	λ_f	λ_u
1	头二九山南	碎石类土	1600	13	1.29	1.10	1739.7	2208.1
2	头二九山区	灰岩夹砂	1400	18	1.86	1.39	1551.5	2166.3
3	唐古拉山间盆地	碎石夹砂	1400	15	1.14	0.88	1580.8	2049.2
4	唐古拉山	灰岩夹砂	1500	14	1.86	1.39	1551.5	2166.3
5	温泉断陷盆地	碎石夹砂	1300	30	1.46	0.90	2065.9	2718.3
6	温雁峡谷区	碎石类土，下伏砂岩	1600	17	1.57	1.42	1873.5	2475.7
7	通天河盆地	表层砂类土，下伏泥岩	1400	25	1.39	0.64	2496.7	2634.7
8	布曲高缓阶地区	表层砂类土，下伏泥岩	1500	20	1.22	1.09	2070.1	2509.2
9	开心岭山区	砂页岩	1400	10	1.43	1.17	1317.3	1697.9
10	沱沱河盆地	表层细砂，下伏泥岩	1400	30	1.68	1.06	2224.8	2927.4
11	乌丽垭口	砂岩、灰岩	1500	10	1.60	1.30	1413.5	1819.2
12	乌丽盆地边缘	黏砂土、灰岩	1600	15	1.02	1.11	2040.8	2341.9
13	尺曲阶地及部分丘陵	黏砂土、砂土	1300	25	1.21	0.84	1932.1	2446.5
14	风火山山区	黏性土，下伏页岩、砂岩	1400	20	1.06	0.94	1932.1	2341.9
15	北麓河洪冲积平原	砂类土	1400	14	1.67	1.29	1434.4	1932.1
16	可可西里平缓垭口	黏砂土、砂岩	1400	17	1.24	0.92	1639.3	2166.3
17	五道梁地区	黏砂土、砂岩	1300	20	0.92	0.79	1794.1	2174.6
18	楚玛尔河高准平原	砂黏土、泥岩	1400	10	0.74	0.65	1434.4	1756.4
19	清水河地区	泥岩	1400	25	1.39	0.64	2496.7	2634.7
20	昆仑山区	砂黏土、碎石	1600	10	1.00	0.89	1639.3	2007.4
21	西大滩断陷盆地	圆砾石	1600	14	2.15	1.64	1639.3	2208.1

根据本节所述的冻土地区热棒工程适宜性分区结果见表 5-13。在 2005 年青藏铁路建设后期阶段热棒工程设计和施工过程中，表 5-13 所列分区结果成为很好的技术依据。

热棒工程分区结果　　表 5-13

序号	起止里程	综合评价指数	综合评价级别
1	DK964 + 550 ~ DK975 + 840	0.22	D
2	CK975 + 846	0.96	A
3	Dk975 + 900 ~ DK990 + 968	0.20	D
4	Ck990 + 968 ~ CK991 + 096	0.94	A

续上表

序号	起止里程	综合评价指数	综合评价级别
5	DK991 +096 ~ DK991 +254	0.20	D
6	CK991 +254 ~ CK991 +428	0.96	A
7	DK991 +428 ~ DK991 +828	0.20	D
8	CK991 +828 ~ CK991 +996	0.90	A
9	DK991 +996 ~ DK992 +100	0.22	D
10	CK992 +100 ~ CK992 +280	0.96	A
11	DK992 +280 ~ DK993 +650	0.41	C
12	CK993 +650	0.90	A
13	DK993 +650 ~ DK996 +300	0.18	D
14	CK996 +300	0.93	A
15	DK996 +300 ~ Dk998 +138	0.23	D
16	CK998 +138 ~ CK998 +230	0.92	A
17	昆仑山垭口、公路62道班处	0.90	A
18	DK998 +230 ~ DK1001 +823	0.35	C
19	CK1001 +823 ~ CK1002 +100	0.90	A
20	DK1002 +100 ~ DK1002 +152	0.32	C
21	CK1002 +152 ~ CK1002 +400	0.91	A
22	DK1002 +400 ~ DK1027 +400	0.29	D
23	DK1027 +400 ~ DK1027 +581	0.8	A
24	DK1040 +915 ~ DK1043 +470	0.74	A
25	DK1043 +470 ~ DK1050 +335	0.71	A
26	DK1050 +335 ~ DK1050 +365	0.92	A
27	DK1050 +365 – DK1066 +140	0.45	C
28	DK1066 +140 – DK1067 +105	0.83	A
29	DK1067 +105 – DK1119 +500	0.60	B
30	DK1091 +000	0.89	A
31	CK1119 +500 ~ CK1123 +610	0.88	A
32	DK1123 +610	0.90	A
33	DK1123 +610 ~ DK1124 +630	0.58	B
34	DK1124 +630 ~ DK1124 +760	0.9	A
35	DK1124 +760 ~ DK1128 +920	0.81	A
36	DK1128 +920 ~ DK1130 +593	0.61	B
37	DK1130 +593	0.9	A
38	DK1130 +593 ~ DK1134 +200	0.82	A
39	CK1134 +200	0.89	A

续上表

序号	起止里程	综合评价指数	综合评价级别
40	DK1134 +200 ~ DK1138 +206	0.79	A
41	DK1138 +206 ~ DK1138 +700	0.85	A
42	DK1138 +776	0.88	A
43	DK1138 +700 ~ DK1139 +155	0.8	A
44	DK1139 +155 ~ DK1140 +085	0.64	B
45	DK1140 +085	0.90	A
46	DK1140 +085 ~ DK1140 +288	0.45	C
47	DK1140 +288	0.91	A
48	DK1140 +288 ~ DK1142 +000	0.58	B
49	DK1142 +000 ~ DK1142 +350	0.93	A
50	DK1142 +350 ~ DK1145 +500	0.39	C
51	DK1145 +430	0.88	A
52	DK1145 +550	0.89	A
53	DK1145 +550 ~ DK1149 +997	0.68	B
54	DK1149 +997	0.85	A
55	DK1149 +997 ~ DK1164 +400	0.64	B
56	DK1164 +400	0.83	A
57	DK1164 +400 ~ DK1172 +304	0.63	B
58	DK1172 +304	0.89	A
59	DK1172 +304 ~ DK1177 +428	0.62	B
60	DK1177 +428 ~ DK1178 +000	0.43	C
61	DK1178 +000 ~ DK1178 +050	0.87	A
62	DK1178 +050 ~ DK1181 +800	0.57	B
63	DK1181 +800 ~ 1182 +420	0.88	A
64	DK1182 +420 ~ DK1184 +265	0.82	A
65	DK1184 +265 ~ DK1191 +750	0.51	B
66	DK1191 +750 ~ DK1192 +700	0.83	A
67	DK1192 +700 ~ DK1193 +931	0.85	A
68	DK1193 +931 ~ DK1195 +900	0.55	B
69	DK1195 +900 ~ DK1196 +200	0.86	A
70	CK1196 +200 ~ CK1198 +394	0.90	A
71	DK1198 +394 ~ DK1199 +900	0.58	B
72	DK1199 +900	0.93	A
73	DK1199 +900 ~ DK1202 +648	0.63	B
74	DK1202 +648	0.91	A

续上表

序号	起止里程	综合评价指数	综合评价级别
75	DK1202 +648 ~ DK1210 +670	0.68	B
76	DK1206 +257	0.76	A
77	DK1210 +670	0.86	A
78	DK1210 +670 ~ DK1224 +000	0.63	B
79	CK1224 +000 ~ CK1224 +800	0.90	A
80	DK1224 +800 ~ DK1229 +280	0.71	B
81	DK1229 +280	0.92	A
82	DK1229 +280 ~ DK1245 +428	0.59	B
83	CK1245 +428 ~ CK1245 +496	0.89	A
84	DK1245 +496 ~ DK1246 +204	0.47	C
85	CK1246 +204 ~ CK1246 +692	0.92	A
86	DK1246 +692 ~ DK1267 +333	0.73	B
87	DK1267 +333 ~ DK1269 +920	0.85	A
88	DK1251 +249	0.92	A
89	DK1269 +600	0.94	A
90	DK1269 +920 ~ DK1270 +320	0.92	A
91	DK1270 +320 ~ DK1274 +200	0.80	A
92	DK1274 +200 ~ DK1283 +650	0.63	B
93	DK1283 +650 ~ 1288 +700	0.81	A
94	DK1288 +700 ~ DK1290 +096	0.45	C
95	CK1290 +096 ~ CK1290 +212	0.67	B
96	DK1290 +212 ~ DK1293 +418	0.83	A
97	CK1293 +418 ~ CK1293 +534	0.71	B
98	DK1293 +534 ~ DK1294 +676	0.82	A
99	CK1294 +676 ~ CK1294 +786	0.63	B
100	DK1294 +786 ~ 1308 +250	0.82	A
101	DK1308 +250	0.90	A
102	DK1308 +250 ~ DK1310 +480	0.83	A
103	DK1310 +480 ~ DK1310 +580	0.93	A
104	DK1310 +580 ~ DK1319 +360	0.84	A
105	DK1319 +360 ~ DK1319 +370	0.88	A
106	DK1319 +370 ~ DK1323 +458	0.82	A
107	DK1323 +458 ~ DK1342 +948	0.81	A
108	CK1342 +948 ~ CK1343 +810	0.83	A

续上表

序号	起止里程	综合评价指数	综合评价级别
109	DK1343 +810 ~ DK1345 +748	0.81	A
110	CK1345 +748 ~ CK1345 +766	0.89	A
111	DK1345 +766 ~ DK1349 +464	0.82	A
112	CK1349 +464 ~ CK1349 +488	0.85	A
113	DK1349 +488 ~ DK1352 +560	0.53	B
114	DK1352 +560 ~ DK1353 +560	0.66	B
115	DK1353 +560 ~ DK1368 +740	0.83	B
116	CK1368 +740 ~ CK1368 +852	0.88	A
117	DK1368 +852 ~ DK1370 +420	0.47	C
118	DK1370 +420 ~ DK1371 +180	0.79	A
119	DK1371 +180 ~ DK1375 +375	0.74	B
120	DK1375 +375 ~ DK1375 +890	0.94	A
121	DK1375 +890 ~ DK1394 +673	0.35	C
122	DK1394 +673 ~ DK1398 +140	0.58	B
123	DK1398 +140 ~ DK1432 +610	0.82	A
124	DK1432 +610 ~ DK1435 +500	0.7	B
125	DK1435 +500 ~ DK1436 +849	0.80	A
126	ICK1436 +849 ~ ICK1436 +916	0.87	A
127	DK1436 +916 ~ DK1437 +520	0.71	B
128	ICK1437 +520 ~ ICK1437 +710	0.83	A
129	DK1437 +710 ~ DK1445 +070	0.48	C
130	DK1458 +685 ~ DK1458 +885	0.85	A
131	DK1458 +885 ~ DK1445 +070	0.76	A
132	ICK1445 +070 ~ ICK1446 +330	0.91	A
133	DK1446 +330 ~ DK1447 +520	0.33	C
134	ICK1447 +520 ~ ICK1447 +850	0.89	A
135	DK1447 +850 ~ DK1461 +950	0.71	B
136	DK1461 +950 ~ DK1468 +958	0.60	B
137	DK1468 +958 ~ DK1469 +400	0.83	A
138	DK1469 +400 ~ DK1515 +485	0.65	B
139	CK1515 +485 ~ CK1515 +610	0.87	A
140	DK1515 +610 ~ DK1516 +575	0.47	C
141	CK1516 +575 ~ CK1516 +650	0.86	A

多年冻土地区的线形条带状工程跨越不同的冻土地温分区,冻土含冰量和表现的冻土不良地质现象错综复杂,必须根据工程地质调查和本节所提出的评判方法对热棒适应性进行分区,判断热棒应用前景。

对青藏铁路热棒应用环境的综合评判分区,是热棒路基设计的基础,在分区进行热棒工程设计时还应该从热棒散热导冷的能量基础条件表现注意以下因素的局地影响:

(1)不同地区,不同深度冻土的温度变化是热棒启动工作和持续工作的主要影响因素,热棒工作的环境气温和埋入土体部分的土体温度是热棒启动导冷功能的决定性因素。不同时间段二者之间温度差(地温高于气温条件下)满足热棒启动条件,热棒的导冷功效才能发挥。

(2)包括青藏铁路和青海省柴木地方铁路在内的铁路沿线冻土区寒季气温(低于0℃)和冻土地温差值均能满足热棒启动条件,这些地区相对我国东北多年冻土地区寒季多风,利于热棒导冷功能的发挥,暖季部分时间气温低于0℃而地温处于正温状态,也可以使热棒启动工作。这些都是应用热棒最基本满足的能量基础条件。

(3)青藏铁路沿线冻土区的气温受海拔高度制约,随着海拔高度升高,年平均气温逐渐降低。0℃等温线的海拔高度自北而南由3500m逐渐抬高至5000m的高度。气温变化垂直分带规律是应用热棒时需要考虑的变化规律。

(4)寒区多年冻土区的环境温度变化与全球性气温升高给冻土区气温造成的升温变化和变化趋势同步,这种同步表现如青藏铁路沿线,气候变化在近40年的时间与全球性气候变暖是主线一致,如1996年至2000年5年年平均气温与1961年至1965年年平均气温相比,低温冻土区五道梁升高了1.0℃,高温冻土区沱沱河升高了0.4℃,岛状和边缘冻土区那曲升高了1.5℃。

从能量来源的总量看,这种变化对热棒的应用有不利的一面,但是从热棒启动条件看仍然满足热棒应用前提条件。

(5)近40年气温变化造成的结果,对热棒导冷功效累积造成重大影响的是冻结指数和融化指数的变化,典型地段气象站冻结指数逐渐降低,融化指数增加不显著,说明气温升高寒季较为明显。

(6)热棒导冷能量条件影响还要根据地形地貌、气候要素(风力风速、气温、气温冻结指数、降水对冻结层上水影响)不同深度处冻土地温变化进行分类研究。

(7)热棒的散热导冷温度环境中,冻结指数显示热棒输导的冷源强度和可累积度,区域冻结指数越大,热棒累积工作时间越长,气温升高的趋势虽然不可避免,但是冻结指数的减少量主要减少的是温度值,负温持续时间减少并不剧烈,热棒仍然可以持续工作,输导冷量,抵御气温升高对冻土的不利影响。

(8)未来气温升高趋势下,地温的升高具有滞后性(一般滞后10~15年),从热棒启动温差角度看,多年冻土的地温升高幅度较小(风火山深孔资料40年间升高了0.3℃)。这对于热棒来说,由于同期气温升高幅度小于地温升高幅度,因此热棒的启动工作性能几乎没有受到影响。

实践证明,还可以结合冻结指数来衡量热棒的应用限制,当冻结指数大于500℃·d的地区,热棒具有良好的应用环境,我国的西北、东北、内蒙古等地区均可应用热棒。青藏高原更是具有独特的优势，年平均气温较低，冻结指数较大，热棒散热导冷过程产冷量很大，热棒的有效冷却半径也很大。

5.5 冻土区工程病害整治理论

冻土区工程病害整治理论主要包括三个方面内容：

(1)冻土区工程病害发生原因。

(2)冻土区工程病害整治方法。

(3)病害防治理论和方法。

从传热学理论分析，冻土区工程病害发生原因主要是冷量储备的衰减和传热过程差异造成的。

从控制传热过程诱导传热结果的思路出发，冻土区工程病害整治的主要方法是输入冷量和输入不对称的冷量，减缓冷量储备的衰减和纠正传热过程差异。

由传热过程和传热效果决定的病害发生发展过程是缓慢和潜移默化地发生的，因此病害的整治需要在病害预警基础上进行预整治。

冻土区工程病害整治理论是冻土区工程病害理论的核心内容，也是从“冷却地基”的理论出发的冻土区工程病害整治的本质，就是对多年冻土增加新的冷量输入，减少热量的侵蚀。

热棒的传热机理可以使其成为向土体传输冷量增加冷量储备的主要手段；热棒在设置位置上的灵活性，使其成为局部增加冷量储备纠正传热差异的不可替代的手段。这些都成为热棒工程应用的理论支撑。

运营中的公路、铁路工程，尤其是铁路路基工程病害，一般不允许中断运行进行整治，这也意味着不可能将路基推倒重来，热棒技术在这种条件下的应用具有独特的优势。

5.5.1 以温度为核心的病害预警

影响冻土区路基工程稳定性的主要因素是环境气温、冻土地温、冻土含冰量，根据多年冻土区的工程地质分区和影响冻土区路基工程稳定性的主要地质条件，以温度为主导因素可以将工程所处环境条件分为气温地温均低、气温高地温低、气温地温均高三类，在以往冻土区工程建设中，例如青藏铁路和青海省地方铁路，对冻土区路基工程修建经过三个冻融循环过程以后地温场和变形数据的分析，结合对未来气温升高背景条件下不同类型地段主要路基结构地温场变化趋势进行的数值模拟计算研究，提出以温度为先导的冻土区路基工程病害预测预警概念。

冻土区路基工程病害预测预警应该包括施工建设期和运营期两个时间段，内容包括：

(1)首先对在环境温度变化背景下，深化认识冻土区多年冻土的可变性，客观评价“冷却地基土体”为核心的设计思想及采用工程措施的科学性。

(2)施工建设期：根据地温场观测数据和变形数据分析，评价工程活动对冻土的热扰动影响范围和影响周期，路基工程结构热交换过程冷却地基土体的效果。

(3)运营期：路基坡脚地温工程分析工程环境变化(地表、水文地质等)对多年冻土及路基工程影响，根据不同工程项目应该从施工建设期间建立冻土工程长期观测系统提供的典型地温和变形数据评价运营期路基基底多年冻土热状况发展趋势，以观测数据为条件，通过数值计算模拟预测分析评价路基工程稳定性发展趋势。

（4）冻土区路基工程的病害标准是根据设计速度对铁路轨道平顺性的要求，确定了路基变形的要求，从而确定了冻土区路基病害标准。由于路基变形的发生与路基土体冻融过程密切相关，这个过程是由路基地温场决定的，一方面地温场形态（冻融界面形态）决定变形差异性；另一方面，不同时间的冻融界面位置决定路基变形的量级。因此，不同时间的地温特征是预测预警路基病害的主要依据。

这种以地温特征为主要指标的工程病害预警是热棒技术的应用前提。

冻土区路基病害最终是以工程变形的形式表现出来，而在潜在病害地段，病害的潜在发生和发展是以路基地温场特征显现的。

冻土区路基稳定性发展趋势的判断主要依赖于路基地温场形态特征的变化，冻土区路基工程病害整治从根本上讲是对路基地温场的控制，从表现上是对路基有害工程变形的抑制。冻土区路基病害整治技术应该包括施工期预防性技术、潜在期控制技术和显现期整治技术。

通过对路基土体冷生过程及其对路基变形影响的研究，认为在冷生过程的各个阶段，控制发生冻融循环变化的土层厚度，从而控制路基阶段变形量，缩短路基稳定过程；调控冷生过程最终结果，使路基地温场形态对称，从而减少变形差异；使路基人为上限尽量抬升，控制多次冻融循环过程中路基变形总量，降低冻土温度，减少路基长期变形。这些是冻土区路基病害整治的技术关键。

冻土区路基修建以后，由于路基结构本体和基底多年冻土之间相互作用、相互影响的过程是一个复杂的热力调整过程，也是一个复杂的环境工程地质过程。由于温度的介入和通过水分表现出来的工程特征都有一个缓慢的发展过程，因此一般很少发生灾难性工程病害。只有在季节融化期间，由于自然环境的突变，尤其是水文环境的突变，对冻土区路基的季节融化层部分产生灾难性影响时，路基才可能发生较为明显的以开裂滑塌为主要特征的巨大工程变形，影响铁路运营。

温度的介入，使多年冻土区路基结构问题不单纯从工程角度考虑，更多的是从传热学的角度去分析和研究。和常规地区的路基工程相比，多年冻土地区路基本体及基底土层的工程性质和工程状态，制约于正、负温交替和波动所引起的土中固液相转化为标志的土体冷生过程特征，路基病害整治不再是传统的、单纯的工程外观变形整治，温度变化对冻土路基病害的影响成为最关键的因素。

温度对冻土区路基工程的影响主要表现在：

（1）低于起始冻结温度的负温使土中的水分冻结而产生土体的冻胀，而由负温转化为正温后有可能引起土的融沉。

（2）土体冷生过程中，由正温向负温转变的降温强度、速率差异形成各类冻土结构（整体、层状、网状等），不同冻土结构，土体强度不同。

（3）冻结持续时间段温度不同，形成的冻土坚硬，状态各异。持续低温形成坚硬冻土，强度高而脆性大，持续较高负温形成塑性冻土，低温条件下变形量大，蠕变变形大。

(4)负温条件下,冻土中未冻水的存在及其固液相转变影响冻土的强度性质。

(5)环境温度持续变化影响多年冻土生存和退化,进而改变多年冻土的平面分布与垂直剖面分布特征。

路基土体的冻融过程和温度场与天然地层有着明显的区别,因而所有温度(环境温度、冻土温度、填土冷生过程土体温度)的变化都在路基这种具有一定几何断面冷生结构物修筑过程中改变和发展,最终形成了自己的水热变化特征。

热棒技术最重要的功能在于对土体施加外来的冷源,为土体温度的改变提供能量条件。

5.5.2 以温度为标志的潜在冻土工程病害形态

冻土区环境对多年冻土的影响及病害的产生和发展,由于温度变化的滞后性特征,使其具有潜在、渐变、突变的三阶段特征,因此冻土区工程病害从预警、整治的不同要求可以分为潜在病害、显现病害、灾害病害三类,潜在病害是以温度为特征表现出来的一类冻土工程病害。

1)病害原理

冻土区路基潜在病害指的是由于环境条件的变化(气温缓慢升高过程、地表水文地质条件造成的水热环境变化),使路基的稳定状态发生向着不稳定发展的变化趋势。主要表征多年冻土热稳定性的指标的发生不利于多年冻土生存的变化。

2)病害类型

潜在病害标志从地温场形态(不同冻融阶段温度等温线形态)和地温值两个标准衡量。典型病害类型有如下几种。

(1)多年冻土天然上限下移为标志的严重退化型

这种病害类型多发生在越岭地段、低路堤地段和高温冻土区的填土路堤地段,路堤修筑以后多年冻土上限变化不大,进而退化为多年冻土上限下移(图 5-23),使上限附近冻土中的冰融化,造成附加融沉。

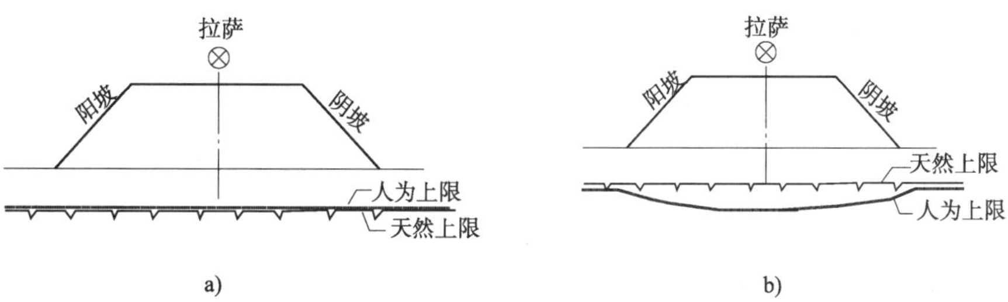

图 5-23 多年冻土天然上限下移冻土退化严重型

(2)冻土人为上限退化型

冻土区路堤修筑竣工初期,多年冻土上限上升,3 ~5 年以后,由于原有路基结构冷却降温功能衰减,在环境温度处于缓慢上升的趋势下,路堤温度场处于整体吸热过程,已经形成的多年冻土工程人为上限缓慢下移,最终最大融化季节冻融界面有可能发展到低于天然状态下的冻融界面,图 5-24a)是竣工初期路基工程人为上限和天然上限位置关系,图 5-24b)是经过 3 ~5 年变化以后二者之间的位置关系。

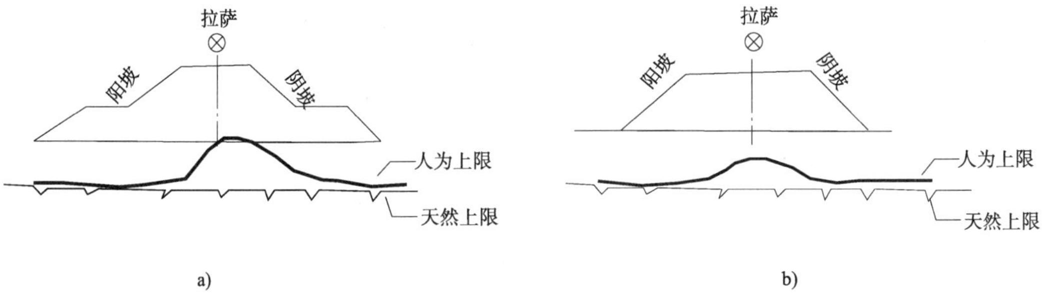

图 5-24 冻土人为上限退化型地温场(左图人为上限下移至右图形态)

(3)冻土地温场严重不对称型

公路铁路路基穿越冻土区形成路基两侧的坡向截然不同,形成典型阴阳坡。尽管工程设计和施工考虑了阴阳坡的差异,但是在坡向差异严重和地表水热环境、地表性状、结构差异的影响下,仍然使地温场严重不对称(图 5-25)。这种不对称贯穿冻融过程始终,使任何时间段的冻融界面形态都呈现严重不对称形态,也就意味着任何时间段发生冻融变形的土体厚度存在差异,上路基纵向发生裂缝,横向变形不均匀,这些都影响工程的稳定性。

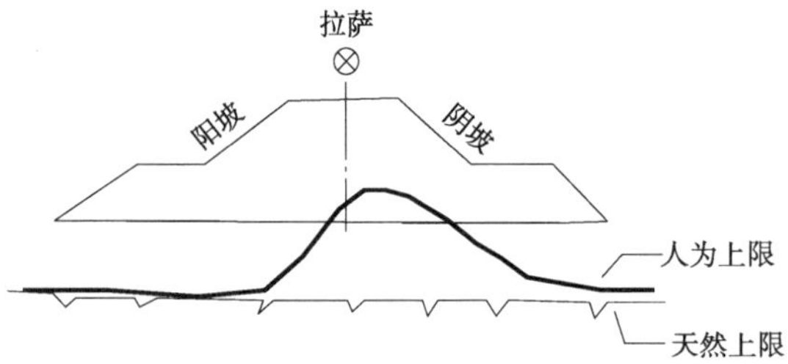

图 5-25 地温场严重不对称型(最大融化季节)

(4)坡脚二维传热和水热侵蚀型

坡脚的二维传热特征以及地表水的汇集造成附加水热侵蚀,使冻土路基人为上限在坡脚处加深(图 5-26 地温等温线可以看出),是路基整体失稳的隐患。

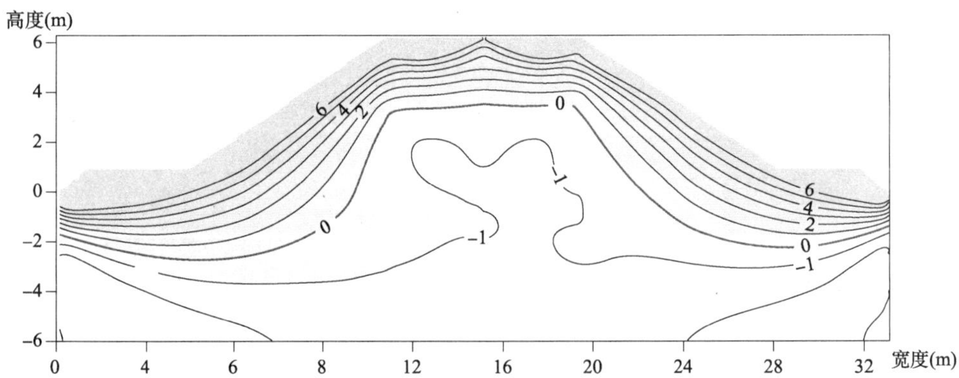

图 5-26 坡脚水热侵蚀和二维传热造成融化过深

以上列举的几种潜在病害类型的共同点是:温度为主导因素。引起温度变化的原因有两类,一是结构内因,二是结构和外来水热侵蚀结合。温度变化最终的结果是一样的,改变了多年冻土原有的均衡的热状态,在路基不同部位发生热变异,成为变形的根本原因,影响冻土工程长期稳定性。

由于冻土对温度变化响应过程具有一定滞后性,因此这种变化不会立刻形成灾难性的病害,而是以潜在病害形态存在,给这种病害预警带来可能,也给整治和整治效果的显现留出一定时间。

热棒技术是以高效传热改变土体温度为主要特征和功能的，这些潜在病害类型给热棒技术的应用提供了展示空间和时间。

5.5.3　以降温为核心的工程补强理论和设计

以温度为主导因素造成的潜在病害的预警和整治应该也是以温度的改变为主导的。

对运营期的冻土区公路、铁路路基工程来说，一般修建3~5年后，路基结构和原天然多年冻土作为新的热交换体系已经达到相对平衡状态，地温场达到暂时的动态平衡，这种平衡具体有以下几种含义：

通过能够主动降低路基土体温度的路基结构，最大限度地增加路基土体的散热效果，使多年冻土的上限稳定保持在一定位置，使发生年际冻融循环过程的土体厚度相对稳定，因而路基变形能够保持在一定范围内。

采用几何尺寸不对称的主动降低路基土体温度的路基结构，平衡不同坡向路基土体的散热效果，使多年冻土上限稳定抬升的同时，上限形态保持一定的对称形态，减少年际冻融循环过程的不同坡向下土体厚度差异，从而减少不同坡向路基变形的差异，减少发生变形裂缝和路基开裂的可能性。

采用综合措施增加路基土体散热效果，使多年冻土上限能够稳定抬升到原来的天然地面附近，上限形态即便不对称，由于施工过程对路基填土水分和颗粒的控制，也不会发生过大的冻胀融沉差异变形，保证了路基稳定，减少了发生变形裂缝的可能性。

但是由于冻土区路基病害的起因在于路基地温场变化。由于不同结构路基的传热机理不同，对多年冻土的保护效果不同，未来气温升高条件下抵御冻土退化的能力各不相同。不同路基结构，设计参数不同（几何尺寸对称性、几何间距等），对路基地温场形态的影响也不同，横向和纵向路基变形存在不同程度差异，因而造成路基稳定性和平顺性不能够满足铁路运营要求，有的可能会形成路基病害，而更多的情况是潜在病害的存在，如上面章节中列举的潜在病害形态。

综上所述，建设后期和运营初期的冻土工程应该进行工程补强和病害预防整治。

治理路基病害最主要的是保护冻土，通过路基基底多年冻土抵御退化的能力，消除路基地温场形态上的不对称。

冻土区路基病害整治方针是预防为主，整治原则是从源头根治，因而从设计和施工阶段就应该考虑到，由于地温场和外部环境变化的原因，有可能造成一些病害的基础。冻土区路基工程设计和施工所遵循的以“冷却地基土体”为主的技术路线，从路基结构的选择上和施工过程对外部热源的控制上，都为根治病害打下了基础。

冻土区路基工程病害整治从根本上讲是路基地温场的控制，从表现上是对路基有害工程变形的抑制。冻土区路基病害整治技术应该包括施工期预防性技术潜在期控制技术和显现期整治技术。

对地温场的控制表现在发生、发展不同阶段地温场的控制，这是因为在冻土和冻土工程冷生过程的各个阶段，控制发生冻融循环变化的土层厚度，从而控制路基阶段变形量，缩短路基稳定过程；调控冷生过程最终结果，使路基地温场形态对称，从而减少变形差异；使路基人为上限尽量抬升，控制多次冻融循环过程中路基变形总量，降低冻土温度，减少路基长期变形。这些是冻土区工程补强和路基病害预防和整治的最终目的。

分析地温场和工程变形之间在不同发展阶段的关系对工程病害预警和整治思路具有指导作用，因此，冻土区工程病害预防整治体系分为施工建设期预防整治和潜在期控制整治。

(1)施工建设期间的预防控制技术首先是贯彻“降低土体温度”的先进设计思想，针对不同气温条件和冻土地温条件的区段，采取能够主导降低土体温度的特殊路基工程结构和工程措施。考虑未来气温变化的影响，对各类结构的设计参数从冷却效果上给予充分预留。如采用片石气冷路基结构的片石层厚度、宽度；碎石护坡的厚度等。

施工过程在路基填土初期，主要是通过冻土区路基施工季节、施工工艺(分年度、分层填土厚度)的选择等，尽量减少施工活动对冻土的热影响，减少填土蓄热，缩短土体进入稳定冻融循环的时间，从而减少初期路基变形，缩短路基稳定周期，减少工程量。这在高温冻土区是至关重要的，因为在年平均气温较高的高温冻土区，受到热扰动的冻土有可能不能恢复冻结状态。总而言之，尽量减少传入地基土体的热量，有利于缩短路基土体冷生过程稳定时间，使过程结构降低土体温度的功能尽早显现。

(2)潜在期控制是指经过一定时间的运营过程，路基本体和基底多年冻土作为综合体和大气之间热交换已经进入平衡期，施工期临时性外界热量影响已经消失，路基地温场已经开始形成相对稳定的形态，但是这个形态不是一成不变的。缓慢的气温升高过程可能使路基结构的热交换效果向着不利于多年冻土生存的方向发展，也就是会向着不利于路基稳定的方向发展，从地表温度、路基本体温度、冻土层温度及人为上限形态诸方面都可以判断出这种发展的趋势。这种发展趋势就是病害的潜在发展趋势，及时采取措施，控制这种潜在病害的发展，避免演变成为工程上的表现是很必要的。

控制潜在病害的发展主要是从控制地表温度、路基本体温度、冻土层温度及人为上限形态最终控制地温场形态。

控制地表温度的典型工程对策是遮阳棚路基，它是最有效的控制地表温度的工程结构。在整个路基表面(高于列车运行要求的净空高度)或路基某一部分(基床上部高于列车运行要求的净空高度或边坡表面1m以上)搭棚，用以遮挡太阳辐射热量，直接且大幅度降低地表温度，改变大气和地表之间热交换结果，最终改变了地温场形态，降低土体温度，可以控制潜在病害发展，抑制路基土体冻融过程各个阶段的融沉变形。

块石层路基是控制路基本体温度和热交换过程，最终降低路基基底温度，进而改变了其下土体温度场形态，大幅度减小路基变形的有效措施。

但是对于既有工程的病害整治来讲，第一原则是不能影响现有工程正常运行使用，因而像遮阳棚、块石层铺设之类工程措施散热有效却难以实施，热棒技术的实施避免这些难题，它可以随时随地在除了路基中心附近以外的位置进行施工，根据位置不同采用不同工程结构形式，最终达到降低路基土体温度、改变温度场形态、减小路基变形的目的。

所有特殊路基结构，工作原理和热学性能虽然不同，但都是通过改变路基土体温度改变了地温场形态，减小了路基变形，从本质上讲都是一种控制性技术，但是新建工程和既有工程的不同限制了各种工程措施的应用，在这种限制之下更突显了热棒技术的优势和不可替代。

对于冻土区路基工程病害整治来讲，特别需要强调的一点是加强对地温场的系统的长期观测，在地温场形态的发展趋势显现出不利于冻土稳定的时候，提前采取有效降低土体温度且有利于冻土稳定的工程措施，尽可能地减缓由于环境温度变化所导致的路基工程结构工程效果的降低给冻土稳定性带来的影响，保证工程安全运营。

这些理论和对策是以降温为核心的工程补强和病害预防整治的技术基础，热棒技术在这种特殊技术条件和工程条件下越来越发挥着重要作用。

5.5.4　热棒和工程补强设计理论

在冻土区工程建设阶段，随着对冻土变化趋势和工程影响之间相互制约和关联的深化认识，以及大型工程的试验段工程揭示的对工程病害的潜在形态以及影响因素的认识，提出了线路成形以后工程补强设计的概念。

冻土区工程补强设计的目的是在已经施工成形地段进行加强、深化设计，预控类似温度为主导和标志的潜在病害形态，热棒技术是在这种补强设计中可以起到以冷却降温为主导，改变这些潜在病害形态的最主要的技术。

受现有研究手段和研究水平的制约，尤其是气温升高趋势下冻土变化的发展形态的复杂性和不可预见性，造成工程设计的种种缺陷，这些缺陷往往在冻土工程运营 3 ~ 5 年开始显现出来。这就需要工程运营过程进行设计补强。

青藏铁路建设后期曾经对冻土区路基工程进行过补强设计和施工，中俄输油管线的管道基础工程在运营 2 年以后，由于输送油温超过设计油温和其他因素，也出现局部工程补强的必要。

工程补强设计主要针对的是环境温度的变化带来的冻土温度的变化所引起的工程变形，工程补强设计预防、控制和整治病害发生发展的理论基础是本书前面提到的冷却地基理论和传热均衡理论，整治病害的基本措施即本节论述的工程病害整治措施。

热棒技术主要发挥热棒高效传热、降温明显、安装位置灵活多变的特点，在冻土区工程补强设计中有两种作用：一是预防控制病害发生，二是整治已经发生的病害。

热棒应用通过以下两个途径达到工程补强的目的：

(1)冷却降温

如图 5-22 所示的潜在病害类型，整治方法必须通过降低土体温度的方式预防和整治，采用路基两侧斜插热棒到路基中心部位多年冻土上限以下，如图 5-23 所示的潜在病害类型可以在路基两侧坡脚部位以及护道坡脚部位直插热棒到多年冻土上限以下的方式，这两种方法均可以比较直接和比较快地达到降低土体温度，抑制冻土退化的目的。

对于还没有明显的退化的路基基底多年冻土，如果工程使用过程中多年冻土上限位置变化不大，考虑未来气温升高的影响，也可以提前设置热棒增加冻土的热惰性，减缓未来冻土退化的工程表现，预防病害发生。

如图 5-24 所示，潜在病害类型主要问题发生在路基坡脚、坡脚部位和距离坡脚一定距离(视水热侵蚀源位置而定)，设置单排或双排热棒，降低土体温度，尤其是抬高坡脚和坡脚以外多年冻土上限，既可以形成阻挡冻土层上水功能，也可以稳定路基坡脚，防止路基本体的滑塌。

(2)差异降温

如图5-24所示的潜在病害类型,问题关键在于不对称温度场形态。可以采用不对称降温(差别降温)方式,一是提高多年冻土热惰性,二是平缓地温场形态的强不对称形态,达到稳定路基和减少差异变形的双重目的。

本章论述的热棒工程应用的理论基础是也是冻土工程的应用理论基础,热棒工程是冻土工程的组成部分,但是它也是一个特殊的组成部分,它的应用离不开"冷却地基"技术路线的提出,它的应用也使"冷却地基"的途径变得灵活,效果变得显著。热棒的应用使冻土区工程补强设计和施工的手段方法更加丰富。

第6章 热棒工程应用技术

热棒工程应用技术涵盖了热学、力学、冻土学和工程地质学诸多领域的多个方面。

热棒工程应用技术是依据本书论述的热棒应用理论，以实现冻土层的散热导冷为目的，包括散热导冷能量来源分析、散热导冷最佳结构选择、散热导冷过程和工程效果试验、散热导冷综合工程结构形式确定、散热导冷过程效果评价诸方面的综合性应用技术。

热棒散热导冷的能量来源是冻土环境，主要利用环境温度变化造成的热棒蒸发段和冷凝段所处位置温度变化和差异，对热棒散热导冷过程启动和持续性影响，这种应用环境的评价是热棒工程应用技术基础。

热棒导冷结构优化结构参数设计是充分发挥热棒冷却作用的基础，也是热棒工程科学、经济、合理的前提条件。

热棒冷却土体的效果需要现场试验验证，现场试验根据冻土环境分类确定典型试验场地，试验过程需要观察热棒冷却土体的范围，冷却土体程度，冷却强度衰减变化规律，为工程设计确定不同环境条件下的热棒有效冷却半径提供依据。

热棒工程的应用需要在热棒现场试验基础上，根据工程目的（降温、均衡传热）进行工程结构形式的实体试验，工程结构的效果检测，最终为大规模工程应用提供合理的热棒工程结构类型、工程设计参数（热棒合理埋设间距、埋设位置）。

在以上工作基础上进行的大规模热棒工程设计、施工，还应该在典型地段设置长期观测设施，监测工程长期效果，为理论预测和观测数据、评估热棒工程运行状态、工程状态预警提供数据。

热棒工程应用技术是一套完整、严谨、科学的系统工程技术，是热棒工程设计、施工的基础。

6.1 热棒应用环境评价

在大规模应用热棒技术和设计、施工热棒工程之前，需要对热棒适应性进行分区评价，这种评价类似于工程地质评价，评价方法见本书5.5章节，它是工程设计的基础。

完成热棒适应性分区评价以后，还要对具体工程所在位置的热棒应用进行较为细致的热棒导冷作用实现条件的评价，热棒实现散热导冷的能量基础包括三个基本条件：

（1）影响热棒导冷的冷凝散热端环境：气温变化、气温冻结指数和过余冻结能力变化。

（2）蒸发端环境：冻土地温变化。

（3）影响热棒启动的环境（温度差）：地温变化与气温变化的关联性。

在调查以上基本条件的基础上，对热棒可能的工作时间做分析计算。

青藏高原多年冻土区的环境条件大致可以分为高山低温地区（风火山为代表）、大河盆地高温冻土区以及高平原高温冻土区；不同区域影响热棒导冷的能量基础有一定差异，但是都能够满足热棒启动并在一定条件下连续工作，发挥热棒散热导冷的作用。

6.1.1 环境温度冻结能力和热棒冷却能力

1）气温影响分析

热棒的散热导冷能力取决于热交换过程中利用外部环境冷能的总量，环境温度的冻结能力越强，在热棒和环境的热交换过程中获取的冷能越多，散热导冷的总体效果越强。

热棒冷却能力的标志是环境温度冻结能力，衡量环境温度冻结能力的参数是气温冻结指数和过余冻结能力。

冻结指数用 Ω^- 表示，是指一年中（或整个寒季）连续低于0℃气温的持续时间和负气温值乘积的总和，以℃ · d 表示。冻结指数的大小，一般表征该地区寒季的寒冷程度，也反映了当地气候对地层的冻结能力。分析冻结指数变化时一般是指其绝对值的变化，它影响热棒的启动时间段。

融化指数用 Ω^+ 表示，是指一年中（或整个暖季）连续高于0℃气温的持续时间和正气温值乘积的总和，也是以℃ · d 表示。融化指数的大小是该地区暖季长短与气温高低的重要指标，也反映了当地气候对地层的融化能力。

过余冻结指数又称积温差，用 Ω_G 表示，即冻结指数与融化指数的代数和（$\Omega_G = \Omega^- + \Omega^+$），它表征该区气候潜在冻结能力的大小。其负值大，说明有更多的冻结能力去冻结或冷却地层；其负值很小，说明气候的冻结能力和融化能力相近，地层多年冻土的稳定性差，难以抵御气候转暖的影响；若其值为正值，说明该地区融化能力大于冻结能力，是季节冻土区。

冻结数 F，即积温比，是指气温冻结指数与融化指数的比值，$F = \Omega^-/\Omega^+$，它是表征气候冻结能力的指标。当 F 的绝对值 >1 时，气候的潜在冻结能力强；当 $F = 1$ 时，冻结能力与融化能力相等，冻土层处于不稳定状态；当 $F < 1$ 时，融化能力大于冻结能力，该区为季节冻土区。过余冻结指数大的地区，冻结指数大。

冻结指数显示热棒输导的冷源强度和可累积度，区域冻结指数越大，热棒累积工作时间越长。气温升高的趋势虽然不可避免，但是冻结指数的减少量主要减少的是温度值，负温持续时间减少并不剧烈，热棒仍然可以持续工作；输导冷量，抵御气温升高对冻土的不利影响。

年平均气温在宏观上表示一个地区的冷热程度并且可以比较其逐年的变化，同时也可以比较一个地区和另一个地区的大气温度状况；而冻融指数则可从冬半年（寒季）和夏半年（暖季）的热量积累以及二者的关系，判断该地大气热量年周转的结存，并用过余冻结指数或冻结数来表征，进一步揭示该地区气候变化对多年冻土影响的程度，判断气候的变化趋势及其对该区工程建设的影响。由于热棒应用是在气温升高这种即不可忽略也不可抵御的变化趋势中，因此对多年冻土区历史气候变化进行观测和预测分析，可以判断气温对热棒技术应用的长期可靠性的影响。

一般情况气温冻结指数和融化指数随时间的变化，其变化趋势基本都是冻结指数减少、融化指数增加；其结果是过余冻结指数和冻结数的减少，对多年冻土的稳定和发展不利。但年变化幅度不大，呈缓慢渐进态势，因此对热棒应用和导冷作用发挥的影响较小。

热棒冷却能力的变化主要是表现过去气温变化过程和未来气温变化过程，影响热棒冷却能力的环境气温指标的变化。

典型地段气候资料显示，区域过余冻结指数逐年平稳递减，年均递减率较小，对热棒散热作用的发挥影响较小；但是除了分析对比冻结指数和过余冻结能力的变化对热棒作用的影响，还要注意冻结期变化对热棒作用的影响。

热棒适应性分区只是概略的对热棒冷却能力进行划分，判断热棒冷却能力的变化应该结合历史年份典型冻土区冻结指数变化分析。

青藏铁路所在的青藏高原大片连续多年冻土区的冻结数均在2.0以上，即冻结指数为融化指数的两倍。最典型的低温冻土区风火山地区年平均气温在-6.4～-5.8℃之间，区域冻结数达6.1，而青藏铁路多年冻土南部边缘地区安多的年平均气温-2.8℃，区域冻结数仅2.2。试验和工程实践证明，这些地区的环境温度都从能量来源上保证了热棒散热导冷效果的发挥，只不过二者之间在热棒冷却效果和冷却影响范围上有明显的差别，这种差别在工程设计之前应该通过环境温度指标的变化分析得到。

图6-1和表6-1、表6-2分别反映青藏铁路多年冻土区各气象台站的冻结指数、融化指数和过余冻结指数的逐年变化和近30余年的平均值变化。图6-1是青藏铁路沿线典型地段气温冻结指数和融化指数的量化统计图，表6-1是这些地区环境气温冻结指数的逐年变化统计，表6-2是近30年至50年间环境气温各种指标的变化趋势统计。

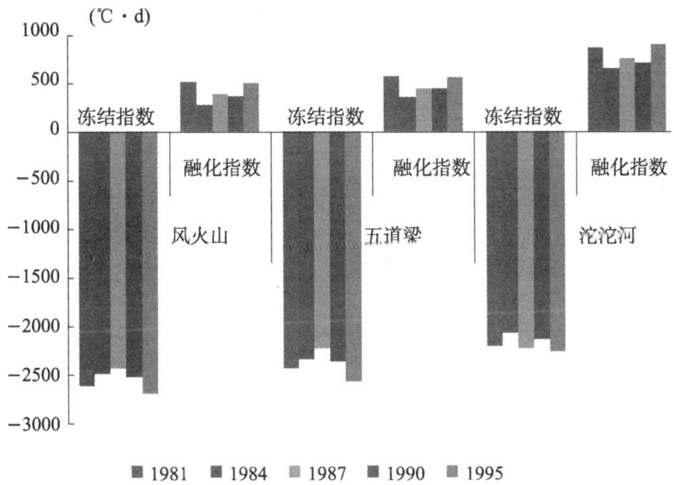

图6-1 青藏铁路沿线典型地段气温冻结、融化指数的量化统计图

青藏铁路沿线典型地段气温冻结、融化指数的逐年变化统计表(单位:℃·d) 表6-1

年份	风火山		五道梁		沱沱河	
	冻结指数	融化指数	冻结指数	融化指数	冻结指数	融化指数
1981	-2593.0	531.1	-2418.9	580.7	-2191.7	873.4
1982	-2649.4	351.4	-2494.2	412.4	-2144.5	686.9
1983	-2868.0	335.4	-2717.6	396.3	-2368.2	659.0
1984	-2475.1	291.3	-2325.7	368.4	-2050.8	664.3

续上表

年份	风火山		五道梁		沱沱河	
	冻结指数	融化指数	冻结指数	融化指数	冻结指数	融化指数
1985	-3081.8	333.4	-2709.3	385.7	-3341.7	703.0
1986	-2794.0	351.1	-2449.6	412.8	-2880.8	693.5
1987	-2410.0	404.2	-2209.0	462.5	-2207.9	758.6
1988	-2373.7	448.8	-2218.0	494.7	-2089.8	797.2
1989	-2696.9	435.9	-2528.3	502.7	-2275.2	768.5
1990	-2508.9	375.3	-2342.5	457.7	-2121.4	720.3
1991	-2486.2	454.2	-2343.0	533.4	-2117.0	821.2
1992	-2745.5	337.3	-2498.9	404.7	-2278.7	705.7
1993	-2555.5	342.0	-2370.9	409.2	2121.5	683.2
1994	-2512.6	527.0	-2025.7	841.6	-2156.6	896.9
1995	-2676.3	520.4	-2547.2	572.7	2250.0	915.2

青藏铁路沿线典型地段环境气温各种指标的变化趋势统计 表 6-2

站名	东经	北纬	海拔(m)	年平均气温(℃)	年平均冻结指数 Ω^-(℃·d)	年平均融化指数 Ω^+(℃·d)	过余冻结指数 Ω_G(℃·d)	冻结数 F	变化趋势
五道梁(46 年)	93°05′	35°13′	4612	-5.4	-2489	507	-1982	4.9	Ω^-减小、Ω^+增大
风火山(30 年)	92°52′	34°43′	4745	-6.0	-2601	424	-2176	6.1	Ω^-减小、Ω^+增大
沱沱河(46 年)	92°26′	34°13′	4533	-4.2	-2295	780	-1515	2.9	Ω^-略变、Ω^+略增加
安多(37 年)	91°06′	32°21′	4000	-2.8	-1906	885	-1021	2.2	Ω_G减小
那曲(46 年)	92°04′	31°29′	4507	-1.2	-1670	1140	-530	1.5	Ω_G减小

数据表明:青藏铁路大片连续多年冻土区多年统计的年平均冻结指数均大于1900℃·d,年融化指数均小于900℃·d,有较强的过余冻结能力;冻、融指数和冻结数与年平均气温直接相关,年平均气温低的五道梁、风火山、沱沱河等地区,过余冻结指数和冻结数大,反之则小。

青藏铁路沿线的多年冻土区气温冻结指数和融化指数随时间的变化趋势基本都是冻结指数减少、融化指数增加,其结果是过余冻结指数和冻结数的减少,对多年冻土的稳定和发展不利。但年变化幅度不大,呈缓慢渐进态势,因此对热棒应用和导冷作用的发挥影响较小。

根据中铁西北科学研究院对风火山地区的气温冻结指数和融化指数等进行的计算,见表6-3,以风火山地区为例分析对热棒应用能量基础具有重要意义的几个变化:

(1)近30年来,除1981—1985年冻结指数较大外,其后冻结指数随时间则逐渐减小,但减小的速率不大;融化指数却一直逐渐增大,且增大的速率大于冻结指数减小的速率,过余冻结指数也逐年减小。

风火山地区气温指标一览表 表6-3

年度	气温平均值(℃)	地表温度平均值(℃)	冻结指数平均值(℃·d)	融化指数平均值(℃·d)	过余冻结指数平均值(℃·d)	冻结数 F
1976—1980	-6.1	-4.2	-2598	368	-2230	7.0
1981—1985	-6.6	-3.4	-2747	376	-2371	7.3
1986—1990	-6.0	-2.5	-2560	403	-2157	6.4
1991—1995	-6.0	-2.2	-2592	436	-2156	5.9
1996—2000	-5.7	-1.7	-2509	457	-2052	5.5
2001—2005	-5.4	-1.8	-2454	483	-1971	5.1
1976—2005 平均	-6.0	-2.6	-2577	421	-2156	6.2

(2)过余冻结指数的减小主要是受融化指数增大的影响。过余冻结指数逐年平稳递减,每年均递减率13.3℃·d,对热棒散热作用的发挥影响较小。

(3)另外,除了分析对比冻结指数和过余冻结能力的变化对热棒作用的影响,还要注意冻结期变化的影响。

2)降水影响分析

降水时间影响热棒散热,降水量最终影响季节融化层中水分状况,影响热棒导冷效率。青藏铁路沿线降水集中在暖季7—9月,寒季降雪极少,因此对热棒散热影响有限。五道梁、风火山、沱沱河逐年降水量见表6-4、表6-5和表6-6所列出的统计数据。

五道梁、沱沱河年降水量表(单位:mm) 表6-4

地区	年份									
	1961	1962	1963	1964	1965	1966	1967	1968	1969	1970
五道梁	215.2	287	295.3	294.4	240.0	299.4	308.5	244.2	231.6	260.5
沱沱河	350.5	278.7	325.3	224.9	321.9	245.8	318.9	260.6	209.6	243.3
地区	年份									
	1971	1972	1973	1974	1975	1976	1977	1978	1979	1980
五道梁	288.3	279.3	206	314.6	255.4	282.3	316.7	186.1	209.0	229.9
沱沱河	331.5	246.3	250.9	389.1	300.2	261.3	293.6	250.7	180.5	269.1

风火山年降水量表(单位:mm) 表6-5

年份	1980	1981	1982	1983	1984	1985	1986	1987
降水量	304.1	382.2	385.8	299.4	207.8	370.9	256.7	311.1
年份	1988	1989	1990	1991	1992	1993	1994	1995
降水量	372.6	477.6	289.6	293.2	370.6	382.0	229.9	280.6

青藏铁路沿线各气象站降水量特征值 表6-6

站 名	统计年限	年平均降水量(mm)	最大值(mm)	出现时间	最小值(mm)	出现时间
格尔木	1956—2002	40.2	98.7	1967	11.4	1965
五道梁	1959—2002	273.0	407.0	1989	136.3	1984
风火山	1976—2005	310.2	477.6	1989	193.7	2001
沱沱河	1959—2000	272.4	459.4	1985	162.7	1994
安多	1966—2002	426.8	595.6	1971	289.3	1972
那曲	1955—2002	422.5	590.4	1980	291.1	1973

尽管降水对热棒技术应用影响不明显,但是降水后造成的积水对热棒的冷却效果却有着很大关系,水带来的热量将会削弱热棒冷却效果。

6.1.2 热棒工作时间分析

热棒工作时间分为两个阶段——启动时间和持续工作时间。影响热棒启动的条件是冷凝段环境温度和蒸发段土体温度。多年冻土地区热棒蒸发段一般埋设在上限以下部位,因此蒸发段土体温度应该是多年冻土上限附近温度。

热棒是靠蒸发端和冷凝端之间的温差启动的传热元件,环境温度是其散热导冷的能量来源,低于冻土温度的环境温度和冻土温度之差是热棒启动的基本条件。冻土地温在不同时间段的变化是影响蒸发端环境温度的主要因素,环境温度在不同时间段的变化是影响冷凝端温度的主要因素,不同时间这两种温度组合的差值是影响热棒启动和持续工作的环境条件。

1)温度较差分析

温度较差存在两个概念,一是指一年中月平均气温的最高值与最低值之差(气温年较差),二是指一日中气温的最高值与最低值之差(气温日较差);它和气温均为表征大气温度状况的基本参数。

土体温度变化和气温一样,都存在地温的年较差和日较差。

土体冻融循环的每一个时间段气温和地温存在差异,这个差值满足热棒启动条件的时间就是热棒的工作时间。

图6-2a)是月平均地温发展观测数据曲线图,b)是地温曲线各部分物理含义示意图。

从图6-2可以看出,热棒蒸发段所在位置在多年冻土上限附近,土体温度在冻土年平均地温附近以上下波动0~2℃的幅度变化,而根据冻土区气温观测数据,当土体温度为负值时,气温比地温低,热棒得以启动并持续工作。与图6-3中显示的不同深度地温变化曲线进行对比,说明在寒季环境温度低于地温条件时热棒可以一直持续工作。

2)热棒传热温差和确定工作时间

热棒的功率与冷凝段和蒸发段之间的温差有关,它随温差的增大而增大。热管的传热环境是地下的土体(多年冻土)和地面上部的大气,因此,热棒的传热温差就是土体和大气之间的温差。

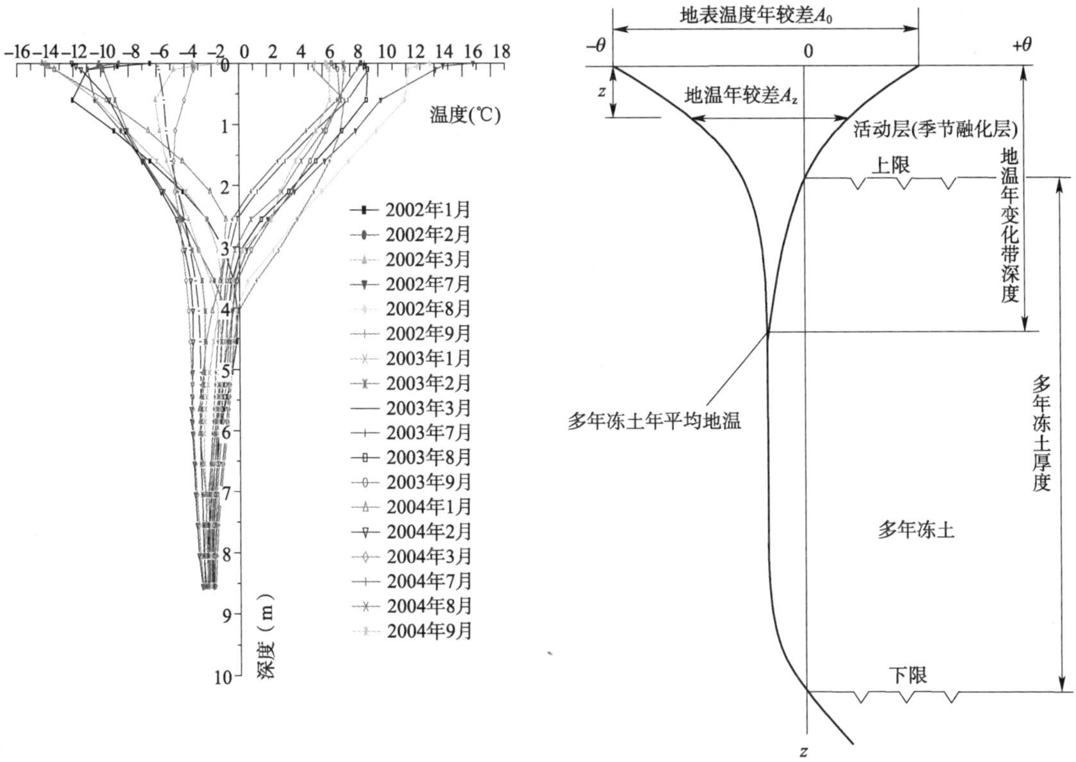

a)月平均地温发展观测数据曲线　　b)地温曲线各部分物理含义示意图

图 6-2 与热棒启动和持续工作相关的土体温度较差示意图

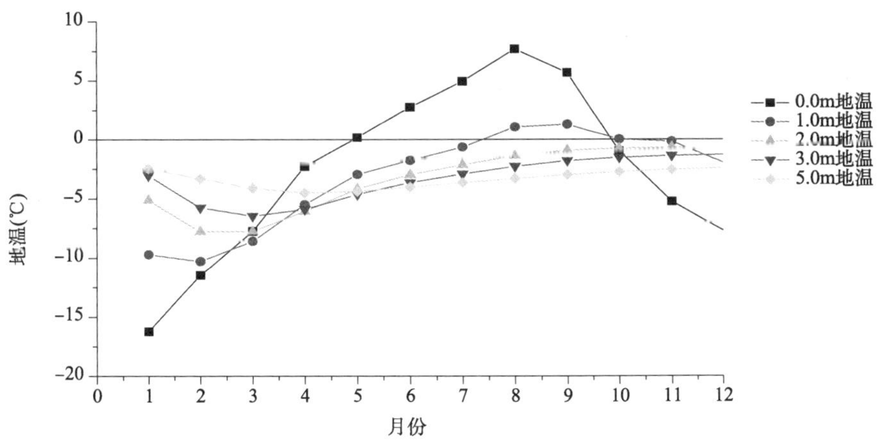

图 6-3 2001 年风火山浅层地温观测孔不同深度地温变化曲线

众所周知，有温差才有传热，在同等的其他条件下，温差越大，传热量越多。在图 6-4 中，根据实测资料，依据高温冻土区典型地段沱沱河地区一年的月平均实测气温与该地区铁路路基左坡脚以下 4m 深度处的实测温度，绘制了气温和地温差异及时间曲线。

根据热棒启动工作原理，我们可以清楚地从图中概略划分热棒一年中工作的时间区段，即图中气温曲线与地温曲线划分出的左右各一块区域。在这两个区域内(时间上对应寒季)，外界气温低于热管蒸发段周围土体温度一定值时，热棒开始工作。在中间区域(时间上对应暖季),外界气温高于热棒蒸发段周围土体温度,因而热棒停止工作。

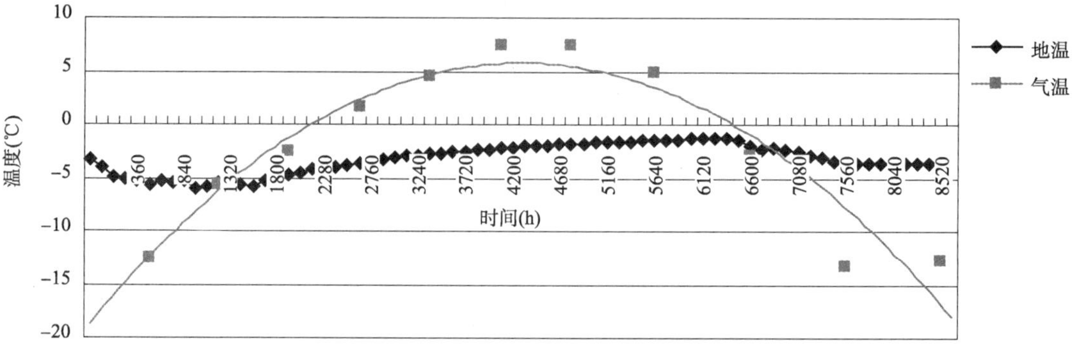

图 6-4　沱沱河地区气温、地温差异及时间曲线图

当热棒蒸发段地温大于冷凝段气温,其温差值超过热棒的启动温度时,热棒就会启动工作,将土中热量源源不断地带到大气中。一般说来,热棒的启动温差很小(约为 0.1℃),可以忽略不计。这样,可以把从暖季进入寒季时气温降到和蒸发段地温相等的日期定为热棒启动工作日期,把从寒季进入暖季时气温升到和蒸发段地温相等的日期定为热棒停止工作日期。热棒的工作时间就是停止日期和启动日期的差值。考虑到气温波动和日较差变化,热棒工作状态还有一个从不连续工作到连续工作,从停止连续工作到完全停止工作的变化过程。热棒的总工作时间分为连续工作时间和不连续工作时间。

图 6-5 是根据详细的实测数据绘制的热棒工作时间推算图,其中热棒冷凝段的温度取的是气温值,热棒蒸发段的地温取的是热棒外壁的实测值,“蒸发段地温(最小值)”表示的是蒸发段长度范围内外壁地温的最低值。当气温值低于蒸发段温度的最小值,并且保持该状态,热棒无疑会开始工作,该天即为连续工作启动日期,图中为 2004 年 10 月 14 日。当然,热棒实际启动过程中并不需要蒸发段各个深度的地温都大于气温冷凝段气温值,所以上面的计算是比较保守的。

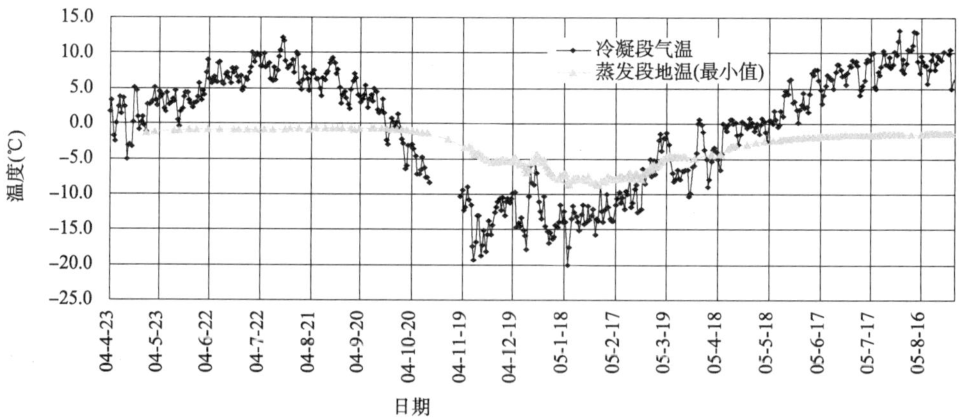

图 6-5　热棒工作时间推算图

按照同样的方法,可以得到连续工作终止日期和不连续工作的相关日期,结果见表 6-7。热棒总工作时间为 196d,其中连续工作时间为 141d,不连续工作时间 55d。通常所说的热棒工作时间指的是热棒的连续工作时间。

热棒工作时间　　表6-7

工作状态	工作时间	工作持续天数(d)
不连续工作	2004-10-5 至 2004-10-14	9
连续工作	2004-10-14 至 2005-3-4	141
按照同样的方法,可以得到连续工作	2005-3-4 至 2005-4-19	46

图6-6(图中曲线不连续处是因为观测仪器故障缺失造成,不影响整个数据的规律)为青海省柴木地方铁路冻土湿地路基热棒断面DK99+200不同深度地温与气温随时间变化的比较曲线图。从图中可以看出,左、右坡脚地表以下0.5m、1.0m深度地温随气温变化明显,其他深度地温受气温影响不大;左、右路肩浅层土体温度随气温变化特征明显,随深度增加地温受气温影响逐渐减小,直至4.0m深度以下时呈现出直线形态,不再随气温变化。

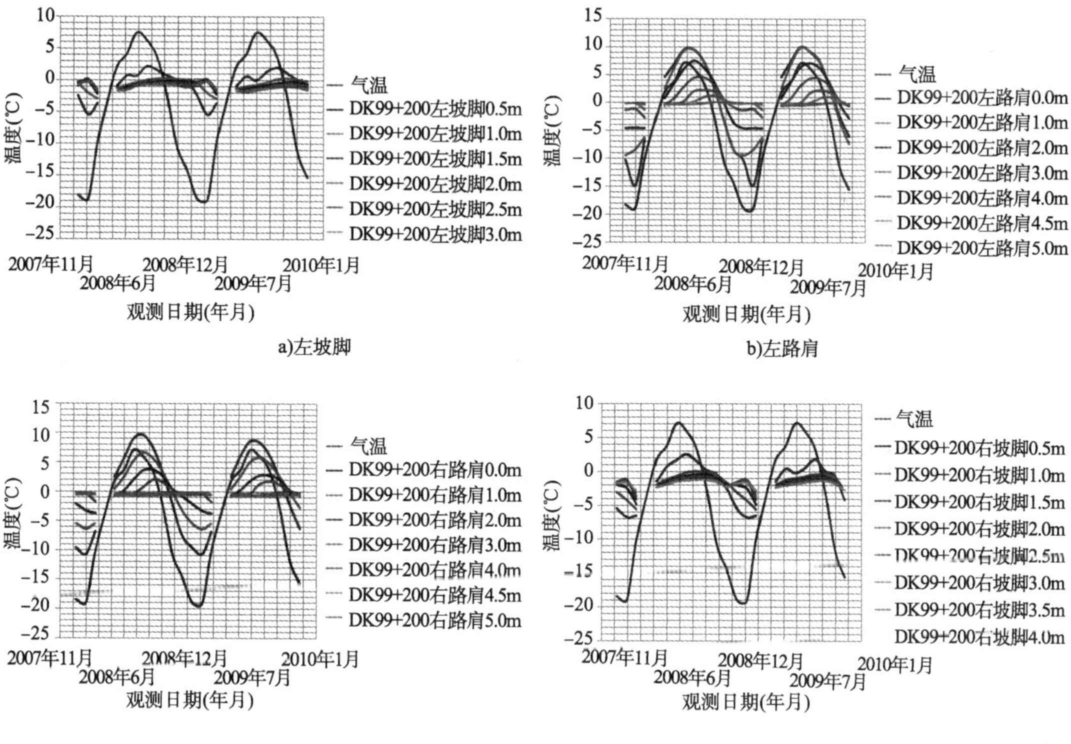

a)左坡脚　b)左路肩　c)右路肩　d)右坡脚

图6-6　断面DK99+200地温与气温随时间变化的比较曲线

分析表明,浅层土体温度随气温变化特征明显,但地温变化周期与气温比较存在一个滞后性,延迟时间大概1个月左右;各钻孔在寒季地温均要明显比气温高,较深土层地温与气温最大差值接近20℃,这种温差的存在是热棒工作的必要条件。

本节列举热棒工程实际环境温度和土体温度对比,以此说明实际工况下热棒启动条件和工作条件。

6.1.3　气温和地温变化趋势影响

全球性气温升高趋势在多年冻土区的表现可以通过一些典型地区的长期观测资料进行

分析。目前冻土区气温和地温连续观测时间最长的是中铁西北科学研究院设在青藏高原腹地的风火山冻土观测站，该地区也是低温多年冻土地区典型区域，位于昆仑山南麓和唐古拉山北麓之间。以下主要通过风火山观测站的气温和地温观测数据进行分析，同时对其他典型区域现有观测数据进行概略分析，以此说明气温和地温的关联性及对热棒启动工作的影响。

多年气温和地温观测数据显示了如下规律：

1）气温升高和增温

1960—1998 年冻土区的气温季节变化总的趋势是冬季增温幅度大于夏季增温幅度。

（1）风火山冬季增温平均每年 0.014℃/年，夏季平均每年增温 0.028℃/年。

（2）五道梁冬季增温平均每年 0.017℃/年，夏季平均每年增温 0.013℃/年。

（3）沱沱河冬季增温平均每年 0.01℃/年，夏季平均每年增温 0.0086℃/年。

基本上夏季温度增加幅度小于冬季。风火山厚层地下冰地段虽然表现了一定的特殊性，但是冬季增温幅度逐年有增大趋势，而夏季的增温幅度则有逐年减小的趋势。

1998 年至 2008 年资料显示（据冻土区工程长期观测系统气象站资料），升温趋势与 1998 年以前的升温趋势比较有所不同，五道梁、沱沱河、风火山地区位于多年冻土腹部地区，冻土地温低、厚度大，受人为影响小，气温增长速度慢。风火山地区气温寒、暖季五年平均值见表 6-8。

风火山地区气温寒、暖季五年平均值（单位：℃） 表 6-8

统计年度	气温正温月均值	气温负温月均值
1976—1980	2.79	-11.1
1981—1985	2.77	-11.3
1986—1990	3.46	-10.3
1991—1995	3.47	-10.7
1996—2000	3.30	-10.3
2001—2005	3.90	-10.1
平均	3.28	-10.6

2）气温较差变化趋势

表 6-9、表 6-10 是青藏铁路沿线典型地段主要台站气温年较差的统计，表中数据显示随着气温升高趋势的发展，气温年较差有减小的趋势。

青藏铁路沿线主要台站气温年较差一览表 表 6-9

站名	海拔（m）	纬度	平均气温年较差（℃）	最高值/出现年	最低值/出现年
安多	4800	32°21′	23.7	28.9/1998	20.4/1976
风火山	4745	34°43′	23.1	26.4/1978	19.9/1965
五道梁	4612	35°13′	23.1	28.5/1956	20.8/1979
沱沱河	4533	34°13′	25.3	29.4/1999	21.7/1957
那曲	4507	31°29′	23.1	29.6/1966	19.6/1994

青藏铁路典型地区气候资料 表6-10

气象站名	海拔高度(m)	年平均气温(℃)	月平均气温(℃)		气温年较差(℃)	极端气温(℃)	
			1月	7月		最高	最低
格尔木	2807	4.2			28.5		
西大滩	4158						
清水河	4520	-4.2	-16.8	7.6	24.4		
五道梁	4612	-5.6	-16.9	5.4	22.3	23.2	-37.7
北麓河	4636	-5.2	-16.6	5.8	22.4		
风火山	4707	-6.2	-17.7	4.7		21.7	-38.8
沱沱河	4533	-4.2	-16.2	7.5	23.7	24.7	-45.2
安多	4800	-3.0	-15.0	7.7	22.7		
那曲	4507	-1.9	-17.8	4.8	22.6		
当雄	4200	1.3			20.9		
拉萨	3648	7,5			17.7		

注：青藏高原冻土区气温最大日较差26℃，最小日较差21℃，平均日较差22.9℃。

3)气温升高趋势下地温变化

气温升高带来的地温的变化具有滞后性(一般滞后10~15年)，从热棒启动温差角度看待多年冻土的地温，其升高幅度较小(风火山深孔资料40年间升高了0.3℃)。这对于热棒来说，由于同期气温升高幅度小于地温升高幅度，因此热棒的启动工作性能几乎没有受到影响。

未来气温升高趋势使热棒应用地区的环境气温和冻土地温都在发生同步和同趋势的变化。不同地区不同深度冻土的温度变化和环境温度的差值是热棒启动和连续工作的主要条件，这种条件必须是：不同时间段两者之间温度差(地温高于气温条件下)满足热棒启动条件，这种温度差别延续的时间影响到热棒持续工作时间。

多年冻土的地温始终保持在负温状态，环境温度在一个冻融循环周期内并不是始终低于同时间段的冻土温度。因此，分析研究热棒应用的最主要的冻土区的环境气温变化趋势和冻土地温变化趋势之间的关系，是热棒应用工程技术的一部分重要内容。

4)气温地温差值

青藏铁路沿线冻土区寒季气温(低于0℃)和冻土地温差值满足热棒启动条件，且寒季多风，利于热棒导冷功能发挥，暖季大部分时间由于气温处于0℃以上(除夜间个别时间气温低于0℃)，而多年冻土地温处于0℃，以下的负温状态，热棒处于停止工作状态。这些是青藏铁路应用热棒的能量基础条件。

关于对热棒导冷能量条件影响的研究应该根据地形地貌、气候要素(风力风速、气温、气温冻结指数、降水对冻结层上水影响)、不同深度处冻土地温变化的不同分别进行。

寒季气温和暖季气温分别显示的不同变化对热棒作用的能量基础条件产生较大影响。寒、暖季气温累计值和平均值的变化，反映了地面热量的消长，反映为地面年平均温度的降低或升高。而地面温度是地下不同深度冻土温度变化的能量标志。

青藏高原多年冻土区气温年较差随海拔升高而减小的相关规律比较明显；随纬度增加而增大的相关性规律不明显。

冻土腹部地带的五道梁、风火山、沱沱河的气温年较差随时间变化不大，变化趋势也不明显。如图 6-7 所示。

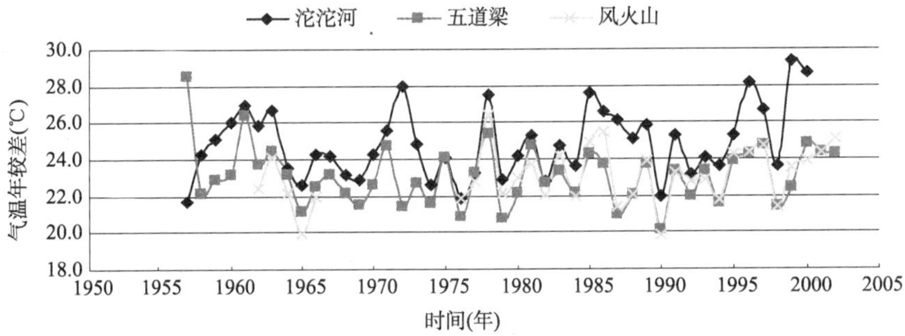

图 6-7　沱沱河、五道梁、风火山气温年较差随时间变化曲线

从表面意义理解无论是寒季还是暖季气温较差会直接影响热棒埋入土体部分和裸露空气部分的温度差。从冻土理论上讲，这种较差影响季节融化层深度，对热棒启动和持续工作时间都有影响。

热棒的散热端和吸热端是分别处于不同环境条件下的，如前所述散热端置于大气受环境气温变化影响，而吸热端则置于土层。土层温度与环境气温差影响热棒启动和持续工作。研究多年冻土在垂直剖面上的温度变化对于分析热棒工作条件很有必要。

5）地温变化和影响分析

考虑未来气温升高对多年冻土上部土层温度和年变化深度处地温即年平均地温影响，以低温冻土区风火山连续观测年度较长的一个深孔的温度变化资料作以分析。

由图 6-8a）可以看出：从 1964 年至 2001 年的近 40 年间，该地 35m 层间仍保持散热型地温特征。年变化层（13m）以下地层的温度基本稳定，地温梯度保持在 0.015 ~ 0.02℃/m 之间；但年变化层以上地层地温曲线向正温方向偏转，地温梯度由 1964 年的 0.06 ℃/m 变为 2001 年的 0.02 ℃/m，但是年平均地温升高的幅度不大，1964 年的年平均地温为 -3.5℃，而 2002 年年平均地温为 -3.2℃，40 年间升高了 0.3℃。对于热棒来说，由于同期气温升高幅度小于地温升高幅度，因此热棒的启动工作性能几乎没有受到影响。

由于高原的气温自 20 世纪 70 年代中期一度升高，20 世纪 80 年代中期有所下降，到 20 世纪 80 年代后期又有比较明显的持续升温趋势，总体上是波浪式上升，影响所及地层的地温场也逐渐发生变化。地温曲线说明浅层地温变化幅度较大。1m 深处，最高为 1991 至 1995 年 5 年平均值的 -2.3℃，最低为 1981 至 1985 年的 -3.7℃。而 15m、25m、34m 地温曲线变化平缓，变化幅度在 0.1℃左右。即浅层地温随着年平均气温变化而变化，在时间上有些滞后，2002 年，15m 地层基本上完成了地温曲线向零梯度的转变，15m 处的地温由 1982 年的 -2.3℃ 升为 -1.9℃ ，升高了 0.4℃ ，说明自 20 世纪 80 年代开始，该地气候转暖的影响已波及到多年变化层的一定深度。但是对于热棒工作几乎没有影响。

青藏铁路典型地段气象站观测数据说明，年平均地温的变化比气温的有一定的滞后，短期的气温变化对年平均地温影响不大，持续的升温或降温则会影响到年平均地温，近 30 年来，气温与地温存在着变化规律较为一致的升温现象。

典型地段气温和地温资料说明：总体而言，近 40 年来多年冻土上部地温在逐渐升高，对于年平均地温较低的中高山地区，影响深度在年变化层以上地层；对于年平均地温稍高的地段，影响到多年变化层的上部。低温冻土区近40年年平均地温升高约0.5℃，平均升温率为0.013℃/年；这些都大于气温升温幅度，但是滞后气温升高时间，一般滞后10～15年[101,102]。这些变化特征对热棒工作基本未产生不利影响。

图6-8b)是近30年风火山年平均气温与年平均地温的关系图，短期的气温变化对年平均地温影响不明显，持续的升温或降温则会滞后一段时间影响到年平均地温的变化，而且近30年观测数据显示气温与地温变化规律较为一致，总的趋势是向升温方向发展。

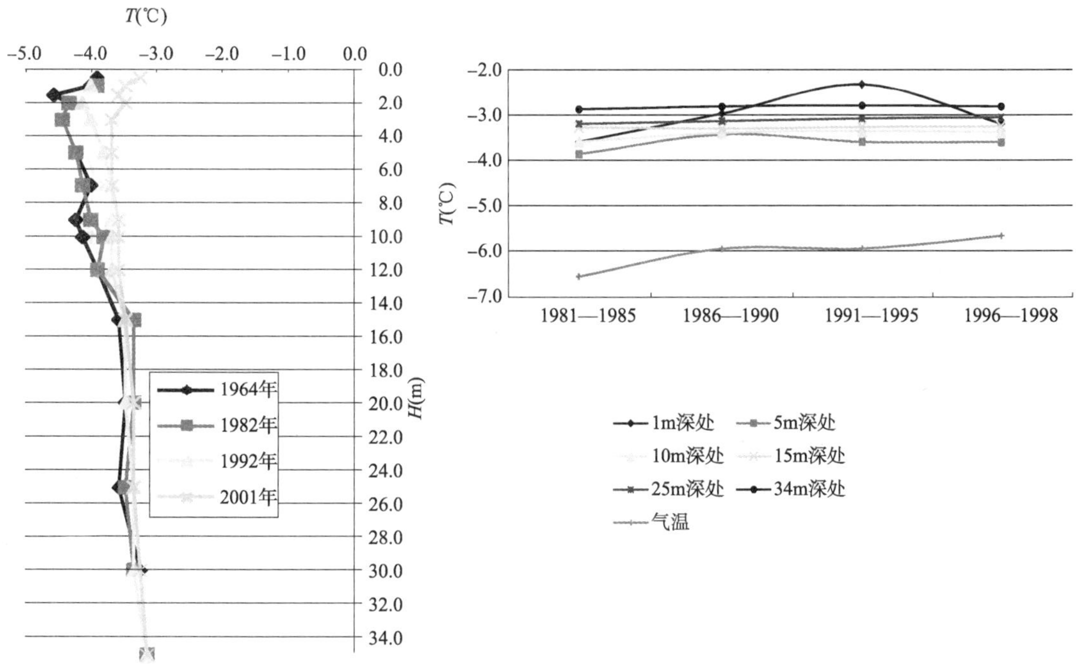

a)青藏高原风火山地温变化(35m深孔)

b)风火山观测站年平均气温与年平均地温分析图
(据中铁西北科学研究院实测资料)

图6-8 地温变化曲线图

6)地温变化与气温的关联性

根据清水河气象站实测气温和浅层地温观测数据绘制图6-9，图中纵坐标代表温度值，曲线显示不同时间的地温均高于气温，保证了热棒启动工作条件。

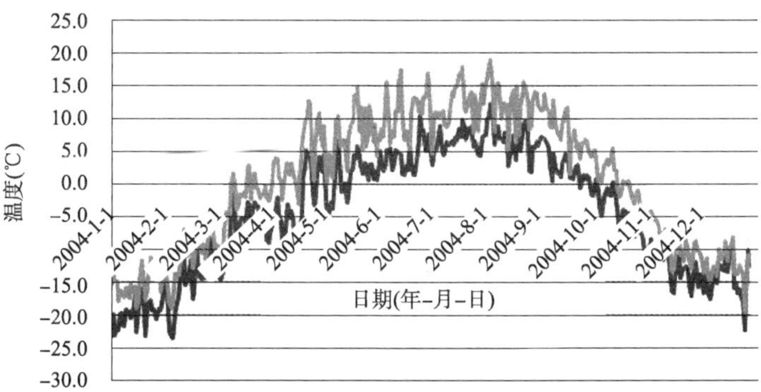

图6-9 清水河高温冻土区气温和地表温度年度变化

区域环境气温是冻土热稳定性能量来源,冻土地温是冻土热稳定性的能量标志。青藏铁路典型地段观测数据说明,年平均地温的变化尽管比气温的变化有一定的滞后,最终还是随着气温的变化缓慢的发生地温的变化。这种变化先是表现在浅层土体,逐渐深入,随后影响到多年冻土年变化层的温度,最终影响多年冻土的年平均地温。

通过分析地温和气温在冻融循环过程中的关联特点和地温变化的滞后特点,可以看出,热棒技术应用的环境条件无论是当前还是未来都可以满足热棒启动和持续工作条件,这种分析和研究是热棒工程应用技术的前提。

6.2 影响热棒散热导冷的结构参数

热棒生产部门需要根据设计部门提出的热棒参数进行验证计算,尤其是冷凝段散热翅片和散热功率计算,然后进行生产。热棒工程设计部门需要根据工程目的和工程环境条件进行热棒散热导冷结构参数设计,确定影响散热导冷各部分结构之间的组合关系。

热棒传热能力、传热特征和传热极限影响的分析研究证明,实际工程应用中对热棒散热导冷效率影响最大的分别是:

①热棒各部分热阻。

②蒸发器长度和冷凝器长度最优比。

③热棒管径。

热棒自身结构和各部分参数设计遵循以下顺序:

①根据热棒应用地段典型冻土特征,确定热棒蒸发段埋设位置(一般多年冻土上限附近地温变化幅度较大部位)。

②确定热棒蒸发段长度。

③确定蒸发段、冷凝段长度比。

④选定热棒直径。

⑤计算蒸发段传热量和冷凝段传热量,验证参数合理性。

青藏高原冻土区热棒长度首先是根据冻土特征尤其是多年冻土上限深度确定,而不是仅仅依据传热计算,目前采用热棒总长度为 7 ~ 9m,特殊地段和特殊用途有的 12 ~ 14m,在确定总长度以后再进行传热计算确定上述参数。

热棒的总体热传输率公式揭示了热传输率与整体热阻和温度差的关系,整体热阻与分体热阻的关系,热流和工质温度之间的热阻以及冷流温度和工质之间的热阻依赖于冷凝器和蒸发器之间的长度。

热棒结构参数设计需要考虑热棒结构各部分热阻和充液量对热棒传热能力发挥,对传热效率、传热极限的影响。

6.2.1 冷凝段和蒸发段长度对热棒导冷量影响

热棒蒸发段的长度一般是根据需要抵消的热量大小计算确定,然后再根据蒸发段长度计算传热功率进而功率冷凝段长度。由于热棒的径向热流密度很小,因而冷凝段散热功率很容易的得到满足。

1)蒸发段长度确定

蒸发段的长度,由热棒工作环境气象条件、热棒的冷却半径、地温、土体热物理参数所决定,从能量平衡的角度来分析计算蒸发段长度时需要考虑的因素。

我们假设考虑的时间周期为 T,热棒埋设区域地基多年冻土土体由于地温升高处于天然退化状态,而这种退化是由于大气温度逐年升高引起的,因而假设在 T 内由于大气温度的升高而额外进入土体的热量为 ΔT_a,计算土体范围为热棒冷却影响半径,计算的下边界为多年冻土的年变化深度范围。

由于天然状况下土体处于退化状态,那么在 T 内,土体四个界面上流入流出的热量之和即为引起退化的多余热量,即 ΔT_a。如图6-10所示,即:

$$Q_t + Q_l + Q_r + Q_b = \Delta T_a \tag{6-1}$$

由于热棒应用的目的就是要保证冻土的热稳定性,也就是能够保证冻土处于热平衡或者处于放热吸冷状态,因而,热棒的工作应该至少抵消引起冻土退化的多余的热量。如图6-10所示,设置热棒后土体应该至少处于热平衡状态,因而:

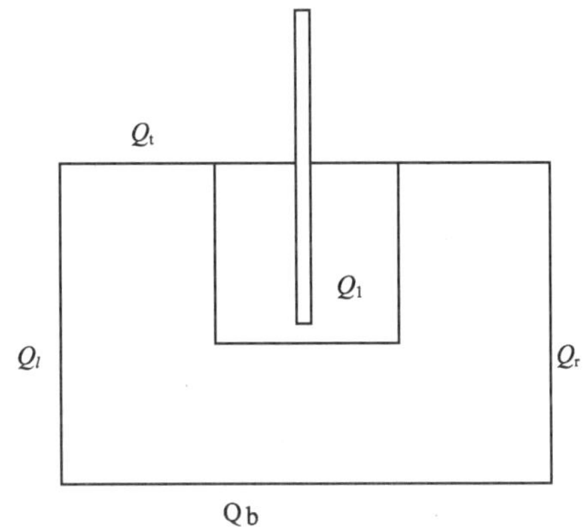

图6-10 设置热棒土体能量平衡示意图

$$Q_t + Q_l + Q_r + Q_b + Q_r = Q_1 \tag{6-2}$$

即:

$$Q_1 = -\Delta T_a \tag{6-3}$$

式(6-2)和式(6-3)说明了热棒的冷却能力和额外热量的平衡关系。

图6-10中虚线部分为由于热棒制冷而形成的圆柱降温结冰区域。根据圆柱区域的温度、热棒影响半径以及含水率等条件,可以计算出单位长度圆柱区域其蓄冷量的大小,假设为 q_1,那么圆柱体长度,即热管蒸发段长度就可以确定,为:

$$L_e = \frac{-\Delta T_a}{q_1} \tag{6-4}$$

2)冷凝段长度的匹配

在确定了热棒蒸发段长度之后,我们就可以相应确定出热棒的冷凝段长度,一般情况下,冷凝段散热能力比蒸发段热流要大的多。

热棒导冷量值与冷凝段和蒸发段长度比值有关,二者长度不同,传热面积不同,因而传热量也不同。定义热棒冷凝段的面积和蒸发段的面积之比为冷热段面积比,简称为面积比。在热棒蒸发段和绝热段埋设位置及尺寸均保持不变情况下,不同的热棒冷凝段长度对于导冷量的影响见表6-11和表6-12。

以试验观测数据为基础计算条件,应用本书7.2.2的计算方法和,研究分析了在热棒蒸发段和绝热段埋设位置及尺寸均保持不变时,不同的热棒冷凝段长度对于传冷量的影响情况。

表6-12为不同长度比时热棒工作期间的传冷量,图6-11即为相应于表6-12的不同冷热段长度比时,热棒的瞬时传冷量随运行时间的变化情况。从图6-11可见,随着长度比的增加,在相同的热棒运行时刻,长度比大的热棒相应时刻的瞬时传冷量要大,但是当冷热段

长度比大于0.9以后,这种瞬时传冷量的增大相对于长度比的增加率却并不十分明显,这个规律可通过图6-11中在长度比大于0.9以后传冷量曲线族分布密集看出。

不同冷热段长度比时热管工作期间传冷量汇总　　表6-11

时间(h) \ 传冷量(W) \ 长度比	0.1	0.3	0.5	0.7	0.9	1.1	1.3	1.5
303	14.08	31.56	36.08	38.16	39.36	40.14	40.68	41.09
1033	47.21	100.71	113.76	119.67	123.04	125.22	126.75	127.88
1763	74.09	154.87	174.11	182.76	187.69	190.86	193.09	194.73
2493	87.63	180.56	202.30	212.03	217.56	221.12	223.61	225.45
3223	83.36	169.24	188.94	197.73	202.70	205.90	208.13	209.78
3953	61.66	122.54	136.11	142.11	145.49	147.66	149.17	150.29
4683	29.33	54.78	59.90	62.09	63.30	64.07	64.61	65.00
4925	17.82	30.88	33.06	33.94	34.40	34.69	34.89	35.03

不同冷热段长度比热管在工作期间的平均传冷量　　表6-12

冷热段长度比	0.1	0.3	0.5	0.7	0.9	1.1	1.3	1.5
平均传冷量	60.57	124.03	138.77	145.36	149.10	151.50	153.18	154.43

这个结果对热棒设计具有一定指导作用。当蒸发段长度一定时,并不是冷凝段的长度越长越好,青藏铁路冻土区采用的热棒和2007年以后青海省柴木地方铁路冻土区采用的热棒冷凝段由原来4m缩短为1.5m,主要是根据这个研究结论和散热功率计算而确定。

图6-11a)导冷曲线及其分布密集情况说明:在热棒运行相同时刻,长度比大的热棒瞬时导冷量大,但当冷热长度比大于0.9以后,瞬时导冷量的增大不十分明显。

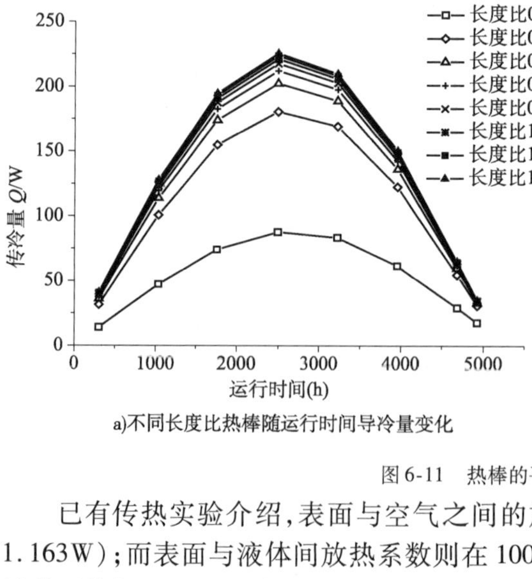

a)不同长度比热棒随运行时间导冷量变化

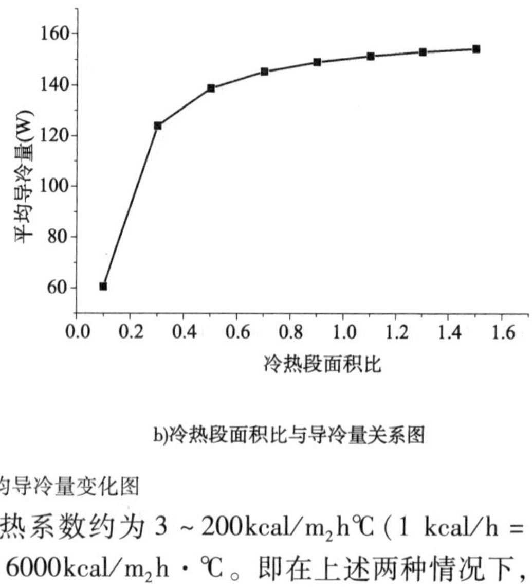

b)冷热段面积比与导冷量关系图

图6-11　热棒的平均导冷量变化图

已有传热实验介绍,表面与空气之间的放热系数约为3~200kcal/m_2h℃(1 kcal/h = 1.163W);而表面与液体间放热系数则在100~6000kcal/m_2h·℃。即在上述两种情况下,放热系数相差20~30倍。为了使蒸发段吸收的热量能及时地散发至大气中,冷凝器的散热面积应为蒸发段蒸发面积的20~30倍。在工程实践中,按上述比例设计冷凝器是不经济的，常用的散热面积与蒸发面积之比为 5 ~ 10 倍（考虑冷凝器面积的比值）。当散热面积与蒸发面积之比超过 10 倍以后，散热面积增加，传热量增加甚小[图 6-11b)]。在热棒设计中，其比数采用 5 ~ 7 倍是合理的。

当热棒冷凝段采用翅片结构时，大大增加了散热面积，不同形式散热翅片增加了散热效率，减少了冷凝段长度，使热棒设计更加经济合理。

6.2.2　热棒管径对热棒导冷量影响

热棒结构设计中热棒管径的设计和确定主要考虑对导冷量值的影响和经济适用性，再就是还要考虑热棒的达到使用寿命期后更换方便。

研究热棒管径对导冷量影响，采用其他固定参数，改变管径的方法研究。取冷热段面积比为 1，热棒蒸发段和绝热段的埋设位置保持不变，在此条件下研究不同管径下的热棒导冷量变化。当热棒冷热段面积比值为 1 时，导冷量值计算结果列在表 6-13 中。

冷热段面积比为 1 时不同管径热棒导冷量汇总（单位：W）　　表 6-13

时间(h)	管　径　(mm)					
	ϕ45	ϕ51	ϕ63	ϕ76	ϕ89	ϕ108
303	32.11	33.36	35.54	37.72	39.79	42.56
1033	101.29	105.12	111.73	118.24	124.33	132.31
1763	155.00	160.78	170.76	180.49	189.54	201.34
2493	180.09	186.75	198.20	209.32	219.61	232.95
3223	168.57	174.67	185.11	195.21	204.54	216.56
3953	121.84	126.11	133.34	140.32	146.72	154.90
4683	54.05	55.76	58.57	61.27	63.68	66.66
4925	30.13	30.95	32.23	33.45	34.48	35.68

表 6-13 和表 6-14 列出的是冷热段面积比为 1 时不同管径热棒在工作期间的平均传导冷量（Q）计算结果，不同管径热棒导冷量及平均导冷量随管径不同的变化如图 6-12 和图 6-13所示。

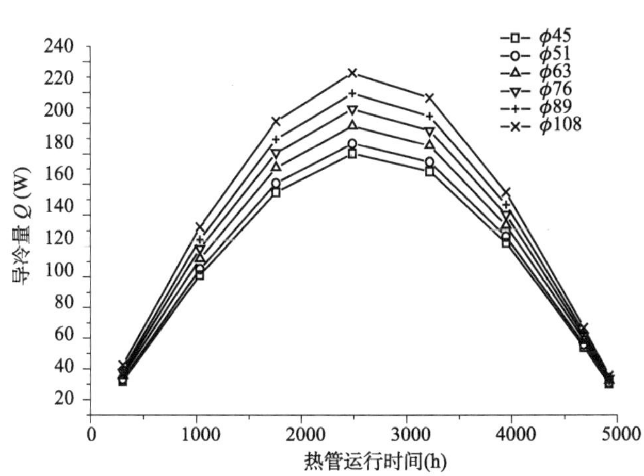

图 6-12　冷热段面积比为 1 时不同管径热棒导冷量随时间的变化

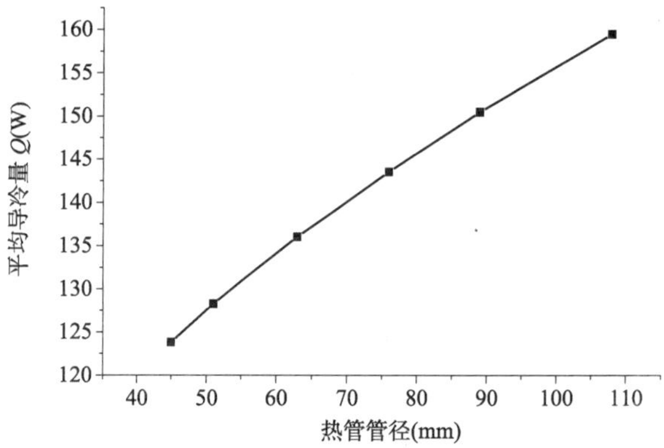

图 6-13 热棒的平均导冷量随管径的变化

图表所列数据和变化曲线可以清楚的看出：

在 $\phi45 \sim \phi108$ 管径变化范围内，大管径热棒在相同的运行时刻瞬时导冷量要大；热棒的平均传冷量随着热棒管径的增大近似的呈线性增大。那么从这个意义上来说，大管径的热棒对于导冷量的提高是有利的，换言之，在冻土耦合热棒问题的热棒设计时，应尽量选取表中所列管径较大的热棒，从而获得更好的导冷效果。

冷热段面积比为1时不同管径热棒在工作期间的平均导冷量(单位：W)　　表 6-14

管径(mm)	$\phi45$	$\phi51$	$\phi63$	$\phi76$	$\phi89$	$\phi108$
平均传冷量(W)	123.80	128.30	136.03	143.53	150.48	159.46

6.2.3　绝缘段设置问题探讨

在热棒设计中，绝缘段长度对热棒的热传输性能有很大的影响。三种不同绝缘长度(350mm,325mm,275mm)热棒热传输性能的试验数据说明，最长的绝缘段(350mm)热棒以较高的热流速率输入时会产生最大的热输出。随着输入的热流减少，325mm 长绝缘段热棒会经历最大的热传输，在输入热流区间内，275mm 的绝缘段热棒获得最小的热传输。

这种计算和试验以及石化行业换热器工程实际得出的结论并不完全适合冻土区热棒。这是因为热棒和换热器用热棒的不同部位工作温度特征有巨大差异。

当热棒蒸发段埋设在冻土层或季节融化层时，原来设为绝热段的部分在蒸发段之上，但是除了冷凝段以外热棒均埋设在地表面以下。从土体温度变化规律可以知道，由于温度变化的滞后和土体热阻的存在，寒季土体任何部位温度都高于环境温度，热棒埋设在任何部位都可以启动工作，而绝热段部位温差也能满足热棒内部工质的汽化—冷凝条件，因而没有必要特别设置绝热段。这样可以节省热棒造价，但不影响热棒散热导冷整个过程的实现。

因此，青藏铁路建设后期和运营期间冻土工程补强设计和局部地区桥梁墩台基础病害整治，以及 2007 年以后青海省柴达木地方铁路多年冻土区应用的热棒均没有特别设置绝缘段长度。

6.2.4　热棒结构参数优化

在热棒应用环境评价基础上，根据热棒结构不同部分对热棒导冷效果影响的研究结果，以青藏铁路冻土区热棒结构参数设计为例，说明热棒结构合理性计算和验证。

热棒结构验证计算方法：

(1)收集设置热棒的工程区域环境气候资料。

(2)根据气候特征确定散热翅片类型。

(3)冷凝段换热计算。

(4)根据工程应用目的进行蒸发段传热计算。

(5)确定冷热段面积比和冷凝段、蒸发段长度。

(6)进行传热极限验证计算。

1)热棒工程地段环境气候资料

环境条件：大气温度 $t_1=-25\sim-10$℃

风速 $v=3\sim6\text{m/s}$

冻土温度：$t_e=-5\sim-2$℃

2)传热量计算

计算区域冻土工程设置的热棒大部分处于自然风力风速比较强的地理位置，并且一旦铁路修好，火车的运行也会引起比较大的空气流动，所以结构宜采取水平圆翅片结构。

由于热棒的传输性能受管径的影响很小，而主要考虑强度的影响，管径越小，承受的极限压力荷载越大。在蒸发段冻胀的情况下，承压目前未作考虑，采取比较保守的方法，即采用小管径热棒，管径为 $\phi83\times5$，热棒全长为12m。

蒸发段和冷凝段的结构各有两种：蒸发段的翅片采用矩形螺旋翅片和圆形开花翅片；冷凝段采用8m光管和在下部加两片对称的轴向直翅片。

冷凝段传热方式主要是强制风冷和自然对流，对于辐射产生的影响暂时不考虑。而从资料上来看，该地区的气候以大风天为主。风速在3～6.5m/s之间，假设风速为4.5m/s。

热棒散热翅片规格见表6-15。

热棒冷凝段散热翅片规格 表6-15

基圆半径 r_1(mm)	41.5	翅片厚度 δ(mm)	1.5	导热系数 $\lambda\left(\frac{W}{m\cdot K}\right)$	36.5
翅片高 h(mm)	25	翅片间距 S_t(mm)	10	换热系数 h_f，$\left(\frac{W}{m\cdot K}\right)$	30

螺旋翅片和圆翅片计算公式相同，而开花翅片主要是为了强化自然对流换热。从上面的分析来看，自然对流对整个换热系统的影响很小。则翅片换热系数为：

$$\text{Nu}_f=0.134\,\text{Re}_f^{0.681}\,\text{Pr}_f^{\frac{1}{3}}\left(\frac{s_f}{l_f}\right)^{0.2}\left(\frac{s_f}{\delta_f}\right)^{0.1134} \tag{6-5}$$

式中：$\frac{s_f}{l_f}$——翅片间距和翅片高之比，$\frac{s_f}{l_f}=\frac{10-1.5}{25}=0.34$；

$\frac{s_f}{\delta_f}$——翅片间距与此片厚度之比，$\frac{s_f}{\delta_f}=\frac{10-1.5}{1.5}=5.667$；

Re_f——管外流体的雷诺数，$\text{Re}_f=\frac{G_{f,\max}d_o}{\mu_f}$；

Pr_f——管外流体的普朗特数，空气温度在-20℃的值为0.716；

d_o——光管外径；

$G_{f,max}$——流体最大质量流速[$kg/(m^2 \cdot s)$];

μ_f——流体动力黏度($Pa \cdot s$),气温在 -20℃的值为 $16.2\times10^{-6}Pa\cdot s$。

在此计算中 $G_{f,max}$ 为一常量。

$$G_{f,max}=\rho_f v_f \tag{6-6}$$

式中:ρ_f——流体的密度(kg/m^3),气温在 -20℃的密度是 $1.359kg/m^3$;

v_f——流体速度(m/s)。

代入数据:

$$G_{f,max}=\rho_f v_f=1.359\times4.5=6.1155kg/(m^2\cdot s)$$

$$Re_f=\frac{G_{f,max}d_o}{\mu_f}=\frac{6.1155\times83\times10^{-3}}{16.2\times10^{-6}}=31.3325\times10^3$$

$$Nu_f=0.134Re_f^{0.681}Pr_f^{\frac{1}{3}}\left(\frac{s_f}{l_f}\right)^{0.2}\left(\frac{s_f}{\delta_f}\right)^{0.1134}$$

$$=0.134\times31332.5^{0.681}\times0.716^{\frac{1}{3}}\times0.34^{0.2}\times5.667^{0.1134}=135.59$$

$$Nu_f=\frac{h_f D_o}{\lambda_f} \tag{6-7}$$

式中:λ_f——流体的导热系数,气温在 -20℃的值为 $2.28\times10^{-2}(W/m\cdot K)$。

所以:

$$h_f=\frac{Nu_f\lambda_f}{D_o}=\frac{135.59\times2.28\times10^{-2}}{83\times10^{-3}}=37.25(W/m\cdot K)$$

由于计算时没有考虑污垢、结霜,翅片和管壁的接触热阻等因素,所以在实际应用时采用偏保守的值,本设计取30。

计算翅片效率:

$$h'=h+\frac{\delta}{2}=25+\frac{1.5}{2}=25.75(mm)$$

$$r'_2=r_1+h'=41.5+25.75=67.25(mm)$$

$$A=\delta(r'_2-r_1)=1.5(67.25-41.5)=38.625(mm^2)$$

$$h'^{\frac{3}{2}}\left(\frac{h}{\lambda A}\right)^{\frac{1}{2}}=0.02575^{\frac{3}{2}}\left(\frac{30}{36.5\times38.625\times10^{-6}}\right)^{\frac{1}{2}}=0.60$$

$$\frac{r'_2}{r_1}=\frac{67.25}{41.5}=1.62<2$$

查表得,翅片效率 $\eta_f\approx0.8$。冷凝段共有280片有效翅片,换热面积为:

$$A=\pi D_1L+280\times2\times\pi(r_2^2-r_1^2)\times80\%$$

式中:D_1——热棒外径;

L——热棒冷凝段长度。

代入数据:

$$A=\pi\times0.083\times2.8+280\times2\times\pi(0.0665^2-0.0415^2)\times80\%=4.53(m^2)$$

换热量为:

$$Q_c=hA(t_c-t_\infty)=30\times4.53\times[-20-(-25)]=679.5(W)$$

蒸发段的传热主要是热棒管壁与冻土之间的热传导。由于冻土的导热系数相对整个换热系统来说是很小的,所以冻土内部的热传导是整个系统的控制过程。

蒸发段传热计算模型如图 6-14 所示,地面以下是实际热棒,以上的虚线部分是为了计算说明的辅助部分,并不是热棒的地上部分。由于热棒的埋入而引起的温度场的变化和传递的功率计算如下:

假设冻土的物性均匀,热棒垂直插入地面,一段直接接触地面,长度为 L,直径是 D。假设热棒表面温度均匀为 t_0,冻土的温度也是均匀的,温度为 t_s。现在,设想存在一个如图所示的镜像系统,由于下方是热沉,那么镜像的热棒就是一个热源,在与热源和热沉等距离的点处,温度将介于两者之间,此时系统得到一个沿 $y=0$ 的等温面。杆上某点产生的温度场可以由同心球的传热方程得到:

$$Q=\frac{t_i-t_0}{\frac{1}{4\pi k}\left(\frac{1}{r_i}-\frac{1}{r_0}\right)} \tag{6-8}$$

当 $r_0 \gg r_i$ 并且 $t_0=0$ 时,上式可简化为:

$$t=\frac{Q}{4\pi kr} \tag{6-9}$$

此处略去下标 i。

假设在 $x=0$、$y<0$ 处这个杆用长为 N 的点热源线所代替,因为上面提到的镜象的存在,$y=0$ 是温度为零的平面。由热源和热沉一起产生的温度分布可以通过把它们的效应叠加而得出。假设热源的强度是单位长度的发热率 Q',相应的热沉的强度是单位长度的发热率 $-Q'$。热源线对任意点 $P(x,y,z)$ 的作用可以表示为:

$$t_1=t_0-\int_0^{-N}\frac{Q'\mathrm{d}s}{4\pi kr} \tag{6-10}$$

式中:t_0——热棒表面温度。

而对于同一点,热沉线的作用是:

$$t_1=-t_0+\int_0^{N}\frac{Q'\mathrm{d}s}{4\pi kr} \tag{6-11}$$

将两种作用结合起来,得到 $P(x,y,z)$ 的温度为:

$$t(x,y,z)=t_1+t_2=\int_0^{N}\frac{Q'\mathrm{d}s}{4\pi kr}-\int_0^{-N}\frac{Q'\mathrm{d}s}{4\pi kr} \tag{6-12}$$

由对称和几何关系得到:

$$t=\frac{Q'}{4\pi k}\int_{-N}^{N}\frac{\mathrm{d}s}{r}=\frac{Q'}{4\pi k}\int_{-N}^{N}\frac{\mathrm{d}s}{\sqrt{(y-s)^2+p^2}} \tag{6-13}$$

式中符号如图 6-14 所示。对上式积分得到:

$$t=\frac{Q'}{4\pi k}\ln\frac{(y+N)+r_1}{(y-N)+r_2} \tag{6-14}$$

t 为常数的等温面是椭球面,如图 6-14 所示,长轴是 $2a$,短轴是 $2b$,则:

$$N=\sqrt{a^2-b^2} \tag{6-15}$$

$$r_1+r_2=2a \tag{6-16}$$

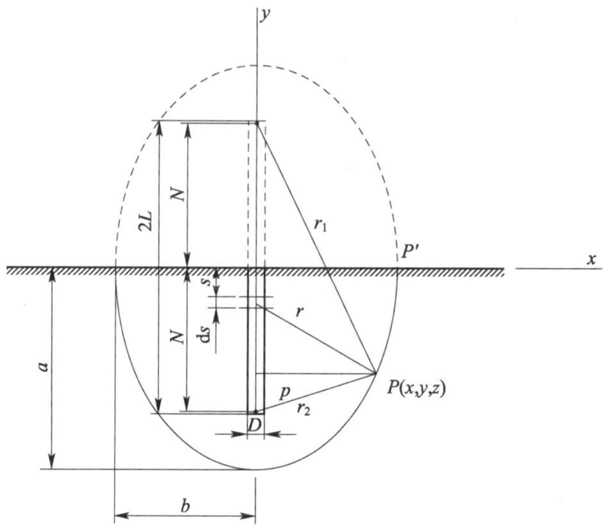

图 6-14 蒸发段传热量计算示意图

当 a/b 很大时，椭球体近似于杆状，N 可以近似表示为：

$$N=\sqrt{a^2-b^2}=a\sqrt{1-\left(\frac{b}{a}\right)^2}\approx a\left[1-\frac{1}{2}\left(\frac{b}{a}\right)^2+\cdots\right] \tag{6-17}$$

将上式应用于 $y=0$ 平面的温度，得到：

$$t=\frac{Q'}{4\pi k}\ln\frac{a+N}{a-N}\approx\frac{Q'}{4\pi k}\ln\left(\frac{2a}{b}\right) \tag{6-18}$$

结果得出可以当作这个杆是细长杆的椭球体，$a=L$ 和 $b=D/2$ 而 $Q'=Q/L$，代入得到热流是：

$$Q=\frac{t_0-t_s}{\frac{1}{2\pi kL}\ln\left(\frac{4L}{D}\right)} \tag{6-19}$$

代入数据，得：

$$Q=\frac{t_0-t_s}{\frac{1}{2\pi kL}\ln\left(\frac{4L}{D}\right)}=\frac{-16}{\frac{1}{2\times\pi\times1.1\times6}\ln\left(\frac{4\times6}{0.083}\right)}=-117.08(\mathrm{W})$$

负号说明是吸热。

当带有两片对称的 5m 长轴向直翅片，可以折算成相应的热棒等效直径。翅片结构（见表 6-17）总的换热面积为：

$$A=\pi D_0L+2hL=\pi\times0.083\times6+2\times0.025\times5=1.8145(\mathrm{m^2})$$

等效直径为：

$$D'_0=\frac{A}{\pi L}=\frac{1.8145}{\pi\times6}=0.0963(\mathrm{m})$$

相应的传输功率为：

$$Q=\frac{t_0-t_s}{\frac{1}{2\pi kL}\ln\left(\frac{4L}{D}\right)}=\frac{-16}{\frac{1}{2\times\pi\times1.1\times6}\ln\left(\frac{4\times6}{0.0963}\right)}=-120.23(\mathrm{W})$$

传热量小于冷凝段传热量，说明假设的热棒的工作温度偏高，热棒应该工作在 -20℃以下。估计热棒的实际传输能力不超过200W。

根据以上计算合理的确定热棒总长度和各部分长度。

青藏铁路典型地段清水河、北麓河、五道梁、唐古拉山的热棒就是根据这些地段的气温、冻土地温情况，按照上述计算方法最后确定热棒总长度为7～9m，冷凝段长度为2～3m。

热棒在环境温度（即大气温度）为 -25～-10℃，风速为3～6m/s，冻土温度为 -5～-2℃的条件范围内工作，热棒冷凝段的散热量为153.92～333.8W，蒸发段的吸热量为14.67～83.13W。随着工作时间的延长，热棒的工作温度接近大气温度，吸热量增大，但还是小于散热量，说明热棒冷凝段长度设计是合理的。

6.2.5 典型冻土区实用热棒技术参数

根据青藏铁路和青藏高原冻土区应用热棒环境条件，以及上述理论和技术设计生产的热棒技术规格如下。

1）低温热棒结构形式

热棒形式：HP-Ⅱ型 冷侧带开花翅片氨—碳钢热虹吸管。

传热方向：单向。

管内工质：99.5%分析纯液氨。

管壳材料：GB3087，20 锅炉钢管。

真空排气管：$\phi 8\times 1$，1Cr18NiTi。

翅片形式：螺旋高频焊锯齿开花翅片（狼牙棒式）。注：锯齿开花翅片能同时满足自然对流与强制横掠对流双重换热要求。

翅片材质：08F。

翅片焊着率：>95%（面积）。

冷端内置中心测温管：$\phi 8\times 1$，$L=2\text{m}$。

2）热棒结构尺寸

热棒总长：$L=12\text{m}$。

热棒外径：$\phi=83\times 5$。

加热段长度：$L_e=6\text{m}$。

绝热段长度：$L_a=3\text{m}$。

散热段长度：$L_{c1}=3\text{m}$。

散热片形式：开花锯齿形翅片（狼牙棒式）。

散热片有效长度：$L_{c1}=2.8\text{m}$。

散热片高度：$L_h=0.025\text{m}$。

散热片厚度：$\Delta=0.0015\text{m}$。

散热片间距：$t=0.01\text{m}$。

开花锯齿宽度：$l_f=0.005\text{m}$。

散热片数：$N=280$ 片。

冷段有效散热面积：$A=4.53\text{m}^2$。

翅片效率：$\eta = 0.8$。

3）热棒工艺

封头与管壳焊接：参照相应的机械加工规范规定，(50 ± 5)°坡口全氩气保护焊接，管壳承压能力 $P > 7.5\text{MPa}$。

管壳的化学处理：参照水—碳钢热棒要求严格进行成膜处理，确保管内寿命大于 30 年；处理工艺为表面机械除锈→管内除油脱脂→化学除氧化皮→中和→一次钝化→二次钝化→脱水干燥。

4）热棒热力性能

热棒工作温度范围：-35℃～50℃。

热棒启动温度：-35℃。

热棒耐低温：-45℃。

热棒最小传热温差：0.5℃～1℃。

启动性能：恒温水溶 15℃（高于环境温度 5℃），冷端中心测温管顶端 100mm 处 10s 内升温 >2℃。

等温性能：加热长度 $L/3$，恒温水浴 15℃，环境温度 <10℃，加热 60s，全冷段 $\Delta T < 2℃$，内中心管全长 $\Delta T < 1℃$。

5）热棒极限传输功率

轴向声速限：$Q_{\text{smax}} > 1600\text{W}$

携带限：$Q_{\text{xmax}} > 5.8\text{kW}$

沸腾限：$Q_{\text{pmax}} > 800\text{W}$

冷热散热能力：$Q_{\text{散}} = 600 \sim 3000\text{W}$

蒸发段吸热能力：$Q_{\text{吸}} = 20 \sim 200\text{W}$

热棒周边冻土降温：-20℃→-2℃。

热棒周边影响半径：$r \approx 2\text{m}$。

热棒寿命：$l_{\text{f}} \geqslant 30$ 年。

6.3 热棒散热导冷现场试验

热棒结构设计完成以后，在工程应用之前还应该选择典型工程区域进行热棒散热导冷的现场试验，目的是分析研究热棒工作状态，验证热棒结构设计的合理性和有效性，研究热棒冷却地基土体的范围，确定热棒影响冷却半径，为工程结构实体设计提供依据。

本节详细论述现场试验方法、数据分析方法和热棒冷却有效半径确定方法。

6.3.1 试验方法

在详细勘察、调查、搜集热棒工程涉及区域的冻土环境条件基础上，进行冻土环境条件和工程环境条件分类，分类依据主要是冻土类型、气候条件、热棒工程类型、热棒工程设计目的等。按照分类选择工程典型区域作为试验场地。当工程涉及区域范围较小时，可只按照工程类型选择试验场地。

1)试验场地分类

以青藏铁路热棒工程区域为例。其跨越了长达546km的冻土地区,必须按照青藏铁路冻土地温分区和冻土工程分类,并考虑冻土发展趋势进行分类,青藏铁路冻土区热棒工程典型地段可以分为以下几类:

(1)环境气温和冻土地温较低的地段(可可西里山区、风火山地区、昆仑山区)。

(2)环境气温较高的低温冻土区(清水河局部地段,北麓河地区)。

(3)环境气温冻土地温较高地段(沱沱河、开心岭)。

另外一个热棒重点应用地段是青海省柴木地方铁路,热棒应用区域主要是冻土湿地和沼泽地段(祁连山区大通河流域),按照工程典型地段进行试验。

2)试验设计

根据工程采用热棒种类选择不同长度热棒,埋设在试验场地中的适当位置。

根据试验目的确定观测项目,主要是热棒周围地温场观测,因此观测项目是不同距离不同深度处地温。

图6-15是2002年中铁西北科学研究院与热棒生产单位合作进行的热棒现场试验设计图。

热棒总长12m,其中蒸发段长度为8m,冷凝段长度为4m。分别在高温不稳定冻土区清水河和低温稳定冻土区风火山试验场地进行单支热棒散热导冷现场试验。

热棒埋设位置和测温孔位置如图6-15所示。地温观测探头采用热电偶(或热敏电阻),路基路肩部位和路基外天然地面位置分别在单支热棒一侧布置测温孔,测温孔离开热棒距离为30cm、80cm、130cm、180cm、230cm。

温度测试频率为热棒埋设完成后的半个月内每天观测一次,以后5d观测一次。

单支热棒现场试验主要目的是确定热棒冷却范围和冷却半径,热棒冷却效果随着距离增加而衰减,因此测温孔距离逐渐增加,测温孔密度逐渐减少。

在同一测温孔沿深度布置的测温探头之间间距是根据冻土地温在垂直平面分布规律而定,上限附近较一般深度布置加密。

其他典型场地热棒单支冷却效果现场试验与上述试验设计基本相同。

6.3.2 试验数据分析

试验数据分析主要是根据试验目的确定分析内容,一般单支热棒典型场地现场试验观测结果需要证明在试验环境条件下热棒的工作状态、热棒的降温效果。对观测数据分析的目的是得出试验场地环境条件下热棒冷却的影响范围、有效冷却半径。

1)热棒工作状态

热棒工作状态的判定首先是根据不同时间不同深度的地温曲线之间相互位置变化,也就是地温总趋势变化判断热棒是否处在散热导冷的工作状态,其次还要根据较长时间地温随时间的变化趋势判断热棒的持续工作状态。

图6-16显示的是高温冻土区清水河及地温冻土区风火山不同时间热棒侧壁的地温数据和据此绘制的地温沿深度的变化曲线,反映了热棒的工作状态。

根据气温观测数据清水河和风火山3月份环境气温均在-5℃以下,热棒蒸发段埋设位置的地温均在-5℃以上,热棒应该处在启动工作状态,从图6-16地温曲线显示的规律也可

以证明热棒处在散热导冷的工作状态,标志如下:

(1)3 月份地温曲线整体偏向温度低的方向,证明热棒正常工作,蒸发段附近地温向偏低方向移动。

(2)4 月份到 5 月份气温逐渐升高,热棒启动工作从不连续到中断工作状态,地温曲线向温度高的方向移动。

a)清水河

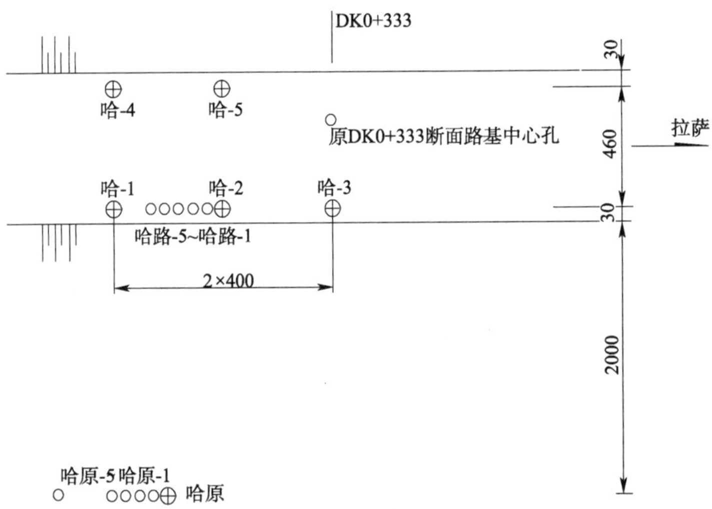

b)风火山

图 6-15 清水河、风火山热棒现场试验

注:1. 单位为 cm;

2. ⊕○为热棒,○为测温孔;

3. 原地面测温孔距热棒分别 30cm、80cm、130cm、180cm、500cm,路基测温孔距热棒分别为 30cm、80cm、130cm、180cm、230cm。

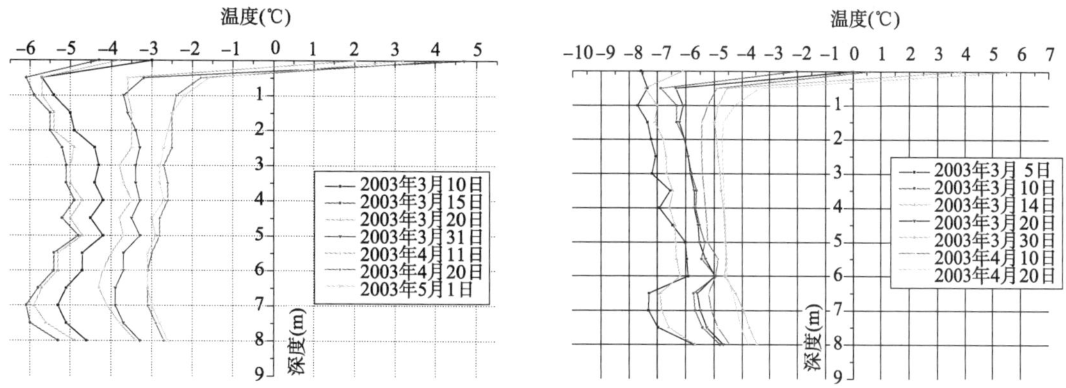

a)高温冻土区清水河　　b)低温冻土区风火山

图6-16　热棒侧壁地温随深度的变化曲线

另外图6-16显示的地温曲线底部是热棒蒸发段温度，热棒埋设初期，热棒蒸发段周围土体的温度变化幅度较大，地温曲线波动明显；随着时间的延长，热棒持续工作一段时间以后，热棒蒸发段周围土体的温度降低而且开始接近。

根据热棒不同距离不同深度的平均地温绘制的地温曲线（图6-17）还可以判断热棒的正常和持续工作状态。图6-17所示的是距离热棒0cm（热棒侧壁孔）、30cm、80cm、130cm、180cm、500cm远的测温孔3～8m深度土体平均温度的曲线。通过不同地温曲线可以对比得出：离开热棒不同距离的温度曲线有着明显的差别，热棒侧壁温度最低，离开热棒越远温度越高，说明热棒正常持续工作。

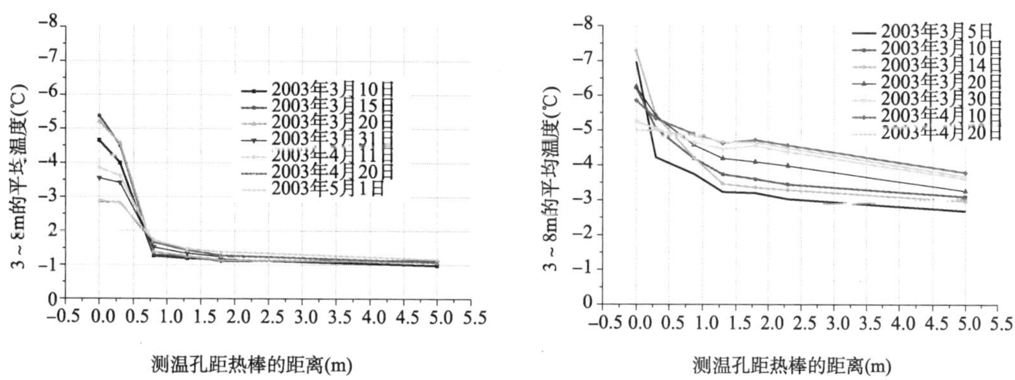

a)清水河试验　　b)风火山试验

图6-17　热棒不同距离的测温孔3～8m的平均温度随距离的变化曲线

地温曲线呈现的这些特点都是判断热棒在埋设以后工作状态的标志。以上分析判断证明热棒的工作状态正常。

图6-18和图6-19所示是冻土区南界附近高温不稳定冻土区域单支热棒试验数据绘制的侧壁地温曲线（图中不连续曲线是观测元件损坏造成的，但是不影响数据规律），曲线显示的2003—2005年试验期间，热棒在两个寒季期间地温变化也证明了热棒的工作状态及其特征。由图可知：

(1)寒季伊始(2003 年 12 月到 2004 年 4 月)热棒开始工作,散热导冷效果逐渐累积,热棒侧壁地温曲线逐渐向温度低的方向移动。

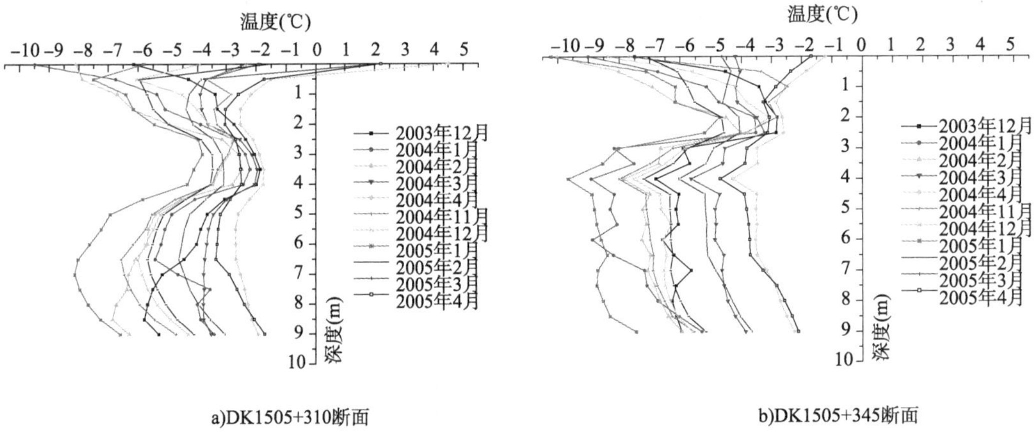

图 6-18 冻土区南界附近冻土区域和天然地面热棒寒季月平均地温变化

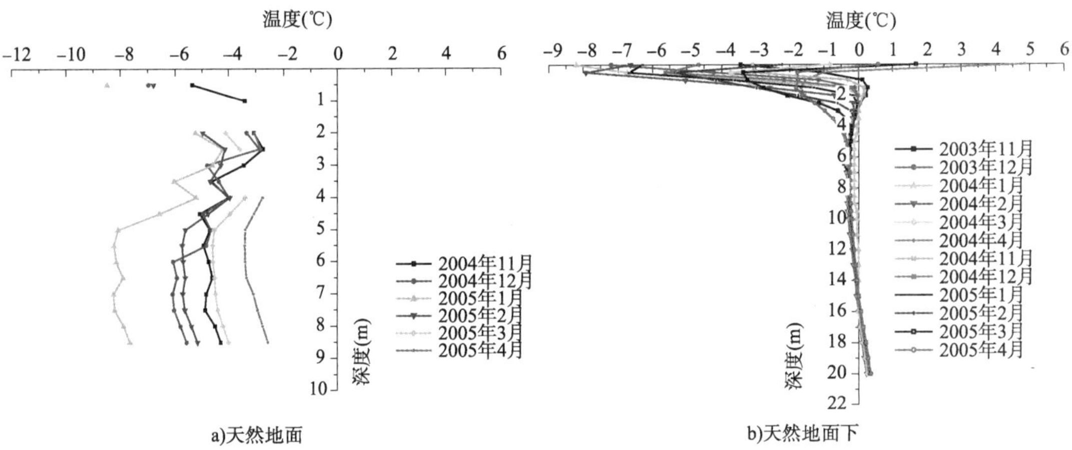

图 6-19 DK1505 + 260 断面热棒寒季月平均地温变化

(2)第二个寒季(2004 年 11 月到 2005 年 4 月)热棒在第一个寒季冷却土体基础上继续发挥散热导冷作用,地温曲线较 2003 年偏低。

(3)热棒侧壁温度对气温变化反应敏感并与气温变化相一致。随着寒季气温的降低,热棒侧壁各深度处的地温也逐渐降低,并随寒季末气温的逐渐升高而升高。这既说明了热棒工作状态,也显示热棒降温与环境气温变化的同向性。

2)热棒降温效果

通过现场单支热棒试验证明寒季环境气温条件和地温条件适合热棒启动和持续工作以后,还需要通过试验证明热棒持续工作冷却土体的连续效果。

以下通过不同冻土环境条件(高温冻土区、地温冻土区、冻土沼泽湿地、冻土南界边缘地区)的试验分析说明热棒工作降温效果及其呈现的规律。

热棒在每年寒季工作时间冷却地基土体,使土体温度降低,土体热惰性加强,因而在暖季热棒停止散热导冷工作期间,土体的季节融化过程和季节融化结果会有所改变。

高温冻土区典型地段清水河试验和低温冻土区典型地段风火山试验分别通过埋设在天然地面的热棒不同距离的测温孔3~8m的平均温度(表6-16和表6-17)和距热棒不同距离的测温孔3~8的平均温度随距离的变化曲线(图6-17)进行分析。

地面距热棒不同距离的测温孔3~8m的平均温度汇总 表6-16

日期(月-日)	距热棒的距离											
	侧壁		1号孔(30cm)		2号孔(80cm)		3号孔(130cm)		4号孔(180cm)		5号孔(500cm)	
	清水河	风火山	清水河	风火山	清水河	风火山	清水河	风火山	清水河	风火山	清水河	风火山
3-10	-4.65	-6.78	-3.99	-4.29	-1.26	-2.92	-1.19	-3.07	-1.15	-3.02	-0.98	-2.69
3-15	-5.38	-6.58	-4.50	-5.37	-1.29	-3.66	-1.23	-3.57	-1.11	-3.21	-1.13	-3.10
3-20	-5.20	-7.61	-4.56	-5.66	-1.39	-3.75	-1.25	-3.30	-1.14	-2.97	-1.08	-2.97
3-31	-3.54	-6.41	-3.41	-5.53	-1.52	-4.02	-1.34	-3.90	-1.23	-3.63	-1.09	-3.26
4-11	-3.85	-5.20	-3.61	-4.92	-1.66	-4.28	-1.44	-4.31	-1.26	-3.97	-1.08	-3.61
4-20	-2.86	-5.99	-2.83	-5.58	-1.66	-4.58	-1.44	-4.55	-1.27	-4.22	-1.08	-3.79
5-01	-2.90	-4.86	-2.81	-4.74	-1.73	-4.24	-1.48	-4.23	-1.38	-4.06	-1.16	-3.68

观测期内距热棒不同距离3~8m范围内平均地温的平均值 表6-17

观测站	距热棒的距离						
	侧壁	1号孔(30cm)	2号孔(80cm)	3号孔(1.3m)	4号孔(1.8m)	平均温度	5号孔(5m)
清水河	-4.71	-4.08	-1.42	-1.30	-1.21	-2.54	-1.08
风火山	-6.33	-5.08	-3.73	-3.55	-3.31	-4.4	-3.15

观测数据可以明显的看到不同条件下离开热棒距离的改变对土体温度变化的影响,距热棒不同距离的测温孔3~8m的平均温度随时间的变化说明了这种改变的累积程度的区别。

表6-16所列数据显示如下规律:

热棒侧壁温度变化反映了热棒工作环境(启动条件、持续工作条件)条件变化时热棒散热导冷作用的实时的直接效果,试验期间3月份到4月初气温环境有利于热棒启动和持续工作,侧壁温度渐低;4月初至5月初启动和持续工作气温环境渐差,侧壁温度由低渐高,但是由于气温环境总体适合热棒启动和持续及间断性工作,侧壁温度均呈现负温,为周围土体降低温度提供了能量来源和能量基础。侧壁温度总体较其他位置温度低。

距离热棒较近(距离30cm)的1号孔温度显示的规律近似于侧壁温度,总体温度高于侧壁温度。

距离热棒较远的孔(距离80cm、130cm、180cm)每个测温孔的地温显示了逐渐冷却降温的趋势,证明热棒持续工作的效果。

表6-17是热棒散热导冷的阶段地温平均值,5号孔由于距离热棒较远,超出了热棒冷却降温的影响范围,该测温孔与天然地面观测孔的温度基本相同,可以视之为天然地面地温,以此作为基准进行比较。热棒从侧壁向较远距离土体的温度都呈现一定降温效果,由于试验是寒季的后期3月开始,所以表6-19的温度变化数据是热棒在不足一个降温周期内的影

响;如果观测从 10 月份开始,热棒散热导冷降温幅度还要大一些。但是已经可以看出在 3 月至 4 月底观测期内随着热棒持续工作时间延长,热棒的累积散热导冷影响范围随时间的延长而扩大。

图 6-17 是不同冻土环境条件地温平均值随距离的变化对比图,图 6-20 是不同冻土环境条件下距热棒不同距离的地温平均值随时间的变化对比图,这两个对比图揭示如下规律:

这两个不同冻土环境条件下热棒均能够发挥自身冷却地基土体功能,以热棒为中心,这种冷却功能随着离开热棒距离延长而呈现衰减趋势,因此热棒应该有一个冷却影响范围。

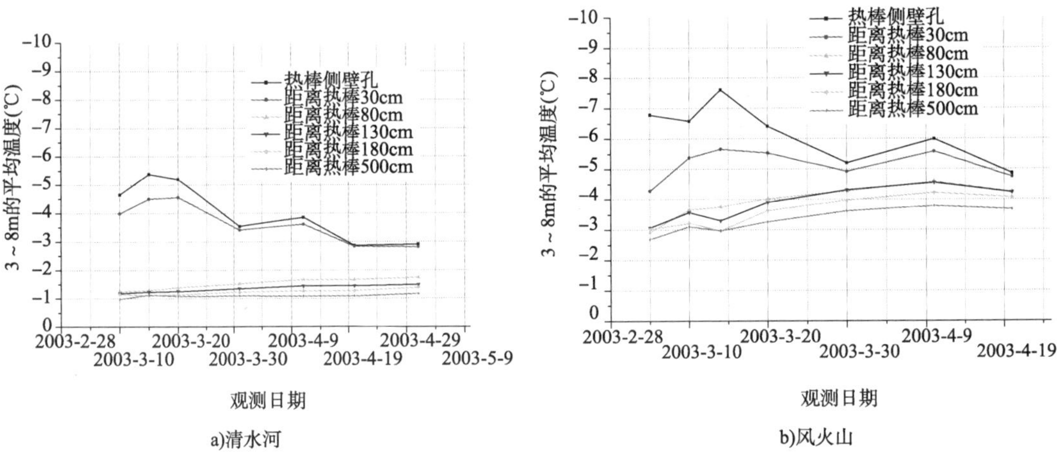

图 6-20 距热棒不同距离测孔 3 ~8m 深度平均温度随时间变化

热棒所处环境温度较低时冷却效果好于环境温度较高时间段,这和热棒持续工作时间有关;环境温度逐渐升高时,热棒从持续工作逐渐变化为断续工作,周围土体温度与天然条件相比仍然是呈现降温趋势,但是低温环境时间降温优于高温环境时间。

以上分析说明在整个冻结期间随着环境温度由高-低-高的变化,热棒的散热导冷过程呈现断续—持续—断续的变化,冷却降温强度呈现波浪式起伏,热棒周围土体的温度随距热棒距离的增加由低到高,每个测温断面的温度梯度随时间的延长而减小。这是由土体传热的滞后性及蒸发段温度变化随环境温度变化的特征所决定的。但是由于热棒散热导冷累积效应作用热棒周围土体的平均温度随时间的延长而降低。

冻土沼泽湿地典型地段选择柴木地方铁路进行热棒试验,观测数据说明了同样的问题。

天然地面距热棒不同距离的测温孔 3 ~8m 深度的平均温度见表 6-19。图 6-21 则反映了距热棒不同距离的测温孔 3 ~8m 深度的平均温度随时间的变化曲线和距热棒不同距离的测温孔 3 ~8m 深度的平均温度随距离的变化曲线。

从表 6-18 可以看出,在观测期内热棒的传热影响范围随时间的延长而扩大。从图 6-21a)可以看出,热棒周围不同距离钻孔地温随大气温度(季节)变化规律较为明显;在暖季,热棒影响范围内(<5m 距离)土体温度低于天然孔温度,反映了热棒工作持续时间内的储冷能力和降温效果。

图 6-21b)可以看出,热棒周围冻土的温度随距热棒距离的增加由低变高,且其平均温度均低于天然孔温度,反映了热棒工作储冷能力和降温效果。

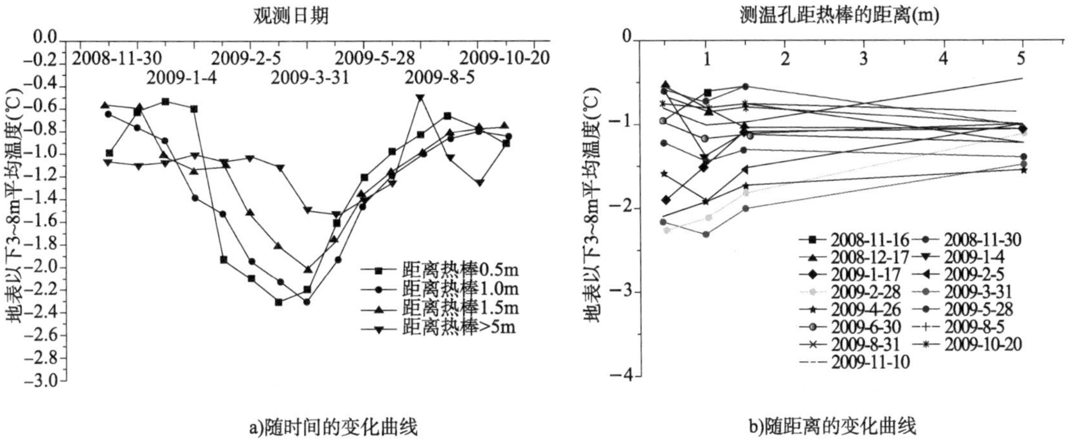

图6-21 冻土沼泽湿地热棒试验距离热棒不同位置平均温度随时间和距离变化

地面距热棒不同距离的测温孔3~8m深度的平均温度(单位:℃) 表6-18

观测日期	距热棒的距离			
	0.5m	1.0m	1.5m	>5.0m
2008-11-15	-1.00	-0.64	-0.57	-1.08
2008-11-30	-0.62	-0.75	-0.58	-1.10
2008-12-17	-0.54	-0.88	-1.05	-1.08
2009-1-4	-0.59	-1.40	-1.15	-1.01
2009-1-17	-1.94	-1.52	-1.11	-1.06
2009-2-5	-2.12	-1.95	-1.54	-1.02
2009-2-28	-2.30	-2.13	-1.82	-1.13
2009-3-31	-2.20	-2.32	-2.02	-1.50
2009-4-26	-1.61	-1.93	-1.76	-1.55
2009-5-28	-1.22	-1.46	-1.34	-1.40
2009-6-30	-0.99	-1.20	-1.15	-1.24
2009-8-5	-0.84	-1.02	-1.00	-0.49
2009-8-31	-0.66	-0.88	-0.81	-1.02
2009-10-20	-0.77	-0.80	-0.78	-1.26
2009-11-10	-0.92	-0.84	-0.76	-0.88

热棒的传热影响范围不可能大于5m,因此,可以近似的用距热棒>5m的测温孔作为基准孔来评价热棒的降温效果。从表6-19可以看出,在观测期内,距热棒不同距离的测温孔热棒蒸发段周围土体的平均温度平均降低了0.11℃。

观测期内距热棒不同距离3~8m深度范围内地温的平均值(单位:℃) 表6-19

距热棒的距离			
0.5m	1.0m	1.5m	>5m
-1.22	-1.31	-1.16	-1.12
平均-1.23			-1.12

表6-20列出了冻土区南界热棒试验数据,图6-22则是根据观测数据绘制的不同年份寒季热棒蒸发段位置(冻土)平均温度随时间变化的曲线。

冻土区南界典型地段天然场地热棒地面以下3~8m平均温度(单位:℃)　　表6-20

时　间	距热棒的距离							
	热棒侧壁	1号孔(距热棒30cm)	2号孔(距热棒80cm)	3号孔(距热棒130cm)	4号孔(距热棒180cm)	5号孔(距热棒205cm)	6号孔(距热棒230cm)	DK1505+310断面
2003-11-2		-0.18	-0.14	-0.23	-0.24	-0.24	-0.19	-0.25
2003-12-7	-7.75	-1.39	-0.64	-0.47	-0.28	-0.24	-0.24	-0.31
2004-1-7	-7.93	-2.04	-0.98	-0.71	-0.36	-0.26	-0.22	-0.22
2004-2-6	-5.69	-3.07	-1.51	-1.20	-0.35	-0.60	-0.53	-0.35
2004-3-1	-6.65	-2.23	-1.43	-1.18	-0.75	-0.63	-0.55	-0.29
2004-4-11	-3.63	-1.76	-1.27	-1.16	-0.84	-0.88	-0.77	-0.37
2004-4-19	-4.06	-1.85	-1.29	-1.12	-0.86	-0.78	-0.74	-0.37
2004-4-30	-2.52	-1.39	-1.12	-1.03	-0.85	-0.78	-0.76	-0.40
2004-11-5	-5.82	-3.06	-1.08	-0.93	-0.52	-0.44	-0.42	-0.32
2004-12-5	-6.65	-3.86	-1.99	-1.49	-0.84	-0.69	-0.63	-0.31
2005-1-4	-7.39	-3.62	-2.01	-1.65	-1.05	-0.87	-0.79	-0.29
2005-1-28	-9.10	-4.87	-2.60	-2.04	-1.22	-1.00	-0.90	-0.28
2005-2-23	-6.78	-4.26	-2.61	-2.15	-1.41	-1.19	-1.07	-0.28
2005-2-28	-5.79	-3.94	-2.57	-2.13	-1.42	-1.20	-1.09	-0.28
2005-3-5	-6.04	-4.04	-2.55	-2.11	-1.42	-1.21	-1.11	-0.28
2005-4-10	-3.81	-2.61	-2.00	-1.79	-1.38	-1.25	-1.17	-0.36
2005-4-15	-3.83	-2.77	-1.99	-1.74	-1.36	-1.24	-1.16	-0.36
2005-4-20	-3.33	-2.83	-1.95	-1.72	-1.35	-1.23	-1.16	-0.38
2005-4-25	-2.95	-2.43	-1.89	-1.69	-1.34	-1.22	-1.16	-0.39
2005-4-28	-4.25	-2.23	-1.81	-1.64	-1.33	-1.22	-1.15	-0.39

冻土环境不同的区域热棒散热导冷的效果有一些差别,但是单支热棒现场试验都显示了热棒在持续工作时间降低土体温度方面的持续性和明显的效果。

冻土湿地热棒散热导冷效果试验数据与上述两类冻土环境条件数据的区别在于,由于冻土湿地地表水分热容量的影响使土体温度变化的敏感性降低,整个降温过程呈现缓慢渐变很突出的特点,但是这种水分的影响在季节融化过程中同样存在。

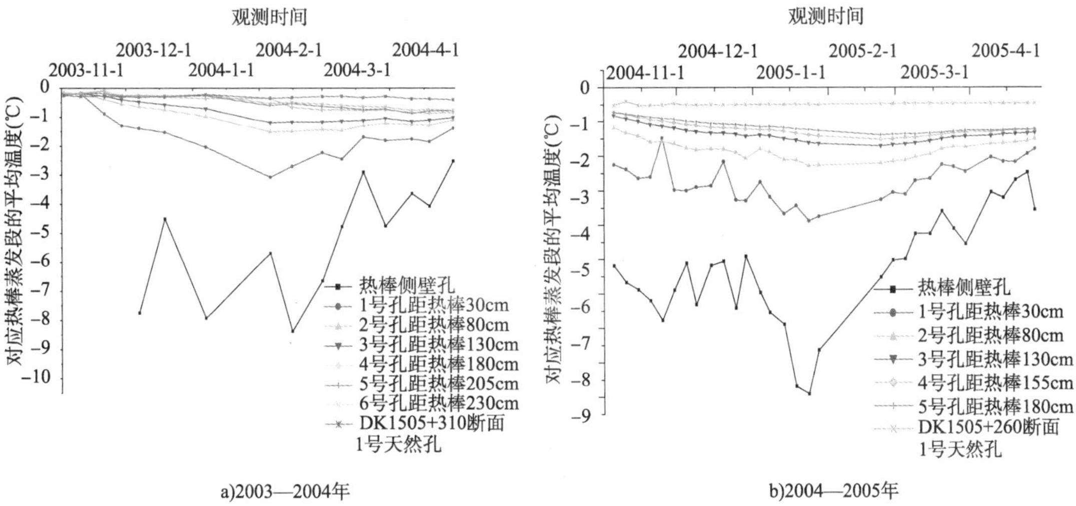

图6-22 冻土区南界寒季热棒蒸发段的平均温度随时间的变化曲线

6.3.3 热棒降温范围及其工程意义

热棒的降温范围是传热学问题，热棒的有效传热范围就是一个实际工程问题，在工程上称之为有效冷却半径。

本书5.3对热棒的冷却半径和有效冷却半径问题进行了理论计算方法的论述，但是在有条件的情况下，通过现场试验进行热棒降温范围分析，结合理论计算得出符合实际工程要求的有效冷却半径是科学的、合理的。

通过典型冻土环境条件下热棒散热导冷现场试验分析，得出热棒周围土体冷却降温随距离而变化的规律和随时间而变化的降温累积效果。研究分析这些规律，根据工程的目的确定热棒的有效冷却半径，据此进行热棒工程结构的实体试验，最终确定其中热棒的合理纵向埋设间距。这就是热棒降温范围试验研究的工程实际意义。

1)热棒降温范围分析

热棒的阶段降温范围和热棒持续降温累积效果热棒工程结构参数设计的关键问题，降温范围决定热棒间距，持续降温累积效果决定热棒的设计间距。对不同试验条件下单支热棒试验中不同位置温度变化和温度累积变化的分析是确定降温范围的主要来源。

热棒冷却作用的持续性效果最终体现在周围土体持续性降温幅度和范围，降温幅度是工程结构类比的指标，降温范围是确定热棒工程设计参数(合理埋设间距、埋设位置)的依据。

2)热棒冷却降温范围和幅度变化的显示特征

(1)热棒持续工作以后降温范围逐渐扩大，降低温度累积增加，降温幅度有限。

上述热棒的散热导冷现场试验表明：热棒在一个工作期(寒季)的冷却半径可达到1.5~2.5m，需视冻土条件而定。冻土温度场的测定试验表明：一个主动期(热棒工作期)热棒可使周围土温下降0.1℃；被动期(热棒基本不工作期)后，温度又重新上升，但仍比初始温度低。

观测数据还说明:天然地面下 3 ~8m 处的平均温度变化数值显示,热棒侧壁的温度低于周围土体的温度,说明热棒启动并且发挥了作用。在最冷的季节,是热棒工作效率发挥最大的时候,土体中的冷量在急剧增加后,向周围土体延伸传播需要一个过程。因此热棒侧壁土体温度变化最大值不是出现在气温最低的时候,而是有一个滞后期。

以热棒为圆心,距热棒不同距离天然地面下 3 ~8m 处的平均温度变化显示土体温度呈下降的趋势,在气温最低时(1 月 20 日至 2 月 5 日),温度下降的速率较大,其后温度下降的速率趋于平缓,并且距热棒较近的土体温度在其后还有上升的趋势。由此可以看出,热棒在寒季持续工作发挥了散热导冷效果,但是温度降低的幅度是有限。

从以上数据还可以看出,不同深度处的地温随时间的变化和气温的变化变化规律比较相似,呈现出余弦曲线变化的趋势。在热棒蒸发段附近位置处的温度变化较大。

(2)热棒冷却降温范围和降低温度变化与冻土环境有关。

根据江苏中圣集团公司与中铁西北科学研究院联合进行的低温热棒导冷降温现场试验的多年观测数据,整理出表 6-21,其列出了风火山天然地面热棒试验离热棒 0.3m 的 1 号观测孔的历年数据对比。由于热棒的传热影响范围不可能大于 5.0m,因此可以用天然地面距热棒 5.0m 的测温孔作为对比孔来评价热棒的降温效果。

从表 6-21、表 6-22 和表 6-23 可以看出,2003 年和 2007 年距热棒不同距离的测温孔热棒蒸发段周围土体的平均温度平均分别降低了 1.25℃ 和 1.60℃,说明了热棒的降温效果。上述表所列数据可以清楚地看到低温热棒导冷降温的累积效果有如下特征:

2003—2004 年距热棒不同距离的测温孔 3 ~8m 范围内平均地温的平均值 表 6-21

项目	距热棒的距离					
	侧壁	1 号孔(距热棒 30cm)	2 号孔(距热棒 80cm)	3 号孔(距热棒 130cm)	4 号孔(距热棒 180cm)	5 号孔(距热棒 500cm)
温度(℃)	-6.33	-5.08	-3.73	-3.55	-3.31	-3.15
平均温度(℃)	-4.40					-3.15

2003—2004 年观测期内热棒侧壁测温孔 3 ~8m 范围内平均地温的平均值 表 6-22

项目	测温孔编号				
	江苏-1	江苏-2	江苏-3	江苏-4	江苏-5
温度(℃)	-6.54	-6.22	-5.92	-5.67	-5.49
平均温度(℃)	-5.97				

2007 年距热棒不同距离的测温孔 3 ~8m 范围内平均地温的平均值 表 6-23

项目	距热棒的距离						
	侧壁	1 号孔(30cm)	2 号孔(80cm)	3 号孔(130cm)	4 号孔(180cm)	5 号孔(230cm)	5 号孔(天然地面)
温度(℃)	-5.97	-4.92	-6.41	-3.82	-3.74	-3.63	-3.15
平均温度(℃)	-4.75					-3.15	

①低温冻土区逐年降温幅度在 1.5 ~2.0℃,高温冻土区因为只有试验第二年即 2004 年完整资料,降温幅度为 1.65℃。

②如前所述,低温热棒启动靠气温、地温的差值(地温 - 气温≥0.2℃)和差值持续时间,不能够单纯考虑年平均气温和年平均地温;但是风火山冻结指数远远大于清水河,因而热棒持续工作时间大于清水河,因而同样的热棒,风火山降温累积效果优于清水河。

③风火山连续 5 年(2003—2007 年)热棒导冷降温效果检测说明在气温升高趋势下,只要冻结指数大于融化指数,热棒启动工作就有可能,导冷降温就可以持续。

(3)热棒降温幅度随着离开热棒距离而逐渐减小,热棒降温范围有限。

表 6-24 和表 6-25 是根据清水河和风火山热棒不同距离测孔的测温数据列出的。表中数据说明离开热棒一定距离以后,热棒导冷降温效果逐渐减弱,由此可以初步确定各类工程在不同降温效果要求时热棒的埋设距离。

清水河热棒不同距离测孔温度观测数据表(单位:℃)　　表 6-24

深度(m)	2004(清水河)			深度(m)	2004(清水河)		
	天然	1 号热棒	3 号热棒		天然	1 号热棒	3 号热棒
0.5	1.2	-0.1	0.5	5.5	-1.8	-3.6	-2.3
1	0	-1	0	6	-1.8	-3.7	-2.2
1.5	-0.9	-2	-1	6.5	-1.8	-3.7	-2.2
2	-1.4	-2.8	-1.7	7	-1.8	-3.6	-2.2
2.5	-1.6	-3.3	-2	7.5	-1.8	-3.4	-2.1
3	-1.7	-3.4	-2.1	8	-1.7	-3	-1.9
3.5	-1.7	-3.6	-2.2	8.5	-1.7	-3.3	-1.9
4	-1.8	-3.6	-2.2	平均	-1.41	-3.02	-1.76
4.5	-1.8	-3.6	-2.2	降温		1.61	0.35
5	-1.8	-3.6	-2.2				

风火山天然地面热棒离热棒 0.3m 的 1 号观测孔观测数据对比(单位:℃)　　表 6-25

深度(m)	2004(风火山)		2005(风火山)		2006(风火山)		2007(风火山)	
	天然	热棒	天然	热棒	天然	热棒	天然	热棒
0.5	-6.74	-7.27	-5.97	-6.66	-4.88	-5.78	-5.74	-6.38
1	-5.69	-6.93	-5.03	-6.17	-4.27	-5.4	-4.79	-6.14
1.5	-4.86	-6.49	-4.13	-5.7	-3.63	-5.11	-4.13	-6
2	-4.49	-6.04	-3.36	-5.32	-3.07	-4.88	-3.51	-5.66
2.5	-3.62	-5.79	-3.06	-5.19	-2.86	-4.82	-3.22	-5.59
3	-3.31	-5.51	-2.86	-5.02	-2.73	-4.7	-3.06	-5.48
3.5	-3.1	-5.27	-2.74	-4.85	-2.64	-4.57	-2.94	-5.3
4	-2.91	-5.08	-2.63	-4.71	-2.57	-4.46	-2.85	-5.18
4.5	-2.8	-4.89	-2.57	-4.57	-2.54	-4.36	-2.77	-5.06
5	-2.71	-4.7	-2.53	-4.44	-2.52	-4.25	-2.74	-4.93
5.5	-2.67	-4.55	-2.52	-4.32	-2.53	-4.17	-2.72	-4.83
6	-2.64	-4.44	-2.53	-4.22	-2.53	-4.07	-2.69	-4.72

续上表

深度(m)	2004(风火山)		2005(风火山)		2006(风火山)		2007(风火山)	
	天然	热棒	天然	热棒	天然	热棒	天然	热棒
6.5	-2.64	-4.32	-2.55	-4.12	-2.55	-3.97	-2.7	-4.6
7	-2.63	-4.21	-2.55	-4.02	-2.55	-3.87	-2.68	-4.47
7.5	-2.64	-4.08	-2.55	-3.91	-2.57	-3.75	-2.68	-4.31
8	-2.65	-3.8	-2.57	-3.64	-2.61	-3.54	-2.69	-4.01
8.5	-2.65	-3.47	-2.58	-3.37	-2.62	-3.29	-2.68	-3.68
平均	-3.46	-5.11	-3.10	-4.72	-2.92	-4.41	-3.21	-5.01
降温	1.65		1.62		1.49		1.89	

表6-26是根据第6章计算模型计算得出的长期运行条件下热棒传冷量的变化。这个变化规律与实际观测数据显示的规律相符。

低温冻土区典型地段天然地面热棒导冷量随运行时间的变化 表6-26

时间(h)	303	1033	1763	2493	3223	3953	4683	4925
导冷量(W)	40.94	125.32	190.29	220.07	205.10	147.19	64.03	34.81

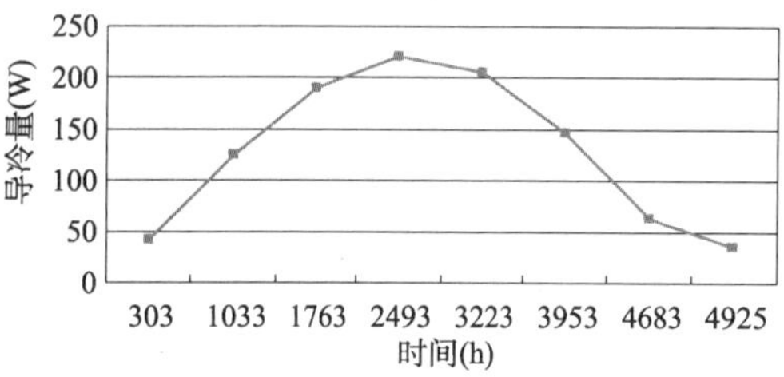

图6-23 低温冻土区典型地段天然地面热棒导冷量随运行时间的变化

相应的导冷量随时间的变化如图6-23所示。由图6-23可知,热棒的导冷量在整个寒季的工作时间内是先随运行时间而增大,当到达一峰值导冷量时,热棒的导冷量就又随运行时间而降低。

另外,从图6-23中还可以发现,热棒的导冷量是与大气温度随时间的变化密切相关的。随着气温的不断降低,即寒季的逐渐来临,热棒的导冷量也相应的逐渐增大;当外界大气温度到达某一温度值时,热棒的导冷量开始达到峰值;随后由于气温的回升,即暖季的来临,导冷量又开始逐渐降低;当外界大气温度完全升高到高于热棒蒸发段附近土体温度时,热棒即停止工作。

(4)热棒降温范围、冻土环境条件、工程目的决定了热棒有效冷却半径。

"热棒的有效制冷半径"或"热棒的有效传热影响范围"一直没有准确的定义。笔者认为,上述两个概念从理论上理解是指受热棒制冷的影响,热棒周围土体温度变化较大或较明显的区域。一般是指热棒周围的径向温度随距热棒距离变化而变化的曲线上斜率较大的那部分对应的距离。

冻土工程应用上述两个概念应该首先确定工程目的,然后根据单支热棒的散热导冷现场试验规定工程目标,在此基础上明确热棒在具体工程项目中的"有效制冷半径"或"有效传热影响范围",再考虑冻土环境的变化趋势,确定热棒合理埋设间距。

试验表明,在观测期内,热棒的传热影响范围随寒季热棒工作时间的延长而逐渐扩大。寒季天然地面热棒周围测温孔热棒蒸发段的平均温度均较天然地面孔相应深度处的平均温度有不同程度的降低,这说明热棒降低土体温度的效果明显。

从时间上看,气温越低,热棒周围测温孔热棒蒸发段的平均温度也越低,并随气温的升高而逐渐升高。从距离上看,离热棒越近,热棒周围测温孔热棒蒸发段的平均温度受热棒的影响越大。由于热传导的原因,离热棒越远,热棒周围测温孔热棒蒸发段平均温度的改变越滞后。

冻土区典型地段气象站长期观测数据揭示了近 50 年气温变化幅度及其影响下地温变化趋势,热棒的应用直接针对这种升温趋势。因此在确定有效冷却半径时,应该根据当地已有观测资料绘制地温曲线,确定冻土年变化层以上至上限附近地温年变化幅度的长期波动值,和热棒在相同深度范围降低地温的幅度进行比较。结合观测数据分析确定有效冷却半径。

试验数据表明试验热棒 2004 年 4 月埋设完成,2003—2004 年寒季热棒周围各个测温孔热棒蒸发段的平均温度基本接近,且平均温度比 2004—2005 年寒季要高很多,说明热棒在降低地温方面有明显的效果。

从图 6-24 和图 6-25 可以看出,热棒周围冻土的温度随距热棒距离的增加而升高,且其温度梯度随寒季末的来临而逐渐减小。在距离热棒约 1.4m 处,温度梯度明显减小。图6-24 和图 6-25 为天然地面热棒在 2002—2003 年以及 2003—2004 年寒季各个测温孔距热棒不同距离温度差值与时间的变化曲。从两个图中可以看出,距离热棒越远,温度变化差值越小。距热棒 95cm 与距热棒 20cm 的温差最大值(2003—2004 年寒季)最大可达到 2.54℃;距热棒 145cm 与距热棒 95cm 的温差最大值(2003—2004 年寒季)最大为 0.75℃;距热棒 195cm 与距热棒 145cm 的温差最大值(2003—2004 年寒季)最大值为 0.26℃;距热棒 245cm 与距热棒 195cm 的温差最大值(2003—2004 年寒季)最大值为 0.18℃。如果采用梯度来表达的话,上述各个距离段的温度梯度分别为:3.39℃/m、1.5℃/m、0.52℃/m、0.36℃/m。可以看到,在距热棒 145cm 之后,平均温度的梯度较小,因此,可以认为天然地面热棒影响范围为大于 1.45m。

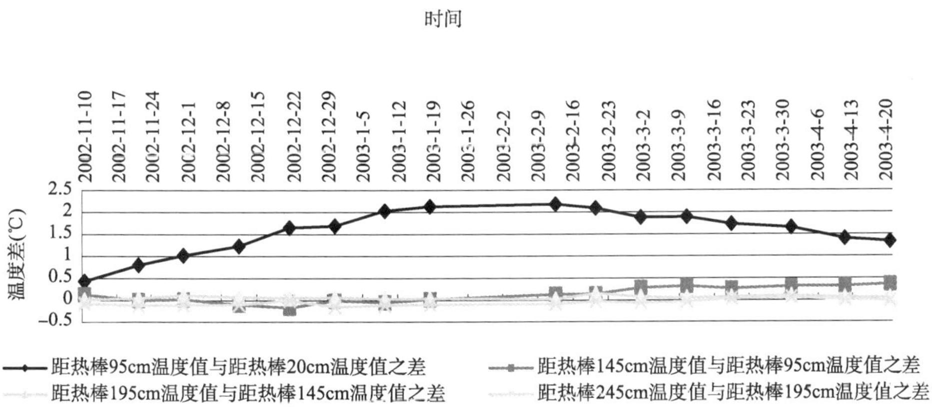

图 6-24　天然地面热棒 2002—2003 年寒季距热棒不同距离的温度差值

热棒工程应用确定热棒有效制冷半径需要根据理论计算(见本书 5.3.2 节)、现场试验及工程目标综合考虑,这是一个复杂的系统工程问题。

(5)热棒有效冷却半径分析方法。

由于热棒蒸发段周围温度场的分布是轴对称的,且热棒蒸发段最下面的 1.0m 的温度场受周围土体温度的热影响较大,因此,除去热棒蒸发段最下面的 1.0m 外,将寒季其余热棒蒸发段对应的各测温孔深度范围内的温度计算平均值，并与天然地面孔相同深度处的平均温度进行对比，可以分析热棒降低周围土体温度的效果。表6-29～表6-31是冻土区南界边缘高温极不稳定冻土区热棒观测数据统计表。

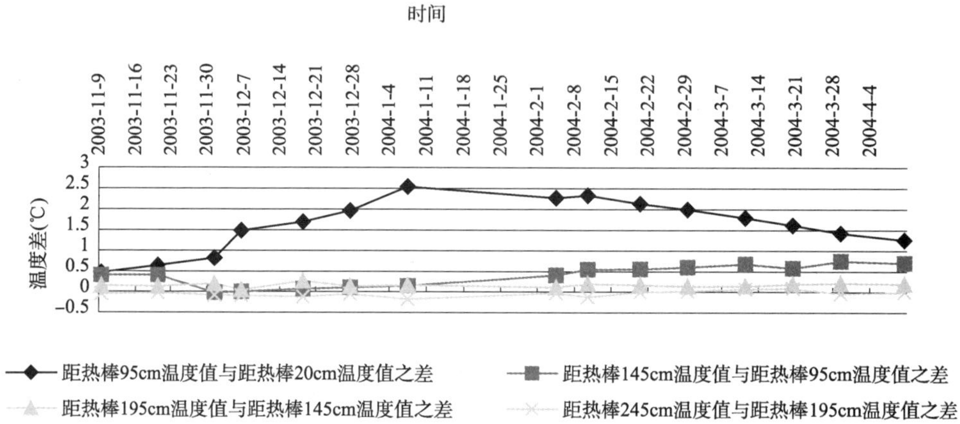

图6-25 天然地面热棒2003—2004年寒季距热棒不同距离的温度差值

从表6-27～表6-30可以看出：

DK1505+260断面天然地面热棒寒季各测温孔4.5～8.0m深度的平均温度(单位:℃) 表6-27

时间	距热棒的距离						
	热棒侧壁	1号孔(距热棒30cm)	2号孔(距热棒80cm)	3号孔(距热棒130cm)	4号孔(距热棒155cm)	5号孔(距热棒180cm)	对比天然孔
2003-11-2		-0.11	-0.24	-0.42	-0.33	-0.38	-0.55
2003-12-7	-5.36	-1.42	-0.79	-0.59	-0.52	-0.46	-0.48
2004-1-7	-4.63	-2.08	-1.07	-0.73	-0.63	-0.51	-0.28
2004-2-6	-5.03	-3.06	-1.70	-1.21	-1.08	-0.91	-0.60
2004-3-1	-4.93	-2.19	-1.50	-1.19	-1.06	-0.89	-0.45
2004-4-11	-2.89	-1.60	-1.22	-1.03	-0.94	-0.87	-0.58
2004-4-30	-1.85	-1.31	-1.08	-0.97	-0.92	-0.91	-0.51
2004-11-5	-5.19	-2.25	-1.18	-0.83	-0.73	-0.73	-0.52
2004-12-5	-5.11	-3.00	-1.77	-1.25	-1.08	-0.99	-0.51
2005-1-8	-6.54	-3.18	-1.89	-1.41	-1.24	-1.14	-0.50
2005-1-24	-8.91	-3.88	-2.28	-1.61	-1.39	-1.23	-0.49
2005-1-28	-7.63	-3.75	-2.27	-1.64	-1.42	-1.26	-0.49
2005-2-23	-5.52	-3.26	-2.21	-1.71	-1.52	-1.39	-0.48
2005-3-5	-4.99	-3.11	-2.12	-1.65	-1.47	-1.36	-0.48
2005-3-30	-4.56	-2.45	-1.74	-1.43	-1.31	-1.26	-0.48
2005-4-28	-3.55	-1.79	-1.51	-1.32	-1.23	-1.23	-0.49

DK1505+275 断面天然地面热棒寒季各测温孔天然地面下4.5~8.0m 的平均温度(单位:℃) 表6-28

时间	距热棒的距离							
	热棒侧壁	1号孔(距热棒30cm)	2号孔(距热棒80cm)	3号孔(距热棒130cm)	4号孔(距热棒180cm)	5号孔(距热棒205cm)	6号孔(距热棒230cm)	对比天然孔
2003-11-2		-0.24	-0.30	-0.27	-0.38	-0.32	-0.33	-0.20
2003-12-7		-0.37	-0.20	-0.34	-0.36	-0.36	-0.36	-0.40
2004-1-7		-0.25	-0.24	-0.20	-0.28	-0.25	-0.32	-0.24
2004-2-6		-0.45	-0.41	-0.47	-0.39	-0.42	-0.47	-0.52
2004-3-1		-0.41	-0.37	-0.28	-0.36	-0.32	-0.36	-0.39
2004-4-30	-1.36	-0.73	-0.55	-0.46	-0.41	-0.42	-0.42	-0.43
2004-11-5	-5.35	-2.62	-1.40	-0.84	-0.50	-0.48	-0.44	-0.43
2004-12-5	-5.80	-3.43	-2.12	-1.38	-0.74	-0.69	-0.64	-0.42
2005-1-4	-6.33	-3.22	-2.09	-1.54	-0.93	-0.87	-0.88	-0.41
2005-1-28	-8.17	-4.44	-2.76	-1.91	-1.06	-0.99	-0.93	-0.40
2005-2-28	-5.14	-3.51	-2.56	-1.93	-1.21	-1.13	-1.06	-0.39
2005-3-5	-5.13	-3.51	-2.51	-1.89	-1.20	-1.13	-1.05	-0.39
2005-4-10	-3.40	-2.26	-1.83	-1.55	-1.13	-1.09	-1.05	-0.40
2005-4-28		-1.91	-1.64	-1.44	-1.10	-1.07	-1.03	-0.41

DK1505+310 断面天然地面热棒寒季各测温孔天然地面下3~8m 的平均温度 表6-29

时间	距热棒的距离							
	热棒侧壁	1号孔(距热棒30cm)	2号孔(距热棒80cm)	3号孔(距热棒130cm)	4号孔(距热棒180cm)	5号孔(距热棒205cm)	6号孔(距热棒230cm)	对比天然孔
2003-11-2		-0.18	-0.14	-0.23	-0.24	-0.24	-0.19	-0.25
2003-12-7	-7.75	-1.39	-0.64	-0.47	-0.28	-0.24	-0.24	-0.31
2004-1-7	-7.93	-2.04	-0.98	-0.71	-0.36	-0.26	-0.22	-0.22
2004-2-6	-5.69	-3.07	-1.51	-1.20	-0.35	-0.60	-0.53	-0.35
2004-3-1	-6.65	-2.23	-1.43	-1.18	-0.75	-0.63	-0.55	-0.29
2004-3-30	-4.75	-1.81	-1.23	-1.06	-0.75	-0.72	-0.65	-0.29
2004-4-11	-3.63	-1.76	-1.27	-1.16	-0.84	-0.88	-0.77	-0.37
2004-4-30	-2.52	-1.39	-1.12	-1.03	-0.85	-0.78	-0.76	-0.40
2004-11-5	-5.82	-3.06	-1.08	-0.93	-0.52	-0.44	-0.42	-0.32
2004-12-5	-6.65	-3.86	-1.99	-1.49	-0.84	-0.69	-0.63	-0.31
2005-1-4	-7.39	-3.62	-2.01	-1.65	-1.05	-0.87	-0.79	-0.29
2005-1-28	-9.10	-4.87	-2.60	-2.04	-1.22	-1.00	-0.90	-0.28

续上表

时间	距热棒的距离							
	热棒侧壁	1号孔（距热棒30cm）	2号孔（距热棒80cm）	3号孔（距热棒130cm）	4号孔（距热棒180cm）	5号孔（距热棒205cm）	6号孔（距热棒230cm）	对比天然孔
2005-2-23	-6.78	-4.26	-2.61	-2.15	-1.41	-1.19	-1.07	-0.28
2005-3-9	-5.36	-3.48	-2.45	-2.08	-1.44	-1.24	-1.13	-0.29
2005-4-10	-3.81	-2.61	-2.00	-1.79	-1.38	-1.25	-1.17	-0.36
2005-4-28	-4.25	-2.23	-1.81	-1.64	-1.33	-1.22	-1.15	-0.39

DK1505+345 天然地面热棒寒季测温孔天然地面下4.5~8.0m的平均温度 表6-30

时间	距热棒的距离								
	热棒侧壁	1号孔（距热棒30cm）	2号孔（距热棒80cm）	3号孔（距热棒130cm）	4号孔（距热棒180cm）	5号孔（距热棒205cm）	6号孔（距热棒230cm）	7号孔（距热棒255cm）	对比天然孔
2003-11-2		-0.08	0.00	-0.08	0.00	0.00	0.01	-0.02	-0.16
2003-12-7		-0.07	-0.04	-0.01	0.00	-0.01	-0.02	-0.02	-0.17
2004-1-7		0.00	0.00	0.00	0.00	0.00	0.00	0.00	-0.06
2004-2-6		-0.15	-0.14	-0.15	-0.14	-0.17	-0.13	-0.15	-0.35
2004-4-11		-0.09	-0.10	-0.13	-0.08	-0.13	-0.09	-0.09	-0.24
2004-4-19	-2.70	-0.90	-0.13	-0.09	-0.08	-0.08	-0.06	-0.08	-0.18
2004-4-30	-1.49	-0.77	-0.25	-0.15	-0.12	-0.10	-0.10	-0.11	-0.20
2004-11-5	-5.05	-3.13	-0.86	-0.38	-0.24	-0.09	-0.15	-0.08	-0.20
2004-11-25	-6.45	-3.61	-1.28	-0.71	-0.43	-0.28	-0.24	-0.15	-0.20
2004-11-30	-7.30	-4.24	-1.34	-0.73	-0.45	-0.30	-0.25	-0.14	-0.19
2004-12-9	-6.09	-3.76	-1.51	-0.86	-0.30	-0.35	-0.30	-0.22	-0.19
2005-1-8	-6.43	-4.23	-1.68	-1.08	-0.72	-0.54	-0.43	-0.34	-0.18
2005-1-19	-9.77	-4.61	-1.96	-1.24	-0.80	-0.59	-0.47	-0.38	-0.18
2005-1-28	-8.79	-5.08	-2.12	-1.36	-0.87	-0.64	-0.52	-0.41	-0.18
2005-2-23	-6.43	-4.17	-2.05	-1.43	-1.01	-0.78	-0.65	-0.53	-0.18
2005-3-9	-4.79	-3.21	-1.90	-1.38	-1.00	-0.80	-0.67	-0.56	-0.18
2005-3-15	-4.39	-3.19	-1.81	-1.32	-0.97	-0.79	-0.68	-0.56	-0.17
2005-3-20	-4.00	-2.69	-1.64	-1.27	-0.97	-0.79	-0.68	-0.57	-0.18
2005-3-25	-4.99	-2.95	-1.58	-1.20	-0.94	-0.78	-0.68	-0.58	-0.18
2005-3-30	-4.30	-3.12	-1.63	-1.20	-0.92	-0.76	-0.67	-0.57	-0.17
2005-4-10	-3.32	-2.37	-1.49	-1.18	-0.92	-0.77	-0.67	-0.58	-0.18
2005-4-15	-3.28	-2.46	-1.50	-1.15	-0.91	-0.77	-0.68	-0.59	-0.18
2005-4-20	-2.82	-2.72	-1.46	-1.12	-0.89	-0.76	-0.67	-0.59	-0.18
2005-4-25	-2.48	-2.06	-1.41	-1.11	-0.87	-0.76	-0.68	-0.59	-0.18
2005-4-28	-4.29	-1.95	-1.34	-1.08	-0.88	-0.75	-0.67	-0.60	-0.18

①DK1505+260、DK1505+275 和 DK1505+345 断面天然地面热棒蒸发段对应的深度范围是天然地面以下 4.5~9.0m；DK1505+310 断面天然地面热棒蒸发段对应的深度范围是天然地面以下 3.0~9.0m。

②由于 DK1505+275 断面和 DK1505+345 断面天然地面热棒是 2004 年 4 月埋设完成的，所以 2003—2004 年寒季热棒周围各个测温孔热棒蒸发段的平均温度基本接近，且平均温度比 2004—2005 年寒季要高很多，说明热棒在降低地温方面显示出明显的效果。

从表 6-27～表 6-30 可以看出：

①在观测期内，天然地面热棒的传热影响范围随寒季热棒工作时间的延长而逐渐扩大，寒季天然地面热棒周围测温孔热棒蒸发段的平均温度均较天然地面孔相应深度处的平均温度有不同程度的降低，说明热棒降低土体温度的效果明显。

②各断面的 1 号天然地面孔距离该断面对应的天然地面热棒的水平距离为 10m 左右。

③从时间上看，气温越低，热棒周围测温孔热棒蒸发段的平均温度也越低，并随气温的升高而逐渐升高。从距离上看，离热棒越近，热棒周围测温孔热棒蒸发段的平均温度受热棒的影响越大。

④由于热传导的原因，离热棒越远，热棒周围测温孔热棒蒸发段平均温度的改变越滞后。

数据统计说明，DK1505+260 断面天然地面热棒的最大传热影响范围大于 1.8m；DK1505+275 断面天然地面热棒的最大传热影响范围大于 2.3m；DK1505+310 断面天然地面热棒的最大传热影响范围也大于 2.3m；DK1505+345 断面天然地面热棒的最大传热影响范围大于 2.55m。

综上所述，天然条件下热棒的现场试验结果有助于准确合理的确定热棒有效冷却半径，为工程实体现场试验奠定基础。

6.4 热棒工程实体试验技术

为了实现热棒工程的规模化应用，热棒基础条件和基本性能的试验完成以后，还需要进行工程实体试验。工程实体试验应该根据冻土区工程的设计要求，在不同冻土环境工程地质条件典型地段设置一定的热棒工程结构类型，验证气温、地温等不同环境条件下热棒工程的散热导冷效果，确定热棒工程规模化应用的结构类型，热棒实体工程试验是热棒工程应用技术的重要组成部分。

热棒工程实体试验一般是在规模化工程施工前期进行，试验工程作为运营工程的一部分，所起到的作用除了验证设计、修正设计以外，其观测系统还应该在热棒工程长期运行期间，对热棒工作效果的发展趋势和热棒工程病害的发生起到预警作用。

6.4.1 实体工程试验设置原则

鉴于热棒试验工程对工程设计的验证和指导作用、对工程的示范作用、其观测系统对工程运行状态的昭示预警作用，试验工程设置原则既要与工程设计原则相同，还需要满足病害预警设置要求。

热棒工程设计原则是根据应用热棒技术的工程建筑物的冷生结构特征，在不同冻土环境条件下有不同的应用目的和应用要求，而这些目的和要求是依据多年冻土的年平均地温(T_{cp})值和环境气温条件，结合局地工程地质条件确定的。

多年冻土工程设计首先根据多年冻土区的地温分区确定设计原则，即：

(1)当 $T_{cp} \geq -0.5℃$时，为高温极不稳定区，即Ⅰ区。

(2)当$-1.0℃ \leq T_{cp} < -0.5℃$时，为高温不稳定区，即Ⅱ区。

(3)当$-2.0℃ \leq T_{cp} < -1.0℃$时，为低温基本稳定区，即Ⅲ区。

(4)当 $T_{cp} < -2.0℃$时，为低温稳定区，即Ⅳ区。

对不同地温分区的热棒工程以“冷却地基”理论为基本原则，确定“保持冻土在冻结状态”、“延缓冻土融化过程”的设计原则，其次根据多年冻土总含水率，对多年冻土进行工程分类，将其分为少冰冻土、多冰冻土、富冰冻土、饱冰冻土和含土冰层。少冰冻土及多冰冻土称之为低含冰量冻土，富冰冻土、饱冰冻土及含土冰层称之为高含冰量冻土。对不同类型多年冻土采用不同结构形式以达到设计的要求。

在冻土工程跨越冻土地温分区比较单一时，则根据不良工程地质条件进行工程地质分区。如青海省柴木地方铁路冻土地温分区较为单一，根据一般冻土地质条件冻土沼泽发育的不良地质条件进行了次一级的分区。

针对大的地温分区、次级工程地质分区和多年冻土含冰量的典型地段，确定热棒工程实体试验的地段。

高含冰量冻土是形成热融滑塌、热融沉陷、热融湖塘等不良地质现象的基本条件，也是造成路基下沉、桥涵基础不均匀沉降、房屋变形开裂、隧道衬砌破裂等工程建筑物破坏的主要原因。当多年冻土地温发生变化时，首先危及的是多年冻土上限附近的高含冰量冻土，它的变化是融化下沉的主要原因，而热棒的设置主要针对这种可能发生的地温造成的融沉变形现象。

冻土区大规模应用热棒技术的工程施工之前，需要先期在上述不同冻土分区进行热棒工程实体试验。试验目的是验证热棒工程结构参数合理性和结构类型对该类冻土环境和冻土特征条件下的冷却效果和长期工作的适应性。

青藏铁路冻土区应用热棒的主要冻土地段有以下几种：

(1)冻土区边缘地段：环境气温高，年平均气温$-3.0℃$左右，多年冻土多为高温极不稳定多年冻土，其中地下冰地段和含土冰层地段都采用“以桥代路”工程措施，其余多年冻土地段尤其是厚度小于20m的地段，多年冻土极不稳定。

(2)没有采用“以桥代路”工程措施的高温极不稳定多年冻土和高温不稳定多年冻土地段：冻土地段年平均气温在$-4.5 \sim -3.0℃$之间，冻土含冰量较大，年平均地温较高。

(3)含冰量较大的低温多年冻土地段：年平均气温较低，但是局部地形地貌条件影响多年冻土不稳定，易受热扰动。

(4)越岭地段低路堤地段：由于路堤高度受纵坡限制没有达到最小临界高度，使多年冻土处于不稳定状态。

在上述多年冻土地区进行热棒工程设计和施工时，需要进行热棒实体工程试验；在一些特殊地段如冻土沼泽湿地地段进行热棒工程施工，也需要进行实体工程试验；在跨越度较大的输变电工程应用热棒技术时，可以参照类似地段热棒工程已有试验结果进行设计和施工。

6.4.2　实体工程试验设计

热棒实体工程试验设计主要进行两方面工作：

（1）试验观测内容确定。

（2）试验观测场地平面设计和垂直剖面观测设备布置。

热棒工程设计的主要目的是：

（1）降低冻土温度，提高冻土的热稳定性，保证冻土工程的稳定。

（2）均衡工程建筑物基底多年冻土温度，均衡工程变形的差异，抑制潜在病害发展，保证工程正常使用。

（3）降低土体温度，均衡冻土热状态，减少变形差异和变形总量，整治工程病害。

试验工程应该针对热棒工程设计思想、设计目的选择试验场地、确定试验内容，然后进行观测方法、观测手段、观测设备的制订和设置。

1）试验观测内容确定和分析

热棒工程实体试验效果主要从两个方面分析：以温度为标志的热交换过程和结果，以变形为标志的力学过程和结果。

以温度为标志的热交换过程和结果主要表现在降低土体温度和均衡传热差异效果分析，以及制约效果的热棒散热导冷场地气候条件的关联性分析；以变形为标志的力学过程和结果主要分析工程不同部位变形发展过程和变形总量及变形差异。

热棒传热是以轴对称为特征的轴向传热，土壤本身与大气层进行热交换方向与热棒轴向传热垂直，但是最终表现是土壤各个层面温度变化。

以热棒路基为例，热棒试验工程数据分析主要根据以下几个关键部位的数据进行分析。

（1）天然地面观测孔数据

天然地面观测孔数据是热棒工程试验数据对比的基础和参照，从能量条件和热交换结果角度衡量对比试验效果，则应该观测和分析以下两方面的温度数据。

①天然地面温度是环境气温通过地表向多年冻土层传递热量的效果体现，它是多年冻土存在的能量标志，也是地气热交换的能量标志。观测地表温度主要分析以下几个特征和绘制以下的特征曲线：

a. 地表温度发展进程（时间-温度统计表和时间-温度曲线）即融化进程曲线。

b. 年平均地表温度（冻融年度全过程所有观测值代数和的平均值）。

c. 地表温度冻结指数（冻融年度观测的每一负温度与延续时间的乘积）。

d. 地表温度融化指数（冻融年度观测的每一正温度与延续时间的乘积）。

e. 地表温度过余冻结能力（冻结指数-融化指数）。

天然地面条件多年冻土天然上限是热棒作用效果的对比参照。

②季节融化层底面（最大季节融化深度处）温度特征：季节融化层传热特征是多年冻土和修建路基工程以后的多年冻土稳定性的主要影响因素。季节融化层底面温度特征主要分析以下几方面：

①季节融化层底面温度发展进程（时间-温度）。

②季节融化层底面温度年平均值（冻融全过程所有观测值代数和的平均值）。

③季节融化层底面冻结指数(冻融年度观测的每一负温度与延续时间的乘积)。

④季节融化层底面融化指数(冻融年度观测的每一正温度与延续时间的乘积)。

⑤季节融化层底面过余冻结能力(冻结指数-融化指数)。

(2)热棒路基观测孔数据(其他工程观测孔类似)

热棒路基地温场观测内容原则上与天然条件下观测内容一致,只不过由于热棒路基表面性状与天然地面不同,表面以下土体或结构的传热特征与天然土体不同。

为了研究热棒路基结构传热效果,还必须观测和分析一些由于热棒的设置造成的路基特殊结构面上的温度变化特征。热棒路基地温场观测内容包括以下四点。

①左右路肩表面温度:通过观测左右路肩表面温度,分析以下内容:

a. 左右路肩地表温度发展进程(时间-温度统计表和时间-温度曲线)。

b. 左右路肩年平均地表温度(冻融年度全过程所有观测值代数和的平均值)。

c. 左右路肩地表冻结指数(冻融年度观测的每一负温度与延续时间的乘积)。

d. 左右路肩地表融化指数(冻融年度观测的每一正温度与延续时间的乘积)。

e. 左右路肩地表过余冻结能力(冻结指数-融化指数)。

②路基土体最大季节融化深度(路基工程人为上限):这是热棒路基工程效果的最主要衡量标准,通过冻融全过程观测到的0℃点下移位置,判断出现0℃温度的最大深度值,就是热棒路基工程人为上限位置。

③路基土体季节融化层底面温度(最大季节融化深度处):特征主要分析以下内容:

a. 季节融化层底面温度发展进程(时间-温度)。

b. 季节融化层底面温度年平均值(冻融全过程所有观测值代数和的平均值)。

c. 季节融化层底面冻结指数(冻融年度观测的每一负温度与延续时间的乘积)。

d. 融化指数(冻融年度观测的每一正温度与延续时间的乘积)。

e. 过余冻结能力(冻结指数-融化指数)。

④热棒特殊位置温度观测和分析主要包括:热棒蒸发段位置温度观测分析,热棒路基坡脚地表温度,热棒埋设位置路基温度对比。

通过观测分析以上内容,研究在气温变化条件下,热棒的设置造成冻土和热棒路基工程之间新的传热过程的能量来源的变化;研究分析在一些决定多年冻土生存发展的特征界面温度变化特征,以及热棒路基工程结构传热结果对多年冻土影响;最终判断冻土区设置热棒路基工程的可靠性,及其对路基病害的抑制作用的效果观测,主要观测内容是地温和变形,只是工程设计目的和目标不同,地温和变形观测方法、埋设位置有所不同。

2)观测场地设计

根据试验场地设置原则确定试验工程位置。

根据上述观测内容布置以热棒实体工程地段地温场观测为主要观测内容的观测设计。

冻土区热棒工程设计的目的在于控制冻土地温场变化使其向着有利于工程稳定的方向发展。不同热棒工程结构设计参数不同(几何尺寸对称性、几何间距等),对冻土地温场形态的影响也不同,降低温度保护冻土效果不同。比较设计参数不同的热棒工程结构抵御冻土退化能力和消除带状工程(铁路、公路路基)地温场形态不对称的效果,为科学、经济、合理地进行冻土区工程建设和病害整治奠定基础。

以铁路路基热棒工程为例，遵循以上原则和目的进行的观测项目和观测方法的设计应该包括以下具体方法、步骤和内容：

(1)确定工程范围观测断面位置(设置热棒的观测断面和没有设置热棒的对比断面，如图6-26所示)，确定观测断面以外天然地面条件的观测孔位置。

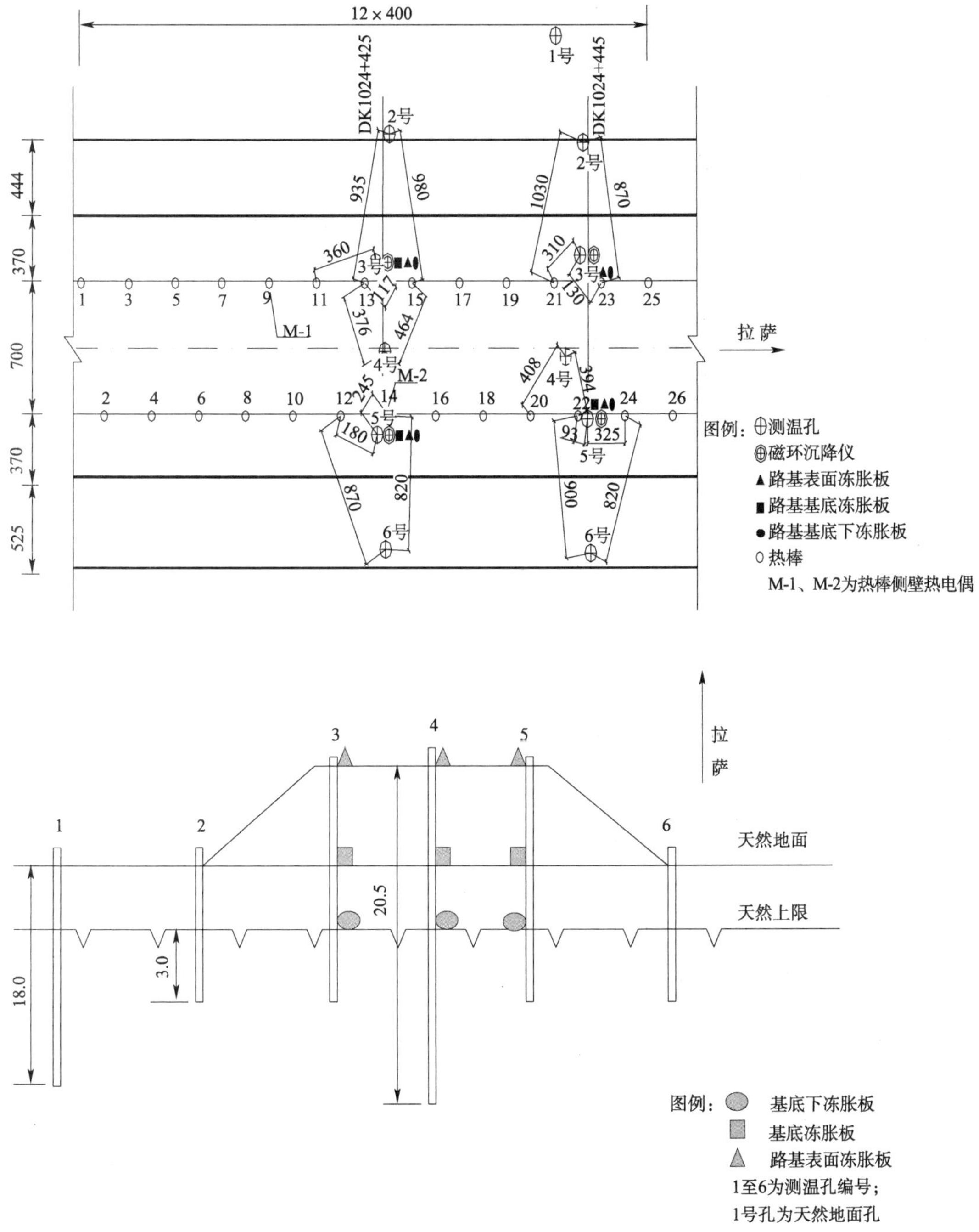

图6-26　典型观测场地布置平面示意图(尺寸单位：cm)

(2)根据试验工程的类型、目标确定观测孔位置。一般将观测孔布置在路基中心、左右路肩、左右护道坡脚和路基坡脚,距路基外 20m 布置天然地面观测孔。如果仅仅试验热棒降温效果,观测孔可以在一侧布置,和天然地面观测孔对比。

(3)观测深度需要超过多年冻土年变化深度 1m,每一观测孔内观测点位置设置原则是:路基基底原天然地面、原天然上限、多年冻土年变化深度、路基结构几何尺寸变化点处、路基表面是必须设置的观测点,其他按照每 0.5m 设点的密度要求设置。

(4)观测频率的设置:观测方法现在多采用数采仪自动观测,频率设置可以根据冻融交替时间每天一次,其他时间每 5d 一次。

(5)变形观测采用冻胀板分层埋设,人工水准观测方法,或者采用如图 6-27 所示分层埋设冻胀板自动观测系统方式观测。

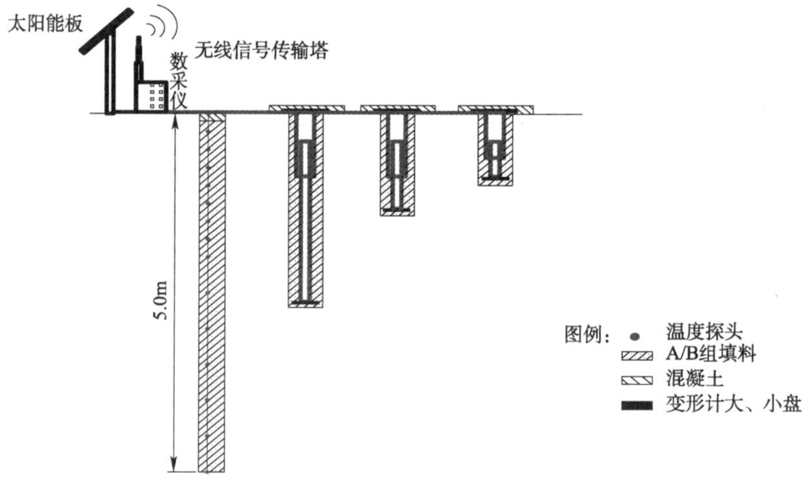

图 6-27 分层埋设冻胀板自动观测系统

热棒路基观测断面布置如图 6-28 所示。

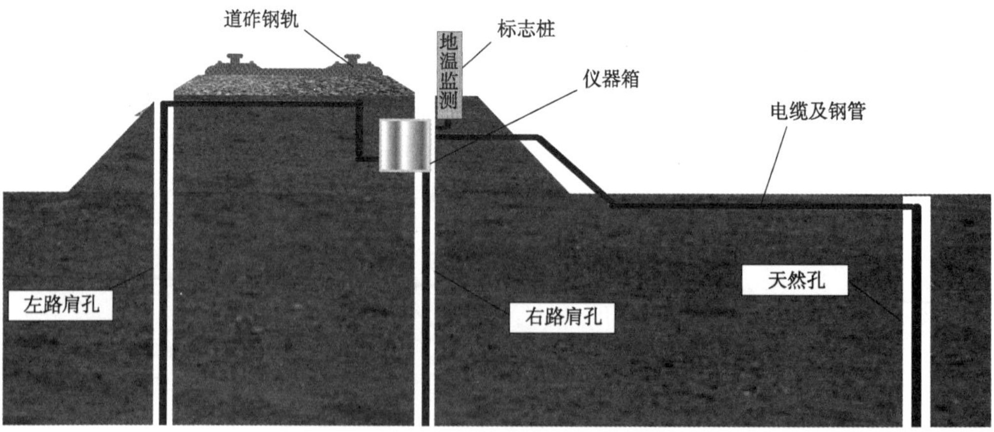

图 6-28 热棒路基观测断面布置示意图

考虑冻土区工程所在周围环境的严酷性和人工进行试验观测的局限性,现在均采用自动观测和通过无线网络进行数据传输的方式进行试验观测。

热棒路基观测系统的技术标准和技术要求如下：

①地温观测。

a. 温度测量范围：-30～30℃（对应电阻范围为 500～7000Ω）。

b. 电阻测试精度：全量程范围（500～7000Ω）保证测试误差小于万分之五。

c. 温度测试精度：-20～20℃范围内为 ±0.01℃。

②数据采集。

a. 采集通道：能够采集观测断面所有传感器的输出信号。

b. 采样周期：采样周期为每天不大于 12 次，采样间隔和采样时刻可调。

c. 测试仪器能按照规定的时间实现自动采集和数据存储功能。

③数据存储与下载。

a. 为防止数据丢失，现场监测站应能存储一年以上的采集数据。

b. 现场监测站能够利用笔记本电脑下载采集数据的功能。

④数据自动远程传输。

a. 能够利用场地已有网络将现场的采集数据自动传输到监测中心站的功能，并具有自动传送、实时传送、系统预约、系统状态信息发送的功能。

b. 自动传送：在规定的时间内自动采集数据和发送数据，其他时间处于休眠状态。这是系统默认的工作状态。

c. 实时传送：在接到监测中心站的实时采集指令后开始采集并发送数据。此模式只有在监测中心站需要实时数据时使用。

d. 系统预约：由于大部分时间系统处于关机状态，现场采集终端只有在固定的几个时段才可以与监测中心站取得联系。因此，具有系统预约功能，由监测中心站提出预约时间，预约时间到，则现场采集终端自动回复与监测中心站的联系。

e. 系统状态信息发送。每隔一定时间将现场采集终端的状态信息发送到监测中心站。状态信息应包括：采集模块工作是否正常、传输模块工作是否正常、电源模块电量消耗情况等。

目前青藏铁路采用的冻土区工程自动观测系统（包括热棒工程自动观测系统）设有监测中心管理站，中心站具有以下功能：

a. 实现数据的自动接受。

b. 实现电阻信号与温度的自动转换

c. 具有修改系统参数的功能，控制系统的采集时间间隔和传输时间。

d. 根据需要进行实时采集与传输。

e. 自动诊断现场采集终端的工作状态。

f. 实现多台现场监测站的数据接受、数据转换、数据分析处理工作。

g. 实现温度采集结果的自动分析处理功能。

h. 控制现场采集终端进行系统的自校准。

需要特别注意的是现场采集终端采用锂电池供电，连续供电时间要求在两年以上；处于严酷自然环境条件的现场采集终端的密封与防护须满足使用环境长期工作要求。现场自动监测和传输系统监测中心的工作流程和框架程序如图 6-29 所示。

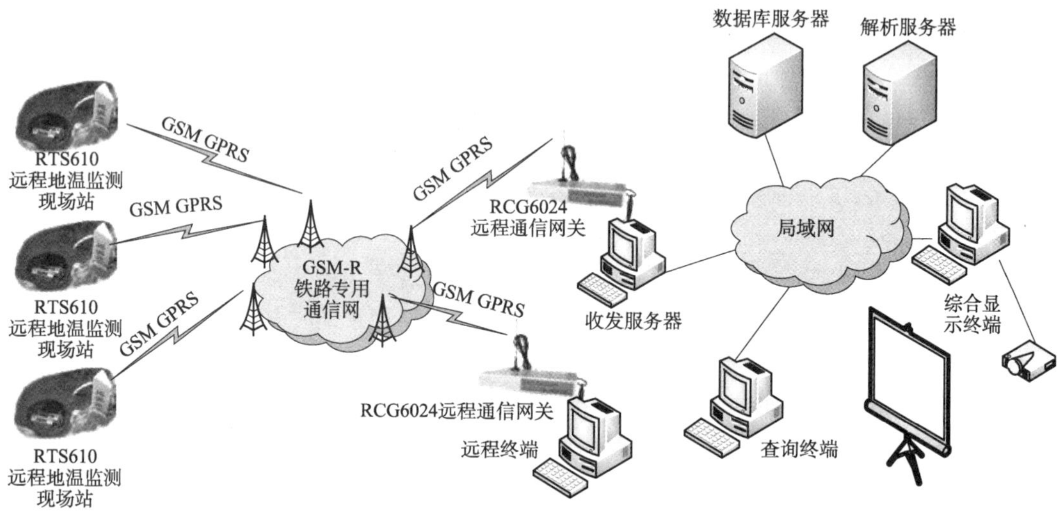

图6-29 热棒工程自动观测系统图

6.5 热棒工程结构设计

热棒工程结构设计包含两个技术层面内容:热棒工程结构形式和工程结构参数。

热棒工程结构设计首先应该明确欲解决的工程问题和达到的工程目标,确立设计主导思想和技术路线,进而确定热棒工程结构类别,工程结构类别应该包括纵向布置方式,横向位置的对称性。

确定采用的热棒工程结构以后,需进行热棒工程结构参数设计。工程结构参数包括热棒埋设位置、热棒纵向埋设间距、热棒横向埋设间距。

影响热棒工程结构设计的依据和条件有:

(1)热棒工程在冻土区划中的位置(连续多年冻土区域、岛状多年冻土区域、多年冻土边缘区域)。

(2)热棒工程所处多年冻土地温分区。

(3)不同区划和区域冻土条件下的设计思想和技术路线。

(4)设计热棒工程欲达到的工程目标。

6.5.1 热棒工程结构设计思想

冻土区工程的设计思想从总体技术路线来讲,是遵循"冷却地基"的指导思想,但是具体到不同冻土区划和区域,通过"冷却地基"进行的设计所要实现的工程目标是有着明显的区别的。

热棒工程本身实践的是"冷却地基"的技术路线,但是自然环境对冻土环境的影响和在这种环境影响下冻土的变化过程,是一种大自然营力所为,是人类工程活动难以抗衡和制约的,人类工程活动只能顺势而为。因此贯彻设计思想的同时,对不同地区的热棒工程还应该确定其设计原则,热棒工程设计效果和设计目标是设计原则的具体体现。

(1)冻土区热棒工程的设计原则是利用自然条件,延缓大自然营力的负面作用,将冻土环境条件对工程的负面影响降低到最低限度,这种设计原则的体现是:

①抵御和延缓多年冻土退化过程。

②在一段时间内抑制多年冻土退化，保持冻土的冻融过程达到相对平衡状态。

热棒工程所处的不同冻土环境区域条件决定工程的设计思想；冻土区工程建筑物的几何类型和运行使用特征决定热棒工程设置以后预计的工程效果和工程目标；热棒工程所处冻土条件（温度、含冰量）决定实现上述目标的方法，即热棒工程结构设计参数的确定。

（2）一般来说，冻土区点式工程建筑物（输变电塔基和桥梁桩基）的热棒工程设置目的是降低地基土体温度，提高地基土体的承载力，使点式建筑物地基尤其是桩基础保持稳定的设计状态。热棒一般围绕基础环形排列，热棒蒸发段需置入多年冻土上限以下，热棒间距视冻土环境条件通过前面章节所述的现场试验而定。

对于条带状建筑物如公路和铁路路基的热棒工程结构，需根据冻土区划（多年冻土区边缘、岛状、腹部地区）确定工程目的。如在青藏铁路和公路多年冻土南界或者北界地段，多年冻土处于退化状态，热稳定性极差，路基修建以后难以保证多年冻土上限上升或不下移，热棒工程的设置首先针对路基中心部位使多年冻土上限稳定，因此一般采用较长尺寸的热棒，而且向路基中心采用斜插的工程结构（图6-30），工程目的主要是抵御多年冻土的迅速退化。

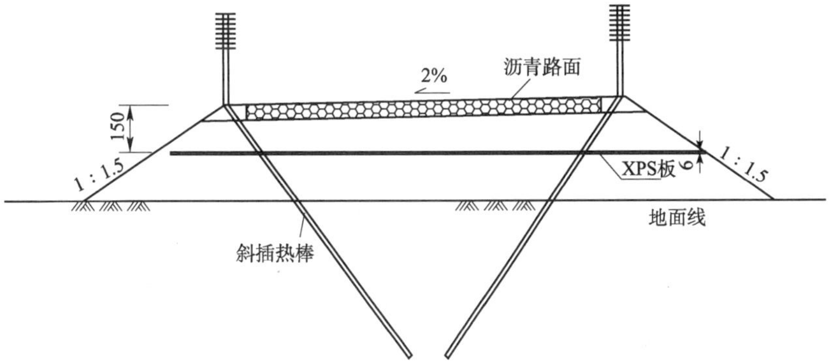

图6-30　宽幅公路路基斜插热棒

处于连续多年冻土区域的热棒工程，由于多年冻土较边缘地区热稳定性好，路基修建以后多年冻土上限大多会不同程度的抬升，热棒工程的设置主要针对均衡传热效果，减少路基横向变形差异，所以采用横向不对称的工程结构形式。

6.5.2　热棒工程结构类型和适用条件

贯彻上述设计思想和设计原则，能够减少冻土环境负面影响、保证冻土工程稳定性的热棒工程主要结构类型可以按照图6-31所示进行分类。

上述热棒工程结构的共同点是设计目的一致，主要是冷却地基，抬升稳定多年冻土上限，减小路基冻融变形；在冷却地基、抬升稳定多年冻土上限前提下削弱多年冻土上限和地温场形态的不对称性，减小路基冻融变形，减小横向变形差异；削弱多年冻土上限和地温场形态的不对称性，减小横向变形差异，消除产生工程裂缝的影响因素。

在上述热棒工程结构类型中，点式结构的承载热棒和非承载热棒是截然不同的两类热棒工程结构，图6-32所示的桥梁墩台周围热棒就是非承载类型的点式热棒工程结构。

- 点式热棒工程结构
  - 承载热棒(输油管道支撑桩基)
  - 非承载热棒(输变电塔基桩基、输变电塔基矩形基础周围)
  - 非承载热棒(房屋桩基周围)
  - 局部热防护非承载热棒(桥梁墩台周围，如图6-33所示)
  - 局部热防护非承载热棒(路基坡脚水热侵蚀防护)

- 横断面对称布置 / 横断面不对称布置
  - 条带状结构
    - 路肩、坡脚斜插式热棒工程结构
    - 填土路基不同部位设置热棒的条带状热棒工程结构
    - 片石层路基不同部位设置热棒的条带状热棒工程结构
    - 片石护道路基不同部位设置热棒的条带状热棒工程结构
    - 草皮护坡路基不同部位设置热棒的条带状热棒工程结构
    - 保温板路基不同部位设置热棒的条带状热棒工程结构
    - 分离式(蒸发段和冷凝段分立放置)条带状热棒路基结构

图 6-31 热棒工程结构类型

图 6-32 局部热防护非承载热棒(桥梁墩台)和施工

冻土区输油管道的支架基础的冻胀和融沉会引起管道纵向拉伸变形至断裂，影响管道正常使用，一般将热棒作为管道支撑的组成部分承担管道荷载，这种热棒属于承载热棒。目前应用实例有美国阿拉斯加输油管道和中俄输油管道的管道支撑基础热棒(图 6-33)，是承载类型的点式热棒工程结构。

a)管道热棒

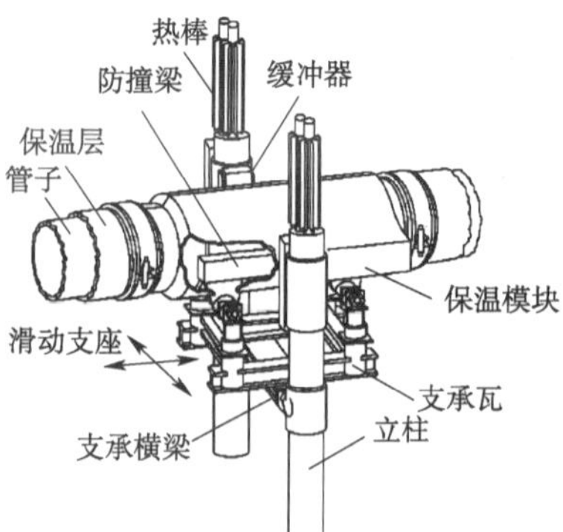

b)安装图

图 6-33 美国阿拉斯加输油管道热棒和安装图

冻土区公路路基由于路面吸热影响，一般会在路基基底形成融化盘，路基中心多年冻土上限呈下凹状，需要采用斜插热棒至路基中心的结构形式，宽幅路基可以在路基中心隔离带位置直插热棒代替隔离带建筑结构，或者采用蒸发段和冷凝段分离的发卡式热棒(图 6-34)。

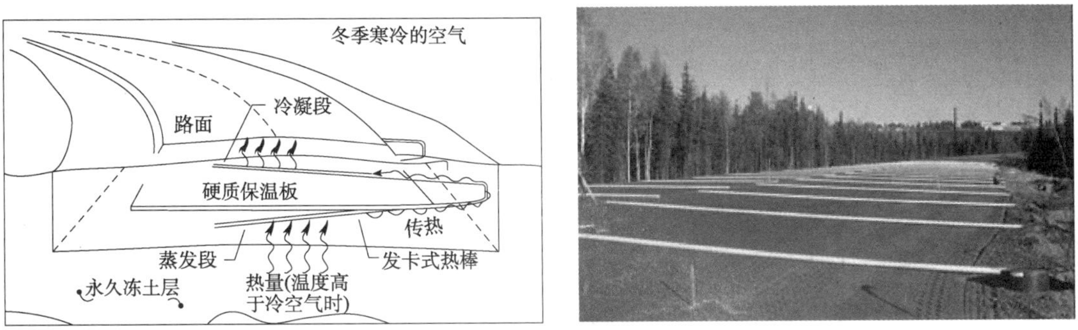

图 6-34　东北公路发卡式热棒安装和原理

各类热棒工程结构的热棒埋设位置和埋设方式各有不同，埋设位置主要有：热棒埋设平面位置分路肩、坡脚、护道坡脚、埋设方式有直插、斜插；热棒埋设垂直位置分蒸发段埋设在多年冻土上限以上和多年冻土上限以下。

越岭地段路堤如青藏铁路唐古拉山区由于线路纵断面坡度限制，在某些地段难以达到路基最小设计高度，采用了一定厚度的保温板代替填土高度。考虑未来气温变化和保温板的寿命性能影响，这类结构有可能成为路基病害的隐患地段，可以在路基不同部位设置热棒，应用条带状热棒工程结构；另外在一些本应该采用片石路基的地段，由于线路纵坡限制路基高度不能达到应填筑高度，只能采用热棒路基结构弥补。

连续多年冻土的边缘地段，由于环境气候和其他地质条件影响，多年冻土处于不稳定的退化状态中，冻土厚度较薄，多年冻土上限埋藏较深，路基中心多年冻土上限下移，一般可以采用路肩、坡脚斜插热棒的结构形式。

在多年冻土腹部地区，由于以下几种情况造成的地温场不对称形态是导致变形差异的主要原因，可以采用路基横向不对称设置热棒的结构形式：

(1)修筑于斜坡上的冻土路基，由于地势的限制，路堤两侧边坡及天然地表在几何上表现为强烈的不对称，由此导致路堤两侧受太阳直接辐射的面积和与大气直接接触的面积均存在很大的差异，路基温度场呈强烈的不对称。

(2)无论道路为东西走向还是南北走向，即使路基的几何形状关于路堤中轴线对称，由于路基南坡与北坡或东坡与西坡接收太阳辐射和传热的差异，导致路堤两侧融化深度存在一定的差异，路基温度场表现为明显的不对称。

解决上述问题场的关键在于通过外加不对称冷量的输入，平衡温度场，既达到冷却地基土体的目的，同时也能使路基温度场对称，使发生冻胀和融沉变形的活动层厚度达到一致，冻融过程发展均衡，从而减少由于温度场的不对称所导致的不同坡向冻胀变形的不同步和最终融沉变形的差异。

冻土层上水发育地段的地表水系和冻土层上水对路基坡脚的稳定、坡脚部位基底冻土季节融化层的变化有很大影响。可以在相应部位应用热棒阻隔水热侵蚀、降低坡脚部位基底土体温度，减少季节融化层土体的厚度，对保持路基稳定，减少不均匀变形有很大作用。

冻土沼泽地段由于植被条件较好、可复制性强，在路基表面植草皮后应用热棒和草皮护坡复合结构可以取得很好的工程效果。这种路基结构的草皮一方面具有良好的透气透水性能；另一方面在夏季具有隔热作用，在寒季可以充分发挥热棒导冷功能，因而是一种非常理想的复合路基结构。

综上所述，确定热棒工程结构类型的方法是：由冻土环境条件和多年冻土发展趋势决定设计目的，选择热棒工程结构形式；参考典型地段单支热棒散热导冷试验结果确定热棒纵向埋设间距。

6.5.3 热棒工程结构参数优化设计

（1）确定热棒工程结构类型以后，还需要根据冻土环境条件和设计目的对热棒工程结构参数进行优化。热棒工程结构参数优化包括以下内容：

①热棒本身结构参数在不同环境条件和冻土条件下的优化。

②工程条件下热棒纵向和横向埋设的合理间距。

③蒸发段埋设位置。

④热棒平面位置的确定及优化。

当热棒工程地段无试验数据可以参考时，热棒本身结构参数的确定是参照工程建筑物（路堤）的几何尺寸，尤其是地面以上高度、多年冻土上限位置、热棒埋设位置，根据设计目的确定热棒蒸发段长度、冷凝段长度、蒸发段埋设位置。青藏铁路试验工程清水河路堤埋设热棒的结构参数就是以此确定的长度 12m，蒸发段长度 6m，冷凝段长度 4m，埋设位置在原多年冻土上限附近即地面以下约 2m 左右。

如果热棒工程实施地段已经有试验数据可以参照，同时已有一定数量的区域冻土环境条件观测数据，这时应该根据设计目的、工程要求对热棒结构参数进行优化调整。

（2）热棒结构参数优化实例：

热棒传热效率由整体热阻、充液率决定，整体热阻与冷凝器和蒸发器之间的长度及其最优比有关，充液率适宜可以避免不利于热棒工作的传热极限的出现。

计算表明：在冷热段面积比小于 0.9 时，热棒的平均导冷量随冷热段面积比增大而增大，但当面积比大于 0.9 以后，热棒平均导冷量随面积比的增加并不明显，这个结果对热棒设计具有一定指导作用：当蒸发段长度一定时，并不是冷凝段的长度越长越好。

当热棒蒸发段埋设在冻土层或季节融化层时，原来设为绝热段的部分在蒸发段之上，但是除了冷凝段以外热棒均埋设在地表面以下。从土体温度变化规律可以知道，由于温度变化的滞后和土体热阻的存在，寒季土体任何部位温度都高于环境温度，热棒埋设在任何部位都可以启动工作，而绝热段部位温差也能满足热棒内部工质的汽化—冷凝条件，这样可没有必要特别设置绝热段，这样可节省热棒造价，但不影响热棒整个散热导冷过程的实现。

以柴木地方铁路热棒冷凝段设计为例说明优化设计的结果和作用。

青藏铁路试验段采用的热棒长度为 12 ~ 14m，其中裸露地面以上的冷凝段长度为 4 ~ 6m，蒸发段长度 4m，绝热段长度 4m。

柴木地方铁路冻土区热棒参照以上设计，以柴木地区冻土环境基础数据作为计算条件，对热棒结构尺寸进行设计优化，优化以后的热棒尺寸如图 6-35 所示。

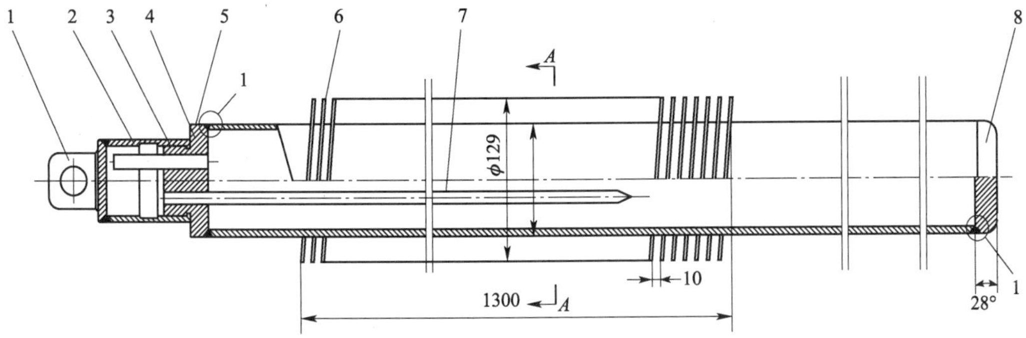

图6-35　经过优化设计的柴木冻土区热棒结构尺寸图

1-组合件;2-保护帽;3-充液管;4-垫片;5-上封头;6-翅片管;7-中心测温管;8-底封

①优化计算条件。

柴木地区环境气温:

$$t_1 = -25 \sim -5℃$$

风速:

$$v = 3 \sim 6\text{m/s}$$

冻土温度:

$$t_e = 0 \sim -2℃$$

冻土热物理参数:导热系数 $\lambda = 1.1\ \text{W/(m·k)}$

热容 $C_p = 1\text{kJ/(kg·k)}$

密度 $\rho = 1500\text{kg/m}^3$

热扩散系数 $a = 0.002\text{m}^2/\text{h}$

表面张力 $\sigma = 28.976 - 0.1033t + 0.00145t^2$

热棒结构参数:基管直径89mm,壁厚 $s = 6\text{mm}$,长度9m、7m

翅片高度 $h = 25\text{mm}$,厚度 $\delta = 1.5\text{mm}$,翅间距10mm,长度1.4m

绝热段长度1.8m

材料导热系数:$\lambda_w = 36.5\ \text{W/(m·k)}$

根据本书3.3的计算方法和计算步骤,得出如下计算结果。

②冷凝段散热量。

a. 气温 -5℃时:

$$Q_{c1} = \alpha_{c1}A\Delta t_m = 24.05 \times 3.2 \times 2 = 153.92\text{W}(\text{风速 } v = 3\text{m/s})$$

$$Q_{c2} = \alpha_{e2}A\Delta t_m = 35.72 \times 3.1 \times 2 = 221.46\text{W}(\text{风速 } v = 3\text{m/s})$$

b. 气温 -25℃时:

$$Q_{c1} = \alpha_{e2}A\Delta t_m = 24.5 \times 3.2 \times 3 = 235.2(\text{W})$$

$$Q_{c2} = \alpha_{e2}A\Delta t_m = 36.36 \times 3.06 \times 3 = 333.8(\text{W})$$

③蒸发段传热量。

a. 冻土温度为 -2℃,环境温度为 -5℃时:

$$Q_{h1}=\frac{t_0-t_s}{1/(2\pi\lambda L)\ln(4L/d_0)}$$
$$=\frac{-8-(-2)}{\frac{1}{2\pi\times1.1\times3.6}\ln\left(\frac{4\times3.6}{0.089}\right)}=29.34(\mathrm{W})$$

b. 冻土温度为 -2℃,环境温度为 -25℃的计算:

$$Q_{h2}=\frac{t_0-t_s}{1/(2\pi\lambda L)\ln(4L/d_0)}$$
$$=\frac{-22-(-2)}{\frac{1}{2\pi\times1.1\times3.6}\ln\left(\frac{4\times3.6}{0.089}\right)}=97.8(\mathrm{W})$$

c. 冻土温度为 -5℃,环境温度为 -10℃的计算:

$$Q_{h1}=\frac{t_0-t_s}{1/(2\pi\lambda L)\ln(4L/d_0)}$$
$$=\frac{-8-(-5)}{\frac{1}{2\pi\times1.1\times3.6}\ln\left(\frac{4\times3.6}{0.089}\right)}=14.67(\mathrm{W})$$

d. 冻土温度为 -5℃,环境温度为 -25℃的计算:

$$Q_{h2}=\frac{t_0-t_s}{1/(2\pi\lambda)\ln(4L/d_0)}$$
$$=\frac{-22-(-5)}{\frac{1}{2\pi\times1.1\times3.6}\ln\left(\frac{4\times3.6}{0.089}\right)}=83.13(\mathrm{W})$$

由此可见,经过优化设计计算的热棒冷热段传热功率差别仍然可以保证热棒在环境温度(即大气温度)为 -25 ~ -5℃, 风速为 3 ~6m/s,冻土温度为 -5 ~ -2℃的条件范围内工作。

在柴木铁路冻土区条件下,热棒冷凝段的散热量为 153.92 ~333.8W,蒸发段的吸热量为 14.67 ~97.8W。随着工作时间的延长,热棒的工作温度接近大气温度,吸热量增大,但还是小于散热量,说明热棒冷凝段长度优化设计是合理的。

6.5.4 热棒冷却效果和合理埋设间距确定

1)热棒合理埋设间距确定

热棒的合理埋设间距是在冻土区不同区域热棒散热导冷现场试验基础和计算分析基础上,并根据工程要求考虑未来气温变化造成的冻土变化,对土体蓄冷量留有一定安全储备,并根据有效冷却半径确定的热棒实际工程的埋设间距。

以热棒路基工程不同埋设间距热棒周围地温变化情况说明工程中影响传热范围的概念。

一般说来,热棒的传热影响范围是一个以热棒为中心的圆,其半径为传热影响半径。

但是在热棒路基工程中,热棒是纵向成列横向布置在设计规定的路基某个部位(路肩、坡脚、护道平台坡脚等),受附近热棒的影响,热棒采集的冷量扩散横向扩散比纵向相对容易。这样,在成排热棒中单根热棒的传热影响范围边界严格说来不是圆,而是以横向传热影响范围为长轴的椭圆。这就是说,在热棒产冷量不变的条件下,路基中成排热棒的横向传热影响距离会大于单根热棒的传热影响半径,类似于群桩效应。不过受这种类似群桩效应的影响,单根热棒产冷量必然会降低,传热影响范围减小,横向影响距离相应减小。理论分析认为热棒的纵向间距和传热影响范围并不是简单的反比关系。

工程应用中热棒在纵向是成排布置在条带状建筑物纵向上,或点式建筑物一条边上,这种情况下热棒的传热影响范围内的冷却状况可以根据以下观测数据进行分析。

表 6-31 是青藏铁路开心岭地段热棒路基工程埋设热棒的情况,表中给出了各测温孔距热棒的径向距离和所在断面热棒的纵向间距。热棒间距取的是表中的较小值。

各测温孔距热棒径向距离和纵向间距一览表　　表 6-31

断面	DK1262 +465				
孔号	2 号	6 号	3 号	5 号	4 号
位置	左坡脚	右坡脚	左路肩	右路肩	路基中心
热棒间距(m)	3.2	2.8	3.2	2.8	2.8
径向距离(m)	1.5/1.7	1.6/1.65	3.8/9.8	2.9/10.7	7.3/7.3
断面	DK1262 +495				
孔号	2 号	6 号	3 号	5 号	4 号
位置	左坡脚	右坡脚	左路肩	右路肩	路基中心
热棒间距(m)	2.8	2.4	2.8	2.4	2.4/2.8
径向距离(m)	0.3/2.7	1.6/1.7	2.6/9.8	2.6/9.8	8.7/8.7
断面	DK1262 +465				
孔号	J1	RZ01	RZ02	RZ03	
位置	左坡脚	左坡脚	左护道	左护道	
热棒间距(m)	3.2	3.2	3.2	3.2	
径向距离(m)	0	2.3/2.5	1.6/3.5/3.6	1.5/1.7	

注:径向距离 1.6/1.7 表示测温孔在两根热棒之间,数值表示径向距离;1.6/3.5/3.6 表示测温孔在三根热棒之间,数值表示径向距离。

通过对比两个寒季热棒路基的地温观测值的变化,我们可以定性的判定在热棒工作及其冷量扩散期间热棒传热导冷的影响范围的含义和变化情况。

图 6-36 所示是 DK1262 +495 断面测温孔冻融进程曲线图。

开心岭地段铁路里程 DK1262 +495 观测断面的 2 号左坡脚孔,2004 年 11 月 11 日的 −2℃线比 2003 年同时间要陡得多。对比 2003 年 11 月 11 日的地温随深度变化状况,2004 年同日的 −2℃线从 −1.3m 降至 −5m,在原地面以下 5 ~ 6m 之间,地温由从 −0.5 ~ −1℃降至 −1 ~ −2℃之间。说明该孔 2004 年 11 月 11 日地温在该深度处比 2003 年明显降低,而此时地表的降温影响还没有达到这一部位。这说明该孔地温是受到了地中其他冷源的影响。而此时从上面的热棒工作时间推算可知,热棒已经开始工作。由此可以定性的判定该孔在热棒的影响范围内,在 2004 年 11 月 11 日左右就已经受其影响了。对比图中第一和第二个寒季 −2℃、−1℃和 −0.5℃线位置还可以大致判定其影响起始日期和降温值达到最大时的日期,该孔分别为 2004 年 10 月 5 日和 2005 年 4 月 5 日。

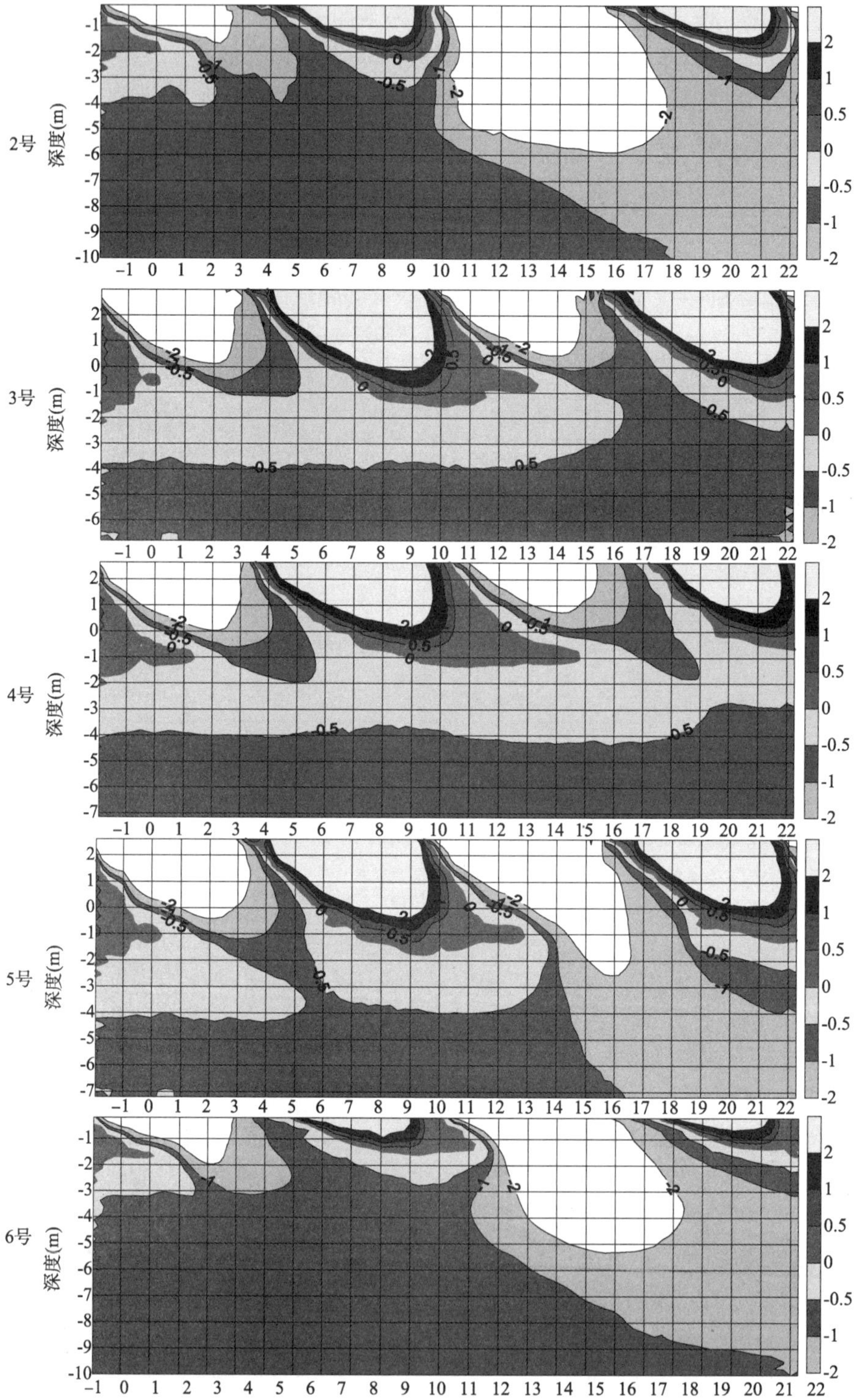

图6-36 DK1262+495断面测温孔冻融进程曲线图

注:(2号)左坡脚孔,径向间距0.3m;(3号)左路肩孔,径向间距2.6m;(4号)中心孔,径向间距8.7m;(5号)右路肩孔,径向间距2.6m;(6号)右坡脚孔,径向间距1.6m。

用同样的方法对同期试验的测温数据进行分析,可以得出热棒对各测温孔的影响状况,结果见表6-32,由此可知:

(1)在径向距离1.5m内,各种间距的热棒影响明显,热棒布置间距的差异不明显。当径向距离为2.6m~2.9m时,热棒对地温有影响,且热棒间距越小,作用效果越明显。当径向距离大于3.0m时,基本没有影响。

热棒对各测温孔的影响定性分析结果 表6-32

断面	DK1262+465				
孔号	2号	6号	3号	5号	4号
位置	左坡脚	右坡脚	左路肩	右路肩	路基中心
热棒间距(m)	3.2	2.8	3.2	2.8	2.8
径向距离(m)	1.5	1.6	3.8	2.9	7.3
影响程度	明显	明显	不明显	有	不明显
起始日期	04.10.15	04.11.15	—	05.3.15	—
最大降温值对应的日期	05.4.1	05.4.1	—	05.5.15	—
断面	DK1262+495				
孔号	2号	6号	3号	5号	4号
位置	左坡脚	右坡脚	左路肩	右路肩	路基中心
热棒间距(m)	2.8	2.4	2.8	2.4	2.4
径向距离(m)	0.3	1.6	2.6	2.6	8.7
影响程度	显著	明显	有	明显	略有
起始日期	04.10.5	04.11.15	05.3.15	05.1.15	05.6.1
最大降温值对应的日期	05.4.5	05.5.1	05.5.1	05.4.15	05.7.1

(2)就影响的起始时间而言,距热棒近的坡脚孔明显比路肩孔早,在10月14日前,即热棒连续工作前,热棒对地温的影响就显示出来了,说明热棒连续工作前的确有一定的不连续工作时间。有的路肩孔热棒的影响在热棒停止工作(4月19日)后才显现,说明热棒停止工作后,传入地中的冷量向四周的扩散并未停止。

通过计算各孔最大降温值来说明热棒冷却地基的影响范围。考虑到地温的波动性,在计算中没有直接取某天的地温,而是取月均值,故结果偏小;忽略冷量在竖向的扩散,计算的深度范围为蒸发段长度范围,即地下0~5m,同时考虑到0~1m间地温受大气影响较大,实际计算中选的是1~5m之间。其结果见表6-33和表6-34,其中的地温为计算深度范围内的平均值。左坡脚K201孔的降温值计算时,2004年的数据是参考附近的2号得到的。

地面下1~5m范围内热棒影响下测温孔降温值计算结果(单位:℃) 表6-33

位置		2号	3号	4号	5号	6号
		左坡脚	左路肩	路基中心	右路肩	右坡脚
DK1262+465断面	2004	-1.41	—	—	-0.36	-1.76
	2005	-3.38	—	—	-0.50	-4.74
	降温值	-1.97	—	—	-0.15	-2.98

续上表

位置		2号	3号	4号	5号	6号
		左坡脚	左路肩	路基中心	右路肩	右坡脚
DK1262+465断面	2004	-1.22	-0.44	-0.45	-0.41	-1.39
	2005	-4.80	-0.72	-0.52	-1.12	-4.09
	降温值	-3.58	-0.28	-0.08	-0.71	-2.69

不同间距不同径向距离的热棒降温效果表 表6-34

断面	DK1262+465			
孔号	2号	6号	5号	RZ01
位置	左坡脚	右坡脚	右路肩	左坡脚
热棒间距(m)	3.2	2.8	2.8	3.2
径向距离(m)	1.5	1.6	2.9	2.3
降温值(℃)	-1.91	-2.98	-0.15	-0.39
断面	DK1262+495			
孔号	2号	6号	3号	5号
位置	左坡脚	右坡脚	左路肩	右路肩
热棒间距(m)	2.8	2.4	2.8	2.4
径向距离(m)	0.3	1.6	2.6	2.6
降温值(℃)	-3.58	-2.69	-0.28	-0.71

从表6-34中数据可以看出,以降温为热棒传热范围的标志时,有如下规律:

①热棒纵向布置间距相同,降温绝对值随径向距离增大而减小。

②径向距离相同,热棒纵向间距越大,降温值越小。

③若以-0.1℃作为热棒传热范围边界所对应的降温值,可以认为成排热棒作用下的传热影响范围大概在2.5~3m之间。

2)热棒平面位置确定

热棒平面位置的确定需要考虑如下因素:

(1)如果设计目的是补充路基基底的冷量,减缓基底多年冻土退化进程,可以采取坡脚部位埋设直立式热棒,路肩部位埋设斜插式热棒。

(2)如果设计目的是减少路基阴阳坡两侧冻融过程的不同步和减少两侧冻融界面的差异,可以采取护道坡脚和路基坡脚埋设直立式热棒,阴阳坡两侧不对称设置。

3)蒸发段垂直剖面埋设深度的确定

蒸发段在垂直剖面上埋设深度需要考虑工程区域天然条件下多年冻土上限深度、填土路堤多年冻土上限变化深度,坡脚热棒蒸发段埋设在天然上限以下,护道坡脚处热棒蒸发段埋设在预计上限变化深度。

总之,热棒工程结构参数的优化实质上是一个复杂的冻土-工程-热棒在环境条件逐渐变化过程中的相互作用的系统工程问题,应该在设计思想指导下,统筹考虑各个制约因素,合理进行优化。

6.6 热棒工程施工技术

热棒安装方式有两种:钻孔安装和挖填安装。

钻孔安装热棒施工技术适用于安装直立式、斜插式、L形热棒,都是在线路路基竣工以后进行,因此热棒位置定位应该以设计图纸结合路基成型以后的路基结构尺寸进行。热棒孔成型以后热棒安装方法有两种:一种是水中沉砂法,适用于低温冻土区的各类冻土,另一种是挤压安装法,适用于高温冻土区各类冻土。建议高含冰量冻土和冻土沼泽地段均采用挤压安装方法,这种施工技术不影响既有线路正常运行。

挖填安装热棒施工技术适用于安装L形、水平式、发卡式热棒,它是和线路施工同步交叉进行。适用于各类冻土分区和各类冻土。夏天冻土容易融化,因此这种施工技术需在秋天和冬天施工;在既有线路上施工,路面交通必须停止。

热棒工程施工技术除了热棒安装孔钻探和热棒安置工艺以外,还必须重视冻土环境保护技术,尤其是在高温冻土区施工,必须进行隔热防护。

热棒工程还有一种独特的更换技术,这是一般工程没有的。如前所述,热棒有一定使用年限,当管壳内不冷凝气体体积影响管内工质正常的液—汽转换过程,热棒失效(热棒寿命)后热棒修复更换技术是热棒工程长期有效工作的保证技术。

当热棒失效或超出使用年限时,首先需要利用回收热棒内的工质,以免其直接排放到大气中造成环境污染,图6-37所示为回收装置的示意图。然后对热棒进行现场抽真空检漏,如果热棒管壁未腐蚀穿透,现场重新填注工质,热棒可继续使用;如果热棒管壁已腐蚀穿透,将热棒漏出地面部分截断,在原有孔内安装与原有热棒内径相同尺寸的热棒。

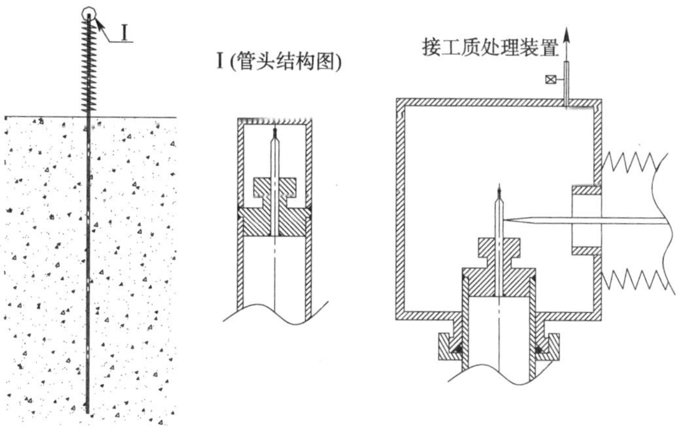

图6-37 热棒工质回收装置示意

1)水中沉沙法

在冻土区路基施工完成后进行热棒钻孔定位和钻孔埋设,钻孔直径相对热棒管径应该有一定预留宽松度,89mm直径热棒钻孔直径为150mm,钻孔净深≮热棒总长度+50mm,钻孔垂直度偏差≯5mm,钻孔间距按照设计间距。如果热棒安装在路肩位置,路基两侧的路肩孔呈错位排列布置,钻孔定位在路肩中间。

钻孔过程要求孔口周边不能有局部坍塌,钻孔完毕清孔验收,用专用卡口起吊器卡住热棒顶部凹槽，用臂长 15m 以上的吊车起吊，垂直插入钻孔中，定位。热棒露出路堤面部分长 3.0m（也就是冷凝段），埋入路堤面下的长度为 9.0m。热棒吊装放置入钻孔后，将焊在管壁上的铜芯电缆（阴极保护用电缆）套上直径 25mm 镀锌钢管从孔口引出，用砂加水回填热棒与孔壁间的空隙直至孔口，利用孔周围冻土冷量回冻使孔内水砂冻结，使热棒与周围土体冻结成一体。而后在路肩外侧挖掘牺牲阳极地坑，每根热棒需要挖掘一个独立的阳极地坑。牺牲阳极与铜芯电缆的连接采用乙炔-氧铜焊设备满焊焊接的联结方式。阳极铜芯用直径 25mm 的 PVC 管保护。热棒安装示意图如图 6-38 所示。

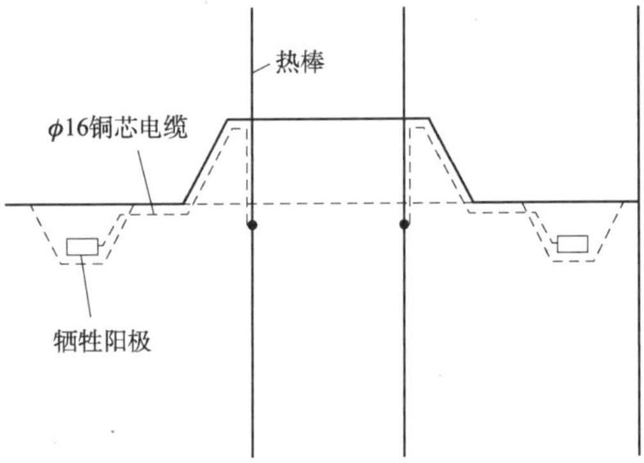

图 6-38　直立式热棒钻孔埋设

2）挤压安装法

这种安装法的钻孔定位和钻探技术与上述水中沉沙法基本相同，不同的是钻孔直径不需要预留一定宽松度，钻孔开孔直径与热棒直径相同，成孔后迅速用机械轻微挤压将热棒压入孔内。由于钻孔内有一定热量残留，孔壁基本处于半融化状态和融化状态，插入热棒后依靠孔周围冻土的冷量会很快回冻，将热棒与周围土体冻结成一体。

图 6-39　前嫩公路 L 形热棒施工现场

3）挖填安装法

这种施工技术适用于发卡式等分离式热棒和 L 形热棒，由于公路路基普遍存在融化盘，因此应用此种热棒和施工技术较多。图 6-39 所示是前嫩公路 L 形热棒施工现场图。

6.7　热棒工程运行状态监测技术

热棒在进行工程施工以前需要对热棒本身工作性能进行检测，规模化工程应用以后要求对热棒工程运行状态进行实时监测，为判断热棒有效工作提供依据，同时也为具体工程地段的病害原因作出是否排除热棒因素的准确判断。

当冻土区热棒冷凝段的温度（大气环境）低于蒸发段的温度（地温）时，热棒启动。蒸发段液体工质吸收汽化潜热蒸发成气体，在压差的作用下，蒸汽沿管内空腔上升至冷凝段，与相对较冷的管壁接触,放出汽化潜热,冷凝成液体,并在重力作用下,液体工质沿管壁流回蒸发段再吸热蒸发。在这个循环过程中,伴随这种汽-液转换过程留下了工质运行轨迹,为监测这种工作过程提供了可能。

冻土区热棒工作状态的性能监测方法及监测准确性具有一定难度,但是对于工程应用是不可或缺的。冻土区尤其是青藏高原环境条件恶劣,对于监测设备的自动化程度和耐寒程度要求都很高。

热棒工程运行状态监测的主要目的是掌握热棒工作状态和工作寿命,这种监测涵盖两方面内容,一是工程,二是热棒。工程指热棒运行状态下的降温效果,热棒指热棒自身运行状态。如果工程的降温效果符合正常规律(如本书有关章节论述),说明热棒正常运行,但是由于土体温度变化和热棒降温之间有一个滞后过程,因此土体温度不能实时反映热棒工作状态,需要通过一些特殊手段对热棒工作状态进行监测和检测。红外热像仪可以通过探测微小的温度差别对热棒工作状态进行监测,热电阻测温对热棒芯管温差测试对热棒工作状态进行检测。

6.7.1 红外热像仪监测技术

红外热像仪是通过非接触探测红外能量(热量),并将其转换为电信号,进而在显示器上生成热图像和温度值,并可以对温度值进行计算的一种检测设备。

热红外线(或称热辐射)是自然界中存在最为广泛的辐射,所有温度在绝对零度(-273℃)以上的物体都能够不停地发出热红外线。

红外热像仪是一种被动红外成像的仪器。温度高于绝对零度(-273.16℃)的物体都在不断地辐射着红外线产生热辐射,大气选择性吸收形成三个“大气透射窗口”:短波2.1~2.5μm;中波3~5μm;长波8~14μm。热棒的红外辐射集中在中波红外和长波红外波段。

现代的热成像装置工作在中红外区域(波长3~5μm)或远红外区域(波长8~12μm)。通过探测物体发出的红外辐射,热成像仪产生一个实时的图像,从而提供一种景物的热图像。并将不可见的辐射图像转变为人眼可见的、清晰的热棒冷凝段红外热像图。

热棒冷凝段红外热像图与散热翅片表面的热分布场相对应,是管壳和翅片表面各部分红外辐射的热像分布图,通过这种热像分布图将探测到的热量(冷凝段温度)精确量化,能够对热棒工作状态进行准确识别和严格分析(图6-40是应用红外热像仪环境红外图像)。

图6-40 红外热像仪工作环境和热棒红外图像

1)红外热像仪基本参数

对热棒监测最重要的红外热像仪基本参数有:

(1)光学系统参数:光学系统相对孔径参数、光学系统视场角、光谱响应、空间分辨率、帧频等。

(2)温度分辨率:可以简单定义为仪器或使观察者能从背景中精确地分辨出目标辐射的最小温度 ΔT。民用热成像产品通常使用 NETD 来表述该性能指标。

(3)最小可分辨率:温差分辨灵敏度系统空间分辨率的参数。

(4)探测识别和辨认距离。

(5)显示记录方式。

2)红外热像仪测定热棒温度技术指标:

应用红外热像仪测定热棒冷凝段温度之前必须预先确定以下技术指标:

(1)根据黑体辐射定律,在光谱短波段由温度引起的辐射能量变化将超过由发射率误差所引起的辐射能量的变化,因此选定的热像仪测温范围指标必须和热棒冷凝段温度变化范围匹配。

(2)被测目标尺寸满足超过红外热像仪视场大小的50%以上,避免背景辐射能量干扰测温读数,造成误差。

(3)光学分辨率由 D 与 S 之比确定,是热像仪到目标之间的距离 D 与测量光斑直径 S 之比,测量目标大小与热像仪光学分辨率匹配才能够经济合理。

(4)响应时间表示红外热像仪对被测温度变化的反应速度,定义为到达最后读数的95%能量所需要时间,它与光电探测器、信号处理电路及显示系统的时间常数有关,响应时间决定足够的信号响应,温度变化快的测量目标选用快速响应热像仪。

红外热像仪具备数字化图像存储功能,可以实时地通过红外分析软件对所生成的标定过的热图像上78000个单独像素点进行测温。红外热像仪能够将探测到的热量精确量化,红外热像仪利用红外探测器和光学成像物镜接受被测目标的红外辐射能量反映到红外探测器的光敏元件上获得红外热像图,这种热像图与物体表面的热分布场相对应。

简而言之,红外热像仪就是将物体发出的不可见红外能量转变为可见的热图像,用热图像上面的不同颜色代表被测物体的不同温度的测量仪器。

3)红外热像仪使用方法和步骤

红外热像仪使用具体步骤如下:

(1)调整焦距:目标上方或周围背景的过热或过冷的反射影响到目标测量的精确性时,需要试调焦距或者测量方位以减少或者消除杂乱热反射的影响。

(2)选择正确的测温范围:为了得到正确的温度读数,必须设置正确的测温范围。当观察目标时对仪器的温度跨度进行微调将得到最佳的图像质量。这也同时会影响到温度曲线的质量和测温精度。

(3)判定能够得到精确测温读数的最大测量距离,与目标的距离不要小于热像仪光学系统的最小焦距否则不能聚焦成清晰的图像。目标物体尽量充满仪器的视场。

(4)进行温度测量并要求对目标温度进行比较和趋势分析时,需要记录所有影响精确测温的目标和环境温度情况,例如发射率、环境温度、风速及风向、湿度、热反射源等。

(5)野外工作时必须考虑太阳反射和吸收对图像和测温的影响。

(6)保证测量过程中仪器平稳,现在所有的长波 NEC 红外热像仪都可以达到60Hz 帧频速率,因此在拍摄图像过程中,由于仪器移动可能会引起图像模糊。为了达到最好的效果,在冻结和记录图像的时候应尽可能保证红外热像仪平稳。当按下存储按钮时，应尽量保证轻缓和平滑。即使轻微的仪器晃动，也可能会导致图像不清晰。

4）青藏高原红外热像仪应用

（1）测量条件：在寒冷、风速大的情况下，热棒上部（冷端）的散热能力可达到 6000W 以上，而热棒下部（热端）的实际传热功率为 20～120W，热棒上部管壁温度几乎接近大气温度。

（2）测量原理：利用目标物体表面发射的红外线辐射，将此红外射线转换成与温度分布有关的两维热图像来测量。

（3）测量环境要求：环境温度不能低于 －15℃；环境噪声不能大；测试目标周围无强光（如太阳光等）、无屏蔽物（如灰尘、沙尘、蒸汽等）。例如沙尘会影响红外线辐射，引起较大的测量误差。特别是在微小温差下，测得的热棒管壁温度反映不出热棒管内蒸汽温度，即无法判定热棒是否正常运行。

（4）典型仪器：美国 MIKRON INFRAREDINC 的 7515 型便携式红外热像测温仪，是一种非接触式、高灵敏度的先进精密仪器。

（5）测量结果：热棒的启动和持续工作取决于环境和热棒蒸发段埋设位置冻土之间的负温温差，红外热像仪检测的是裸露在地面之上的热棒冷凝段的温度，冷凝段温度必须高于环境温度，才能完成向大气散热的过程，这个过程也是负温之间温差条件下的热量传递。

当热棒冷凝段温度高于环境温度时，判断热棒处于工作状态。

红外热像仪监测结果通过软件处理可得图 6-41 和图 6-42 所示结果。由此可得：

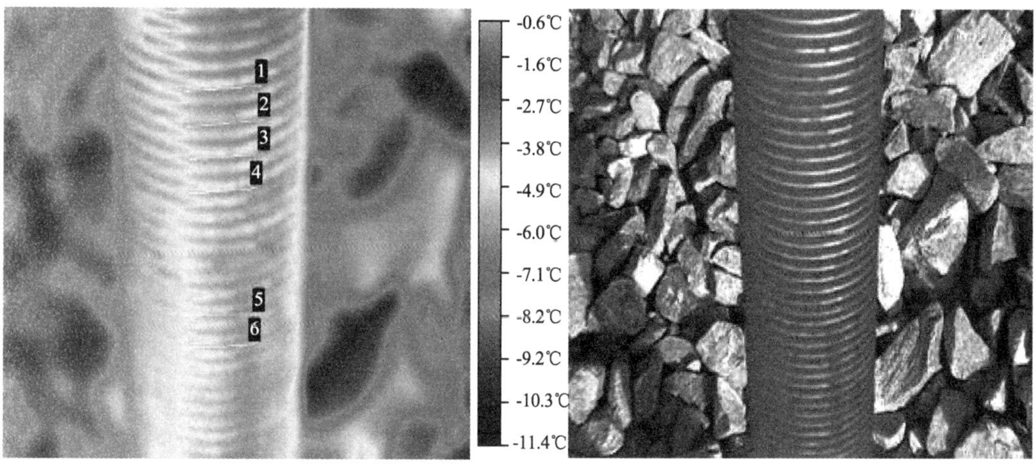

图 6-41　测温目标体（热棒冷凝段）外观和红外图像

①测温目标体（热棒冷凝段）外观和红外图像（图 6-41），红外图像对应测量位置标示和编号。

②红外热像仪软件根据热像图分析合成的测温目标温度线（图 6-42），横坐标代表分辨率，数字对应红外图像中的不同测温位置，纵坐标是温度。不同分辨率对应温度之间有一定差别。

通过这些图形可以判断热棒是否处在工作状态。

图 6-41 和图 6-42 是青藏铁路 K1131 地段埋设热棒在寒季工作状态监测的红外图像和图形，由图形可以看出热棒冷凝段管壁温度在 －4℃ 以上，当时环境温度低于 －7℃，因此可以判断热棒正处于工作状态。

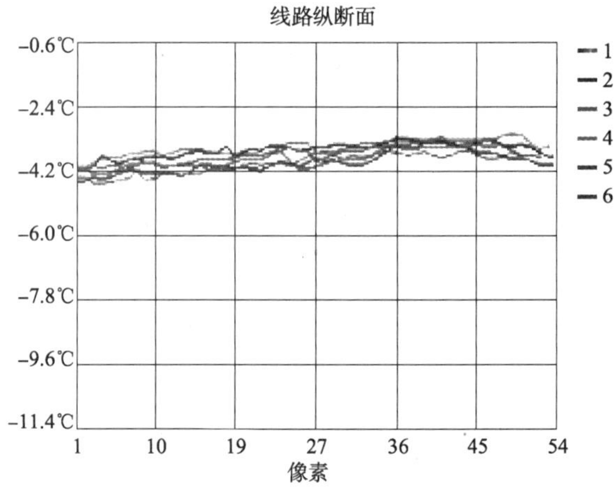

图6-42 热棒冷凝段测温热像分析结果(不同分辨率对应的测量温度)

热棒的红外热像测温监测需要考虑监测物体(工程)周围的各类金属管、塑料管等空心物体对热像的影响。

热棒工程长期运行状态的监测应该和铁路轨检车的巡检工作结合进行,铁路工务部门可以将便携式红外热像测温设备安装在轨检车上进行监测,及时发现热棒非正常工作状态,及时纠正,尤其是热棒工程运行10年以上以后更需要实时巡检。

6.7.2 热电阻测温仪方法

(1)测量条件:热棒用于低温寒冷地区,热棒内的蒸汽温度,可以通过接触式热电阻测温仪准确测得。在寒冷、风速大的情况下,即使在1℃的温差内,热棒管内工质也能启动,蒸汽向上流动。采用便携式热电阻测温仪测温,必须在热棒中心设置中心管,并需要在热棒设计制作过程中提前考虑和设置。

(2)测量原理:采用中心管热电阻测温仪测量,由于内置中心管形成的测温井在热棒腔内部,受工质蒸汽包围,热阻探头与蒸汽直接接触,即使热棒管壁温度与大气温度相接近,中心管内热电阻测温仪也能测得蒸汽的真实温度,不受外界环境条件限制。所以中心管热阻测温仪能够准确判定热棒是否正常工作。

(3)测量环境要求:适用于各种恶劣环境,环境条件对测量准确性影响较小。

现将便携式热电阻测温仪与便携式红外热像测温仪用于青藏铁路热棒测温的性能作一比较,见表6-35。

便携式热棒电阻与红外热像测温仪性能对比 表6-35

序号	便携式热电阻测温仪	便携式红外热像测温仪
1	精度较高,为±(0.15+0.002% | t |),t为测量值	精度较低,为测量值的±2%或2℃(取较大值)
2	使用环境温度可低至-250℃	使用环境温度不能低于-15℃
3	可用于恶劣的外部环境	不适于风沙大、强光、噪声大的环境
4	价格低,性价比好	价格昂贵,使用方便
5	维修方便	维修不方便

第7章 热棒工程典型应用

近十年来,中国多年冻土区广泛应用热棒技术解决冻土工程的许多疑难问题,作者参与了包括青藏铁路、青海省柴木地方铁路、中俄输油管道输变电塔基、青藏高原国家电网塔基等多项冻土区热棒工程的研究、制作、施工、观测工作。本书就作者参加的主要热棒工程进行剖析论述,提出热棒工程实施的技术要点和要求。

冻土区热棒工程实施是按照本书提及的思路和方法进行的:以冷却地基的理论作为指导,以应用环境评价分析作为基础,根据有效传热理论决定热棒布置的最佳间距,依据传热均衡原理工程中热棒布局,完成热棒工程整体设计。

冻土的温度特性和含冰量特征对工程稳定性的影响程度始终处在动态的变化之中,因此冻土区工程和一般工程不同。一个完整的工程体的设计、施工、运行应该包括两大部分,一部分是工程本体,另一部分则是反映冻土工程动态特征的工程典型地段的监测系统。对于冻土区热棒工程也是这样,只不过监测系统还具有监测热棒运行状态和寿命的功能。在热棒工程中布置一定观测设施,以观测数据验证热棒工程的有效性,并根据环境、工程相关数据计算热棒工程的长期有效性。

热棒工程典型应用地段包括青藏铁路多年冻土区的高温冻土区和低温冻土区以及冻土区南部边缘地段高温极不稳定冻土区,大量采用热棒的青海省柴木地方铁路多年冻土区则是位于祁连山脉大通河流域的冻土沼泽地带,它们的环境条件各不相同,热棒散热导冷的工程表现有一定区别。

本书介绍的热棒工程典型应用区域,均具有适宜热棒散热导冷的环境工程地质条件,主要包括地形地貌条件影响下的区域气候条件、冻土地温和冻土含冰量条件,以及不同时间段这些条件的阶段特征和相互影响特征。

冻土区热棒工程设计、施工、监测、运行是一个由多因素控制制约的系统性工程,包括热棒工程环境条件综合评价、热棒参数设计、热棒工程结构设计、监测断面布置、工程效果评价、区域工程实施几个相互关联、不可分割的组成部分。

7.1 冻土区边缘地区热棒工程

冻土区边缘地区是指大片连续多年冻土的南北界地区,南北界地区一面临靠连续多年冻土,一面临靠不连续分布的多年冻土岛,或者是多年冻土边缘接近季节冻土的区域。如青藏铁路多年冻土区南界附近,即西藏境内安多附近,是岛状多年冻土发育地段,也是连续多年冻土分布的南界,这类区域存在的多年冻土基本是高温不稳定和高温极不稳定多年冻土,都处在退化过程中,从冻土环境条件来看,其具有适合热棒发挥"导冷"作用的能量基础条件,是热棒发挥散热导冷抵御多年冻土退化速率的主要工程地段。

冻土区边缘地区工程设计原则是在"冷却地基"思想指导下,应用冷却土体的工程措施降低边缘地区冻土的退化速率,使工程变形维持在保证工程正常运行的范围内。热棒散热导冷的功能是冷却土体的理想来源。

7.1.1 热棒工程环境和工程目标

青藏铁路多年冻土南界位于青藏高原唐古拉山区南麓和安多河谷地区,是典型的冻土边缘地区。该地区适合热棒散热导冷的环境特征表现为以下三个方面:寒冷多风气候环境、温度条件以及冻土工程地质条件,具体如下。

1)寒冷多风气候环境

青藏铁路多年冻土南界地区以安多为中心,属于高原亚干旱气候区,具有独特的高原高寒冰缘干旱气候特征,区内随海拔增高呈明显的气候垂直分带性。寒冷干旱,气候多变,一年内冻结期长达7~8个月,使热棒的散热导冷功能可以得到充分发挥。工程地段风向一般以西北为主,大风集中在10月到来年4月间。整体环境条件有利于热棒发挥散热导冷主要作用。

根据安多气象站资料,一般气候环境特征为:

(1)年平均气温-2.9℃,极端最高气温23.3℃,极端最低气温-36.7℃,最热月平均7.5℃,最冷月平均-14.7℃,最大月平均日较差16.7℃,年平均气温较差22.2℃。

(2)平均风速为4.3m/s,主导风向WSW;春季平均风速5.8m/s,主导风向WSW;夏季平均风速3.6m/s,主导风向NE;秋季平均风速3.9m/s,主导风向NNE;冬季平均风速5.3m/s,主导风向W;年平均大风日数(≥8级)147.1d。

(3)年均沙尘暴日数5.7天。

(4)气候多变,急风、暴风雪、暴雨、冰雹、雷电、霜冻、寒潮等变化剧烈无常。

2)热棒散热导冷温度条件

区域内影响热棒散热导冷能量环境条件主要通过热棒工作月份气温、月平均气温变化曲线、气温冻结指数和融化指数变化体现。

表7-1是安多气象站的月平均气温数据,图7-1是安多气象站的月平均气温随观测时间的变化曲线。

安多气象站2003年、2004年和2005年的月平均气温(单位:℃) 表7-1

年份	1月	2月	3月	4月	5月	6月	7月	8月	9月	10月	11月	12月	年平均
2003年	—	—	—	—	—	—	—	—	—	—	-6.9	-11.1	
2004年	-13.4	-11.7	-4.7	-1.8	3.0	5.4	7.7	8.0	5.6	-2.5	-10.5	-11.6	-2.21
2005年	-11.7	-10.3	-4.9	-2.2	1.2								

从安多地区的月平均气温和试验工程的地温资料可以看出:安多地区寒季的月平均气温均低于-1.8℃,在每年的1月份、2月份和11月份、12月份则更低。而热棒试验工程热棒蒸发段的平均地温均≥-0.5℃,这说明在寒季,试验工程所处地段的气温均低于热棒蒸发段的地温,这有利于热棒的工作。

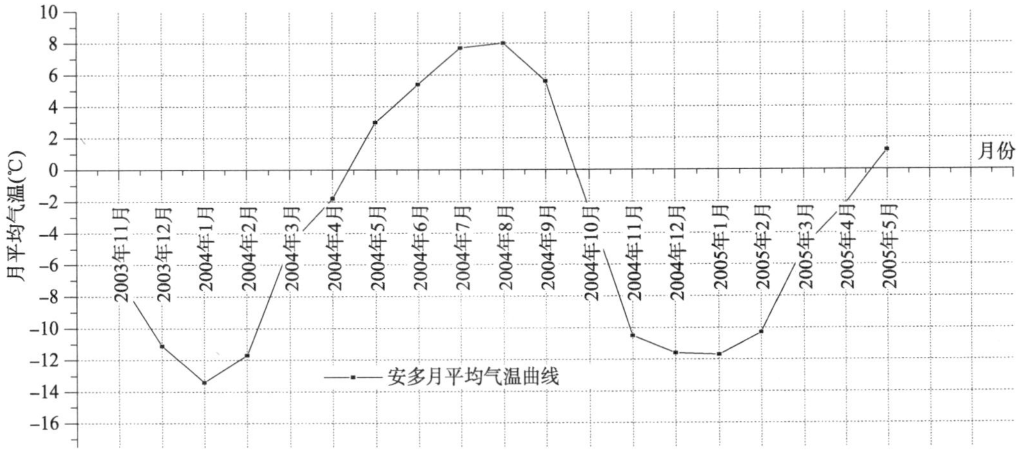

图 7-1　安多气象站 2003 年 11 月至 2005 年 5 月的月平均气温曲线

根据本书 6.1.1 节数据，安多气象站多年观测平均值显示，年平均气温为 -2.8℃，年平均冻结指数 -1906℃·d；年平均融化指数为 +885℃·d，过余冻结能力为 -1021℃·d；冻结数为 2.2。

以上是该地区热棒散热导冷能量基础条件，从数据可以看出，气候环境适宜热棒工作。

3）冻土工程地质条件

热棒工程所在铁路唐古拉山至安多段，线路行进于红岭越岭区的多年冻土区内，区域内地势开阔，地形呈斜坡，地表植被覆盖率达 70% 以上，草皮厚 0.2m 左右，地表有零星洼地积水，海拔在 4870～4880m 之间。

地层岩性和冻土条件分别为：

（1）粉质黏土：棕黄色 - 棕红色，厚 1～4m，主要分布于地表，黏性较强，手搓具粉感，土质不均，含少量卵砾石；冻土上限以上，硬塑，Ⅱ级普通土，σ_0 = 150kPa。

（2）泥岩：棕红色，主要分布于地表以下，局部出露于地表，泥质结构，块状构造，泥钙质胶结，全风化 - 强风化；上限以上：岩芯呈土状及角砾状，Ⅲ级硬土，σ_0 = 150kPa。

（3）冻土年平均地温不小于 -0.5℃，为高温极不稳定多年冻土区。上限以下分布有少冰、多冰、富冰、饱冰及含土冰层，天然上限深度 2.0～3.0m。

（4）地下水为冻结层上水，受大气降水补给，地下水位不稳定，局部地表有出露。经水质化验分析，该段水质具硫酸盐中等侵蚀性。

参照图 6-3 所显示的浅层地温变化规律可以看出，在寒季热棒埋置深度范围内土体温度都要高于环境气温，因此适宜热棒启动和保持散热导冷过程。

4）热棒工作环境评价

综合以上环境特征可以看出，冻土区边缘地区的热棒工作环境是适宜的，这种适宜特征主要体现在以下几点：

（1）所有冻土区边缘地区的寒季都远长于暖季，一般寒季 7～8 个月。

（2）边缘地区环境年平均气温为 -3.5～-2℃，最高月份 7 月份月平均气温为 6.5～8.1℃，最冷月份 1 月或 12 月平均气温为 -17.4～-14.5℃，气温年较差为 15～26℃，极端较差低于 50℃。

(3)边缘地区寒季时间期长达七个月之久,寒季期内气温偏低;暖季时间短,气温相对不高,环境气温冻结指数远远大于融化指数。

(4)风力风速影响热棒散热效率,是热棒能量条件分析中不可忽略的因素。冻土边缘区高空受西风带的控制,西风为主导风向。平均风速一般为3~4级。热棒工作期间的寒季当年10月至次年3月恰恰为多风季节,且风速比其他时间大很多,2月风速可达28~34m/s,这种寒季风力风速特征非常利于热棒散热导冷过程效率的发挥。

(5)不同地区不同深度冻土的温度变化是热棒启动工作和持续工作的主要影响因素,浅层地温和环境气温的差值满足热棒启动和持续工作条件。

冻土区边缘地段除了青藏铁路冻土区南界(安多附近)、北界(西大滩附近)以外,还泛指其他一些大河融区与冻土区交界处、构造融区和冻土区交界处。以上对具有冻土边缘地带代表性的青藏铁路冻土区南界热棒工程环境的叙述和这些区域环境资料搜集可以看出,这些区域具有以下特征:

年平均气温较冻土腹部连续冻土区高,年平均气温在-3.5~-2.8℃之间,气温冻结指数绝对值大于气温融化指数绝对值,寒季多风,气候环境具备热棒启动和持续工作条件;冻土年平均地温较高,多属高温不稳定冻土区和高温极不稳定多年冻土区,除厚层地下冰地段和饱冰冻土地段采用"以桥代路"工程措施以外,路堤高度容许时可采用片石气冷路基,其他地段采用填土路基,试验证明填土路堤不能够保证工程稳定性,必须采用热棒路基。

7.1.2 热棒参数和工程结构

连续多年冻土区边缘地带的冻土特征是热惰性差,热敏感性强,冻土厚度薄,受气温升高趋势影响变化较剧烈,由条带状结构传热差异性带来的工程变形差异不是主要矛盾,基底冻土的退化才是工程设计需要解决的主要矛盾。

冻土区边缘地带热棒工程的设计思想是以"冷却地基"思想作为主导,采用热棒技术欲达到的工程目标主要是冷却降低条带状工程路基基底多年冻土温度,提高冻土的热惰性,使多年冻土上限稳定在原有深度范围,在环境气温升高时能够保持这种状态不变,或者缓慢发生改变。

在这种思想指导下,热棒工程结构以路肩直插和坡脚斜插为主要结构形式,热棒纵向间距适当减小,横向采用对称或不对称显示均可;因为受线路走向和路堤高度影响,这些区域的阴阳坡差异不明显,而路基整体基底冻土上限下移是需要重点解决的主要工程问题。

基于以上考虑,热棒参数需要以长热棒(12~14m)为主,其他结构形式陈述如下:

1)热棒参数

为贯彻以上设计思想和达到预设工程目标,热棒需要斜插以冷却路基中心基底多年冻土,为此设计的南界地区热棒结构参数见表7-2。

2)工程结构

为达到以上工程目的,热棒路基工程结构设计分为热棒路基和保温板+热棒复合路基两种,具体工程设计如下:

(1)填土路基

路基填高0.1~3.0m,路基面两侧各加宽0.6m。

路基工程采用的热棒结构参数 表 7-2

基管直径(mm)	热棒型号	热棒总长(m)	蒸发段长度(m)	绝缘段长度(m)	冷凝段长度(m)	翅片高度实际/设计(mm)	翅片厚度(mm)	翅片间距(mm)	数量(根)
ϕ60	03R005 -401 -001	13.0	4.5	4.5	4.0	23/25	2	12.0	1
ϕ89	03R005 -501 -001	11.0	4.5	4.5	2.0	28/40	2	7.1	1
	无标示	13.0	6.0	3.0	4.0	23/25	2	12.1	55
ϕ108	03R005 -301 -012	13.0	4.5	4.5	4.0	28/45	2	12.1	23

DK1505 +245 ~ +280 段正线外侧(左侧)坡脚外 100m 设置填土高度为 2.0m、路基面宽度为 8.6m 的对比试验段,不布置热棒也不铺设保温板,施工质量及工艺要求同正线路基,以对比热棒路基工程效果。

(2)热棒路基

路基两侧对称设置热棒,长度 13m,埋入 9m,外露 4m,与铅直线夹角为 23°。热棒直径采用两种规格,里程 DK1505 +245 ~ DK1505 +290、DK1505 +330 ~ DK1505 +361 段热棒直径采用 89mm,热棒埋设纵向间距 3.0m,DK1505 +290 ~ DK1505 +330 段热棒直径采用 108mm,热棒埋设纵向间距 3.5m;热棒其他结构参数见表 7-2。

(3)保温板 + 热棒复合路基

填高大于 1.3m 的路堤(DK1505 +245 ~ DK1505 +330 段),基底面上 0.5m 铺设 0.08m 挤塑聚苯乙烯(XPS)保温板;填高小于 1.3m 时,路肩下 0.8m 铺设挤塑聚苯乙烯(XPS)保温板。保温板上、下各铺 0.2m 中粗砂垫层。为避免出现接缝冷桥作用,以设计保温层厚度一半为单层板,分两层错缝、搭接干铺,上下及左右板错缝应不小于 0.6m,板块间采用企口黏接或敲击式锚固件固定。保温板性能指标应满足以下要求:压缩强度≥300kPa,导热系数≤0.027W/(m·℃),吸水率≤1%。

以上是安多附近热棒工程主要参数和结构形式,其他类似区域热棒参数和结构根据环境和冻土条件及设计目的适当调整施工。

7.1.3 热棒工程效果监测设计

热棒工程效果监测是热棒工程不可或缺的重要组成部分,先期进行的试验工程监测数据分析研究可以指导后续工程设计和施工,运营期间监测结果可以预警病害发生发展趋势,为工程补强和病害整治提供依据。正常工作的热棒工程还可以根据监测结果判断热棒工作寿命。

冻土边缘地区热棒路基工程效果监测设计主要针对土层地温和土体变形。

图 7-2 是青藏铁路冻土南界地区安多附近热棒工程设计的热棒布置和测试项目布置平面图。

1)土体变形观测

采用冻胀板:每个测试断面分别在两侧路肩的路基表面、基底及基底以下一定深度处布设冻胀板(埋设深度见表 7-3)。采用全站仪和水准仪水准测量的方法观测路堤的变形。

观测频率:每年 5、6、7、8、9、10 月份每月观测 3 次,其余月份每月观测 1 次。

各测试断面基底及基底以下冻胀板的埋设深度(从路基面算起)(单位:m)　　表7-3

断面里程	左侧路肩基底	左侧路肩基底以下	右侧路肩基底	右侧路肩基底以下
DK1505 +260	2.8	4.4	2.8	4.8
DK1505 +275	2.0	4.15	2.0	4.2
DK1505 +310	1.0	3.0	0.65	3.0
DK1505 +345	0.8	2.6	0.5	2.8
正线外对比试验段	1.65	3.65	1.5	3.7

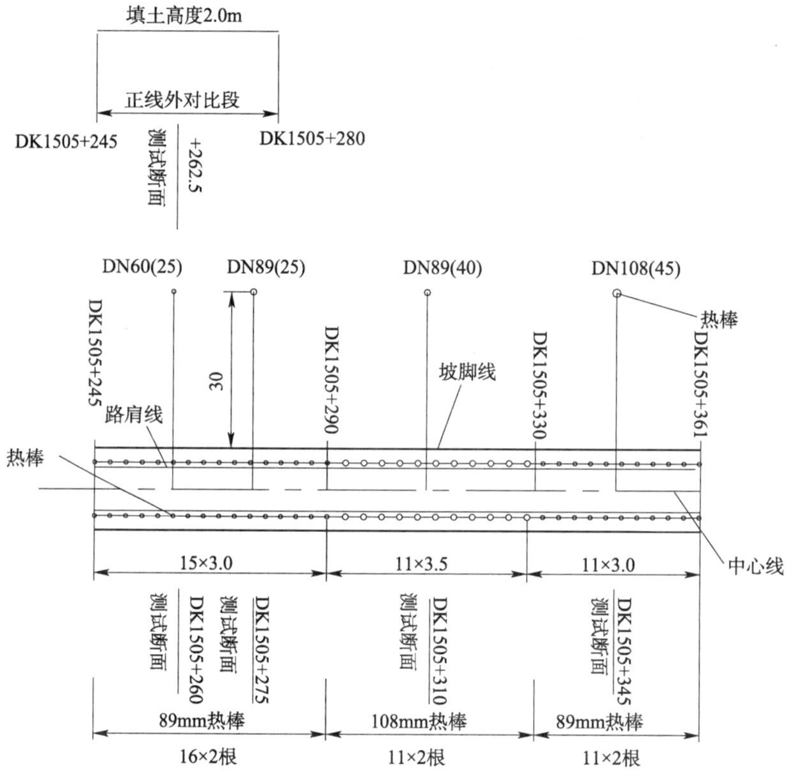

图7-2　热棒布置及测试项目布置平面图(尺寸单位:m)

长期观测土体变形采用自动观测设备和元件,详细内容如图6-27所示分层埋设冻胀板自动观测系统和相关论述。

2)热棒侧壁和土层地温观测

土层地温观测选择工程、冻土均具有代表性的地段,在纵向热棒中间部位设置观测断面。观测断面沿路基横向不同位置布设6个测温孔,分别在路基中心、两侧路肩、两侧坡脚,坡脚外20m处布置一对比测温孔,如图7-2所示。

除路基中心孔和对比测温孔深度加深至20m,其余测温孔原则上可以根据热棒蒸发段埋设位置确定,安多案例中其余测温孔设在原地表以下8.5m深度。

热棒侧壁温度通过侧壁绑缚测温元件(热敏电阻)和热棒一起插入钻孔进行,观测仪器采用数字式万用表观测电阻值换算地温值,观测路堤地温场的变化。

路基外侧布置的热棒侧壁也绑缚测温线。热棒周围测温孔的数量及间距依据热棒功率的不同而不同(图 7-3),测温钻孔深度均为 9.5m。

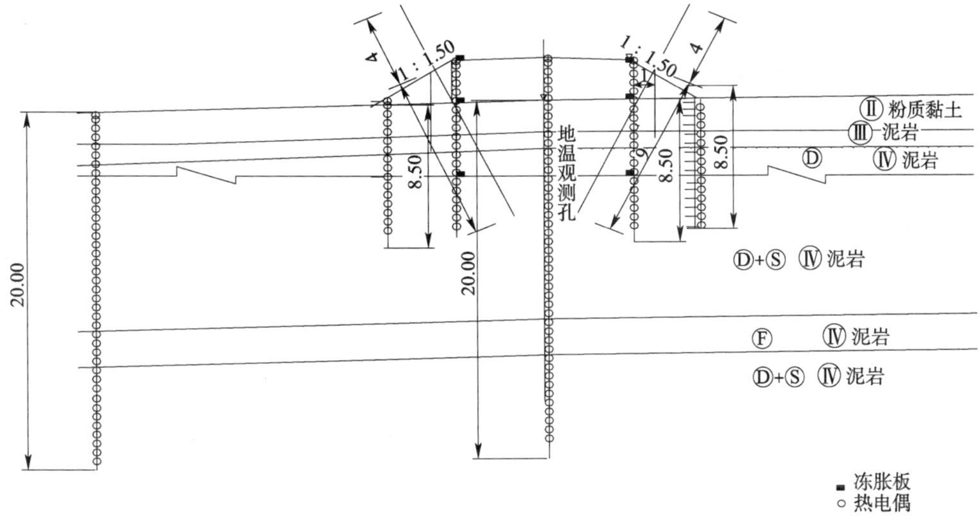

图 7-3　热棒路基测试元件横断面布置示意图(尺寸单位:m)

观测时间和频率:在热棒工作的 9 月份至次年 5 月份,6 次/月;其余月份每月观测 3 次。自动测温系统根据观测时间和频率设定。

除了监测热棒工作状态和工作效果以外,根据本书 5.6 所述,土层地温变化可为判断和预测未来长期运行时期热棒工程的稳定性提供基础数据,同时为本区域热棒工程规模化应用提供设计依据,也为病害预警和整治提供参考。

7.1.4　热棒工程监测数据分析

如上节所述,监测断面对以下工程类别进行了地温和变形观测:

(1)DK1505 + 260 监测断面,热棒 ϕ89mm,长度 13m,蒸发段长度 6.0m,冷凝段长度 4.0m,斜插布置,基底设有 0.08m 厚的 XPS 板。

(2)DK1505 + 275 监测断面,热棒和填土路基,基底铺设保温板。

(3)DK1505 + 345 监测断面,热棒和填土路基,基底没有铺设保温板。

(4)DK1505 + 262.5 对比观测断面,无热棒和保温板。

冻土区边缘地区热棒工程的监测数据分析根据设计思想和工程目的,通过以下几个方面温度测试数据分析说明热棒不同工作状态和不同工作效果:

(1)热棒侧壁温度数据:是直接反映热棒管壳内液-汽转换过程温度变化的数据,侧壁温度降低证明热棒处在启动和持续工作状态中,侧壁温度变化与环境温度变化趋势有一定相关性。

(2)热棒有效冷却半径内不同深度温度变化数据:路基设置的热棒有效冷却半径内土体受热棒侧壁温度降低的影响,热棒周围土体温度随之降低,证明热棒冷却土体效果。

(3)热棒有效冷却半径内不同深度温度变化累积:除了证明热棒持续工作效果,还可以说明热棒冷却降温的长期持续能力,也是通过土体热惰性,抵御气温升高冻土退化的能力。

(4)填土路基相同位置不同深度范围温度变化对比:路基填土本身对土体温度场和多年

冻土上限都有一定改变,对比分析是为了证明剔除填土影响以外热棒的实际冷却降温作用。

(5)多年冻土上限变化:热棒冷却土体效果最终体现在多年冻土上限的抬升,尤其是对比没有热棒的路基断面,这种抬升的效果说明热棒路基工程效果。

(6)热棒路基变形:热棒路基最终的工程目的是减少路基变形,保证线路运行的平顺性。

1)热棒启动和持续工作

热棒侧壁温度是热棒管壳内工质启动开始汽-液循环吸收土体热量、降低土体温度的标志性数据。如果热棒连续工作,热棒侧壁温度随热棒长度的变化整体向温度降低的方向移动。

图7-4和图7-5是两个观测断面DK1505+275和DK1505+345左右侧路肩埋设热棒后,热棒侧壁温度变化曲线。由于测温元件损坏部分地温曲线缺失上部数据,但是不影响数据分析,因为热棒工作状态主要依据多年冻土上限以下蒸发段部分判断,图中曲线2004—2005年寒季期间温度逐月向降低方向移动,说明热棒处在正常工作状态中;而温度曲线逐渐左移,说明热棒处在持续工作状态。

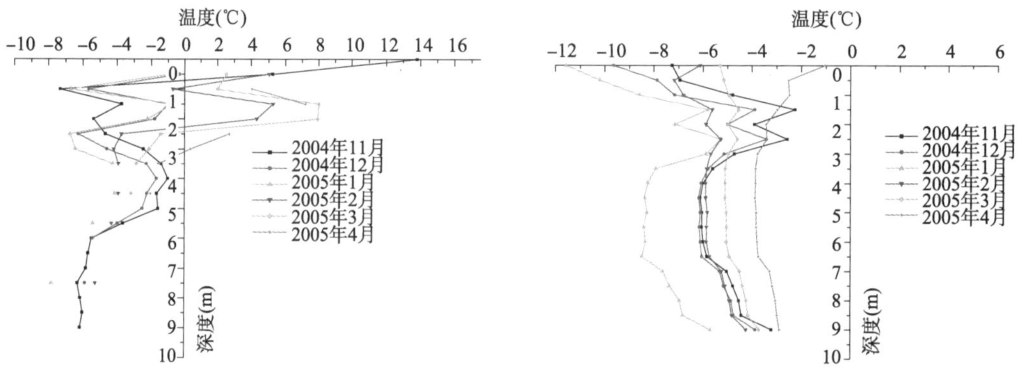

a)左侧路肩　　b)右侧路肩

图7-4　DK1505+275路肩处热棒侧壁温度变化曲线

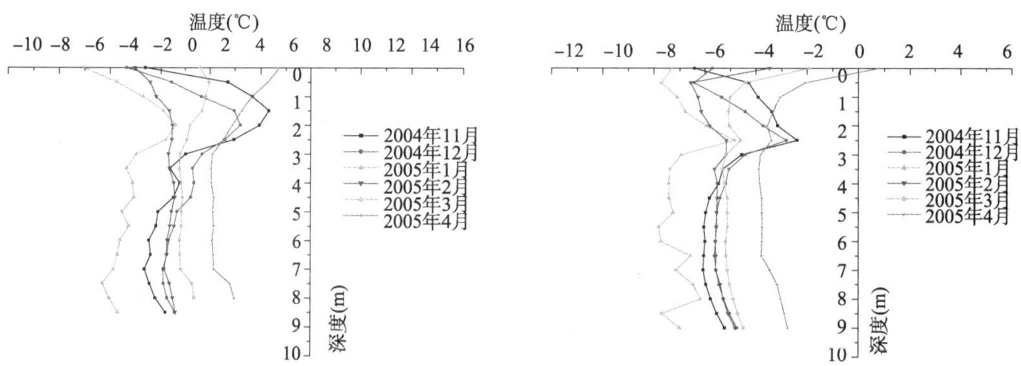

a)左侧路肩　　b)右侧路肩

图7-5　DK1505+345路肩处热棒侧壁温度变化

2)热棒冷却土体效果明显

热棒冷却效果需要通过路基典型部位观测孔地温数据变化进行实时分析,并和填土路基观测孔地温数据进行对比判断。

热棒路基不同位置布置的热棒蒸发段温度变化：表7-4和表7-5列出冻土南界热棒路基DK1505+260监测断面（铺设了保温板）、DK1505+275（铺设了保温板）监测断面和DK1505+310监测断面左右路肩孔和路基中心孔热棒蒸发段的地温变化。

热棒+保温板路基结构3~8m热棒蒸发段平均地温变化（单位：℃） 表7-4

时间	DK1505+260断面			DK1505+275断面		
	左侧路肩孔	路基中心孔	右侧路肩孔	左侧路肩孔	路基中心孔	右侧路肩孔
2003-11-10	-0.30	-0.31	-0.30	-0.23	-0.07	-0.28
2003-12-7	-0.28	-0.28	-0.34	-0.39	-0.34	-0.44
2004-1-7	-0.06	-0.27	-0.26	-0.25	-0.20	-0.26
2004-2-6	-0.19	-0.40	-0.41	-0.37	-0.41	-0.35
2004-3-10	-0.30	-0.38	-0.40	-0.42	-0.44	-0.40
2004-4-11	-0.22	-0.35	-0.40	-0.39	-0.36	-0.45
2004-5-9	-0.32	-0.32	-0.41	-0.53	-0.38	-0.42
2004-6-9	-0.29	-0.30	-0.39	-0.45	-0.37	-0.44
2004-7-11	-0.25	-0.27	-0.38	-0.32	-0.10	
2004-8-11	-0.12	-0.24	-0.34	-0.23	0.01	
2004-9-10	0.00	-0.21	-0.28	-0.05	-0.14	
2004-10-10	0.05	0.01	-0.18	-0.06	-0.01	
2004-11-10	-0.52	-0.08	-0.29	-1.47	-0.08	
2004-12-9	-1.03	-0.20	-0.67	-2.15	-0.31	
2005-1-8	-1.31	-0.31	-0.97	-2.56	-0.57	
2005-2-23	-1.95	-0.54	-2.06	-2.83	-1.07	
2005-3-9	-1.85	-0.64	-2.20	-2.49	-1.11	
2005-4-10	-1.61	-0.79	-2.14	-2.05	-1.34	
2005-5-10	-1.37	-0.86	-1.89	-1.59		
2005-6-10	-1.07	-0.87	-1.47	-1.15		
2005-7-10	-1.01	-0.86	-1.23	-0.92		
2005-8-10	-0.89	-0.82	-0.98	-0.80		
观测期内平均	-0.74	-0.39	-0.85	-1.17	-0.42	-0.36

DK1505+310断面测温孔路基面下3~8m（热棒蒸发段深度）**平均地温变化**（单位：℃） 表7-5

时间	DK1505+310断面		
	左侧路肩孔	路基中心孔	右侧路肩孔
2003-11-10	-0.36	-0.43	-0.31
2003-12-7	-0.46	-0.37	-0.39
2004-1-7	-0.17	-0.03	-0.16
2004-2-6	-0.37	-0.34	-0.36

续上表

时　间	DK1505 +310 断面		
	左侧路肩孔	路基中心孔	右侧路肩孔
2004 - 3 - 10	-0.30	-0.28	-0.21
2004 - 4 - 11	-0.31	-0.29	-0.27
2004 - 5 - 9	-0.29	-0.25	-0.31
2004 - 6 - 9	-0.32	-0.27	-0.36
2004 - 7 - 11	-0.32	-0.28	-0.34
2004 - 8 - 11	-0.21	-0.26	-0.32
2004 - 9 - 10	-0.22	-0.26	-0.31
2004 - 10 - 10	-0.19	-0.26	-0.33
2004 - 11 - 10	-0.35	-0.26	-0.60
2004 - 12 - 9	-0.69	-0.26	-1.09
2005 - 1 - 8	-0.99	-0.42	-1.42
2005 - 2 - 23	-1.54	-0.76	-2.07
2005 - 3 - 9	-1.70	-1.18	-2.10
2005 - 4 - 10	-1.70	-1.41	-2.03
2005 - 5 - 10	-1.61	-1.62	-1.89
2005 - 6 - 10	-1.31	-1.58	-1.65
2005 - 7 - 10	-1.26	-1.53	-1.47
2005 - 8 - 10	-1.06	-1.42	-1.30
观测期内平均	-0.74	-0.61	-0.94

由表7-4和表7-5中的数据说明,所有设置了热棒的监测断面,在经历寒季-暖季-寒季的气温变化过程,热棒经历了启动工作-停止工作-启动停止工作的周而复始的过程,在这个过程中土体温度经历了降低-升高-原有基础上再降低的过程,证明热棒冷却效果在持续工作时逐渐积累。

表7-6是设置热棒的路基监测断面(DK1505 +345)和对比监测断面(DK1505 +262.5)在路基面以下3~8m(热棒蒸发段深度)寒季平均温度变化。

DK1505 +345和DK1505 +262.5断面3~8m(热棒蒸发段深度)**平均地温变化**(单位:℃) 表7-6

时　间	DK1505 +345 断面			DK1505 +262.5 断面		
	左侧路肩孔	路基中心孔	右侧路肩孔	左侧路肩孔	路基中心孔	右侧路肩孔
2003 - 11 - 10	0.82	0.45	0.16	-0.10	-0.17	-0.30
2003 - 12 - 7	0.36	0.25	0.02	-0.11	-0.15	-0.26
2004 - 1 - 7	0.00	0.05	0.00	-0.11	-0.14	-0.17
2004 - 2 - 6	-0.19	-0.27	-0.08	-0.26	-0.35	-0.41
2004 - 3 - 10	-0.46	-0.25	-0.02	-0.27	-0.38	-0.47
2004 - 4 - 11	-0.61	-0.37	-0.07	-0.31	-0.46	-0.60

续上表

时 间	DK1505 +345 断面			DK1505 +262.5 断面		
	左侧路肩孔	路基中心孔	右侧路肩孔	左侧路肩孔	路基中心孔	右侧路肩孔
2004 -5 -9	-0.61	-0.46	-0.21	-0.25	-0.31	-0.62
2004 -6 -9		-0.30	-0.19	-0.24	-0.29	-0.51
2004 -7 -11		-0.14	0.00	-0.19	-0.24	-0.47
2004 -8 -11		0.24	0.09	-0.06	-0.20	-0.36
2004 -9 -10		0.43	0.30	0.30	-0.01	-0.30
2004 -10 -10		0.49	0.11	0.43	0.11	-0.11
2004 -11 -10		0.20	-0.74	0.10	-0.04	-0.21
2004 -12 -9		-0.15	-1.44	-0.13	-0.17	-0.25
2005 -1 -8		-0.42	-1.88	-0.15	-0.17	-0.24
2005 -2 -23		-0.85	-2.79	-0.21	-0.19	-0.29
2005 -3 -9		-1.01	-2.75	-0.24	-0.21	-0.35
2005 -4 -10		-1.38	-2.46	-0.22	-0.22	-0.46
2005 -5 -10		-1.63	-2.06	-0.21	-0.23	-0.51
2005 -6 -10		-1.67	-1.41	-0.23	-0.26	-0.51
2005 -7 -10		-1.61	-1.17	-0.22	-0.25	-0.49
2005 -8 -10			-0.88	-0.08	-0.23	-0.41
观测期内平均	-0.06	-0.36	-0.93	-0.09	-0.18	-0.34

从监测断面和对比监测断面的温度变化数据可以看出，设置热棒的 DK1505 +345 监测断面 2004—2005 年寒季路基面下 3 ~8m 的平均温度比没有设置热棒的填土路基 DK1505 +262.5 监测断面要低 1.0 ~2.7℃，证明了热棒在降低基底地温方面的显著效果。

已有观测数据表明，热棒监测断面 2004—2005 年寒季路基面下 3 ~8m 的平均温度比 2003—2004 年寒季最多要低约 2.8℃；而对比监测断面 DK1505 +262.5，两个寒季的相同深度平均地温基本接近，证明热棒持续工作发挥了持续降温的效果。

设有保温板的路基暖季 DK1505 +262.5 断面路基面下 3 ~8m 的平均温度在 -0.4 ~0.5℃之间；设有保温材料路肩孔和路基中心孔路基面下 3 ~8m 的平均温度均比没有设置保温板的温低 0.2 ~0.8℃，说明保温材料在暖季的隔热作用，保温板在暖季热棒停止工作时间发挥隔热作用，提高热棒路基冷却地基土体、加大土体热惰性的效果。

3）热棒路基抬升冻土上限的工程效果

冻土边缘地区的热棒路基工程无论采用何种结构形式，最终的工程效果体现在对设计思想的贯彻、设计目的的实现，工程效果最终体现的标志是多年冻土上限即最大季节融化深度的变化、上限形态的变化以及工程变形总量和变形发展趋势。

热棒路基最大季节融化深度曲线是指根据最大融化季节土体融化温度（0℃或稍低，视土体含盐量而定）绘制的等温线，它显示了路基不同部位在最大融化季节的融化深度值、多年冻土上限形态特征。

图 7-6a）是没有设置热棒的填土路堤的最大融化深度曲线变化图，图中显示最大季节融

化深度与该地段天然上限深度基本相同，只是局部略有抬升仅仅0.03m，也有局部上限下移0.03m，这是因为该处路堤较低，填土高度低于最小临界高度（保证多年冻土上限不下移的最小填土高度）的缘故。

图7-6b）显示在填土路基近处相同冻土环境条件下的DK1505+345监测断面多年冻土上限位置，在热棒和填土经历一个冻融循环过程的叠加作用下的变化情况，2004年多年冻土上限位置在路基中心附近平均上升0.40m，坡脚部位由于双向热流作用，多年冻土上限位置还没有出现上升，路肩宽度范围多年冻土上限已经开始上升。

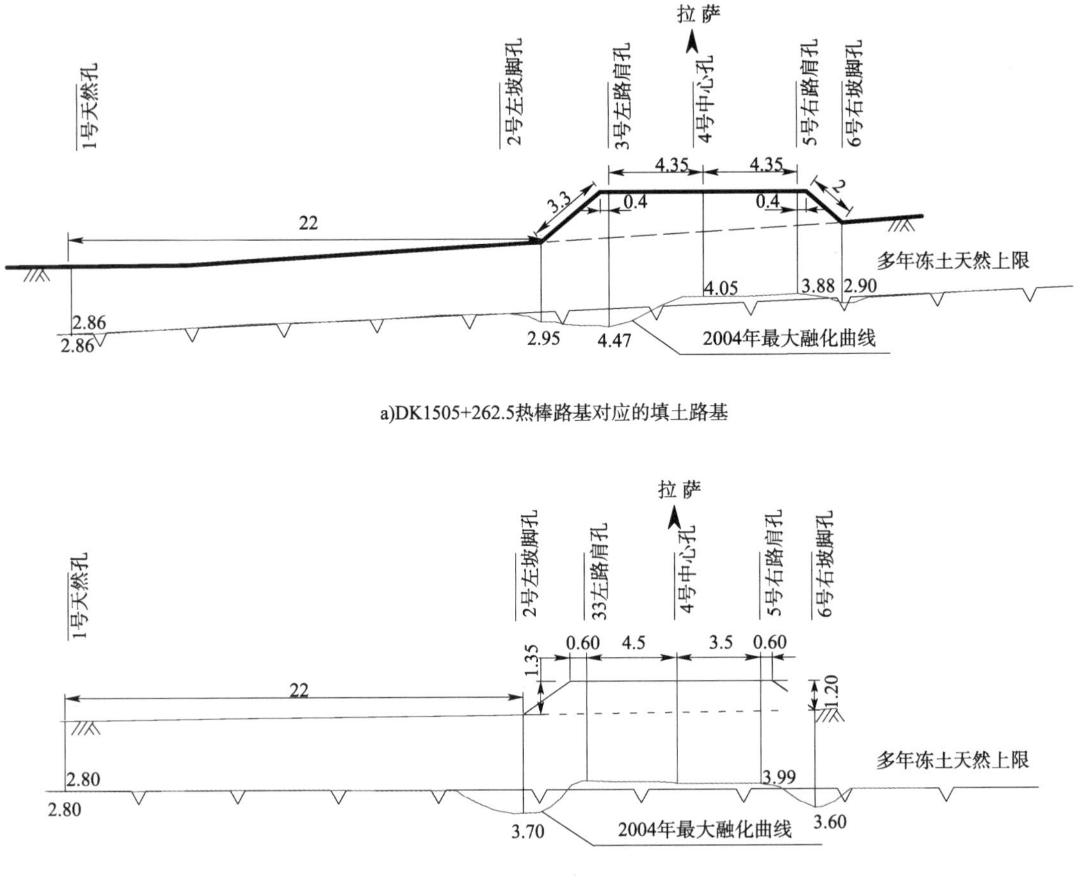

a)DK1505+262.5热棒路基对应的填土路基

b)DK1505+345断面

图7-6　2004年的最大融化深度曲线（尺寸单位：m）

随着热棒持续工作时间积累，如上所述土体温度逐渐降低，这种上限位置的变化还会持续一段时间；但是在达到热棒冷却极限以后，随着气温升高，上限会停止上升，甚至会缓慢下移，热棒的累积冷却作用会阻止这种下移或者减缓下移速率，维护路基相对的热稳定性。

4）热棒路基改善路基变形的工程效果

热棒路基在改善土体温度场特征以后，表现在工程稳定性方面将是对路基变形的改善。

在热棒工作和停止工作的循环过程中，同步观测的路基变形数据证明，随着土体冷却效果的发生和积累，路基变形呈衰减趋势。

根据对比观测断面和热棒路基观测断面的变形监测数据绘制的累计变形曲线如

图 7-7a)、图 7-7b)所示。

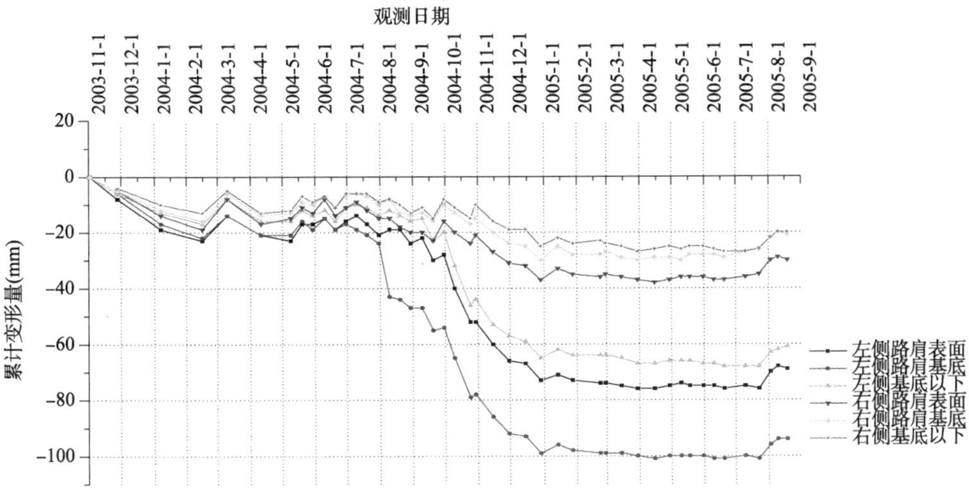

a)正线外对比试验段DK1505+262.5断面路堤

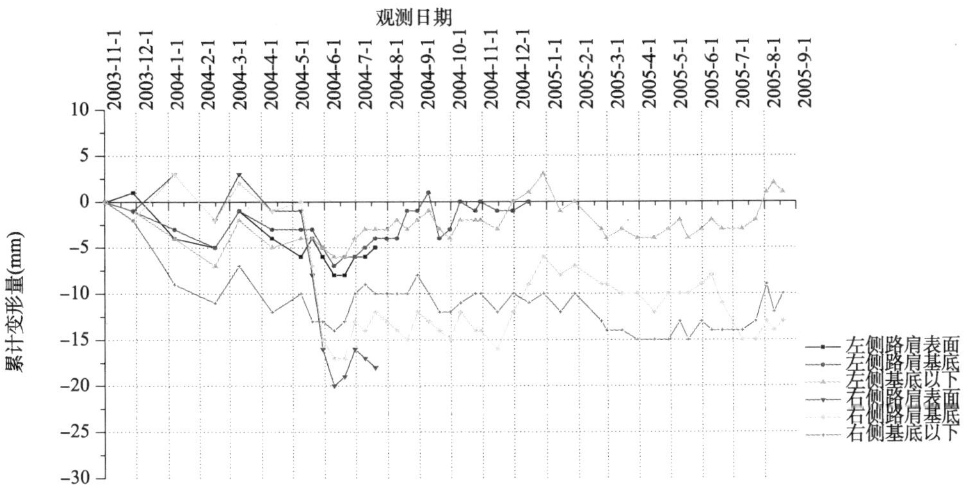

b)DK1505+345断面路堤

图 7-7　累计变形曲线

累积变化曲线及大量观测数据显示：

(1)路堤有冻胀、沉降两种变形。

(2)热棒路基的土体路堤对比监测断面数据显示，左侧路肩表面累计变形为沉降 69mm，右侧路肩表面累计变形为沉降 30mm，左侧路肩表面的沉降量大于右侧路肩表面沉降量。这与路基左侧(左侧坡脚和左侧路肩)的最大融化深度大于路基右侧是一致的。

(3)路堤基底的累计变形为冻胀 11mm ~ 沉降 94mm，左侧路肩基底的累计沉降量大于右侧路肩基底的累计沉降量。另外，对比监测断面 DK1505 + 262.5 断面左右侧路肩基底的累计沉降量最大。

(4)正线外对比试验段的各监测点的累计变形量要大于热棒路基监测断面相应位置的累计变形量，说明插入热棒对于减小路基的变形有积极的作用。

(5)从变形的发展来看，热棒路基在路基施工完成后至 2004 年 11 月变形速率较大，以后则逐渐趋缓,这与寒季热棒开始工作有关。对比监测断面在施工完成后至2005年1月变形速率较大,以后则逐渐趋缓。

7.1.5 冻土区南界地区热棒工程

根据冻土区南界边缘地区典型地段先期施工的热棒工程及其对比断面的观测数据分析证明,青藏高原多年冻土区边缘地区的冻土环境条件适宜应用热棒技术,热棒路基在冷却地基土体方面具有明显的效果。

采用热棒路基的冻土边缘地区设计思想和工程目的主要是整体的冷却路基基底土体,保护基底多年冻土的热稳定性,减缓边缘地区气候条件变化带来的热融蚀变化。监测断面的先导性数据证明采用的工程措施的有效性和科学性。

冻土区南界边缘地区、融区边缘地区、越岭地段低路堤地段,可以参照本章分析采用的工程措施:

(1)单独采用斜插或直插热棒在路肩、坡脚部位对称布置的热棒路基结构。

(2)直插或斜插热棒+保温板的复合工程结构。

2004—2005年冬季工程调查和上述热棒试验观测结果以及2003年开始的中铁西北科学研究院、中科院等研究课题中热棒试验段研究结果表明,热棒路基结构是“冷却地基土体”效果显著的主要工程措施之一。

根据研究结果,提出补强设计中热棒工程设计的意见:

(1)对于低路堤地段、半填半挖地段以及路堑地段,除了已经设计的热棒结构工程措施以外,建议对没有加强措施的低路堤高含冰量地段采用热棒补强措施。

(2)冻土边缘地区原热棒长度按12m设计,其他地区建议按7m设计。

(3)阳坡一侧设两排热棒,纵向间距为2.4m,横向间距为2.8m;第一排设在坡脚部位,第二排视路基高度不同,可以设在坡面或路肩;阴坡设一排在坡脚,纵向间距2.8m;设有护道的路基,阴阳坡均在护道与路基边坡的坡脚处设一排,间距2.8m。

(4)河流融区边缘的冻土地段,考虑河流侧向热侵蚀对路基基底多年冻土的影响,建议设计热棒防护。

(5)采用抗滑桩措施地段或高含冰量斜坡地段设置热棒结构防护。

根据以上意见和试验数据分析结果,2005—2006年在冻土边缘地区和乌丽构造融区边缘地区进行工程补强设计和施工,采用的热棒工程地段详细情况见表7-7。

青藏铁路多年冻土南界边缘地区热棒工程和热棒结构 表7-7

序号	施工热棒段落里程	段长(m)	热棒位置设置		热棒规格		数量
			路肩左	路肩右	直径(mm)	长度(m)	根
1	DK979+000~DK979+140	140	无	双排,坡脚和护道坡脚	ϕ89	7	94
2	DK979+265~DK979+330	65	无	双排,坡脚和护道坡脚	ϕ89	7	44
3	DK983+039~DK983+400	94	无	双排,坡脚和护道坡脚	ϕ89	7	96

续上表

序号	施工热棒段落里程	段长(m)	热棒位置设置		热棒规格		数量
			路肩左	路肩右	直径(mm)	长度(m)	根
4	DK1190 +900 ~ DK1191 +10	200	双排,坡脚和护道坡脚	双排,坡脚和护道坡脚	ϕ89	7	267
5	DK1419 +300 ~ DK1419 +520	220	路肩内 1m 处倾斜设置	路肩内 1m 处倾斜设置	ϕ89	14	134
6	DK1449 +090 ~ DK1449 +140	50	路肩外 1m 处倾斜设置	路肩外 1m 处倾斜设置	ϕ89	14	34
7	DK1449 +420 ~ DK1449 +500	80	路肩外 1m 处倾斜设置	路肩外 1m 处倾斜设置	ϕ89	14	56
8	DK1487 +800 ~ DK1487 +880	80	路肩外 1m 斜插,单排	路肩外 1m 斜插,单排	ϕ89	10	
9	DK1505 +205 ~ DK1505 +245	40	路肩外 1m 斜插,单排	路肩外 1m 斜插,单排	ϕ89	13	
10	DK1505 +245 ~ DK1505 +361	116	路肩外 1m 斜插,单排	路肩外 1m 斜插,单排	ϕ89	13	
11	DK1505 +245 ~ DK1505 +361		路肩外 1.5m,单排	路肩外 1.5m,单排	ϕ60	14	
12	DK1451 +540 ~ DK1451 +600	60	路肩外 1m 处倾斜设置	路肩外 1m 处倾斜设置	ϕ89	14	42

表 6-7 中设置热棒地段,均为南界和北界高含冰量多年冻土地段,以及乌丽构造融区边缘地段。表中 1 ~3 项是右侧阳坡斜坡路基所以只在右侧设热棒防护。

7.2　环境气温较高的低温冻土热棒工程

低温冻土区的多年冻土年平均地温在 -1.0℃以下,当冻土含冰量属于多冰或少冰多年冻土时,它的工程稳定性是良好的,即便未来气温升高带来多年冻土退化,所引起的附加融沉(即多年冻土上限变化引起的融沉)也是在容许范围之内的,因此在这类地区可以采用填土路基结构。但是当含冰量较大,即属于高含冰量冻土(含土冰层、厚层地下冰)时,上述附加融沉会超出工程容许范围,除了个别地段采用了“以桥代路”工程措施,大多数都需要采用片石气冷路基结构或热棒路基结构等工程措施。

低温冻土区还有一种特殊情况,即区域气候环境类似高温冻土区气候条件,但是多年冻土还是低温多年冻土,这是因为气温升高趋势正在形成,多年冻土正在退化,这种低温多年冻土地段必须采用相应的冷却地基的特殊工程结构和工程措施,尽量保护退化中的多年冻土,减缓它的退化速率,使工程稳定性满足线路运营要求。

青藏铁路多年冻土区比较典型的环境气温较高的低温冻土区大部分分布在楚玛尔河高平原和北麓河山地以及尺曲河盆地、通天河盆地局部地段。

在热棒工程普遍开始施工之前,先期开展了楚玛尔河高平原地区的试验工作,根据试验结果于 2005—2006 年全面进行了这类地段的热棒工程设计和施工。

7.2.1 热棒工程环境和工程目标

环境气温较高的低温冻土地段的热棒工程环境可以从两个方面分析:高原高寒气候环境和低温冻土环境与可能引起低温冻土退化的气温变化趋势条件。

1)寒冷多风气候环境

典型地段属楚玛尔河高平原地区,是典型青藏高原冰雪型气候区,海拔4470m,冻结期为9月至次年4月,寒季多风。气候特征如下:

(1)区域年平均气温约-4.2℃(大片连续低温冻土区年平均气温一般低于-5.0℃)。

(2)极端最高气温23.1℃,极端最低气温-46.1℃。

(3)最热月平均6.5℃,最冷月平均-21.3℃,年平均气温较差27.8℃。

(4)年平均降水量187.2mm,年最大降雨量为287.6mm,年最小降雨量为112.7mm,单月最大降雨量为90.5mm。

(5)平均风速为4.5 m/s,最大风速31m/s,主导风向NE,每年平均有97.1d是大风天气。

2)热棒散热导冷温度条件

试验地段清水河历年气温资料显示:气温融化指数为478.0℃·d,冻结指数为-2760.0℃·d,冻结能力大大超过融化能力。

图7-8所示是2002—2004年气温随观测时间的变化曲线。

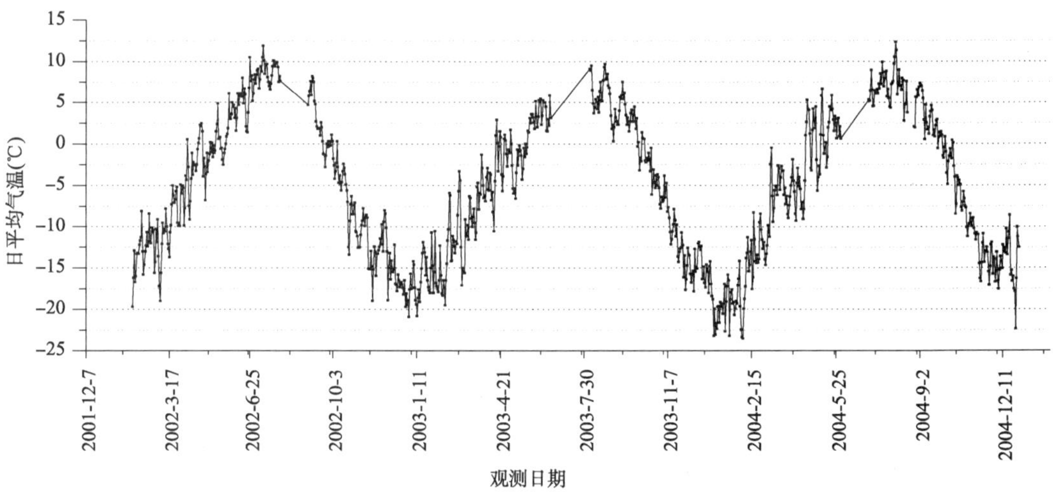

图7-8 清水河气温随时间变化曲线

观测期数据记载947d中气温日平均最高值为12.34℃,出现在2004年8月4日;日平均气温最低值为-23.53℃,出现在2004年2月5日;观测期间内气温平均温度为-5.12℃(有别年平均气温)。

观测期内气温低于0℃的天数共计626d,高于0℃的为321d。冻结指数为-6345.95℃·d,融化指数为1458.14℃·d。具备热棒散热导冷基础能量条件。

冻结能力和其他冻土环境条件具备热棒散热导冷的基础,和冻土边缘地区一样,寒季多风且风力风速较强,是热棒冷凝段良好的散热环境。

热棒工程试验期间的2002—2004年气象站观测月平均气温详细数据见表7-8。

清水河气象站 2002、2003 和 2004 年的月平均气温(单位:℃) 表7-8

年份	1月	2月	3月	4月	5月	6月	7月	8月	9月	10月	11月	12月
2002	—	-12.9	-10.1	-3.0	-0.2	5.1	8.7	—	2.5	-5.1	-12.2	-15.1
2003	-16.4	-14.1	-8.7	-3.1	-0.8	3.7	—	6.5	3.5	-2.7	-10.6	-15.1
2004	-19.5	-14.8	-7.1	-2.7	1.3	—	6.7	6.8	2.9	-4.3	-12.3	-14.3

通过对表 7-8 气温数据分析和计算可以看出,将 2002、2003 和 2004 年缺失的气温数据采用对应年份的观测数据补齐进行年平均气温计算,楚玛尔河地区 2003 年的年平均气温为 -4.09℃;2004 年的年平均气温为 -4.41℃,该地区和大部分高温多年冻土发育地区的气温特征类似。

图 7-9 所示是试验观测断面附近天然地面以下不同深度月平均气温变化曲线,对比图 7-8 的气温变化曲线可以看出,寒季绝大部分时间气温和地温的差值满足热棒启动和持续工作条件。

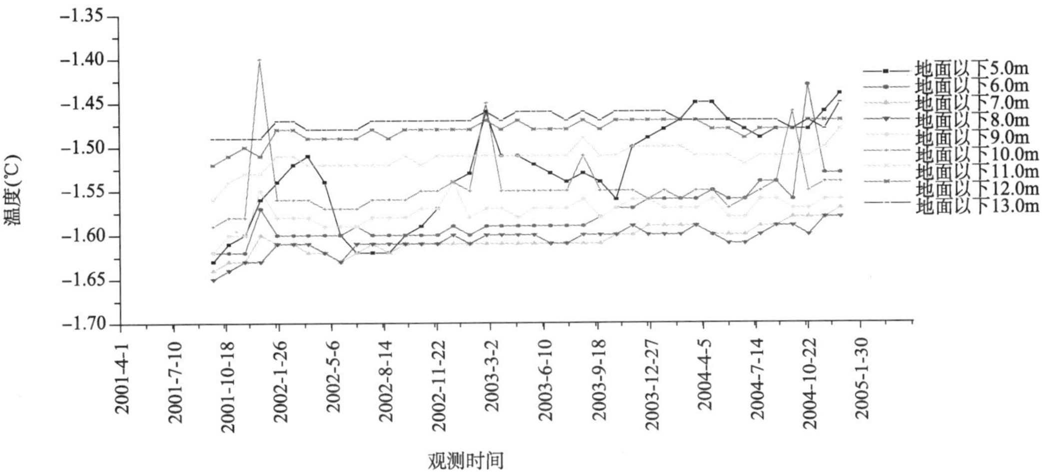

图 7-9 试验观测断面附近天然地面以下不同深度月平均地温

正如本书 5.5 和 6.1 节中所阐述的,青藏铁路部分低温冻土地段局地气候条件与高温冻土区类似,仍然都具备热棒启动工作和持续工作的环境条件;但是从工程设计原则上考虑,尚不具备采用“以桥代路”工程措施的条件,因此热棒工程结构成为这些特殊地段的首选结构形式。

3)冻土工程地质条件

气温较高的低温冻土地段最为典型的是楚玛尔河高平原地区,比邻五道梁、昆仑山典型的大片连续低温多年冻土区,但是由于局地地形地貌造成的错综复杂的冻土工程地质条件,使其成为热棒工程措施在类似地段实施典型试验和监测断面的首选。

观测断面位于楚玛尔河高平原地区的试验观测地段多年冻土发育地区,试验观测地段多年冻土年平均地温≤ -1.4℃,属于年平均气温较高的低温基本稳定多年冻土区典型地段,钻探资料揭示该区域多年冻土厚度为 30~60m,多年冻土天然上限为 2.2~2.6m。

试验地段多年冻土工程分类为高含冰量冻土,地下冰的分布极不均匀,呈厚度不等的多层地下冰,延续深度可达 10m 以上,延伸连续和不连续的高含冰带。

试验观测断面所在楚玛尔河地区广泛分布高含冰量多年冻土(基本为含土冰层和厚层地下冰),这些高含冰量冻土的分布具有埋藏深度、厚度、类型多变,规律性差的特点。一般埋藏深度在10m以上,厚度2~3m,这些特征和区域年平均气温较高具有密切关系。

热棒工程典型观测断面的冻土工程地质剖面图如图7-10所示。

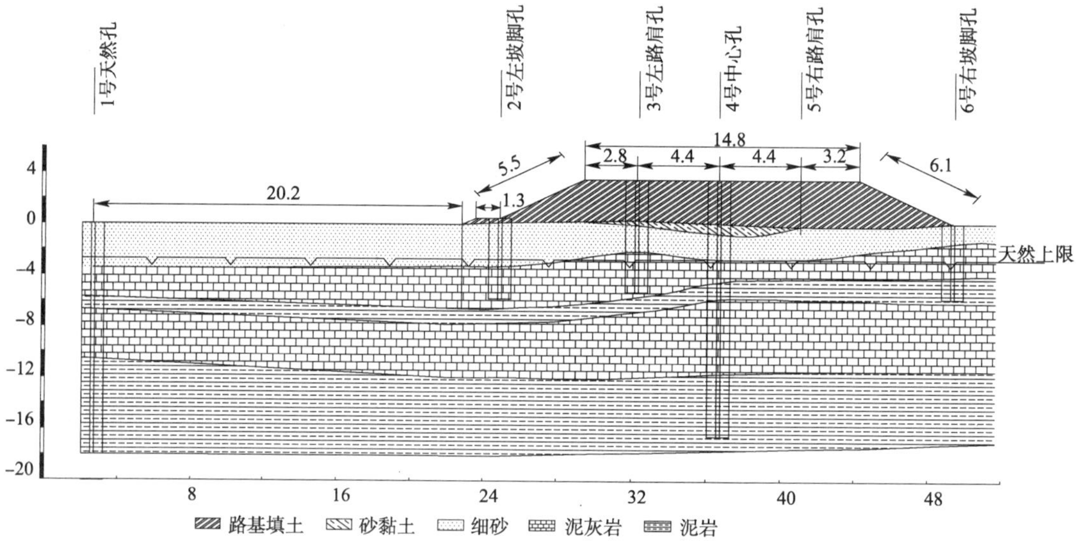

图7-10 热棒工程典型观测断面地质剖面图(尺寸单位:m)

图7-10揭示试验区域岩性主要为第四系冲洪积砂黏土、风积细砂及上第三系泥岩、泥灰岩等。地层岩性分别为:

(1)砂黏土:呈红褐色或棕黄色,密实,潮湿,呈软塑状;夹杂细砂,约占30%,钻孔岩芯较完整,呈硬塑状;含极少量砾石或砾砂土,粒径0.2~0.5cm,主要为角闪石、长石,磨圆度较好;表层含有植物根系。

(2)细砂:呈红褐色、红棕色或棕黄色,稍密,潮湿;含有少量砾石,粒径0.2~1.0cm,约占2%~5%,主要为角闪石、石英、长石,棱状或次棱状;表层含有植物根系。

(3)泥灰岩:呈黄绿色、灰白色或土黄色;岩体中裂隙发育,岩石呈隐晶质结构,块状构造,完全风化,岩芯较完整,夹杂深绿色有机质。

(4)泥质页岩:灰色、灰绿色或深绿色;埋深较浅的岩芯破碎,埋深较大的岩性较完整;岩体中微裂隙或裂隙发育,岩石呈泥质结构,较易破碎,具有水平层理,层理面上覆有冰膜,强风化或完全风化。

(5)泥岩:灰色;岩芯完整,较硬或坚硬,呈冻结状,岩体中裂隙发育,岩石呈泥质结构,块状构造,未风化或完全风化。

现场观察可以看出工程地段阴阳坡区别明显,冻土的阴阳坡效应显著。应用热棒工程结构需要特别注意阴阳坡差异性。

4)热棒工程环境评价

典型观测断面揭示的冻土特征和地段局地环境气温特征等构成的热棒工程环境适合热棒充分发挥散热导冷功能,根据地段冻土环境特征采用热棒工程结构需要注意以下几点:

(1)根据已经进行的单支热棒现场试验结果决定地段热棒有效冷却半径。

(2)根据区域路基工程特征(路基高度、阴阳坡走向、填土性质)决定热棒长度。

(3)根据设计思想和工程目的确定热棒埋设位置。

(4)根据试验结果考虑全面施工时区域阴阳坡效应,以确定采用不对称热棒路基结构时的几何尺寸和热棒埋设位置。

7.2.2 热棒参数和工程结构

年平均气温较高的冻土区地段,低温多年冻土(年平均地温低于-1℃)和高温多年冻土(年平均地温高于-1℃)交叉分布,靠近常年流水的河床和热融湖塘常常发育高温多年冻土,低温多年冻土发育在远离河床和热融湖塘部位。

区域年平均气温较高区段的低温多年冻土处于退化过程,冻土特征表现在年平均地温接近分界线温度(-1℃),冻土厚度较薄,上限埋深较浅,热稳定性比较容易受外界热扰动影响而发生不可逆变化。

这类冻土地段采用路基通过必须另外附加冷却多年冻土的特殊工程措施。填土路基+热棒、片石气冷路基+热棒都是有效冷却地基土体、保证工程稳定的常用工程措施。

热棒路基结构的设计思想主要是降低土体温度,增加土体热惰性,使填土路基或片石路基抬升多年冻土上限的工程效果保持相对稳定,使路基变形控制在容许范围内。

试验断面前期只考虑了在路堤的路肩部位布置热棒及其监测断面,在全面建设期间根据该区域的阴阳坡效应和冻土特征增加了减小阴阳坡差异的工程措施(横断面不对称布置热棒、增加片石护坡和护道)。

1)热棒参数

(1)热棒基管直径为83mm。

(2)热棒总长度为12m,其中热棒蒸发段长度为6m,热棒冷凝段长度为3m,绝热段为3m,热棒冷凝段翅片管长度为2.5m。

2)工程结构

路基左侧为阳坡,右侧为阴坡,阴阳坡差异性明显。距离青藏公路东侧1~2 km。

路基设计边坡坡率1:1.5,填土高度约3.3m。

竖向插设热棒,纵向间距4.0m。

热棒在路基施工完成后钻孔进行埋设,钻孔直径150mm,钻孔净深不小于(9000+50)mm,钻孔垂直度偏差不大于5mm,钻孔间距4m,路肩两侧孔呈错位排列布置。

在分析基底多年冻土上限变化时,必须考虑表7-9a)的路基填土高度和表7-9b)的测温孔填土高度的影响。

各测试断面的实测填土高度(单位:m) 表7-9a)

断面里程	填土高度		
	左侧路肩填高	右侧路肩填高	平均填高
DK1024+425	3.568	3.250	3.409
DK1024+445	3.462	2.723	3.093

各测试断面钻孔所得的填土高度(单位:m)　　表7-9b)

断面里程	填土高度				
	2号孔	3号孔	4号孔	5号孔	6号孔
DK1024+425	0.35	3.20	3.40	3.10	0.60
DK1024+445	0.67	3.20	3.20	3.20	0.40

图7-11　清水河热棒路基工程及其观测设施

由于初期试验研究和阴阳坡验证的目的和要求,试验地段暂时采用路肩对称布置热棒的路基结构(图7-11)。

7.2.3　热棒工程效果监测设计

热棒路基工程效果监测设计主要依据设计思想和工程目的进行,考虑该类地段多年冻土在气温变化影响下具有退化的趋势,热棒路基结构设置目的是通过冷却地基土体,提高冻土的热惰性,抵御或减少这种退化趋势给工程带来的负面影响,因此,工程效果监测设计应该布置的监测内容和监测点位包括:

(1)热棒侧壁温度。

(2)路基横断面变化点地温(路基坡脚、路肩)。

(3)天然地表条件地温和天然地表热棒地温。

(4)路基不同部位变形观测。

据此进行的监测断面如图7-12所示低温冻土地段热棒路基工程效果检测设备平面布置示意图和图7-13所示的天然地表条件下热棒测温孔布置示意图。作为对比观测,天然地面孔距路基左侧坡脚20.2m,单支热棒的试验观测孔布置在路基左侧坡脚43.0m距离处。

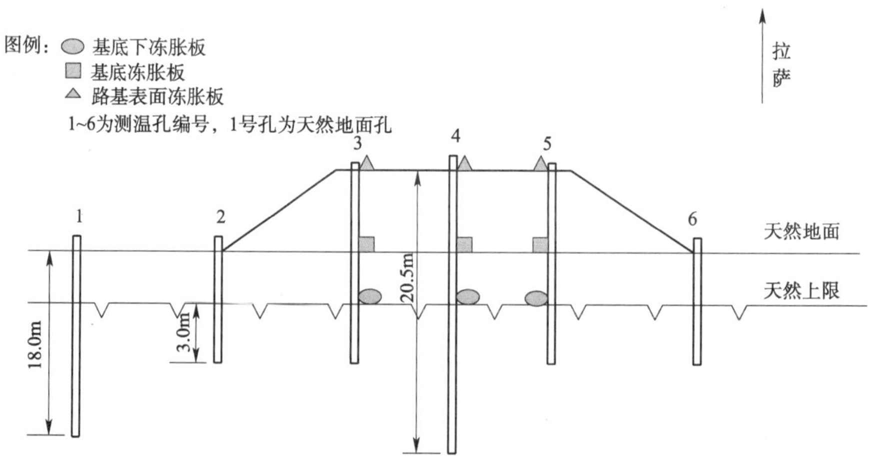

图7-12　低温冻土地段热棒路基工测温孔和冻胀板横断面布置图

观测点在垂直方向布置是路堤表面及天然地表以下0.05m、0.10m、0.15m深度各布置1个测点,天然上限上下1m范围内每0.2m布置一个测点,测温孔其余深度范围内每0.5m

布置一个测点。

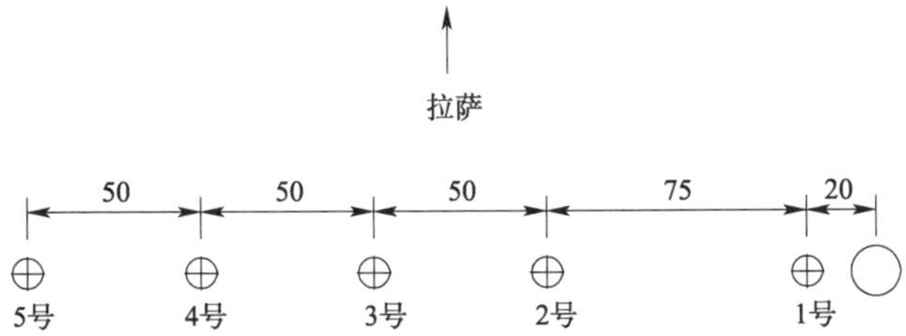

图 7-13 天然地表条件下热棒测温孔布置图(尺寸单位:cm)

监测周期内地温观测频率:寒季热棒工作期间大约在每年 11 月至次年 4 月,每 10d 观测一次;最大融化季节期间的 9 月和 10 月每月观测 10～30 次;热棒停止工作期间及土体非冻结期间的观测频率减少至每 5 天观测一次。

路基变形观测时间在融化季节每年 5 月至 10 月每 10 天观测一次,其余月份每月观测一次。

数据的采集由人工完成,地温观测使用便携式电位差计或数字式万用表,气象观测采用自计式读卡自动观测,冻胀板变形观测采用水准仪测量,线路长期运行的监测改为数据采集仪和无线传输方式进行自动监测,按照以上要求召唤监测和进行监测频率设置。

热棒路基测试断面基底下冻胀板埋深见表 7-10,每个测试断面分别在两侧路肩各布置一套磁环沉降仪。

基底下冻胀板的埋设深度(从原天然地面算起)(单位:m) 表 7-10

断面里程	左侧路肩	右侧路肩
DK1025 +425	0.80	0.85
DK1025 +445	1.00	0.80

监测内容和监测断面布置应该服从监测目的,另外,还需要适当考虑未来线路运营长期监测的目的和要求,从而方便进行设备更换。

7.2.4 热棒路基工程效果分析

年平均气温较高的低温冻土区热棒路基工程效果重点针对以下几个方面分析:

(1)热棒侧壁温度变化所显示的热棒工作状态。

(2)热棒侧壁温度积累显示的热棒冷却地基土体的能量来源。

(3)热棒冷却地基的温度效果。

(4)热棒路基结构保护冻土的工程效果。

(5)热棒路基结构最终的工程变形。

1)热棒启动和持续工作

热棒侧壁温度是热棒管壳内工质启动开始汽-液循环吸收土体热量、降低土体温度的标志性数据。如果热棒连续工作,热棒侧壁温度随热棒长度的变化整体向温度降低的方向移动。

图 7-14 和图 7-15、图 7-16 所示是监测断面的左右路肩上设置的热棒侧壁不同深度平均温度曲线和天然地面热棒侧壁不同深度平均温度曲线,从曲线可明显看出,随着热棒启动和持续工作温度逐渐降低。表 7-11 是热棒侧壁孔不同深度地温的平均值,数据证明热棒冷却土体温度累积降低。热棒工作状态的累积效果也可以以不同时间侧壁温度的平均值来衡量。

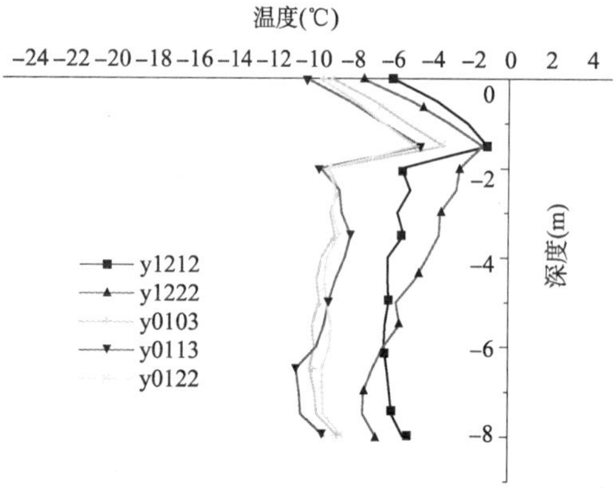

图 7-14 DK1024 +425 右侧壁温度—深度变化

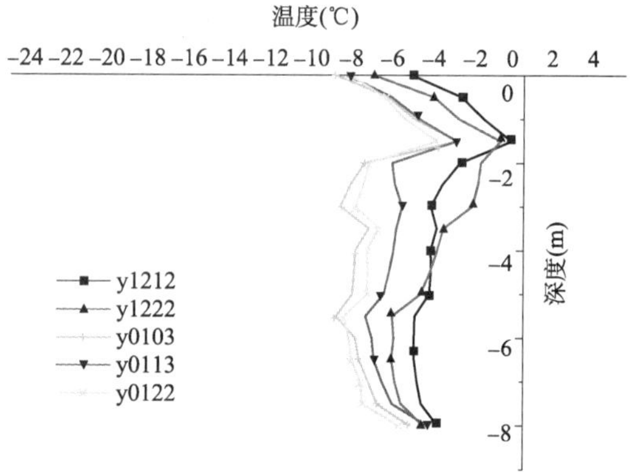

图 7-15 DK1024 +425 左侧壁温度—深度变化

热棒侧壁孔不同深度地温的平均值 表 7-11

测温深度(m)	左侧路肩热棒侧壁孔(℃)	右侧路肩热棒侧壁孔(℃)	天然地面热棒侧壁孔(℃)
4.0	-3.46	-4.32	-3.47
5.0	-3.71	-4.54	-3.47
6.0	-3.84	-4.97	-3.55
7.0	-4.01	-5.13	-3.48
8.0	-3.83	-5.00	-3.17

热棒工作状态还可以从热棒以外不同距离处在不同时间地温沿深度的变化曲线看出，寒季地温曲线较暖季地区曲线离开0℃线更远，寒季末地温曲线较寒季初地温曲线离开0℃线也更远，证明热棒初始工作状态和工作效果累积变化。

图7-17是天然地面孔月平均地温-深度曲线，图7-18是DK1024 +445测试断面距热棒不同距离测温孔的月平均地温-深度曲线。不同的月平均地温曲线可以看出，在寒季由于热棒的冷却作用，土体地温的振幅增加，地温曲线向左偏移较多，且负温扩散深度较大。

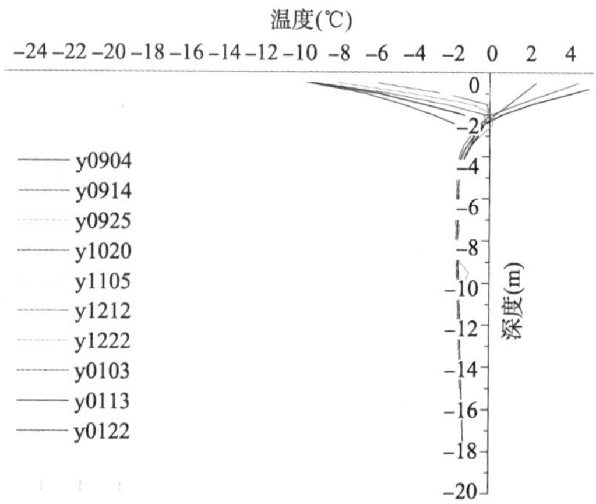

图 7-16 同地段天然地面热棒温度-深度变化

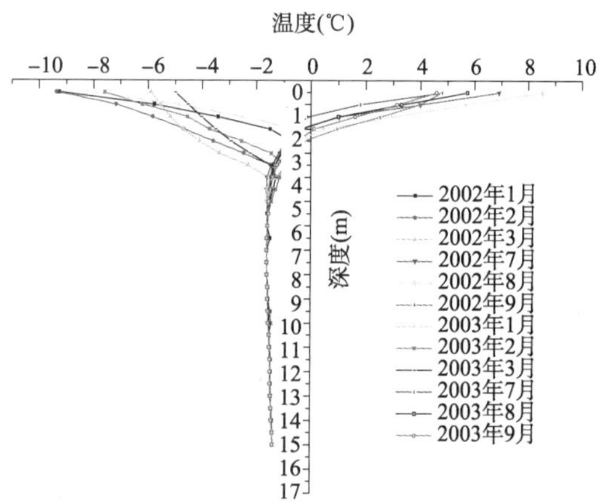

图 7-17 天然地面孔月平均地温-深度曲线

以上数据和图表均说明监测断面监测的结果：路基不同部位的热棒工作状态都正常，而且寒季能够持续工作。环境温度和土体温度同向发展且具有一定温度差，因而具备热棒启动工作和持续工作的条件，热棒工程才能发挥冷却效果，达到设计要求。

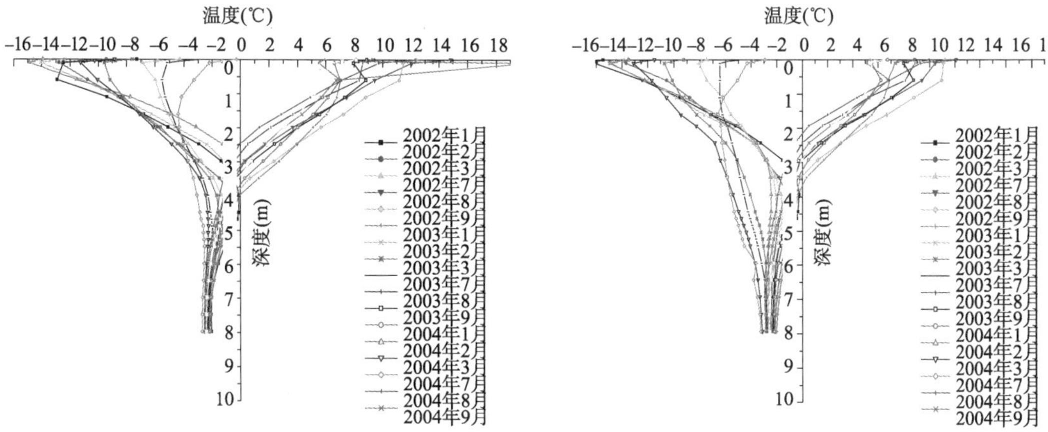

a)距热棒130cm　　b)距热棒93cm

图 7-18　DK1024 +445 断面距热棒不同距离测温孔的月平均地温曲线

2）热棒路基结构冷却土体效果

热棒路基的冷却效果分析除了与天然条件下不同深度土体温度变化对比，还要和对比测试断面数据比较，这样才能够将填土路堤对土体温度的改变排除在外，看出热棒对路基土体的冷却效果。

表 7-12 列出的数据是热棒路基工作 3 个周期(2001 年 12 月 ~2004 年 12 月)时，天然地面测温孔和没有设置热棒的对比监测断面、设置热棒的不同监测断面左、右路肩测温孔不同深度温度的平均值。

热棒路基工作 3 个周期不同深度 2001 年 12 月 ~2004 年 12 月温度的平均值　表 7-12

断面位置	3 号左路肩孔		4 号中心孔		5 号右路肩孔		1 号天然孔	
	深度(m)	温度(℃)	深度(m)	温度(℃)	深度(m)	温度(℃)	深度(m)	温度(℃)
DK1024 +425	3.05	-0.95	3.00	-1.03	3.20	-1.41		
	3.55	-1.18	3.50	-1.20	3.70	-1.45		
	4.05	-1.36	4.00	-1.34	4.20	-1.55		
	4.55	-1.54	4.50	-1.47	4.70	-1.70		
	5.05	-1.68	5.00	-1.56	4.90	-1.77		
	5.25	-1.73	5.50	-1.63	5.10	-1.85		
	5.45	-1.80	6.00	-1.66	5.30	-1.91		
	5.65	-1.87	6.50	-1.67	5.50	-1.98		
	5.85	-1.92	7.00	-1.68	5.70	-2.04		
	6.05	-1.98	7.50	-1.69	6.20	-2.16		
	6.55	-2.07	8.00	-1.71	6.70	-2.28		
	7.05	-2.16			7.20	-2.35		
	7.55	-2.21			7.70	-2.39		
	8.05	-2.24			8.20	-2.39		

续上表

断面位置	3号左路肩孔		4号中心孔		5号右路肩孔		1号天然孔	
	深度(m)	温度(℃)	深度(m)	温度(℃)	深度(m)	温度(℃)	深度(m)	温度(℃)
DK1024+445	2.98	-0.70	3.00	-0.97	2.93	-1.63	3.00	-1.19
	3.48	-0.87	3.50	-1.13	3.43	-1.77	3.50	-1.32
	3.98	-1.07	4.00	-1.27	3.93	-1.88	4.00	-1.40
	4.48	-1.26	4.50	-1.35	4.43	-1.95	4.50	-1.46
	4.68	-1.37	5.00	-1.47	4.63	-2.02	5.00	-1.53
	4.88	-1.47	5.50	-1.50	4.83	-2.10	5.50	-1.55
	5.08	-1.57	6.00	-1.54	5.03	-2.16	6.00	-1.58
	5.28	-1.67	6.50	-1.58	5.23	-2.22	6.50	-1.60
	5.48	-1.77	7.00	-1.61	5.43	-2.28	7.00	-1.61
	5.98	-2.00	7.50	-1.65	5.93	-2.37	7.50	-1.61
	6.48	-2.18	8.00	-1.66	6.43	-2.46	8.00	-1.61
	6.98	-2.30			6.93	-2.50		
	7.48	-2.35			7.43	-2.50		
	7.98	-2.36			7.93	-2.48		
DK1025+087.5	3.10	0.62	2.95	0.06	3.10	-0.27	2.85	-1.15
	3.60	0.41	3.45	0.00	3.60	-0.14	3.15	-1.17
	4.10	0.24	3.95	0.01	4.10	-0.09	3.45	-1.17
	4.60	0.00	4.45	-0.01	4.60	-0.08	3.95	-1.20
	4.80	-0.05	4.95	-0.04	4.95	-0.26	4.95	-1.27
	5.00	-0.08	5.45	-0.11	5.15	-0.28	5.95	-1.35
DK1025+087.5	5.20	-0.12	5.65	-0.14	5.35	-0.30	6.95	-1.37
	5.40	-0.16	5.85	-0.18	5.55	-0.32	7.95	-1.39
	5.60	-0.21	6.05	-0.21	5.75	-0.35		
	6.10	-0.34	6.25	-0.25	5.95	-0.38		
	6.60	-0.46	6.45	-0.30	6.45	-0.46		
	7.10	-0.57	6.95	-0.45	6.95	-0.53		
	7.60	-0.72	6.45	-0.60	7.45	-0.64		
	8.10	-0.89	6.95	-0.73	7.95	-0.75		
			7.45	-1.10				

表7-13列出的数据是热棒路基工作3个周期(2001年12月~2004年12月)时,天然地面测温孔和没有设置热棒的对比监测断面、设置热棒的不同监测断面左、右路肩测温孔不同深度平均温度的平均值对比。

对以上列出的数据分析证明了几个问题:

（1）如前所述，该地段阴阳坡效应明显，所有阳坡的同类温度均高于阴坡同类温度；天然测温孔温度低于普通填土路基同类温度。

各测试断面不同深度左右侧路肩孔 2001 年 12 月 ~2004 年 12 月平均温度的平均值（单位：℃）　表 7-13

测温深度（m）	天然孔	DK1024 +425	DK1024 +445	DK1025 +087.5	天然地面热棒			
					侧壁	3 号	4 号	5 号
4.0	-1.40	-1.46	-1.48	-0.08	-2.48	-0.97	-0.80	-0.80
5.0	-1.53	-1.73	-1.87	-0.17	-2.59	-1.26	-1.10	-1.11
6.0	-1.58	-2.07	-2.19	-0.36	-2.54	-1.36	-1.21	-1.24
7.0	-1.61	-2.26	-2.40	-0.55	-2.50	-1.45	-1.31	-1.34
8.0	-1.61	-2.32	-2.42	-0.82	-2.35	-1.47	-1.34	-1.38

注：1. DK1024 +425 断面、DK1024 +445 断面和对比断面 DK1025 +087.5 的观测周期基本相同，都是从 2001 年 12 月 12 日 ~2004 年 12 月 31 日，而天然地面热棒是从 2002 年 5 月 30 日才开始观测的。

2. 天然地面孔的深度是从原天然地面起算的，其余孔的深度是从路基面算起的。

（2）设置热棒的不同深度路基土体温度均低于对比断面温度。

（3）表 7-13 中除了热棒侧壁数据以外，设置热棒的两个监测断面温度均低于天然地温热棒相同深度的温度。由于热棒的冷却作用使路堤面 4.0m 以下各深度处观测期内的平均地温与天然地面孔相比均有所降低。例如 DK1024 +425 断面 7.0m 深度处平均降低 0.65℃，8.0m 深度处平均也降低了 0.71℃；DK1024 +445 断面 7.0m 深度处平均降低 0.79℃；8.0m 深度处平均也降低了 0.81℃。因此，热棒对路基土体的冷却降温效果显著。

从图 7-19 和图 7-20 所示的各孔月平均地温曲线可以看出，在寒季由于热棒的冷却作用，路堤表面下地温的振幅增加，地温曲线向左偏移较多，且负温扩散深度较大。热棒的制冷影响范围随时间的延长而扩大。从 2001 年 12 月至 2003 年 10 月，距热棒 1.8m 的测温孔路基面下 6.7 ~7.7m 的平均温度降低了约 0.4 ~ 0.5℃；而对比的 DK1025 +087.5 断面 5 号测温孔路基面下 6.95 ~7.95m 的平均温度变化不大。

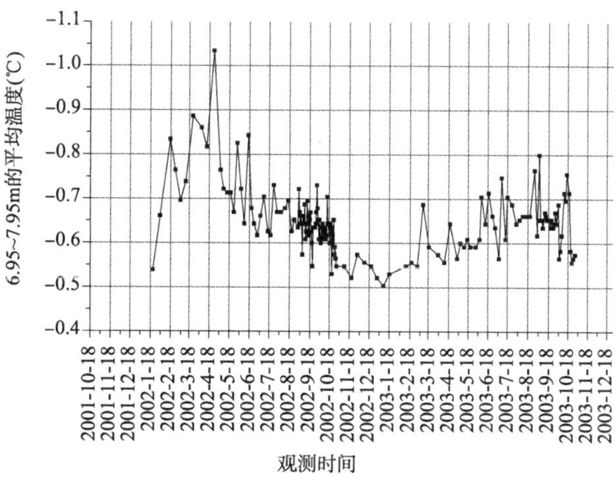

图 7-19　DK1024 +425 断面 5 号右路肩孔（距热棒 180cm）6.7 ~7.7m 的平均地温随时间的变化曲线

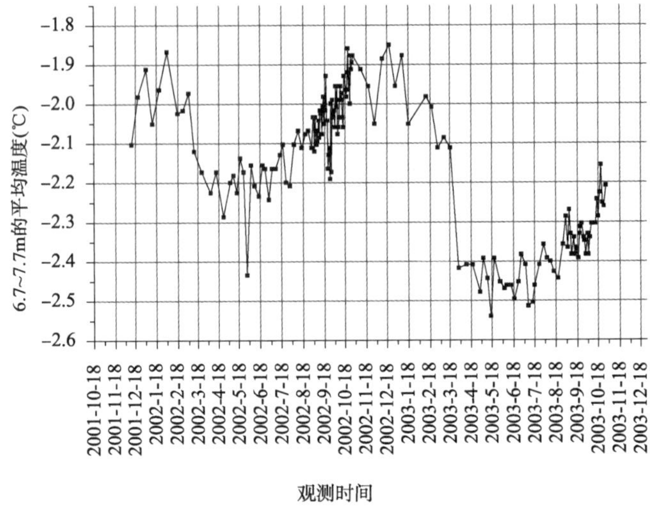

图7-20　DK1025+087.5断面5号右路肩孔6.95~7.95m的平均地温随时间的变化曲线

这些地温曲线图说明:热棒工作持续,冷却效果明显,冷却效果逐渐积累,最终体现了冷却地基设计思想的科学性和可行性。

3)热棒路基持续冷却土体能力分析

热棒的工作状态是冷却降温的保证,热棒的持续工作状态保证了长期降温效果,体现了设计思想,达到工程设计目的,这种长期工程效果持续发展的能力,体现在路基不同部位、不同深度地温冻结指数和融化指数的差值,也就是过余冻结能力上面,它是热棒持续几个周期的冷却效果的叠加效应,是最终工程目的实现的能量基础。

监测断面工程参数:

热棒路基填土高度为3.2m,天然上限深度为2.4m;对比断面——路基合理高度课题,填土路基填土高度为3.02m,天然上限为2.25m。

热棒路基从基底开始(路基面下3.2m)至基底以下6.0m(路基面下9.2m)深度范围内为热棒的蒸发段,路基本体内为热棒的绝热段。

为便于对比分析,将地温观测数据作出三张表格,表7-13是天然地面孔和填土路基不同部位不同深度处逐年冻融指数变化,即表7-14里的路基上部(路基面下0.5m)、路基中部(路基面下1.6m)、路基基底(路基面下3.2m)、原天然上限处(路基面下5.6m)、原天然上限以下2.0m(路基面以下7.6m)几个部位热棒连续3个工作周期(2002年、2003年和2004年)以后的冻结指数和融化指数数值(由相应部位测温计算),与位处同一地段填土路基同样部位的冻融指数作比较;表7-15是路基两侧热棒侧壁孔不同深度处逐年冻融指数变化;表7-16是路基两侧路肩孔不同深度处逐年冻融指数变化。

对比上述三个表格所列数据,可以从三个方面分析热棒路基冷却效果的累积能力:

①冷却效果的能量来源(热棒侧壁孔不同深度冻融指数)。

②地基土体分层冷却的温度标志(热棒路基本体热交换达到热平衡以后不同部位冻融指数)。

③基底多年冻土冷却的温度标志(天然上限和天然上限以下一定深度冻融指数)。

天然地面孔和填土路基不同部位不同深度处逐年冻融指数变化 表7-14

断面	孔位	深度(m)	2002年指数(℃·d)			2003年积温(℃·d)			2004年积温(℃·d)		
			融化指数	冻结指数	过余冻结	融化指数	冻结指数	过余冻结	融化指数	冻结指数	过余冻结
热棒路基左侧天然地面孔		2.4	—	-489.8	-489.8	—	-383.7	-383.7	4.60	-402.37	-397.77
		4.4	—	-568.6	-568.6	—	-368.0	-368.0		-495.86	-495.86
对比断面:路基合理高度断面DK1025+087.5	左侧路肩孔	0.5	1537.3	-1073.1	+464.2	1414.4	-555.9	+858.5	1421.35	-776.69	+644.66
		1.5	933.2	-562.8	+370.4	812.5	-389.9	+422.6	897.33	-436.51	+460.82
		3.02	326.6	-140.8	+185.8	221.9	-55.8	+166.1	294.34	-40.57	+253.77
		5.27	0.1	-71.6	-71.5	—	-32.57	-32.57	1.07	-35.04	-33.97
		7.27	—	-274.8	-274.8	—	-159.0	-159.0		-190.17	-190.17
	右侧路肩孔	0.5	1238.8	-1843.3	-604.5	1085.4	-984.1	+101.3	1075.30	-1584.02	-508.72
		1.5	680.8	-1171.0	-490.2	617.8	-779.9	-162.1	622.42	-1016.67	-394.25
		3.02	177.7	-298.0	-120.3	118.7	-215.6	-96.9	116.63	-248.01	-131.38
		5.27	0.48	-57.1	-56.6	—	-79.58	-79.58		-165.97	-165.97
		7.27	—	-230.6	-230.6	—	-157.8	-157.8		-225.79	-225.79
	天然孔	2.25	—	-416.3	-416.3	—	-406.3	-406.3		-450.94	-450.94
		4.25	—	-469.6	-469.6	—	-356.1	-356.1		-441.68	-441.68

注:天然地面孔的深度是从原天然地面起算的,其余孔的深度是从路基面算起的。

路基两侧热棒侧壁孔不同深度处逐年冻融指数变化 表7-15

断面	孔位	深度(m)	2002年指数(℃·d)			2003年积温(℃·d)			2004年积温(℃·d)		
			融化指数	冻结指数	过余冻结	融化指数	冻结指数	过余冻结	融化指数	冻结指数	过余冻结
路基左侧热棒侧壁孔		0.5	768.0	-875.9	-107.9	479.5	-694.7	-215.2	439.33	-800.89	-361.55
		1.6	330.5	-728.9	-398.4	144.1	-671.2	-527.1	112.99	-848.83	-735.84
		3.2	0.2	-1315.2	-1315.0	—	-954.4	-954.4		-1455.99	-1455.99
		5.6	—	-1580.8	-1580.8	—	-1507.9	-1507.9		-1613.53	-1613.53
		7.6	—	-1401.4	-1401.4	—	-923.6	-923.6		-1377.16	-1377.16
路基右侧热棒侧壁孔		0.5	592.4	-964.4	-372.0	335.1	-784.4	-449.3	296.88	-1013.27	-716.39
		1.6	180.2	-858.0	-677.8	47.1	-784.7	-737.6	32.70	-1053.23	-1020.53
		3.2	—	-1639.3	-1639.3	—	-1159.5	-1159.5		-1745.95	-1745.95
		5.6	—	-1968.6	-1968.6	—	-1305.8	-1305.8		-1956.79	-1956.79
		7.6	—	-1868.9	-1868.9	—	-1183.6	-1183.6		-1701.73	-1701.73

路基两侧路肩孔不同深度处逐年冻融指数变化 表7-16

断面	孔位	深度(m)	2002年指数(℃·d)			2003年指数(℃·d)			2004年指数(℃·d)		
			融化指数	冻结指数	过余冻结	融化指数	冻结指数	过余冻结	融化指数	冻结指数	过余冻结
DK1024+425	左侧路肩孔	0.5	1392.7	-1267.6	+125.1	901.3	-776.3	+125.0	930.62	-989.62	-59.00
		1.6	806.4	-736.4	+70.0	422.8	-616.6	-193.8	446.37	-661.44	-215.08
		3.2	161.8	-306.4	-144.6	20.5	-455.7	-435.3	12.98	-604.91	-591.93
		5.6	—	-466.6	-466.6	—	-559.8	-559.8		-871.17	-871.17
		7.6	—	-747.8	-747.8	—	-614.3	-614.3		-890.00	-890.00
	右侧路肩孔	0.5	1254.0	-1537.4	-283.4	953.9	-913.6	+40.3	958.89	-1352.70	-366.81
		1.6	721.8	-948.4	-226.6	473.1	-785.9	-312.8	425.6	-977.95	-552.36
		3.2	140.8	-432.2	-291.4	35.7	-608.4	-572.7	10.15	-767.73	-757.58
		5.6	—	-539.7	-539.7	—	-575.1	-575.1		-952.49	-952.49
		7.6	—	-801.4	-801.4	—	-624.0	-624.0		-976.41	-976.41
DK1024+445	左侧路肩孔	0.5	1239.4	-1415.9	-176.5	948.0	-791.5	+156.5	975.24	-1130.00	-154.75
		1.6	718.3	-759.9	-41.6	445.2	-602.4	-157.2	433.50	-676.14	-242.64
		3.2	164.9	-304.9	-140.0	42.5	-380.3	-337.8	30.80	-486.01	-455.21
		5.6	—	-571.7	-571.7	—	-514.6	-514.6		-785.34	-785.34
		7.6	—	-842.1	-842.1	—	-637.1	-637.1		-903.36	-903.36
	右侧路肩孔	0.5	1141.8	-1534.8	-393.0	899.6	-896.9	+2.7	835.16	-1327.31	-492.15
		1.6	625.2	-859.0	-233.8	377.2	-780.5	-403.3	317.75	-976.13	-658.38
		3.2	58.5	-345.9	-287.4	6.1	-671.1	-665.0	0.70	-932.16	-931.46
		5.6	—	-611.2	-611.2	—	-694.1	-694.1		-1077.84	-1077.84
		7.6	—	-831.3	-831.3	—	-671.8	-671.8		-1040.27	-1040.27

通过以上三个方面分析证明热棒路基冷却地基土体能量来源,持续降温能力、保护基底多年冻土的效果。

根据这些表格列出的数据分析得出以下规律:

(1)热棒侧壁孔冻融指数反映了热棒具有散热导冷能力。

热棒的散热导冷能力首先从离热棒最近的热棒侧壁沿深度的温度变化衡量,衡量标志是不同深度温度的冻结指数和融化指数,在年际变化过程中,冻结指数和融化指数都在发生变化,二者之差代表土体的过余冻结能力。分析可知,热棒侧壁孔温度变化有以下几个特点:

①由于热棒散热导冷导致的降温作用,左右侧热棒侧壁孔的融化指数随着深度增加而逐渐减小,至路基中部以下一定深度处变为0;与热棒路基断面左右侧路肩孔相比,同一深度处热棒侧壁孔的融化指数要小很多,融化指数≤0 的深度值也要浅很多。

左右侧热棒侧壁孔各深度处的融化指数逐年减小,路基面下0.5m和路基中部冻结指数的绝对值逐年增大。

②左右侧热棒侧壁孔各深度处冻结指数与融化指数之差即年度冻结数≥0,即年度过余

冻结能力≥0。随着深度的增加,冻结指数的绝对值逐渐增大,至原天然上限附近达到最大值。基底以下(为热棒的蒸发段)各深度的年度冻结指数的绝对值要远远大于填土部分,一般要大一个数量级。说明热棒累积降温能力和效果明显。

③热棒侧壁不同深度的冻结数(过余冻结能力)逐年变化趋势增大,这是热棒冷却能力累积增大的效果体现。

(2)热棒路基分层冻融指数反映了热棒路基的冷却效果。

热棒路基在不同部位所设热棒冷却作用影响下,在达到热交换平衡状态以后,路基不同部位不同深度的冻结指数和融化指数变化是热棒冷却路基效果的标志性数据。

①热棒路基的融化指数随着深度增加而逐渐减小,至基底以下一定深度处变为0;在同一深度上,融化指数逐年变小。

②热棒路基基底以下各深度处每年的冻结指数的绝对值要远远大于对比断面DK1025+087.5,平均要大400~700℃·d,而基底以下为热棒的蒸发段,因此,可以看出热棒降低地温的效果明显。

③热棒路基面下0.5m的年度冻结数初期为正(工程热扰动导致融化能力大于冻结能力),由于热棒逐渐发挥冷却作用,第二年冻结数变为负值(即冻结能力大于融化能力),路基其他部位出现类似冻结能力变化。

通过与对比断面的冻融指数对比说明,热棒持续工作降低多年冻土地温是具有能量基础的。

(3)监测地段路基阴阳坡影响下的冻融指数差异为确定横向不对称热棒路基结构提供依据。

①根据热棒路基面以下至3.2m填土范围内地温观测数据和计算显示:过余冻结能力阴坡侧大于阳坡侧,其中阳坡路肩的融化指数大于阴坡路肩,阳坡路肩冻结指数的绝对值小于阴坡路肩;如DK1024+425断面2002年路基中部(路基面以下1.6m)阳坡路肩孔的融化指数为806.4℃·d,冻结指数为-736.4℃·d;而阴坡路肩孔融化指数为721.8℃·d,冻结指数为-948.4℃·d。

②热棒路基原天然上限处和天然上限以下2.0m深度处的融化指数均为0,阴阳坡冻结指数和融化指数的差别减小。

③填土路基的情况与热棒路基相似,但是阴阳坡侧路肩孔冻结指数的差别较大。

(4)原天然上限附近冻融指数反映了多年冻土生存条件已经得到改善。

原天然上限处冻融指数变化说明多年冻土的生存条件。

①无论是天然地面孔、对比断面还是热棒路基断面,原天然上限和天然上限以下2.0m处的融化指数基本均为0,年度积温均为冻结指数,这是原来多年冻土存在的基本条件。

②热棒的介入大大缩短了填土路基施工对多年冻土的热扰动的恢复时间。

③热棒路基地温场在填土路基和热棒双重作用下,原天然上限和天然上限以下2.0m处的冻结指数的绝对值均比天然地面孔相应深度处要大,一般要大100~600℃·d。而且随着热棒工作时间的延长,原天然上限和天然上限以下2.0m处的冻结指数和天然地面孔相应深度处的冻结指数的差值逐年增大。

路基不同部位不同深度冻融指数分析说明:热棒路基结构冷却地基多年冻土效果明显,持续性强,热棒作用影响下逐年发展和稳定的过余冻结能力,为多年冻土的生存和稳定创造了能量条件。

4)热棒路基工程效果(路基人为上限变化)

主动型保护多年冻土的工程措施和被动型保护冻土工程措施关键区别在于能否冷却地基土体,降低地基土体的温度。热棒路基结构与其他主动型工程措施的区别还在于它可以附加地基土体额外的冷量,而这种附加冷量的来源如上所述,是体现在路基不同部位不同深度的冻融指数变化和冻融指数的差值上。这种附加冷量最终的工程体现,就是对多年冻土的保护,这种保护的标志一是多年冻土上限的抬升和对抬升后上限位置的稳定,二是路基变形的稳定。

热棒路基最大季节融化深度变化

热棒路基内的最大融化深度曲线逐年上升,到2004年已上升至基底附近;且最大融深已趋于稳定。将热棒两个测试断面的融化深度与填土路基合的融化深度资料对比进行分析,可以看出热棒抬升多年冻土上限的效果。

表7-17列出热棒路基观测孔位置2002—2004年最大融化深度平均值,表7-18是天然地面孔最大融化深度与各孔最大融化深度的差值,表7-19是热棒路基观测孔位置2002—2004年最大融化深度,表7-20是监测断面不同位置抬升多年冻土上限程度。

热棒路基观测孔位置2002—2004年最大融化深度平均值(单位:m) 表7-17

断面位置	起算位置	左侧壁	右侧壁	1号 天然孔	2号 左坡脚孔	3号 左路肩孔	4号 中心孔	5号 右路肩孔	6号 右坡脚孔
DK1024+425	路基面	3.31	2.91		2.45	3.74	3.93	3.83	2.30
	天然地面	0.11	-0.29	2.36	2.10	0.54	0.53	0.73	1.70
DK1024+445	路基面				2.58	3.87	3.88	3.40	2.01
	天然地面			2.36	1.91	0.67	0.68	0.20	1.61
DK1025+087.5	路基面				2.61	5.10	4.88	4.70	2.04
	天然地面			2.25	2.24	1.92	1.86	1.83	1.84

天然地面孔最大融化深度与各孔最大融化深度的差值(单位:m) 表7-18

断面位置	起算位置	地表侧壁	1号孔 (距热棒 20cm)	2号孔 (距热棒 95cm)	3号孔 (距热棒 145cm)	4号孔 (距热棒 195cm)	5号孔 (距热棒 245cm)
天然地面 热棒	天然地面	1.99	1.72	1.81	1.95	1.98	2.03

热棒路基观测孔位置2002—2004年最大融化深度(单位:m) 表7-19

断面位置	计算年度	1号天然孔最大融化深度	相对1号孔各测温孔最大融化深度的上升高度					
			2号 左坡脚孔	3号 左路肩孔	4号 中心孔	5号 右路肩孔	6号 右坡脚孔	平均
DK1024+425	2002	2.42	0.47	1.46	1.05	1.35	0.72	1.01
	2003	2.33	0.19	1.95	1.93	1.65	0.65	1.27
	2004	2.32	0.12	2.05	2.50	1.89	0.60	1.43

续上表

断面位置	计算年度	1号天然孔最大融化深度	相对1号孔各测温孔最大融化深度的上升高度					
			2号左坡脚孔	3号左路肩孔	4号中心孔	5号右路肩孔	6号右坡脚孔	平均
DK1024+445	2002	2.42	0.75	1.45	—	1.85	0.77	1.21
	2003	2.33	0.41	1.73	1.53	2.21	0.78	1.33
	2004	2.32	0.18	1.87	1.77	2.42	0.70	1.39
DK1025+087.5	2002	2.25	0.08	0.43	0.32	0.27	0.34	0.29
	2003	2.25	0.04	0.33	0.32	0.48	0.44	0.32
	2004	2.25	-0.08	0.23	0.52	0.52	0.44	0.33

监测断面不同位置抬升多年冻土上限程度(单位:m) 表7-20

断面位置	计算年度	地表侧壁	1号孔(距热棒20cm)	2号孔(距热棒95cm)	3号孔(距热棒145cm)	4号孔(距热棒195cm)	5号孔(距热棒245cm)	平均
天然地面热棒	2002	0.36	0.47	0.51	0.32	0.27	0.24	0.36
	2003	0.22	0.69	0.43	0.40	0.38	0.35	0.40
	2004	0.52	0.76	0.71	0.49	0.49	0.40	0.56

注:表中正值表示路基面(或天然地面)以下,负值表示路基面(或天然地面)以上。

图7-21a)是DK1024+425断面2002年、2003年和2004年最大融化深度曲线图,图7-21b)是DK1024+445断面2002年、2003年和2004年最大融化深度曲线图,图7-21c)是DK1025+087.5断面2002年、2003年平均最大融化深度曲线图。

图表揭示热棒路基最大季节融化深度具有以下特征:

(1)热棒路堤下的多年冻土上限有较大抬升。如2002年DK1024+425断面平均上升1.01m,DK1024+445断面平均上升1.21m,而对比断面DK1025+087.5仅上升0.29m。2003年DK1024+425断面平均上升1.27m,DK1024+445断面平均上升1.33m;而对比断面DK1025+087.5仅上升0.32m。2004年DK1024+425断面平均上升1.43m,DK1024+445断面平均上升1.39m;而对比断面DK1025+087.5仅上升0.33m。这说明热棒在冷却地基多年冻土、抬高多年冻土上限方面起了作用。

(2)由于在横断面上热棒间距为7.0m,已超过热棒有效传热影响范围,路堤中心土体冷却较少,故2002年和2003年路堤中心孔最大融化深度比两侧路肩要大,但随着热棒工作时间的延长,路基体内的地温场不断调整,最大融化深度曲线逐渐趋于平缓,到2004年时,已能为路基提供一个相对平缓的支撑面。

如果从路基面算起,2002年DK1024+425断面中心孔的最大融深较之两侧路肩下平均要深0.60m;2003年DK1024+425断面平均要深0.12m,DK1024+445断面平均要深0.44m。这使得热棒路堤的最大融化深度曲线呈一双驼峰状,但2003年的较2002年要平滑一些。2004年DK1024+425断面中心孔的最大融深较之两侧路肩下平均要浅0.28m;但DK1024+445断面平均要深0.38m。

(3)DK1024+445断面2002年路堤下天然上限的平均上升高度比DK1024+425断面

要大 0.20m，这可能是由于和热棒连接的一般路基施工完成较晚，使热棒路基蓄热量增加所造成的。2003 年和 2004 年两断面天然上限的上升高度基本接近，平均仅相差 0.06m 和 0.04m。

(4)无论 2002 年、2003 年还是 2004 年，DK1024 +425 断面和 DK1024 +445 断面左侧路肩的最大融化深度均比右侧路肩要大。

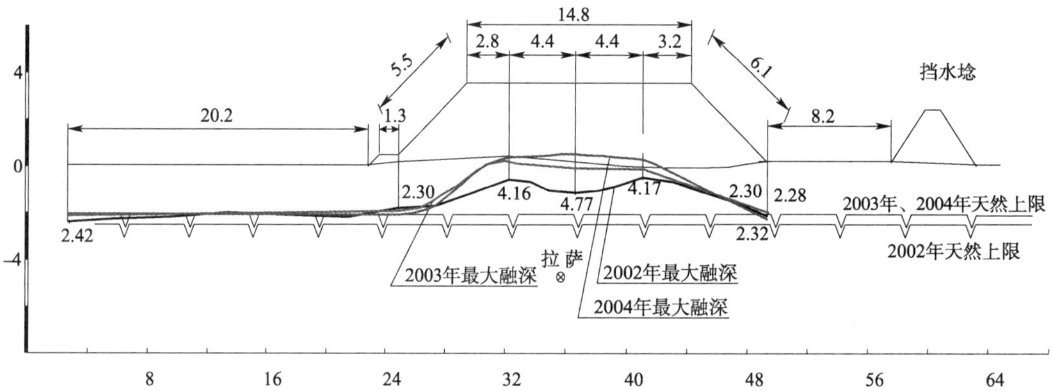

a)DK1024+425断面2002年、2003年和2004年最大融化深度曲线图(尺寸单位：m)

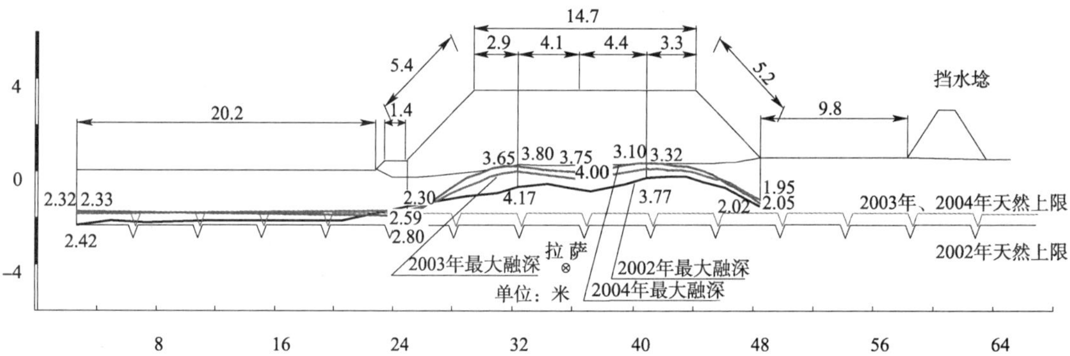

b)DK1024+445断面2002年、2003年和2004年最大融化深度曲线图

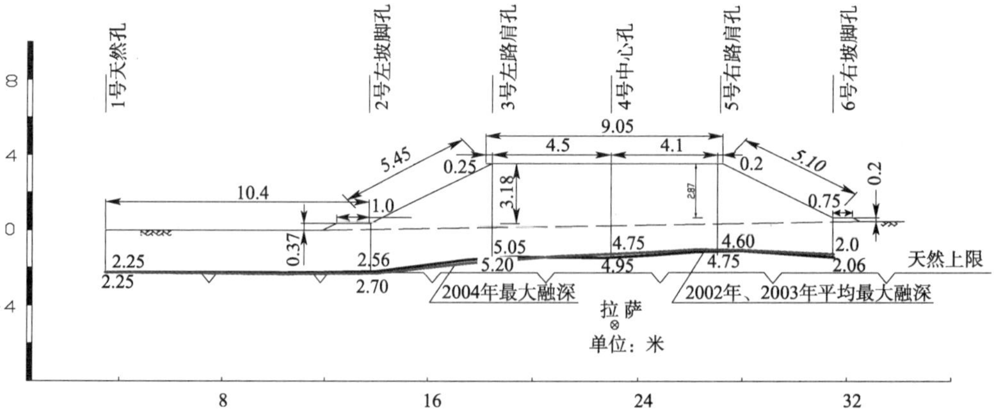

c)DK1025+087.5断面2002年、2003年平均最大融化深度曲线图

图 7-21　最大融化深度曲线图(尺寸单位：m)

（5）热棒路堤两个测试断面路基体内天然上限的上升高度逐年增大。如DK1024+425断面3号、4号、5号孔的天然上限2002年平均上升1.29m，而2003年平均上升1.84m，2004年平均上升2.15m；DK1024+445断面3号、4号、5号孔的天然上限2002年平均上升1.65m，而2003年平均上升1.82m，2004年平均上升2.02m。而对比的DK1025+087.5断面3号、4号、5号孔2002年天然上限平均上升0.34m，2003年平均上升0.38m，2004年平均上升0.42m，最大仅差0.08m。

（6）2002年左侧路肩热棒处天然上限上升了1.62m，右侧路肩热棒处上升了1.87m；到2003年时左侧路肩热棒处天然上限上升了1.90m，右侧路肩热棒上升了2.49m（已上升至路基本体中）；到2004年时左侧路肩热棒处天然上限上升了3.23m（已上升至路基本体中），右侧路肩热棒上升了3.57m（已上升至路基本体中）。从以上数据可以看出，由于热棒的制冷作用，热棒路堤天然上限上升高度逐年增大，且右侧路肩的上升高度比左侧路肩要大。

（7）DK1024+425断面和DK1024+445断面左侧坡脚孔处2002年、2003年和2004年原天然上限的上升高度均较右侧坡脚孔要小，这和对比断面DK1025+087.5类似。

热棒和填土路基结构对多年冻土上限抬升的叠加作用突出表现在最大季节融化深度的抬升上，如果说超过临界高度的填土路基对多年冻土上限也具有抬升作用的话，热棒的冷却降温作用使这种抬升的叠加结果能够稳定存在。

5）热棒结构工程变形分析

冻土区路基工程设计的最终目的是使工程变形的发展过程和变形总量满足工程运行使用要求。监测断面的温度观测数据从冷却地基的角度证明了热棒结构的工程效果，同步监测的工程变形数据从另一方面说明热棒路基的稳定性。

表7-21和表7-22是监测断面连续三年以上的路基变形监测数据，说明冻胀变形和沉降变形从总量和变形差异两个方面均满足工程设计的要求。

各测点的最大冻胀量（单位：mm）　表7-21

断面位置	左侧路肩表面	左侧路肩基底	左侧路肩基底下	右侧路肩表面	右侧路肩基底	右侧基底下	平均冻胀量
DK1024+425	24//	23/6/16	22/7/17	27/7/17	27//	29/10/19	25.3/7.5/17.3
DK1024+445	30//	30/7/17	33/9/16	29/9/18	27/9/17	27/7/18	29.3/8.2/17.2

注："/"上的数据为第一个寒季的最大冻胀量，"//"之间的数据为第二个寒季的最大冻胀量，"/"下的数据为第三个寒季的最大冻胀量。

热棒路基2002年、2003年和2004年的变形量对比　表7-22

断面里程	DK1024+425						DK1024+445					
冻胀板埋设位置 / 年度变形量	左侧路肩表面	左侧路肩基底	左路肩基底下	右侧路肩表面	右侧路肩基底	右路肩基底下	左侧路肩表面	左侧路肩基底	左路肩基底下	右侧路肩表面	右侧路肩基底	右路肩基底下
2002年的变形量（mm）		-37	-38	-21		-4		-12	-10	-9	1	2
2003年的变形量（mm）		-9	-11	+2		+8		-1	-2	+10	+13	+11
2004年的变形量（mm）		-16	-22	-25		-13		-16	-16	-9	-8	-7

续上表

断面里程	DK1024 +425						DK1024 +445					
冻胀板埋设位置 / 年度变形量	左侧路肩表面	左侧路肩基底	左路肩基底下	右侧路肩表面	右侧路肩基底	右路肩基底下	左侧路肩表面	左侧路肩基底	左路肩基底下	右侧路肩表面	右侧路肩基底	右路肩基底下
2003 年的变形量占 2002 年变形量的比例(%)		24.3	28.9	—		—		8.3	20	—	—	—
2004 年的变形量占 2002 年变形量的比例(%)		43.2	57.9	119		325		133	160	100	—	—

注:上表中正值表示冻胀量,负值表示沉降量。

表 7-22 所列是两个监测断面连续三年路堤不同部位冻胀变形值,根据线路运行要求变形值不能大于 20mm,监测结果满足设计要求。

路基累计变形由冻胀变形和沉降变形两部分组成。路堤的沉降变形由路堤填土部分的变形、基底季节融化层的变形及多年冻土层融化引起的变形三部分组成。但从测温数据来看,修筑路堤后的最大融化深度均比原天然上限深度要浅。因此,多年冻土层的变形量应该较小,故路堤的沉降变形主要是由路堤填土部分的变形和季节融化层的变形引起的。

路基变形数据显示,变形呈衰减后趋于稳定,一个冻融循环周期内变形量小于 20mm,变形差异也小于 20mm,符合设计要求。

7.2.5 低温冻土区热棒工程

监测断面提供的试验观测数据分析证明了热棒工程在低温冻土区实施的可行性、可靠性和可持续性,但是任何一种工程措施的实施还要和经济性结合才能达到最佳的适宜性。因此在低温冻土区热棒工程设计和实施的条件是:

(1)局地地形地貌造成地表温度较高。

(2)年平均气温较高(与高温冻土区年平均气温接近)。

(3)低温冻土区域的高含冰量多年冻土地段。

(4)路堤高度低于实施其他工程措施的临界高度。

除了在低路堤地段、半填半挖地段以及路堑地段设计热棒路基以外,对没有加强措施的低路堤高含冰量地段也要进行热棒工程设计。

环境气温较高的低温冻土地段设置热棒结构最主要的工程目的是通过热棒的冷却降温功能降低土体温度,使由于环境气温高和未来继续的升高趋势造成的冻土地温升高退化对工程稳定性影响缓和降低,使工程本身对安全性的储备增加。

青藏铁路在 2005—2006 年工程补强施工期间,根据先期试验监测断面结果和工程补强要求,在低温冻土区实施的热棒工程施工表见表 7-23。

低温冻土区热棒工程结构参数设计有以下几种:

(1)考虑阴阳坡效应在青藏高原大部分冻土区非常强烈,低温冻土区热棒工程结构均采用横断面位置不对称形式。

(2)一般阳坡设两排热棒,纵向间距为 2.4m,横向间距 2.8m;第一排设在坡脚部位,第二排视路基高度不同，可以设在坡面或路肩。阴坡设一排在坡脚，纵向间距 2.8m。设有护道的路基，阴阳坡均在护道与路基边坡的坡脚处设一排，间距 2.8m。

低温冻土区热棒工程施工表　　　　表 7-23

序号	现场已施工热棒段落里程	已施工段落长（m）	设置情况（注明单双排、位置）		热棒规格型号	
			左侧	右侧	直径（mm）	单根长度（m）
1	DK1024 +400 ~ DK1024 +448	48	路肩外 1m 斜插，单排	路肩外 1m 斜插，单排	$\phi 89$	12
2	DK1086 +920 ~ DK1087 +210	290	路肩外 1m 斜插，单排	路肩外 1m 斜插，单排	$\phi 89$	12
3	DK1088 +530 ~ DK1088 +533	3	路肩外 1m 斜插，单排		$\phi 89$	12
4	DK1089 +515 ~ DK1089 +920	405	路肩外 1m 斜插，单排	路肩外 1m 斜插，单排	$\phi 89$	12
5	DK1141 +930 ~ DK1142 +030	100	路肩外 1m 斜插，单排	路肩外 1m 斜插，单排	$\phi 89$	7
6	DK1136 +130 ~ DK1136 +210	180	路肩外 1m 斜插，单排	路肩外 1m 斜插，单排	$\phi 89$	12
7	DK1136 +130 ~ DK1136 +495	365	同上	路肩外斜插，单排	$\phi 89$	9
8	DK1137 +550 ~ DK1138 +206	656	同上	路肩外斜插，单排	$\phi 89$	9
9	DK1198 +200 ~ DK1198 +340	140	路肩外 1m 斜插，单排	路肩外 1m 斜插，单排	$\phi 89$	12
10	DK1221 +910 ~ DK1221 +960	50	路肩外 1m 斜插，单排	路肩外 1m 斜插，单排	$\phi 89$	12
11	DK1226 +750 ~ DK1226 +880	130	路肩外 1m 斜插，单排	路肩外 1m 斜插，单排	$\phi 89$	12
12	DK1338 +441 ~ DK1338 +720	279	路肩外 1m 斜插，单排	路肩外 1m 斜插，单排	$\phi 89$	12
13	DK1343 +190 ~ DK1343 +250	60	侧沟外 1m，单排	路肩外 1m，单排	$\phi 89$	12
14	DK1343 +250 ~ DK1343 +280	30	路肩外 1m 斜插，单排	路肩外 1m 斜插，单排	$\phi 89$	12
15	DK1350 +200 ~ DK1350 +370	170	侧沟外 1m，单排	路肩外 1m，单排	$\phi 89$	12

（3）楚玛尔河河曲地段，距离路基最近处只有 7m，考虑河流侧向热侵蚀对路基基底多年冻土的影响，对该地段设计热棒防护。

（4）已采用抗滑桩措施冻土斜坡地段或高含冰量斜坡地段增加热棒进行防护。

低温冻土区热棒结构参数均采用长度为 7m（冷凝段 1.5m，绝热段 1.5m，蒸发段 4m），热棒露出地面 2.0m，计算表明结构参数可以满足降低土体温度要求。先期试验中热棒由于是设置在路肩部位，长度按 12m 设计，根据试验监测分析低温冻土区的热棒原则上改为长度

7m，且是设置在坡脚和护道坡脚部位。

表7-23所列热棒结构施工地段都是青藏铁路低温冻土区中年平均气温较高，局部地形地貌不利于多年冻土发育，多年冻土具有退化趋势的地段。最新的监测数据表明这些地段路基工程热稳定性和工程稳定性都能够满足设计和运营要求。

7.3 高温冻土区热棒工程

青藏高原的高温多年冻土区的特点是多年冻土年平均地温高于-1℃，环境年平均气温多在-4.0℃以上。多年冻土由于地温较高，热敏感性强，容易受工程和环境热扰动影响而导致冻土退化，这种退化以土体温度缓慢升高为前导，多年冻土上限下移为主要标志，工程变形逐年增加为表现，使冻土工程稳定性不能满足运营要求从而造成危及线路平顺性的病害。年平均地温高于-0.5℃的为高温极不稳定多年冻土地段，冻土的热稳定性更差，是冻土工程设置冷却地基工程结构保护冻土的重点地段。

高温冻土区典型的高含冰量多年冻土地段一般采用了“以桥代路”的方式通过，但是还有很多类似地段由于工程造价原因、线路纵坡设计原因及其他技术条件限制不能全部采用“以桥代路”方式通过，只能采用片石气冷路基结构形式通过。部分地段仅靠片石气冷工程措施还不能完全满足设计要求，另外部分地段是普通填土路堤更不能满足设计和运营要求，需要进行工程补强，因而热棒结构的路基成为高温冻土区保证工程稳定的重要工程措施和辅助工程措施。

如前所分析，青藏铁路的高温冻土区的气温环境条件是热棒工程得以应用的基础能量条件，未来气温升高趋势虽然给多年冻土的保护和稳定带来极大的困难，但是从热量收支平衡条件分析，热棒工程仍然会起到至关重要的作用，热棒对土体的冷却功能和持续冷却能力对工程的稳定性起到积极的保护作用。

7.3.1 高温冻土区热棒工作环境和工程目标

高温冻土区有两类，一类是在低温冻土区及其气温环境中局部发育的高温冻土，另一类则是在气温较高的地段发育的大片高温冻土。

本节以已经设置监测断面的沱沱河地区开心岭地段热棒工程为典型范例进行分析。

1）高寒多风气候环境

高温冻土区试验观测断面设在沱沱河至通天河之间的开心岭山地区域，地形平坦开阔，地势略有起伏，呈西高东低、南高北低之势。地貌上呈沟梁相间，山脊陡峻，山前为洪积平原，海拔4500～4700m。地表植被较好，覆盖率10%～60%。线路走向为SE10°～14°，近于南北向。

区域气候属高原亚寒带半干旱气候区，寒冷干旱、空气稀薄、风力强劲。气候变化剧烈，气温、气压低，昼夜温差大，辐射强烈，每年10月至次年4月为冻结期。

该地冬季受高空西风气流控制，年降水量248.5mm，为相对低值区。全年降水主要分布在6～9月，可占年降水量的90%以上，其中暖季（5～9月）占年降水量的70%左右，降水量的峰值出现在7月，降水量占年降水量的30%左右。降雪期334～358d（初雪7月，终雪次年6月底），积雪天数为48～79d，积雪总厚度69cm。年平均蒸发量1638.9mm，年平均风速

3.9m/s，主导风向为W。平均雷暴日数47.8d。

根据青海省格尔木沱沱河气象站1971—2000年标准值计算的沱沱河地区年平均气温为-4.3℃，平均年降水量234mm。年平均气压584.4mb(1000mb=1个大气压)，年平均气温-4.3℃，气温日较差较大，其地面温度一年中均明显高于大气温度。最冷月为1月，最暖月出现在7月。全年无绝对无霜期。相对湿度平均为53%。

2)热棒散热导冷能量条件

热棒工程所在开心岭地段虽然年平均气温较高，但是仍然具备热棒工作的基础条件。这种条件表现在年际冻融指数反映的区域冻结能力和环境温度、地温差决定的热棒启动条件两个方面。

表7-24是沱沱河气温冻结指数和融化指数的观测计算值，表7-25所示是沱沱河气象站1971—2000年观测气温数据。数据说明监测断面所处地区气候冻结能力几乎是融化能力的2倍之多，保证了散热导冷的能量条件，风力风速条件保证了冷凝段的放热条件。

沱沱河气温冻结指数和融化指数表 表7-24

年份	各年气温函数	冻结指数	融化指数	系数 n
2002	$T(t) = -3.0 + 13.0\sin[2\pi(t-112)/365]$	-2098.3	1003.3	2.09
2003	$T(t) = -3.0 + 12.5\sin[2\pi(t-115)/365]$	-2041.8	946.8	2.16
2004	$T(t) = -3.0 + 12.0\sin[2\pi(t-110)/366]$	-1990.9	892.9	2.23
2005	$T(t) = -2.5 + 11.5\sin[2\pi(t-120)/365]$	-1824.1	911.6	2.00

青海省格尔木市沱沱河气象站1971—2000年标准值 表7-25

月份	月平均气温(℃)	月极端最高气温(℃)	月极端最低气温(℃)	月平均风速(m/s)	月降水量(mm)
1	-166	35	-452	45	13
2	-137	70	-418	54	14
3	-89	114	-355	56	15
4	-38	156	-231	48	50
5	9	192	-194	43	169
6	49	247	-119	38	507
7	74	230	-82	34	855
8	71	211	-85	33	654
9	35	211	-108	32	400
10	-41	173	-389	34	116
11	-124	93	-428	37	5
12	-159	57	-442	40	11
合计	-516	1789	-3303	494	2809
平均	-43	149	-275	41	234

以下是几个冻融周期的高温冻土区环境气温(图7-22)和热棒埋入土体的蒸发段地温的变化曲线(图7-23)关系，气温和地温差值决定了热棒启动和工作时间，最后决定热棒冷

却地基的累积效果。

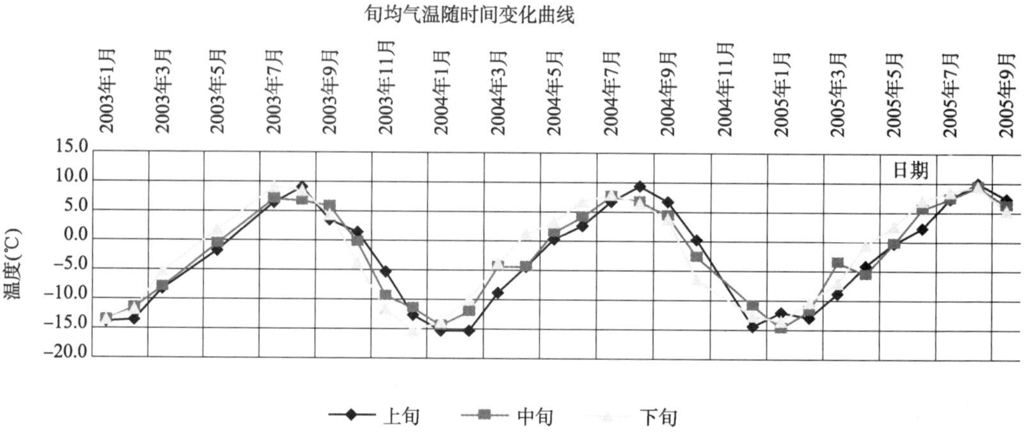

图 7-22 沱沱河地区 2003 年 1 月 ~2005 年 9 月旬均气温

图 7-22 中寒季不同时间气温和图 7-23 相同时间的地温对比可以知道，气温值低于地温值，它们之间的温差是热棒启动工作的前提条件，也是热棒当年寒季持续工作基本条件，而每年寒季气温对应的地温都可以保持这种差别，因此热棒得以连续在每个寒季都能够启动并持续工作这是高温冻土区热棒工作的寒季条件。

气温变化和地温变化的相关性对热棒启动和持续工作最主要的一点是：寒季每个时间点的气温值均低于同期地温值，这保证了热棒的启动和持续工作。

3）冻土工程地质条件

高温冻土区典型监测断面所在的热棒工程地段的冻土工程地质特点：

出露地层主要为第四系（Q）冲、洪积及风积砂黏土、黏砂土、砾砂及风积细砂，下覆地层为新第三系上新世（N_2）不同风化程度的泥岩、砂岩、泥灰岩。现分述如下：

（1）细砂（Q_4^{eol4}）：分布于地表层，厚度 0.2 ~ 1.0m，棕黄色，矿物成分主要以石、石英为主，砂质不均，含有砾石，松散，融化后潮湿。

（2）砾砂（Q_4^{pl5}）：大部分分布于地表层，厚度 0.5 ~ 2m，棕黄色，砾石含量约为 30% ~ 50%，矿物成分主要以长石、石英为主，级配较好，中密，大部分在上限以上，融化后潮湿。

（3）砂黏土（Q_4^{pl2}）：部分分布于地表层，厚度 0.2 ~ 0.5m，棕黄色，含少量砾石，矿物成分主要以长石、石英为主，松散，大部分比较干燥。

（4）黏砂土（Q_4^{pl2}）：部分分布于地表层，厚度 0.2 ~ 0.5m，棕黄色，土质较均一，含少量砾石，矿物成分主要以长石、石英为主，松散，大部分比较干燥。

（5）泥岩（N_1）：红褐色，大部分完全风化，上限部位含有大量冰的透镜体，厚层地下冰、含土冰层均有分布，其主要分布于上限以及上限以下部位；未风化块坚硬，属于易风化软岩，工程性质较差。

（6）泥灰岩（N_1）：灰褐色、青灰色，大部分完全风化，上限部位有含冰量较高，其主要分布于上限以及上限以下部位；未风化块坚硬，属于不易风化硬岩，工程性质良好。

（7）砂岩（N_1）：黄棕色、青灰色，大部分完全风化，略含有冰晶，风化后为松散中、细砂；未风化块坚硬，属于不易风化硬岩，工程性质良好。

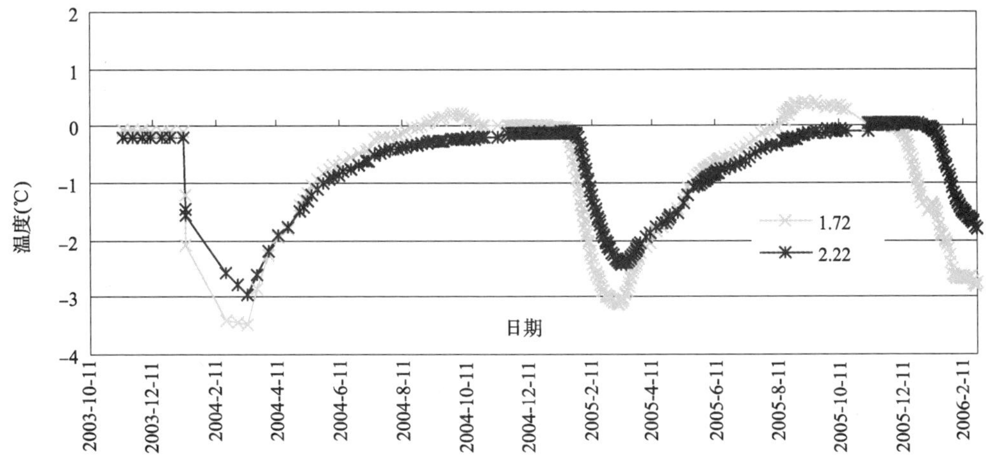

a)DK1262+430天然场地上限(2m)附近温度进程

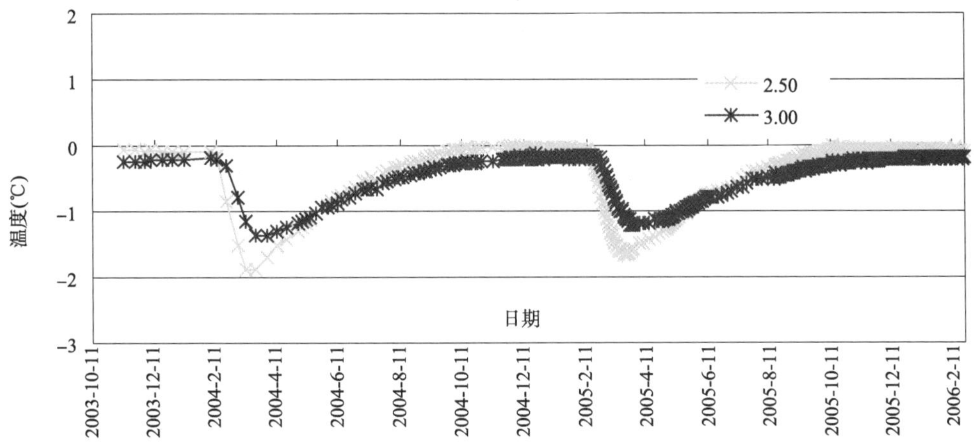

b)DK1262+530天然场地上限(2.5m)附近温度进程

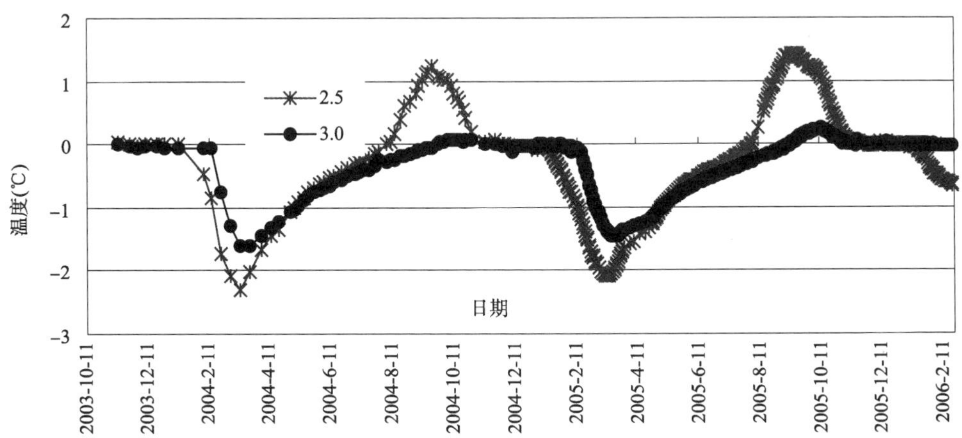

c)DK1262+625天然场地上限(3.1m)附近温度进程

图　7-23

区域地表水主要为冲沟季节洪水,径流排泄条件较好。附近有一条受冻结层上水补给的季节性河流,以近东西向穿过路基,水量较小。地下水主要为冻土层上水,受大气降水补给。

天然场地冻土上限深度为1.5~3.0m。后经测温资料确定天然场地冻土上限及年平均地温(表7-26),年变化深度最大为8.3m,冻土上限深度为2~3.1m,年平均地温为-0.87~-0.65℃,属于高温不稳定多年冻土区(Ⅱ区)。

冻土特性参数　　表7-26

里程	年平均地温/(℃)	年变化深度/(m)	天然上限/(m)
DK1262+430	-0.78	7.5	2
DK1262+530	-0.87	8.3	2.5
DK1262+625	-0.65	6	3.1

表7-25土的冻土特性参数说明监测断面地段多年冻土地温较高且上限埋深2~3m,属高温不稳定多年冻土。设计热棒结构参数和工程结构参数时需要注意。

4)热棒工程环境条件评价

高温冻土区热棒工程环境条件和冻土区边缘相似之处在于,环境气温都比较高,年平均气温都高于-4.0℃,冻土年平均地温都高于-1.0℃;它们除了局地地形地貌形成的冻土生存环境条件有区别以外,最主要的区别是边缘地区多年冻土呈现岛状分布,只不过比岛状冻土区的冻土岛大一些,高温冻土区冻土基本呈大片连续分布,边缘地区冻土厚度更薄,高温冻土区冻土厚度较厚。冻土的这些生存环境差异造成高温冻土区冻土热敏感性较冻土区边缘要差一些,而且由于冻土厚度稍厚,路基的阴阳坡效应明显一些。

高温冻土区寒季气温条件和寒季多风特点,以及寒季气温和地温的差值特征都适于热棒启动和持续工作。

高温冻土区的这些环境和冻土特征都是决定热棒工程结构设计的基础。

7.3.2 热棒参数和工程结构

根据高温冻土区气温环境条件和冻土特征,考虑未来气温升高趋势对冻土退化的影响,区域热棒工程的设计思想和工程措施是:

(1)应用热棒散热导冷基本功能冷却地基土体,增加多年冻土热惰性,减缓或抵御气温升高趋势对多年冻土的影响;

(2)热棒工程采用横向不对称结构形式设置热棒,通过热棒不等量的冷却地基土体,消除阴阳坡作用在冻融过程形成的冻融过程不同步、冻融界面不对称形态,减少和消除路基横向变形差异。

(3)已经采用片石护坡和护道的地段,增加坡脚和平台坡脚热棒。

基于以上设计思想采用表7-27的热棒规格,路基结构和热棒布置如图7-24所示。

热棒规格一览表　　表7-27

设置部位	基管直径(mm)	翅片管	翅片厚度(mm)	翅片高度(mm)	翅片间距(mm)	热棒总长(m)
护道内侧	φ89	1.4	1.9	23	15	9
路基坡脚	φ89	1.4	1.9	23	15	7

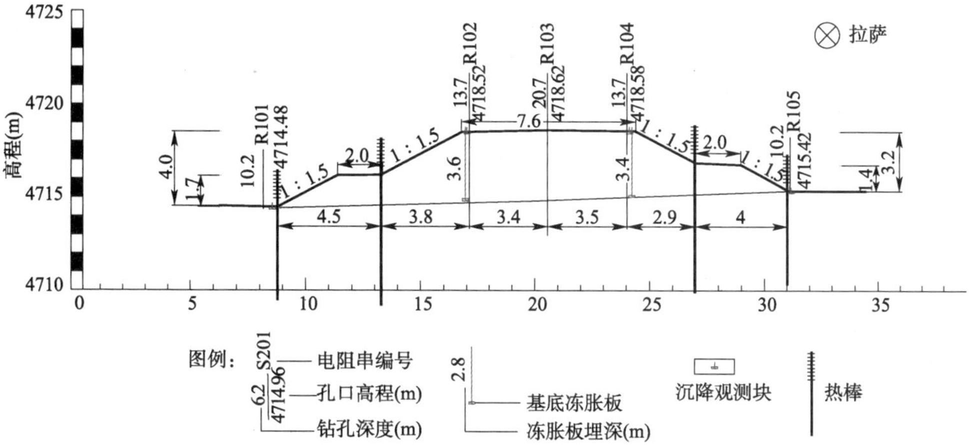

a)典型热棒路基断面测点布置图(1)

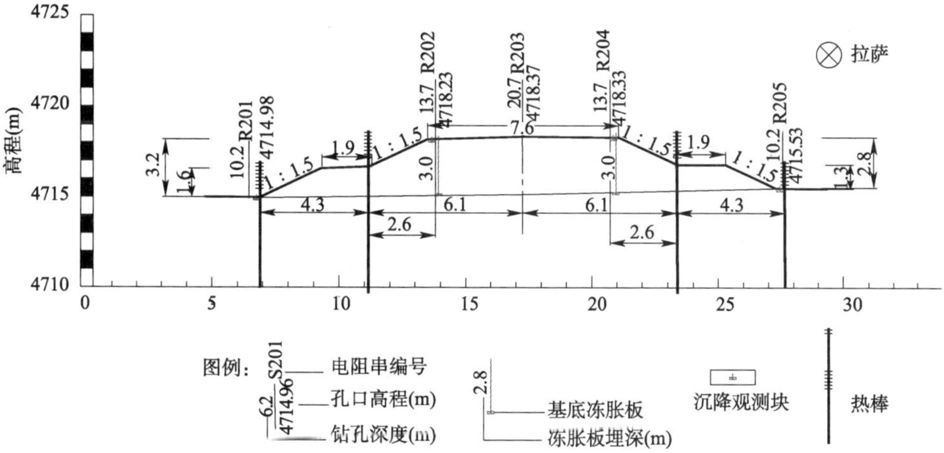

b)典型热棒路基断面测点布置图(2)

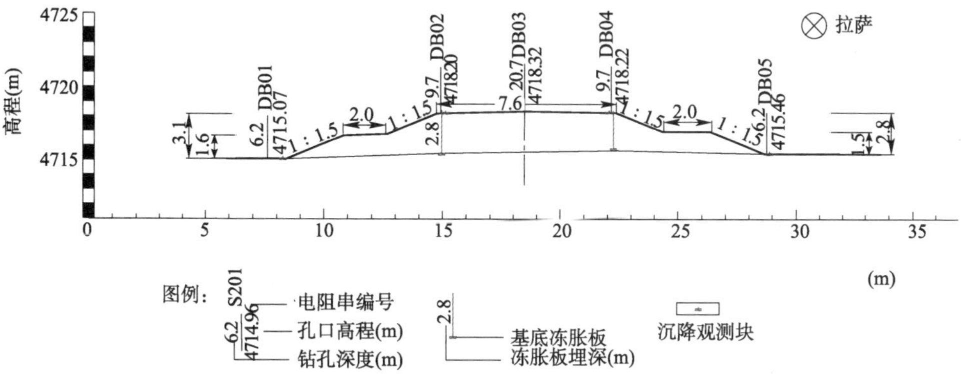

c)无热棒路基对比断面测点布置图

图 7-24　路基结构和热棒布置

在路基两侧设置热棒的条件下，试验观测不同间距的热棒路基结构，对减少或消除路基横向不均匀变形而引起路基开裂病害的工程效果。

热棒路基结构监测断面设置的热棒间距：

(1)左侧热棒间距3.2m，右侧热棒间距2.8m，试验段长30m(DK1262+450~DK1262+480)。

(2)左侧热棒间距2.8m，右侧热棒间距2.4m，试验段长30m(DK1262+480~DK1262+510)。

监测对比断面长40m(DK1262+510~DK1262+550)。

热棒在两侧坡脚和护道内侧各布设一排。

7.3.3 监测断面和监测项目设计

高温冻土区热棒路基结构设置的目的主要是针对区域气候条件对热棒启动和工作延续时间的影响，检测热棒及路基结构冷却地基土体的程度、冷却地基土体累积效果的体现，针对设置热棒区段对阴阳坡传热差异的均衡效果，工程效果应该从以下几个方面进行检测和分析：

(1)路基阴阳坡坡脚和护道坡脚地温。

(2)天然地表条件地温变化。

(3)热棒有效传热范围检测。

(4)路基不同部位变形观测。

1)地温观测

高温冻土区热棒路基观测设置两个地段，长度各30m，观测段多年冻土年变化深度为8.3m，冻土上限埋深为2~3.1m，年平均地温为-0.87~-0.65℃，属于高温不稳定多年冻土区(Ⅱ区)。测试断面里程分别为DK1262+465和DK1262+495，在路基两侧的坡脚和护道埋设基管直径89mm热棒，坡脚位置热棒的蒸发段长5m，护道位置长7m，都无绝热段。各段热棒间距分别为(左/右)：2.8m/3.2m和2.4m/2.8m。

监测断面选择离开热棒位置2m以外的地方设置，每个测试断面沿横向各布设7个测温孔，路基中心1个，两侧路肩处各1个，两侧坡脚处各1个，两侧护道边各1个。在监测断面DK1262+465的左侧护道~坡脚附近增加布设4个测温孔，作为补充测温。测温孔分别设置在坡脚、路肩和路基中心位置。图7-25是热棒监测断面平面图。

热棒路基在2003年10月施工，2003年11月14日开始测温。观测数据到2005年11月上旬。在所分析的测温周期中，热棒工作了一个循环热周转期。

2)变形观测

每个断面左右路肩处各布设两个不同深度(路基表面、路基基底)观测点，左右坡脚处各布设一个表面观测点。基底变形采用冻胀板进行观测，表面变形采用沉降块观测。

3)测试频率

2003年11月~2004年11月期间，采用人工观测，测量频率为3次/月，寒、暖季交替时加密至6次/月。2004年12月以后，地温采用自动观测，采集频率为1次/d，变形仍采用人工观测，测量频率为3次/月。

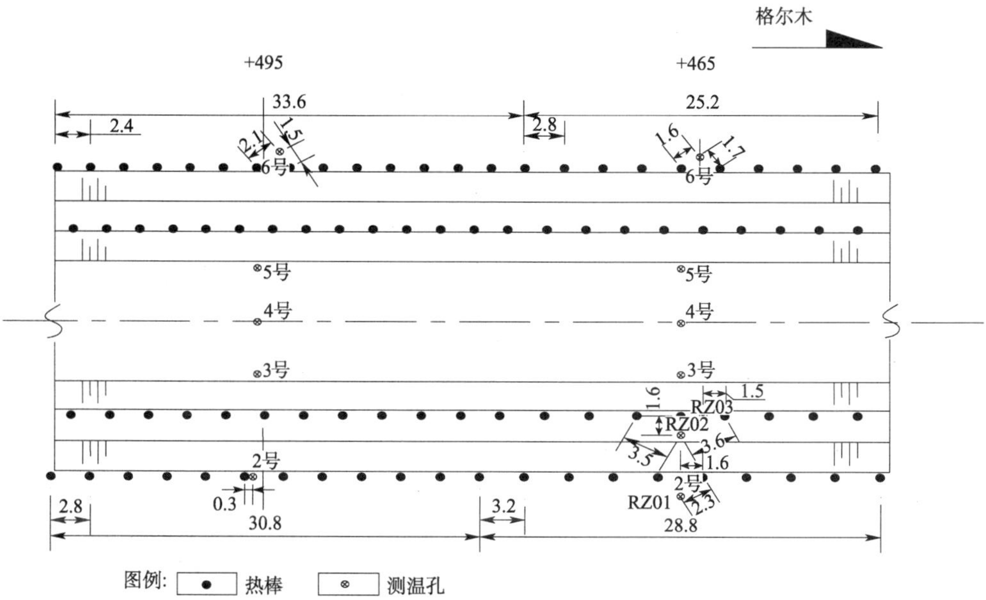

图 7-25 热棒监测断面平面图(尺寸单位:m)

长期运行期间以上项目全部转入自动监测和自动传输信号到中心监测站,相应设备设置按照观测要求进行设定。

7.3.4 热棒路基工程监测数据分析

青藏铁路高温冻土区典型区域是沱沱河盆地,开心岭是典型区域的典型地段,它的环境条件决定了热棒工作时间和传热影响范围。

热棒路基地温场的边界条件、冻融进程、等温线形态和工程人为上限是具体分析热棒工程效果的主要指标。

热棒路基最终工程效果和所要达到的工程目的是使路基变形和变形差异在容许范围内。

1)热棒启动和持续工作分析

热棒工作状态仍然从热棒侧壁温度变化分析得知。表 7-28 所示是热棒侧壁温度变化,寒季热棒持续工作以前的 10 月 8 日,侧壁温度还在正温范围,确定工作一个月以后,11 月 10 日不同深度地温已经明显下降;11 月初到 12 月初的连续监测数据表明,土体温度持续下降,热棒处在持续工作状态中,降温效果明显。

监测断面 DK1262 +465 热棒侧壁温度变化(单位:℃) 表 7-28

深度(m)	2004/10/8	2004/11/10	2004/11/23	2004/11/28	2004/12/3
0	0.49	-3.76	-4.83	-6.00	-7.18
0.2	0.63	-2.75	-3.89	-4.96	-5.81
0.4	0.7	-2.20	-3.24	-4.22	-4.96
0.6	0.71	-1.81	-2.74	-3.65	-4.36
0.8	0.64	-1.66	-2.36	-3.18	-3.84
1	0.64	-1.13	-1.86	-2.57	-3.17

续上表

深度(m)	2004/10/8	2004/11/10	2004/11/23	2004/11/28	2004/12/3
1.2	0.47	-1.55	-2.07	-2.81	-3.38
1.4	0.67	-1.11	-1.86	-2.58	-3.17
1.6	0.67	-0.97	-1.71	-2.38	-2.96
1.8	0.44	-1.45	-1.98	-2.65	-3.19
2.3	0.4	-1.04	-1.64	-2.20	-2.63

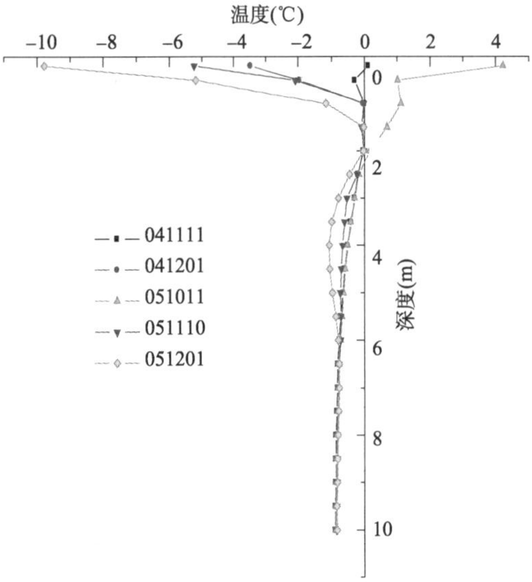

图 7-26　热棒侧壁地温—深度曲线随时间的变化

图 7-26 所示热棒侧壁地温—深度曲线随时间变化曲线清楚地揭示了热棒工作状态和冷却降温的作用。

图 7-27 是监测断面 DK1262 + 465 左侧坡脚布置的纵向间距为 3.2m 的其中一支热棒侧壁温度变化过程曲线图。

图 7-28 中的 -9 ~ -5℃的线比较完整的显示了热棒从 10 月 14 日开始连续工作到来年的 3 月 4 日停止连续工作及其前后的不连续工作期间的温度场状况。从 10 月初开始地面首先降温,之后活动层上面的温度迅速降低;到 12 月 15 日左右,热棒壁温度降至最低,随后热棒周围冷量向外扩散加快,热棒壁温不断回升,一直持续到 4 ~5 月份才基本停止。不过此时,从前面的径向降温效果分析来看,冷量的扩散还没有停止。

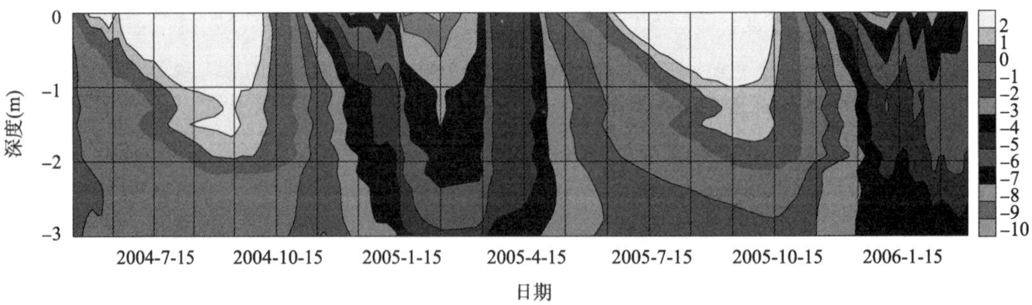

图 7-27　热棒侧壁温度变化过程曲线图(左,热棒间距 3.2m)

图 7-28 是对应热棒侧壁冻融过程的沱沱河气象站 2003—2005 年日均气温随时间变化图。拟合函数:

(1)2004 年为 $T_{2004}(t) = -3.0 + 12.0\sin[2\pi(t-110)/366]$。

(2)2005 年为 $T_{2005}(t) = -2.5 + 11.5\sin[2\pi(t-120)/365]$。

由图 7-28 所示气温变化曲线可以看出,2005 年较 2004 年的年平均气温较高,气温较差小,相位相对滞后。

2004 年和 2005 年气温冻结指数分别为 -1990.9℃ · d 和 -1824.1℃ · d,2005 年明显

比2004年小。融化指数分别为892.9℃·d和911.6℃·d,两年基本相当。

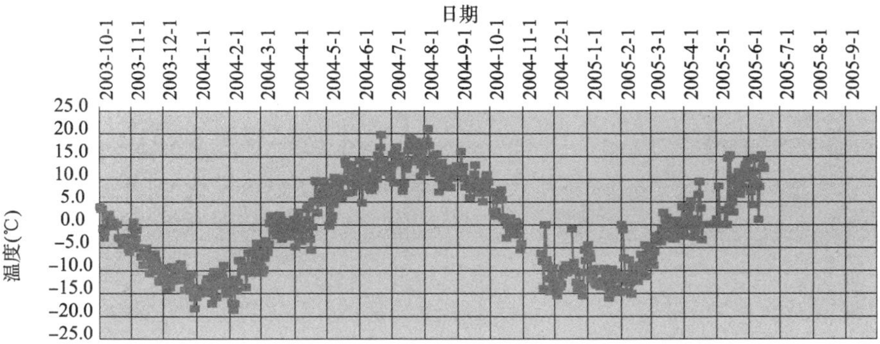

图7-28　对应热棒侧壁冻融过程的气温变化曲线

因此可以看出地温的变化基本是热棒启动持续工作的效果。

2)热棒结构路基冷却土体效果

高温冻土区热棒结构路基冷却土体和持续降温能力的标志:

(1)不同深度土体温度变化。

(2)不同深度土体平均温度变化。

(3)不同深度土体温度冻融指数变化。

埋设热棒以后可以从路基横断面等温线图看到热棒降低地温、冷却地基土体的明显效果。

图7-29和图7-30所示是热棒工程效果监测断面,分别为热棒路基断面DK1262+465和DK1262+495热棒工作开始(每年10月)、热棒侧壁温度降到最低(4月)时路基横断面等温线图。

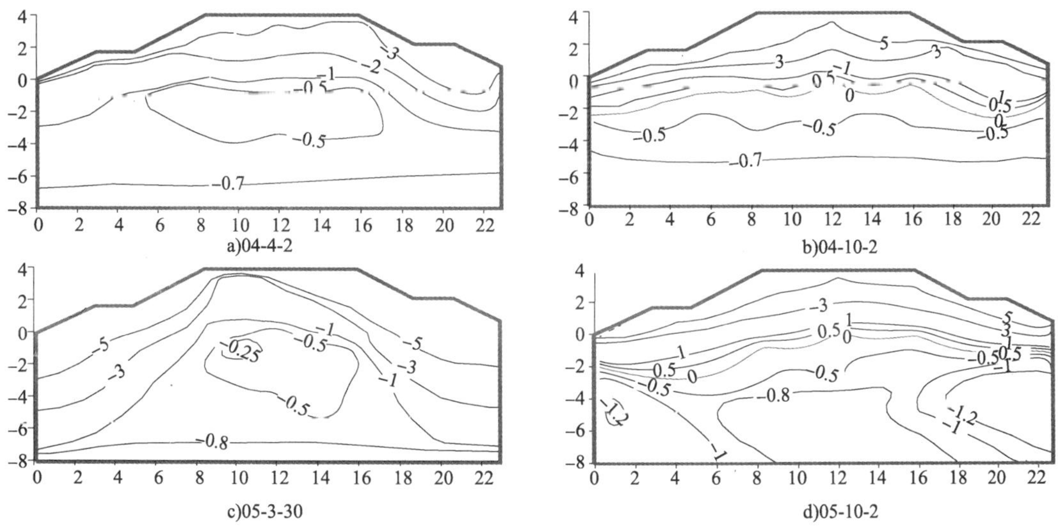

图7-29　DK1262+465等温线图

对比2004年热棒埋设前的路基等温线,热棒埋设后,从热棒停止连续工作后的2005年3月30日的等温线来看,地温场特别是坡脚和护道下卧冻土温度明显降低。随着热棒周围冷量不断地向四周扩散,到2005年10月第二个采冷期前,相对于2004年同期,2005年10

月2日路基中心部位的地温也有所降低。这说明埋设在坡脚和护道的热棒对路基中心部位下卧冻土也有一定的冷却作用。

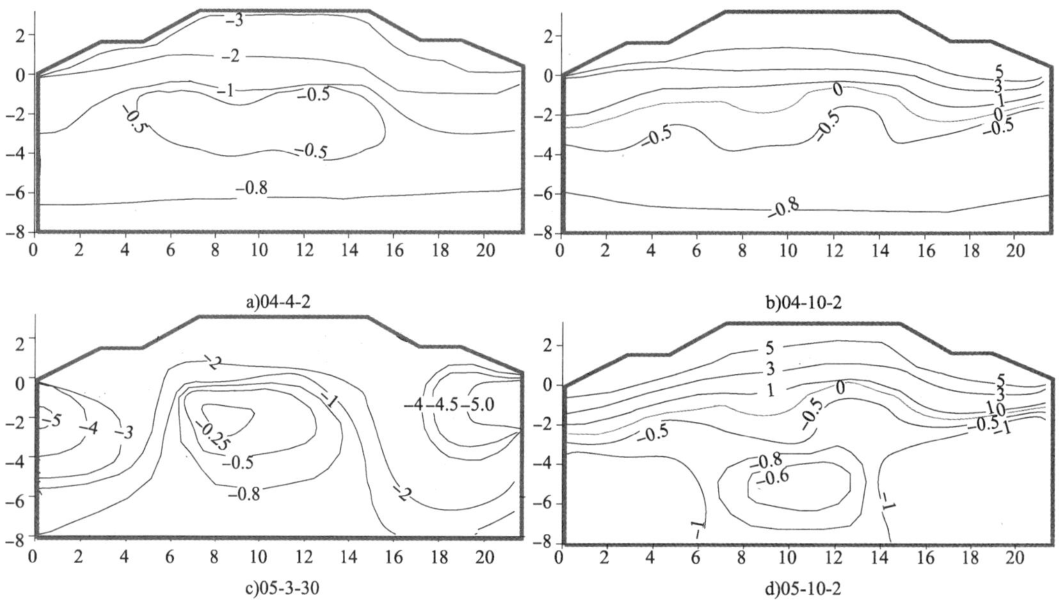

图7-30 DK1262+495等温线图

比较两个热棒路基断面的地温场,等温线分布形态基本相同,但DK1262+495地温略低一点。热棒工作停止后的4月份,路基右侧地温比左侧低,经过一个暖季的热平衡后,左右两侧基本相当。

图7-31的三幅图所示的是监测断面和对比断面基底原天然上限位置月平均地温随时间的变化。曲线变化揭示随着热棒启动和持续工作,改变了不同深度处土体的温度;而原来天然上限位置的温度有所降低,意味着热棒改善了多年冻土的生存条件,保护了多年冻土,使其具有一定热惰性,具有一定抵御外来热侵蚀的能力。

比较2004年和2005年原天然上限处地温,两个热棒路基在路肩部位降温作用是明显的,其中以右路肩降温幅度较大(右路肩测温孔距离热棒较近),这说明第二个寒季比第一个寒季地中输入到活动层冻土中的冷量增加。相比之下,对比段的普通路基温度降低不明显。

表7-29列出热棒路基和对比段原天然上限处的年平均地温,数据证明了热棒的降温效果在右路肩是明显的,在其他部位并不明显,这只能说明热棒传热效果与距离关系密切,并不表示左右路肩地温有较大的差异。

热棒路基和对比段原天然上限处的年平均地温(单位:℃) 表7-29

位置	DK1262+465		DK1262+495		DK1262+530	
	2004年	2005年	2004年	2005年	2004年	2005年
左路肩	-0.38	-0.37	-0.29	-0.46	-0.05	-0.06
中心	-0.36	-0.32	-0.25	-0.27	-0.09	-0.06
右路肩	-0.34	-0.69	-0.30	-0.95	-0.15	-0.16

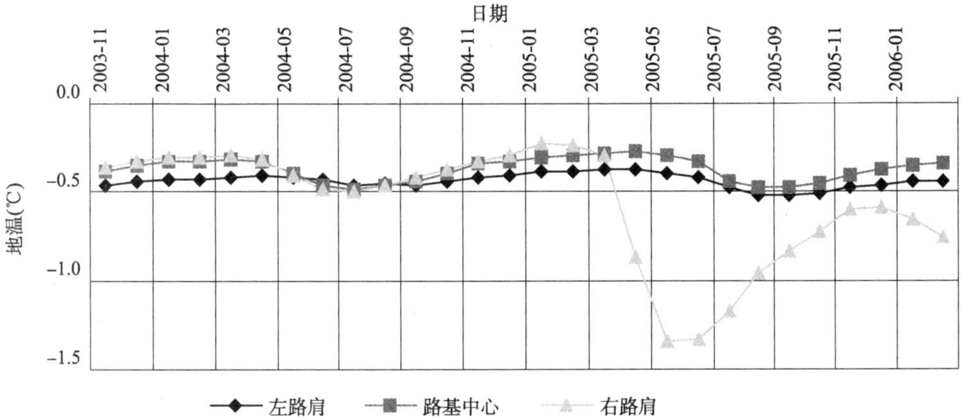

a)DK1262+465热棒路基断面原天然上限位置月均地温随时间变化图
(左、右路肩和中心孔距热棒的径向距离分别为3.8m、2.9m和7.3m)

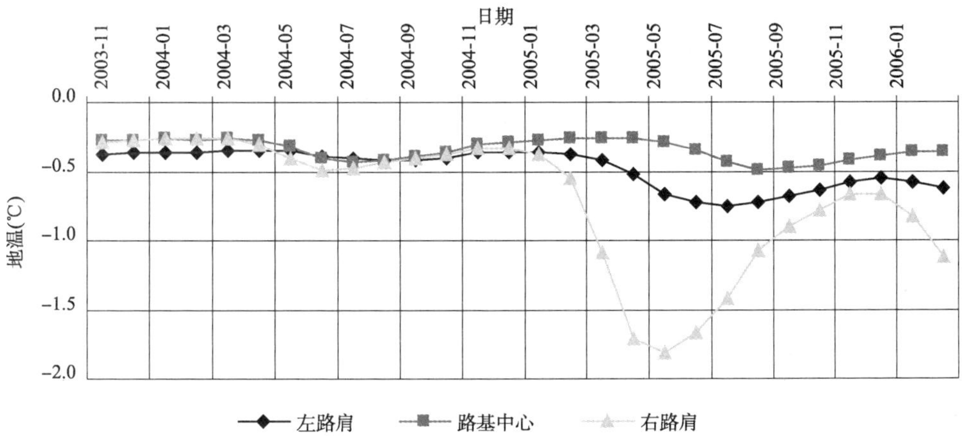

b)DK1262+493热棒路基断面原天然上限位置月均地温随时间变化图
(左、右路肩和中心孔距热棒的径向距离分别为2.6m、2.6m和8.7m)

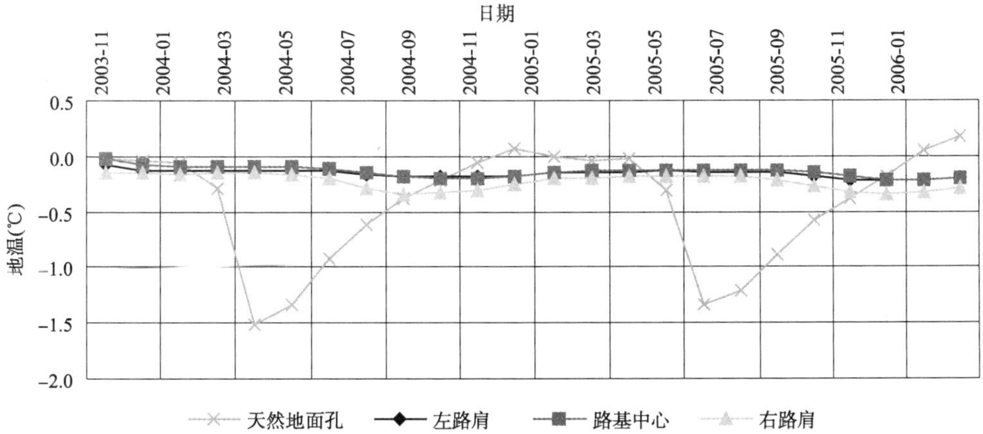

c)DK1262+530对比断面原天然上限位置月均地温随时间变化图

图 7-31　月平均地温随时间的变化

表7-30列出的是对比段不同间距不同径向距离的热棒降低土体温度的场地效果，可以看出热棒冷却土体降低土体温度的效果显著。

不同间距不同径向距离的热棒降温效果表（单位：℃）　　表7-30

热棒纵向间距	径向距离					
	0.3m	1.5m	1.6m	2.3m	2.6m	2.9m
3.2m		-1.91		-0.39		
2.8m	-3.58		-2.98		-0.28	-0.15

热棒路基冷却地基土体持续性和持续效果的评价，需要根据热棒结构的降温能力判断，而这种降温能力的具体体现是一定深度处冻融指数的变化。

图7-32所示是根据监测断面和对比断面工程数据绘制的路基基底冻结指数柱状图。表7-31所示是冻结指数的对比数据统计表。

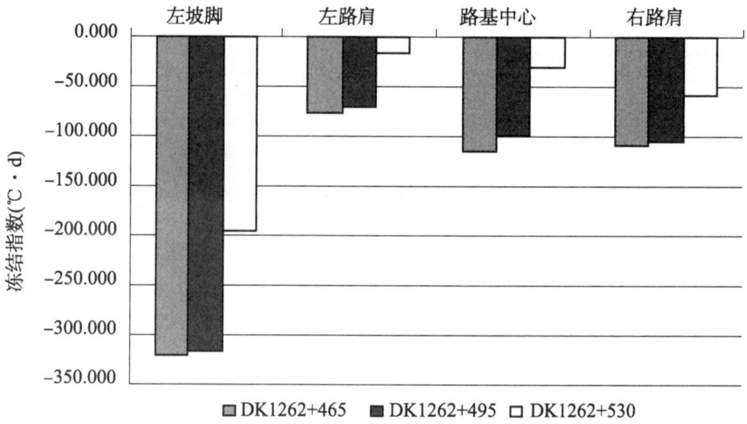

图7-32　热棒路基与对比段路基基底冻结指数柱状图

热棒路基与对比段积温（单位：℃）　　表7-31

断面	路基面下深度	左坡脚	左路肩	路基中心	右路肩	左坡脚
DK1262+465	3m	-258.140	72.801	-27.108	14.774	-257.051
	5m	-321.210	-77.087	-114.359	-108.729	-284.835
DK1262+495	3m	-275.378	58.425	-69.333	-67.981	-255.868
	5m	-317.792	-70.799	-100.038	-105.050	-285.507
DK1262+530	3m	-127.636	68.200	-47.263	-37.589	-165.148
	5m	-195.524	-15.826	-29.449	-57.778	-228.747

观测计算数据表明，热棒路基DK1262+465断面和DK1262+495断面的冻结指数绝对值明显大于对比段DK1262+530断面的冻结指数绝对值。无论热棒埋设位置如何，热棒的功效都是十分明显的，但是由于前述冻土环境条件的差异及由此造成的热棒工作效果的差异，对路基温度场变化影响比较明显，应该充分利用这种差异对路基进行分异化设计，达到理想的工程效果。

以上几个方面的对比分析证明了热棒结构在高温冻土区应用的可行性和长期可靠性的基础。

3）热棒路基保护多年冻土效果

热棒路基的最终工程效果体现在与工程稳定性、平顺性密切相关的多年冻土上限变化以及工程变形上。热棒累积效果表现在多年冻土上限的变化上，上限变化和冻土温度变化影响工程变形的发生和发展。

以往研究和试验观测证明，高温冻土区较低的填土路堤在填土以后 2～3 年时间，基底多年冻土上限有一定抬升，但是由于填土路堤属于被动保温形式的一种工程措施，在其后多年冻土上限不能维持在抬升的位置上，对长期工程稳定性造成很大影响。

热棒路基改善了这种填土路堤的热交换过程，在冷却降温的持续作用下，多年冻土上限得到一定程度抬升，并且可以相对稳定在抬升的位置附近。

图 7-33 中三幅图分别为热棒路基测试断面和对比断面最大季节融化深度变化图。表 7-32 列出了热棒路基和对比段普通路基季节融化深度（自现有表面算起）。

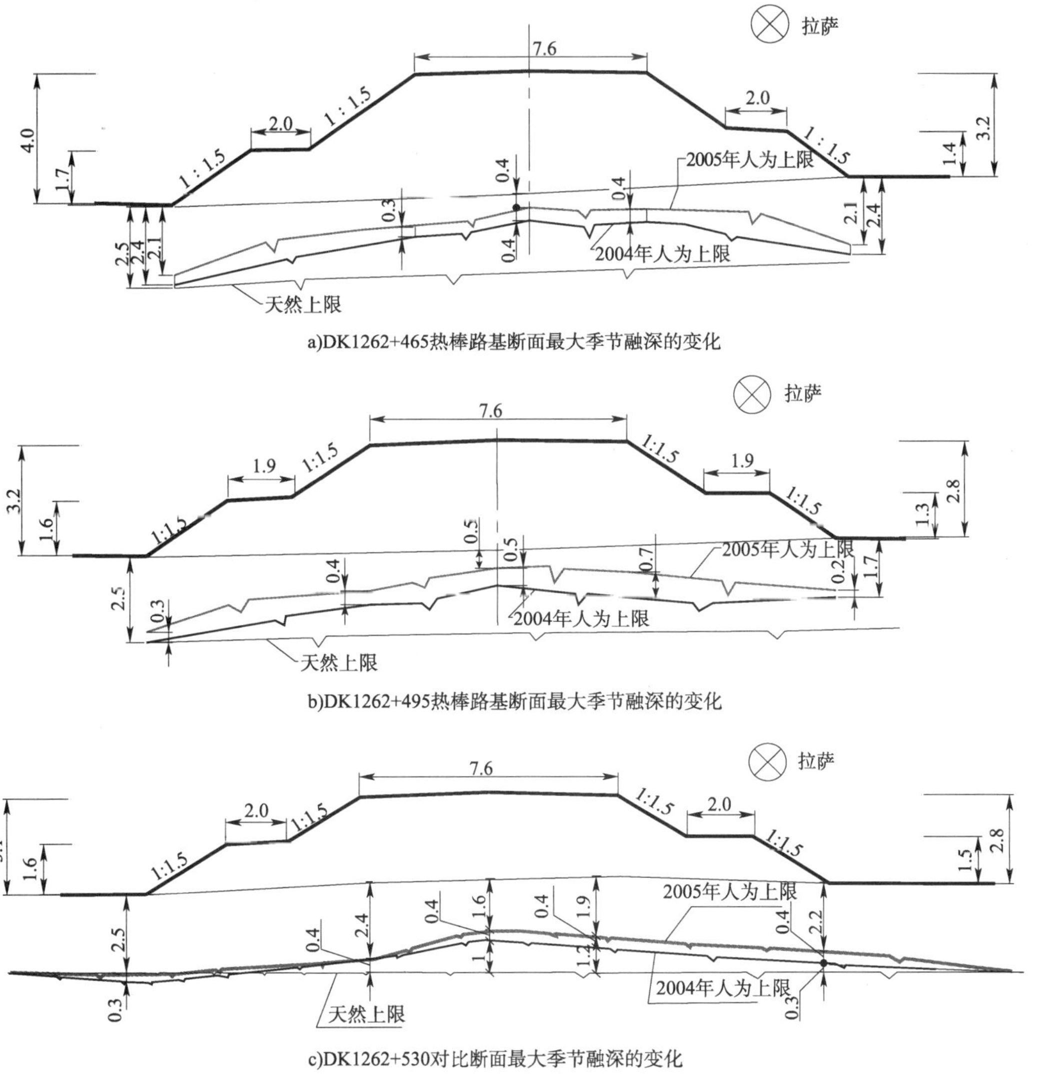

图 7-33　最大季节融深变化图（尺寸单位：m）

热棒路基和普通路基的季节融化深度(单位:m) 表7-32

位置	年份	DK1262 +530	DK1262 +495	DK1262 +465
天然地面孔	2004 年	2.5	—	—
	2005 年	2.5	—	—
	抬升值	0	—	—
左坡脚	2004 年	2.8	2.5	2.4
	2005 年	2.6	2.2	2.1
	抬升值	0.2	0.3	0.3
左路肩	2004 年	5.2	4.6	5
	2005 年	5.2	4.2	4.7
	抬升值	0	0.4	0.3
中心	2004 年	4.7	4.2	4.6
	2005 年	4.3	3.7	4.2
	抬升值	0.4	0.5	0.4
右路肩	2004 年	4.9	4.5	5.3
	2005 年	4.7	4	4.6
	抬升值	0.2	0.5	0.7
左坡脚	2004 年	2.6	1.7	2.4
	2005 年	2.2	1.5	2.1
	抬升值	0.4	0.2	0.3

从总体上看,热棒路基和普通路基季节融化深度2005年比2004年都有所抬升,抬升幅度在0.2~0.7m,且两个热棒断面的抬升幅度都比普通路基大,说明热棒加速了路基降温,这对于路基热稳定性是有利的。

就形态而言,普通路基右侧人为上限埋深比左侧浅,其左右侧的差异比较明显,左侧人为上限相对较陡。相比之下,热棒路基因受坡脚和护道处热棒的冷冻作用,季节融化深度的形态比较平缓,这有助于消除路基横向的不均匀变形。

从地温特征来看,路基左侧偏阳,其最大融化深度大于右侧。热棒的作用消减了左右两侧最大融化深度的幅度,在此基础上,若加强左侧的热棒作用,其效果会更好。

从热棒的热工特性和热棒作用下路基地温场特性来看,热棒的冷冻效果是明显的。热棒蒸发段深度范围内,距热棒径向距离0.3m处地温月均值最大降温幅度为-3.58℃,2.3m处为-0.39℃。

根据本书5.3节的分析,受气温波动的影响,热棒工作状态有连续工作和不连续工作之分。在开心岭地区热棒的连续工作时间为141d,不连续工作时间为46d。

根据降温效果分析计算,对于试验段2.4m、2.8m和3.2m的三种热棒纵向布置间距,成排热棒的传热影响半径在2.5~3.0m之间,且随间距的增大而减小。具体见表7-33。

不同间距不同径向距离的热棒降温效果表(单位:℃)　　表7-33

热棒纵向间距	径向距离					
	0.3m	1.5m	1.6m	2.3m	2.6m	2.9m
3.2m		-1.91		-0.39		
2.8m	-3.58		-2.98		-0.28	-0.15
2.4m		-2.69			-0.71	

试验数据分析可以得出本地区合理的热棒间距为3m。

埋设在左右坡脚和两侧护道的热棒可以有效地减小路基横向地温场的差异,使人为上限形态平顺,有利于减缓路基横向不均匀变形。

4)热棒结构路基改善工程变形效果

热棒路基结构的介入,改善了基底多年冻土生存条件,改变了发生冻融变形的土体厚度,使工程变形能够控制在允许范围内,保证了工程运行的稳定性和平顺性。

监测DK1262+465断面坡脚的变形量[图7-34a)]右侧略大于左侧。在9月初至次年2~3月中旬表现为冻胀,其余时间内表现为融沉。相对于2003年11月,右侧坡脚2003年至2004年4月冻胀量达45mm,融沉量达70mm;同期,左侧坡脚冻胀量达30mm,融沉量达40mm。2004—2005年寒季,坡脚总冻胀量显著小于前一个寒季,右坡脚仅25mm(相对于2004年9月中旬),左坡脚冻胀不明显;融沉变形仍有发生,至2005年9月底,2005年右坡脚的融沉量为52mm,左坡脚的融沉量为32mm。

DK1262+495断面坡脚的变形量[图7-34b)]右侧略大于左侧,这一点和对比断面、片石路基断面和热棒DK1262+465断面的规律相同。在9月初至次年2~3月中旬表现为冻胀,其余时间内表现为融沉。相对于2003年11月初,右侧坡脚2003年至2004年4月冻胀量达62mm,融沉量达90mm;同期,左侧坡脚冻胀量达32mm,融沉量达40mm。2004~2005年寒季,坡脚总冻胀量与前一个寒季基本持平,右坡脚80mm(相对于2004年9月中旬),左坡脚45mm,至2005年9月底,2005年右坡脚的融沉量为70mm,左坡脚的融沉量约25mm。

监测DK1262+465断面路肩下基底和路肩的变形量是非常接近的,在整个测试期间整体表现为融沉,2003年11月至2005年1月,累计下沉量约18mm;2005年2月至2005年10月,下沉量不明显,路肩和路肩基底的变形有减小的趋势,且路基本体未发生明显变形。

DK1262+495断面路肩和路肩下基底变形特点总体表现为融沉。在2004年的暖季,路肩和基底的沉降变形在20mm左右,之后路肩沉降基本与基底同步,下沉量不明显。

总之,热棒路基工程变形有如下特点:

(1)右坡脚变形大,左坡脚变形小。

(2)DK1262+465断面的坡脚变形量小于DK1262+495断面,且前者在2005年寒季的冻胀变形已较小,而后者仍保持在第一个寒季的水平上。

(3)路肩及路肩下基底变形明显优于普通路基,与片石路基相应部位有相近的规律:2004年11月至今,热棒路基基本未发生明显的变形,而普通路基路肩下基底仍然有下沉的趋势。

监测结果和分析表明,热棒路基结构在工程变形上达到设计和工程目的。

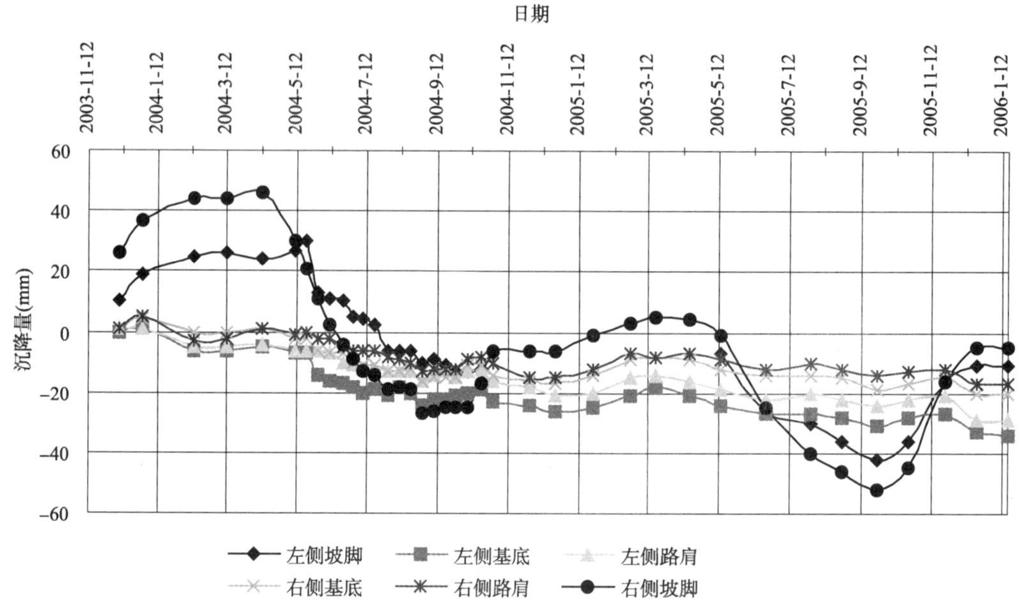

a)DK1262+465热棒路基断面累计沉降量

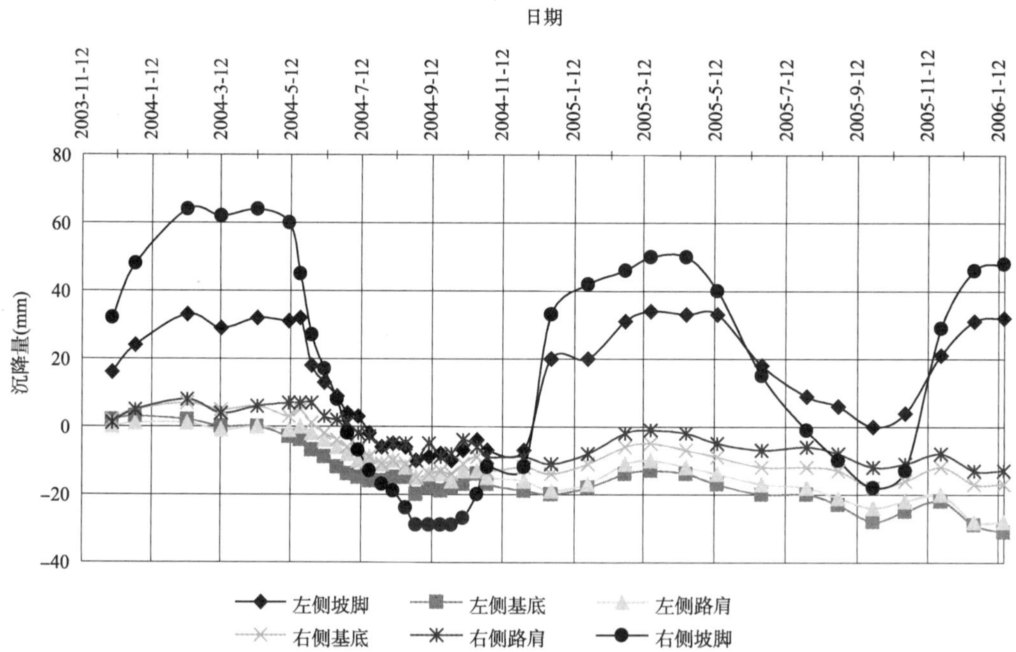

b) DK1262+495热棒路基断面累计沉降量

图7-34 断面累积沉降量

7.3.5 高温冻土区热棒工程

先期进行的高温冻土区开心岭热棒路基工程施工和监测结果分析为高温冻土区广泛应用这种工程措施奠定了技术基础,也为改进热棒参数设计和热棒路基结构参数设计提供了技术依据。

2005年以后青藏铁路高温冻土区进行的热棒路基工程施工见表7-34。

高温冻土区热棒工程地段 表7-34

序号	热棒工程里程	长度(m)	设置情况	热棒规格型号	热棒直径(mm)
1	DK1111 +890 ~ DK1111 +990	100	路肩外1m斜插,单排	路肩外1m斜插,单排	ϕ89
2	DK1119 +890 ~ DK1119 +990	100	侧沟平台中心竖直	侧沟平台中心竖直	ϕ89
3	DK1121 +395 ~ DK1121 +415	20	路肩外1m斜插,单排	路肩外1m斜插,单排	ϕ89
4	DK1122 +370 ~ DK1122 +455	85	路肩外1m斜插,单排	路肩外1m斜插,单排	ϕ89
5	DK1262 +450 ~ DK1262 +510	60	双排	双排	ϕ89
6	DK1262 +450 ~ DK1262 +510	60	双排	双排	ϕ89
7	DK1311 +350 ~ DK1311 +490	140	路肩外1m斜插,单排	路肩外1m斜插,单排	ϕ89

根据冻土区工程长期观测系统的地温和变形监测数据分析,青藏铁路高温冻土区部分填土路基和片石护坡路基工程需要进行补强设计和施工,防止因为地温场变化引起的病害,对于既有线路应对措施以热棒工程措施最为适宜(图7-35即高温冻土区北麓河的热棒补强工程)。在今后冻土区工程病害预警和整治工作中,不同形式的热棒和不同结构形式的热棒工程都是很好的病害预防整治措施。

图7-35 高温冻土区北麓河地段热棒工程

高温冻土区的监测工作将是病害预警整治的主要手段;另外在已经正常工作的热棒路基发现由于寒冻风化作用引起的地面或坡面裂缝,应该及时采取措施进行修补,以防地表水进入,影响热棒冷却地基的效果。

7.4 冻土沼泽地段热棒工程

冻土沼泽湿地段热棒工程是迄今为止我国冻土区规模最大、工程效果最明显的热棒工程,它是以青海省柴木地方铁路建设为背景开展的大规模热棒应用实践。

冻土沼泽地段在青藏高原有两类:一类是地面尚无明显沼泽化,但是冻土层上水十分发育,一旦进行工程活动即造成积水,工程车经常在这些地段发生自重沉陷甚至沉没。唐古拉山垭口附近大片分布着这种冻土层上水发育的地段(图7-36)。

a)

b)

图7-36 唐古拉山区冻土层上水发育地段类似沼泽地

另一类则是地面明显沼泽化,青海省柴木地方铁路经过的多年冻土区域有延长30余公里的这种冻土沼泽化湿地(图7-37)。

a)DK140附近

b)木里盆地

图7-37 柴木地方铁路DK140附近和木里盆地的湿地地貌

以上两类冻土地段有一定区别,唐古拉山区冻土层上水发育地区部分地段设计施工了填土路基热棒工程和片石护坡热棒工程,数量较少,柴木地方铁路冻土沼泽湿地热棒工程共计设置22000多支热棒,分布在30余公里的地段。

冻土湿地的层上水和地表水在保护冻土热稳定性方面起着有益的作用,这是因为水的导热性能低于任何岩石和土层,在一定程度上起到保温作用从而会减缓地面以下冻土的退化进程。但是冻土层上水发育地段和冻土沼泽化地段的填土路基的修筑改变了地表水文地质条件,路堤的保温作用虽然使上限得到局部和轻微的抬升,但是冻土层上水对路基本体具有侧向热侵蚀作用,对多年冻土上限的稳定起到相反作用,这对多年冻土的稳定有潜在的负面影响。

7.4.1 冻土沼泽湿地热棒工程环境

冻土沼泽化湿地地段热棒工程环境特殊性表现在以下几个方面:

(1)区域年平均气温较低。

(2)地表植被发育覆盖度较大。

(3)冻土层上水发育,和地表植被共同形成很好的保温层。

(4)岩性条件以细颗粒土为主。

1）湿地特殊气候环境

区域属大陆性高原气候区，气温低、温差大、日照长、降水少为主要气候特征。年平均气温 -0.3 ~0.5℃，最热月平均气温 10.8 ~ 11.4℃，最冷月平均气温 -13.4 ~ -13.3℃；年平均降水量 341.6 ~379.4mm，年平均蒸发量 1791.4 ~ 1463.9mm；年平均大风日数（≥8 级）47 ~57d，年平均风速 3.2 ~3.4m/s，最高风速（定时）29 ~31m/s，主导风向 WNW、N；最大季节冻土深度采用值 350cm。有关详细气象资料见表 7-35。

铁路沿线典型气象资料汇总表 表 7-35

站台名称及建站时间			刚察气象站 1957 年		天俊气象站 1957 年	
地理位置及海拔高程			N37°20′	3301.5m	N37°18′	3417.1m
代表里程及地点			DK0 +000 ~ DK96 +000		DK96 +000 ~ DK142 +040	
数值及统计年限			数值	统计年限	数值	统计年限
平均气压（mb）			680.8	1974—2004	672.6	1957—2004
气温（℃）	年平均		-0.3	1974—2004	-0.5	1957—2004
	极端	最高	27.5	1974—	28.0	1957—2004
		最低	-31.4	1974—	-35.8	1957—2004
	最热月平均		11.4	1974—2004	10.8	1957—2004
	最冷月平均		-13.3	1974—2004	-13.4	1957—2004
	最大月平均日较差		13.5	1974—2004	24.7	1957—2004
湿度	绝对（mb）	年平均	4.2	1974—2004	3.9	1957—2004
		最大	15.6	1974—	14.8	1957—2004
		最小	0	1974—2004	0	1957—2004
	相对（%）	平均	5.5	1974—2004	5.2	1957—2004
		最小	0	1974—2004	0	1957—2004
降水量（mm）	年平均		379.4	1974—2004	341.6	1957—2004
	年最大		515.8	1974—	453.2	1957—2004
	年最小		260.1	1974—	211.6	1957—2004
	月最大		146.5	1974—	113.9	1957—2004
	日最大		44.8	1974—2004	60.9	1957—2004
	一次最大及延续时间					1957—2004
	年平均降水日数		104	1974—2004	120	1957—2004
蒸发量（mm）	年平均		1463.9	1974—2004	1791.4	1957—2004
	年最大		1575.5	1974—	2012.4	1957—2004
风	平均风速（m/s）及主导风向		3.41/N	1974—2004	3.2/WNW	1957—2004
	各季平均风速（m/s）及主导风向	春	3.7/NNW	1974—2004	3.6/WSW	1957—2004
		夏	3.7/NNW	1974—2004	3.0/ESE	1957—2004
		秋	3.2/N	1974—2004	2.7/ESE	1957—2004
		冬	3.1/NNW	1974—2004	3.5/ WNW	1957—2004

续上表

站台名称及建站时间			刚察气象站　1957 年		天俊气象站　1957 年	
风	年平均大风日数(≥8)		47	1974—2004	57	1957—2004
	最大风速(m/s)及其风向	定	21.7/NW	1974—2004	24.0/ WNW	1957—2004
		瞬	29/ WNW	1974—2004	31.0/NW	1957—2004
雪冻(cm)	降雪初/终期		7.30/7.8	1974—2004	9.1/7.16	1957—2004
	最大积雪厚度		13	1974—2004	21	1957—
	最大冻土深度		283	1974—	299	1957—
其他(d)	平均雾天日数		0	1974—2004	76.5	1957—2004
	平均雷天日数		52	1974—2004	40.9	1957—2004
土壤最大冻结深度(cm)采用			350			

注:表中 mb 是气压单位,1000mb = 1 个大气压。

表 7-36 所示冻土区气象资料表明:年平均气温为 -5.3℃,与青藏铁路低温稳定冻土区昆仑山区的年平均气温类似,也和冻土层上水发育的唐古拉山区年平均气温接近;但是其他环境条件的差异使该冻土沼泽地区的多年冻土在热惰性和热敏感性方面有自己的特征,因而热棒结构的效果及其影响因素也有该地区的特点。

热棒工程冻土区典型气象站气温资料 表 7-36

统计年限	年平均气温(℃)	最高气温(℃)	最低气温(℃)	最热月平均(℃)	最冷月平均(℃)	气温振幅(℃)	负温/正温天数(d)
2008	-5.8	7.19	-18.79	7.13	-18.68	12.99	211/155
2009	-4.99	7.18	-18.78	7.13	-18.68	11.79	210/155
平均	-5.3	7.19	-18.79	7.13	-18.68	12.39	210/155

2)湿地环境和冻土特征

冻土沼泽化湿地热棒路基工程以柴木铁路最具典型和代表性。柴木地方铁路沼泽化湿地热棒路基工程地段位于祁连山区的多年冻土南界附近,铁路呈近东西走向,沿线地形、地貌、海拔高度显著不同,热棒工程环境复杂多变。

柴达尔—木里地方铁路区域内冻土湿地分为高寒草甸、高寒草原和沼泽化湿地生态系统三种类型。三类湿地与地貌特征结合成为三种形态:

(1)斜坡湿地。

斜坡湿地一般分布在大通山一些山前缓坡地段,属于高寒草甸生态系统,多分布在山地阴坡、河谷阶地,呈片状分布,植被覆盖度比较大。

这类地段一般是以细颗粒土为主(个别地段粗细颗粒土混杂),多年冻土上限埋深较浅,是较好的隔水顶板,另外多年冻土温度相对较低,上限附近含冰量较大。

(2)缓坡湿地。

缓坡湿地一般分布在低山丘陵和大通河河谷阶地上,属于高寒草原生态系统,多呈片状,植被覆盖度较低。

缓坡湿地地段为细颗粒土时，多年冻土上限埋深较浅，且是很好的隔水顶板，多年冻土温度相对较低，上限附近含冰量较大。

缓坡湿地为粗颗粒土时，多年冻土上限埋深较深，多年冻土温度相对较高，上限附近含冰量也比较大。

（3）平缓湿地。

平缓湿地多分布在大通山坡麓山裙、大通河滩地等积水谷地和排水洼地。

部分细颗粒土地段属于沼泽化湿地生态系统，多呈条带状或斑块状，常有热融湖塘以及冻胀草丘，植被密集。

部分粗颗粒土地段类似于前述缓坡湿地。

3）湿地冻土特征

柴木地方铁路的多年冻土特征主要受区域环境气候、区域地形地貌特征影响，有以下几个方面特点：

（1）湿地型多年冻土占主导优势。从东到西，虽然沿线高程变化达到 400m 以上，但是无论在高海拔的木里盆地还是海拔较低的大通山南麓，多年冻土都主要分布在冻土沼泽地，在地表较为干燥、植被较差的地区，多年冻土基本没有分布。

（2）高含冰量多年冻土发育地带通常出现于山前缓坡、高阶地地貌带，并且随着距离陡坡坡脚距离的增大，含冰量有下降的趋势。

（3）高含冰量多年冻土的分布不具有坡向性，在阳坡、阴坡均有高含冰量多年冻土分布。

（4）沿着里程增大的方向，从柴达尔、江仓到木里盆地，多年冻土地温随着海拔的增加而不断下降，从极不稳定高温多年冻土（ > -0.5℃）逐步过渡到低温基本稳定多年冻土（ < -1.0℃）。

（5）多年冻土的地温变化具有明显的坡向性和湿度地带性，阳坡地温高于阴坡地温，潮湿地表条件小的冻土温度低于较干燥和干燥条件下的冻土地温。

（6）铁路沿线多年冻土在平面上呈岛状分布，但是沿着铁路线具有带状分布特征。

冻土沼泽湿地主要发育在山前缓坡地段，如 K26 ~ K55——大通山北麓富冰饱冰冻土段（29km），地形多呈南高北低的缓坡，多年冻土与湿地共生，中间被诸多大通河流域小支流横向切割呈现河流融区，并且出现较多地下暗河融区，多年冻土以富冰、饱冰冻土为主。

表 7-37 所示是柴木地方铁路测温孔出露冻土分布统计，图 7-38 所示是冻土厚度分布形象图。

柴达尔 - 木里段地方铁路测温孔出露冻土分布统计　　表 7-37

断面位置	冻土上限（m）	冻土类型	冻土厚度（m）	冻土存在的地层岩性
DK39 + 800	0.5	多、富、饱冰	2.1 ~ 3.1	腐殖土，粉土
DK40 + 000	0.5 ~ 1.5	富、饱冰	2.9 ~ 5.4	腐殖土，粉土
DK74 + 000	0.5 ~ 1.6	少、多、富冰	2.8 ~ 6.7	细砂
DK74 + 500	4.9 ~ 5.6	多冰	0.2 ~ 0.6	细砂
DK75 + 000	3.3 ~ 4.2	少冰	4.0 ~ 4.6	细砂，亚砂土
DK94 + 340	2.1 ~ 3.0	多、富、饱冰	0.3 ~ 3.0	卵石土，亚砂土，细砂
DK94 + 660	1.6 ~ 3.3	富、饱冰	0.3 ~ 1.8	亚砂土

续上表

断面位置	冻土上限（m）	冻土类型	冻土厚度（m）	冻土存在的地层岩性
DK94 +900	1.3 ~ 2.3	少、富、饱、含土冰层	0.5 ~ 1.7	亚砂土，卵石土
DK99 +100	2.0 ~ 2.8	少、多冰、含土冰层	0.2 ~ 3.1	腐殖土，卵石土，风化砂岩，亚黏土
DK99 +200	1.3 ~ 2.6	少、多、富、饱、含土冰层	2.3 ~ 5.2	风化泥岩，亚砂土，亚黏土
DK99 +355	1.5 ~ 1.8	多、富、饱、含土冰层	2.3 ~ 4.3	亚黏土，亚砂土，风化泥岩
DK114 +730	0.6 ~ 1.7	多、富、饱冰	3.2 ~ 9.5	腐殖土，亚砂土，卵石土，细砂
DK114 +800	0.5 ~ 1.2	多、富、饱、含土冰层	2.5 ~ 10.4	腐殖土，亚砂土，卵石土
DK123 +150	0.9 ~ 2.3	富、饱冰	1.6 ~ 3.0	腐殖土，亚砂土
DK123 +250	1.3 ~ 2.6	多、富冰	0.2 ~ 1.3	亚砂土，细砂

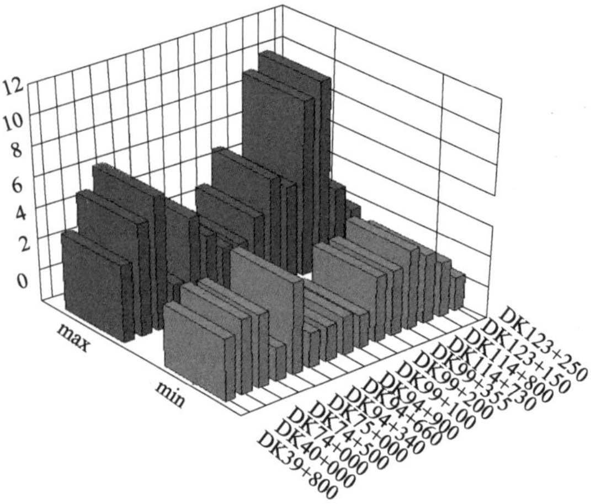

图 7-38　冻土地段厚度分布形象图

冻土沼泽湿地地段分布的多年冻土厚度不均匀且非常薄，之所以能够生存主要是由于地表植被和冻土层上水结合形成天然的保温层，以及保温性能较好的细颗粒土，湿地气候环境寒冷，气温冻结能力较强。但是考虑未来气温升高趋势对中纬度偏高海拔高度较低的冻土区的影响，湿地冻土热稳定性较差，仅靠填土路基和一般工程措施难以保证多年冻土的热稳定性，也难以保证路基稳定，而填土路堤受线路纵坡限制多为低路堤，因而热棒路基的各种结构形式将成为保护多年冻土，保证工程稳定性的首选。

4）热棒散热导冷能量条件

冻土沼泽湿地热棒工程的特殊性需要依据准确的气候资料作为设计依据。热棒工程设计前在冻土区建立自动气象站，为设计和施工提供了基础气候资料。

（1）区域冻结能力

通过对 2008—2009 年连续两个周期的气温观测资料进行分析计算，得到适宜热棒工作的气温冻结特征参数。

根据实测资料绘制气温变化曲线图，利用软件进行拟合，并绘出拟合曲线，如图 7-39 所示。

由图可得 2008 年温度振幅为 12.99℃，平均气温为 -5.80℃；2009 年温度振幅为 11.79℃，平均气温为 -4.99℃。利用软件对各年气温进行拟合得到气温变化方程如下。

2008 年气温变化方程：

$$T = -5.80 + 12.99 \times \sin[(2\pi \times (\mathrm{I} + 2160)/8640)]$$

2009 年气温变化方程：

$$T = -4.99 + 11.79 \times \sin[(2\pi \times (\mathrm{I} + 2160)/8640)]$$

如上所述，每年度一个冻融循环周期的冻结指数是指负温与其持续时间的乘积。根据图 7-39 和公式可计算得到以“℃ · d”为计算单位的冻结指数和融化指数。

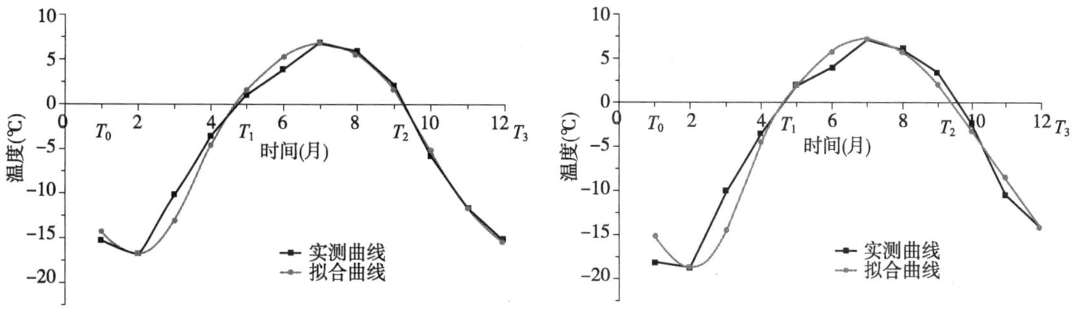

a)2008年　　b)2009年

图7-39　柴木地方铁路冻土区气温变化曲线及拟合曲线

2008 年冻结指数：

$$h=\int_{T_0}^{T_1}\{-5.80+12.99\times\sin[2\pi\times(t+90)/360]\}\times \mathrm{d}t+\int_{T_2}^{T_3}\{-5.80+12.99\times\sin[2\pi\times(t+90)/360]\}\times \mathrm{d}t=-2136.2(℃\cdot \mathrm{d})$$

2009 年冻结指数：

$$h=\int_{T_0}^{T_1}\{-4.99+11.79\times\sin[2\pi\times(t+90)/360]\}\times \mathrm{d}t+\int_{T_2}^{T_3}\{-4.99+11.79\times\sin(2\pi\times(t+90)/360]\}\times \mathrm{d}t=-2016.6(℃\cdot \mathrm{d})$$

2008 年融化指数：

$$h=\int_{T_1}^{T_2}\{-5.80+12.99\times\sin[2\pi\times(t+90)/360]\}\times \mathrm{d}t=1238.4(℃\cdot \mathrm{d})$$

2009 年融化指数：

$$h=\int_{T_1}^{T_2}\{-4.99+11.79\times\sin[2\pi\times(t+90)/360]\}\times \mathrm{d}t=1032.9(℃\cdot \mathrm{d})$$

按同样的计算方法可得出以“℃ · h”为单位的一个冻融循环过程的冻结指数和融化指数：

2008 年冻结指数：

$$h=\int_{T_0}^{T_1}\{-5.80+12.99\times\sin[2\pi\times(t+2160)/8640]\}\times \mathrm{d}t+\int_{T_2}^{T_3}\{-5.80+12.99\times\sin[2\pi\times(t+2160)/8640]\}\times \mathrm{d}t=-51268.8(℃\cdot \mathrm{h})$$

2009 年冻结指数：

$$h=\int_{T_0}^{T_1}\{-4.99+11.79\times\sin[2\pi\times(t+2160)/8640]\}\times \mathrm{d}t+\int_{T_2}^{T_3}\{-4.99+11.79\times\sin[2\pi\times(t+2160)/8640]\}\times \mathrm{d}t=-48398.4(℃\cdot \mathrm{h})$$

2008 年融化指数：

$$h=\int_{T_1}^{T_2}\{-5.80+12.99\times\sin[2\pi\times(t+2160)/8640]\}\times \mathrm{d}t=29721.6(℃\cdot \mathrm{h})$$

2009 年融化指数：

$$h=\int_{T_1}^{T_2}\{-4.99+11.79\times\sin[2\pi\times(t+2160)/8640]\}\times dt=24789.6(℃\cdot h)$$

由表 7-38 可知，柴木冻土区过余冻结指数（积温差）Ω_G 为 −941℃·d，它表征该区气候潜在冻结能力仅仅与青藏铁路冻土区南界附近安多近似，因此尽管该地区年平均气温达到青藏铁路低温稳定冻土区昆仑山区的水平，但是多年冻土类型大多数却是以高温不稳定多年冻土为主。

青藏铁路主要气象台站和柴木冻土区气象站冻结、融化指数比较表 表 7-38

站名	海拔 (m)	年平均气温 (℃)	年平均冻结指数 Ω^- (℃·d)	年平均融化指数 Ω^+ (℃·d)	过余冻结指数 Ω_G (℃·d)	冻结数 F	变化趋势
格尔木（46 年）	2808	5.3	−923	2733	1810	0.34	Ω^- 减少、Ω^+ 增加
五道梁（46 年）	4612	−5.4	−2489	507	−1982	4.9	Ω^- 减少、Ω^+ 增加
风火山（30 年）	4745	−6.0	−2601	424	−2176	6.1	Ω^- 减少、Ω^+ 增加
沱沱河（46 年）	4533	−4.2	−2295	780	−1515	2.9	Ω^- 变化不大、Ω^+ 略有增加
土门	4950	−5.2	−2406	529	−1877	4.5	
安多（37 年）	4200	−2.8	−1906	885	−1021	2.2	Ω_G 减少
那曲（46 年）	4507	−1.2	−1670	1140	−530	1.5	Ω_G 减少
柴木冻土区	3400	−5.3	−2076	1135	−941	1.84	

从柴木冻土区冻结数 F，即气温冻结指数与融化指数的比值看，作为表征气候冻结能力的指标，F 值也和青藏铁路冻土区南界相似。

青藏高原大片连续多年冻土区多年统计的年平均冻结指数均大于 1900℃·d，年融化指数均小于 900℃·d，有较强的过余冻结能力；大片连续多年冻土区的冻结数均在 2.0 以上，即冻结指数为融化指数的两倍以上。其中以风火山地区的 6.1 倍为最大，安多的 2.2 倍为最小；柴木冻土区在这些气候冻结特征值上与青藏铁路冻土区南界类似。

表 7-39 和表 7-40 是青藏铁路典型冻土地段和柴木地方铁路冻土区的气温指标的对比数据。

青海省柴达尔—木里地区气温指标一览表 表 7-39

年　度	冻结指数	融化指数	过余冻结指数	冻结数 F
2008	−2136.2℃·d	1238.4℃·d	−897.8℃·d	1.72
	−51268.8℃·h	29721.6℃·h	−21547.2℃·h	
2009	−2016.6℃·d	1032.9℃·d	−983.7℃·d	1.95
	−48398.4℃·h	24789.6℃·h	−23608.8℃·h	
平均	−2076.4℃·d	1135.7℃·d	−940.8℃·d	1.84
	−49833.6℃·h	27255.6℃·h	−22577.5℃·h	

柴达尔—木里地区与青藏铁路部分地区年平均气温、冻结数比较　　表7-40

地区	柴木地区	五道梁	风火山	沱沱河	安多	那曲
年平均气温	-5.3	-5.4	-6.0	-4.2	-2.8	-1.2
冻结数 F	1.84	4.9	6.1	2.9	2.2	1.5

依据得到的地温及气温统计分析结果显示，柴木铁路冻土区环境气温条件有利于热棒发挥冷却作用。区域年平均气温-5.3℃，气温冻结指数一般在2076.4℃·d(或49833.6℃·h)，冻土年平均地温和不同深度土体地温在寒冷季节都高于环境气温，有利于热棒启动工作和冷凝段的散热功能发挥。

区域冻结能力对热棒的散热导冷影响主要体现在全年导冷效果的累积上。一般情况下，寒季环境气温低于冻土地温热棒启动散热导冷过程；而暖季环境气温高于冻土地温，这时散热导冷过程停止，但外界热量不会逆向传输。区域冻结能力越强，热棒的散热导冷过程越强烈，散热导冷量的累积越大，降低冻土层温度的效果越好。

(2)柴木铁路冻土区气温变化及影响

区域冻结特征对热棒散热导冷效果的影响是从能量平衡和热量传输角度进行分析的。年度气温变化分析将从热棒启动工作的条件角度出发，研究气温年变化、气温日变化、旬变化和月变化对热棒启动条件的影响。

当环境温度低于热棒蒸发端地层温度时(严格讲，只要低0.2℃，热棒即可启动散热导冷过程)，热棒开始工作。由于柴木地方铁路气候日变化的特殊性，即便在暖季夜间或凌晨也存在负温环境，也可以使热棒启动工作，只不过可以忽略不计罢了。我们更多是研究热棒全年连续启动工作的时间的变化。

表7-41是柴木冻土区气象站观测的2008—2009年旬平均气温值。

2008年旬平均气温(单位:℃)　　表7-41a)

月份	上旬平均气温	中旬平均气温	下旬平均气温
1月	-14.52	-17.5632	-22.2687
2月	-21.136	-19.331	-15.5659
3月	-12.1755	-8.0126	-10.1068
4月	-5.54127	-2.90534	-2.32948
5月	1.041777	2.407425	2.157169
6月	3.996947	3.294318	4.424887
7月	6.935324	6.035929	8.484186
8月	7.232269	6.22456	4.798542
9月	2.592453	3.646814	3.897396
10月	-0.03	-1.43585	-5.18278
11月	-7.87631	-9.75583	-13.4755
12月	-13.4569	-13.4791	-15.7605

2009年旬平均气温(单位:℃) 表7-41b)

月份	上旬平均气温	中旬平均气温	下旬平均气温
1月	-21.3913	-17.5632	-22.2687
2月	-21.136	-19.331	-15.5659
3月	-12.1755	-8.0126	-10.1068
4月	-5.54127	-2.90534	-2.32948
5月	1.041777	2.407425	2.157169
6月	3.996947	3.294318	4.424887
7月	6.935324	6.035929	8.484186
8月	7.232269	6.22456	4.798542
9月	2.592453	3.646814	3.897396
10月	-0.03	-1.43585	-5.64651
11月	-6.95	-14.8771	-12.5813
12月	-14.3688	-15.4771	-16.3674

各旬气温变化数值说明,柴木冻土区负温连续出现的区间在每年9月下旬到次年5月上旬,这也就是热棒启动散热导冷过程的时间段。

区域冻结能力是应用热棒散热导冷的能量转换基础条件。寒季环境温度与冻土地温的温差是热棒启动的首要条件,区域冻结指数显示热棒输导的冷源强度和可累积度,是热棒散热导冷过程启动后持续的能量转换基础。柴木地方铁路冻土区年平均气温-5.3℃,多年冻土年平均地温为0~2.0℃,与青藏铁路低温冻土区(五道梁)相近,年平均冻结指数与高温冻土区(沱沱河)接近,为2076.4℃·d(或49833.6℃·h);年融化指数为1135.7℃·d(或27255.6℃·h),多年冻土区的冻结数是1.84,即冻结指数接近融化指数的两倍,热棒传热温差接近风火山地区,区域过余冻结能力强,具有热棒应用的能量转换基础条件。

7.4.2 冻土沼泽湿地路基工程设计思想

冻土沼泽湿地一般分布在大片连续多年冻土的边缘地段,柴木地方铁路冻土沼泽地段位于祁连山南麓大通河流域,设置气象站的区域年平均气温虽然较低,但是从整条线路经过地区气温环境及其发展趋势看,并不利于多年冻土的发育,气温环境对多年冻土的影响是负面的。仅仅由于局地气候和地形地貌及冻土沼泽湿地的影响,部分地段发育着低温基本稳定型多年冻土。

冻土沼泽湿地路基的设计思想是"冷却地基"思想主导,以热棒路基结构为主,充分利用植被(草皮)易再生特点,采用草皮保温和热棒冷却的复合路基结构作为辅助工程措施,路基坡脚热棒防止湿地水热侵蚀。

冻土湿地水文地质条件对路基的热影响主要通过地表水和层上水的径流、层流和紊流进行,但是一般湿地形成和存在条件一是有稳定的隔水顶板,二是有含水层稳定的赋水条件,柴木铁路冻土湿地正是具备这两点,湿地才得以发育和稳定存在。尤其是由于赋水条件(季节融化层细颗粒土发育)良好,在一般坡度条件阻止和减弱了层流和径流的发生,所以在考虑输送水分的工程措施时，应该充分考虑这一点，慎用一些横向截水措施，重点考虑纵向排水措施。

湿地路基设计必须满足三条：

第一，湿地路基基底地基土体具有足够的强度，使路基本身作为一个整体不至于沿基底薄弱界面发生滑移。

第二，发生在路基自身填土和基底以下土体的冻胀融沉变形，能够保证轨道的平顺性，保证列车平稳运行。

第三，防止暖季湿地的地表水和冻土层上水对路基基底多年冻土的侧向热侵蚀，以免基底多年冻土上限下移。

路基施工以后多年冻土上限位置变化有四种可能（图7-40），因此冻土区湿地路基整体稳定性（滑移可能性）判断也相应地有四种条件，即：

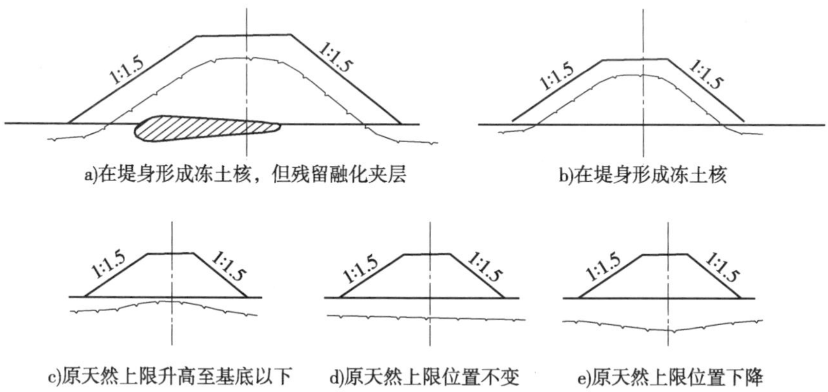

图7-40　冻土湿地路基基底多年冻土上限位置变化

（1）多年冻土上限下降，最大融化季节冻融界面下移；而且由于上限附近含冰量大，导致冻融界面附近含水量大，形成软弱带，可能按照瑞典圆弧法滑动。这是最危险的情况。

（2）多年冻土上限基本没有变化，软弱带仍然在多年冻土上限附近，滑动面近似瑞典圆弧，但是上限以下多年冻土成为滑动底限。

（3）多年冻土上限上升，但是仍然在天然地面以下，上限形态为沿路基中心不对称形态，由于路基边坡坡向不同，上限深度不同，沿较深的阳坡面滑动的可能性较大。

（4）多年冻土上升到天然地面以上，路基本体以内，通过调整路基边坡坡度设计可以避免滑动发生，对于采用特殊路基结构（片石气冷路基）的路基，这种滑动基本不会发生。

根据以上分析可知，从保证整体稳定和减少变形的目的出发，冻土湿地热棒路基预计达到设计目的需要满足图7-40中b）、c）、d）的形态，并且能够达到：

（1）冷却地基土体减少软弱土层厚度。

采用热棒路基结构使路基基底多年冻土上限抬升，使原来最薄弱的地基土体即多年冻土上限以上的饱和细颗粒土层处于冻结状态，成为良好的路基地基。

（2）稳定坡脚和防止侧向水热侵蚀。

采用保温护道结构抵御路基周围水的侧向热侵蚀。

路堤两侧修建保温护道（片石护道或黏质土护道），必要时修建排水沟。

护道+埋设热棒(坡脚和护道与路基边坡交界的坡脚),既稳定坡脚多年冻土上限位置,又减少了软弱土层厚度。

7.4.3 冻土湿地热棒路基结构和参数

冻土湿地分布地段的地带性特点和冻土环境及工程地质条件,尤其是冻土层上水的存在对冻土的发育影响的特征有别于青藏高原大片连续分布的多年冻土区。柴木地方铁路冻土湿地作为目前铁路、公路工程通过的最典型、最大片分布的冻土湿地,具有年平均气温中低,冻土地温多介于低温高温交错分布,冻土厚度极薄,周围地区多为季节冻土区的特征,因此需要特别注意冻土热稳定性问题。

区域环境条件和路基高度偏低使冻土湿地区应用片石气冷路基结构受到一定限制,因此大部分湿地路基采用热棒结构。

1)热棒参数

热棒自身结构参数吸收青藏铁路经验,优化各参数设计,热棒应用技术条件和自然条件见表7-42。

柴木地方铁路冻土区热棒应用技术条件 表7-42

柴木地方铁路冻土区热棒应用自然条件	
柴木地方铁路区域年平均气温(℃)	-5.3
最热日平均气温(℃)	7.19
最冷日平均气温(℃)	-16.7
冬季平均天数(℃)	258
极端最低气温(℃)	-37.7
年平均≥8级大风天数(d)	130
年风速范围(m/s)	3~6.5
冻土性质	粗颗粒土
冻土导热系数(W/m·K)	$\lambda=1.1$
冻土热容(kJ/kg·K)	$C_n=1$
冻土密度(kg/m^3)	$e=1500$
热扩散系数(m^2/h)	$a=0.002$
地层3~9m温度(℃)	-2~0
低温热棒自身应用技术条件	
管壳承压能力(MPa)	$P>7.5$
管壳的化学处理	参照水—碳钢热棒要求严格进行成膜处理,确保管内寿命大于30年;处理工艺:表面机械除锈→管内除油脱脂→化学除氧化皮→中和→一次钝化→二次钝化→脱水干燥
热棒热力性能	
热棒工作温度范围(℃)	-35~50
热棒启动温度(℃)	-35

续上表

柴木地方铁路冻土区热棒应用自然条件		
热棒耐低温(℃)		-45
热棒最小传热温差(℃)		0.5~1
启动性能		恒温水浴15℃(高于环境温度5℃)冷端中心测温管顶端100mm处10s内升温>2℃
等温性能		加热长度$L/3$,恒温水浴15℃,环境温度<10℃,加热60s,全冷段$\Delta T<2$℃,内中心管全长$\Delta T<1$℃
轴向(W)	声速限	Qsmax>1600
	携带限	Qxmax>5800
	沸腾限	Qpmax>800
冻土层及上部温度变化(℃)		-2→-16
冷热散热能力(W)		Q散=600~3000
蒸发段吸热能力(W)		Q吸=20~200
热棒周边冻土降温(℃)		-160→-2
热棒周边影响半径(m)		$\gamma\approx2$
热棒寿命(年)		$l_f\geqslant30$

热棒总长度由12m缩短为7m,地上1.5m,地下蒸发段5.5m;热棒直径89mm,翅片厚度不小于1.9mm。

2)热棒路基结构

通过前面章节对热棒路基设计上需要解决的埋设位置、纵向和横向埋设间距对地温场影响的研究和试验结论,柴木地方铁路冻土湿地热棒路基设计思想是:

(1)冻土区路基设计最终目的首先是使路基基底多年冻土上限抬升并相对稳定,使发生冻融变形的路基土体厚度减小从而减少变形总量;其次是采取包括热棒在内的相应的特殊工程结构和工程措施,减少多年冻土上限形态的不对称性,在冻融过程的不同时间使土体冻融界面即时形态平缓,减小路基横断面上的差异变形,降低产生裂缝的张拉应力;最后是降低土体温度有利于冻土热稳定性,同时土体温度较差减小,降低再生裂缝发生。

(2)热棒对路基土体冻融过程和结果的影响,表现在通过冷却作用影响发生冻融过程的土体厚度和土体的温度。根据以上设计思想和工程目的以及如前所述的热棒路基设计参数研究,结合冻土沼泽地段环境、冻土和工程条件,确定采用的热棒路基结构形式。

为此确定以下冻土沼泽湿地地区热棒路基结构形式:

①片石护坡+坡脚热棒。

②片石路基+坡脚、护道坡脚热棒。

③土护道+坡脚、护道坡脚热棒。

④草皮护坡+热棒。

热棒路基设计参数:

(1)热棒的纵向布置间距一般为3.0m。阴阳坡差异较大地段,阳坡采用双排热棒,可在路基坡脚和路基平台设置;阴坡采用单排热棒,可在坡脚或路基平台处设置。

(2)热棒蒸发段的埋设位置需要根据工程目的和冻土上限位置确定,一般应该埋设在多年冻土上限以下，多年冻土年变化深度的上部，该处地温变化滞后于气温变化而呈同样的规律；冻土湿地某些冻结层上水发育地段，为减少冻胀发生，可以适当抬升热棒蒸发段埋设深度于季节融化深度范围内。

热棒在路基上的埋设位置可以归结为三类：

(1)路肩热棒：是以增加地基土体冷量储存，抬高路肩部位基底多年冻土上限为目的。

(2)坡脚热棒：是以增加地基土体冷量储存，抬高坡脚部位基底多年冻土上限为目的。

(3)坡脚斜插热棒：是以增加地基土体冷量储存，抬高坡脚和路肩部位基底多年冻土上限为目的。

柴木地方铁路的路基高度较低，多年冻土上限埋深较浅，冻土厚度较小，采用的热棒以7m长为主，因此没有采用斜插热棒。

7.4.4 监测断面设计

柴木铁路基本呈东西纵向，阴阳坡差异显著，根据在青藏线(青藏铁路和青藏公路)的观测经验，在阴阳坡差异显著的路段，最大融化深度或人为上限形态的几何中心往往位于阴坡路基处。基于此，柴木铁路的热棒路基地温监测包括天然孔、两侧坡脚孔和路肩孔、坡面温度监测。

图7-41是热棒工程监测断面和对比断面观测剖面图，表7-43是柴木铁路冻土路基工程断面和检测布置表。

柴木铁路冻土路基工程断面和检测布置表 表7-43

区域	断面里程	地形	地貌	工程措施
大通山北麓	DK40+000	斜坡湿地	植被盖度>90%	b,g,h
	DK40+700	斜坡湿地	植被盖度>90%	b,g,h
	DK40+400	斜坡湿地	植被盖度>90%	b,g,h
大通河北岸	DK74+000	斜坡湿地	植被盖度>90%	b,g,h
	DK74+500	斜坡湿地	植被盖度>90%	a,e,g
	DK75+000	斜坡湿地	植被盖度>90%	d
徐蜘格曲北岸	DK94+400	斜坡湿地	植被盖度>90%	d
	DK94+700	斜坡湿地	植被盖度>90%	c,e,g
	DK95+000	斜坡湿地	植被盖度>90%	b,g,h
塞诺合让高台地	DK115+000	斜坡湿地	植被盖度>90%	a,b,c,g
	DK116+400	斜坡湿地	植被盖度>90%	b,c,g
	DK116+500	斜坡湿地	植被盖度>90%	b,c,g,h
多索曲北岸	DK123+900	斜坡湿地	植被盖度>90%	b,c,g,h
	DK124+000	斜坡湿地	植被盖度>90%	b,c,g
	DK124+200	斜坡湿地	植被盖度>90%	a,b,c,g

注：a-热棒；b-基底设倾填片石层；c-抛填片石挤淤；d-基底挖除软弱土层或冻胀性较强的土层，换填透水土至地面以上1.0m左右；e-基底设置一层渗水土，顶部铺设一层土工膜，中部铺设一层双向土工隔栅；f-全断面填渗水土，渗水土中部铺设一层双向土工隔栅；g-阴阳坡两侧均设置2.0m宽的护道；h-路基面以下一定范围内铺设双向塑料土工隔栅，一般每0.9m铺设一层。

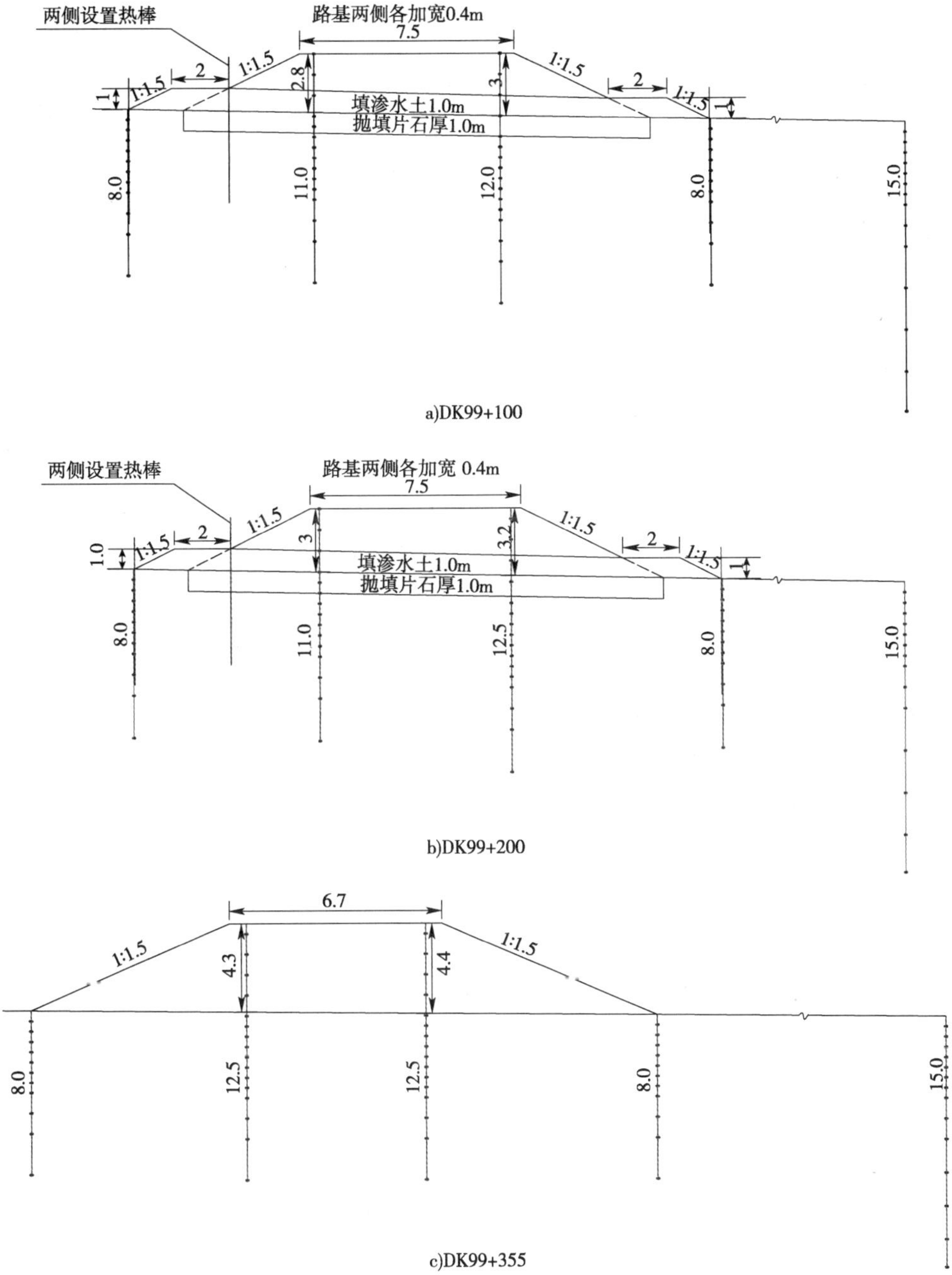

a)DK99+100

b)DK99+200

c)DK99+355

图 7-41　热带工程监测断面和对比断面观测剖面图(尺寸单位:m)

1)地温观测

天然地面、坡脚、路肩、中心探孔、边坡中心:测温孔 + 热敏电阻 + 测量仪器。天然测温孔:在试验段不受路基影响的天然地面处,路堤坡脚外侧 20m,分别布置深 16m 的测温孔,测温孔内的热敏电阻传感器按 0.5m 间隔等距离布置。

每一种试验设 1 个天然测温孔。

路堤测温孔位置:在每个监测断面的左路堤坡脚(或护道坡顶)、左路堤坡中(或坡脚)、左路肩、路堤中心、右路肩、右路堤坡中(或坡脚)、右路堤坡脚(或护道坡顶)等7个位置布置测温孔观测点进行地温观测。抛碎石护坡、热棒和遮阳板路基根据其特殊性可适当增设一些特殊断面。路堤测温孔深度:每个测温孔深入原地面以下2~3倍以上的冻土天然上限。

路堤测温孔内传感器布置:热敏电阻传感器在原天然上限下1m以上按0.5m间隔等距离布置;以下按1m间隔等距离布置。

2)变形观测

路肩:监测点(地表)+基准桩+电子数字水准仪。

热棒路基地温场观测内容从本质上与天然条件下一致,只不过它的表面性状与天然地面不同,表面以下土体或结构的传热特征与天然土体不同。

地温观测目的是对不同时间不同深度土体温度变化进行分析,验证热棒自身工作状态、冷却土体效果和最终对多年冻土的保护效果。

7.4.5 热棒路基监测数据分析

冻土沼泽湿地热棒路基工程效果分析仍然从以下几个方面进行:

(1)热棒工作状态分析。

(2)热棒冷却降温效果分析。

(3)热棒冷却降温累积效果分析。

(4)热棒路基工程效果和工程状态分析。

1)热棒持续工作和降温效果

天然地面距热棒不同距离的测温孔3~8m深度的平均温度见表7-44。

地面距热棒不同距离的测温孔3~8m深度的平均温度汇总　表7-44

观测日期	距热棒的距离			
	0.5m	1.0m	1.5m	>5.0m(DK99+355天然孔)
2008-11-15	-1.00	-0.64	-0.57	-1.08
2008-11-30	-0.62	-0.75	-0.58	-1.10
2008-12-17	-0.54	-0.88	-1.05	-1.08
2009-1-4	-0.59	-1.40	-1.15	-1.01
2009-1-17	-1.94	-1.52	-1.11	-1.06
2009-2-5	-2.12	-1.95	-1.54	-1.02
2009-2-28	-2.30	-2.13	-1.82	-1.13
2009-3-31	-2.20	-2.32	-2.02	-1.50
2009-4-26	-1.61	-1.93	-1.76	-1.55
2009-5-28	-1.22	-1.46	-1.34	-1.40
2009-6-30	-0.99	-1.20	-1.15	-1.24
2009-8-5	-0.84	-1.02	-1.00	-0.49
2009-8-31	-0.66	-0.88	-0.81	-1.02
2009-10-20	-0.77	-0.80	-0.78	-1.26
2009-11-10	-0.92	-0.84	-0.76	-0.88

图 7-42a)反映了距热棒不同距离的测温孔 3～8m 深度的平均温度随时间的变化曲线，图 7-42b)是距热棒不同距离的测温孔 3～8m 深度的平均温度随距离的变化曲线。

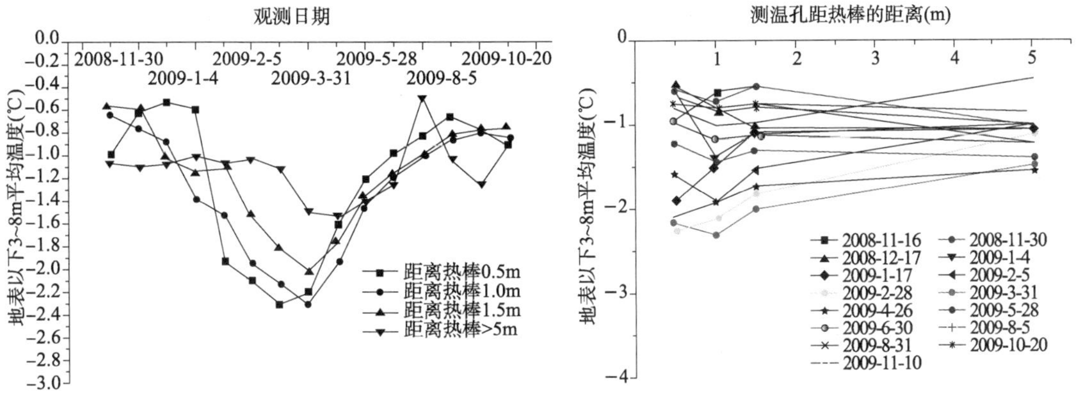

a)随时间变化曲线　　b)随距离变化曲线

图 7-42　不同距离测温孔 3～8m 深度平均温度变化曲线

从表 7-44 所示的地温数据可以看出，在观测期内热棒的传热影响范围随时间的延长而扩大。

从图 7-42 可以看出，热棒周围不同距离钻孔地温随大气温度（季节）变化规律较为明显；在暖季，热棒影响范围内（<5m 距离）土体温度均低于天然孔温度，反映了热棒工作一年来的储冷能力和降温效果。

从图 7-42b)还可以看出，热棒周围冻土的温度随距热棒距离的增加而升高，且其温度梯度随时间的延长而减小。这是由土的热物理性质和热棒蒸发段的温度特性所决定的。

由于路基外天然地面沼泽化条件不能平行的与热棒观测孔对比，将距热棒 >5.0m 天然测温孔作为原始基准孔来评价热棒的降温效果。表 7-45 是离开热棒不同距离观测孔平均地温值，对比可以看出，在较短观测期内，距热棒不同距离的测温孔热棒蒸发段周围土体的平均温度平均降低了 0.11℃。

观测期内距热棒不同距离 3～8m 深度范围内地温的平均值（单位：℃）　　表 7-45

距热棒的距离			
0.5m	1.0m	1.5m	>5m
-1.22	-1.31	-1.16	-1.12
平均 -1.23			-1.12

热棒对土体降温的影响范围在热棒工作期间是逐渐向左右上下扩大的，影响半径在 5m 左右，显著影响半径为 3～4m。

热棒监测断面不同深度、不同时间的土体温度变化说明：湿地路基设置的热棒能够正常和持续散热导冷的工作过程，持续工作的效果反映在土体温度连续降低的变化上。

根据 2007—2009 年监测断面现场观测数据绘制的坡脚和天然测温孔地温曲线（图 7-43）中冷却效果累积对比可以看出：

2007 年 12 月 13 日热棒埋设初期地温较高，地温曲线整体偏向地温较高方向；经过一个寒季的热棒散热导冷作用，地温曲线整体向地温较低方向移动；经过两个寒季，由于热棒冷却作用的积累，地温曲线和天然测温孔曲线相比已经明显向地温低方向偏移。

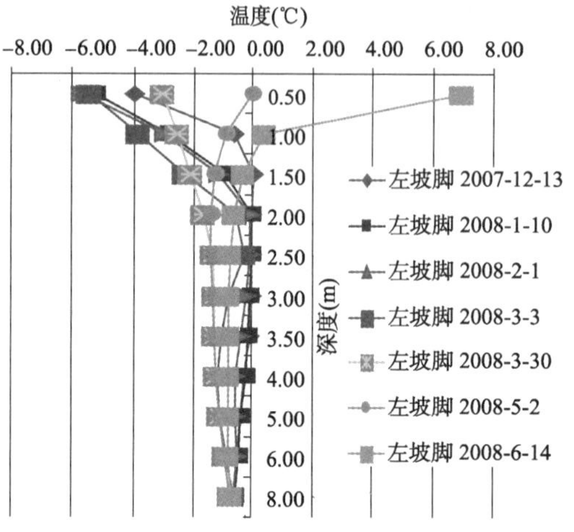

a)左坡脚地温曲线

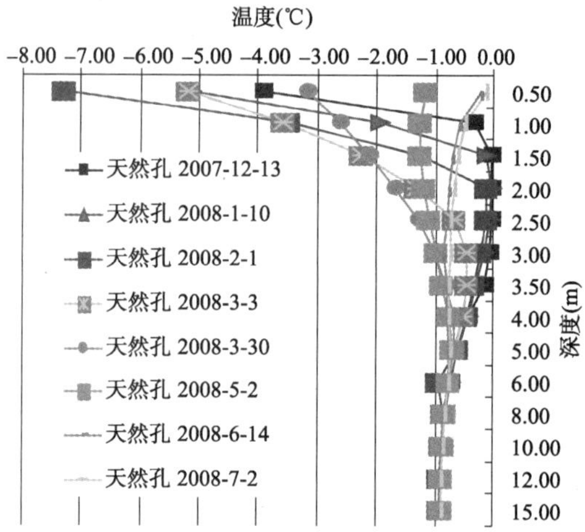

b)天然孔地温曲线

图 7-43 热棒路基 DK99 + 100 左坡脚和天然孔地温曲线对比

从图 7-44 所示热棒路基坡脚孔与没有设置热棒的对比断面(DK99 + 355)坡脚孔温差随深度变化曲线可以看出，设置热棒的坡脚孔温度比没有设置热棒的对比断面坡脚孔温度明显降低。

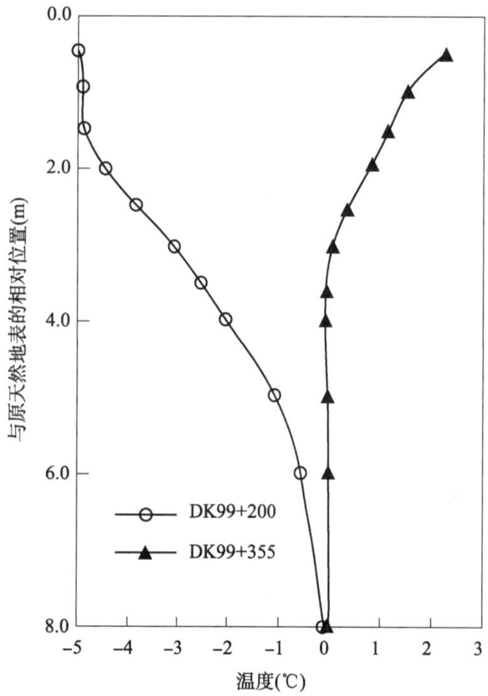

a)左坡脚

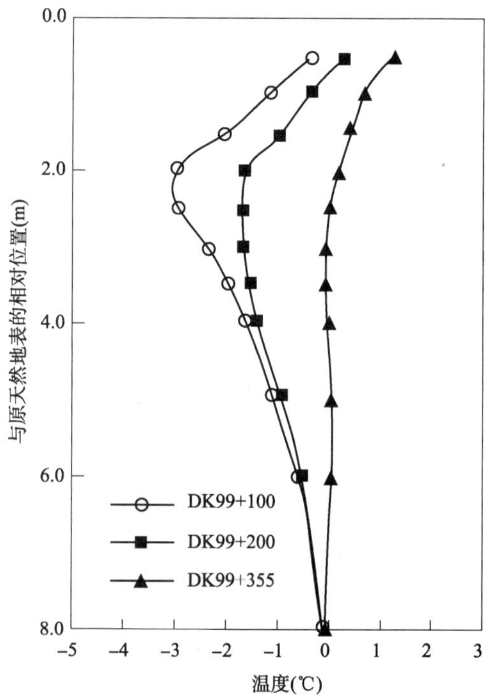

b)右坡脚

图 7-44 坡脚孔温差随深度变化曲线

热棒的现场试验和长期观测表明：

观测数据说明：天然地面下 3～8m 处的平均温度变化总体上是随季节温度变化，并随距离的增加温度上升，在暖季热棒影响范围内土体温度较天然孔低，说明热棒启动并且发挥了作用。在最冷的季节，是热棒工作效率发挥最大的时候，土体中的冷量在急剧增加后，向周围土体延伸传播需要一个过程。因此热棒周围土体温度的最低温度值不是出现在气温最低的时候，而是有一个滞后期。

从以上数据还可以看出，不同深度处的地温随时间的变化规律和气温的变化规律比较相似，呈现出余弦变化的趋势。在热棒蒸发段附近位置处的温度变化较大。

2）热棒路基持续降温能量分析

冻土湿地气候环境条件使热棒路基结构发挥冷却作用具有了有利的能量基础，而对于这种相对类似孤岛型的比较大面积分布的多年冻土，其独特的地温、厚度特征要求热棒的冷却作用具有持续性，以便应对不利的气温环境变化对多年冻土热稳定性的影响。

热棒路基持续降温能量分析是监测数据分析的主要内容。

设置热棒的路基表面以下不同深度的融化指数和冻结指数，反映了不同地区气温对多年冻土冻融过程的影响，是多年冻土地区判断冻土发育状态的能量指标。积温值大小的实质意义，就是热能和冷能蓄积的大小，因此，用冻融指数分析热棒的冷却效果的能量来源是合理的。

在冻土路基温度场研究中最为关注的焦点是路基下部多年冻土顶板附近的地温变化情况。在它所对应的深度范围内，一年当中的冻融指数代数和为负，才有可能保持多年冻土的稳定。

表 7-45 为柴木铁路两个热棒实验断面路堤左右路肩孔及天然孔从 2008 年 1 月 1 日至 2008 年 12 月 30 日一年中不同深度处的积温值的差值。

从表 7-46 可以看出：热棒路基各个断面左右路肩测温孔深度 4.5～5.0m 处（原天然地表下 0m、0.5m 处）全年积温差值均为负值，而路基外天然地表条件下在地表以下 1.5m 处积温差值仍为正值，而且热棒路基原天然地表处冻结指数总量远远大于天然地表，这对该深度以下多年冻土从能量来源保证了冷却效果的实现，证明保护多年冻土的可能性。

热棒路堤实验断面左、右路肩孔不同深度年积温差值（单位：℃·d）　　表 7-46

断面位置	DK99 +100		DK99 +200		DK99 +200	
深度（m）	左路肩孔差值	右路肩孔差值	左路肩孔差值	右路肩孔差值	深度（m）	天然孔差值
0.0	1716.3	-116.2	976.0	1114.2		
1.0	1818.7	51.6	959.5	886.0		
2.0	1438.2	-31.1	1047.2	565.6		
3.0	963.8	-24.3	701.9	226.0		
4.0	331.1	-53.8	305.1	-56.0		
4.5	104.9	-55.5	91.4	-126.5		
5.0	-30.5	-71.5	-49.4	-158.1	0.5	322.1
5.5	-60.3	-104.7	-102.0	-185.1	1.0	203.6
6.0	-82.3	-130.4	-144.1	-210.3	1.5	24.7
6.5	-101.7	-151.0	-181.3	-235.0	2.0	-119.3
7.0	-125.3	-169.1	-215.9	-259.4	2.5	-191.7

续上表

断面位置	DK99 + 100		DK99 + 200		DK99 + 200	
深度(m)	左路肩孔差值	右路肩孔差值	左路肩孔差值	右路肩孔差值	深度(m)	天然孔差值
7.5	-147.2	-187.3	-243.7	-282.5	3.0	-236.3
8.0	-174.6	-204.5	-271.2	-300.7	3.5	-264.2
9.0	-203.3	-233.5	-314.5	-329.9	4.0	-277.7
10.0	-229.3	-251.5	-338.6	-350.3	5.0	-292.0
12.0	-262.8	-281.1	-372.4	-367.9	6.0	-301.4

根据热棒长期运行期间地温场分布随时间的变化的动态特征可以说明热棒长期冷却效果,也说明在多年冻土地区铁路工程路基设计应用热棒的可靠性。

根据监测断面提供的基础数据对热棒运行期间的地温分布计算得到不同时间的地温分布图,如图7-45中的8个时间段地温分布图所示。由该系列图可以看出热棒对土体降温的影响范围在热棒工作期间是逐渐向左右上下扩大的,热棒刚开始工作不久时,热棒对土体的降温主要沿径向方向。从图7-45的a)图到h)图热棒运行时间延长可以看出,热棒对土体降温的径向影响范围逐渐扩大;当热棒运行到347d时,沿热棒径向的地表5m范围内土体温度已较315d降低了约1.0℃;当运行到369d时,径向影响范围进一步扩大到地表以下6.5m,同时-2℃等温圈也在不断向上和向下部扩大;到热棒运行至400d时,-2℃等温圈已经沿热棒底部向下移动到了地表以下6.8m;到423d时,-2℃等温圈还在进一步沿左右上下扩大,到图38h)时,热棒下部温度(7~8m范围)也较315d降低了约-0.4℃,热棒的传冷作用使下部和左右的温度得到了有效降低,土体的热惰性提高,抵御地温升高退化的能力增加。

以上监测和计算资料分析说明,热棒工作期间使不同深度土体温度都有所降低,实际上使土体的冷量储备增加,因而在热棒非工作期间,温度并不会回升到原来状态,这种现象正是我们采用热棒冷却地基的原因。

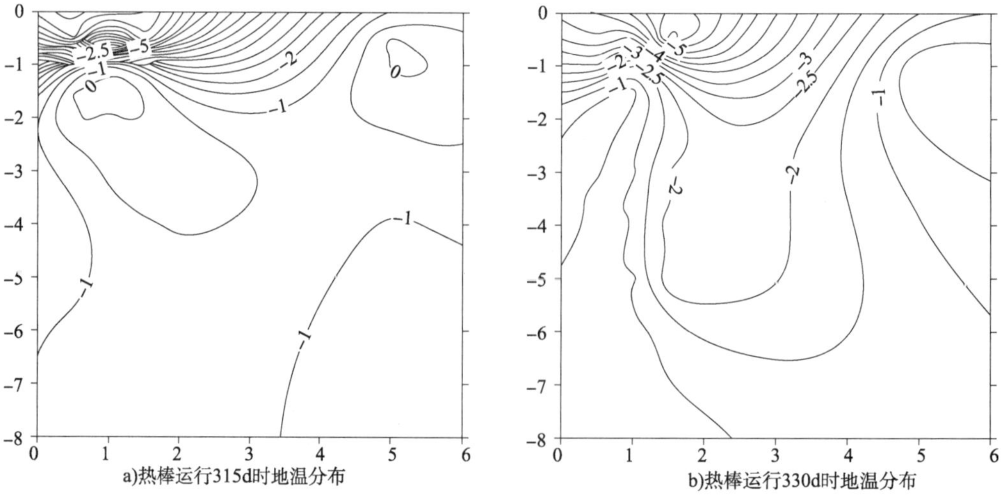

a)热棒运行315d时地温分布　　b)热棒运行330d时地温分布

图 7-45

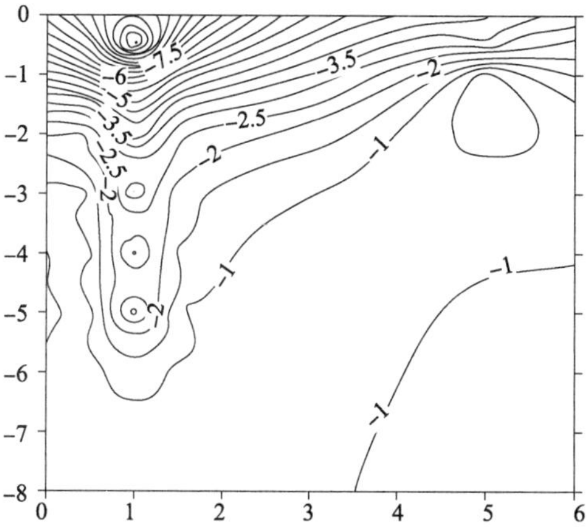

c)热棒运行347d时地温分布

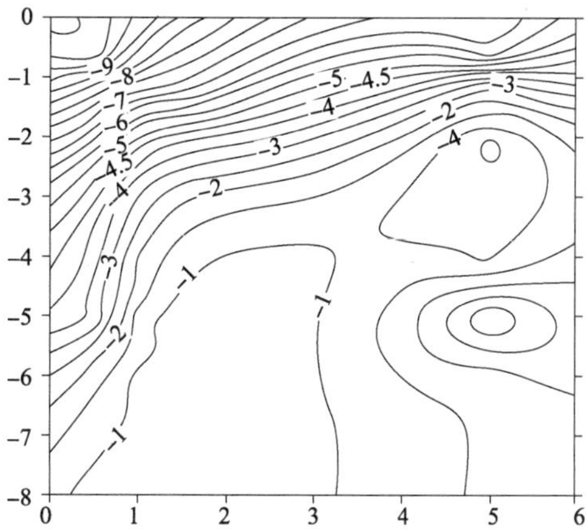

d)热棒运行369d时地温分布

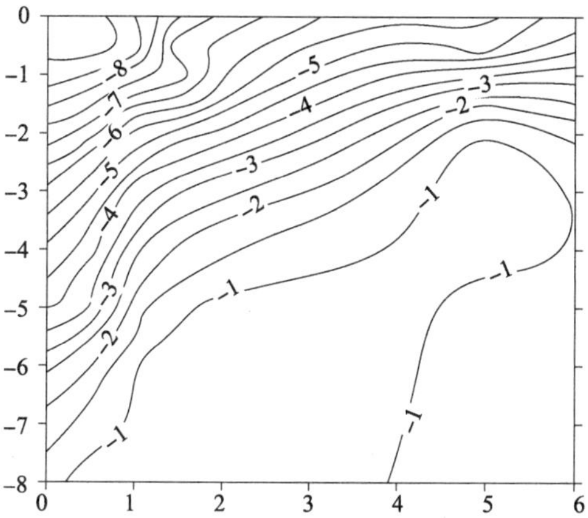

e)热棒运行400d时地温分布

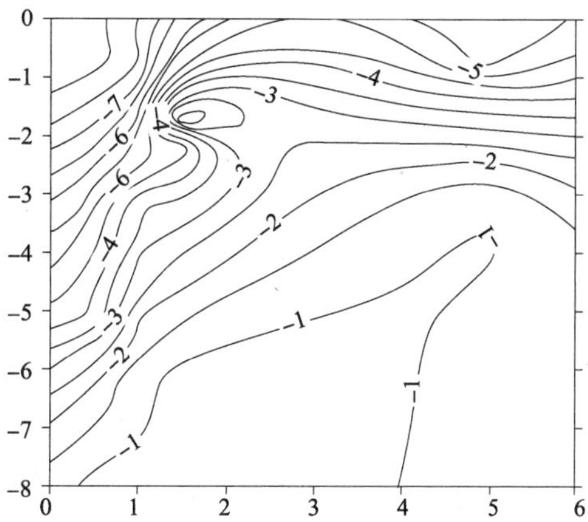

f)热棒运行423d时地温分布

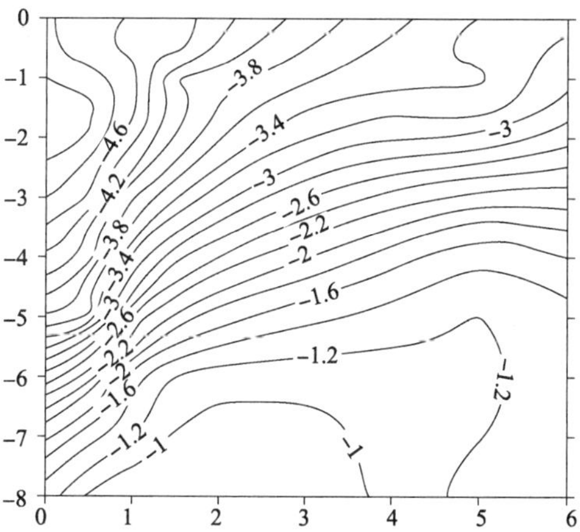

g)热棒运行465d时地温分布

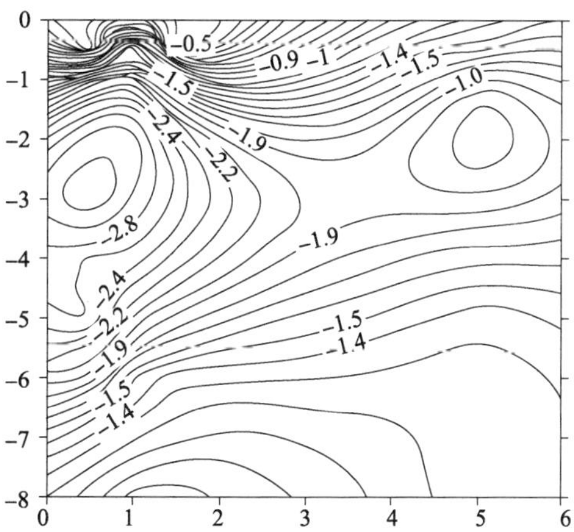

h)热棒运行492d时地温分布

图 7-45　热棒运行时地温分布图

热棒周而复始的进行这种工作循环的结果是冷却效果的累积，最终逐渐降低了土体温度，从冻土区路基工程稳定性来讲，这种降低恰恰是抵御未来气温升高影响的一种安全储备。

表7-47的三个分表中列出了柴木地方铁路热棒工程地段监测断面DK99+100、DK99+200和对比监测断面DK99+355在2008—2009年两个完整冻融周期观测到的不同深度的地温资料（不同深度负温、正温天数统计，不同深度冻结、融化指数分析，不同深度地温随时间变化）的计算分析值，这些数值可以证明热棒所具有的持续降温的能量来源。

DK99+100 一年中不同深度负温、正温天数（单位:d）　　表7-47a)

深度(m)	左坡脚		左路肩		右路肩		右坡脚		天然孔	
	负温天数	正温天数	负温天数	正温天数	负温天数	正温天数	负温天数	正温天数	负温天数	正温天数
0			83	282	176	189				
0.5	70	295					236	129	130	235
1.0	141	224	106	259	171	194	278	87	292	73
1.5	225	140					365	0	329	36
2.0	365	0	106	259	195	170	365	0	361	4
2.5	365	0					365	0	365	0
3.0	365	0	106	259	236	129	365	0	365	0
3.5	365	0					365	0	365	0
4.0	365	0	153	212	315	50	365	0	365	0
4.5			236	129	365	0				
5.0	365	0	307	58	365	0	365	0	365	0
5.5			365	0	365	0				
6.0	365	0	365	0	365	0	365	0	365	0
6.5			365	0	365	0				
7.0			365	0	365	0			365	0
7.5			365	0	365	0				
8.0	365	0	365	0	365	0	365	0	365	0
9.0			365	0	365	0				
10.0			365	0	365	0			365	0
12.0			365	0	365	0			365	0
15.0									365	0

DK99+200 一年中不同深度负温、正温天数（单位:d）　　表7-47b)

深度(m)	左坡脚		左路肩		右路肩		右坡脚		天然孔	
	负温天数	正温天数	负温天数	正温天数	负温天数	正温天数	负温天数	正温天数	负温天数	正温天数
0			117	248	109	256				
0.5	195	170					171	194	156	209
1.0	319	46	117	248	86	279	265	100	187	178

续上表

深度(m)	左坡脚		左路肩		右路肩		右坡脚		天然孔	
	负温天数	正温天数	负温天数	正温天数	负温天数	正温天数	负温天数	正温天数	负温天数	正温天数
1.5	365	0					365	0	266	139
2.0	365	0	86	279	156	209	365	0	304	61
2.5	365	0					365	0	365	0
3.0	365	0	70	295	156	209	365	0	365	0
3.5	365	0					365	0	365	0
4.0	365	0	132	233	319	46	365	0	365	0
4.5			171	194	365	0				
5.0	365	0	273	92	365	0	365	0	365	0
5.5			365	0	365	0				
6.0	365	0	365	0	365	0	365	0	365	0
6.5			365	0	365	0				
7.0			365	0	365	0				
7.5			365	0	365	0				
8.0	365	0	365	0	365	0	365	0	365	0
9.0			365	0	365	0				
10.0			365	0	365	0			365	0
12.0			365	0	365	0			365	0
15.0									365	0

DK99 +355 一年中不同深度负温、正温天数(单位:d)　　表7-47c)

深度(m)	左坡脚		左路肩		右路肩		右坡脚		天然孔	
	负温天数	正温天数	负温天数	正温天数	负温天数	正温天数	负温天数	正温天数	负温天数	正温天数
0			148	217	144	221				
0.5	213	152					222	143	240	125
1.0	288	77	161	204	152	213	270	95	270	95
1.5	362	3					353	12	353	12
2.0	365	0	166	199	157	208	365	0	357	8
2.5	365	0					365	0	365	0
3.0	365	0	179	186	192	173	365	0	365	0
3.5	365	0					365	0	365	0
4.0	365	0	365	0	365	0	365	0	365	0
4.5			365	0	365	0				
5.0	365	0	365	0	365	0	365	0	365	0

续上表

深度(m)	左坡脚		左路肩		右路肩		右坡脚		天然孔	
	负温天数	正温天数	负温天数	正温天数	负温天数	正温天数	负温天数	正温天数	负温天数	正温天数
5.5			365	0	365	0				
6.0	365	0	365	0	365	0	365	0	365	0
6.5			365	0	365	0				
7.0			365	0	365	0				
7.5			365	0	365	0				
8.0	365	0	365	0	365	0	365	0	365	0
9.0			365	0	365	0				
10.0			365	0	365	0			365	0
12.0			365	0	365	0			365	0
15.0									365	0

从表7-47所有数据可以看出，路肩部位没有设置热棒，坡脚热棒的冷却降温作用对路基基底以上温度影响还没有显现出来，需要对基底多年冻土长期冷却降温效果积累以后才能够显示出来，但是监测断面坡脚设置热棒的测温孔一年中地表以下1.0m时负温天数均超过正温天数，在2.0m以下时全年基本处于负温状态，这是热棒能够持续冷却降温的能量基础条件。

从表7-48的三个分表中可以看出，三个监测断面地表以下1.0~1.5m全年的冻结指数均远远大于融化指数，热棒监测断面的数据远好于没有设置热棒的监测数据，数据显示的这种特征类似上述负温天数对比的意义，它是热棒得以持续发挥冷却降温作用的衡量标准。

DK99+100一年中不同深度冻结、融化指数(单位:℃·d) 表7-48a)

深度(m)	左坡脚		左路肩		右路肩		右坡脚		天然孔	
	冻结指数	融化指数	冻结指数	融化指数	冻结指数	融化指数	冻结指数	融化指数	冻结指数	融化指数
0			-680.6	2396.9	-1318.9	1202.7				
0.5	-274.8	1035.6					-588.7	200.9	-183.8	370.8
1.0	-203.2	404.0	-499.9	2318.6	-785.8	837.4	-527.2	45.1	-496.3	77.7
1.5	-178.9	81.9					-508.4		-429.9	12.6
2.0	-202.7	20.9	-316.5	1754.7	-471.8	440.7	-532.2		-264.3	0.5
2.5	-219.2						-540.2		-314.2	
3.0	-250.6		-102.5	1066.3	-173.9	149.6	-544.3		-244.8	
3.5	-267.3						-532.7		-469.1	
4.0	-280.0		-62.1	393.3	-60.2	6.4	-509.5		-263.0	
4.5			-34.0	138.8	-55.5					
5.0	-288.3		-44.0	13.5	-71.5		-447.3		-278.0	
5.5			-60.3		-104.7					

续上表

深度(m)	左坡脚		左路肩		右路肩		右坡脚		天然孔	
	冻结指数	融化指数	冻结指数	融化指数	冻结指数	融化指数	冻结指数	融化指数	冻结指数	融化指数
6.0	-287.5		-82.3		-130.4		-372.0		-278.9	
6.5			-101.7		-151.0					
7.0			-125.3		-169.1					
7.5			-147.2		-187.3					
8.0	-281.8		-174.6		-204.5		-312.3		-321.0	
9.0			-203.3		-233.5					
10.0			-229.3		-251.5				-204.3	
12.0			-262.8		-281.1				-278.0	
15.0									-544.1	

DK99 +200 一年中不同深度冻结、融化指数(单位:℃ · d)　　表 7-48b)

深度(m)	左坡脚		左路肩		右路肩		右坡脚		天然孔	
	冻结指数	融化指数	冻结指数	融化指数	冻结指数	融化指数	冻结指数	融化指数	冻结指数	融化指数
0			-744.3	1720.2	-604.1	1718.3				
0.5	-137.5	231.9					-255.0	315.4	-276.8	598.9
1.0	-174.3	3.0	-750.7	1710.2	-300.0	1186.0	-251.5	18.8	-108.3	312.0
1.5	-284.5						-361.3		-92.6	117.3
2.0	-360.5		-278.6	1325.8	-72.7	638.3	-426.8		-125.8	6.5
2.5	-414.0						-474.9		-191.7	0.0
3.0	-446.4		86.7	788.5	-30.8	256.8	-507.3		-236.3	
3.5	-459.6						-525.5		-264.2	
4.0	-461.4		-40.3	345.4	-60.4	4.4	-535.8		-277.7	
4.5			-49.1	140.5	-126.5					
5.0	-451.0		-63.2	13.9	-158.1		-529.3		-292.0	
5.5			-102.0		-185.1					
6.0	-424.4		-144.1		-210.3		-450.8		-301.4	
6.5			-181.3		-235.0					
7.0			-215.9		-259.4					
7.5			-243.7		-282.5					
8.0	-396.1		-271.2		-300.7		-384.5		-323.6	
9.0			-314.5		-329.9					
10.0			-338.6		-350.3				-341.9	
12.0			-372.4		-367.9				-354.5	
15.0									-368.3	

DK99+355一年中不同深度冻结、融化指数(单位:℃·d) 表7-48c)

深度(m)	左坡脚		左路肩		右路肩		右坡脚		天然孔	
	冻结指数	融化指数	冻结指数	融化指数	冻结指数	融化指数	冻结指数	融化指数	冻结指数	融化指数
0			-766.7	1176.0	-935.2	1190.3				
0.5	-453.6	221.1					-592.0	366.8	-490.7	251.5
1.0	-345.3	39.4	-509.5	863.6	-657.3	872.2	-482.3	99.7	-414.0	54.6
1.5	-323.2						-433.1	12.5	-379.3	
2.0	-340.1		-320.9	616.0	-433.5	585.9	-452.2		-398.1	
2.5	-343.1						-460.6		-412.3	
3.0	-356.7		-128.8	320.6	-232.3	350.1	-457.6		-407.7	
3.5	-365.0						-456.1		-420.9	
4.0	-376.8		-44.1		-63.8		-459.6		-421.8	
4.5			-93.9		-69.9					
5.0	-410.1		-145.3		-107.5		-464.6		-444.7	
5.5			-176.8		-172.5					
6.0	-416.5		-214.9		-191.6		-461.6		-448.1	
6.5			-253.8		-227.6					
7.0			-284.1		-262.0					
7.5			-329.5		-293.7					
8.0	-445.9		-349.0		-325.2		-474.7		-448.9	
9.0			-401.1		-375.3					
10.0			-421.1		-408.4				-452.2	
12.0			-443.1		-453.7				-450.5	
15.0									-460.1	

对监测断面不同深度地温随时间变化数据的分析和持续降温能量条件的分析揭示了热棒冷却降温的主要效果:

(1)多年冻土上限位置在地表以下1.5~2.0m,上限以上地温变化波动较大,基本与气温变化曲线类似,呈正弦波变化,随深度增加,波幅变小。暖季6、7、8三个月份地温处于正温状态;但是低于同时间的环境温度,热棒不能启动工作(地下热棒埋入部分地温低于热棒裸露在地表面以上部分的环境温度),但是也不会将环境热量加速传入地下。

(2)地表以下1.5~2.0m及更深土层全年都处于负温状态;这个深度也是热棒蒸发端埋入的主要部位的深度,这个深度地温变化波动较小,而且随着深度增加波动趋近于"0",即接近多年冻土年变化深度时温度振幅趋近于"0"。无论温度振幅怎样变化,暖季负温均高于寒季负温,而且寒季不同时间段地温均高于同时间段地表以上环境温度,满足热棒启动和连续工作的条件。

(3)寒季地表以下1.5~2.0m及更深土层地温均处于-4.5~-0.5℃区间，均高于该处环境的年平均气温，这有利于热棒发挥其降温效果。

环境温度冻结能力分析说明热棒工程主要应用区域热棒散热导冷能力的能量来源的可靠性和长期性，尤其是对这种特殊环境条件和温度条件及冻土特征的冻土湿地来说，这种能量基础条件对热棒工程效果的持续性具有重要意义。

3)热棒路基的工程效果

所有冻土区热棒工程结构的最终工程效果都体现在多年冻土上限变化和路基变形的发展趋势上。

表7-49列出经过两个冻融循环周期，在热棒散热导冷作用下，柴木铁路冻土区热棒路基不同部位多年冻土上限变化与天然条件下多年冻土上限变化的比较。

热棒路基不同部位上限变化(单位:m) 表7-49

断面位置	左坡脚	左路肩	右路肩	右坡脚	天然孔
DK99+100	1.8	4.5	4.3	1.4	1.9
DK99+200	1.0	4.8	4.7	1.3	2.2
DK99+355	1.4	5.0	5.0	1.5	1.4

观测结果说明，热棒路基在不同深度负温的积温累积、抬升多年冻土上限位置、抑制路基变形这几个主要指标上具有很好效果。变形监测中除几个数据出现观测误差外，其他变形值均在2cm以下，由于热棒施工后仅有不足两个周期，多年冻土上限变化幅度还不够大，但是从不同部位积温对比上可以说明冷却效果的持续性。

7.4.6 冻土沼泽湿地热棒路基工程

柴木铁路和青藏铁路试验观测表明，热棒的散热导冷作用逐年累积，这表现在不同深度地温有逐渐降低趋势，不同部位土体温度的冻结指数值明显大于天然条件冻结指数值，这是降低土体温度的来源。

正如前述试验所证明的：热棒路基的工程效果显著。表现在：热棒路基各个断面左右路肩孔原天然地表下0m、0.5m处全年积温差值均为负值，而天然地表的积温差值在地表以下1.5m处仍为正值，而且热棒路基原天然地表处冻结指数总量远远大于天然地表，这从能量来源保证了冷却功效的实现，说明了热棒路基冷却多年冻土的效果。

所有热棒路基结构都能够增加地基土体冷储量和抬高相应部位多年冻土上限；但是根据路基变形资料和地温场资料分析，坡脚热棒路基结构在减少路基横向变形差异、抑止纵向裂缝发生、提供抬高坡脚处冻土上限从而增加路基本体稳定性方面效果更好。

试验证明：饱和土壤埋置热棒后的冻结过程是将自上而下的单向冻结改为垂直和水平方向的多向冻结，从而抑制冰透镜生成。这一点可以说明：热棒控制融沉冻胀的机理是通过在寒季增大土壤冻结速率并改变土壤冻结热流方向，将天然地面自上而下的单向冻结改变为垂直和水平方向(热棒径向)的多向冻结，从而抑制冰透镜的形成，达到控制冻胀的目的，因此使得暖季也可以减少融沉。

斜插式热棒更有利于路基体内融化盘的对称分布，从而可以极大地减小路基不均匀融沉断裂的风险；采取在斜插式热棒路基阳坡坡脚处增加保温护道的措施，可以使路基体内融化盘的对称性相对于无阳坡保温护道的斜插式热棒路基有更进一步的提高。

表7-50列出了冻土湿地热棒工程的主要地段工程地质条件和设计参数，除了上述冻土沼泽湿地热棒工程，柴木地方铁路冻土区还在不同冻土条件下采用了热棒路基，图7-46所示是冻土沼泽湿地热棒路基冬季状态景观。

冻土沼泽湿地热棒路基工程

表7-50

序号	工点里程	长度(m)	工点名称	工点工程和地质概况
1	DK98 +350 ~ DK99 +350	1000	冻土湿地地基处理工程	工点位于大通河北岸冲积地带，地形起伏不大、较开阔。工点范围内出鲜地层主要为第四系全新统洪积粉质黏土、粉土、砾砂、细、粗圆砾土、卵石土、侏罗系砂岩、泥灰岩。 工程措施： 1. 于DK98 +350 ~ DK99 +350基底设1.0m厚的渗水土，两侧设宽2.0m护道，渗水土顶部铺设一层复合土工膜，土工膜上下各设一层0.1m厚的中粗砂垫层，并于渗水土中部铺设一层双向土工格栅； 2. 于DK98 +350 ~ DK99 +350段路堤两侧设置热棒，热棒长7m，其中地上部分长1.5m，埋入地下5.5m，左侧两排，右侧一排，共三排； 3. 热棒沿线路纵向每3.0m设置一根，热棒直径ϕ89mm，外露长度1.5m，埋入地下5.5m，冷凝长度1.5m，翅片厚度不小于1.9mm，热棒钻孔直径为150mm； 4. 于DK98 +350 ~ DK99 +350地面以下1.0m范围内抛填片石，粒径不小于30cm； 5. 于DK98 +350 ~ DK99 +350段路基面两侧各加宽0.4m
2	DK99 +550 ~ DK99 +750	200	湿地地基处理工程	工点位于徐姗格曲北岸阶地，地形平缓。工点范围内出露地层主要为粉土，下伏侏罗系泥灰岩。 工程措施：于该段路基范围内采用“振冲挤密法”碎石桩处理地基，碎石桩直径采用0.80m，桩距1.50m，按线路中心一排，梅花形交错布置。碎石桩布置范围为路基坡脚外至少一排；地面上铺厚度0.5m的碎石层和1.5m厚的渗水土，两侧设2.0m宽、1.0m高的护道；护道两侧边坡用干砌片石防护，厚0.3m
3	DK99 +750 ~ DK99 +950	200	冻土湿地地基处理工程	工点位于徐姗格曲北岸阶地，地形平缓。工点范围内出露地层主要为粉砂，砾砂、粗圆砾土、下伏侏罗系泥灰岩。 工程措施：1. 于该段基底设1.0m厚的渗水土，两侧设宽2.0m护道，渗水土顶部铺设一层复合土工膜，土工膜上下各设一层0.1m厚的中粗砂垫层，并于渗水土中部铺设一层双向土工格栅；2. 于该段路堤两侧设置热棒，热棒长7m，其中地上部分长1.5m，埋入地下5.5m，左侧两排，右侧一排，共三排；3. 热棒沿线路纵向每3.0m设置一根，热棒直径ϕ89mm，外露长度1.5m，埋入地下5.5m，冷凝长度1.5m，翅片厚度不小于1.9mm，热棒钻孔直径为150mm；4. 于该段路基面两侧各加宽0.4m

2007年至今，冻土湿地热棒路基工程已经正常运行7年之久，监测断面数据表明，热棒仍然在持续发挥冷却降温功能。

2009年现场调查和2014年现场调查反映了一些今后工程补强的方向和设计改进的地方。如前所述，该区域的抬升冻土环境造成冻土的特殊生存环境，冻土生存与周围水热环境具有密切关系。需要采用冷却地基工程措施的地段今后应该注意不同工程措施之间的过渡，尤其是设置热棒的地段，应该适当延长向不需要设置热棒的地段的过渡段长度，热棒路基和桥梁墩台之间的衔接和过渡也是必须引起注意的问题。

图7-46 柴木铁路冻土沼泽湿地热棒路基

另外，青藏铁路唐古拉山区还有另外一种冻土湿地，严格说是一种饱和冻土层上水发育地段，这类地段在气温环境条件上与柴木地方铁路环境类似，年平均气温在-5.0℃左右，冻土年平均地温也是属于低温基本稳定冻土和高温冻土交错分布；但是由于岩性为粗颗粒土，对比植被覆盖度差，层上水发育，冻土的热稳定性不好，部分地段设置了热棒路基。

7.5 冻土区输变电塔基热棒工程

输变电塔基工程与条带状冻土工程的不同之处体现在点式工程，不同的输变电塔塔基跨越不同冻土环境条件，塔基工程跨越高原冻土区不同气候分区，地形地貌单元复杂多变。目前已经实施的塔基热棒工程的区域涵盖我国多年冻土区的主要地域，其中包括高纬度多年冻土区、高海拔多年冻土区。这些区域冻土环境条件各异，热棒工程实施条件不同，由于塔基热棒工程实施主要参考已有的区域冻土环境条件资料，参照类似区域冻土工程和热棒工程试验研究成果，因此没有设计独立的监测系统，个别工程由于特殊需要进行了部分监测。

目前我国冻土区输变电塔基设计施工的热棒工程主要有以下三种。

1）青藏铁路400kV和110kV输变电塔基热棒工程

青藏铁路110kV输变电工程穿越长约290km连续分布多年冻土区，送变电线路工程与多年冻土将产生强烈的关系，将受到多年冻土工程特性的较大影响。多年冻土的空间和深度分异性以及冻土类型的复杂变化等均会较大程度地影响110kV送变电线路的基础稳定性。具体如图7-47和图7-48所示。

2）青海玉树国网360kV输变电塔基热棒工程

如图7-49所示，青海玉树国家电网360kV输变电塔基热棒工程也是穿越多年冻土区的一项重要工程，工程地处青藏高原腹地，由东南向西北降水量逐渐减少，年平均气温逐渐降低，属高寒半干旱地区。路线经过区域是青藏高原最寒冷的地区之一，季节只有暖湿、冷干之分，年平均气温-5.4～-1.6℃，极端最高气温24.2℃，极端最低气温达-48.1℃。多年冻土分布比较复杂多变，对塔基基础稳定性影响极大。

玉树国家电网输变电塔基热棒的设计和施工可以参照青藏铁路高温冻土区和冻土北界边缘地区热棒散热导冷试验结果进行。

a) b)

图 7-47 青藏铁路格拉 400kV 输变电塔基热棒施工和安装

a) b)

图 7-48 青藏铁路格拉 110kV 输变电塔基热棒工程施工和安装

a) b)

图 7-49 青海玉树国网 360kV 输变电塔基热棒工程

塔基热棒是非承载的热棒，由于是点式基础形式，热棒之间距离应该保证每支热棒影响冷却半径能够形成交集，保证在塔基周围形成冷障，保证桩基础周围多年冻土的热稳定性；塔基周围如有侧向水热侵蚀的可能时，应该设置热棒，防止水热环境对塔基的侵蚀。

塔基热棒的冷凝段和热棒绝热段露出地面建议不小于2.0m，以保证冷凝段通风条件和散热通道，提高单支热棒散热冷却效率。

3）中俄输油管线输变电塔基热棒工程

中俄输油管线输变电塔基热棒工程起点位于黑龙江省漠河县兴安首站，终点位于大庆林源末站，线路全长965km。线路沿管道所经从漠河兴安镇向东南，经二十四站、沿江林场至二十二站，然后折向南，经马林林场、瓦拉干镇、塔河县、翠岗镇、新林镇、塔源镇至壮志镇，再折向南，经古源镇、松岭镇、加格达奇、大杨树镇、红彦镇、嫩江县、双山镇、富海镇、依安县、三兴镇、林甸县、喇嘛甸镇，到达大庆林源。如图7-50所示。

a)

b)

图7-50 中俄输油管线输变电塔基热棒施工和安装（漠河）

工程所经区域内地质条件复杂。管道线路沿线的连续多年冻土区、岛状融区多年冻土区、岛状多年冻土区和融区交错分布，多年冻土年平均地温为 -2 ~ 0℃，冻土工程类型多样化，不良冻土广布，沿线地表水和地下水发育，季节冻土区的季节冻结层地层岩性、厚度与特征变化较多，基于基础稳定性考虑，需要设置热棒。

目前我国寒区输变电基础工程均面临自然环境多变，多年冻土、季节冻土分布广泛，输变电塔基工程需要进行特殊设计和施工的形势。

由于中俄输油管线的特殊性，在塔基热棒工程实施过程中，做了前期工程地质工作和后期监测工作，并以青藏铁路输变电塔基工程既有研究资料为基础，本节以下部分内容将以此作为分析案例。

7.5.1 塔基热棒工程环境

冻土区输变电塔基热棒工程主要实践是我国东北大兴安岭多年冻土区和青藏高原多年冻土区。输变电线路是跨越度最大、工程点变化跳跃度最大的工程。线路走向确定之后，塔基工程位置可调性比较小，因此不可避免地会遇到复杂多变的冻土类型。

已经应用热棒技术的输变电塔基工程的区域工程环境可以分为两大类，一是我国高纬度地区多年冻土区，二是我国高海拔地区多年冻土区。

高纬度地区自然环境和冻土环境见表7-51。

中俄输油管道输变电线路所经地区气候条件 表7-51

地点	西林吉	霍拉河盆地	林中	朝辉	劲涛	塔丰	满归	白马坎	翠岭隧道
纬度	53°05′	52°57′~53°	52°55′	52°52′	52°50′	52°25′	52°02′	52°02′	51°40′
海拔(m)	~670	514	707	726	~747	560	~880		1072
年平均气温(℃)	-5.0	-4.8		-5.4	-5.4	-2.8	-4.8	-4.8	-4.6
年平均地温(℃)	-1.3	东 -1.0~-0.5,西部 -2.0	-1.9	-1.1	-1.9~-1.7,最低 -4.2	-0.3	-1.7~-0.9	最低 -4.2	-1.8
年变化深度(m)	14			13	13~15	15.4	10~14	13~15	14
冻土下限(m)	66~70	东 16~32 西 67~120			62		±70	>100	
地点	宏图	莫尔道嘎北	牛耳河	春友	得尔布尔	伊图里河	加格达奇	乌尔其汉	牙克石
纬度	51°38′	51°35′	51°32′	51°12′	51°05′	50°38′	50°23′	49°33′	49°24′
海拔(m)	816.5		~988	720	~1123	~990	382	~700	667
年平均气温(℃)	-4.5	-5.4			-5.6	-5.2	-1.4		-2.9
年平均地温(℃)	-2.9	-3.1	-3.3	-0.7	-1.1	-0.8	-0.1	-0.4	-0.2
年变化深度(m)		14		12.6	14	13	14	13	15
冻土下限(m)		50	44		40~54	40	7	17	±25

(1)高纬度多年冻土区气候环境

气候特征冬长夏短(以22℃和10℃为夏季和冬季分界),冬季干燥严寒,夏季气温较高、多雨,年平均降水量420~500mm,北部地区年平均气温 -4.0~ -3.8℃,多年冻土南界附近为 -1.0~1.0℃,加格达奇地区年平均气温为 -0.4℃,气温年较差38~48℃,1月份平均气温 -30~ -15℃,最低气温曾达到 -52.3℃(漠河站),全年蒸发量一般都大于1000mm。

工程区域五个气象台站年平均气温从20世纪70年代开始均有明显上升趋势,平均气温升高约1.2℃;冬季增温最大,平均最高1.6℃,气温变化与全球范围内同期的气温变化趋势相似。

(2)冻土分布特征

220kV塔兴线输电线路沿线在漠河、塔河境内经过的多年冻土区,其冻土均呈岛状分布,冻土岛正处于退化期。大兴安岭山间沟谷、河漫滩及沼泽中的冻土类型主要为少冰冻土、多冰冻土、富冰冻土、饱冰冻土等类型。部分区域岛状多年冻土的类型和分布范围见表7-52及表7-53,工程沿线典型地段冻土特征见表7-54~表7-56。

漠河段(AA001 - AA012)冻土类型及分布范围表 表7-52

起止点(桩号)	间距(km)	里程(km)	冻土类型	上限(m)	下限(m)
AA001 ~AA002 -60m	2.36	0~2.36	少冰~多冰	2.8	未钻穿
AA002 -60m~AA004 +120m	1.66	2.36~4.02	多冰~饱冰	2.8	未钻穿
AA004 +380m~AA007 -200m	4.2	4.28~8.48	富冰~饱冰	2.0	未钻穿
AA007 -200m~AA009 +270m	6.18	8.48~14.66	少冰冻土	2.8	未钻穿
AA009 +270m~AA009 +690m	0.42	14.66~15.08	多冰~饱冰	2.8	3.7
AA009 +1690m~AA009 +2090m	0.4	16.08~16.48	多冰冻土	2.8	未钻穿
AA009 +2090m~AA012	5.25	16.48~21.73	少冰冻土	2.8	未钻穿

塔河段(AB001－AB018)冻土类型及分布范围表 表7-53

起止点(桩号)	间距(km)	里程(km)	冻土类型	上限(m)	下限(m)
AB004+000～ AB005+300	0.8	3.83～4.63	饱冰冻土	2.0	未揭穿
AB007+150～AB013+100	3.61	6.38～9.99	多冰～富冰冻土	2.1	未揭穿
AB013+100～AB014+800	0.86	9.99～10.85	少冰～多冰冻土	2.1	未揭穿
AB014+800～ AB014+1030	0.23	10.85～11.08	含土冰层下限3.8	2.1	未揭穿
			多冰～富冰冻土		
AB014+1030～AB015－150	3.02	11.08～14.10	少冰～多冰冻土	2.6	未揭穿
AB015－150～AB015+100	0.25	14.10～14.35	多冰～富冰冻土	1.9	未揭穿
AB015+100～ AB018	3.89	14.35～18.24	少冰～多冰冻土	2.6	未揭穿

工程沿线各类土统计上限埋深表 表7-54

土层种类		保温条件及上限埋深值(m)		
		良好	一般	差
上覆草皮 0～0.2m	亚黏土	0.7～1.2	1.3～1.7	1.8～2.2
	碎石土	1.1～2.0	1.5～2.5	2.1～3.5
	卵石土	2.0～2.8	2.9～3.5	3.6～4.3
上覆草皮 0.2～0.4m	亚黏土	0.5～1.1	1.2～1.6	1.7～2.0
	砂砾	0.6～1.1	1.2～1.6	1.7～2.1
	碎石土	0.9～1.7	1.5～2.0	1.8～3.0
	卵石土	1.0～1.6	1.7～2.3	2.4～3.3
上覆草皮 0.4～0.7m	亚黏土	0.4～1.0	1.1～1.2	1.3～1.4
	砂砾	0.4～1.0	1.1～1.2	1.3～1.5
	卵石土	0.4～1.1	1.2～1.7	1.8～2.2
泥炭		0.4～0.8	0.4～1.0	0.6～1.2

漠大公路沿线及邻近处多年冻土层年平均地温及厚度(1970—1980年) 表7-55

地点	纬度(N)	海拔(m)	年平均气温(℃)	年平均地温(℃)	年变化深度(m)	多年冻土层厚度(m)
洛古河	53°20′	800	－5.0	－2.5～－2.0	15	
西林吉	53°05′	670	－4.0	－1.3	14	66～70
霍拉河盆地	52°57′～52°03′	560～740	－4.8	东部：－1.0～－0.5	12～14	20～50
林中	52°55′	707		－1.9	15	61.5
朝晖	52°52′	726	－5.4	－1.1	13	41
阿木尔	52°50′	约747	－5.4	CK0：－1.9	10～13	62
塔丰	52°25′	560	－2.8	－0.3	12	15.4
翠岭2号隧道	51°40′	1072	－4.6	－1.3	14	约50
宏图	51°38′	816.5	－4.6	－2.0	13	约70
加格达奇郊区	50°23′	382	－4.0	－0.1	14	7～16
大杨树	50°08′	360	－0.2	0.1	14	1.3～7.0

管道沿线气象台站不同深度的地温年平均值和月平均最低值　　表7-56

台站	纬度(N)	海拔(m)	地表极端最低温度(℃)	不同深度地温年平均值(℃) 不同深度地温月平均最低值(℃)				
				0cm	40cm	80cm	160cm	320cm
漠河(北极村)	53°28′	294	-58.2	-4.3 -42.3				
塔河	52°19′	357	-49.6	-1.8 -35.2	1.1 -8.7	1.2 -5.7	1.8 -0.5	2.9 1.5
新林	51°42′	495	-46.1	-2.5 -36.9	0.5 -16.9	1.2 -12.8	2.3 -6.2	3.4 0.1
加格达奇	50°24′	372	-49.1	-0.1 -36.2	2.0 -13.2	2.7 -9.3	3.7 -3.4	5.1 1.5
嫩江	49°10′	242	-47.2	1.2 -35.0	2.9 -9.2	2.5 -5.9	2.0 -1.4	1.9 0.4
讷河	48°29′	203	-42.3	3.4 -31.5	3.3 -10.6	3.0 -7.0	2.8 -0.8	2.5 0.6
依安	47°54′	219	-40.2	4.6 -30.1	4.0 -10.0	3.5 -6.8	3.0 -1.9	3.1 1.1
齐齐哈尔	47°23′	146	-40.8	4.6 -29.6	4.6 -9.2	4.3 -6.0	4.3 -1.4	4.4 1.7
林甸	47°11′	154	-42.9	4.9 -29.4	4.4 -8.5	3.6 -5.4	3.4 -0.8	3.9 1.6
大庆	46°23′	149	-40.3	5.1 -27.8	5.2 -8.9	4.7 -5.4	4.7 -0.8	4.5 1.7

从已有的冻土资料和冻土环境资料可以看出,送电工程所经过地区冻土条件比较复杂,这种复杂性主要表现在以下几个方面:

①自北向南平面分布依次为:连续多年冻土-分布有岛状融区的多年冻土-分布有岛状冻土的融区-融区。

②高温多年冻土和低温多年冻土交错分布在连续多年冻土区域内,高含冰量多年冻土和少冰、多冰多年冻土分布错综复杂。

③气候变化是以升温为主流趋势,多年冻土随气温升高而逐渐退化,退化特征为多年冻土南界北移,冻土厚度变薄,多年冻土年平均地温升高,不同深度冻土地温升高,对基础工程稳定性造成很大威胁。

(3)高海多年冻土区工程环境

高海拔多年冻土区以青藏高原为主,本书在其他章节已对其工程环境做了较详尽论述。这些工程环境条件对塔基工程的影响主要可归纳为以下几点:

输变电线路塔基跨越高原多年冻土区不同气候分区,年平均气温在-6～-2℃之间,降雨集中7、8月,气候干寒多大风;受气候分区、地形地貌、植被影响,多年冻土分布复杂多变,多年冻土地温分区有高温极不稳定和高温不稳定多年冻土区、低温基本稳定和低温稳定多年冻土区,多年冻土包括少冰、多冰和高含冰量多年冻土,受全球性气温升高趋势影响,多年冻土的稳定性受到不同程度的影响。

表7-57所示是青藏铁路110kV输变电线路所经多年冻土区域冻土特征数据。

青藏铁路110kV输变电线路所经多年冻土区冻土特征 表7-57

地　名	平均海拔高度(m)	多年冻土厚度(m)	多年冻土地温(℃)	季节融化深度(m)	富含冰段比例(%)
西大滩盆地	4450~4500	0~20	-0.5~0.0	2.8~3.5	14.28
昆仑山区	4500~4800	60~120	-3.5~-1.5	1.5~2.8	59.85
楚玛尔河盆地	±4600	0~40	-1.2~0.0	2.0~3.5	83.21
可可西里山	4600~4700	30~100	-1.8~-0.5	1.5~3.5	64.22
北麓河盆地	±4560	0~40	-1.0~0.0	2.0~3.0	70.59
风火山区	4500~4700	50~120	-4.0~-1.5	0.8~2.5	82.0
乌丽盆地	4580~4600	5~40	-1.0~0.0	2.5~3.0	56.75
沱沱河盆地	±4560	0~50	-1.0~0.0	2.5~3.5	49.08

气候环境和冻土环境的复杂多变给输变电塔基稳定性带来很大变数,需要在塔基设计中充分考虑冻土的退化对塔基稳定性的影响。

图7-51所示是与输变电线路并行的青藏公路沿线地形与多年冻土年平均地温图,可以作为坡脚热棒工作状态和持续工作时间的参考。

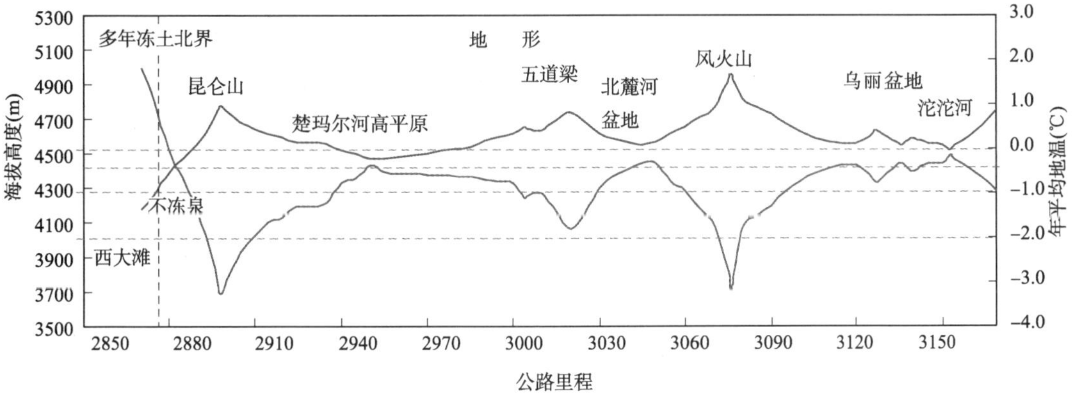

图7-51 与输变电线路并行的青藏公路沿线地形与多年冻土年平均地温图

总之,高纬度和高海拔地区输变电塔基工程是冻土点式工程,需要具体情况具体分析,有针对性的采用热棒技术。

7.5.2 塔基热棒设计

1)塔基热棒设计原则

塔基热棒设计首先须确定工程地段塔基热棒工程的设计原则,有三类:

①按地基土融化状态设计。

②按照减缓融化过程的原则进行设计。

③按地基冻结状态设计。

（1）按照地基土融化状态设计的地段：对于非多年冻土地基土、多年冻土区的基岩、融区、不冻胀性和不融沉性粗颗粒土等地段，均可按照地基土融化状态设计，可以采用人工开挖的方法施工。

①典型地段：纳赤台～西大滩、南口河南～不冻泉、五道梁河滩地、左冒西孔河阶地、雅玛河北桥阶地及南桥的山包、尺曲车站南北、沱沱河北等。

②基础类型：建议按非多年冻土区的常规方法确定杆塔基础类型，即斜面式或直面式刚性基础。

③防冻胀措施：在寒冷环境的某些地段的土质、水分条件下，季节冻结和季节融化层的冻结，可能对杆塔基础产生冻胀作用，需要作防冻胀措施及必要的冻胀稳定性检算。如果满足不了抗拔稳定性要求，需要加强防冻胀措施或加大基础埋置深度、扩大基础宽度，增强基础的自锚能力。设置热棒也是减缓冻胀的技术措施之一。

④基础埋置深度：根据地基土的冻胀性特点，基础底面的埋置深度应该超过当地最大季节冻结深度的2/3以上。通常可按非冻土区的常规方法设计杆塔基础的埋置深度。

（2）按地基土处于冻结状态设计的地段：在片状多年冻土地区的饱冰冻土、含土冰层，特别是具有厚层地下冰地段，大部分地基土层都是细颗粒的粉质黏土、黏土夹碎砾石，过多地带入热量会使多年冻土地下冰融化，引起塔基不均匀下沉。相反，回冻时也会产生较强的冻胀性。季节融化层通常都较为潮湿和松软，冻胀性一般都较大。这些地段应采取保护冻土地基的设计原则，或者适应地基土冻融变形的设计原则。

①典型地段：惊仙谷、清水河、楚玛尔河、可可西里、曲水河、北麓河、风火山—二道沟、乌丽山南坡等。

②基础类型及基础埋置深度：建议采用保护地基土冻结状态或适应地基冻融变形的设计原则，基础采用桩基、高垫层斜面式或直立式刚性基础、热棒桩基础、保温基础等。

输变电塔基础埋入冻土中，冰晶将土颗粒同基础表面胶结在一起，这种胶结力称为基础与冻土间的冻结强度，又叫冻结力，可以用冻土沿物体（如基础材料）表面的剪切强度来度量。

冻土能对基础产生切向冻胀力，既依附于冻结强度而又不等于冻结强度。冻土切向冻胀力的大小在数值上可等于或小于冻结强度，冻结强度只有在外荷载作用下才能表现出来。

冻结强度是个非常复杂的强度指标，其数值大小取决于冻土温度、含水率、土体颗粒成分、外荷载作用时间以及与土冻结在一起的固体表面冻结条件和物理性质。

高纬度多年冻土区的地基工程设计（如中俄原油管道220kV塔兴线输电线路）根据区域冻土条件和环境条件，一般采用保持冻土地基冻结状态和采用保持冻土地基冻结状态前提下控制地基土融化速率的设计原则。高海拔多年冻土区地基工程设计（如青藏铁路110kV输变电线路）一般采用“冷却地基”思想指导下保持冻结状态或控制融化速率的设计原则。这主要是因为两个地区自然环境和冻土环境不同，冷却地基的工程措施不完全相同，但是设置热棒在两类多年冻土区都是行之有效的工程措施。

在厚层地下冰和含土冰层地段及多年冻土年平均地温低于－1.0℃的地段，一般采用保持冻土地基冻结状态设计原则；在多年冻土年平均地温高于－1.0℃的地段和岛状冻土地段则应该采用以保持地基土冻结状态的措施控制地基土融化速率的设计原则；季节冻土发育地段应该充分考虑季节冻结层土体的冻胀对基础稳定的影响。

我国输变电线路的主要塔形有自立塔、钢管桩塔、混凝土杆塔、拉索塔等，这也是多年冻土区输变电工程采用的主要结构形式。

塔基设计需要考虑冻土地基的特殊性及其多变性对塔基稳定和强度的影响，这主要包括：地基土的冻胀和融沉变化；冻结地基土的高强度与流变性；冻土地基构造的不均匀性；冻土地基热稳定性。

在冻土湿地发育和气候环境较为湿润、地表水文条件复杂的中俄原油管道配套送电线路冻土区，目前铁塔基础设计主要是采用台阶式现浇混凝土基础，即台阶刚性基础和台阶柔性基础配合使用。地质软弱地段采用重力式基础，对在河床处伴有冲刷和流砂现象的地段选用灌注桩基础。考虑到冻胀情况，全线部分基础采用砂砾垫层和回填换土以及插入热棒降温等措施，垫层厚度为1.0~1.5m。

在自立塔扩大基础、钢管塔桩基的基础上，为加快多年冻土的回冻和冻结深度，降低多年冻土地温，减小多年冻土融化而引起的不均匀沉降，采用组合式热桩杆塔基础，或热棒柱式杆塔基础以及热棒刚性基础（图7-52和图7-53）。

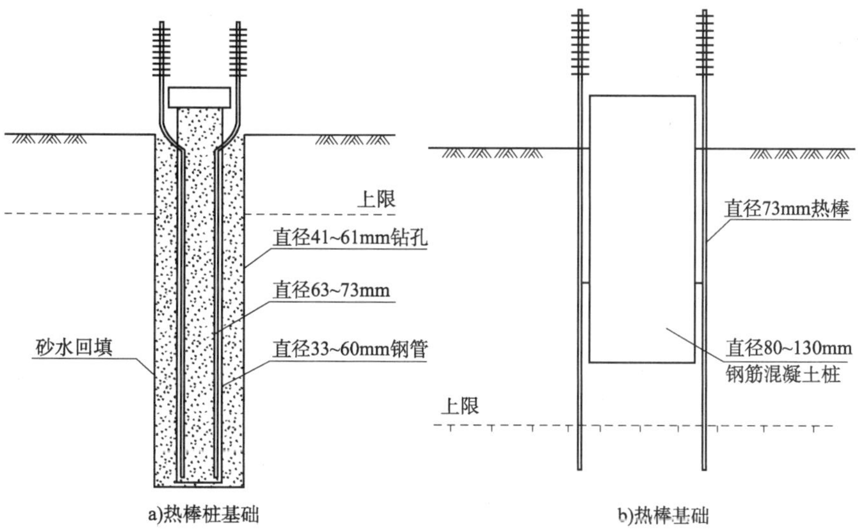

图7-52　热棒桩基础和热棒浅基础

根据黑龙江电力设计院（范长富等，1998）在220kV、110kV、35kV直线形、拉线门形或Π形的输电杆塔和开关与端子箱变电设备支架基础的试验结果取得良好的效果，解决了处于沼泽湿地。水位极高的冻胀性地基土地段的输变电设备冻拔病害情况。在齐齐哈尔至大庆的气候条件下（年平均气温为3.2~3.5℃），直径ϕ45、壁厚3mm的热棒周围测温数据表明，热桩作用范围约1.0m左右，较距热棒0.25m远的3.5m深度处的地温最低达-5.7℃，较未设置热桩的同一深度的地温低10℃，较距热棒1.0m远的土温也要低5.8℃。当在热棒桩作用范围延至热桩埋深（3.0m）以下，下沉较

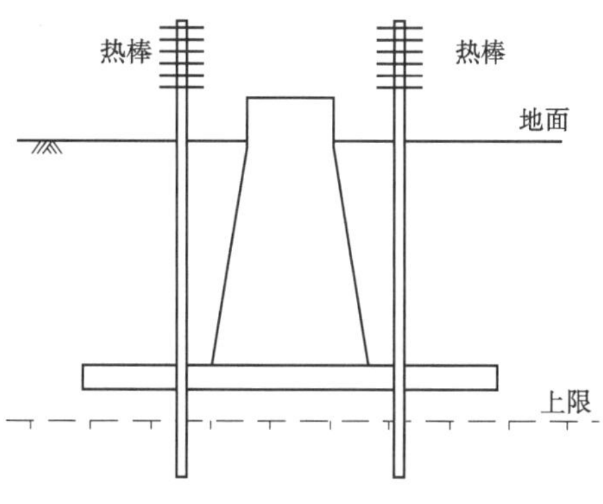

图7-53　热棒刚性基础

大的冻土楔。

如果采用热棒桩基础，可以使杆塔基础周围冻土最高地温降低0.5～0.8℃，即使冻土地温达到-1.0℃以下，也可以使冻土的冻结力(τ_f)增大20%，增大桩基础在多年冻土中的锚固强度，计算取值达到60kPa；同上述条件下，桩基埋置深度可减小17%。

热棒桩基础的埋置深度为：

$$h \geqslant \frac{(0.8H_f \times 2\pi r\tau_d) - 0.9G}{\tau_f \times 2\pi r} + H_f$$

$$h \geqslant \frac{(0.8 \times 2.5 \times 2 \times 3.1416 \times 0.5 \times 6) - 0.9 \times 4}{6 \times 2 \times 3.1416 \times 0.5} + 2.5 \geqslant 4.310\text{m}$$

按未来50年气温升高1.0～2.6℃，在气温较高(年平均气温约-4.5～-4.3℃)的楚玛尔河高平原地区，依然能保持杆塔基础处于冻结状态。

如果采用自立式扩大基础，在满足基础底板自锚深度，不论置于多年冻土上限上面或下面，只要将热棒埋深增加0.5～1.0m，就可以加速回填土的回冻，且保持多年冻土上限位置不变或有所上升。

2)塔基热棒设计

热棒传热影响范围与热棒蒸发段表面温度较差、温度波动周期和冻土的热物理性质有关。可用下面经验公式计算：

$$L = k\sqrt{\frac{\lambda T}{\pi C}\ln\frac{A_0}{A_l}}$$

式中：L——热棒传热影响范围，m；

k——修正系数，可取$k=0.20～0.25$；

λ——热棒蒸发段周围冻土的平均导热系数，kcal/(m·h·℃)；

T——热棒蒸发段温度波动周期，h；

C——热棒蒸发段周围冻土的平均热容量，kcal/(m^3·℃)；

A_0——计算期热棒蒸发段的温度较差，℃；

A_l——计算期热棒传热影响范围边界的温度较差，可取$A_l=0.1～0.2$℃。

计算选取基础断面地质条件由上至下依次为：

粉质黏土：黄褐色，可塑，冻结状态，融后稍湿；土质较均匀，无摇振反应，稍有光滑，韧性中等，干强度中等；含砂及砾砂约20%。局部有少量冰晶体。厚度为2.2m左右；主要物理力学指标平均值：$W=13.7\%$，$W_p=12.7\%$，$I_L=0.07$；土石工程分级为Ⅲ级。

粉细砂：黄色，中密，饱和。冻结状态，颗粒均匀，主要由石英、长石及少量暗色矿物颗粒组成，级配不良，黏性土含量约为10%。厚度为1.2m左右；主要物理力学指标平均值：$W=13.1\%$；土石工程分级为Ⅲ级。

淤泥质粉质黏土：灰黑色，软塑，冻结状态，融后流塑状态，夹有10～15mm厚的冰层，厚度为2.4m左右。主要物理力学指标平均值：$W=46.3\%$，$W_p=22.4\%$，$I_L=1.27$；土石工程分级为Ⅲ级。

圆砾：杂色，中密～密实，饱和；最大粒径50mm，黏性土含量约在10%左右，级配一般，厚度为0～7.5m。主要物理力学指标平均值：$W=12.4\%$；土石工程分级为Ⅲ级；土质不均匀，摇振反应无，稍有光滑，韧性中等；干强度中等；含砾石10%～20%。

砂岩：灰色，全风化～强风化；呈碎石状，土石工程分级为Ⅴ级；多冰～饱冰多年冻土区。

在基础埋设深度范围内主要以黏性土为主，含水率在13%～14%，计算取干容重为1500kg/m^3，含水率为13%，$A_0=16℃$；$A_l=0.1℃$；$T=4320h$（半年），$\lambda_f=0.91kcal/(m\cdot h\cdot ℃)$；$C_f=460.02kcal/(m^2\cdot ℃)$；$k=0.20$。

依据上述基础数据计算可得：

$$L=0.20\times\sqrt{\frac{0.91\times4320}{3.14\times460.02}}\times\ln\frac{16}{0.1}=1.67(m)$$

计算所得热棒传热影响范围半径作为热棒平面布置的基本依据。

图7-54所示为应用热棒的台阶式刚性基础形式和热棒布置图。据此，选用管径为89mm、长度为7m的热棒，这样热棒的蒸发段大部分能够位于多年冻土上限以下，从而可将热棒的制冷功率全部用于对冻土的冷却降温保护。结合上面热棒影响范围的计算结果，可以布置如下图所示，热棒影响范围能够将基础底面基本覆盖，从而保证在基底范围内受扰动冻土能够得到冻土的冷却效果影响。

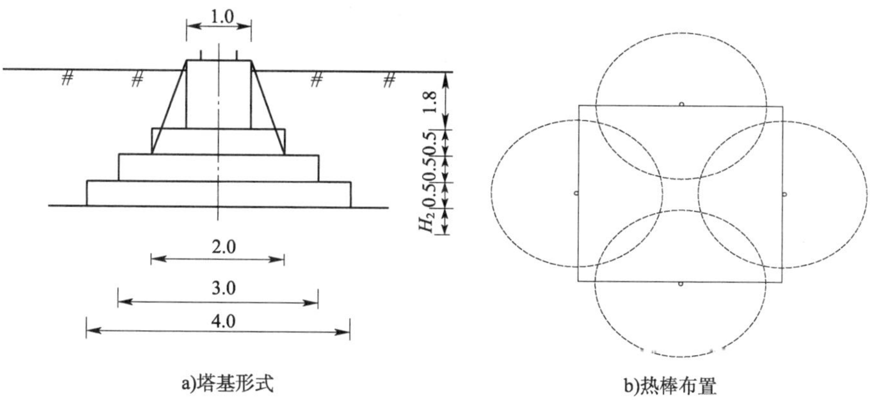

图7-54　塔基形式和热棒布置（尺寸单位：m）

7.5.3　塔基热棒实体工程

本书在热棒分类中曾经将塔基热棒和输油管桩基热棒分别归为非承载和承载热棒类型。塔基热棒和输油管桩基热棒最主要的区别在于塔基热棒是独立的不承载工程结构，和独立热棒的功能一样，仅仅是靠独立热棒的散热导冷过程冷却塔基周围土体，使塔基工程热扰动造成的基底多年冻土迅速回冻，在输变电塔基长期工作过程中提供冷量降低地基土体温度，使按照冻结状态设计的塔基保持设计状态，按照逐渐融化状态设计的塔基降低融化速率，保证输变电线路正常工作。

2006年前后，随着青藏铁路输变电线路工程全面施工，热棒技术在青海省玉树国家电网输变电线路施工和中俄输油管道的配套工程输变电线路施工中得到全面应用。据不完全统计，这些工程中冻土区经过的数百公里长度线路的输变电塔基全部应用热棒技术加固冻土地基。

7.6 冻土区点式基础病害整治热棒工程

冻土区工程病害整治采用热棒措施的原理在于:热棒特有的无源制冷功能给冻土地基施加额外的冷量,热棒灵活的设置方式可以在既有工程的任何部位施加这种冷量,热棒在条带状工程中的不同结构形式可以给工程施加不对称的外来能量,使不对称的热交换过程形成的病害以不对称的工程结构形式得到解决。

热棒的这些优势是其他任何工程措施无法比拟的,热棒措施可以在不破坏现有工程建筑体系的条件下,在工程运行的任意时间段进行,这些都使热棒技术成为冻土区既有工程病害预整治和病害整治的主要工程措施之一。

除了本书有关章节已经详细剖析的路基病害预防和整治以外,热棒技术还在一些点式基础(如桥梁墩台基础)或局部基础(涵洞基础)病害整治工程工作中,以及一些特殊的挡水建筑工程施工中应用广泛。

7.6.1 热棒整治桥梁基础病害

冻土区变形严重的桥梁与多年冻土的冻融过程及其对桥台的影响密切关联,与线路重车方向、桥梁长度等没有太直接的关联。根据调查和观测,青藏铁路通车运营以来发生的冻土区桥梁变形特点及规律,与桥梁墩台地基多年冻土工程地质特征、地基土物理力学特性及地基土温度场关系密切。

1)墩台变形影响因素

青藏铁路多年冻土区桥梁墩台变形具有其特殊性,与其他地区的主要区别在于青藏铁路多年冻土区独特的气候特点及冻土工程地质条件。多年冻土区工程问题主要为地基土冻胀及融沉;而对于采用桩基础的桥梁墩台变形问题则应主要考虑地基土活动层土体冻融作用,以及地基多年冻土升温或融化引起的桩基承载力变化。

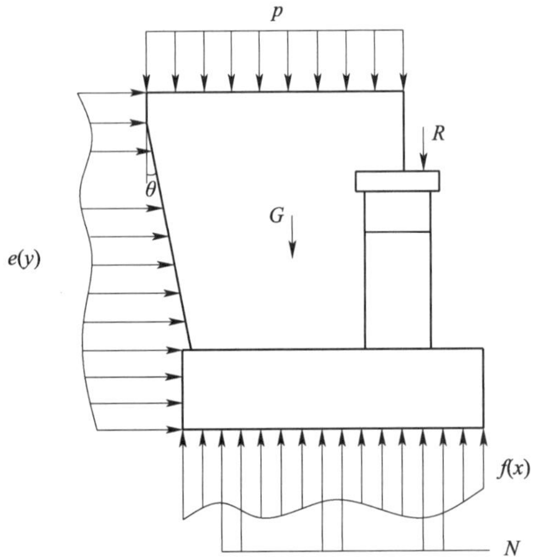

图 7-55 多年冻土地基上桥台受力示意图

p-包括桥台上部道砟、轨枕、钢轨、列车活载在内的换算荷载;R-梁重和桥面传来的支点反力;$e(y)$-台后土压力及水平冻胀力;G-桥台自重;N-桩基反力;$f(x)$-承台底面的法向冻胀力;θ-墩台斜面与垂直方向的夹角

多年冻土区桥梁墩台受力特点如图 7-55 所示的多年冻土地基上桥台受力示意图。桥台受到的主要力系为:①上部荷载;②梁自重和桥面传来的荷载;③台后土压力及水平冻胀力;④桥台自重;⑤桩基反力;⑥承台底面的法向冻胀力。

冻胀力是土体在冻胀过程中受到约束作用而产生的力,其约束能力越强,冻胀力就越大。多年冻土区桥台所受的冻胀力主要有:承台底面的法向冻胀力和桥台背后水平冻胀力、承台侧面的切向冻胀力。

桥台的冻胀力大小与土质条件、水分条件、温度条件等关系较大。桩基反力则与桩基摩阻力关系较大。

水平冻胀力是作用于桥台上的主要力系之一，相比库伦土压力要大几倍甚至十几倍。有关研究表明水平冻胀力沿桥台后侧面的分布随台后填料的不同会有所差异，细颗粒土的最大水平冻胀力出现在台背的中部或中下部，而粗颗粒土的最大水平冻胀力则出现在台背的下部。

承台底面法向冻胀力主要是由于季节融化层冻结而产生的。法向冻胀力主要与正冻土的性质、下垫层的压缩性、作用在土上的外压力及承台的高度有关。对于法向冻胀力，在《青藏铁路高原多年冻土区工程设计暂行规定》中没有明确规定，各种文献的差别也比较大，如《水工建筑物抗冰冻设计规范》(GB/T 50662—2011)规定的单位竖向冻胀力根据地基土地表冻胀量和基础板面积判断；而《水利涵闸工程抗冻技术》和《岩土工程勘测技术手册》则根据冻胀性类别和基础面积确定。本文中承台底面法向冻胀力由承台底部活动层范围内土体的冻胀所引起，其大小和分布取决于该土体的性质、厚度、含水率及冻胀率；且往往由于承台底部前侧和后侧的活动层厚度和冻结速率不同，其结果是冻胀力可能在顺桥方向上近似于梯形分布，如图7-56所示。

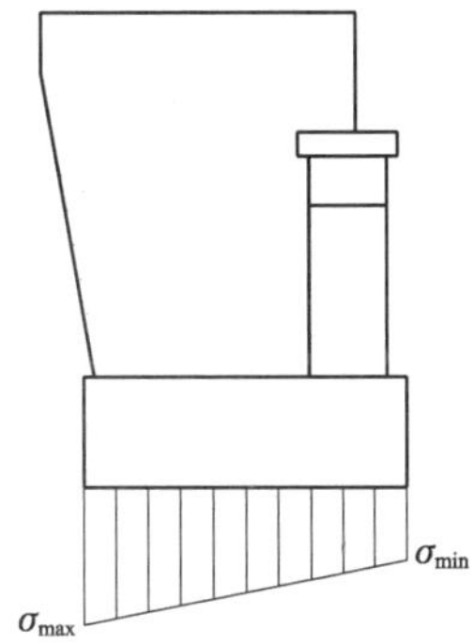

图7-56 承台底面法向冻胀力分布及形式

2)墩台变形病害表现形式

《铁路桥涵地基和基础设计规范》(TB 10002.5—2005)规定：对于有砟桥面桥梁，墩台均匀沉降量容许值为80mm，相邻墩台均匀沉降量之差容许值为40mm。

桥梁主要病害形式有：①垫石裂缝；②部分梁端上翼缘或下翼缘顶死，成了刚性接触，个别桥梁的梁与梁之间或梁与桥台之间用木板相隔；③限位块裂缝或断裂，其中K1401+888大桥7号桥墩上左侧格端限位块已断裂；④支座移动；⑤梁体内侧的抗震桩破坏；⑥胸墙裂缝。这些病害均反映出桥梁曾发生过异常变形。如图7-57所示。

a)DK0973+551格端桥台垫石裂缝

b)DK1260+821桥第5片梁格尔木端抗震桩拔起

c)DK1086+685格端桥头路基道砟墙拉端胸墙变形严重

d)DK1087+743路桥过渡段混凝土道砟墙破坏

图7-57 桥梁墩台病害

3)墩台变形病害整治技术路线

多年冻土地温场的变化表现出明显的周期性,具有如下特点:

(1)从地表至最大季节融化深度的活动层土体,地温变化直接受太阳辐射影响(即受地表面温度控制),正、负温度交替出现,具有明显的周期性,温度变化最为剧烈。

(2)从多年冻土上限至地温年变化带深度,土层温度常年为负值,地温年较差随深度的增加而减小,至地温年变化深度处变为零,地温的变化较小。

(3)年变化深度以下的多年冻土,其温度场受地表长周期(气温多年波动)温度变化的影响,表现出相对稳定状态。如图7-58所示。

a)冰椎发育高度大于1.4m

b)梁端间隙上大下小

图7-58 冰椎对DK1435桥台的影响

4)墩台病害整治机理

墩台病害整治措施的提出首先应该从其变形机理和影响因素出发,提出针对性整治方法。

图6-2b)所示是多年冻土地温场变化和地温指标及概念图,我们可以从地温场变化的幅度、层次及变化深度几个方面进行分析,影响桥梁墩台变形和稳定的地温因素有以下几个方面:

(1)浅层地温变化波动剧烈,冻融变化频率和变化幅度(地温年较差)影响桥梁墩台表面的冻融剥蚀作用强度。

(2)最大季节融化深度(上限)决定冻融剥蚀、冻融风化作用范围和冻胀作用发生范围。

(3)多年冻土年平均地温及上限以下地温变化幅度决定墩台稳定性。

桥梁墩台变形病害的整治方法应该从以下三个方面提出针对性工程措施:

(1)冷却地基土体,控制多年冻土上限下移,减少季节融化层变化对桥梁墩台的附加融蚀作用和附加冻胀作用。

(2)冷却地基土体,降低多年冻土地温和减少地温波动,保证桥梁墩台稳定性。

(3)水热侵蚀的防止:冻土区桥梁无论是跨建在常年流水还是间歇性流水地段,又或者是"以桥代路"地段,都会和地表水接触;水热侵蚀对地基多年冻土的退化影响巨大,同时水又是地基土冻胀的主要影响因素。

5)墩台病害热棒整治方法

墩台病害基本整治方法需要采取隔水板、挡水埝、挡水护道、排水沟等工程措施,全面疏通桥梁墩台排水系统,将地表水及冻结层上水阻挡在桥梁墩台基础之外,减少水对多年冻土的热侵蚀,同时减小地基土冻胀。除此之外,热棒技术是墩台病害整治的主要工程措施之一。

热棒工程措施的原理:在桥台台前、护锥及桥头路基坡脚插入热棒,用来抬升人为上限,消除承台下的融化层,缩短土体冻结时间,削弱冻胀发生的基础,同时降低多年冻土地温,增加地基的承载力。在桥头路基及护锥体上铺设片石层,与热棒协调工作,减小暖季传入地基土中的热量,进而减小季节冻融范围。

"以桥代路"的冻土区桥梁墩台以外地表水的侧向热侵蚀及间歇性流水热侵蚀是墩台变形病害的环境影响因素,可以采用热棒和挡水埝复合工程措施进行防治。

图7-59所示是青藏铁路DK1401桥梁墩台热棒整治工程措施实景。图7-60所示是附近参考地段2006年地温曲线图,图7-61所示是该桥梁附近冻土地质柱状图。由于桥梁墩台附近没有地质图,以附近地质条件作为参考。

a)　　b)

图7-59　青藏铁路DK1401桥梁墩台周围热棒整治变形病害

根据病害地段附近冻土地温曲线和地质柱状图可以看出该桥梁墩台所处冻土环境特征:

(1)地处唐古拉山区接近多年冻土南部边缘地区,多年冻土地温较高(-0.5℃左右)。

(2)多年冻土上限埋深较深(3m以上),多年冻土厚度较小(10~20m)。

(3)现场施工发现有冻土层下水出现,对冻土热侵蚀明显。

(4)4m左右深度见层状地下冰出现。

(5)根据长期观测资料,多年冻土上限下移趋势明显。

根据以上冻土工程地质资料和冻土环境条件,可以判定墩台病害是由于冻土逐渐退化,最大季节融深渐大,冻融风化对墩台表面剥蚀严重,发生冻胀的土层厚度加深,逐渐影响冻土稳定性,造成冻胀变形致使病害发生。

图7-59所示在冻土附近设置热棒,目的和效果有:

(1)冷却墩台周围地基土体,抑制多年冻土退化和减缓退化速率。

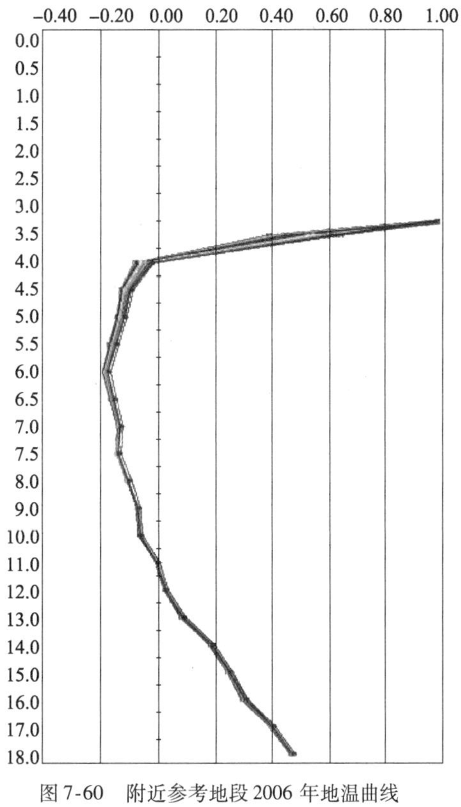

图7-60　附近参考地段2006年地温曲线

钻孔位置: DK1401+000										
孔号	天然孔	孔口高程(m)	4942	经度	91°48.290′	开孔日期	2004-09-20	钻机类别	XY-100
孔深(m)	18	地下水位(m)		纬度	33°05.293′	终孔日期	2004-09-21	钻进方法	干钻
地貌地表状态	钻孔位于唐古拉山谷地洪冲地层之上，地势较平坦，坡向S，坡度2°~3°，地表覆盖一层砂砾石，冻胀草丘发育，植被覆盖率40%左右。向南100m左右有一条河流，无热源，无人为破坏痕迹；钻孔距坡脚29.3m								

编号	深度(m)
Y-1	0.20
Y-2	1.00
Y-3	2.20
Y-4	3.00
Y-5	4.4~4.5
Y-6	4.9~5.0
Y-7	5.70
Y-8	6.1~6.2
Y-9	6.9~7.0
Y-10	10.00
Y-11	11.00
Y-12	12.50
Y-13	13.00
Y-14	14.00
Y-15	15.00
Y-16	17.00
Y-17	18.00

柱状剖面 1 : 100

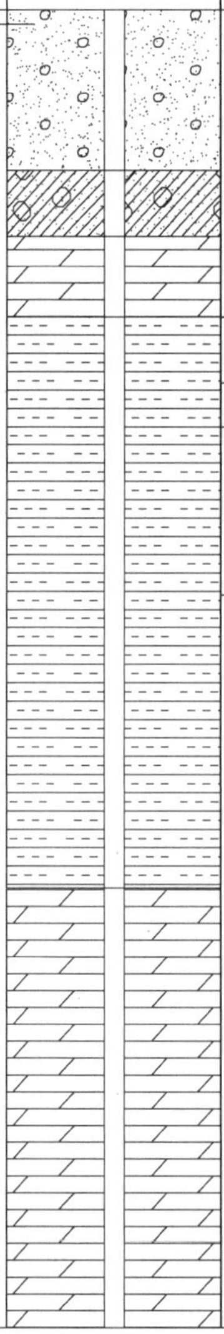

冻土类型	层底深度(m)	厚度(m)	岩芯性质及地质说明
	2.20	2.20	砾砂、砾石约占总体的30%，砾石最大粒径8cm左右，磨圆度差，无分选，砾石成分主要是灰黑色细砂岩强风化物；岩芯干燥，松散；表层15cm为植物根系层
	4.20	2.00	2.2~3.1m红色含砂砾黏土层，砾石约占总体的30%，砾石成分主要是灰黑色细砂岩强风化物，磨圆度好，无分选，岩芯短柱状；3.1~4.2m为泥灰岩的强风化层
B、F、D、S	12.00	7.80	橙红色泥岩强风化层；4.2m见地下冰，4.2~5.1m冰呈厚层状和包裹状，含冰量i=40%左右，属饱冰冻土；5.1~5.7m冰呈结晶块状和包裹状，含冰量i=30%左右，属富冰冻土；5.7~8.0m冰呈包裹状、层状和裂隙状，含冰量i=20%左右，属多冰冻土；8.0m以下冻土呈整体状构造，含冰量i<10%，属少冰冻土
S	18.00	6.00	泥灰岩强风化层，岩芯短柱状；冻土呈整体状构造，含冰量i<10%，属少冰冻土

深度标尺：0、5、10、15、20

图 7-61　青藏铁路 DK1401 地段冻土工程地质柱状图

(2)抬升多年冻土上限,减少季节冻胀对墩台稳定性影响。

(3)在墩台周围设置热棒保护圈,减少周围水热侧向趋势对冻土和墩台稳定性影响。

目前热棒设置已经近4年,病害减缓,未发生进一步影响墩台稳定性的现象。

7.6.2 涵洞基础病害整治热棒工程

冻土区涵洞由于是基底过水建筑,涵洞形成通风环境,轴线方向环境温度多变,造成不同部位冻胀变形不一,对工程建筑物的平稳运行形成巨大影响。这种局部温度多变造成的冻胀变形影响工程稳定性,适宜应用热棒技术进行整治。

1)青藏公路冻土地段涵洞病害

青藏公路穿越高原多年冻土区528.5km。冻土环境条件复杂,穿越六大高原严寒气候分区,冻土地质及水文地质条件复杂,地下冰发育,冻结层上水发育,年际冻融交替频繁。伴随发生的融沉、冻胀是造成涵洞结构物破坏的主要原因。青藏公路冻土区涵洞病害现象多表现为涵洞洞口基础下沉、翼墙倾斜。

青藏公路冻土区涵洞的顺水流方向长度一般在10多米以上,涵洞基础类型分为拼装式和整体式两种。如上所述,冻土工程建筑物的病害基本是由于季节融化层的存在和季节融化层深度的变化造成,发生季节冻融变化的活动层土体的冻胀和融沉,以及工程热扰动造成的多年冻土融沉,使涵洞地基承载能力发生变化;涵洞洞身涵台混凝土强度受融化下沉产生的应力破坏作用,导致涵台产生开裂下沉或倾斜破坏。拼装式涵洞基础往往因其沉降缝处理不当,过涵流水部分渗漏,水热侵蚀使涵台下沉开裂进一步扩大,更加剧了涵身的破坏。涵洞进出口的破坏是青藏公路多年冻土区涵洞工程中发生最多、最严重的病害。它包括端墙、八字墙开裂,八字墙倾斜、下沉或进出口坍塌等。

冻土区涵洞基础埋深的原则是:涵身部分基础埋深为当地天然上限的0.7倍,进、出口端2m范围内涵身基础及八字墙基础埋深,均比中部涵身基础大0.4m。工程实践和科学研究证明,涵身中段在涵洞建成后,多年冻土上限有所上升,基础底面可落入人为上限以下,所以涵身是稳定的;而进、出口端多年冻土上限,则多有不同程度的下降,如图7-62所示。因此,发生进、出口端涵身及八字墙变形破坏的较多。

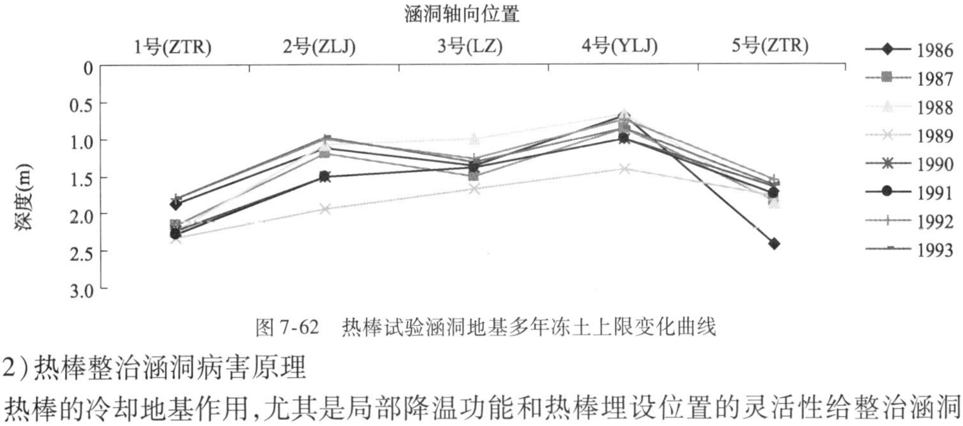

图7-62 热棒试验涵洞地基多年冻土上限变化曲线

2)热棒整治涵洞病害原理

热棒的冷却地基作用,尤其是局部降温功能和热棒埋设位置的灵活性给整治涵洞病害带来新思路和新方法。针对涵洞病害的产生多是由于季节融化层的存在和季节融化层厚度变化带来的冻胀融沉多变性造成,设置热棒的主要目的是通过冷却地基土体,增加土体的

“冷储量”,提高多年冻土的热惰性,减缓或消除多年冻土上限的下移变化,最终达到减缓和消除季节融化层中冻胀融沉作用对涵洞稳定性的影响。

3)热棒整治涵洞病害实例

为减少冻害作用对涵洞洞口建筑的破坏,1989 年,在青藏公路多年冻土地区的五道梁,公路里程 K3018 +616(可可西里山区)处,进行涵洞热棒冷却地基试验,以控制涵洞进、出口端及八字墙的变形。

试验涵洞是1984 年青藏公路第二次改建工程时修建的钢筋混凝土盖板涵。地基基础按保护多年冻土原则设计,涵洞海拔高程 4720m 左右,区域年平均气温 -6.0℃,多年冻土年平均地温 -3.0 ~ -2.0℃,天然上限 1.4 ~1.65m,地下冰发育,体积含冰量在 80% 以上。地层组成为棕红色砂黏土和黏砂土,下伏泥灰岩碎块。地表植被良好,草皮覆盖率达 90% 左右。

1985 年开始进行的地温、变形观测揭示,涵洞主体工程无明显冻胀融沉变形,但涵洞出口破坏严重,洞口铺砌开裂并下沉约 20cm,八字墙内倾 10cm 左右;涵身中部铺砌产生断裂,缝宽 2 ~3cm,部分水流由裂缝处渗漏入涵底铺砌层下形成潜流。水热趋势使多年冻土地温升高,上限下移,导致洞口产生不均匀沉降。八字墙及端墙分别下沉 5.3cm 和 3.8cm。

热棒整治涵洞病害工程试验如图 7-63 所示,该涵洞是已成涵洞(1984 年建成),施工不便,所以热棒的布置只能根据涵洞来决定。在进、出口端各埋设热棒 4 根,用以冷却进、出口端涵身及八字墙地基。热棒间距最小 2.37m,最大 3.56m;埋深最小 3.5m,最大 4.5m。

4)热棒整治涵洞病害效果

热棒整治涵洞病害效果通过地温观测数据揭示。

在试验涵洞中心轴线和进、出口端垂直轴线方向上布置了测温孔,用以测定涵洞地基温度场的变化。为了与天然地温进行对比,在八字墙外 9.5m 处,设有天然地温观测孔(如图 7-63 所示工程现场试验图片)。地温观测结果列于表 7-57a)和表 7-57b)中。

a)

b)

图 7-63 青藏公路热棒整治涵洞病害工程试验

从表 7-57a)和表 7-57b)可以看出:在热棒埋设初期,热棒传热的影响范围较小(热棒离测温孔距离均在 1.5 ~2.0m),各测温孔的地温不能反映热棒的降温效果。而涵洞对地温的影响较明显,所以 1989 年 10 月的平均地温较天然地温普遍要高。至 11 月,热棒的传热影响范围逐渐扩大到测温孔位置(除 2、3、4 号孔外)。11 月起热棒连续工作以后的地温平均值开始呈现普遍低于天然地温的现象。1990 年 1 月地温数据显示,1 号孔平均地温较天然地温低 4.27℃,其余各孔差值均在 2.2℃以上。

2 号孔和 4 号孔离热棒 2.7m,热棒传热影响逐渐削弱,3 号孔离热棒 6m,已经超出了热棒传热影响范围。

热棒试验涵洞深 **2.5m** 内月平均地温比较表(单位:℃) 表7-57a)

测温孔编号	日期								
	1989			1990					
	10	11	12	1	2	3	4	5	6
1	0.62	-1.34	-4.67	-8.16	-8.58	-8.30	-4.06	-1.27	-0.51
2	0.13	-1.21	-2.34	-5.12	-6.26	-6.88	-4.78	-2.88	-1.29
3	0.04	-0.83	-1.52	-3.22					
4	0.07	-1.08	-1.06						-1.91
5	0.05	-0.89	-3.16	-5.68	-7.98	-8.36	-5.14	-2.42	-1.37
热1	0.28	-0.64	-3.08	-6.12	-7.92	-7.18	-3.88	-1.56	-0.30
热2	-0.18	-0.83	-3.25	-6.58	-8.24	-7.98	-4.62	-1.96	-0.93
热3	0.20	-0.95	-4.06	-7.96	-8.90	-8.80	-5.48	-2.04	-0.88
热4	-0.20	-0.98	-4.53	-7.30	-8.38	-8.58	-5.56	-2.80	-1.79
热5	0.00	-0.61	-3.55	-7.38	-9.14	-9.40	-5.76	-2.22	-1.26
天然	-0.20	-0.75	-2.07	-3.44	-6.40	-6.40	-3.96	-1.53	-1.35

热棒试验涵洞深 **3.5m** 内月平均地温比较表(单位:℃) 表7-57b)

测温孔编号	日期								
	1989			1990					
	10	11	12	1	2	3	4	5	6
热1	-0.03	-0.67	-2.52	-4.99	-7.19	-6.83	-4.11	-2.03	-0.92
热2	-0.47	-0.89	-2.74	-5.04	-7.39	-7.37	-4.67	-2.31	-1.42
热3	-0.09	-0.94	-3.39	-6.60	-8.06	-8.19	-5.51	-2.49	-1.43
热4	-0.60	-1.16	- -3.37	-5.96	-7.37	-7.67	-5.43	-3.14	-2.21
热5	-0.28	-0.74	-3.02	-6.11	-8.21	-8.60	-5.74	-2.67	-1.72
天然	-0.66	-1.02	-1.96	-2.89	-5.34	-5.62	-3.87	-2.40	-1.74

试验涵洞地基多年冻土上限的变化(单位:m) 表7-57c)

测点部位	左洞口	左路肩	路中	右路肩	右洞口
1989年上限	2.3	1.95	1.6	1.7	1.95
1993年上限	1.8	1.5	1.18	1.37	1.64
抬升值	0.50	0.45	0.42	0.33	0.31

图7-64所示为热4孔和天然孔各测点的地温进程曲线和地温振幅变化曲线。

图中明显地反映了热棒传热对地温的影响。热4孔各点地温振幅较天然孔大得多。将观测得出的热4孔和天然孔3.5m深处地温进行比较可清楚看出,自寒季热棒启动工作并持续工作以后,地基土体温度一直低于同时间相同深度的天然地温,这说明热棒工作正常,具有持续和有效的冷却降温功能。

试验观测资料表明:1989年埋设热棒后,1990年,涵洞洞口基础停止沉降。至1993年,涵洞地基多年冻土上限平均抬升0.42m[表7-57c)]。涵洞再无冻胀和下沉变形。涵洞热棒地基试验是成功的。

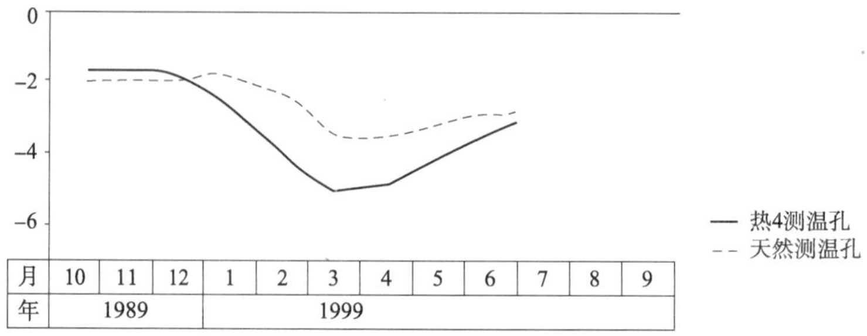

图7-64 热4孔和天然孔3.5m深处地温比较

7.6.3 冻土区隧道浅埋段热棒

根据现有研究和工程调查,多年冻土区隧道可以分为三类:

(1)隧道整体全部位于多年冻土层内(部分地段为浅埋段,即隧道顶板埋深小于多年冻土年变化层深度,最特殊的浅埋段为小于多年冻土上限埋深)。

(2)隧道整体局部位于多年冻土层内。

(3)隧道全部位于非多年冻土层内。

隧道工程病害主要集中在进出口和浅埋段,这些地段病害的发生主要是由于局部季节融化层的变化造成的冻胀融沉变形使工程建筑物稳定性受到破坏,或者是局部季节融化层形成水流通道造成隧道局部暖季涌水寒季挂冰病害。

图7-65是2001年青藏铁路昆仑山隧道浅埋段病害处理的设计方案示意图。

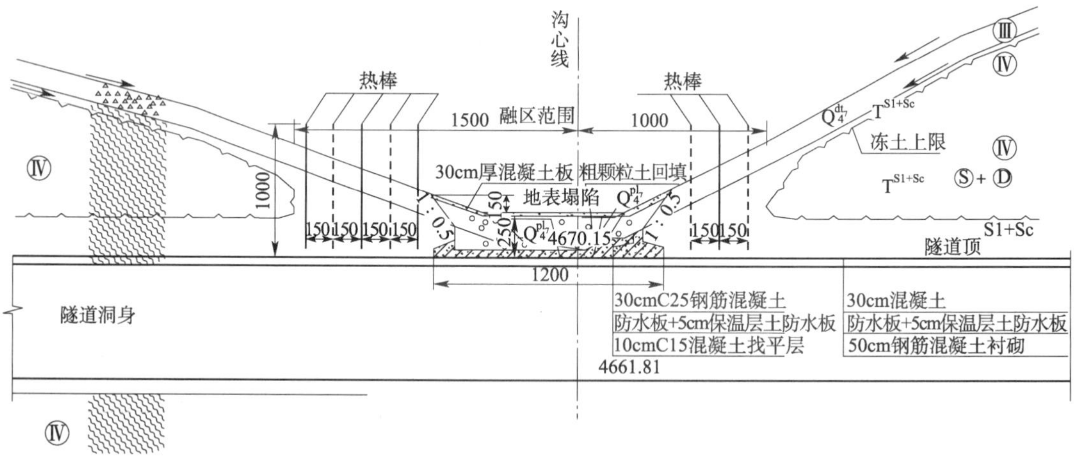

图7-65 昆仑山隧道浅埋段病害处理方案示意图(尺寸单位:cm)

2001年昆仑山隧道施工过程出现局部涌水现象,现场调查和冻土地质资料表明,该隧道中间局部为埋深仅有2.8m的隧道浅埋段,由于该地段多年冻土的上限埋深在1.8~2.0m,而隧道内部的环境温度较高,使这个隧道的浅埋段成为季节冻结发生地段,暖季浅埋段隧道顶部涌水,寒季则发生挂冰及冻胀。

设计部门根据冻土地质条件和隧道周围水文地质条件调整了原来设计方案，提出了防、排、截、堵综合处理措施，涌水和挂冰冻胀情况基本得到治理。

工程措施分为：

(1)浅埋段洞内全断面采取注浆堵水措施。

(2)冻土上限附近设钢筋混凝土板进行隔水处理。

(3)对沟床陷坑内松散物资清除后采用混凝土回填并进行了防水、保温处理。

(4)地表换填粗颗粒土以利冻结层上水排泄，并对地表进行铺砌。

(5)为确保冻结层上水在钢筋混凝土板以上通过，沿钢筋混凝土板周边设热棒，以提高冻土上限，避免冻结层上水下渗，如图 7-66 所示。

a)　　b)

图 7-66　2001 年青藏铁路昆仑山隧道浅埋段热棒和隧道施工

昆仑山隧道浅埋段热棒设置实际上是想达到两个方面的工程目的：一是借助热棒的冷却作用冷却浅埋段地基土体，其保持冻结状态；二是热棒设置在洞顶排水通道两侧斜坡上抬升两侧多年冻土上限，对冻土层上水起到阻止作用。

同样的问题在青海省冻土区隧道施工中也出现，如图 7-67 所示，青海省 109 国道将路岭隧道进出口处和浅埋段也采用局部热棒冷却地基方式预防和整治这种由于局部热融引起的病害。

a)　　b)

图 7-67　青海省 109 国道将路岭隧道热棒

青海省 109 国道将路岭隧道地处玉树多年冻土地区，它的浅埋段和昆仑山隧道类似，只是洞顶山坡是整体，没有排水沟和过水断面，因此设置热棒更容易达到保持洞顶土体在冻结状态、防止隧道洞顶漏水的工程效果。

7.6.4 季节冻胀防治热棒工程

寒区路基变形可以分为两类:多年冻土区主要是由季节融化过程主导的融沉变形,季节冻土区主要是由季节冻结过程主导的冻胀变形。青藏铁路的工程实践证明,以“冷却地基”为主体的技术路线及相应的工程措施解决了融沉变形带来的路基稳定性问题,以往季节冻土区的冻胀变形都是以控制季节冻结深度范围土体的冻胀性质和控制路基填土的含水率,这解决了季节冻胀带来的路基稳定性问题。

如果说季节融沉问题可以用“冷却地基”的思路去解决,作为矛盾的另一方面季节冻胀问题应该可以采用“加热地基”的思路去解决。

最近作者和江苏中圣高科技产业公司研发团队以“加热地基”的思路成功开展了防止季节冻胀的实体工程试验。

1)加热地基技术原理

应用加热地基的技术路线,所用热棒和本书以上所述多年冻土区热棒有很大区别,热棒是一种具有高导热性能的传热元件,它通过密闭真空管壳内工作介质的相变潜热来传递热量,其导热性能是金属铜、银的数千倍。因此,它具有传热能力大、传热效率高等特点。

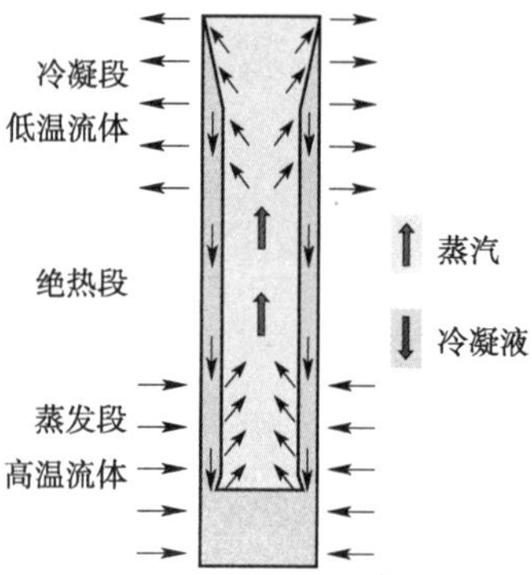

图7-68 加热地基热棒工作原理

本方案中采用的也是重力式热棒(图7-68),热棒的蒸发段采用管束形式,以获得较大的换热面积,底部高温流体输送热量到加热地基处的冷凝段,考虑到季节冻土地区的环境与温度条件,采用太阳能与电加热互补复合式新型热棒束来加热铁路路基,并保持恒定在某一适当的温度(该温度可根据需要进行设定),确保路基及以下地基均不产生冻结。

这种新型热棒传热元件,可以单根使用,也可以组合使用,根据现场的条件,配以相应的流通结构组合成各种形式,达到高效传热的目的。

2)季节冻土区加热路基工程断面

青藏铁路环青海湖路基地段海拔3000m,全年最冷月气温为-13~-12℃;最大季节冻深为2.6~3.0m,选取三处路基进行加热法治理冻胀现场试验,线路里程为:

(1)青藏线DK221+725~DK221+755(30号-31号铁+8号枕),工程设置在线路右侧,其断面和外形如图7-69所示。

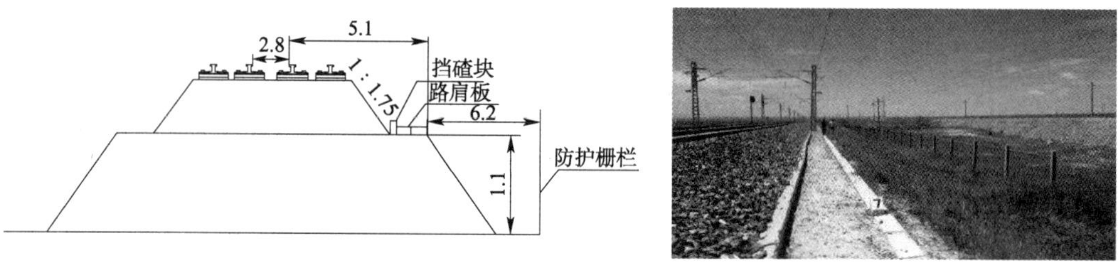

a)断面图

b)外形图

图7-69 DK221+725~DK221+755断面图和线路右侧地形图(尺寸单位:m)

(2)青藏线DK173+307~DK173+325(13号铁+13号-42号枕),工程设置在线路右

侧,其断面和工程外形如图7-70所示。

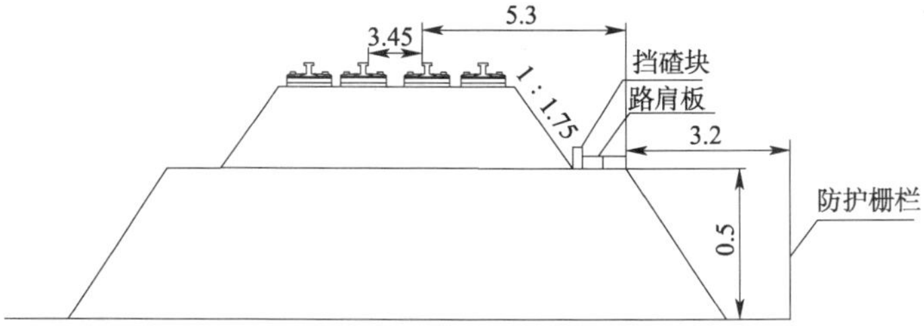

a)断面图

b)外形图

图7-70 DK173+307~DK173+325断面图和线路右侧外形图(尺寸单位:m)

(3)青藏线DK166+875~DK166+885(36号铁+1号-17号枕),工程设置在线路右侧,线路断面如图7-71a)所示,线路外形如图7-71b)所示。

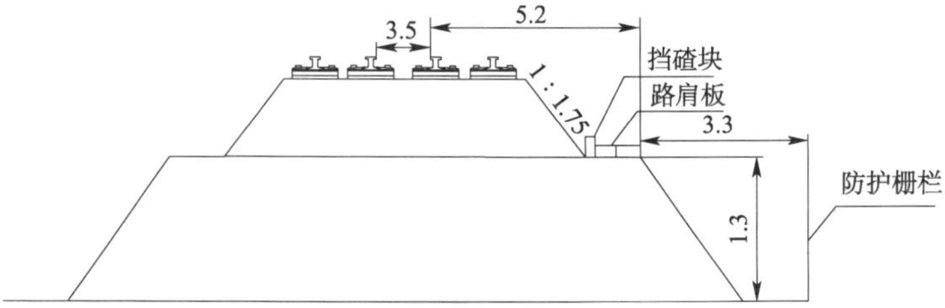

a)断面图

b)外形图

图7-71 DK166+875~DK166+885断面图和线路右侧边坡外形图(尺寸单位:m)

原路基边坡的坡比为1:1.75,埋设施工时对路基边坡进行刷坡,刷坡后路基边坡的坡比为1:0.5,则热棒束的埋地段从路肩面以下1m的路基边坡插入路基本体,以5°的倾斜角埋设7m延长至轨道中心线处。

3)加热地基换热计算

采用加权法估算等腰梯形路基各物料的物性参数平均值,在此,鹅卵石(小石块)的权重取0.5,其余物料平均后合并取权重0.5。各物料的物性参数选取见表7-59。

等腰梯形路基各物料的物性参数 表7-59

材料名称	密度ρ(kg/m^3)	比热C_P[kJ/(kg·℃)]	导热系数λ[(W/(m·℃)]
湿土	1700	2.01	0.69
鹅卵石(小石块)	1340	0.8374	0.36
湿砂	1650	2.05	1.13
钢筋混凝土(轨枕)	2350	0.837	$1.55+2.9\times10^{-3}t$
假设平均值	1520	1.23	0.74

在路基进行加热前取其原始整体平均温度为-12℃,加热至2℃,并恒定在这一温度,再考虑到地热往上传输的因数(若地下水因毛细吸液现象将液态地下水传送至等腰梯形路基,则可假定该地下水高于0℃),则可使等腰梯形路基及以下地基不产生冻结现象。

假设:等腰梯形路基向环境的散热量为总加热量的5%。

4)加热地基方案设计

(1)热棒束的布置方式与数量

根据三条试验段的断面结构及坡边地形,考虑结构、安装、引用等因素,统一热棒束结构尺寸,有利于工程化实施。

①青藏线 DK221+725~DK221+755(30号-31号铁+8号枕)。

根据要求在该路段右侧,试验段线路长度30m,每隔1.5m安插1组新型热棒束,共计21组,安装断面如图7-72a)所示。

②青藏线 DK173+307~DK173+325(13号铁+13号-42号枕)。

根据要求在该路段右侧,试验段线路长度18m,每隔1.5m安插1组新型热棒束,共计13组,安装断面如图7-72b)所示。

③青藏线 DK166+875~DK166+885(36号铁+1号-17号枕)

根据要求在该路段右侧,试验段线路长度10m,每隔1.5m安插1组新型热棒束,共计8组,安装断面如图7-72c)所示。

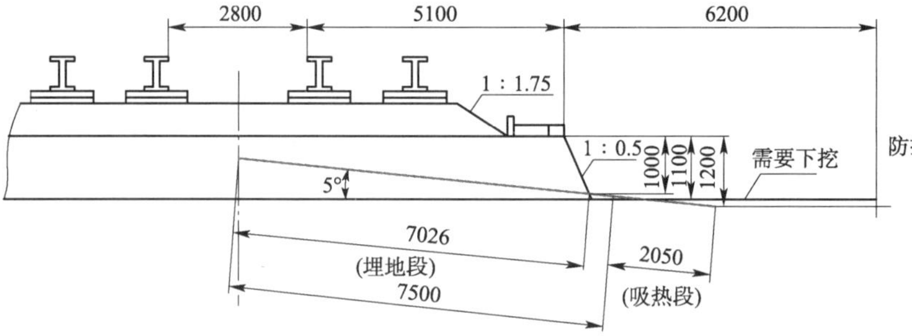

a)青藏线DK221+725~DK173+755断面布置示意图

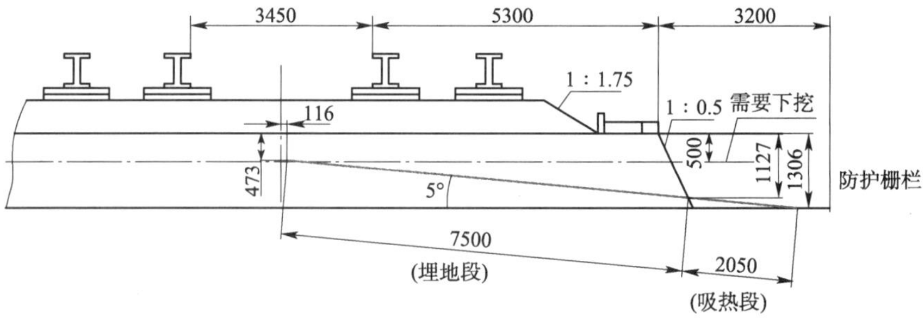

b)青藏线DK173+307~DK173+325断面布置示意图

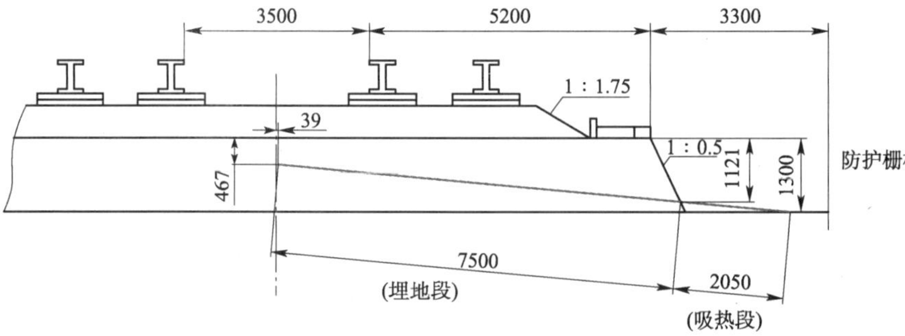

c)青藏线DK166+875~DK166+885断面布置示意图

图7-72 青藏线三个断面布置示意图(尺寸单位:m)

(2)热棒束结构

太阳能与电加热复合新型热棒束结构如图7-73所示。热棒吸热段(也称蒸发段)以管束形式布置,其上下由联箱管连接,构成热棒的吸热面,在上联箱管中安装测温用套管,采用热电偶就地测量其温度,并与控制器相连接;在下联箱管中安装有辅助电加热套管,在其中插入电加热棒,可实现电加热与温度的自动控制与切换;电加热棒的功率不大于2kW。电加热棒在下联箱中独立安放,可随时更换。热棒的放热段也即埋地段,采用直翅片管,以有效增加散热面积。

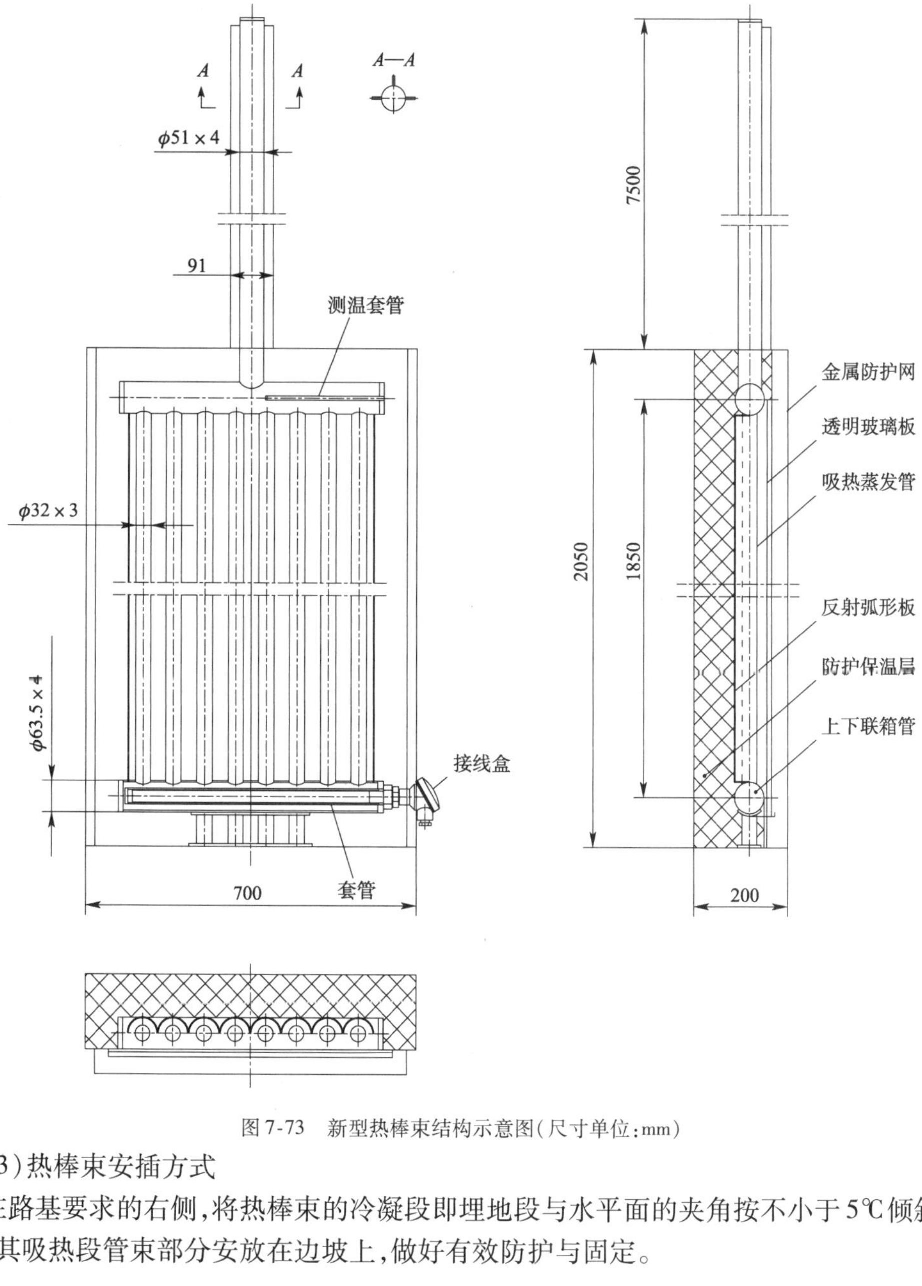

图7-73 新型热棒束结构示意图(尺寸单位:mm)

(3)热棒束安插方式

在路基要求的右侧,将热棒束的冷凝段即埋地段与水平面的夹角按不小于5℃倾斜插入路基,其吸热段管束部分安放在边坡上,做好有效防护与固定。

（4）温度控制

采用可控硅自动控制装置，对两种互补加热方式实行控制，即自动通断电加热棒的电源，具体方法为：热棒束上联箱管内的热电偶与温控仪连接，测量显示温度，也可根据需要输入设定温度，以接通或切断电加热棒的电源。

当热棒束测温点温度达到50℃（可根据试验需要调整该设定温度），温控仪就触发可控硅自动切断电加热棒的电源，单独采用太阳能对路基进行加热。当阴雨下雪天气或夜间无太阳光照射时，测温点温度降到5℃（可根据需要调整该设定温度），温控仪就触发可控硅自动启动电加热棒的电源，采用电加热棒对路基进行加热，实现互补加热及自动切换。若采用380V/220V、50Hz三相交流电源，则可每6～8组热棒束合用1套自动温控装置，如图7-74所示。

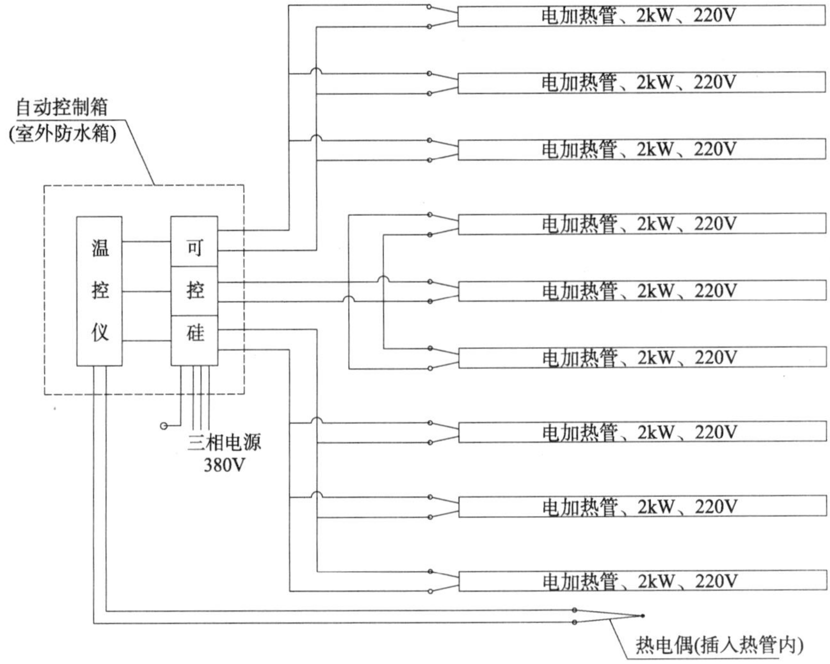

图7-74　控制线路示意图

（5）结构材料

图7-73中换热棒材全部选用20号无缝钢管；金属防护网、反射弧形板均采用304不锈钢材料制作；吸热段保温材料选用硅酸铝陶纤，外加防护箱体。换热棒外表面做有效防腐处理。

（6）热量估算及结果

以各段给定轨道（半个梯形路基）作为计算范围，以已知条件及假设条件为计算依据，将平均温度为−12℃的半个梯形路基加热至2℃，设其向环境的散热量为总加热量的5%，经初步计算各段所需加热量见表7-60。

假定：单轨半个梯形路基平均温度为−12℃，加热至2℃，所需电加热的总功率$Q_{电}$为83.3 kW，则需要的时间约160～180h。维持路基在2℃的总功率小于10kW。

由于青藏铁路所处地理位置和海拔高度的太阳光照射时间比中东部地区长、太阳光辐射强度也大，所以采用新型热棒进行太阳能和电加热互补加热铁路路基的方式，具有很大的应用价值和节电效果。

计算结果(从 -12℃加热至2℃)　　表7-60

路段	DK221+725~DK221+755	DK173+307~DK173+325	DK166+875~DK166+885
安装方位	右	右	右
埋地长度(m)	7	7.5	7.5
管束组数量(组)	21	13	8
所需总热量(kJ)	2.7×10^7	1.6×10^7	1.0×10^7
电加热功率(kW)	42	26	15.3

5)热棒束安装施工

已知原路基边坡较缓,坡比为1:1.75,埋设施工时需要对路基边坡进行刷坡,刷坡后路基边坡的坡比为1:0.5,则热棒束从路肩面以下1~1.1m处的路基边坡插入路基本体,斜上5℃埋设深度7~7.5m,热棒束的吸热段牢固可靠的安置在边坡上。

(1)热棒束安装钻孔要求

为确保插入孔的角度和位置,采用轨道式导向钻孔,与水平面的夹角为5°,每间隔1.5m钻1个孔,依次埋入深度为7m或7.5m的直翅片管子,管子外径ϕ51mm,翅片高度20mm,埋地段直翅片管最大宽度91mm。进行合理钻孔,钻孔施工时套管材料采用普通钢管。热棒装入后,需要在热棒与套管间进行灌浆充填,且端部做有效密封。

(2)热棒束控制要求

①DK221+725~DK221+755线路段。

每隔1.5m安插1组新型热棒束,共计21组,采用3套控制装置,每7组热棒束共用一套。

②DK173+307~DK173+325线路段。

每隔1.5m安插1组新型热棒束,共计13组,采用两套控制装置。

③DK166+875~DK166+885线路段。

每隔1.5m安插1组新型热棒束,共计8组,采用1套控制装置。

每套自动控制装置包含温控仪、热电偶、可控硅、箱体,电缆线长度视现场条件另定。

目前这一试验验证研究还在青藏铁路季节冻土地段进行。

7.6.5 冻土层上水热棒防治技术

热棒的散热导冷功能在降低土体温度和冷却土体效果方面的最终体现,往往反映在对多年冻土上限的抬升上,多年冻土上限局部抬升可以阻止冻土层上水对冻土区主体工程的水热侵蚀作用,对多年冻土区工程的稳定性起到保护作用。因此热棒可以灵活应用在冻土工程的不同部位,保护或减少冻土工程不同部位所受到的侵蚀。

冻土区路堑工程的稳定性主要由路基基床底部多年冻土热稳定性、路堑边坡坡面稳定性控制。这其中路堑边坡稳定主要由多年冻土上限形态和冻土层上水紊流状态决定。

2004年青藏铁路唐古拉山区DK1487+830处所作的挡水埝热棒试验说明了热棒对冻土层上水的阻止作用机理(图7-75)。

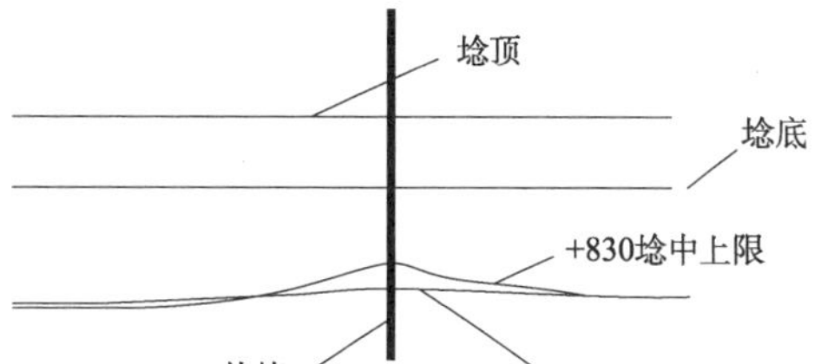

图7-75　热棒对冻土层上水的阻止作用机理

图7-76所示是挡水埝距热棒不同距离时地温—深度曲线随热棒工作时间的变化。图中可以看出DK1487 +830挡水埝距热棒50cm地表以下4.0m处为负温[图7-76a)];距热棒150cm地表以下4.8m处为负温[图7-76b)],距热棒200cm地表以下5.1m处为负温。距热棒50cm处比距热棒150cm和200cm处上限分别提高80cm和110cm。说明DK1487 +830断面热棒在一定范围内提高了冻土的上限,但影响半径较小。DK1487 +850挡水埝距热棒50cm地表以下4.6m处为负温;距热棒150cm地表以下4.4m处为负温;距热棒200cm地表以下4.0m处为负温。

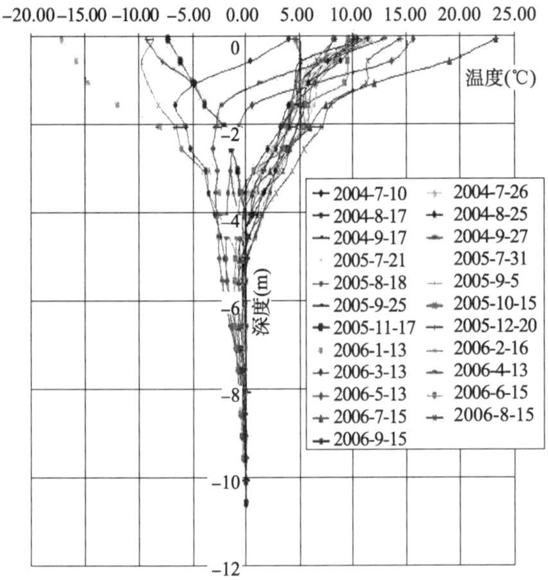

a)距热棒50cm

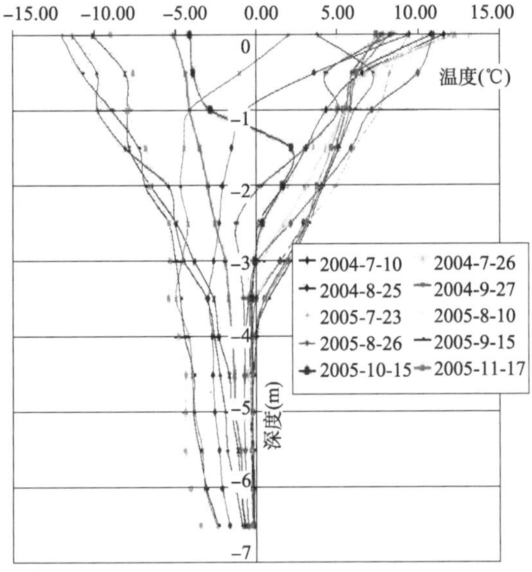

b)距热棒150cm

图7-76 挡水埝距热棒不同距离处温度随时间、深度变化曲线

利用上述试验结果,青藏铁路冻土区路堑顶部挡水埝工程设置热棒阻隔冻土层上水向路堑坡面流动,旨在阻挡冻土层上水对坡面的水热侵蚀作用。图7-77所示是北麓河路堑顶部挡水埝的热棒。

a)

b)

图7-77 青藏铁路北麓河挡水埝热棒工程和路堑边坡坡脚热棒

路堑边坡坡脚和L形挡墙基础热棒(图7-78)则是利用热棒冷却土体、稳定或抬升多年冻土上限的作用保护路堑边坡坡脚和L形挡墙底部多年冻土的热稳定性,使路堑边坡保持稳定,避免发生热融滑塌,使挡墙基底多年冻土稳定,避免挡墙倾覆。

图7-78 北麓河路堑边坡L形挡墙基础热棒

正是由于热棒的散热导冷功能可以冷却或者降低地基土体温度,因而使工程局部地基稳定性提高。在冻土区工程的局部位置应用热棒,可以保证工程稳定,热棒安装位置灵活多变使其在冻土区工程病害预防整治、局部工程补强设计施工中得到越来越广泛的应用。

7.7 冻土区公路热棒工程应用

冻土区铁路路基和冻土区公路路基的结构和表面性状存在巨大的差别,因此路基修建后对多年冻土的影响有着本质的不同。

冻土区铁路路基表面相对公路路面而言是浅色路面,路基上面铺设的道砟层是具有一定孔隙度的块石层,有利热交换过程中的自然对流和强迫对流的发挥,路基体系利于散热,因此对多年冻土的热稳定性是正面影响。

冻土区公路路基表面铺设沥青路面是形成黑色表面,在路基与大气环境的热交换过程中不利于散热而加大吸热力度,黑色表面长期恒定的增大了一部分吸热热量,对多年冻土的热稳定性是负面影响。冻土区公路修建竣工初期,较高的填土路堤人为上限有一定上升,填土低路堤则有一定程度下降,沥青路面铺筑以后运营若干年后,大多路段沥青路面下多年冻土上限一直持续下降,且随路堤高度的变化而变化,路基下年平均地温较低的路段路堤下多年冻土能达到稳定状态。但是根据历史钻探资料(1990—1995),沥青路面下多年冻土人为上限都有下降(表7-61)。

青藏公路沿线天然条件和沥青路面下多年冻土上限变化 表7-61

地段	年平均地温(℃)	天然上限(m)	沥青路面下多年冻土上限(m)			冻土工程分类
			1980年	1990年	变化范围	
西大滩	0.2~0.5	2.8~4.0			6.6~10.0	SD
昆仑山	-2.6~-1.5	1.5~2.8	3.05	4.20	3.0~5.2	HBF
楚玛尔河	-1.0~0	2.0~3.5	3.55	4.00	3.8~9.1	HBF
可可西里	-1.8~-0.5	1.5~4.9	2.94	3.60	2.9~5.5	HB
北麓河	-1.0~0	2.0~3.0			3.5~6.0	HBF
风火山	-3.0~-1.5	0.8~2.9	2.84	3.40	4.0~6.7	HB
乌丽	0.0~1.0	2.5~3.8			4.0~6.0	HBF
沱沱河	-0.5~-0.2	2.5~3.5			4.0~6.0	HB

续上表

地段	年平均地温（℃）	天然上限（m）	沥青路面下多年冻土上限(m)			冻土工程分类
			1980年	1990年	变化范围	
开心岭	-1.5~-0.5	1.5~2.9			4.5~6.0	HB
通天河	-0.5~0	2.0~3.0			4.5~6.0	HBF
布曲河	-0.5~0	1.5~2.5			4.0~9.0	HBD
温泉	-1.0~0.5	2.5~3.0			3.5~6.0	HDF
唐古拉山	-1.0~-4.0	1.8~3.0	2.15	3.00	3.2~4.5	HB
扎加藏布	-1.0~-0.5	1.5~3.0			4.5~5.0	HB
头二九南	-1.0~0	2.0~3.5	2.74	3.80	4.0~7.0	HB

注:H-含土冰层;B-饱冰冻土;F-富冰冻;D-多冰冻土;S-少冰冻土。

多年冻土上限的下降导致公路路基下多年冻土上限处的地下冰融化,在冻结期间由于上述黑色吸热面的存在和吸热作用使冻结深度小于融化深度,导致所谓"融化夹层"的产生,对多年冻土和公路路基的工程稳定性产生巨大影响。

抵御或减少这种多年冻土上限下降造成的"融化夹层"现象,保证工程稳定的有效途径就是注入额外冷量,平衡黑色路面影响下的热交换过程,防止"融化夹层"发生。注入额外冷量最有效的方法是热棒技术的应用。

7.7.1 "融化夹层"和热棒应用环境

冻土区公路热棒应用的环境条件除了本书已经论述过的气温环境、冻土环境以外,最主要的是面临巨大的不稳定的热交换环境,即沥青路面下"融化夹层"的存在。

青藏公路沿线路基下融化夹层(图7-79)是指,在活动层底部和多年冻土顶板之间形成的不冻的土层,季节冻结过程的冻结锋面不能与多年冻土顶板相衔接,因此也称为不衔接层。融化夹层在一定的条件下形成,受诸多因素的影响,包括了外部影响因素和内部影响因素。外部影响因素主要指气候条件、地形地貌条件、下垫面特征等;内部因素主要涉及冻土的成分、含水率、含冰量以及年平均地温等;外部因素和内部因素相互作用,共同制约着融化夹层的形成和发展趋势。

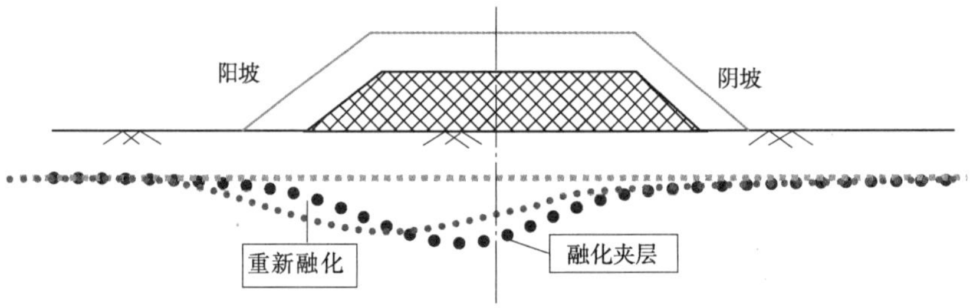

图7-79 冻土区沥青路面路基基底多年冻土融化夹层

融化夹层的存在实质上意味着在路基下存在着一层软弱结构,这种结构层含水率大,土的固结程度小,变形模量较小,是路基填土与多年冻土间的一种软弱夹层。当路基工程人为上限较小时,对路基的稳定性有严重的负面影响。但如果融化核或融化盘这一软弱结构层增加到一定的厚度时，在无条件排水固结的情况下，当路基工程人为上限增加至一定的深度（达到上限变化对路基变形无影响深度）时，路基仅受大气温度变化影响的冻融作用（与季节冻土地区相同），这时在路基设计就不再考虑多年冻土的影响，对路基的稳定性则是有利的。

1991年、1995年青藏公路沿线的钻孔资料表明，冻土区路基下的融化夹层具有以下特征：

（1）高温冻土区（低温冻土区路基一般不存在融化夹层）公路路基越高，路基内融化夹层厚度越大。

（2）公路路基下人为上限附近土层含冰量越大，融化夹层厚度越小。

（3）冻土区公路路基融化夹层多数分布在饱冰冻土、富冰冻土和多冰冻土路段。

（4）同一地区同一地貌单元条件下，粗颗粒填土路基内的融化夹层比细颗粒填土路基融化夹层厚度大。

（5）高路堤分不同年际进行填土时，多年多次填土加高的路基融化夹层界线不明显。

（6）局地条件特殊的凹地路段，冻土的含冰量较大时，个别地段在水力梯度的影响下，融化夹层中发现有局部承压水；这种现象在青藏铁路沱沱河融区边缘曾经发生，而且在运行至今近十年仍然存在。

冻土区公路黑色路面影响下的"融化夹层"现象普遍存在于青藏公路沿线路基中。"融化夹层"工程现象的形成受很多因素的影响，这些特殊因素形成"融化夹层"存在的工程环境条件，也是热棒应用面对的工程环境条件，这些条件可以概括如下：

（1）受多年冻土分布特征和分布空间差异的影响，"融化夹层"现象呈差异化分布。根据1991年、1995年的钻孔资料分析，从西大滩到安多的连续多年冻土路段，融化夹层的分布长度约占全长的56%，青藏公路沿线路基中融化夹层主要分布在多年冻土的南北界，高平原和河谷地区，见表7-61所示。

（2）青藏公路沥青路面的修筑，改变了下垫面的地表辐射能量平衡，改变了大气、路基填土和基底多年冻土的热交换过程，引起了参与该过程的土体含水率、含冰率、年平均温度的变化，同时也影响了活动层的深度和年变化深度的影响范围及深度。

（3）青藏公路沥青路面修筑后，地表反射率发生变化，一般沥青路面的地表反射率较砂砾天然地面减少15%～20%；对太阳辐射吸收率增加了20%；同时沥青路面阻碍了地表面蒸发过程，产生的蒸发潜热不能通过沥青路面表面散出，造成了沥青路面强烈的吸热作用，从而影响了冻土与大气之间的热量交换。另外，沥青路面较天然地面下的土层提早融化20～30d，滞后冻结20d左右，地温的变化明显与气温存在一个滞后反应（吴紫汪等，1988）。在这种热状态的影响下，人为多年冻土上限处的地下冰发生融化，在多年冻土顶板形成了一定的自由水。

（4）青藏公路工程活动扰动了公路两侧的冻土环境，产生了人为干扰的热融洼地，引起地表积水和活动层中含水率增加。这些水分会逐渐向路基中渗透，造成路基中水分过量；同时长时间暴露在大气中的热融洼地积水，水温较高，它的渗入会引起路基中热量的增加，对多年冻土上限和融化深度变化也产生影响。

（5）土体的蒸发热不能从路基中散出，滞留在路基中，对路基热状态也产生一定的影响。高路堤的修筑，其路基边坡的水平热交换也对路基热状态起着一定的作用。很明显，在路基边坡的阳坡，冻土的融化盘较路基中心要深。

（6）在路基施工过程中，也存在着人为因素，如路基填料含水率太大，土石填料的级配不符合设计要求,在加高路堤时未挖除原有沥青面层等,这些在一定程度上影响了路基的热状态的变化。

综上所述,冻土区公路路基在黑色路面铺设以后的内外环境条件及路面性状的共同影响下,路基土体内热量逐渐积累,这种热量积累的结果阻碍了最大季节融化深度范围内冻结过程的发展,使冻结深度不能到达多年冻土顶板,在冻结深度和最大季节融化深度之间出现中断,中断处地下冰融化产生了不冻结层,这种中断冻结的现象在上述条件影响下,随路基中年际热量积累量的变化而逐渐发展。

融化夹层的存在和发展主要影响路基的冻胀和融沉变形,其最终影响的是路基工程的稳定性。

融化夹层的动态变化和发展趋势主要由多年冻土上限处的冻土含冰量主导。含冰量大小决定冰融化成为水时融化潜热大小,融化潜热越大,"融化夹层"越难以形成,所以多年冻土存在含土冰层时,融化夹层的厚度不易发展,就是因为含土冰层融化消耗的潜热与热量积累部分抵消的影响。含冰量小的多年冻土,热量积累导致上限下移,形成的融化夹层厚度及其发展导致的冻胀融沉变形较小,因此对工程稳定性影响较小。现场调查证明融化夹层厚度较大的地段,冻土类型多为饱冰冻土、富冰冻土和多冰冻土。但是,如果不能控制路基内热量的积累,最终含冰量越大的多年冻土地段,形成融化夹层后对工程稳定性影响越大。

无论天然环境条件(气候变暖气温升高)还是工程条件(黑色路面铺设),对冻土的影响都是一个缓慢的长期积累效应。针对这种对工程稳定性有害的积累效应,针对性的采取"反向积累"的工程措施是科学的、合理的应对方法。

7.7.2 热棒应用原则

天然环境条件(气候变暖气温升高)和工程环境条件(黑色路面铺设)对冻土的影响都是一个负面的长期积累效应,冻土工程设计"冷却"的指导思想应该和青藏铁路冻土区工程设计"冷却地基"的指导思想一样,所不同的是青藏铁路"冷却"的对象路基仅仅是具有温度升高趋势,"冷却"的目的是增加能量储备,增加地基土体热惰性,提高抵御融化的能力;而冻土区公路路基工程设计"冷却"的对象是黑色路面下的路基,"冷却"的目的是抵消使多年冻土融化的热量的累积效应。

1)黑色路面公路路基热棒技术应用原则

冻土区公路路基工程热棒技术的核心就是针对这种积累效应形成条件采取冷却地基的"反向积累"工程措施。

2)冻土区公路热棒应用原则

(1)针对"融化夹层"的形态,在热量积累效应最大的部位(融化最深处)埋设热棒。

(2)由于黑色路面影响使公路路基的路肩部位不是融化深度较大(相对路基中心而言)部位,路基两侧的阴阳坡效应不明显,因此热棒一般不布置在路肩部位。

(3)考虑路基施工过程对周围环境扰动和避免路基以外水热环境影响,路基坡脚部位适当布置热棒。

7.7.3 黑色路面公路热棒结构形式

既有冻土区公路和铁路整治病害过程一般不能中断行车,因此热棒技术是比较理想的整治方法和措施；但是应用形式受到一定限制，新建公路不需考虑行车中断的限制，热棒技术应用形式可以灵活多变。

根据上述热棒应用原则，冻土区公路热棒采用的典型结构有以下几种：

(1)路基不同部位直插热棒。

(2)路肩、坡脚部位斜插热棒。

(3)路基中心或其他部位预埋式"L"形热棒。

(4)路基中心或其他部位预埋式分离式热棒。

1)直插和斜插的直立式热棒

热棒技术在冻土区公路病害整治初期的应用始于2001年，青藏公路楚玛尔河局部地区融化下沉造成的病害整治期采用了热棒技术，最初热棒埋设在路基路肩部位，局部辅以坡脚热棒措施。整治效果明显，基本消除融沉变形造成的病害。图7-80所示是热棒工程实景。

a)沱沱河　　b)楚玛尔河

图7-80　青藏公路典型路段的热棒应用

直插热棒长度12～14m，蒸发段7m，冷凝段4m，中间为绝热段，尽管热棒蒸发段没有直接埋设在道路中心"融化夹层"最厚的部位，但是由于蒸发段埋设在了多年冻土上限以下(当地多年冻土上限一般2～3m)，且热棒自身冷却半径较大，因此仍然可以发挥对路基整体的冷却作用，因此整治病害效果明显，工程运行逾十年仍然显示了很好的效果。

青藏铁路冻土区南部边缘地区的路基在路肩部位斜插热棒和在路基坡脚部位布置直插热棒(图7-81)，目的是增加路基中心和边缘部位冷量储备。冻土区公路路基斜插热棒一般是在既有线路路肩部位，目的是对已经出现的"融化夹层"现象进行整治。

a)　　b)

图7-81　青藏铁路斜插式热棒

斜插直立式热棒的优点是结构简单,施工方便,热棒本身热流密度较大,冷却地基速度快,热棒使用期限超过后更换方便。

冻土区宽幅双向高速公路中间设置隔离带时,建议采用直立式热棒,并采用直插方式设置,可能时甚至可以考虑以热棒代替隔离带。

2)钻孔或预埋式"L"形热棒

就热棒使用的直接目的和针对性而言,防止和抵御"融化夹层"现象的发展效率较高的热棒结构形式是"L"形热棒。

冻土区新建公路路基建议采用预埋式"L"形热棒,对既有冻土区路基"融化夹层"整治建议采用钻孔斜插直立式热棒,有条件时也可以采用钻孔式"L"形热棒进行病害整治。

"L"形热棒结构形式如图7-82所示,热棒蒸发段和冷凝段不在一个平面,有近似互相垂直和互相成钝角两种结构形式,这种结构形式要求与路基同步施工,个别既有路基病害整治在应用这种热棒结构时,必须使用专门的斜孔钻机或水平钻机进行钻孔,在路肩(路基较高时)或坡脚(路堤高度较小时)处施工。还有一种"L"形热棒可以调整弯曲角度,如图7-83所示。

图7-82 公路用一体"L"形热棒制作

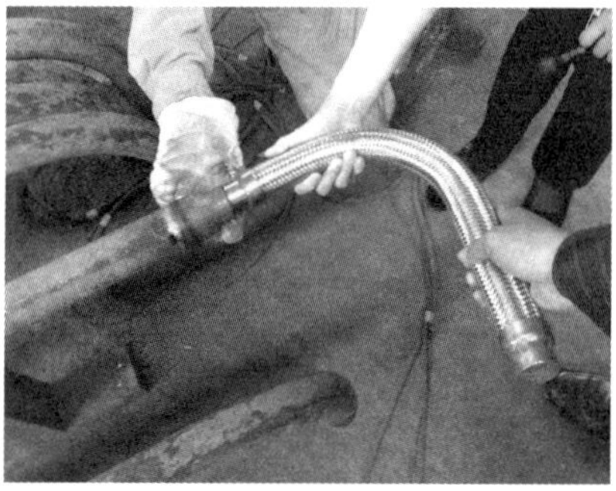

图7-83 可调整角度"L"形热棒软接头

北麓河"L"形热棒棒结构尺寸如下:

蒸发段管名义直径65mm,长12.8~14m;冷凝段名义直径80mm,管长2.4m,直立,带翅片,面积6.5m^2;间距2.4m,共16支。

管内装有凝液收集器和降液管,保证液体返回到水平的或上翘的蒸发段的端部。但此结构不适合于向下倾斜的蒸发段,因为有干壁现象发生。(向下倾斜的蒸发段不需要降液管)。

图7-84所示是青藏高原北麓河地区公路路肩的斜插热棒实景。图中除了斜插热棒还配合碎石护坡,这种结构既可以整治路基中心的"融化夹层"现象,也可以冷却坡面以下土体,隔离热流侧向热侵蚀,是非常有效的冷却地基的复合工程措施。

黑龙江前嫩公路为双向四车道高速公路,路基顶面宽24.5m,路基高2m,边坡底面宽3m,坡率1:1.5,热棒沿横断面在左右路肩和中间带中心各安插一根(图7-85),共三根,按照几何对称性,取1/2横断面进行计算,未考虑纵向热棒之间的影响。热棒蒸发段6m,冷凝段2m。试验段112根热棒2011年12月安装施工。

3)水平循环蒸发热棒

新建公路为了防止黑色路面吸热造成的"融化夹层"病害,也可以在路基填土时在基底埋设水平循环蒸发热棒，热棒外形如图7-86所示，可以根据需要设若干个蒸发单元，蒸发单元管径一般为20～30mm，水平网状布置；根据蒸发单元的设置数量进行热工计算确定冷凝段长度。垂直的冷凝段与水平蒸发段连接，冷凝段管子直径一般为89mm，带散热翅片，这种形式的热棒安装灵活多变，目前我国还没有规模应用。

图7-84 北麓河地区公路路肩的斜插热棒

图7-85 前嫩公路"L"形热棒、斜插式热棒施工和地温检测系统的铺设

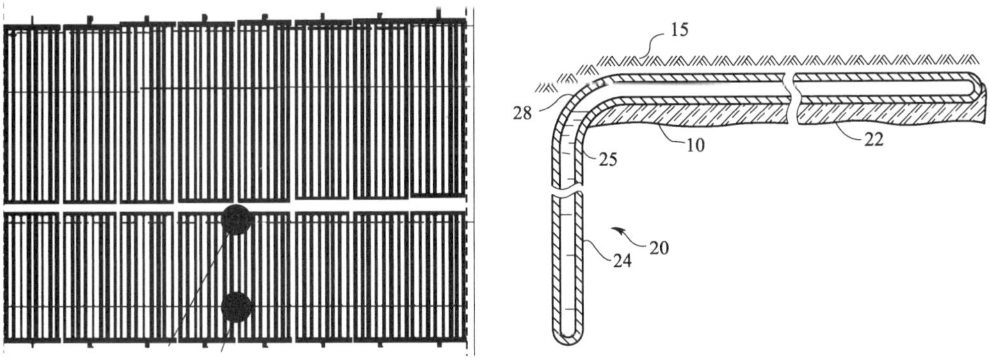

图7-86 水平循环蒸发热棒(单位:mm)

4)发卡式全埋热棒

发卡式全埋热棒顾名思义是如同发卡一样卡在路基的相应部位，图7-87所示是这种热棒制作过程图示和现场施工的场景。

发卡式热棒最大的优点是它的蒸发段可以完整的交叉覆盖在预计发生融化夹层的公路路基的准确部位，最大限度的发挥热棒的冷却能力，最有效地降低地基土体的温度。

a)发卡式热棒制作

b)现场施工场景

图 7-87　发卡式热棒制作和现场施工场景

我国东北冻土区前嫩公路是最早应用发卡式热棒技术的工程，新疆公路 G219 国道也进行了发卡式热棒应用实践。

图 7-88 所示是作者参加新疆公路 G219 国道发卡式热棒 + 保温板复合结构路基施工现场图。发卡式热棒 + 保温板复合路基结构是冻土区黑色路面公路理想的路基结构之一，称之为最佳路基结构不为过，理由是：

(1)冻土区暖季的太阳辐射热由保温板阻隔，减少了黑色路面吸热对下伏多年冻土的影响。

a)安装发卡式热棒

b)覆盖填土

c)压实填土

d)铺设保温板

图 7-88　发卡式热棒 + 保温板复合结构路基施工现场图

(2)寒季热棒充分发挥散热导冷的作用,降低了冻土层温度。由于发卡式热棒直接安装在"融化夹层"发生部位,因此热棒的冷却作用最有效最直接地影响了融化夹层的形成。

因此,这种路基结构是非常理想的防止"融化夹层"形成的工程结构。

7.7.4 黑色路面公路热棒应用效果分析

黑色路面公路热棒应用效果主要根据现场环境条件和工程条件以及观测试验结果进行分析。

根据中国科学院寒区旱区环境与工程研究所在青藏公路北麓河段宽幅沥青路面条件的路基两侧路肩部位设置了"L"形热棒,该段路基试验段试验观测结果证明了"L"形热棒冷却降温的工程效果,计算和分析证明"L"形热棒采用不同埋设方式和埋设位置时,在保护多年冻土和抑制融化夹层发展方面的应用效果。

试验段沿线环境条件:

多年平均最低气温为 -17.4 ~ -14.5℃,最高气温为6.8~8.1℃;年平均温度为 -6.9 ~ -4℃。全年冻结期达7~8个月(10月至翌年4~5月)。

针对高等级公路沥青路面吸热及对路基下部冻土温度的影响进行了计算分析。

试验工程2008年6月起施工,2009年8月完成沥青路面铺设和监测仪器设备的安装,2009年9月起正式监测。共安装了100根"L"形热棒,热棒冷却公路路基的地温变化跟踪监测对比结果如下:

在热棒路基建设完成的第一个寒季开始(10月),热棒可有效降低路基各层的土体温度0.5℃以上,明显消除宽幅沥青路面中央下方的热区(图7-89);在寒季气温最低的12月至2月间,热棒逐渐消除了路基下方的热区,降低了路基下的土体温度,路基中心下部多年冻土上限显著抬升至近地表,且在路基中心下部逐渐形成了一个不断增大的 -1℃的冷核区(图7-90),为迎接夏季的到来储存了大量的"冷量",同时上限附近的极高温区域随之逐渐缩小,抑制了宽幅沥青路面对路基下部的热影响。

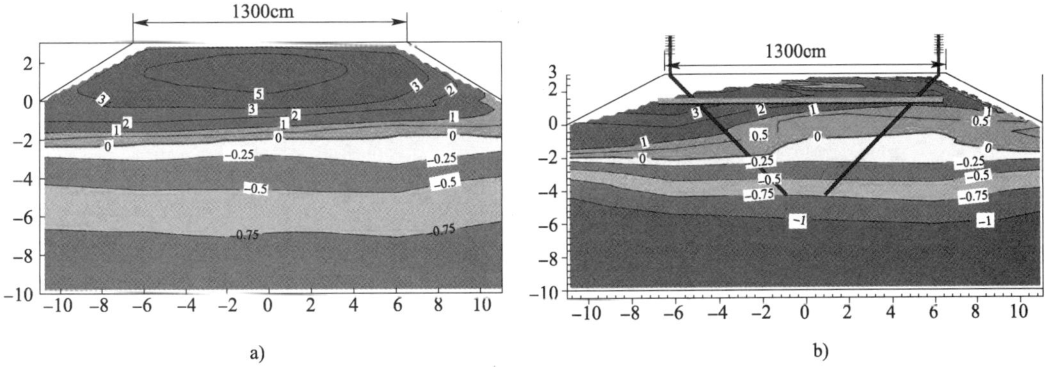

图7-89 2009年10月路基地温场对比

由图7-91可知,4月,普通路基的阴阳坡温差较大,极易引起路基纵向开裂,而热棒路基明显克服了阴阳坡效应,不仅路基温度均匀,而且由于寒季存储的大量"冷量",此时路基和路面仍然能够保持较低的温度。6~10月,热棒路基下的"冷量"有效抵消了由路面和路基传导下来的热量,路基土体温度明显较普通路基低0.5℃以上(图7-92)。

由图7-93可知,经历了一个夏季升温过程后,2011年1月,宽幅沥青路面路基下部极高温区消失,-1℃等温线显著地抬升至路基下部3~4m左右,较上一年10月平均抬高2m左右,-1℃冷核区逐渐增大,甚至形成了-1.5℃的冷核区,冷核温度比第一个寒季更低,表明热棒对路基地温的降低具有逐年累积的效果。

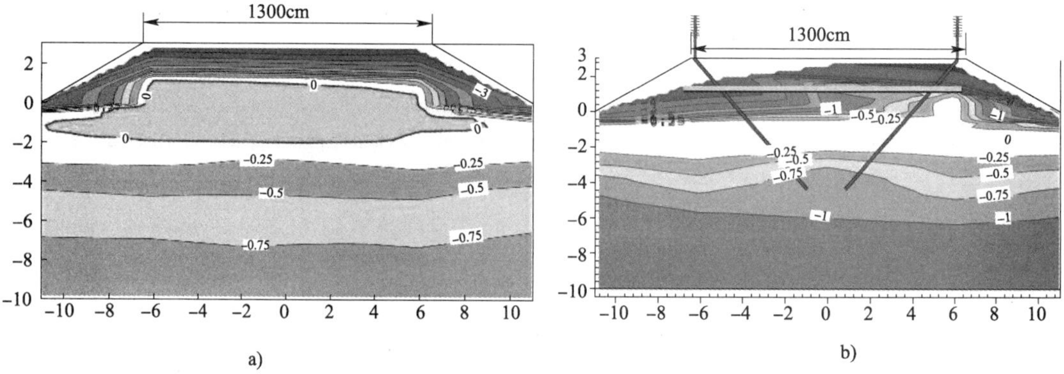

图7-90　2009年12月路基地温场对比

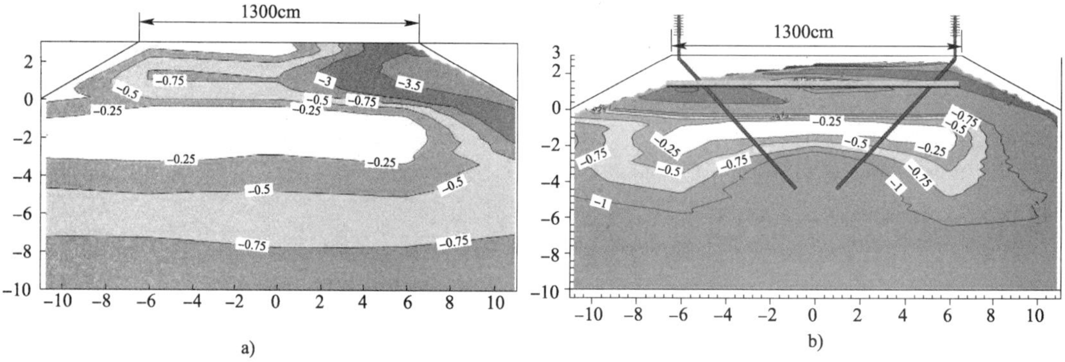

图7-91　2010年4月路基地温场对比

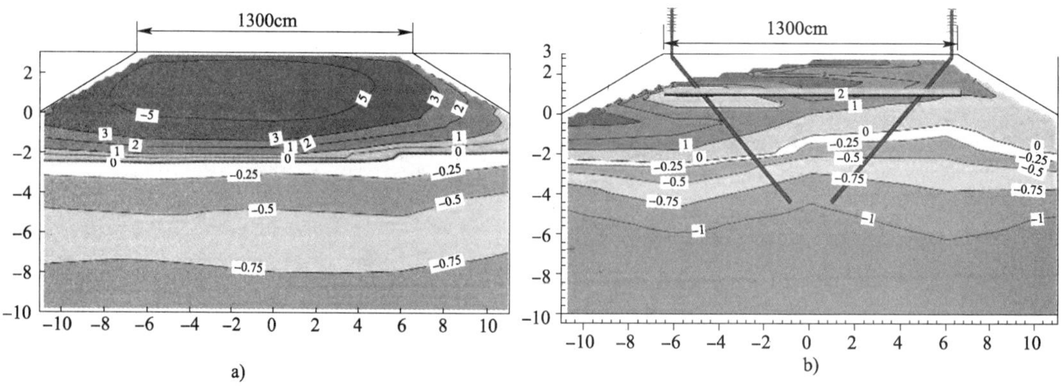

图7-92　2010年10月路基地温场对比

由图7-94可知,在热棒的降温作用影响下,宽幅沥青路面路基下部原地表下1~3m深处冻土温度降温非常明显。路基下部原地表以下1m深度处年平均温度从2010年-0.13℃降低到2012年-1.19℃,2m深处度年平均温度从2010年-0.64℃降低到2012年的

-1.83℃,3m 深度处年平均温度从 -1.19℃降低到 2012 年的 -2.26℃,3 年降温幅度均达到了 -1℃以上。

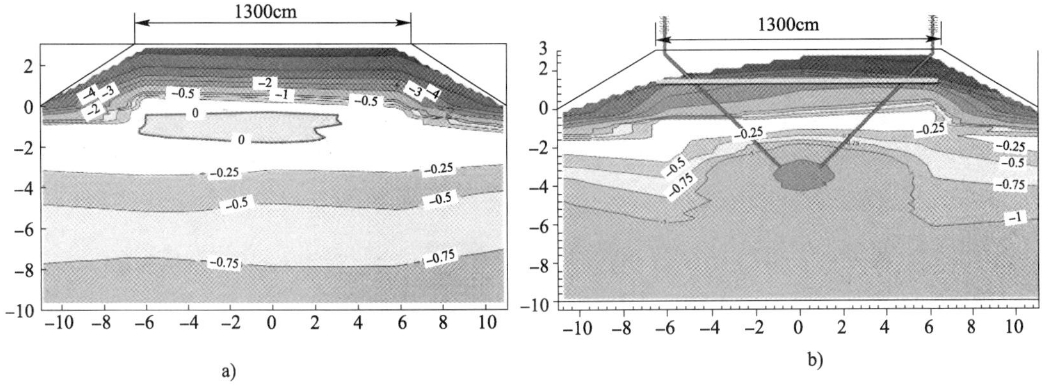

图 7-93　2011 年 1 月路基地温场对比

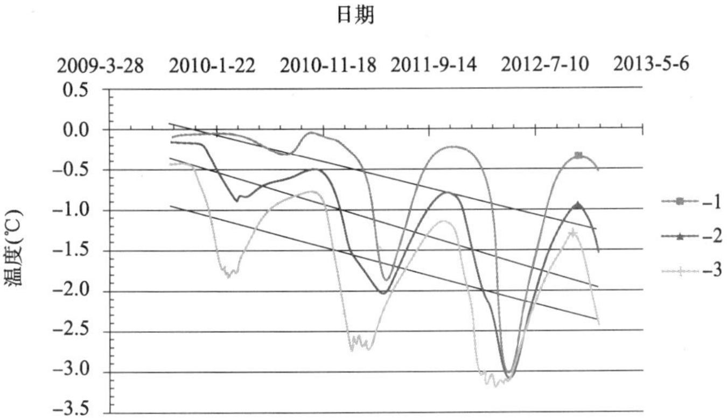

图 7-94　宽幅沥青路面路基下部原地表 1 ~ 3m 深度处的地温时程曲线

无论是从宽幅沥青路面路基下部的温度等值线图还是从路基下部原地表温度随时间的变化来分析,从 2009 年至 2011 年热棒经历了 2 ~ 3 个冬季后,显著地降低了宽幅沥青路面路基下部的土体温度,降温幅度可达 -1℃左右,这充分说明了热棒具有显著的降温作用,对宽幅沥青路面下部冻土的热稳定性具有很好的作用。同时由于热棒有效抬高了冻土上限 1 ~ 2m,因此从节约冻土区公路工程建设成本角度考量,可以适当降低路基设计高度。

对热棒路基的观测和计算资料都证明:

普通路基和热棒路基在修筑后,同期热棒路基比普通路基,在相同深度下的土体温度降低更明显。尤其是在暖季,热棒路基存在一个普通路基所没有的明显的低温核区,这对于路基的稳定非常有利。

就热棒路基而言,随着时间的推移,热棒传输冷量的效果不断积累,从以上地温场对比图中可以看出明显的降温趋势;而且位于路肩的热棒和位于中间带的热棒,其影响的范围靠近相接,这说明采取这样的热棒布置形式可以达到冷冻整个宽幅路基土体的目的。

第8章
热棒工程长期冷却效果评价分析

冻土区热棒工程长期效果评价分析包括两个方面:一是热棒冷却效果的热分析,主要以温度变化为标志进行试验观测和计算分析,这是热棒工程存在的基础,包括热棒自身冷却功能效果分析,以及在此基础上进行的热棒工程整体的冷却效果分析,这是热棒工程传热过程的结果,这个结果能够反映工程稳定性发展趋势,是长期效果评价的主要方面;二是热棒工程变形分析,它是热棒传热效果的工程体现,是温度主导的过程的最终体现,也是长期效果评价的辅助。

本章主要论述以温度为主要标志的评价和分析,这种热棒路基结构整体冷却效果分析从三个方面进行:一是热棒工程地基土体热量收支分析,这是热棒工程冷却功效的基础,也是长期功效的能量来源和支撑;二是热棒路基典型结构的现场试验观测研究,这是热棒工程冷却效果的实际验证,也是预测其长期效果的基础条件;三是建立在试验基础上的数学计算,从理论上对目前不可能见到的趋势进行科学预测,以便对热棒路基的长期效果有一个科学准确的认识。

地面以下不同深度的融化指数和冻结指数,反映不同地区气温对多年冻土冻融过程的影响,是多年冻土地区判断冻土发育状态的能量指标。冻融指数差值大小的实质意义,就是热能和冷能蓄积的大小,因此,用冻融指数分析热棒的冷却效果的能量来源是合理的。

不同深度土体温度的研究是昭示多年冻土热稳定性的主要指标,而填土温度的变化仅靠现场试验观测是不够的,现场试验只能得到实时的和历史的结果,却不能够得到未来的发展趋势,不能引导我们对未来做出预测,对可能发生的温度变化导致的工程病害做出预警。

实验研究观察的是工程实体本身发生的事情,在试验观察基础上依靠一定的数学模型进行理论分析求出符合客观事物发展的趋势性结果,是对热棒工程长期效果做出科学预测和分析的科学手段。

一个物理过程的最可靠数据资料应该由实验测量得到。然而,采用实物进行实验研究是极其昂贵的,多数情况下周期较长,有些条件下甚至是不可能实现的,而模型实验并不是总能模拟实体的各方面特征,测量在许多情况下存在着相当大的困难,测量仪表本身也存在着误差,且所得结果推广到实体时无一般规律可循,所以,实验研究效能不高,必须与其他方法相结合。理论分析是求解基于实际的物理模型和实验结果建立的数学模型。尽管数学模型解析解的结果具有普遍意义,但由于实际问题中只有很少一部分方程组可以获得解析解,而且得到的解析式往往含有无穷级数、特殊函数以及关于特征值的超越方程,应用价值不高。相对而言,数值模拟方法有明显的优点。数值模拟方法是伴随计算机的飞速发展以及计算方法的不断改进而产生的分析问题的工具,目前已上升为一种对科学的定量化起重要作用的、与实验研究和理论分析相并列的第三种科学方法。

从某种意义上说，在特定参数下采用计算机进行一次数值模拟相当于进行了一次试验。事实上，即使在进行实验研究时，人们也同样希望同时获得数值模拟求得的数值解，以补充资料和进行理论分析。因此，在冻土路基热状况的研究中，数值模拟是基本的和有力的工具，采用数值模拟方法可以评价路基热状态发展趋势，评价工程稳定性和冷却地基工程措施的效果。对于热棒工程的长期效果评价分析也是这样。

8.1 热棒工程传热物理模型

热棒的工程传热物理模型需结合现场多年冻土区的实际地质和气候条件建立。多年冻土区热棒路基传热模型在耦合边界条件的处理上，通过忽略热棒内部热阻，得到耦合边界处的等价第三类边界条件。这种传热模型可以用来研究不同热棒管径、气候条件、地质条件、冷凝段和蒸发段长度比对于热棒传冷量的影响，通过应用该模型模拟值和现场实验值的对比分析表明，这种计算模拟可正确的揭示工程效果的长期发展趋势。

短期的工程表现和观测数据还不能够准确反映热棒路基工程长期稳定性问题，但是设计和施工必须以热棒路基长期稳定性作为工程目标，因此必须根据工程观测数据和短期工程表现，在已经建立的表征冻土区热棒路基工程数学模型基础上进行数值模拟分析，对冻土区热棒路基工程的长期变化过程进行预测预报，根据这种数值分析结果，判断影响热棒路基长期稳定性的因素及其影响强度，判断工程状态和变化趋势，对病害发生进行预警，对既有工程给予补强设计和整治。

8.1.1 热棒工程传热物理模型建立条件

热棒工程传热物理模型的建立包括以下几个步骤：

(1)根据设计图纸和工程实际尺寸建立热棒工程几何尺寸模型。

(2)计算区域典型断面地质勘察钻探资料和填土施工过程资料，确定热棒工程几何模型各个组成部分的物理参数。

(3)根据热棒-路基土壤耦合原理建立传热物理模型。

前面两项工作反映的是研究对象的外观条件，最后一项工作是研究对象的传热物理本质。

路基埋设热棒后土体的冻结过程可以归结为热棒和土体冻结的耦合传热，热棒与路基土壤的耦合传热，是无内热源、热量自热棒壁面沿径向向土壤进行热传导的动态传热过程，其耦合传热过程和耦合传热条件物理模型如图8-1所示。

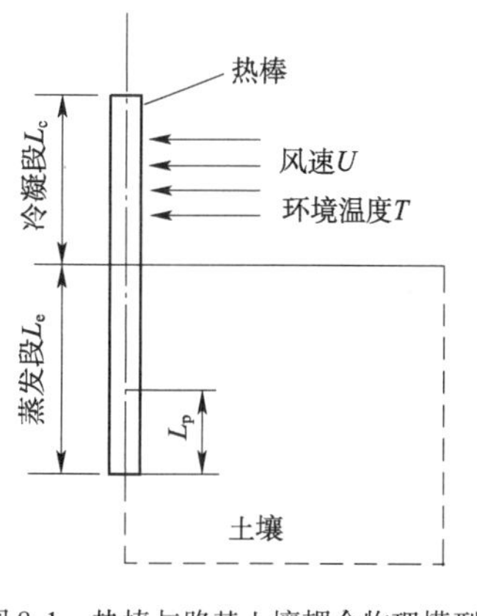

图8-1 热棒与路基土壤耦合物理模型

当环境温度低于土体温度时，热棒开始工作，露于地面上的热棒冷凝段，受环境冷空气的对流换热作用，管内工质由饱和蒸汽向外放出热量后冷凝成液体。冷凝液回流至埋入地下的热棒蒸发段，由于蒸发段壁温低于周围土体的温度,土体中的热量以热传导方式传给热棒蒸发段,蒸发段工质吸热汽化成饱和蒸汽,饱和蒸汽上升到地面上的热棒冷凝段,完成工质的循环,这一循环将地下的热量散发到地面上,如此循环,使土体热量不断散出,土体温度降低,且逐渐开始冻结。

热棒-路基整个传热系统热量的传递过程十分复杂,但主要研究的传热过程有三个部分:热棒与大气之间对流传热,热棒内表面蒸发冷凝传热和薄壁金属导热,土壤内传导传热。

主要传热过程的主要控制因素是各个部分的热阻:热棒的传热量与系统总的传热热阻成反比,总热阻为上述各部分的热阻之和。

热棒内部的蒸发冷凝传热和薄壁金属导热,与空气对流传热热阻和土壤导热热阻相比要小许多,忽略热棒的热阻而仅计算对流放热热阻和土壤导热热阻,可以满足工程预测应用的要求。

实际计算过程还要根据实际情况,对热棒路基土体,做如下假设使模型简化:

(1)土体是一种具有各向同性的多孔介质。

(2)土体非冻结区内的水分流动是层流且为不可压缩。

(3)土中的不稳定热传输视为稳定状态连续不断的更替。

(4)密度导致的相变可以被忽略,对于冻结和融化状态,只考虑通过热传导进行的热传输机制。

(5)土体或多孔介质的颗粒是刚性的,且冻结过程中水变成冰导致的体积变化可忽略。

(6)不考虑地基基础中土体热转换。

(7)土中热传输仅通过传导方式进行。

为了计算和模拟的方便,对土体散热的主要传热元件——热棒,根据其特定的用途,作如下假设:

(1)热棒冷凝段内的工质液膜流动为层流,且不考虑蒸汽流动对液膜的影响。

(2)热棒内的蒸汽是饱和状态,且温度均匀分布。

(3)为了简化热传输过程,热棒只考虑蒸发段和冷凝段两个部分,对于蒸发段的液池和液膜不作详细的划分。

(4)正在冻结的管子轴向温度梯度等于零。

(5)汽-液型热棒内部的传热阻力极小,可忽略不计。

(6)热传递的速率主要由管外土体的热阻决定。

(7)常物性。

根据以上假设和简化,热棒工程传热物理模型既可以符合工程实际条件,又可以进行满足实际计算目的的简化计算。

8.1.2 热棒路基传热物理模型

根据计算区域热棒工程设计数据、现场施工实际几何尺寸和填土物理性质,并考虑传热影响有效范围和传热衰减影响建立实际计算的工程物理模型。图 8-2a)是根据青海省柴木地方铁路冻土湿地冻土条件和工程条件建立的未埋设热棒的填土路基计算物理模型。图 8-2b)是根据青海省柴木地方铁路冻土湿地冻土条件和工程条件建立的埋设热棒后的填土路基计算物理模型。

多年冻土地面安装热棒后即成为冻土和热棒的耦合传热问题，其相互耦合性主要表现在热棒蒸发段和冻土交界面处的耦合边界条件，普通填土路基和埋设热棒填土路基三维有限元计算模型及其单元剖分如图 8-2c）所示，计算区域沿路基边坡坡脚及基底向左右、下部延伸足够长，具体计算时取沿路基边坡坡脚向左右各延伸 30m，从路基基底向下部延伸 30m。

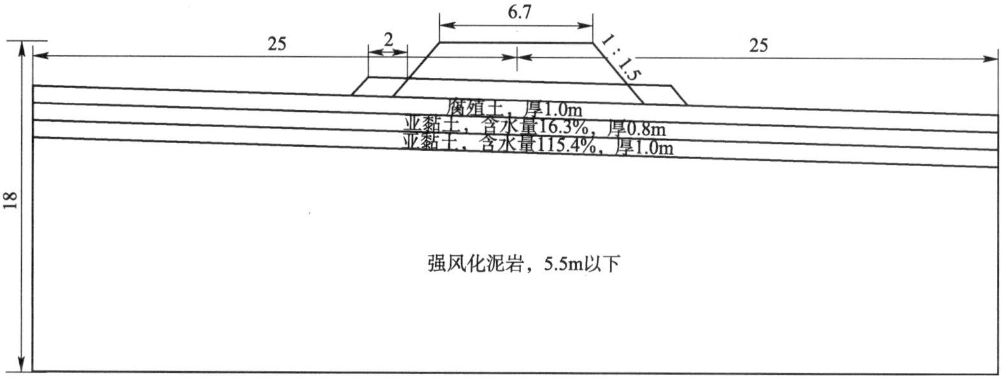

a)不加热棒填土路基计算横断面图(尺寸单位：m)

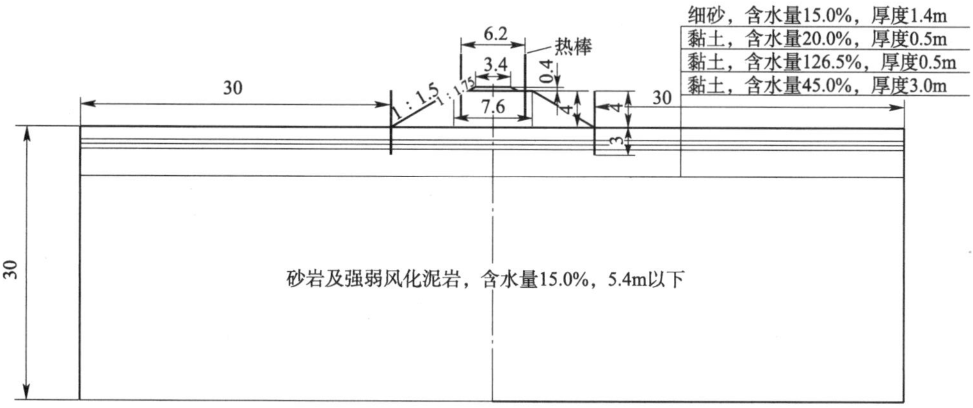

b)加热棒后的普通填土路基横断面图(尺寸单位：m)

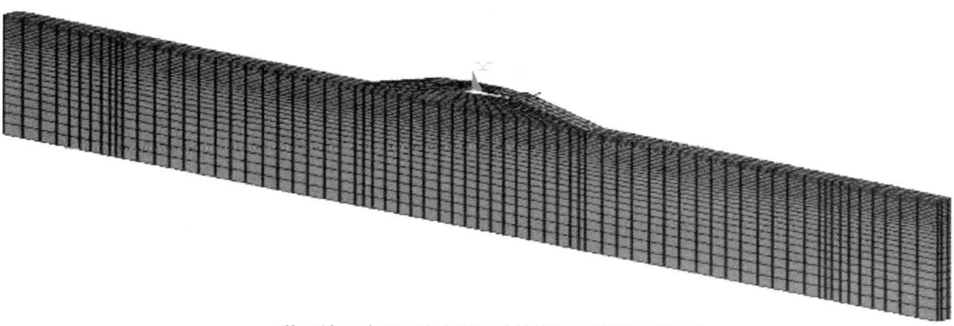

c)普通填土路基三维有限元计算模型及其单元剖分图

图 8-2　热棒路基计算模型及计算单元

本节物理模型显示的热棒路基工程左右路肩和坡脚处均设置了热棒，路基纵向热棒间距取2.8m。根据图8-2a)和8-2b)的路基传热几何物理模型建立了有限元计算模型和单元剖分图[图8-2c)]，本节几何物理模型图是根据青海省柴木地方铁路冻土区热棒路基工程的设计和施工数据建立的。

8.2 热棒工程传热计算模型

热棒路基工程的温度场是与水分场、应力场相互耦合的复杂体系，且温度场与时间的发展、地形地貌条件变化有关，这使冻土热棒路基的温度场更复杂多变。

热棒路基工程温度场是大气-热棒-土体立体时空系统的温度场。传热计算模型应该考虑温度场、水分场的耦合联系，采用连续方程、动量方程以及能量方程等基本方程建立该系统的一维、二维以及三维的物理、数学模型，并且采用热焓方法与Carlekin方法求解。

热棒路基的传热过程和工作原理分为以下几个典型阶段：

(1)寒季热棒蒸发段周围土体的温度高于外界环境温度，这种温差启动热棒内部工质的液-汽相变循环过程。

(2)热棒蒸发段所充填工质吸热后汽化并向上流动，经绝热段后到达冷凝段，冷凝段温度较低导致工质凝结放热。

(3)热量经冷凝段壁面和外部翅片传出并由低温环境的空气对流换热带走，与此同时在冷凝段冷凝的工质蒸汽变为液态。

(4)液态工质由于重力作用沿壁面流回蒸发段，并再次吸热汽化。

上述过程不断的循环将蒸发段附近土体的热量带出排入大气，蒸发段周围土体之间的热交换作用使一定范围内土体冷却降温。

根据实际观测资料，暖季热棒冷凝段环境温度高于热棒蒸发段周围土体温度时，热棒内部工质液-汽转换过程不能启动，热棒停止向大气传递土层的热量，但是热棒传热的单向性也使冷凝段环境的热量不会传入蒸发段周围土体。

热棒在一个寒暖周期中发生的热交换过程使蒸发段周围土体温度得到有效地降低，明确热棒传热过程的变化阶段，是建立计算数学模型和确定计算条件的基础。

8.2.1 热棒冻土路基的一维数值模型

大气-热棒-土体系统中的相互热交换过程的决定因素有：系统的几何尺寸，冷凝剂、土体和结构材料的热物理和热力学性质，热棒内部从冷凝壁到空气的散热条件，土温和气温等。描述这一相互作用的方程组非常复杂，目前明确这一问题精确的解析解还不能做到。简化一定条件并作一系列假设，借助电子计算机通过数值模拟可以得到这一问题的近似解。

计算热棒周围土体温度场的问题可用下述一维传热方程表述：

$$\frac{\partial i}{\partial t}=\frac{\partial^2 u}{\partial r^2}+\frac{1}{r}\frac{\partial u}{\partial r} \tag{8-1}$$

式中：i——单位体积土的焓；

u——积分变量；

r——当前土体的半径；

t——时间。

用下述表达式将积分变量 i、u 与土温联系起来：

$$i=\begin{cases}C_M(\theta-\theta_{min}) & \theta\leqslant\theta_\Phi\\ C_M(\theta-\theta_{min})+Q_\Phi+C_T(\theta-\theta_\Phi) & \theta>\theta_\Phi\end{cases}\tag{8-2}$$

$$u=\begin{cases}\lambda_M(\theta-\theta_{min}) & \theta\leqslant\theta_\Phi\\ \lambda_M(\theta-\theta_{min})+\lambda_T(\theta-\theta_\Phi) & \theta>\theta_\Phi\end{cases}\tag{8-3}$$

式中：θ_{min}——开始计算时所设定的最小可能温度；

θ_Φ——相变温度；

C_T、C_M——分别为融土和冻土的容积比热；

λ_T、λ_M——分别为融土和冻土的导热系数；

Q_Φ——相变热。

初始条件：在 $t=0$，$r_h\leqslant r<\infty$时，$\theta=\theta_{\Gamma P}$，$\theta_{\Gamma P}$为土的初始温度；r_h 为热棒蒸发器的半径。

在土体和热棒接触面处的条件分为被动期和主动期：

(1)主动期(热棒工作时间)：$t>0$，$r=r_h$ 时，$\theta=\theta_T$。热棒表面温度按下式计算：

$$\theta_T\cong\theta_B+\frac{F_e}{\alpha_h F_k}q_e\tag{8-4}$$

式中：θ_B——大气温度，℃；

α_h——从热棒表面到空气的散热系数：

$$\alpha_h=\frac{k_a}{d_o}0.1378R_{ea}^{0.718}P_{ra}^{0.333}\left(\frac{s_f}{l_f}\right)^{0.296}\tag{8-5}$$

q_e——热棒蒸发器中的热流密度；

F_e、F_k——分别为热棒蒸发器和冷凝器的面积，m²"

(2)被动期(热棒不工作期间)：当 $t=0$，$r=r_T$ 时，$\theta/r=0$，r_T 为当前计算点距热棒中心的距离；d_0 为热棒散热器外径，m；R_e 为雷诺数；P_r 为普朗德数；s_f 为热棒冷凝器有效面积，m²；l_f 为热棒冷凝器长度，m。

距离热棒无限远处的条件：当 $t=0$，$r\to\infty$时，$\theta=\theta_{\Gamma P}$。

8.2.2 热棒冻土路基的二维数值模型

考虑相变问题的多年冻土中的热传输和热棒与土体之间的热传输过程是复杂的多维物理过程，计算模型中不但要考虑冻土的相变问题，还要考虑热棒传热过程复杂的影响因子。因此热棒与土体相变的组合热传输模型既要考虑实际发生的复杂过程，还要进行一定简化才能解决。

根据前面的假定和传热分析，对于热棒作用下的多孔介质的冻结传热过程，可推导出柱坐标中相应的连续性方程、动量方程和能量方程，用来描述冻结土体中的相变过程以及土体中温度场的变化规律等热传输现象。对于相变区域，使用 Brent 等使用的对流—扩散相变模型。使用圆柱坐标系统来简化热棒里热传输的计算，计算中需要考虑介质随温度的变化特性。

动量方程：

z 方向

$$\frac{\rho_w}{\varepsilon}\frac{\partial u_z}{\partial \tau}+\frac{\rho_w}{\varepsilon^2}\left(u_z\frac{\partial u_z}{\partial z}+u_r\frac{\partial u_z}{\partial r}\right)=\frac{\mu_w}{\varepsilon}\left(\frac{\partial^2 u_z}{\partial z^2}+\frac{\partial^2 u_z}{\partial r^2}\right)-\frac{\partial p}{\partial z}+\rho_1 g+s_1 \tag{8-6}$$

r 方向

$$\frac{\rho_w}{\varepsilon}\frac{\partial u_r}{\partial \tau}+\frac{\rho_w}{\varepsilon^2}\left(u_z\frac{\partial u_r}{\partial z}+u_r\frac{\partial u_r}{r}\right)=\frac{\mu_w}{\varepsilon}\left(\frac{\partial^2 u_r}{\partial z^2}+\frac{\partial^2 u_r}{\partial r^2}\right)-\frac{\partial p}{\partial r}+s_2 \tag{8-7}$$

式中，ρ,μ 分别为密度和动力黏度；下标 w 表示孔隙水；p,ε 分别为压力和孔隙率。s_1、s_2 为渗流场的源或者汇。

$$p=p'_0+\rho_0\beta(T_{amb}-T_0)gr \tag{8-8}$$

式中，p_0'为任意的参考压力（一般设置为0）；T_{amb}为随时间而变化的大气温度。根据青藏高原多年冻土地区气象站观测资料，青藏高原大气周期性变化规律一般可以表示为下式：

$$T_{amb}=g(t)+12.2\sin\left(\frac{2\pi t}{8760}-\frac{3\pi}{5}\right) \tag{8-9}$$

其中：$g(t)=At$，代表气候变暖对大气温度的影响，$A=0.02$℃/a（按未来50年青藏高原气温升高1℃考虑）或者 $A=0.052$℃/a（按未来50年青藏高原气温升高2.6℃考虑）；t 为时间，以小时记。

能量方程：

$$\rho c\frac{\partial T}{\partial \tau}+\rho_w c_w\left(u_z\frac{\partial T}{\partial z}+u_r\frac{\partial T}{\partial r}\right)=\lambda\left(\frac{\partial^2 T}{\partial z^2}+\frac{\partial^2 T}{\partial r^2}\right)+s_3 \tag{8-10}$$

式中，c、λ 分别为土体的比热和导热系数，对于考虑土体相变的问题，它们是温度的函数，即 $c(T)=f(T)$，$\lambda(T)=g(T)$；T 为温度；τ 为时间；s_3 为系统的源。

连续性方程：在融化和冻结的相变界面 ξ 上，必须满足连续性条件和能量守恒条件：

$$\lambda_f\frac{\partial T}{\partial \xi}-\lambda_t\frac{\partial T}{\partial \xi}=L\rho w_0\frac{\partial \xi}{\partial T} \tag{8-11}$$

$$T_f(\xi(t),t)=T_u(\xi(t),t)=T_m \tag{8-12}$$

式中：L——水的相变潜热；

w_0——初始含水量；

T_m——土体冻结锋面处的温度。

根据以上假设，对于热棒内部的换热规律，可确定相应的计算公式分别计算热棒内部冷凝段的冷凝换热系数 h_c、蒸发换热系数 h_f。

$$h_c\frac{\left(\frac{v_1^2}{g}\right)^{\frac{1}{3}}}{k_w}=\left(\frac{4}{3}\right)^{\frac{4}{3}}\mathrm{Re}_c^{-\frac{1}{3}} \tag{8-13}$$

$$h_f\frac{\left(\frac{v_1^2}{g}\right)^{\frac{1}{3}}}{k_w}=\left(\frac{4}{3}\right)^{\frac{4}{3}}\mathrm{Re}_f(z)^{-\frac{1}{3}} \tag{8-14}$$

其中：

$$\mathrm{Re}_c=\frac{4q_c L_c}{\lambda\mu_w} \tag{8-15}$$

$$\mathrm{Re}_{\mathrm{f}}(z)=\frac{4q_{\mathrm{e}}(L_{\mathrm{e}}-z)}{\lambda u_{\mathrm{w}}} \tag{8-16}$$

热棒和土体冻结之间的传热，根据热棒外表面土体的温度变化或冻结过程与热棒蒸发段换热量的大小建立。方程式如下：

$$\lambda\frac{\partial T}{\partial r}\Big|_{r=R_i}=h_{\mathrm{f}}(T_{\mathrm{s}}-T_{\mathrm{weo}}) \tag{8-17}$$

采用这种算法，蒸发段外壁温度 T_{weo} 是一个重要的参数，它是热转换和土体边界条件的界面。由于静压力的作用，沿轴向 T_{weo} 在液池时有所不同。处于液池时外壁温度分布由下式给出：

$$T_{\mathrm{weo}}(z)=T_{\mathrm{s}}q_{\mathrm{e}}\left(\frac{\delta_{\mathrm{w}}A_{ei}}{k_{\mathrm{w}}A_{\mathrm{em}}}+\frac{1}{h_{\mathrm{e}}}\right) \tag{8-18}$$

根据研究对象的实际情况和模型的有关假定可以确定土体的初始值以及土体和热棒的的边界条件。上述数学模型可描述和反映埋设热棒后，土体的温度分布规律、土体中水分迁移和变化的规律及土体中其他热质传递的现象和规律。

$$\begin{gathered}T=T(z)\\ \tau=0:u=v=0\end{gathered} \tag{8-19}$$

$$\begin{gathered}\lambda\frac{\partial T}{\partial z}=h_{ga}(T-T_a)\\ z=\infty:u=v=0\end{gathered} \tag{8-20}$$

$$\begin{gathered}T=T(\tau)\\ z=0:u=0\end{gathered} \tag{8-21}$$

$$\begin{gathered}\frac{\partial T}{\partial r}=0\\ z>L_{\mathrm{e}},r=0:v=0\end{gathered} \tag{8-22}$$

$$\begin{gathered}T=T_{\mathrm{weo}}(z)\\ z\leqslant L_{\mathrm{e}},r=R_i:u=v=0\end{gathered} \tag{8-23}$$

$$\begin{gathered}\frac{\partial T}{\partial r}=0\\ r=\infty:v=0\end{gathered} \tag{8-24}$$

上述数学模型为椭圆形方程，通常采用有限差分法和有限单元法来解这个方程。

Yang pan&Wu cunzhen 采用有限差分方法的 SIMPLE 及其变异算法应用于数学方程为椭圆形方程的传热和流动问题，并且计算了饱和土中热棒的土体-热耦合问题，但是，这种方法没有考虑土体的相变问题，对于多年冻土地区的热计算显得意义不大，误差也大。

Goering 、赖远明等用控制容积法求解热耦合问题，取得了较满意的结果。Goering 和 Kumar(1996)描述了这种方法。这种模型使用线性的三角有限单元并且能够解决岩土材料(例如土体、砂以及砾石)的两维的非稳态热传输问题。空间的离散化在问题域内基于伽辽金权重-余量积分，结果方程基于当前时间上计算的孔隙的空气速率以及热特性使用伽辽金时间积分对时间向前积分。赖远明根据多孔介质中流体热对流的连续性方程、动量方程和能量方程，引进流函数并用伽辽金法导出多孔介质对流换热的有限元公式，对热棒和片石层复合路基地温场进行了数值计算，取得了比较满意的结果。

采用 Ansys 有限元分析软件来模拟各种条件下的冻土冷却效果时，该软件解决土体相变问题时采用焓法，采用焓法可以通过两维非稳态有限单元模型获得解决上述控制方程的数值方法。

热焓转换方法在处理相变问题上被证明是一种有效的方法(Kronick,1982)。热力学热焓模型的最大特点是认为热焓不是常数，而是取决于作用轴压力、土的类别、含水率、密度状态、土体的孔隙溶液浓度以及土的冻结(融化)速率的活动和变化。这样，所给出的模型应用性就很广，不仅仅用于预报土体的温度状况，而且可以解决热质交换理论中渗透土和岩石的力学、物理化学和热力学的更复杂的耦合问题，同时也可以解决冻土和冷生作用热力学的耦合问题。热棒模型已成功地用于制订多年冻土中的路堤和路基的温度-渗透动态计算方法(克罗尼科，刘建坤，1996)。

对于土体中相变的热传输问题，相变区域附近的热传导和热容不再是温度的平滑函数，这给数值模型的解造成了困难。利用有名的考虑相变的非线性热传导方程，计算冻结、正冻、正融土和土坝热焓模型，很有成效和前景，计算通过古德曼(Goodman)变换：[123]

$$H(T)=\int_{-273.1}^{T}\rho c(T)\,\mathrm{d}T \tag{8-25}$$

其中，ρ 为土体密度，kg/m^3，$c(T)$ 是土体的比热，它是温度的函数，单位为 J/(kg·℃)。

$$\frac{\partial H}{\partial t}=\frac{\partial H\partial T}{\partial T\,\partial t}=\rho c(T)\frac{\partial T}{\partial t} \tag{8-26}$$

由基尔赫戈夫(Кирхгов)变换：

$$E=\int_{-T}^{T}\lambda(T)\,\mathrm{d}T\quad \frac{V\mathrm{d}E(\mathrm{T})}{\mathrm{d}T}=\lambda(T) \tag{8-27}$$

代入以焓形式表示的准线性热传导方程，在一般情况下是二维变换，接着可以得到下面的方程式

$$\frac{\partial H}{\partial t}=\frac{\partial^2 E}{\partial z^2}+\frac{\partial^2 E}{\partial r^2}+\rho_{\mathrm{w}}c_{\mathrm{w}}\left(u_{\mathrm{z}}\frac{\partial T}{\partial z}+u_{\mathrm{r}}\frac{\partial T}{\partial r}\right) \tag{8-28}$$

式中：H——热焓，W·h/m^3；

E——热流，W/m；

T——温度，℃；

t——时间，h；

z、r——地基土的坐标，m；

λ——土的导热系数，W/(m·℃)；

c——容积热容量，W·h/(m^3·℃)。

在求解出焓场以后，温度场很容易得到。

当前的热焓模型中，最精确最通用的就是正冻土、正融土和冻土的热力学热焓模型以及土和岩石的综合热力学热焓模型，该模型考虑了从绝对零度到融化和蒸发所有温度变化区间里的相变(克罗尼科，1981；克罗尼科·杰明，1982 等)。热焓的变化可以分成不同形式的相变区。

$$\Delta H=\int_{-273.1}^{T_1}C_f(T)\,\mathrm{d}T+\int_{T_1}^{T_2}C_{ef,2}(T)\,\mathrm{d}T+\int_{T_2}^{T_3}C_{ef,3}(T)\,\mathrm{d}T+\int_{T_3}^{T_4}C_{th}(T)\,\mathrm{d}T+\int_{T_4}^{T_5}C_{ef,5}(T)\,\mathrm{d}T \tag{8-29}$$

$$\Delta H = \sum_{0}^{i}\int_{0}^{T_i} C_i(T)\,\mathrm{d}T \tag{8-30}$$

式中，$T_i = T_1, T_2, T_3, T_4, T_5$。$T_1 = T_f$ 为自由水和束缚孔隙水实际上完全冻结的温度；$T_2 = T_{bw}$ 为束缚水冻结（融化）区间里正冻（或温度升高时正在融化）温度；$T_3 = T_{bf}$ 为土开始冻结（融化），自由水冻结温度；$T_4 = T_{ef}$ 为孔隙水开始剧烈蒸发的融化（已融）土温度；$T_5 = T_{boi}$ 为孔隙水沸腾的温度（100～105℃）；$C_i(T) = C_f(T), C_{ef,2}(T), C_{ef,3}(T), C_{th}(T), C_{ef,5}(T)$ 为土的有效热容量，决定于温度，在上述区域里和相应特征温度下有不同形式的相变；$i = 1,2,3,4,5$ 为不同相变形式特征区的编码。

类似地，可以将热流区［$E(T)$］进行划分。在每个特征区，有效热容量 C_{ef} 和导热系数 λ_{ef} 值根据相应区间特征温度进行积分，并且都有自己的具体的方程形式和数值（决定于冻土和融土的 C_f、C_{th}、λ_f 所含的未冻水量 W_u，干土密度 ρ_{dry} 和变温 $T_i(T)$，克罗尼科，1981、1982）。这样一来，所划分出的区间有有效体积热容量方程 $C_{ef,i}(T)$ 和导热系数方程 $\lambda_{ef,i}(T)$。$\lambda_{ef,i}(\mathrm{T})$ 是为了在一个宽广（具体计算所讨论的）温度变化区间内细化相变对土体和岩石冻结-融化（以及加热融化）过程进行数学描述的控制函数。

由于土体是复合材料，包含在其中的矿物质和有机物质对土体的热传导特性都有明显的影响，在土体的不同物理状态（冻结或者融化）下，土体的热物理特性也随之发生变化。土体热物理特性可以通过如下的方法获得（Xu and Wang，2001）：

$$c_{du} = \frac{c_{su} + wc_w}{1 + w} \tag{8-31}$$

$$c_{df} = \frac{c_{sf} + (w - w_u)c_i + w_u c_w}{1 + w} \tag{8-32}$$

其中：c_{du}、c_{df} 分别是冻土和融土的复合比热容，$c_{su}, c_{sf}, c_w \cdot c_i$ 分别是融土、冻土、水、冰的比热容；w, w_u 是土体的总含水量和未冻水含量。

当 $T < T_f$：

$$H(\mathrm{T}) = \int_{-273.13}^{T} \rho \frac{c_{sf} + (w - w_u)c_i + w_u c_w}{1 + w}\mathrm{d}T \tag{8-33}$$

$$H_0 = \int_{-273.13}^{T_f} \rho \frac{c_{sf} + (w - w_u)c_i + w_u c_w}{1 + w}\mathrm{d}T \tag{8-34}$$

当 $T > T_f$：

$$H = H_0 + \int_{T_f}^{T} \rho \frac{c_{su} + wc_w}{1 + w}\mathrm{d}T \tag{8-35}$$

水和冰的热传导系数被认为是常数。土体的比热容依赖于温度并且与矿物质的含量和有机物的含量有关。

未冻水含量可以通过下述公式获得（Xu and Wang，2001）[3]：

$$w_u = \mathrm{a}T^{-\mathrm{b}} \tag{8-36}$$

$$b = \frac{\ln w_0 - \ln w_u}{\ln T - \ln T_f} \tag{8-37}$$

$$a = w_0 T^{\mathrm{b}} \tag{8-38}$$

式中：w_u——未冻水含量；

w_0——初始含水量；

T_f——冻结点，在此温度土体开始冻结。

计算的物理域被划分成单元，通过使用伽辽金余量-权重法解，对于所有的单元用矩阵的有限元公式形式表示如下：

$$[M]\left\{\frac{\partial H}{\partial t}\right\}+[K]\{T\}=\{F\} \tag{8-39}$$

$$[N]\left\{\frac{\partial U}{\partial t}\right\}+[G]\{U\}=\{P\}+\{Q\} \tag{8-40}$$

$$M_{ij}=\sum_{e}C_{ij}^{e}, C_{ij}^{e}=\int_{\Omega^{e}}N_{i}\mathrm{d}\Omega \tag{8-41}$$

$$K_{ij}=\sum_{e}\int_{\Omega^{e}}\lambda\left(\frac{\partial N_{i}}{\partial z}\frac{\partial N_{j}}{\partial z}+\frac{\partial N_{i}}{\partial r}\frac{\partial N_{j}}{\partial r}\right)\mathrm{d}\Omega+\sum_{e}\int_{\Gamma^{e}}\alpha N_{i}N_{j}\mathrm{d}\Gamma+\sum_{e}\int_{\Omega^{e}}c_{w}\rho_{w}\left(u_{z}\frac{\partial N_{j}}{\partial z}+u_{r}\frac{\partial N_{j}}{\partial r}\right)N_{i}\mathrm{d}\Omega \tag{8-42}$$

$$F_{ij}=\sum_{e}\int_{\Gamma^{e}}\alpha T_{a}N_{i}\mathrm{d}\Gamma \tag{8-43}$$

$$N_{ij}=\sum_{e}\int_{\Omega^{e}}\frac{\rho_{w}}{\varepsilon}N_{i}N_{j}\mathrm{d}\Omega \tag{8-44}$$

$$G_{ij}=\sum_{e}\int_{\Omega^{e}}\frac{\rho_{w}}{\varepsilon^{2}}\left(u_{z}\frac{\partial N_{i}}{\partial z}+u_{r}\frac{\partial N_{i}}{\partial r}\right)\mathrm{d}\Omega+\sum_{e}\int_{\Omega^{e}}\frac{\mu_{w}}{\varepsilon}\left(u_{z}\frac{\partial N_{i}}{\partial z}\frac{\partial N_{j}}{\partial z}+u_{r}\frac{\partial N_{i}}{\partial r}\frac{\partial N_{j}}{\partial r}\right)\mathrm{d}\Omega \tag{8-45}$$

$$P_{ij}=\sum_{e}\int_{\Gamma^{e}}P_{ij}, P_{ij}=\int_{\Gamma^{e}}N_{j}\mathrm{d}\Gamma \tag{8-46}$$

$$Q_{ij}=\sum_{e}\int_{\Omega^{e}}(Q+\rho_{1}g)N_{i}\mathrm{d}\Omega \tag{8-47}$$

1）时间积分

瞬态分析的有限单元解是时间的函数。通过有限差分的近似方法进行时间积分。用有限差分表示有限单元方程，会得到下面的方程：

$$\begin{aligned}&(\Theta\Delta t[K]+[M])\{T_{1}\}\\&=\Delta t((1-\Theta)\{F_{0}\}+\Theta\{F_{1}\})+[[M]-(1-\Theta)\Delta t[K]]\{T_{0}\}\end{aligned} \tag{8-48}$$

$$\begin{aligned}&(\Theta\Delta t[G]+[N])\{U_{1}\}\\&=\Delta t((1-\Theta)\{Q_{0}+P_{0}\}+\Theta\{Q_{1}+P_{1}\})+[[N]-(1-\Theta)\Delta t[G]]\{U_{0}\}\end{aligned} \tag{8-49}$$

式中：Δt——时间步长；

Θ——0～1 的系数；

$\{T_1\}$——在时间增量后端的温度；

$\{T_0\}$——在时间增量开始的温度；

$\{F_1\}$——在时间增量末尾的节点流量；

$\{F_0\}$——在时间增量开始的节点流量；

$\{Q_0\}$——源项在时间增量开始时的值；

$\{Q_1\}$——源项在时间增量末尾时的值；

$\{P_0\}$——压力项在时间增量开始时的值；

$\{P_1\}$——压力项在时间增量末尾时的值；

$[K]$、$[G]$——单元的特征矩阵；

$[M]$、$[N]$——单元的质量矩阵。

使用向后差分的方法，将 Θ 的值设为 1，瞬态系统有限单元方程变为：

$$(\Delta t[K]+[M])\{T_1\}=\Delta t\{F_1\}+[M]\{T_0\} \tag{8-50}$$

$$(\Delta t[G]+[N])\{U_1\}=\Delta t\{P_1+Q_1\}+[N]\{U_0\} \tag{8-51}$$

由方程可以得到：为了解时间增量末端节点的新的温度和流场速率，有必要知道时间开始时的温度和速度。换句话说，为了进行瞬态分析，初始值必须是已知的。

2）迭代方案

解有限元方程的目的是计算每一节点的温度。对于材料属性为常数的线性方程，节点温度可以直接计算。然而，对于非线性系统，材料的热传导系数是温度的函数，确切的材料属性在分析的开始是不知道的，最终需要迭代方案来解决这一问题。

在迭代过程中使用重复替换技术。在初次迭代中，用户指定的初始条件用来定义材料属性，材料属性用上一部计算的温度来更新随后一步的值。对于瞬态分析，时间间隔中点的温度被用来定义材料的属性。也就是说，下一步材料属性的值用上一步和本步的平均温度值来定义，迭代过程继续进行直到迭代数目达到指定的最大值或者结果满足收敛条件。

使用欧几里得（Euclidean）标准连续迭代的温度向量$\{\Delta T\}$变换作为收敛的测量。变换的向量标准叫作余量，定义为：

$$R=\|\Delta T\|=\left(\sum_{j=1}^{n}|\Delta T_j|^2\right)^{\frac{2}{3}} \tag{8-52}$$

式中：R——余量；

n——节点总数；

j——节点数；

ΔT——两次连续迭代的节点温度差。

余量度量迭代之间的温度差的大小，在标准的收敛过程中，余量越来越小，并且越来越接近 0，当余量小于用户指定的收敛值时，解就被认为是收敛的。

通过与初始条件与边界条件的集成，此线性系统的解给出了热棒路基热状态的变化过程。在求解的过程中，坐标系统、网格分布以及方程中所有使用的松弛因子等都在参数定义中给出。整个域的初始条件和热棒工质的热特性以及相变土体的热特性也在参数定义中给出。初始的平衡热流量也在参数定义中给出。收敛标准和时间步长在计算中可以采取不同的数值。

图 8-3 是解决该热传输问题的计算流程。

上述有限元求解过程的特点是，考虑水的相变发生，土体的热性能参数随温度而变化，而且荷载是随时间变化的，所以这种数值分析是非线性瞬态热传导分析。

8.2.3　热棒与冻土路基的三维数值模型

大气-热棒-土体系统的三维模型与二维系统的模型与算法基本一样，一般在求解过程中，先在离散的有限元网格中形成每一个单元的单元矩阵，然后将这些单元矩阵集成瞬态方程的整体刚度矩阵，使用有限单元法解瞬态方程。

在三维系统中，由于单元数量很大，占用很多的内存，使用压缩行存储（Compressed Row

Storage ，Barrett,1994）方法可以有效地避免这一问题。这是通用的不假设稀疏矩阵的方法。在有许多0单元的矩阵时，压缩行存储方法不是显示所有的矩阵元素，而是使用三个向量存储矩阵：一个存储非0单元、一个存储列索引、一个存储行指针。它可节省大量的内存，从而加快了计算机的计算速度。

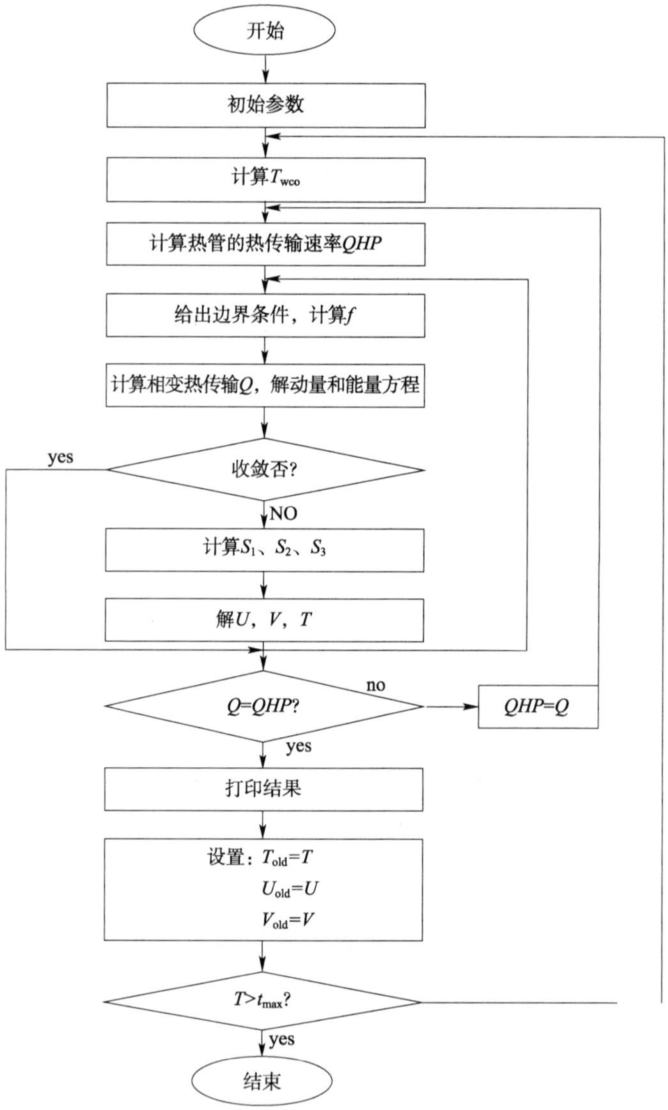

图8-3　土体—热棒—大气数值求解流程图

大气-热棒-土体系统的三维数学模型可以用下面的方程组表示：

连续性方程：

$$\frac{\partial u}{\partial x}+\frac{\partial v}{\partial y}+\frac{\partial w}{\partial z}=0 \tag{8-53}$$

动量方程：

z方向

$$\frac{\rho_{\mathrm{w}}}{\varepsilon}\frac{\partial_w}{\partial_\tau}+\frac{\rho_{\mathrm{w}}}{\varepsilon^2}\left(u\frac{\partial_w}{\partial_x}+v\frac{\partial_w}{\partial_v}+w\frac{\partial_w}{\partial_z}\right)=-\frac{\partial_p}{\partial_z}+\frac{\mu_{\mathrm{w}}}{\varepsilon}\left(\frac{\partial^2 w}{\partial x^2}+\frac{\partial^2 w}{\partial y^2}+\frac{\partial^2 w}{\partial z^2}\right)+\rho g\beta(T-T_{\mathrm{c}})+s_1 \tag{8-54}$$

y 方向

$$\frac{\rho_{\mathrm{w}}}{\varepsilon}\frac{\partial v}{\partial \tau}+\frac{\rho_{\mathrm{w}}}{\varepsilon^2}\left(u\frac{\partial v}{\partial x}+v\frac{\partial v}{\partial y}+w\frac{\partial v}{\partial z}\right)=-\frac{\partial p}{\partial y}+\frac{\mu_{\mathrm{w}}}{\varepsilon}\left(\frac{\partial^2 v}{\partial x^2}+\frac{\partial^2 v}{\partial y^2}+\frac{\partial^2 v}{\partial z^2}\right)+s_2 \tag{8-55}$$

x 方向

$$\frac{\rho_{\mathrm{w}}}{\varepsilon}\frac{\partial u}{\partial \tau}+\frac{\rho_{\mathrm{w}}}{\varepsilon^2}\left(u\frac{\partial u}{\partial x}+v\frac{\partial u}{\partial y}+w\frac{\partial u}{\partial z}\right)=-\frac{\partial p}{\partial x}+\frac{\mu_{\mathrm{w}}}{\varepsilon}\left(\frac{\partial^2 u}{\partial x^2}+\frac{\partial^2 u}{\partial y^2}+\frac{\partial^2 u}{\partial z^2}\right)+s_3 \tag{8-56}$$

式中,ρ、μ 分别为密度和动力黏度;下标 w 表示孔隙水;p,ε 分别为压力和孔隙率。

能量方程:

$$\rho c\frac{\partial T}{\partial \tau}+\rho_{\mathrm{w}}c_{\mathrm{w}}\left(u\frac{\partial T}{\partial x}+v\frac{\partial T}{\partial y}+w\frac{\partial T}{\partial z}\right)=\lambda\left(\frac{\partial^2 T}{\partial x^2}+\frac{\partial^2 T}{\partial y^2}+\frac{\partial^2 T}{\partial z^2}\right)+s \tag{8-57}$$

式中,c、λ 分别为土体的比热和导热系数,对于考虑土体相变的问题,它们是温度的函数,即 $c(T)=f(T)$,$\lambda(T)=g(T)$;T 为温度;τ 为时间。

连续性方程在融化和冻结的相变界面 ξ 上,必须满足连续性条件和能量守恒条件:

$$\lambda_{\mathrm{f}}\frac{\partial T}{\partial \xi}-\lambda_{\mathrm{t}}\frac{\partial T}{\partial \xi}=L\rho w_0\frac{\partial \xi}{\partial T} \tag{8-58}$$

$$T_{\mathrm{f}}(\xi(t),t)=T_{\mathrm{u}}(\xi(t),t)=T_{\mathrm{m}} \tag{8-59}$$

式中:L——水的相变潜热;

w_0——初始含水率;

T_{m}——土体冻结锋面处的温度。

$$T=T(z)$$

$$\tau=0:u=v=w=0 \tag{8-60}$$

$$\lambda\frac{\partial T}{\partial z}=h_{\mathrm{ga}}(T-T_{\mathrm{a}})z=\infty:u=v=w=0 \tag{8-61}$$

$$T=T(\tau)$$

$$z=0:u=v=0 \tag{8-62}$$

$$\frac{\partial T}{\partial x}=0$$

$$z>L_{\mathrm{e}},x=0:v=w=0 \tag{8-63}$$

$$T=T_{\mathrm{weo}}(z)$$

$$z\leqslant L_{\mathrm{e}},x=R_i:v=w=0 \tag{8-64}$$

$$\frac{\partial T}{\partial x}=0$$

$$x=\infty:v=w=0 \tag{8-65}$$

$$T=T_1(\tau)$$

$$y=0:u=w=0 \tag{8-66}$$

$$\frac{\partial T}{\partial y}=0$$

$$y=\infty : u=w=0 \tag{8-67}$$

代入以焓形式表示的准线性热传导方程,接着可以得到下面的方程式

$$\frac{\partial H}{\partial t}=\frac{\partial^2 E}{\partial x^2}+\frac{\partial^2 E}{\partial y^2}+\frac{\partial^2 E}{\partial z^2}+\rho_{\mathrm{w}} c_{\mathrm{w}}\left(u \frac{\partial T}{\partial z}+v \frac{\partial T}{\partial r}+w \frac{\partial T}{\partial z}\right) \tag{8-68}$$

计算的物理域被划分成单元,通过使用伽辽金余量-权重法解,对于所有的单元用矩阵的形式表示如下:

$$[M]\left\{\frac{\partial H}{\partial t}\right\}+[K]\{T\}=\{F\} \tag{8-69}$$

$$[N]\left\{\frac{\partial U}{\partial t}\right\}+[G]\{U\}=\{P\}+\{Q\} \tag{8-70}$$

$$M_{ijk}=\sum_{\mathrm{e}} C_{ij}^{\mathrm{e}}, C_{jk}^{\mathrm{e}}, C_{ki}^{\mathrm{e}}=\int_{\Omega^{\mathrm{e}}} N_i N_j \mathrm{d}\Omega \tag{8-71}$$

$$\begin{aligned} K_{ijk}= & \sum_{\mathrm{e}} \int_{\Omega^{\mathrm{e}}} \lambda\left(\frac{\partial N_i}{\partial z} \frac{\partial N_j}{\partial z}+\frac{\partial N_j}{\partial x} \frac{\partial N_k}{\partial x}+\frac{\partial N_k}{\partial y} \frac{\partial N_i}{\partial y}\right) \mathrm{d}\Omega+\sum_{\mathrm{e}} \int_{\Gamma^{\mathrm{e}}} \alpha N_i N_j N_k \mathrm{d}\Gamma \\ & +\sum_{\mathrm{e}} \int_{\Omega^{\mathrm{e}}} c_{\mathrm{w}} \rho_{\mathrm{w}}\left(u N_j N_{\mathrm{k}} \frac{\partial N_i}{\partial x}+v N_{\mathrm{k}} N_i \frac{\partial N_j}{\partial y}+v N_i N_j \frac{\partial N_{\mathrm{k}}}{\partial z}\right) \mathrm{d}\Omega \end{aligned} \tag{8-72}$$

$$F_{ijk}=\sum_{\mathrm{e}} \int_{\Gamma^{\mathrm{e}}} \alpha T_a N_i N_{\mathrm{k}} \mathrm{d}\Gamma \tag{8-73}$$

$$N_{ijk}=\sum_{\mathrm{e}} \int_{\Omega^{\mathrm{e}}} \frac{\rho_{\mathrm{w}}}{\varepsilon} N_i N_j N_{\mathrm{k}} \mathrm{d}\Omega \tag{8-74}$$

$$G_{ijk}=\sum_{\mathrm{e}} \int_{\Omega^{\mathrm{e}}} \frac{\rho_{\mathrm{w}}}{\varepsilon^2}\left(u \frac{\partial N_i}{\partial x}+v \frac{\partial N_j}{\partial y}+w \frac{\partial N_{\mathrm{k}}}{\partial z}\right) \mathrm{d}\Omega+\sum_{\mathrm{e}} \int_{\Omega^{\mathrm{e}}} \frac{\mu_{\mathrm{w}}}{\varepsilon}\left(u \frac{\partial N_j}{\partial x} \frac{\partial N_{\mathrm{k}}}{\partial x}+u_{\mathrm{r}} \frac{\partial N_{\mathrm{k}}}{\partial y} \frac{\partial N_i}{\partial y}+u_{\mathrm{r}} \frac{\partial N_i}{\partial z} \frac{\partial N_j}{\partial z}\right) \mathrm{d}\Omega \tag{8-75}$$

$$P_{ijk}=\sum_{\mathrm{e}} \int_{\Gamma^{\mathrm{e}}} P_{jk}, P_{ki}, P_{ij}=\int_{\Gamma^{\mathrm{e}}} N_j N_{\mathrm{k}} \mathrm{d}\Gamma \tag{8-76}$$

$$Q_{ijk}=\sum_{\mathrm{e}} \int_{\Omega^{\mathrm{e}}}\left(Q+\rho_{\mathrm{l}} g\right) N_i N_j \mathrm{d}\Omega \tag{8-77}$$

综上所述,大气-热棒-土体系统是一个复杂的系统,热棒在土体中的制冷效果受到很多因素的制约,以前的模型要么没有考虑相变的问题(吴存真,潘阳),要么没有考虑土体中的水分场(Goering, Zarling)。

通过连续条件、动量守恒条件与能量守恒条件等热力学基本条件建立了大气-热棒-土体系统的一维、二维以及三维数值方程,方程中考虑了水分场、温度场,同时利用热焓方法与Carlekin 方法求解了二维数值模型。

本章介绍的计算模型只是在以前的学者研究的基础上根据热棒工程特点对这一系统的模型做出必要的说明和完善。

热棒工程计算模型和所有数值计算模型一样,为了计算的方便同时受计算技术的限制,对许多实际复杂的热学、物理问题做了种种假设,许多参数的选取都是基于经验数据,因此,计算模型不能完全反映大气-热棒-土体系统相互作用的复杂现象,对数值计算需要明确以下几点:

(1)对于如此复杂的系统虽然可用数学模型对一些规律性的东西进行描述,但是数学模型毕竟基于一定的简化和假设,所以数值结果往往和试验结果不同。

（2）虽然通过数学分析可以编制计算程序，但是对于工程应用，建议用比较成熟的大型软件来计算，如 Ansys、Marc、Temp/W、heat 等软件，因为这些软件具有灵活性等特点。

（3）数值模型虽然可以说明一些问题，而且能够把握系统较本质的东西，但是对于热棒的制冷效果的研究，模型试验和野外实体试验是必不可少的。

8.3　热棒工程传热计算条件

热棒路基工程的传热物理模型和计算模型建立以后，需要根据工程和传热环境条件确定热棒工程传热计算模型的计算条件，计算条件既应该符合实际工程状况，又能够简化计算过程，计算条件是指：模型边界条件、传热过程初始条件和传热边界条件。

计算条件确定以后才能够进行研究对象（工程长期效果）的计算和预测工作。

8.3.1　计算条件简化

为了方便计算，对热棒路基不同时间节点和不同部位的传热过程和传热参数需要作必要的假设和简化：

（1）温度梯度方向垂直于以热棒为中心的圆柱面，圆周方向无温度梯度，沿热棒轴向永久冻土上限以下部分无温度梯度。

（2）土壤各向同性且无相变，土壤密度、热容和导热系数为常数（因温度变化较小），忽略初始钻孔部分土壤的未冻结影响，初始温度与热影响作用范围外土壤温度一致。

（3）热棒单向传热假设。当热棒开始工作后，远离热棒作用之外的土壤温度未受影响，为初始土壤温度 T_s，沿热棒土壤交界面法线方向传导的热量与热棒向空气散失的热量相等。

（4）环境温度曲线可用年温度波动的正弦值和日温度波动正弦值的叠加表示，如式(8-78)所示：

$$T_a = T_0 + T_1 \mathrm{Sin}\left[\frac{2\pi}{365.25}\left(\frac{\tau}{24}+\tau_0\right)\right] + T_2 \mathrm{Sin}\left[\frac{\pi(\tau-9)}{12}\right] \tag{8-78}$$

计算区域中土体的密度和导热系数时根据青藏铁路唐古拉山区钻孔取样实测值。热棒采用氨为工质且垂直放置，热棒长 7m，蒸发端长 4m，冷凝段有效散热面积为 3m^2，空气与冷凝端的对流换热系数为：

$$\alpha = \begin{cases} 0 & T_a - T \leqslant 0.8 \\ \dfrac{30W}{m^2} & T_a - T > 0.8 \end{cases} \tag{8-79}$$

热棒的传热量为：

$$Q = \alpha F\,\Delta T(t) \tag{8-80}$$

其中，Q 为热棒的传热量，$\Delta T(t)$ 是热棒周围路基土温度与环境内部的温差，α 是空气与冷凝端的对流换热系数。

参照翅片对流换热经验公式，热棒冷凝段与空气的对流换热系数可由下式确定：

$$\alpha = 0.134 R_{ea}^{0.681} P_{ra}^{\frac{1}{3}} \left(\frac{S}{H}\right)^{0.2} \left(\frac{S}{\delta}\right)^{0.1134} \tag{8-81}$$

式中，α 为 Nusselt 无因次准则数，$N_{u_a}=\frac{h_a\cdot D_o}{\lambda_a}$；$R_e$ 为 Reynold 无因次准则数，$R_{ea}=\frac{\rho_a\cdot V_a\cdot D_o}{\mu_a}$；$P_r$ 为 Prandtl 无因次准则数，$P_{ra}=\frac{C_{pa}\cdot\mu_a}{\lambda_a}$；$H$ 为翅片高度，mm；δ 为翅片厚度，mm；S 为翅片净间距，mm；h_a 为空气的对流换热系数，$W/m^2\cdot K$；D_o 为光管外径，mm；λ_a 为空气的导热系数，$W/m\cdot K$；ρ_a 为空气的密度，kg/m^3；V_a 为风速，m/s；μ_a 为空气动力黏度，kg/m·s；C_{pa}为空气定压比热，J/kg。

8.3.2 计算边界条件确定

根据对“附面层”性质的研究，凡是土面均有受太阳热辐射作用强烈的附面层存在，当上边界用下附面层底深度时，土中热传导过程才遵守传导导热作用。因此，依据附面层原理，上边界 AB 可用如下的随时间变化的第一类边界条件表示：

$$T_b=T_a+\Delta T \tag{8-82}$$

$$T_a=T_0+g(t)+12.05\sin\left(\frac{2\pi t}{8760}-\frac{5\pi}{9}\right) \tag{8-83}$$

式中，T_b 为上边界 AB 温度；根据文献[5]，取 $\Delta T=3.5$ ℃；T_a 为当地大气温度；在柴木冻土区段年平均气温取 $T=-5.3$℃，$g(t)=At$ 表示全球气候变暖效应，$A=0.02$℃/a。

根据柴木冻土区多年冻土分布情况，在地温年变化深度以下地温变化量很小，计算区域下边界 DE 处于地下 20m 深处，因此，依据多年冻土温度取下边界 DE 为第一类边界条件，即：

$$T=T_1 \tag{8-84}$$

式(8-84)中，依据多年冻土情况，$T_1=-1.5$℃，或 $T_1=-1$℃。

对于右边界 BD 由于离热棒影响区域足够远，因此可取为绝热边界条件，即：

$$\left.\frac{\partial T}{\partial r}\right|_{r=20}=0 \tag{8-85}$$

左下部边界 EF 由于是计算区域的对称轴，因此也为绝热边界，即：

$$\left.\frac{\partial T}{\partial r}\right|_{r=0}=0 \tag{8-86}$$

左上部热棒绝热段 AH 与土体的交界面也是绝热边界，即：

$$\left.\frac{\partial T}{\partial r}\right|_{r=r_0}=0 \tag{8-87}$$

式中，r_0 为热棒外半径，m；

热棒蒸发段 HG 与 FG 为热棒与冻土的耦合边界，对于该耦合边界的处理，可进行如下的数学变换，变换所采用的示意图如图 8-4 所示，忽略蒸汽流动热阻和热棒蒸发段与土体的接触热阻，则由土体经热棒传向大气的热量为：

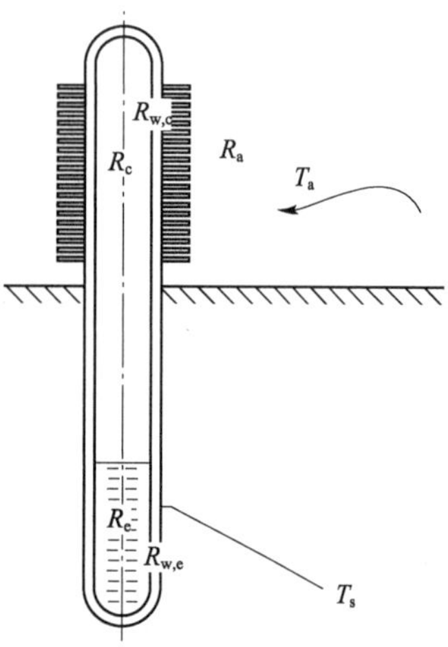

图 8-4 热棒蒸发段与土体耦合边界条件推导示意图

$$Q=\frac{T_s-T_a}{R_a+R_{w,c}+R_c+R_e+R_{w,e}} \tag{8-88}$$

式中，T_s 为热棒与土壤接触处的温度；R_a 为大气与热棒冷凝段外部的对流换热热阻;$R_{w,c}$为热棒冷凝段管壁的导热热阻;R_c 为蒸汽的冷凝换热热阻;R_e 为蒸发热阻;$R_{w,e}$为蒸发段管壁的导热热阻。

将式(8-88)变形可以得到如下关系式:

$$Q=\left[\frac{1}{A_e\cdot(R_a+R_{w,e}+R_e+R_e+R_e+R_{w,e})}\right]\cdot(T_s-T_a)\cdot A_e \tag{8-89}$$

式中,A_e 为土体与热棒蒸发段的换热面积,其余量同上。

大量的工程实践和文献研究都表明:热棒内部蒸发冷凝传热和薄壁金属导热,与空气对流传热热阻和土壤导热热阻相比要小许多,因此忽略热棒的热阻而仅计算空气与冷凝段对流换热热阻和土壤导热热阻是可以满足工程应用要求的。

因此,式(8-89)简化为:

$$Q=\left(\frac{1}{A_e\cdot R_a}\right)\cdot(T_s-T_a)\cdot A_e \tag{8-90}$$

若引入等价的对流换热系数 $h_{cqu}=\frac{1}{A_e\cdot R_a}$,则式(8-90)可写为:

$$Q=h_{equ}\cdot A_e\cdot(T_s-T_a) \tag{8-91}$$

式中各参数含义同上。

那么在这样的等价变换下,热棒蒸发段与土体的耦合边界 HG 和 FG 即可变成如下的第三类边界条件:

$$-\lambda_{soil}\cdot\left.\frac{\partial T}{\partial n}\right|_w=h_{equ}\cdot(T-T_a) \tag{8-92}$$

式中,λ_{soil}为土体的导热系数,W/m · K;其余量均同上所述。

热棒蒸发段和冻土耦合边界条件的处理是一个难点,这是因为蒸发段和冻土耦合处的边界条件从严格意义上来讲不属于传热学中三类边界条件中的任何一种,同时热棒管内又是复杂的气液两相流,因此要求解土体温度场情况应该先知道蒸发段和冻土交界处的边界条件,边界条件的求解可以遵照以下思路:

(1)先假设一个热棒冷凝段外壁温度。

(2)通过这个假设的冷凝段外壁温和某时刻的大气温度来求得通过热棒传出的热量。

(3)利用该传热量和热棒内部的传热系数关联式来求得热棒蒸发段和土体交界处的温度边界条件。

(4)利用该交界面处的第一类温度边界条件和其他各边的已知边界条件以及初始条件边界,同时结合计算区域的相变模型数值来求解土体温度场。

(5)将数值求解的通过交界面的传冷量和前面假设冷凝段壁温而求解的传冷量进行比较,若它们两者的差值大于某一给定的已知小量,则要重新假设冷凝段壁温,然后重复步骤(2)~(5)。不断重复该过程直到获得收敛的解为止。

该算法求解过程示于图 8-3。

求解过程显示该问题计算存在两个层次的迭代求解,第一个迭代是外部的关于热量平衡的迭代,第二个迭代是在每一个假设壁温下的内部土体相变温度场的迭代求解,在考虑热棒的内部热阻影响条件时,会造成计算的繁杂。

根据工程实际情况,通过忽略热棒内部热阻,并经过以上的合理数学变换得到了热棒蒸发段和土体耦合边界处的等价第三类边界条件，为该类问题的工程求解和优化以及向三维路基耦合热棒问题的推广提供了极大的方便。

8.3.3 模型物理参数选取和计算过程

计算模型里的物理参数根据计算区域典型工程断面的代表性土层的物理参数确定。

数值计算框图的设计，是对整个计算过程的控制和把握，框图设计可以适当简化计算步骤，减少计算时间。

计算框图设计过程实际上是对计算条件、计算参数、计算模型和整体思路的审视过程。

图 8-5 是考虑热棒内部热阻时冻土和热棒耦合问题算法流程图。

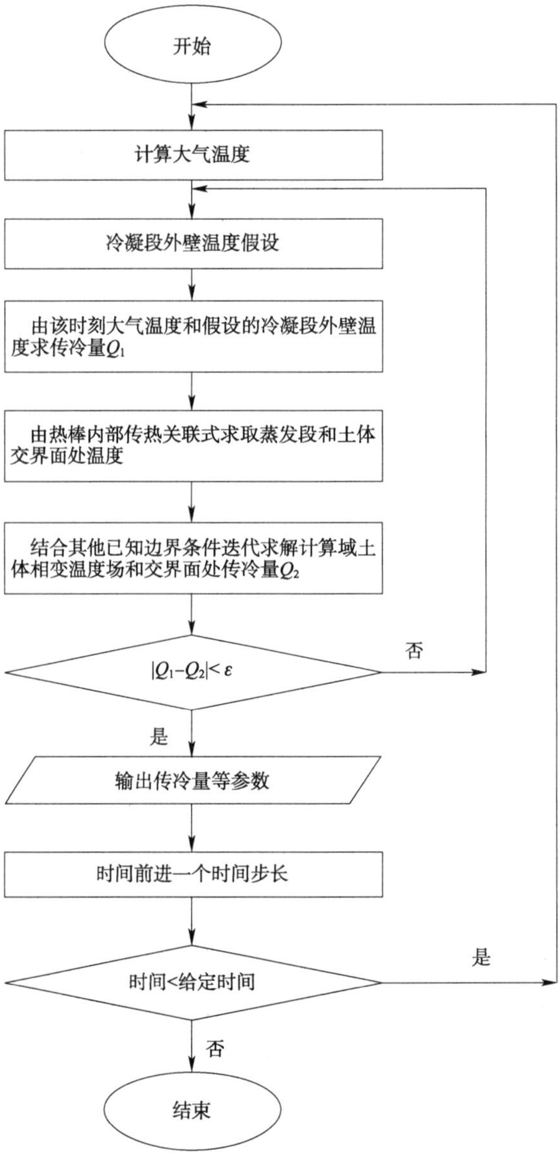

图 8-5　考虑热棒内部热阻时冻土和热棒耦合问题算法流程图

8.4 热棒路基传热效果计算分析

热棒路基传热效果的分析主要目的是对热棒冷却效果进行工程评价，短期的冷却效果通过先期进行的热棒路基试验工程或者同期进行的典型工程断面试验观测可以很容易地进行判断，而长期的冷却效果主要依靠数值计算结果进行预判。

8.4.1 热棒路基传热效果计算分析内容

热棒传热效果主要指的是热棒介入工程以后引起的工程内部对冻土的潜在影响，分析热棒传热效果必须以未设置热棒的工程传热效果为对照基础。热棒最主要的应用工程是热棒路基工程，因此必须将普通填土路基和热棒路基的传热效果进行类比。

冻土区填土路基修建以后引起的多年冻土地温场变化主要表现在：温度场形态变化、不同时间冻融界面变化、典型位置和典型深度温度变化。

因此，热棒路基传热计算结果的分析也应该包括以下几个方面的内容：

(1)给定计算区域环境条件和考虑未来50年气温升高变化条件下不同时间段普通填土路基与热棒路基温度场形态变化(冻融界面形态同步变化对比、冻融界面位置同步变化对比、温度梯度变化对比)。

(2)计算断面典型位置不同深度的温度变化。

(3)冻土典型特征趋势性变化。

8.4.2 热棒路基传热效果评价方法

任何一个工程的评价都是设计地质勘察、设计思想、施工组织设计和工程检测的系统工程问题，热棒路基工程效果评价也是如此，尤其是对于冻土工程问题，它还是涉及未来气温变化对冻土影响和对工程措施影响的系统工程问题。

本书前面内容都是为热棒路基工程效果的评价服务的，热棒路基工程效果评价可以综合为以下几个方面：

1)热棒路基工程设计思想

评价内容包括地质勘察结果对冻土的地温分区和工程分类，冻土环境条件认识，冷却地基设计思想的基础和对策。

2)热棒路基工程措施的针对性

评价内容包括工程地段主要冻土稳定性问题和设置热棒的工程目标，热棒埋设间距、埋设形式、埋设位置的针对性。

3)热棒路基工程效果的试验观测数据评价

评价内容包括前期试验工程试验观测数据(地温、变形)评价和典型断面长期观测数据(地温、变形、气温变化)评价。

4)热棒路基工程长期效果数值计算预测分析

结合前面三项分析对计算结果进行效果分析，评价气温变化条件下热棒工作状态、热棒冷却地基效果变化趋势，从地温、变形和工程状态几个方面对热棒路基长期效果进行评价。

科学、准确、实际的评价热棒路基工程长期效果,是热棒技术最终应用的目的。

8.4.3 热棒路基传热效果计算实例

根据本书和作者实践工作的经历,本节提出热棒路基工程长期效果预测计算实例,以供参考。

1)柴木地方铁路冻土湿地热棒路基

柴木地方铁路冻土区环境气候条件适合热棒技术的应用,现场试验结果证明热棒散热导冷效果明显,而且从能量来源和能量积累的角度证明了热棒路基长期应用的可行性和可靠性。

以实体工程观测作为理论预测数值模拟方法的基础,现场试验数据作为计算的条件,建立理论预测模型,预测了未来最不利条件下(气温升高)热棒路基的长期效果。

预测柴木地方铁路热棒路基长期效果包括:

(1)多年冻土区填土路堤在年平均气温为 -5.3℃情况下,考虑未来 50 年气温升高 2.6℃时普通路基的地温场变化。

(2)多年冻土区填土路堤在坡脚铺设热棒时,在年平均气温为 -5.3℃情况下,考虑未来 50 年气温升高 2.6℃时热棒路基的地温场变化规律,并对填土路基和加热棒后路基的热稳定性进行分析比较。

(3)热棒解决路基病害的针对性分析及热棒应用建议。

(4)热棒工程设计参数优化建议。

计算分析内容通过路基修建后 1 年、3 年、5 年、10 年、30 年、50 年的以下几种计算图示分析路基稳定性和可靠性:

(1)在不同年份冻融季节路基不同部位温度变化。

(2)不同年份横断面地温等值线图(比较直观的看出横断面地温场差异和发展趋势,对路基变形可以进行推测)。

(3)不同年份左右坡脚和路基中心最大融化深度变化(根据计算结果绘出不同结构路基最大融化深度变化线)。

研究模型是根据柴木铁路多年冻土区的冻土环境条件建立了多年冻土区天然地面耦合热棒的相变传热模型,在耦合边界条件的处理上,通过忽略热棒内部热阻,得到了耦合边界处的等价第三类边界条件。

(1)计算模型。

以铁路线路 DK99 +355 断面为代表,土层的各项物性列于表 8-1;普通填土路基计算模型中路基高度为 4.3m,路基顶宽为 6.7m(路基两侧各加宽 0.4m),边坡坡度取为 1:1.5,如图 8-6a)所示;有限元计算模型如图 8-6c)所示,普通填土路基的计算区域沿路基边坡坡脚及基底向左右、下部延伸足够长,具体计算取沿路基中心左右延伸各 25m,从路基基底向下延伸 15m。

以 DK99 +100、DK99 +200 断面为基础作为加热棒后路基计算模型,两者的模型相似,不同的是 DK99 +100 模型路基高为 3.1m,DK99 +200 路基高为 3.5m。路基顶宽 7.5m(路基两侧各加宽 0.4m)，边坡坡度取为 1:1.5，计算模型[图 8-6b]中路基左侧阳坡布设 2 根热棒，右侧阴坡布设 1 根热棒，路基走向方向上热棒间距取 3m。3 个计算断面距离较近，土层性质相差不大，热棒路基模型的土层的各项物性同表 8-1，有限元计算模型见图 8-6c)，计算区域沿路基边坡坡脚及基底向左右、下部延伸足够长，具体计算取沿路基中心左右延伸各 25m，从路基基底向下延伸 15m。

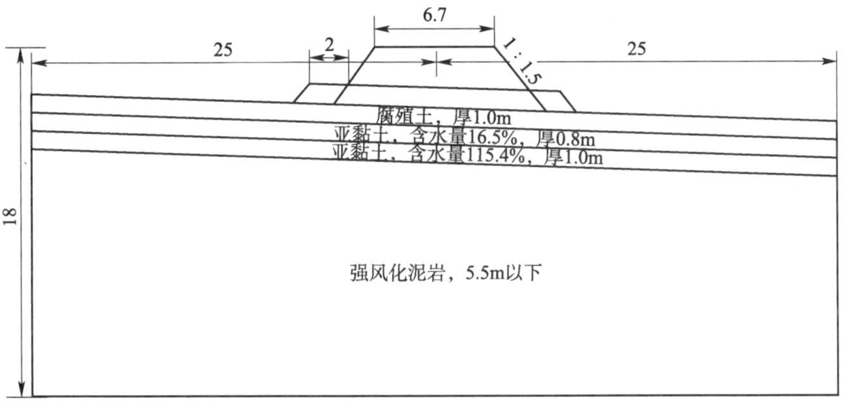

a)填土路基计算模型

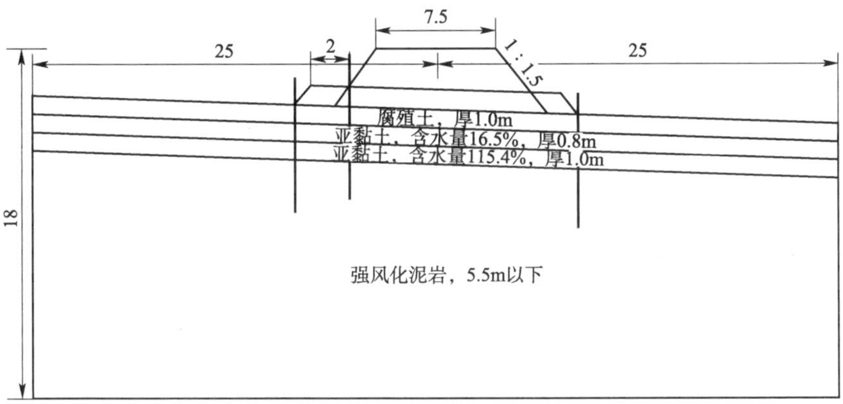

b)热棒路基计算模型

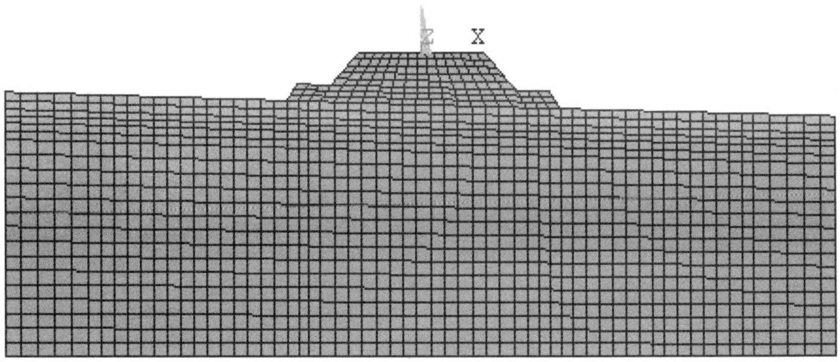

c)有限元计算模型及其单元剖分图

图 8-6　柴木铁路填土和热棒路基计算模型(尺寸单位:m)

(2)土层热物理参数。

计算区域填土路基和热棒路基土层的热物理参数根据区域工程地质勘察资料得到,表8-1是填土和基底不同深度典型土层的热物理参数表。

普通填土路基的土层热物理参数　　表8-1

土层深度(m)	岩性说明	含水率(%)	容重(g/cm^3)	干容重(g/cm^3)	热容量[$kJ/(m^{-3}\cdot℃)$]		导热系数($W/m\cdot℃$)	
					融土	冻土	融土	冻土
地面以上	路基填土砂砾土		2.3	2.17	2183	1693.7	1.91	2.61
0~1m	腐殖土	15	2.4	2.09	2785.2	1994.8	2.18	3.05
1~1.8m	亚黏土	16.5	2.14	1.8	2722.7	2076.5	1.63	1.85
1.8~2.8m	亚黏土	115.4	0.52	0.45	1783.7	2914.8	1.06	0.51
2.8m以下	强风化泥岩	15	2.18	1.9	2284.6	2284.6	2.7	2.7

表8-1所列计算区域中土体的密度和导热系数根据柴木铁路线路钻孔取样实测值。

热棒计算参考数据根据生产单位有关数据确定,热棒采用氨为工质且垂直放置,热棒直径为89mm,外露长度为1.5m,埋入地下5.5m,冷凝长度为1.5m,翅片厚度不小于1.9mm,热棒钻孔直径为150mm。空气与冷凝端的对流换热系数为:

$$h_{equ}=\begin{cases}0 & T_a-T\leqslant 0.8\\ \dfrac{30W}{m^2} & T_a-T\geqslant 0.8\end{cases}\tag{8-93}$$

热棒的传热量为:

$$Q=h_{equ}\cdot A_e\cdot \Delta T\tag{8-94}$$

其中,Q为热棒的传热量,h_{equ}是空气与冷凝端的对流换热系数,A_e是冷凝端有效换热面积,ΔT为热棒周围路基土温度与环境内部的温差。

参照翅片对流换热经验公式,热棒冷凝段与空气的对流换热系数可由下式确定:

$$h_{equ}=0.134R_{ea}^{0.681}P_{ra}^{\frac{1}{3}}\left(\frac{S}{H}\right)^{0.2}\left(\frac{S}{\delta}\right)^{0.1134}\tag{8-95}$$

式中,h_{equ}为Nusselt无因次准则数,$h_{equ}=\dfrac{h_0\cdot D_0}{\lambda_a}$;$R_e$为Reynold无因次准则数,$R_{ea}=\dfrac{\rho_a\cdot V_a\cdot D_0}{\mu_a}$;$P_r$为Prandtl无因次准则数,$P_{ra}=\dfrac{C_{pa}\cdot\mu_a}{\lambda_a}$;$H$为翅片高度,mm;$\delta$为翅片厚度,mm;$S$为翅片净间距,mm;$h_0$为空气的对流换热系数,$W/m^2\cdot K$;$D_0$为光管外径,mm;$\lambda_a$为空气的导热系数,$W/m\cdot K$;$\rho_a$为空气的密度,$kg/m^3$;$V_a$为风速,m/s;$\mu_a$为空气动力黏度,$kg/m\cdot s$;$C_{pa}$为空气定压比热,J/kg。

(3)计算边值条件。

根据填土路基地表实测温度规律对地温观察数据进行整理并作为计算边界条件,使得计算边界条件更接近现场实际情况,柴木铁路路基断面的年度观测数据如表8-2~表8-4所示。

DK99 +100 路基断面地表温度观测结果　　表 8-2

时间	天然地表(℃)	左坡脚(℃)	左路肩(℃)	右路肩(℃)	右坡脚(℃)
1 月	1.01	—	-5.64	-5.58	-2.85
2 月	0.6	—	-8.73	-8.72	-5.26
3 月	-0.11	—	-12.69	-12.84	-5.48
4 月	0.5	—	-9.05	-7.69	-5
5 月	4.5	—	-4.67	0.2	-3.87
6 月	6.19	0.48	7.58	7.32	0.05
7 月	5.12	2.71	10.2	10.02	1.21
8 月	3.32	4.6	8.39	9.37	2.26
9 月	2.95	3.08	7.62	7.21	1.41
10 月	2.16	—	2.38	2.45	0.77
11 月	1	—	-3.91	-4.1	-0.06
12 月	1.01	—	-9.61	-9.74	-0.16

DK99 +200 路基断面地表温度观测结果　　表 8-3

时间	天然地表(℃)	左坡脚(℃)	左路肩(℃)	右路肩(℃)	右坡脚(℃)
1 月	-5.98	-2.35	-7.57	-7.22	-5.29
2 月	-5.61	-5.39	-10.81	-9.48	-6.88
3 月	-5.24	-6.67	-12.43	-10.64	-7.07
4 月	-3.07	-5.8	-9.86	-8.86	-5.87
5 月	-0.16	-4	-2.87	-4.7	-3.5
6 月	2.76	-0.5	5.51	6.35	0.54
7 月	4.89	0.56	8.18	9.105	1.87167
8 月	5.67	2	9.49	9.70833	2.735
9 月	3.4	1.42	7.22	7.44	1.66
10 月	1.45	-0.48	2.75	3.32	0.42
11 月	-0.48	-3.81	-2.57	-1.58	-1.5
12 月	-3.17	-5.27	-8.41	-7.23	-2.3

DK99 +355 路基断面地表温度观测结果　　表 8-4

时间	天然地表(℃)	左坡脚(℃)	左路肩(℃)	右路肩(℃)	右坡脚(℃)
1 月	-4.83	-3.49	-5.53	-6.1	-5.25
2 月	-5.26	-4.24	-7.02	-8.21	-5.94
3 月	-5.05	-4.26	-8.41	-11.49	-5.8
4 月	-4.28	-3.3	-7.82	-9.87	-4.53
5 月	-1.77	-1.69	-4	-4	-2.03

续上表

时间	天然地表(℃)	左坡脚(℃)	左路肩(℃)	右路肩(℃)	右坡脚(℃)
6月	1.5	1.39	5.84	4.77	-0.55
7月	3.09	2.7	6.50	7.50	2.60
8月	3.67	3.8	7.86	7.76	3.88
9月	2.84	3.62	7.37	6.91	3.36
10月	1.84	1.54	5.09	4.54	1.52
11月	-0.03	-0.29	-0.3	-1.41	-0.15
12月	-0.51	-0.86	-4.93	-6.96	-1.84

根据实测结果,不同路基断面边界条件分别如下。

①DK99+100路基断面地表温度。

天然地表温度:

$$T_{\alpha}=1.62+1.73\times\sin\left(2\pi\times\frac{I+2160}{8640}\right)$$

左坡脚温度:

$$T_{\alpha}=1.8+2.8\times\sin\left(2\pi\times\frac{I+2160}{8640}\right)$$

左路肩温度:

$$T_{\alpha}=-1.246+11.44\times\sin\left(2\pi\times\frac{I+2160}{8640}\right)\tag{8-96}$$

右路肩温度:

$$T_{\alpha}=-1.409+11.43\times\sin\left(2\pi\times\frac{I+2160}{8640}\right)$$

右坡脚温度:

$$T_{\alpha}=-1.613+3.87\times\sin\left(2\pi\times\frac{I+2160}{8640}\right)$$

②DK99+200路基断面地表温度。

天然地表温度:

$$T_{\alpha}=-0.155+5.825\times\sin\left(2\pi\times\frac{I+2160}{8640}\right)$$

左坡脚温度:

$$T_{\alpha}=-2.335+4.335\times\sin\left(2\pi\times\frac{I+2160}{8640}\right)$$

左路肩温度: (8-97)

$$T_{\alpha}=-1.465+10.965\times\sin\left(2\pi\times\frac{I+2160}{8640}\right)$$

右路肩温度:

$$T_{\alpha}=-0.465+10.175\times\sin\left(2\pi\times\frac{I+2160}{8640}\right)$$

右坡脚温度:

$$T_{\alpha} = -2.165 + 4.905 \times \sin\left(2\pi \times \frac{I + 2160}{8640}\right)$$

③DK99 + 355 路基断面地表温度。

天然地表温度：

$$T_{\alpha} = -1.208 + 4.048 \times \sin\left(2\pi \times \frac{I + 2160}{8640}\right)$$

左坡脚温度：

$$T_{\alpha} = -0.31 + 3.928 \times \sin\left(2\pi \times \frac{I + 2160}{8640}\right)$$

左路肩温度：

$$T_{\alpha} = -0.518 + 7.89 \times \sin\left(2\pi \times \frac{I + 2160}{8640}\right) \tag{8-98}$$

右路肩温度：

$$T_{\alpha} = -2.58 + 9.49 \times \sin\left(2\pi \times \frac{I + 2160}{8640}\right)$$

右坡脚温度：

$$T_{\alpha} = -1.288 + 4.65 \times \sin\left(2\pi \times \frac{I + 2160}{8640}\right)$$

柴木铁路多年冻土区典型断面天然地表、路基不同部位地表年变化曲线及拟合曲线如图 8-7 ~ 图 8-9 所示。

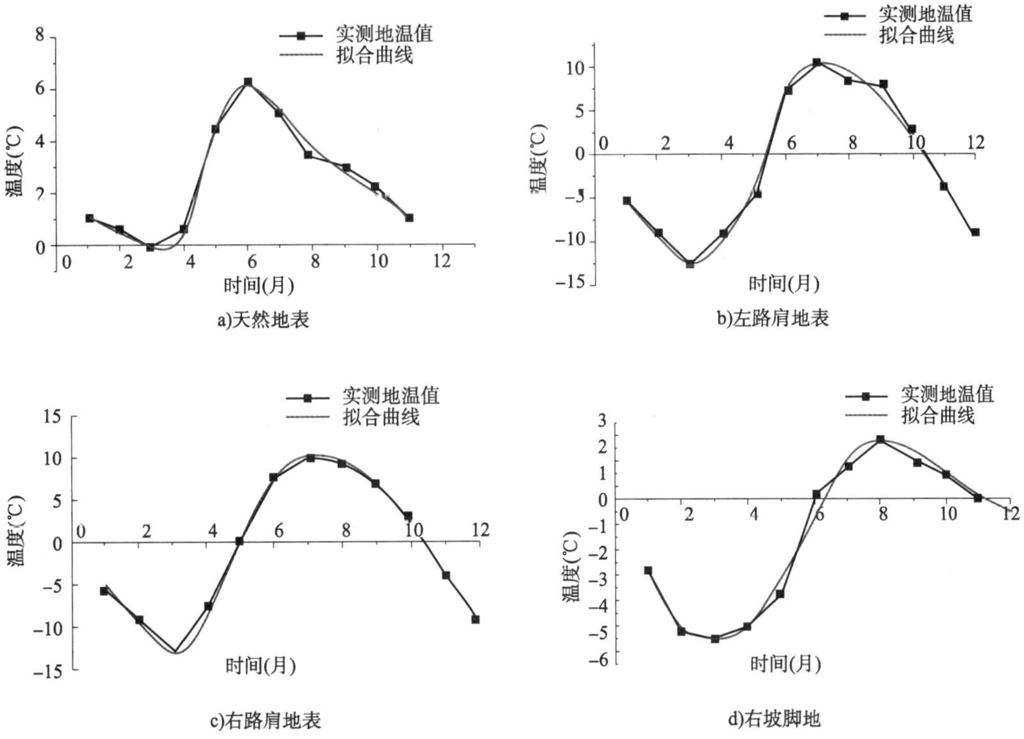

a)天然地表　b)左路肩地表　c)右路肩地表　d)右坡脚地

图 8-7　DK99 + 100 断面不同部位地表年变化曲线及拟合曲线

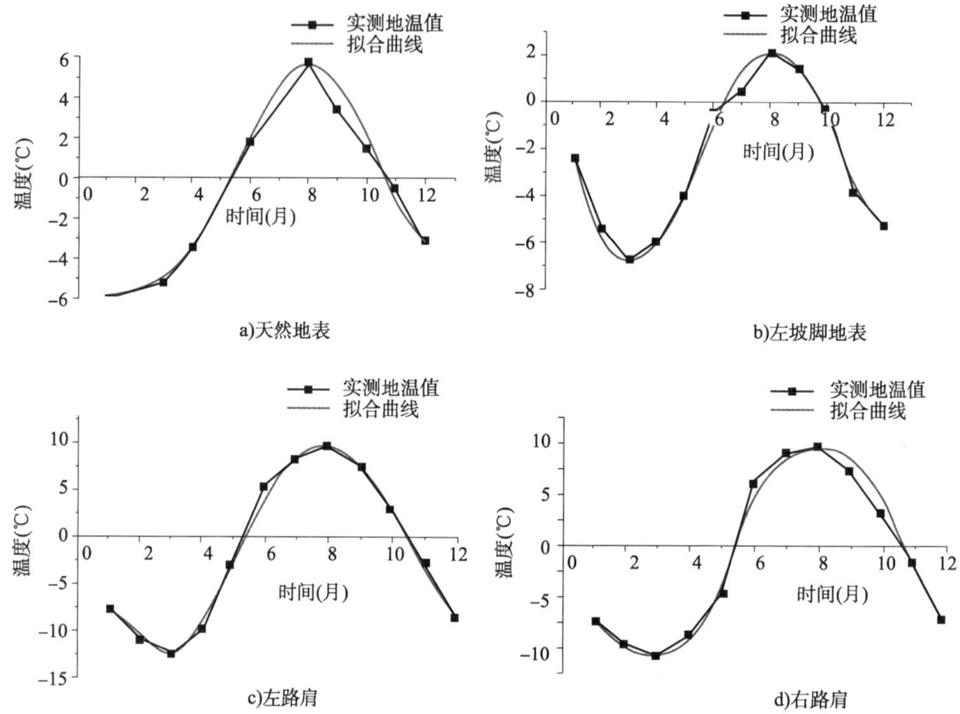

图 8-8 DK99 + 200 断面不同部位地表年变化曲线及拟合曲线

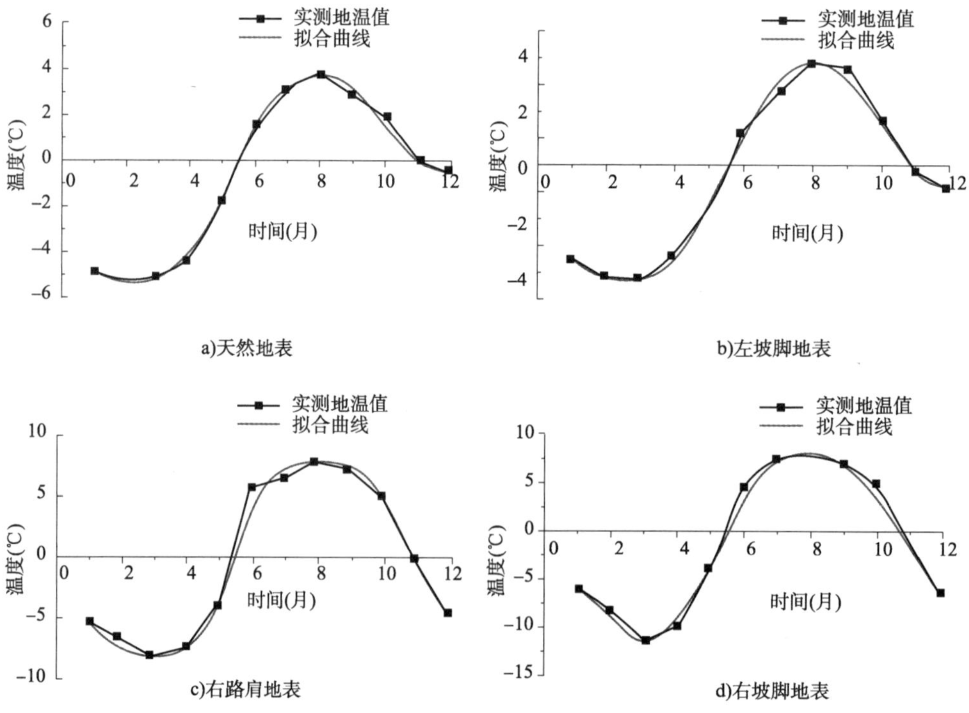

图 8-9 DK99 + 355 断面不同部位地表年变化曲线及拟合曲线

由图 8-8 ~ 图 8-10 可以看出，气温变化对地表温度有正相关的影响，3 个计算断面地表温度的年变化曲线中气温波动规律与大气温度波动规律相似，大致符合正弦分布。

各断面的起算时间及初始地温如表 8-5 ~ 表 8-7 所示，路基典型断面地表以下 0.5m 及热棒蒸发端不同深度的地温年变化曲线及拟合曲线如图 8-10a）所示，观测年份内最大融化季节和冻融期间（10 月末、12 月末、3 月末）热棒埋设位置不同深度地温曲线如图 8-10 示。

DK99 + 100 路基断面不同深度地温观测结果　　表 8-5

深度（m）	天然地表（℃）	左坡脚（℃）	左路肩（℃）	右路肩（℃）	右坡脚（℃）
0.5	3.32	4.6	9.39	9.37	2.26
1	0.44	2.03	9.69	7.32	0.48
1.5	—0.38	0.01	—	—	-0.31
2	-0.53	-0.44	8.75	4.29	-0.53
2.5	-0.64	-0.55	—	—	-0.64
3	-0.72	-0.66	5.54	1.18	-0.71
3.5	-0.76	-0.66		—	-0.74
4	-0.79	-0.7	2.26	-0.23	-0.76
4.5	—	—	0.48	-0.19	—
5	-0.82	-0.74	-0.18	-0.21	-0.81
5.5	—	—	-0.19	-0.31	—
6	-0.85	-0.77	-0.24	-0.38	-0.82
6.5	—	—	-0.30	-0.43	—
7	—	—	-0.36	-0.48	—
8	-0.9	-0.79	-0.46	-0.57	-0.82
10	-0.95	—	—	—	—
12	-0.96	—	-0.62	-0.7	—
15	-0.98	—	-0.72	-0.78	—

DK99 + 200 路基断面不同深度地温观测结果　　表 8-6

深度（m）	天然地表（℃）	左坡脚（℃）	左路肩（℃）	右路肩（℃）	右坡脚（℃）
0.5	5.67	2	9.49	9.71	2.74
1	2.98	-0.21	9.38	6.81	0.07
1.5	0.45	-0.6	—	—	-0.46
2	-0.4	-0.79	7.57	3.76	-0.68
2.5	-0.61	-0.91	—	—	-0.89
3	-0.73	-0.98	4.49	0.94	-1.02
3.5	-0.79	-1.02	—	—	-1.1
4	-0.81	-1.05	2.04	-0.22	-1.16
4.5	—	—	0.18	-0.41	

续上表

深度(m)	天然地表(℃)	左坡脚(℃)	左路肩(℃)	右路肩(℃)	右坡脚(℃)
5	-0.83	-1.08	-0.27	-0.49	-1.19
5.5	—	—	-0.32	-0.55	-1.15
6	-0.83	-1.08	-0.39	-0.6	
6.5	—	—	-0.49	-0.66	
7	—	—	-0.59	-0.72	
8	-0.89	-1.07	-0.75	-0.83	-1.04
10	-0.94	—	-0.94	-0.97	
12	-0.97	—	-1.02	-1.01	
15	-1	—	—	—	

DK99 +355 路基断面不同深度地温观测结果 表 8-7

深度(m)	天然地表(℃)	左坡脚(℃)	左路肩(℃)	右路肩(℃)	右坡脚(℃)
0.5	2.84	3.62	7.37	6.91	3.36
1	0.63	0.86	5.99	5.8	1.41
1.5	-0.38	-0.23	—	—	-0.11
2	-0.64	-0.49	4.38	4.35	-0.53
2.5	-0.85	-0.66	—	—	-0.76
3	-1	-0.81	2.62	2.82	-0.95
3.5	-1.11	-0.92	—	—	-1.08
4	-1.2	-1	-0.11	-0.08	-1.18
4.5	—	—	-0.24	-0.16	—
5	-1.3	-1.12	-0.36	-0.29	-1.29
5.5	—	—	-0.48	-0.43	—
6	-1.33	-1.17	-0.59	-0.54	-1.31
6.5	—	—	-0.7	-0.65	-
7	—	—	—	—	—
8	-1.32	-1.23	-0.97	-0.93	-1.33
10	-1.34	—	-1.18	-1.17	—
12	-1.32	—	-1.27	-1.28	—
15	-1.32	—	—	—	—

由图 8-10 可知，冻土路基较浅土层 0.5 ~ 1m 范围内，土体温度受气候影响稍大些，越深受这种影响越小。在地表以下 5.5m 处，土体温度在 -2 ~ -1℃ 范围内，故深层土体的温度基本保持稳定。

由图 8-10f) 可得，热棒路基浅层土体在冻结季节和融化季节温度差异较大，在冻结期间（3 月）土体温度低达 -6.67℃，而在融化季节（10 月）地温出现正温；无论是冻结期间还是融化季节，深层土体温度相差不大，基本保持稳定。

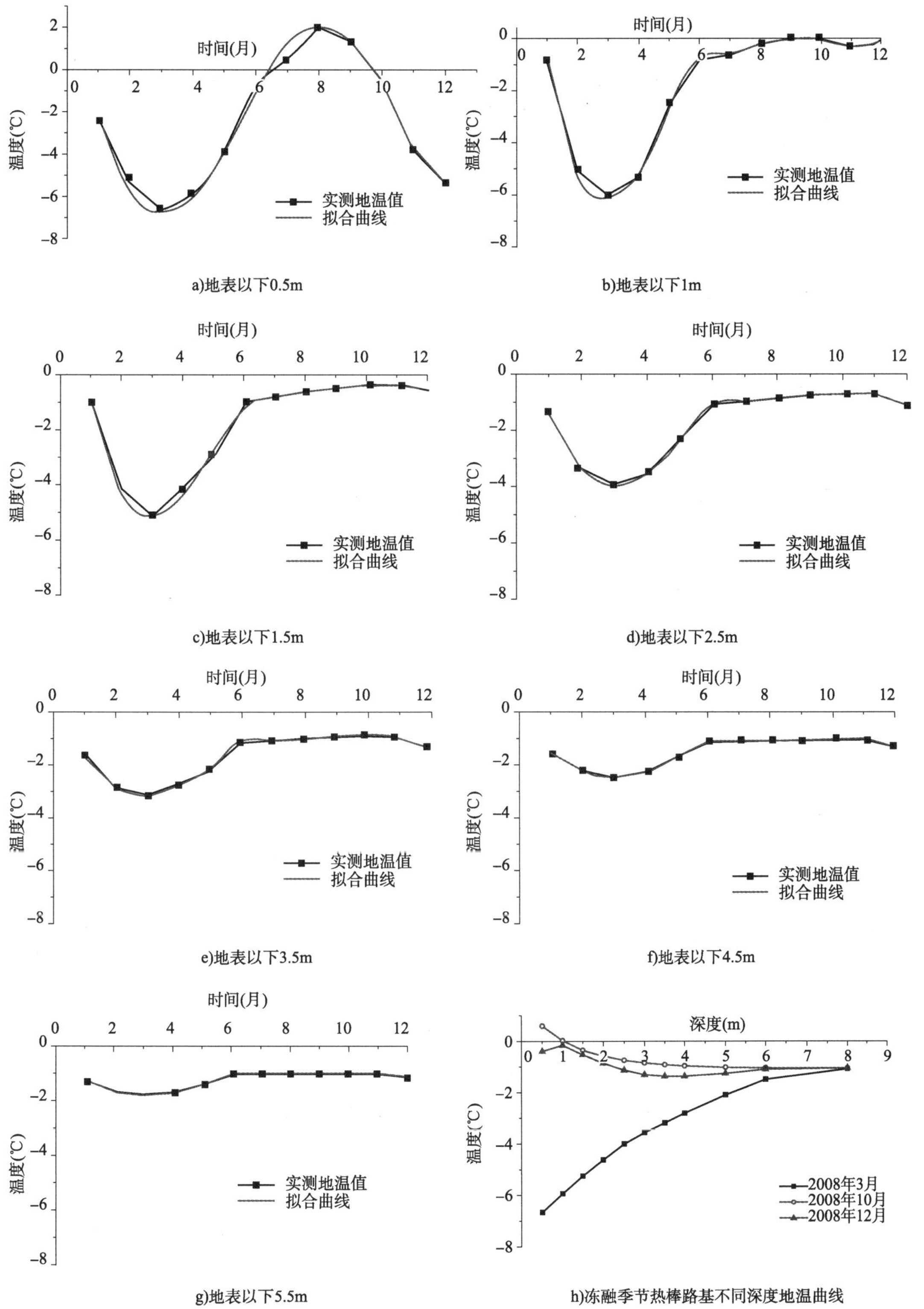

图 8-10　热棒埋设位置不同深度地温年变化曲线及不同时间地温曲线

(4)计算边界条件。

依据附面层原理,考虑未来50年气温升高2.6℃。上边界可用如下的随时间变化的第一类边界条件表示:

$$T = T_{\alpha} + v \cdot t \tag{8-99}$$

式中,$v = 6.01852 \times 10^{-6}$℃/h,$T_{\alpha}$ 由式(8-96)~式(8-98)决定。

侧面固定边界由于离热棒影响区域足够远,因此可取为绝热边界条件,即:

$$\frac{\partial T}{\partial n} = 0 \tag{8-100}$$

底面固定边界上的边界条件为(温度梯度):

$$\frac{\partial T}{\partial n} = \frac{0.018℃}{m} \tag{8-101}$$

热棒蒸发段为热棒与冻土的耦合边界,对于该耦合边界的处理,可进行如下的数学变换,变换所采用的示意图如图8-4所示,蒸汽流动热阻和热棒蒸发段与土体的接触热阻,则由土体经热棒传向大气,热量为:

$$Q = \frac{T_s - T_a}{R_a + R_c + R_{w,c} + R_e + R_{w,e}} \tag{8-102}$$

式中,T_s 为热棒与土壤接触处的温度;R_a 为大气与热棒冷凝段外部的对流换热热阻;$R_{w,c}$为热棒冷凝段管壁的导热热阻;R_c 为蒸汽的冷凝换热热阻;R_e 为蒸发热阻;$R_{w,e}$为蒸发段管壁的导热热阻。将式(8-102)变形可以得到如下关系式:

$$Q = \left[\frac{1}{A_e \cdot (R_a + R_c + R_{w,c} + R_e + R_{w,e})}\right] \cdot (T_s - T_a) \cdot A_e \tag{8-103}$$

式中,A_e 为土体与热棒蒸发段的换热面积,其余量同上。

(5)计算结果分析。

可以根据计算结果对热棒路基不同部位温度和温度差进行对比分析,剖析热棒路基长期使用条件下一些部位的温度变化,以求得热棒冷却效果的发展趋势。

①路肩与坡脚温度温差对比分析。

对3个计算断面的路基温度场结果进行整理分析,沿用试验研究所采用的温差对比方法,此处温差为第2年3月的计算结果减去第1年3月的计算结果,数值计算得出的坡脚温差沿深度的变化如图8-11所示,路肩温差沿深度的变化如图8-12所示。

图8-11和图8-12的曲线显示:路基填土及原天然地表下约0.5 m厚度的表土层温度比去年同期有所升高;两种路基断面在原天然地表以下0.5~2.0 m范围内均出现厚度不同的降温土层;较深层位的土体温度则表现为不同的发展趋势,热棒措施断面下的地温略有下降,无热棒措施断面土体略有升温。由图可以看出,无热棒路基浅层土体地温显著上升,热棒路基在热棒所观测深度范围内显著下降,路基左侧(阳坡)坡脚降温幅度大于右侧(阴坡)降温幅度。

对比7.4.5节对试验结果的分析可以看出,计算结果与试验研究得出的结果基本一致,这说明计算采用的模型及分析方法正确可行。

②融化季节路基不同部位温度变化特征。

融化季节不同部位地温变化趋势可以间接说明热棒在寒季的散热导冷作用对土体热惰性的提升和热棒冷却土体带来的冷量储备对季节融化的影响。

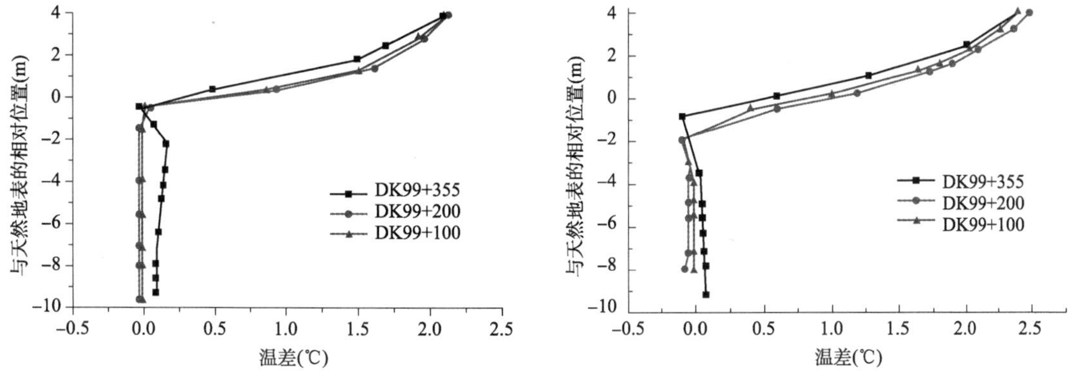

a)左路肩　　b)右路肩

图 8-11　坡脚温差随深度的变化曲线

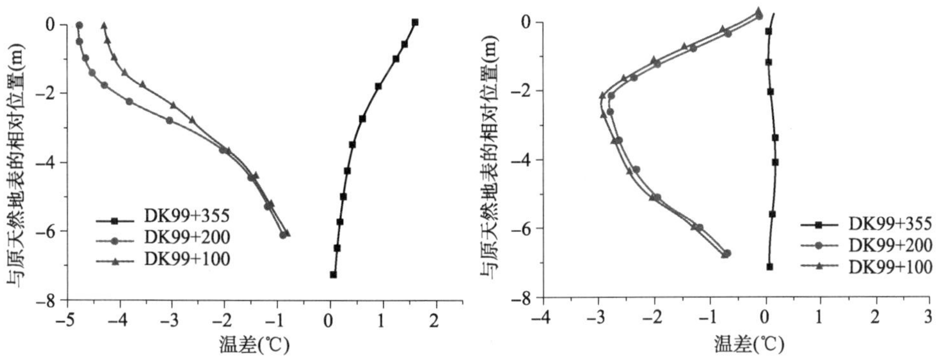

a)左坡脚　　b)右坡脚

图 8-12　路肩温差随深度的变化曲线

由设置热棒但是计算断面距离热棒 10m 和没有设置热棒天然地面地温沿深度的变化曲线(图 8-13)可知,两种计算结果显示同样的规律。冻土和土体温度逐年升高,到第 30 年地面 5.4m 以下的地温已经接近 0℃。计算条件考虑了气温升高趋势,结果导致路基到 30 年以后冻土开始退化,暖季浅层(5m 左右)土体地温均在 0℃以上。有热棒路基边缘有 10m 处距离左坡两排热棒较远,基本和无热棒路基地温相同,证明所取计算模型足够大。

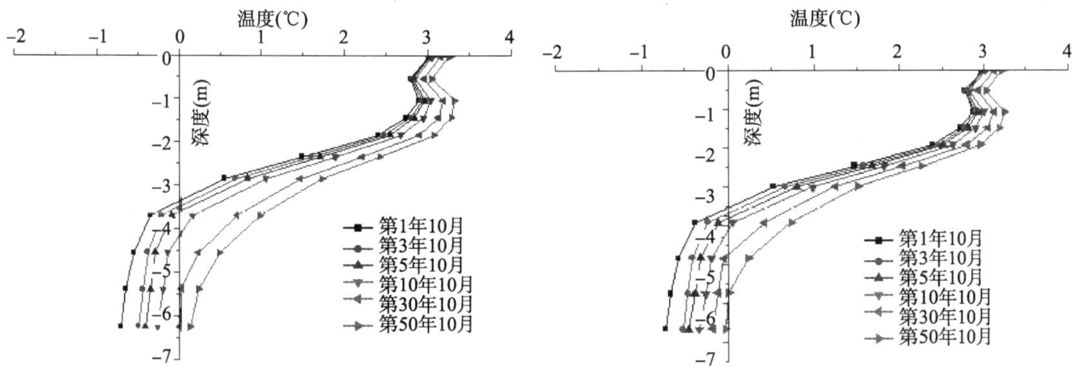

a)无热棒路基　　b)距离热棒10m路基

图 8-13　原天然地表地温沿深度变化

由设置热棒和没有设置热棒路基左坡脚部位地温沿深度的变化曲线(图 8-14)可知,两种计算结果显示不一样的规律。从图 8-14a)中可以看出,没有设置热棒路基的左坡角原来冻土的最大融化深度在未来 30 年没有明显的变化,维持在 3m 左右,冻土年平均地温由 -1.3℃升高至 -0.5℃左右,冻土温度随着气候变暖逐年升高。随时间推移,冻土将会面临退化的危险。

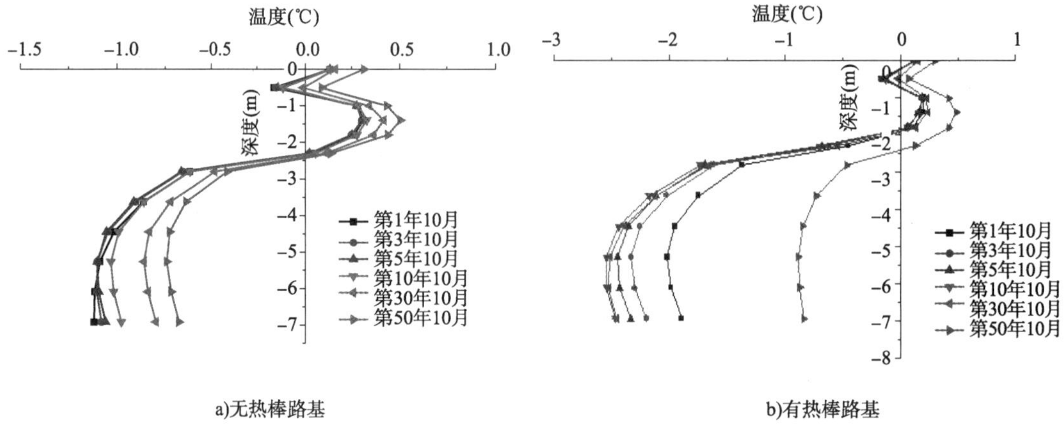

图 8-14 左坡脚地温沿深度变化

从图 8-15b)中可以看出,设置热棒的路基由于热棒冷却作用左坡角的冻土年平均温度不但没有升高,反而降低了,最大降温幅度可以达到 1.5℃。在未来 30 年内冻土的最大融化深度没有明显变化,维持在 2.3m 左右。

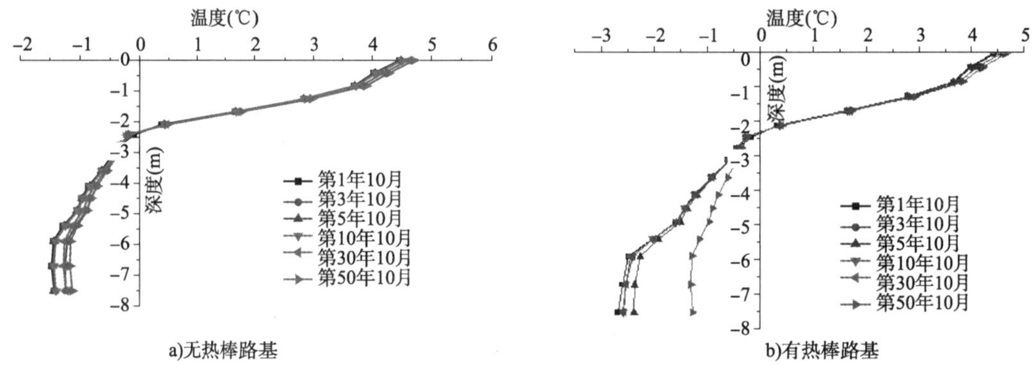

图 8-15 路基中心地温沿深度变化

计算假设 30 年热棒寿命完结停止工作,第 50 年的计算结果显示,地温曲线明显向高温方向移动,冻土年平均地温有明显升高,融化深度也增大了 0.5m。

上述分析初步证明:在未来 50 年,热棒对冻土路基起到了很好的冷却降温效果,但如果 30 年以后热棒失效停止工作,地温有所回升,但仍较无热棒路基地温低,说明热棒的冷却降温效果对土体热惰性的提升有帮助,冻土退化的危险在热棒的作用下将被缓解,工程稳定性得到相对保护。

通过计算数据对路基中心不同深度土体包括冻土层地温进行分析,图 8-15 是设置热棒和不设置热棒路基中心土体温度随深度变化的计算数据曲线。

从图 8-15a)中可以看出,在未来的 50 年里,无热棒路基中心的最大融化深度(距路基顶面)随着气候变暖逐年增加无明显变化,路基温度也逐年升高,但变化不大。

从图8-15b)中可以看出，在未来的30年里，由于热棒的降温作用，路基中心的最大融化深度没有明显的增加，冻土地温有明显下降。在未来50年，由于热棒停止工作，在气候变暖的情况下冻土温度有明显的增高。

图8-16是设置热棒的路基和没有设置热棒路基的右坡脚部位土体温度计算数据变化曲线。

从图8-16a)中可以看出，无热棒作用下，路基修建的50年里，右坡角的冻土温度逐年升高，最大融化深度无显著的增大。

从图8-16b)中可以看出，由于热棒的降温效果，冻土在未来30年内地温逐年降低，融化深度也有所降低，说明热棒的降温效果明显，很好地保护了冻土。左坡(阳坡)设有两排热棒，而右坡(阴坡)设有一排热棒，阳坡与右坡的地温基本相同，甚至更低，由此说明热棒的降温效果已经基本纠正或减缓了路基走向带来的阴阳坡问题，这与实际试验情况相符。

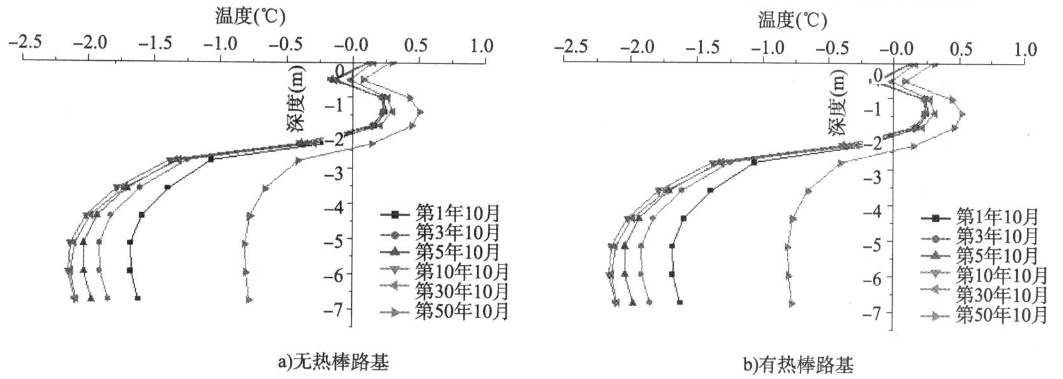

图8-16　右坡脚地温沿深度变化

③冻结季节路基温度变化特征。

冻结季节是热棒启动并持续冷却地基土体的工作时间，热棒散热导冷充分发挥，降低土体温度，增加了土体热惰性，增加了冷量储备，提高了抵御冻土退化的能力，为保证工程稳定性提高了安全储备。

图8-17是根据计算结果绘制的离开设置热棒路基10m地面以下和天然地表条件下不同年份不同深度地温随时间的变化曲线对比图。

从图8-17看出，无热棒路基左坡脚10m处，冻土温度逐年升高，到第30年地面3.4m处出现正温，这是由于原天然地表实测值偏高。有热棒路基边缘有10m处距离左坡两排热棒较远，基本和无热棒路基地温相同，说明所取计算模型足够大。

图8-18是根据计算结果绘制的设置热棒路基和没有设置热棒的路基左坡脚不同年份不同深度地温随时间的变化曲线对比图。

从图8-18a)中可以看出，左坡脚在冻结季节浅层由于气候影响土体温度较低，深层土体温度基本维持在－1℃左右，全球气候变暖导致了路基土体温度逐年升高。

从图8-18b)中可以看出，在热棒的冷却作用下左坡脚的冻土温度不但没有升高，反而降低了，最大降温幅度为3℃，说明热棒的降温效果很好热棒在工作30年后失效，在全球变暖的情况下，在未来30年后冻土地温有明显升高，在未来50年后冻土并无升高，与第1年的地温相差不大。

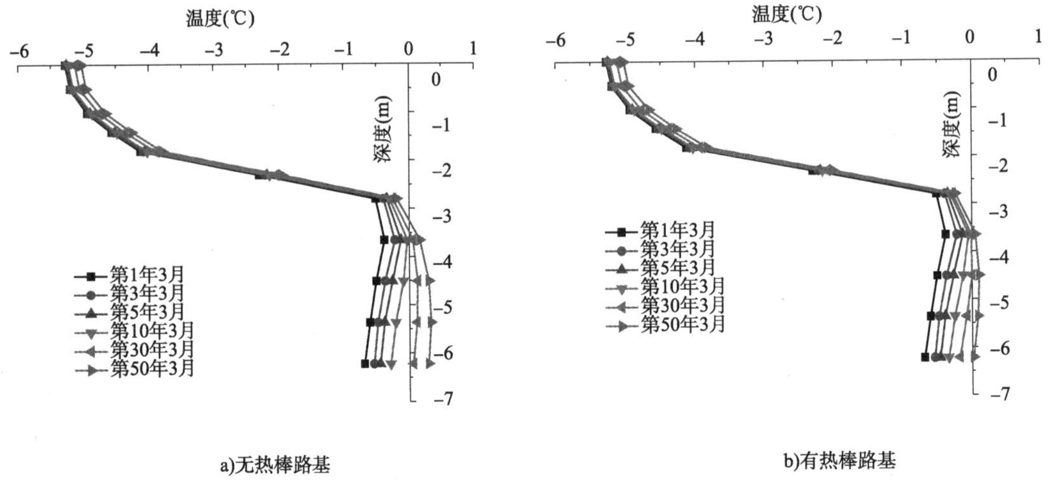

图 8-17　原天然地表地温沿深度变化

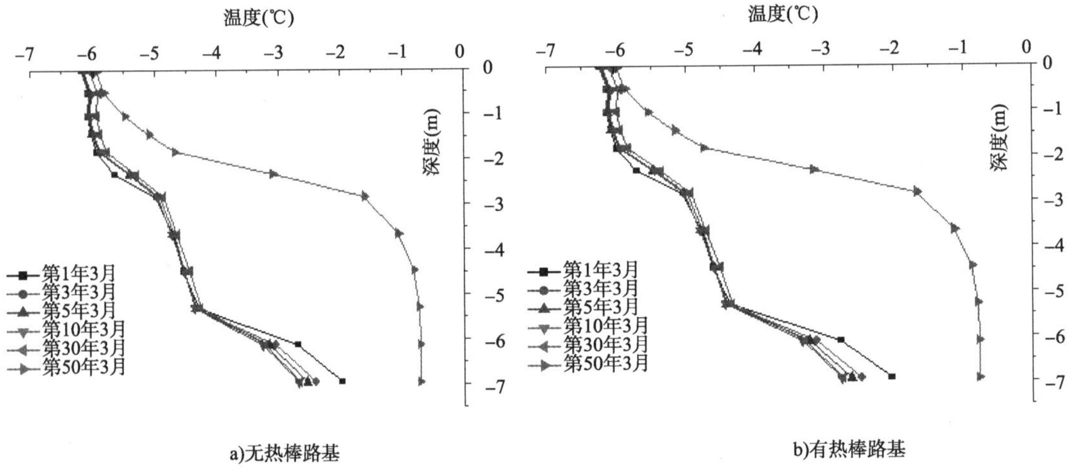

图 8-18　左坡脚地温沿深度变化

图 8-19 是根据计算结果绘制的设置热棒路基和没有设置热棒路基的路基中心不同年份不同深度地温随时间的变化曲线对比图。

从图 8-19a）中可以看出，路基在深度 2m 以下（距路基顶面）出现正温，说明路基填筑 1 年后，经过一个冷季的冻结并未消除填土的热扰动。但这种热扰动在 3 年后被完全抵消。在未来的 50 年里，无热棒路基中心的温度随着气候变暖逐年升高。

从图 8-19b）中可以看出，在未来的 50 年里，由于热棒的降温作用，路基中心的温度有所降低，但降温效果比路基坡脚差，由于热棒埋设的位置离路基中心有一定距离，所以降温效果不如坡脚处。

图 8-20 是根据计算结果绘制的设置热棒路基和没有设置热棒的路基右坡脚不同年份不同深度地温随时间的变化曲线对比图。

从图 8-20a）中可以看出，无热棒作用下，路基修建的 50 年里，右坡脚的冻土温度逐年升高。

从图 8-20b）中可以看出，由于热棒的降温效果，冻土在未来 30 年内地温逐年降低，说明热棒的降温效果明显，很好地保护了冻土。

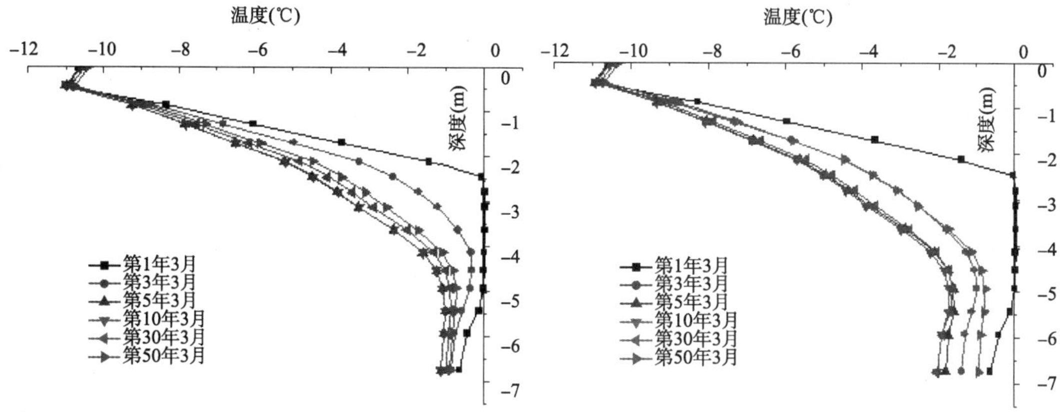

a)无热棒路基　　b)有热棒路基

图 8-19　路基中心地温沿深度变化

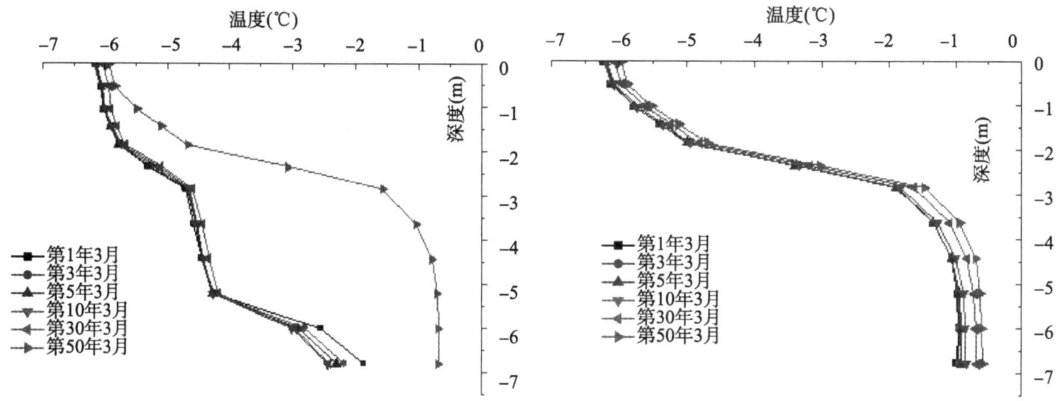

a)无热棒路基　　b)有热棒路基

图 8-20　右坡脚地温沿深度变化

左坡（阳坡）设有两排热棒，而右坡（阴坡）设有一排热棒，阳坡与右坡的地温基本相同，甚至更低，由此说明热棒的降温效果可以减少路基走向带来的阴阳坡传热差异问题，这与实际试验情况相符。

④路基横断面地温场形态特征。

路基横断面地温场形态特征的变化证明在横断面不同位置不对称设置热棒的工程结构对路基地温场的影响。

地温场形态变化在寒季—暖季相互转换的不同时间段有不同的变化特征，环境气温对地温的影响有滞后过程，分析路基横断面地温场形态变化过程和变化特征应该对以下重要时间段的地温场形态进行计算分析：深度融化时间（取暖季的 7 月中旬）、最大季节融化时间（取暖季末 10 月中旬）、深度冻结时间（取寒季 1 月中旬）、最大季节冻结时间（取寒季 3 月中旬到 4 月初）。

从土体的冻融过程特点来看，上述时间段不一定和冻融过程阶段划分方法一致，但是从地温场变化特征所揭示的热棒冷却效果对工程的影响来看，这样确定分析时间段是合理的。

图 8-21 ~ 图 8-30 分别是以路基断面里程 DK99 + 200 为计算断面，对填土路基和加热棒

后的填土路基施工后50年内的温度场变化进行数值计算得出的填土路基和热棒路基施工完成以后1年、3年、5年、10年、30年、50年后的横断面地温场变化进程图。图中粗线条等温线代表冻融界面的0℃等温线。

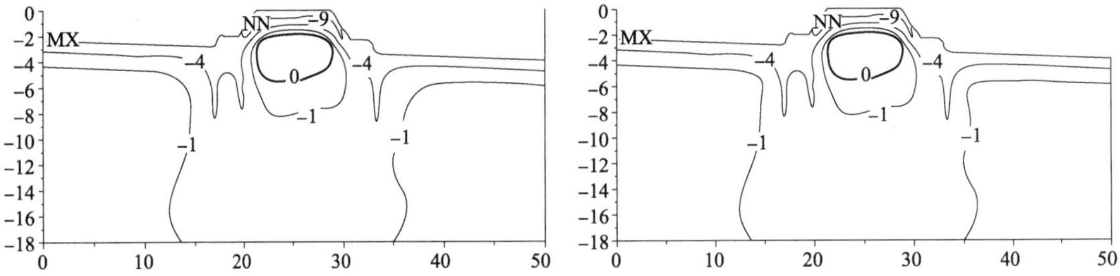

a)DK99+100断面　　b)DK99+200断面

图8-21　路基运行第5年3月15日地温分布

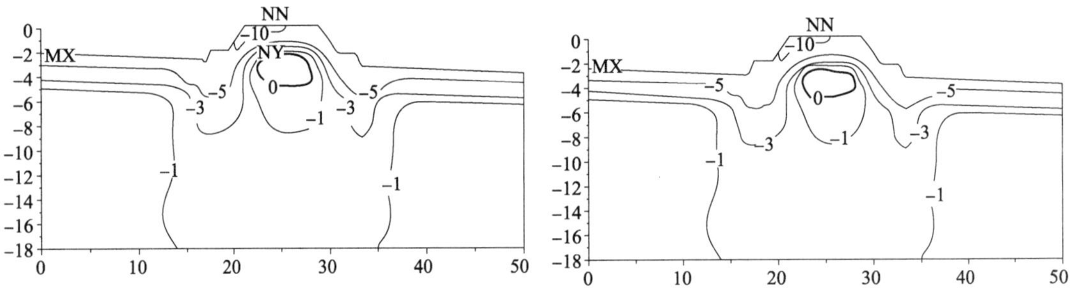

a)DK99+100断面　　b)DK99+200断面

图8-22　路基运行第1年3月15日地温分布

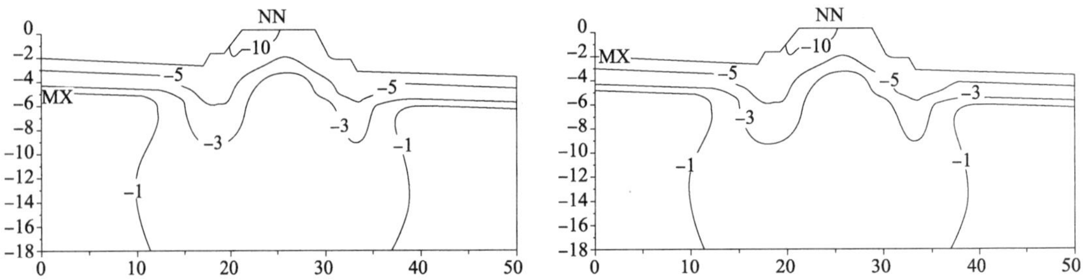

a)DK99+100断面　　b)DK99+200断面

图8-23　路基运行第1年1月15日地温分布

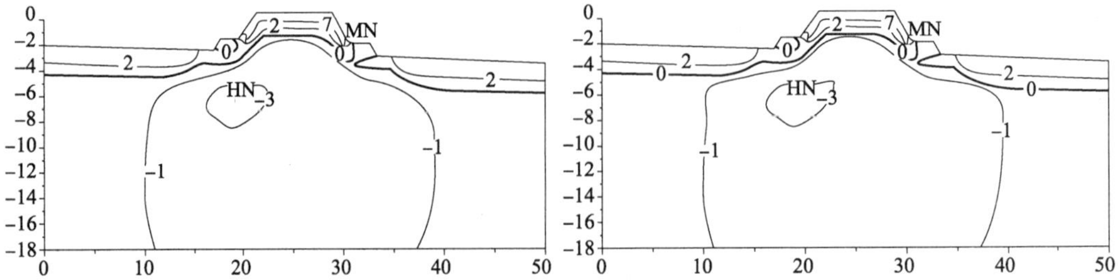

a)DK99+100断面　　b)DK99+200断面

图8-24　路基运行第5年7月15日地温分布

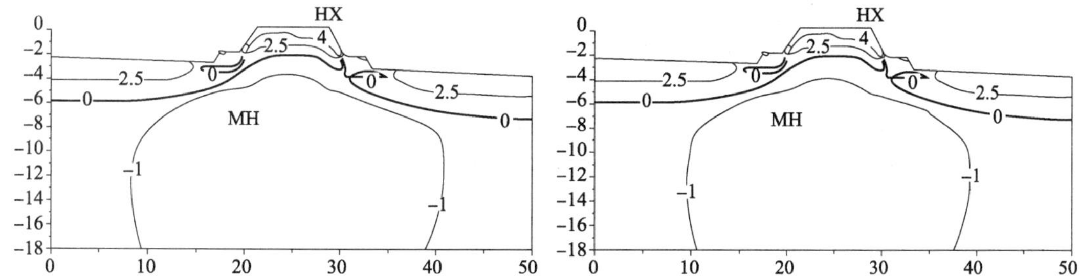

a)DK99+100断面　　b)DK99+200断面

图 8-25　路基运行第 5 年 10 月 15 日地温分布

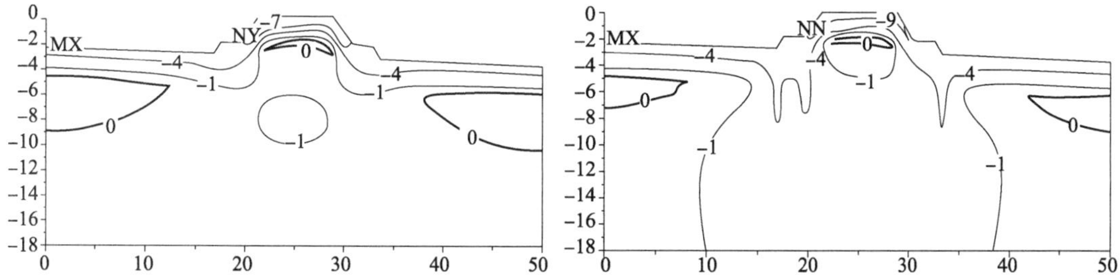

a)填土路基　　b)加热棒后的填土路基

图 8-26　路基运行第 30 年 1 月 15 日地温分布

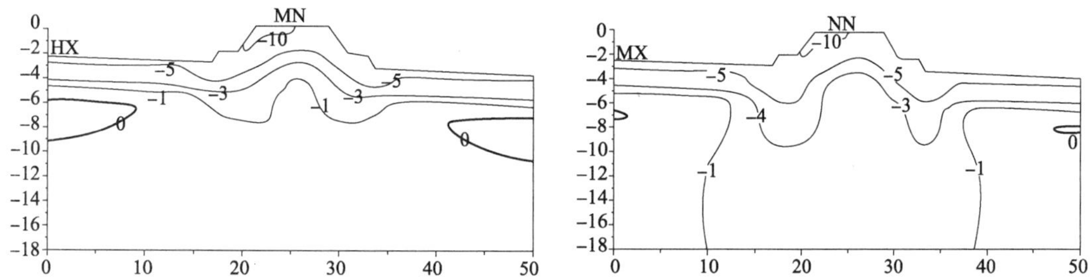

a)填土路基　　b)加热棒后的填土路基

图 8-27　路基运行第 30 年 3 月 15 日地温分布

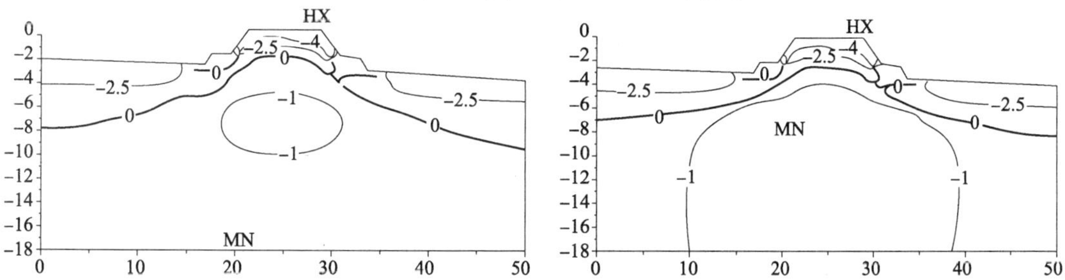

a)填土路基　　b)加热棒后的填土路基

图 8-28　路基运行第 30 年 10 月 15 日地温分布

路基横断面地温场变化说明：热棒散热导冷效果在第一年即明显显示，逐年冷却效果的累积主要表现在前 30 年 0℃等温线上升，负温等温线间距缩小，但是第 50 年热棒失效以后，0℃等温线在最大融化季节较前有所下降，因此，在热棒失效以后还要采取一定工程措施弥补，比如重新埋设热棒或锯断原有热棒，在管内插入直径小一个管壁厚度的热棒。

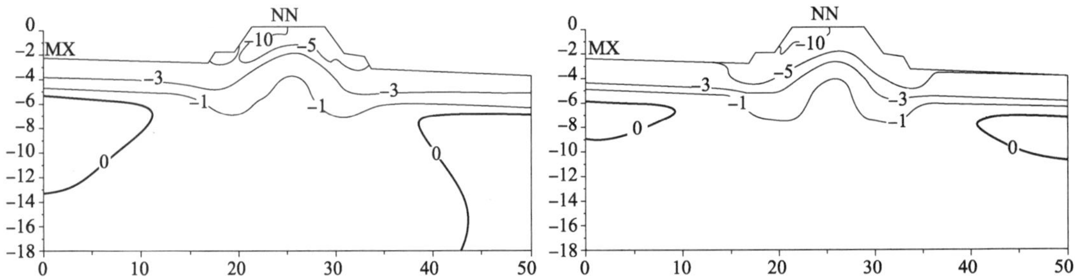

a)填土路基　　b)加热棒后的填土路基

图 8-29　路基运行第 50 年 3 月 15 日地温分布

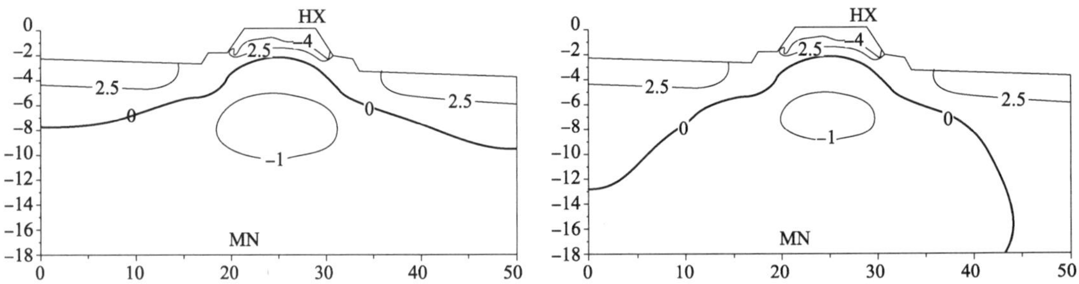

a)填土路基　　b)加热棒后的填土路基

图 8-30　路基运行第 50 年 10 月 15 日地温分布

地温场形态计算依据的是试验观测实体工程数据，计算条件和边界条件及初始条件都与实际工程环境条件符合，虽然计算过程做了一些简化和假设，但是计算结果显示的热棒路基的冷却降温效果及持续效果发展趋势都是符合实际工程和工程目的要求的。

因此数值计算的结果科学的揭示了工程热稳定性的发展趋势，是工程设计和未来工作补强的技术依据之一。

地温场变化及其发展过程就是冻融循环往复的过程，了解这一冻融过程变化特点仅靠试验工程观测还不足以解释事物的本质和详细过程，数值计算可以弥补室内和现场试验的局限性。

从以上计算分析可以看出：在路基边坡的二维传热和边坡填土薄的条件下，边坡下多年冻土人为上限略有下降；路基中人为上限曲线形态特点呈上凸形状，阳坡曲线较陡，阴坡曲线较缓，以路基上道床中心为参照点，曲线峰点略向右肩（阴坡）偏移，以路基中心为对称点比较，中心两侧同一时间路基左肩（阳坡）融化深度比右肩（阴坡）融化深度要大；在路基修建后 10 年内，路基左肩（阳坡）融化深度比右肩（阴坡）融化深度要明显大，在路基施工后的 10 ~ 30 年内，路基左肩（阳坡）的融化深度仍比右肩（阴坡）融化深度要大，两者差别有所减小，在路基施工的 30 年以后，路基左右肩的融化深度几乎接近。

图 8-21 ~ 图 8-30 及绘制成图的计算数据显示：路基修筑第 1 年后的 10 月 15 日，天然地面下多年冻土上限深度约为 3.26m。路基中人为上限曲线峰值比地面天然上限抬高了 2.68m；路基修筑第 3 年后的 3 月 15 日，地面温度开始回升，经过一个冷季的冻结，天然地面下多年冻土完全回冻，路基下伏多年冻土虽也完全回冻，但由于铁路路基的修筑，路基下多

年冻土的回冻温度较高。同样的条件下天然地面下多年冻土的上限也下降了近5.34m，路基下冻土温度有上升趋势。

图8-21～图8-30及计算数据还显示，设置热棒后普通填土路基施工完成1年后10月15日的温度分布和普通填土路基的温度场基本相同，上限的位置也相同。唯一不同的是在热棒路基下形成的-1℃低温冻土核范围比无热棒路基大10m左右。这表明该地区近地面大气温度和路基下多年冻土的温差已经大于热棒的工作起动温差，此时路基中的热棒已经开始工作，开始将大气中冷能输送到路基下伏的多年冻土中。

在加热棒后的填土路基修筑后第3年的3月15日，路基下伏冻土回冻完全，并且由于整个冷季热棒的冻结作用，热棒附近冻土的温度相比于同期普通填土路基的温度大为下降，达到-3℃，冻结区的范围也明显增大。

设置热棒后的普通填土路基修筑第50年10月30日和第50年3月15日的路基温度分布和普通填土路基相比可知，由于热棒的冷却降温作用，路基下伏多年冻土的温度总体上比同期普通填土路基的温度要低。在路基修筑后的第50年尽管热棒已经停止工作（计算条件），路基下多年冻土人为上限仍然略低于天然地面原多年冻土上限。

计算是在假定50年气温升高2.6℃条件下进行的，这时热棒结构路基下伏冻土可以回冻完全，热棒附近仍可以保持较大范围-3℃的冻结核。这说明热棒结构路基可以应对气候变暖的影响，持续的冷却降温使土体积累较大冷量，使路基下伏冻土没有完全融化，这种计算结果对评价热棒路基长期冷却降温效果和评价路基工程稳定性具有实际意义。

对计算结果分析表明，在柴木铁路未来50年内的使用期中，无热棒填土路基在气温升高条件下路基下伏冻土温度将逐年升高，对柴木铁路路基的稳定性是很大隐患，设置热棒后的普通填土路基具有冷却降温的作用，可以更好地保护冻土。

热棒路基传热效果和传热过程计算分析表明，在未来50年气温上升2.6℃的条件下，加热棒后的普通填土路基可以抵御气候变暖对路基工程的负面影响，可以使路基下伏冻土不发生融化，这对路基的稳定性是重要保证。

⑤路基不同部位最大融化深度变化。

路基最大季节融化深度是工程的人为上限，它的工程意义在于：路基工程人为上限是路基土体（包括基底以下）在年际冻融循环过程中发生冻融变化的土层厚度，它决定了路基变形的总量；不同时间冻融深度变化使发生冻胀融沉变化的土层厚度不同，它决定不同时间路基变形的总量。在冻融变化中，融化深度是最重要的影响工程稳定性的因素。

计算图显示以及现场试验观测证明，一般路基最大融化深度发生在10月。表8-8是计算得出的每年10月填土路基各部位融化深度，表8-9是设置热棒的填土路基每年10月各部位融化深度。图8-31的左右图分别是填土路基（左）和热棒路基（右）计算断面各部位最大融化深度随时间的变化。

⑥计算断面热棒路基长期效果评价。

柴木地区典型断面填土路基在施工完成后50年内各部位的融化深度逐渐增加（人为上限逐渐降低）。而且在同一时期，加热棒后的填土路基的融化深度均小于填土路基的融化深度，这说明热棒结构路基可以抵消气候变暖的影响，可以保证路基的稳定性。

填土路基各部位的融化深度 表 8-8

时　间	原地表(m)	左坡脚(m)	左肩(阳坡)(m)	路基中心(m)	右肩(阴坡)(m)	右坡脚(m)
第 1 年 10 月	3.26	2.301	3.101	2.29	2.988	2.316
第 3 年 10 月	3.451	2.368	3.116	2.307	3.075	2.382
第 5 年 10 月	3.509	3.394	3.245	2.314	3.183	2.403
第 10 年 10 月	3.982	2.411	3.429	2.323	3.336	2.479
第 30 年 10 月	5.269	2.429	3.457	2.377	3.390	2.833
第 50 年 10 月	10.573	2.489	3.599	2.428	3.468	2.915

注:路基中心融化深度是从路基顶面算起,其余部位均是从天然地面算起。

加热棒后的填土路基各部位的融化深度 表 8-9

时　间	原地表(m)	左坡脚(m)	左肩(阳坡)(m)	路基中心(m)	右肩(阴坡)(m)	右坡脚(m)
第 1 年 10 月	3.26	1.894	3.059	2.228	2.667	1.907
第 3 年 10 月	3.425	1.916	3.104	2.291	2.916	1.932
第 5 年 10 月	3.509	1.954	3.115	2.297	3.01	1.985
第 10 年 10 月	3.798	1.984	3.334	2.305	3.167	2.004
第 30 年 10 月	4.475	2.01	3.395	2.314	3.288	2.093
第 50 年 10 月	5.38	2.367	3.571	2.335	3.314	2.488

注:路基中心融化深度是从路基顶面算起,其余部位均是从天然地面算起。

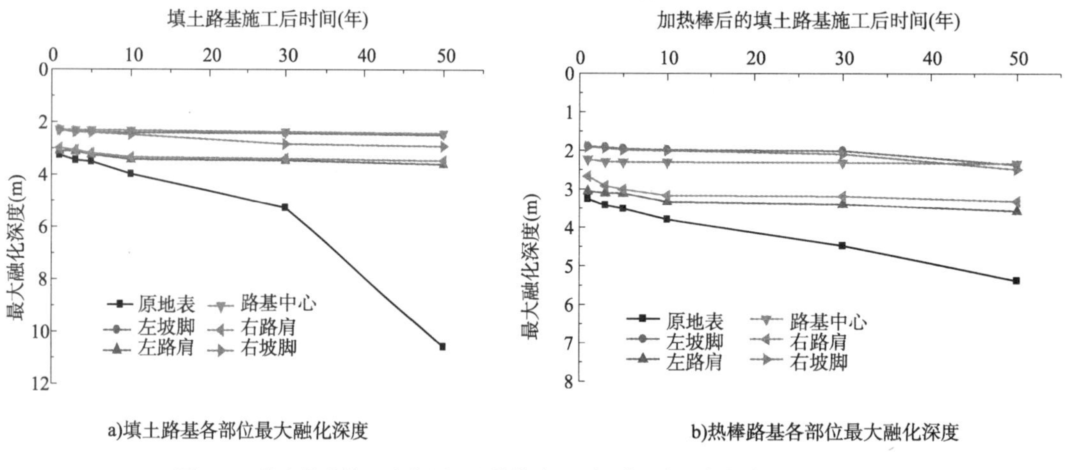

图 8-31　柴木铁路填土路基(左)和热棒路基(右)典型断面各部位最大融化深度

路基修筑以后的初期,无热棒路基浅层土体地温显著上升,热棒路基在热棒所观测深度范围内显著下降,路基左侧(阳坡)坡脚降温幅度大于右侧(阴坡)降温幅度。与试验研究得出的结果基本相同。加热棒后的填土路基修筑后第 3 年 3 月 15 日,路基下伏冻土回冻无融化夹层,并且由于整个冷季热棒的冻结作用,热棒附近冻土的温度相比同期普通填土路基的温度大为下降,达到 -3℃,冻结区的范围也明显增大。路基在深度 2m 以下(距路基顶面)出现正温,说明路基填筑 1 年后,经过一个冷季的冻结并未消除填土的热扰动,但这种热扰动在 3 年后被完全抵消。

热棒的散热降温累积效果表现在,冻土在未来 30 年内地温逐年降低,融化深度也有所降低，左坡（阳坡）设有两排热棒，右坡（阴坡）设有一排热棒，阳坡与右坡的地温基本相同，甚至更低，由此说明热棒的降温效果可以抵消路基走向带来的阴阳坡问题，这与实际试验情况相符。

在 50 年气温升高 2.6℃条件下，热棒结构路基下伏冻土仍然可以回冻完全，热棒附近仍可以保持较大范围 -3℃的冻结核。这说明热棒结构路基可以在一定程度抵御气候变暖的影响，至少可以保证路基下伏冻土不完全融化。

在未来的 50 年里，由于热棒的降温作用，路基中心的温度有所降低，但降温效果比路基坡脚差，由于热棒埋设的位置离路基中心有一定距离，所以降温效果不如坡脚处。

柴木地区典型断面填土路基在施工完成后 50 年内各部位的融化深度逐渐增加（人为上限逐渐降低），而且在同一时期，加热棒后的填土路基的融化深度均小于填土路基的融化深度，这说明热棒结构路基可以抵消气候变暖的影响，保证路基的稳定性。

2）热棒路基抑制病害诱因分析

冻土区路基工程病害的主导因素是基底地温场变化，这种变化从传热总量上讲是进入地基土体冷量减少，从传热差异讲是阴阳坡效应造成的传热不均衡造成地基土体工程变形差异，这些都会导致变形总量和变形差异超过一定范围，影响工程正常使用，导致病害隐患或病害发生。

数值计算结果对热棒路基抑制路基病害诱因的作用做出了分析，给出了病害整治的方向和采取措施的重点。

（1）热棒蒸发段埋设位置影响。

路基病害诱因之一是基底融化范围和季节融化深度问题，热棒蒸发段安装位置对于路基基底温度场的改善可以对此有一定弱化和抑制。

通过本章的计算方法可以对比研究热棒蒸发段埋设位置对路基温度场的影响过程和结果。

图 8-32 的两个计算图分别为绝热段埋设在融化区和蒸发段埋设在融化区热棒运行的第 1 年 12 月 15 日 $x-0$ 横断面地温分布图。

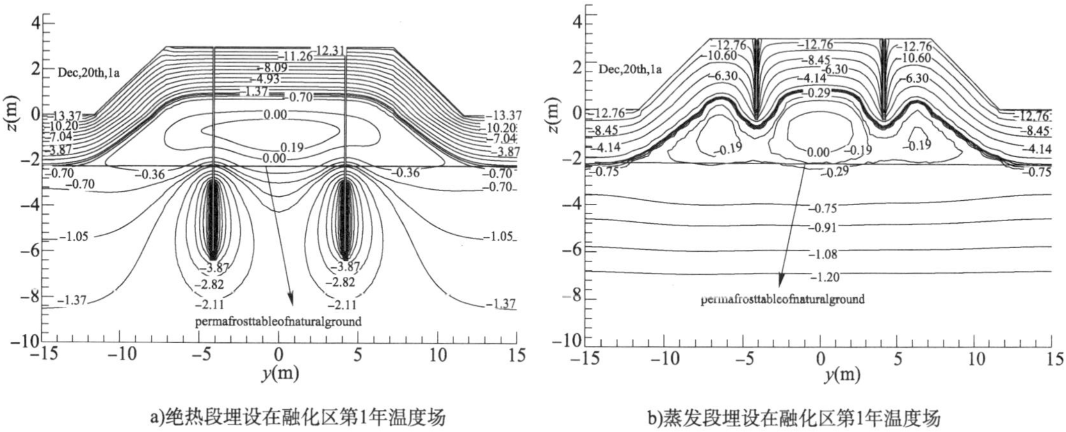

a)绝热段埋设在融化区第1年温度场　　b)蒸发段埋设在融化区第1年温度场

图 8-32　绝热段（左）和蒸发段（右）埋设在融化区热棒路基运行第 1 年寒季 $x=0$ 横断面地温场

图 8-33 的两个计算图分别为绝热段埋设在融化区和蒸发段埋设在融化区热棒运行的第 2 年 12 月 15 日 $x=0$ 横断面地温分布图。

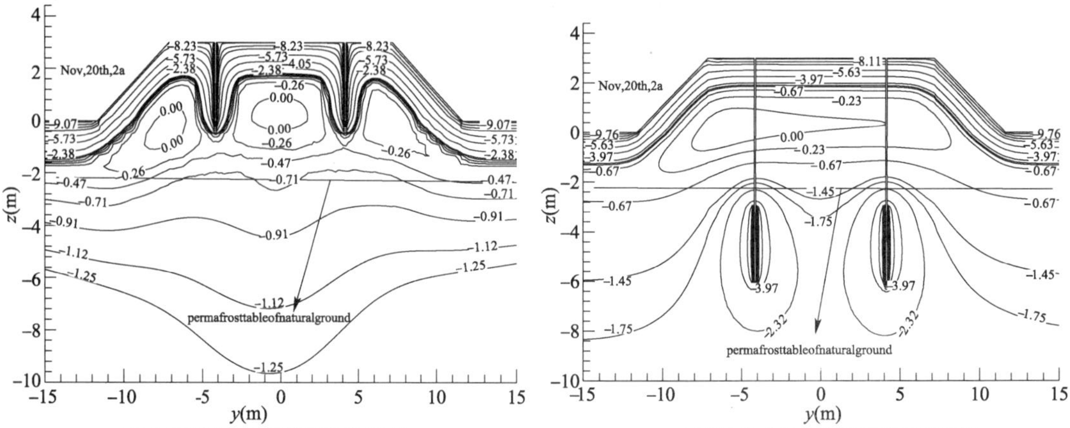

a)绝热段埋设在融化区第2年温度场

b)蒸发段埋设在融化区第2年温度场

图 8-33 绝热段(左)和蒸发段(右)埋设在融化区热棒路基运行第 2 年寒季 $x=0$ 横断面地温场

图 8-34 左图为对应于图 8-32,右图为对应图 8-33 的融化区域的局部放大图,从这三张图可以分析出,在第 1 年 12 月 15 日,绝热段埋设在融化区域时,融化区域在横向上的坐标范围为 $y\in[-7.21, 6.35]$,蒸发段埋设在融化区域时,融化区域在横向上的坐标范围为 $y\in[-2.09,2.11]$。同时从图 8-34 的融化区域局部放大图可以明显地看出:当热棒的蒸发段埋设在融化区域时,融化区域的面积缩小明显,但是融化区域关于路基中心的对称性较好,这一点说明,热棒蒸发段埋设在融化区域时,有利于融化区域的削弱,并能适当减小融化盘关于路基中心的不对称性。

图 8-34 的融化区域局部放大图中融化区域的形式显示了不同特征,绝热段埋设在融化区域时融化区域呈一整体连通状态,而蒸发段埋设在融化区域时融化区域呈两个分离圈状,这是由于热棒蒸发段在融化区域的冷却降温作用导致融化区域整体被分割开来,同时从融化区域的面积来看,蒸发段埋设在融化区域更有利于融化区域的加速削弱,也就是说,当把热棒蒸发段部位埋设在对应于有融化区域出现的路基内部时,热棒的冷却作用有利于融化区域的减小,可直接迅速地提高路基的热稳定性,减小路基融沉断裂病害发生的可能性。

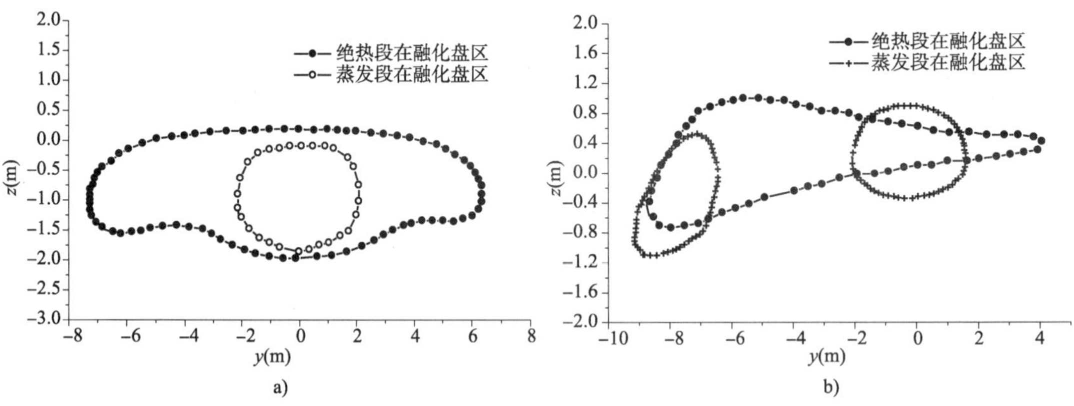

a)

b)

图 8-34 蒸发段埋设不同位置时融化区第 1 年(左图)和第 2 年(右图)寒季局部放大图

热棒蒸发段埋设位置对路基基底温度场的影响分析说明,路基基底融化区域的存在是路基融沉破坏变形的风险诱因,对有融化夹层出现的路基基底,可以设置热棒(支撑或斜插),并将热棒蒸发段埋设在路基基底融化夹层出现的区域。这一点对冻土区边缘多年冻土区的路基工程结构设计非常重要。

(2)热棒横向埋设间距影响。

填土路基阴阳坡造成的传热不均衡是造成路基变形差异病害的诱因,热棒路基横向埋设位置实际是对这种诱因的纠正,因此这是一个对称和非对称传热的热棒路基结构问题。

用数值计算方法研究非对称热棒埋设方式对于路基温度场的影响,计算条件假设将阳坡侧热棒向阳坡侧偏移2.5m,阴坡侧热棒的埋设位置距路基中心4.15m,此时阳坡侧热棒距路基中心为6.65m,整个横断面上热棒关于路基中心呈非对称分布状态,其余的热棒相关参数、路基土体物性和热棒纵向埋设间距均同前面所述,数学模型和计算条件同前面所述。数值模拟研究了这种非对称埋设热棒路基5年的工作情况。

将横对称埋设热棒和向阳坡侧偏移2.5m的非对称埋设热棒路基底温度分布进行对比分析,图8-35左图和右图分别为第5年10月15日对称埋设热棒和向阳坡侧偏移2.5m的非对称埋设路基 $x=0$ 横断面温度分布,将两图对比可以发现:热棒在对称埋设和非对称埋设情况下对于路基本体内的温度分布影响不明显。这一点还可以从图8-36第5年10月15日至11月10日期间对称埋设热棒和向阳坡侧偏移2.5m的非对称埋设热棒路基 $x=0$ 横断面 $y=-7$ 线上地温沿路基高度分布对比图看出,从图8-36可以更加清楚地发现,在第5年10月15日至11月10日期间对称埋设热棒和向阳坡侧偏移2.5m的非对称埋设热棒路基 $x=0$ 横断面 $y=-7$ 线上地温分布曲线几乎吻合。这也更进一步的说明热棒在横向上处于对称埋设和非对称埋设时对于路基本体内温度场几乎无影响,换言之,单纯通过调节热棒横向埋设间距对于路基体内融化盘的分布影响不大,难以避免路基不均匀融沉断裂的风险,建议不要单纯采用调节热棒横向埋设间距的方式来调节融化盘的对称性。

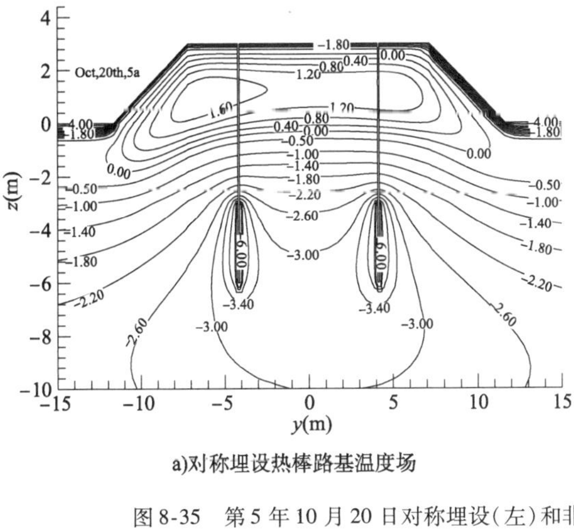

a)对称埋设热棒路基温度场

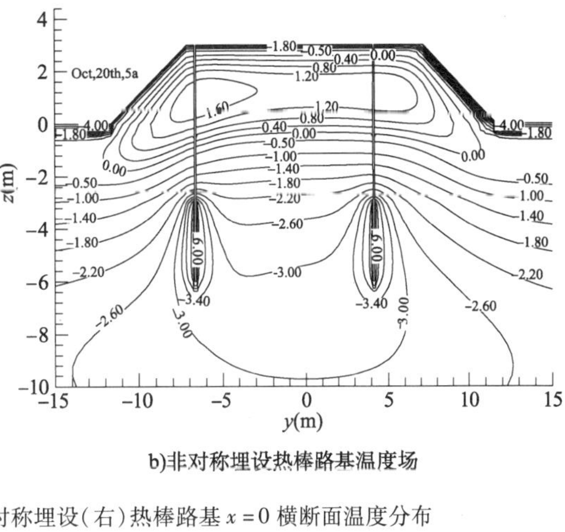

b)非对称埋设热棒路基温度场

图8-35　第5年10月20日对称埋设(左)和非对称埋设(右)热棒路基 $x=0$ 横断面温度分布

图8-37为第5年10月20日至11月10日期间对称埋设热棒和向阳坡侧偏移2.5m的非对称埋设热棒路基 $x=0$ 横断面 $y=-7$ 线上地温沿深度分布对比图,这三幅不同时刻的地温曲线图都具有同一个特点:横向非对称埋设热棒在 $x=0$ 横断面 $y=-7$ 线上的地温分布除了在其蒸发段附近和对称分布热棒的路基土体有大的差别外,其余部分的地温分布基本无大的变化,这就说明将阳坡侧热棒向阳坡侧偏移只能较好的降低阳坡侧热棒蒸发段附

近土体的温度，而对于其他位置温度的降低影响不大，因此，结合前面所述将热棒蒸发段埋设在融化区域将更有利于削弱融化区域存在的分析，可以更进一步的得到调节融化区域对称性分布的又一措施：将两侧热棒的蒸发段均埋设在融化盘出现的区域，同时阳坡侧的热棒向阳坡侧适当偏移。

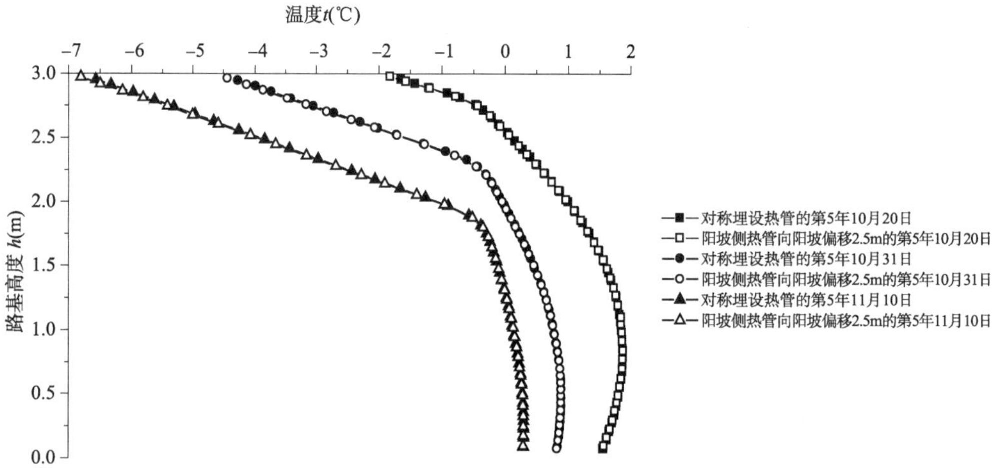

图 8-36　第 5 年 10 月 15 日至 11 月 10 日期间对称埋设热棒和向阳坡侧偏移 2.5m 的非对称埋设热棒路基 $x=0$ 横断面 $y=-7$ 线上地温沿路基高度分布对比图

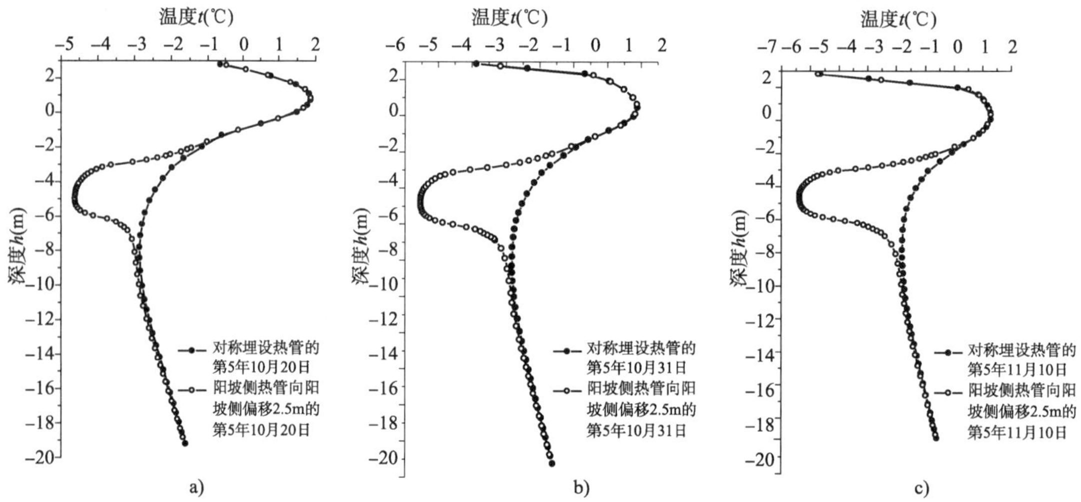

图 8-37　第 5 年 10 月 20 日至 11 月 10 日期间不同热棒横向埋设间距下 $x=0$ 和 $y=-7$ 线上地温分布

不同热棒纵向埋设间距对于路基底温度场的影响分析见图 8-38，图 8-38 中显示了热棒纵向埋设间距分别为 2m、4m、6m 时热棒路基 5 年后路基中心线地温分布，数值计算中除了改变热棒纵向埋设间距外其他相关参数均与前面所述相同，即研究中仅改变纵向埋设间距，以便可以更加清楚地考察纵向埋设间距对于路基底温度场的影响。

从图 8-38 显示的不同热棒纵向间距下路基中心线上温度分布可以看出：热棒纵向间距越小，中心线上地温沿深度分布曲线越向负温一侧偏移，其中偏移量最大的位置出现在蒸发段附近，这与前面所分析的热棒蒸发段附近土体降温较大相符合。

图 8-39 为计算所得纵向埋设间距分别为 2m、4m、6m 时路基人为冻土上限分布，从该图可以清楚地看到：热棒纵向埋设间距越小、路基底人为冻土上限抬升越大，对保持路基的热稳定性越有利，因为热棒纵向埋设间距越小，就相当于加大了寒季进入单位体积土体的冷量，从而使得土体各点的温度得到了更好的降低。

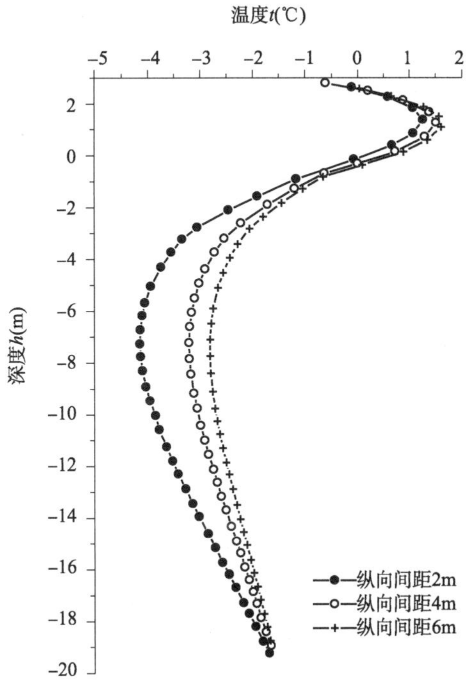

图 8-38　第 5 年 10 月 20 日不同热棒纵向间距下路基中心线上温度分布

从上面对于不同热棒纵向埋设间距对于路基底温度场的影响分析，得到如下结论和建议：

①热棒纵向埋设间距越小，将越有利于人为冻土上限的抬升，同时也越有利于土体温度的降低。

②为了更大的抬升人为冻土上限，尽量的减小融化盘的规模和存在时间，保证路基的热稳定性，建议适当的减小热棒的纵向埋设间距。

③对于蒸发段未埋设在融化盘区的热棒路基，通过单纯采用调节热棒横向埋设间距的方式来调节融化盘的对称性是不可行的，仅将阳坡侧热棒向阳坡侧偏移一定距离对于路基体内融化盘的分布影响不大，建议不要单纯采用调节热棒横向埋设间距的方式来调节融化盘的对称性。

④阳坡侧热棒向阳坡侧偏移只能较好的降低阳坡侧热棒蒸发段附近土体的温度，而对于其他位置温度的降低影响不大，为了较好的调节融化盘对称性分布，建议将两侧热棒的蒸发段均埋设在融化盘出现的区域，同时阳坡侧的热棒向阳坡侧适当偏移。

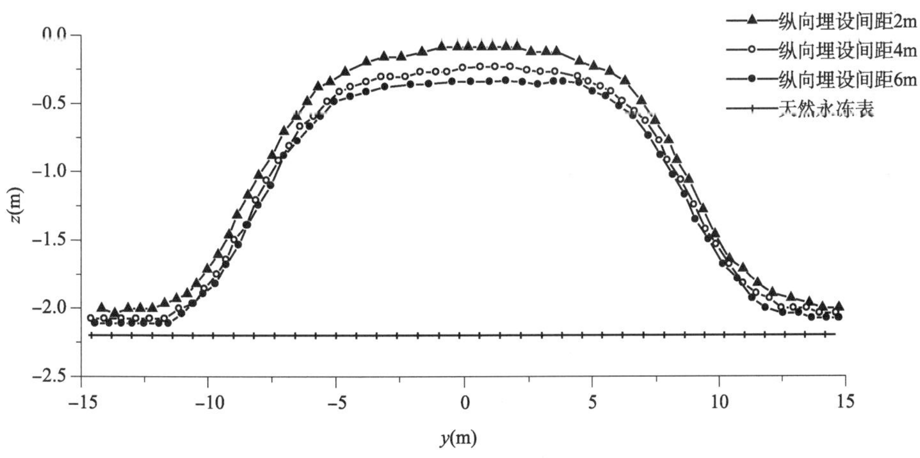

图 8-39　第 5 年 9 月 20 日不同纵向埋设间距下路基人为冻土上限分布

本章用计算分析的方法评价分析热棒路基的长期传热效果，研究不同热棒结构参数对热棒冷却效果的影响，理论计算是在现场试验观测基础上进行的，它是对现场试验的补充和扩展，通过数值分析可以方便的研究热棒蒸发段埋设位置和热棒的横向、纵向埋设间距对于路基基底温度场的影响，依据研究结果可以对热棒结构和热棒工程结构设计提出建议，为热棒路基的优化设计提供技术参考。

现场试验研究和室内理论计算研究的结果告诉我们：

(1)热棒的安装对于提高路基底人为冻土上限和降低地温是极为有利的，对于保护路基底的多年冻土起到了积极有效的作用，符合多年冻土区修筑铁路的基本原则。

(2)热棒的埋设能够较好的减少不对称融化盘的存在时间，较大的减小路基融沉断裂的风险。但是在热棒路基底融化区域逐渐消失的过程中，融化盘区域是处于不对称缩小状态的，因此热棒路基在该时间段内仍会出现阴阳坡沉降量的不均匀性，当沉降量不均匀过大所产生应力大于土体抗拉强度时，就会导致路基沿横向受拉力产生纵向断裂。青藏铁路热棒路基纵向裂纹的调查进一步的验证了这一事实。

计算研究结果可供设计参考。针对以上热棒路基应用时仍会在暖季末期出现纵向断裂和融沉的现象，提出如下改进建议：

(1)为了尽量减小融化盘的不对称性，可以考虑将阳坡侧的热棒适当向阳坡侧靠近，从而使阳坡侧的温度尽量和阴坡侧接近。

(2)为了减小阴阳坡的温度差异，可以考虑阳坡侧热棒改用斜插方式。

(3)为了使不对称融化盘的存在时间得到更进一步的减少，可以适当减小热棒的纵向埋设间距。

(4)由于离热棒蒸发段越近土体温度降低越多，因此可以考虑将热棒的蒸发段埋设在融化盘出现的区域，这将有利于减少不对称融化盘。

目前冻土区热棒工程寒季都在正常启动和持续，路基基底土体冷量得到有效存储，热棒路基工程的工程效果显著，各方面因素分析证明，热棒长期工作的能量基础始终存在，热棒工程的长期效果明显可靠。

第 9 章 热棒工程应用现状和展望

冻土区路基工程和冻土本身之间的作用是一个复杂的热学和力学过程，路基工程修建后一般需要 3 ~5 年才能进入稳定的变化期。而其后漫长的时间过程，将受缓慢变化的气候因素影响，冻土呈现缓慢的退化趋势，修建其上的路基工程与冻土成为一个热学整体，也将发生一些缓慢地变化。热棒作为一个特殊的传热元件介入冻土区工程地基土体，使原来的热传导过程发生了改变，这种改变通过热棒的持续工作缓慢的积累，影响了冻土区工程的稳定性，使其向着有利的方向发展变化。

2001 年青藏铁路清水河热棒试验工程和 2003 年青藏铁路典型冻土区热棒专项试验段工程的修建和实体试验研究，揭开了我国热棒工程实践的序幕，2005 年青藏铁路冻土区热棒工程招标修建标志着我国冻土区热棒技术规模化工程应用的开始，借鉴青藏铁路科学研究和工程实践的基础，陆续开始了青藏铁路输变电线路塔基热棒工程、中俄输油管线输变电线路塔基热棒工程和青海柴木地方铁路冻土区热棒工程等大型寒区工程热棒技术的广泛应用，其后陆续开始和实践了冻土区桥梁墩台病害整治，涵洞基础病害整治和其他一些寒区工程的病害整治和预整治热棒技术应用。

热棒工程应用效果，尤其是在“冷却地基”方面的温度效果已经毋庸置疑。但是他的长期工程状态和这些状态背后折射的内容，是冻土工程技术界应该继续深入分析研究的。

借此书写作之际，江苏中圣高科技产业公司的热棒技术团队考察了青海铁路、公路及输变电塔基应用热棒的工程现场，对热棒应用现状进行调研和考察，并在现场通过红外热像仪采集热棒表面的温度场，应用热图像分析软件获取热棒管壁不同部位处的温度，通过与当时环境温度对比，分析了目前热棒工作状况，为本书的写作提供了宝贵的资料。

9.1 热棒工程应用技术程序

如果说计算机程序由语言编制而成，热棒工程应用技术程序则是由工程语言编制而成。计算机语言反映的是计算机执行的步骤、方法和计算的顺序，工程语言反映的是热棒作为寒区工程的组成部分在整个工程中执行的步骤、方法和顺序。

热棒工程应用技术程序用工程语言讲可以分为工程前期、工程设计、工程施工、工程验收和运行几个互相关联的组成部分，用计算机语言讲是几个互相关联的模块。

总结本书设计的热棒技术和热棒工程的理论、实践过程，热棒工程应用技术可以用如图 9-1 所示的程序框图体现，这个程序框图也可以看作本书内容的一个总结。

热棒技术应用问题是一个跨越传热学和土木工程学两大领域，涉及气候学、地质学、冻土学、岩土力学、机械制造、计算技术、电子学等诸多学科的系统工程问题，又是以冻土环境为核心，热学表现为过程，力学表现为标志的冻土工程问题。

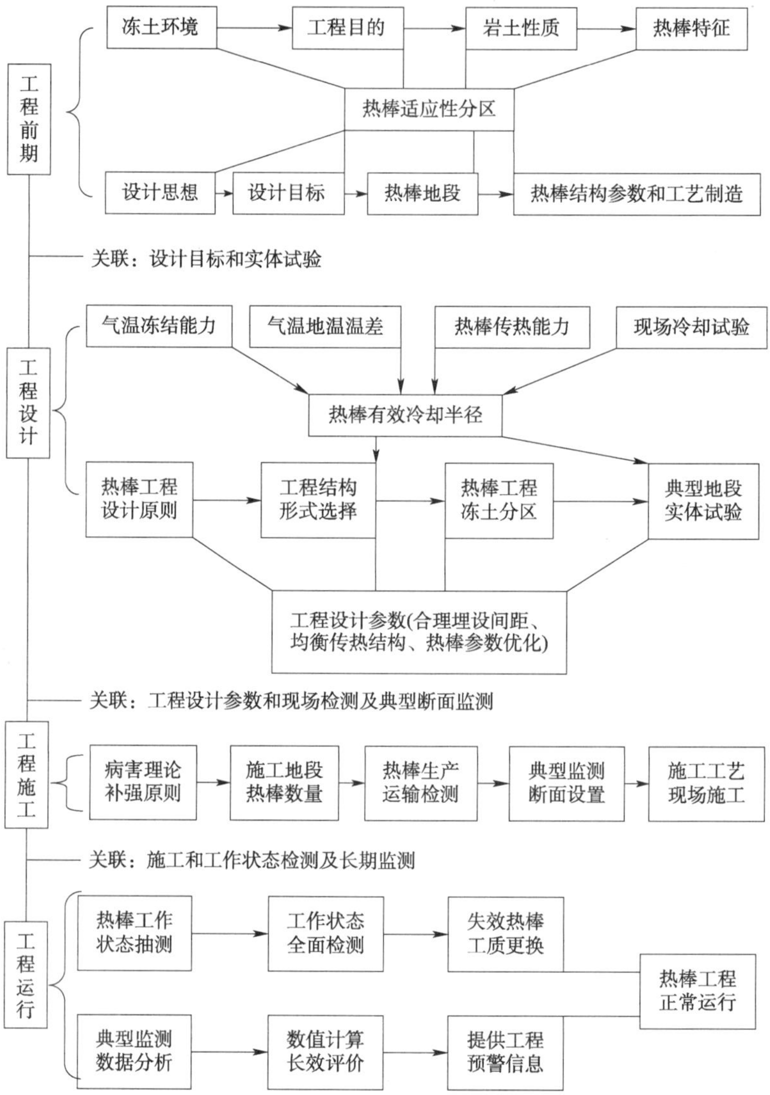

图 9-1 热棒工程应用技术程序框图

本节给出的热棒工程应用技术程序框图，将应用热棒技术解决冻土工程问题的基础理论、试验技术、数据观测、理论计算等研究分析方法有机的串接在一起，将作者数年来从事冻土工程和热棒技术研究实践的体会展现出来，将研究方法串接起来，力图能够清晰、简单，为寒区工程建设解决冻土技术难题提供一些帮助，使后来者减少一些困难。

9.2 热棒工程应用现状综述

青藏铁路建设开启了我国冻土区热棒技术研究和应用的新世代，“冷却地基”技术思想的提出奠定了热棒技术应用的技术基础。

热棒技术在我国的规模化应用始于2001年青藏铁路试验工程的先期,2005年青藏铁路建设后期,随着冻土区路基工程病害的显现以及病害预警和预整治理论的提出,工程的需求给热棒规模化应用开辟了一片全新的领域,而后青海省柴木地方铁路冻土湿地路基热棒技术的全面应用,以及随后冻土区输变电塔基设计和施工的需求将热棒应用推向一个新的台阶。即将开始的青藏高等级公路的建设将给热棒技术的深入研究和热棒工程的应用带来更快的发展。

本节将在本书前面章节基础上对热棒工程现状进行综合性论述。

9.2.1 热棒结构种类和应用现状

冻土区工程建设的需求,使服务于各类工程特殊需要的热棒结构形式得到发展,从早期单一的直立式热棒到弯曲式"L"型热棒,从一体式热棒到分体式热棒,结构形式的研究和实践都是围绕工程目的、工程形态和工程运营特点展开的。

当工程目的是冷却局部地基土体,而工程形态没有局限性,仅仅工程运营限制应用时,如点式工程基础周围、线性工程(公路、铁路路基)局部的热棒结构形式多为直立式;当工程运营限制热棒埋设位置(公路、铁路路基中心影响运营),而工程目的又需要冷却工程中心基底土体时,直立式发展为斜插式,斜插式不能满足需要时,发展为"L"型结构热棒。

以上都是直型热棒的衍生和发展,而且是一体式热棒结构。

在一体式热棒中,结构尺寸研究主要集中在热棒蒸发段、冷凝段的比例和长度,热棒直径的选择,还有热棒斜插时的倾斜角度、"L"型热棒的弯曲角度上。

随着对冻土区工程病害发生和病害形态发展的不断深化认识,对冷却地基土体提出了更复杂和难度更大的要求,整治病害的针对性和有效性对热棒结构形式也提出了更高要求,因此分离式热棒结构应运而生,发卡式热棒和分离程度更高的热棒结构逐渐开始研究和应用。

目前,青藏铁路冻土区各类工程绝大多数应用的是直立式热棒,长度从7~14m不等,个别特殊应用地热棒长度达到16m,以使热棒蒸发段能够埋设在热稳定性最薄弱部位,达到设计目的。斜插式热棒在青藏铁路冻土区边缘地区应用较多。青海省柴木地方铁路绝大多数应用的是7m的直立式热棒。

输变电塔基热棒均采用直立式热棒,热棒长度为7~9m,隧道进出口热融滑塌地段应用的也是直立式热棒,热棒长度为7~9m。

青藏公路应用的热棒多数为直立式,而且多为12m长度,少数试验应用斜插式和"L"型热棒,多数尚未达到规模化应用。

9.2.2 多年冻土区热棒工程结构种类和应用现状

多年冻土区的主要工程问题围绕融化季节造成的最大融沉变形的发生、发展而出现,年度温度变化主导了一个冻融循环过程的融沉变形,年际温度变化主导了多年内多个冻融循环过程融沉变形的发展趋势。控制最大季节融化深度的变化是工程的主要矛盾。

季节冻土区的主要工程问题围绕冻结季节的最大冻胀变形的发生、发展而出现,控制最大冻结深度的变化是工程的主要矛盾。

1)“冷却地基”和热棒应用

热棒工程结构类型研究和应用是围绕对冻土的深化认识,尤其是对冻土工程病害预警的认识和“冷却地基”指导思想的提出及深化应用而展开的。

多年冻土区不同类型工程的不同部位接受太阳辐射程度的差别,造成基底多年冻土在工程影响下的变化具有明显的差别,这种差别主要体现在融化过程冻融界面形态和冻融界面在不同融化季节深度的差别。

对于条带状工程无论是对称型的工程形态还是非对称型工程形态,基底多年冻土最终形态都是以不对称形态存在和发展的。多年冻土的不对称形态主要表现在条带状工程两侧基底冻土温度、冻融界面形态的不对称和不同步产生上。所有的不对称形态都会在工程运行不同阶段对工程运行平顺性和稳定性造成严重影响。

多年冻土区工程主要矛盾是控制融化过程(融化界面的同步发展)和融化结果(融化深度的发展)。

热棒工程结构形式则是随着上述工程问题的存在和发展而研究和实践的,根据工程目的热棒结构形式分为路肩热棒结构、路基坡脚热棒结构、路基中心热棒结构,在纵向布置上分为条带状布置。

在横向布置上分为对称式和不对称式布置。

冻土环境不可逆转的变化趋势是一种不可抗拒的自然力量,人类的工程行为只能是顺应这种变化,利用这种变化,通过研究自然变化的规律,研究冻土环境变化趋势下工程变化的可能,找到抵御变化、缓解变化、使工程在这种变化背景下满足运行条件的工程措施。当这种认识逐渐被冻土工程界接受以后,人们就不再单纯地寻找完全阻止变化的工程措施,而是研究在实践中能够减缓变化和同步变化的工程措施,也就是多年冻土地区以“冷却地基”为主导思想的工程对策和工程措施,而热棒技术正是满足这些思想的冻土区工程技术,热棒工程的各类结构形式成为满足“冷却地基”思想的工程结构形式。

目前我国冻土区工程热棒应用的情况可以概括为以下几点:

(1)冻土区铁路路基工程应用热棒约 71km,热棒总数约为 36000 支。点式建筑病害整治应用热棒 3000 支。

(2)冻土区铁路路基热棒应用目的:以“冷却地基”为主导,降低土体温度,平衡传热差异,控制变形发展,保持工程稳定。

冻土区铁路路基热棒应用工程结构形式:

(1)热棒埋设位置分别在路肩、坡脚、平台坡脚、路堑边坡坡脚、其他边坡坡脚,结构一般采用横向不对称分布的形式。

(2)点式建筑病害整治主要应用在桥梁墩台周围,防止侧向热侵蚀。

(3)冻土区公路路基工程应用热棒为 5000 支,主要为直插或斜插在路基路肩和坡脚部位。

(4)输变电工程热棒应用约为 6000 支,用于塔基周围,冷却土体,保证塔基稳定。

2)“加热地基”和热棒束应用

季节冻土区主要工程问题是冻胀,控制冻胀发生、发展过程和冻胀变形是工程设计和工程施工的主要矛盾。

冻胀产生在土体冻结过程中,控制冻胀也就是控制冻结过程和冻结结果,如果说多年冻上工程是以冷却地基的指导思想控制融化问题，季节冻土区则可以换位思考，用“加热地基”的思想减缓和消除冻结过程，控制冻胀的发生和发展。

“热棒束”技术的试验研究和应用就是在这种背景下提出和应用的。

9.3 冻土区热棒工程运行状态

热棒技术的规模化应用和热棒工程的实践给冻土区工程建设和运营提出新的问题，即如何判断目前工程的运行状态。

热棒工程运行状态包括两方面含义，第一种含义是指保证工程正常运行使用的工程稳定性状态，主要由冻土工程特有的温度场形态和工程变形现状决定，这些数据已经在冻土区工程的典型观测断面设置和观测中得以体现，其判断也在本书有关章节和其他资料中进行了详细论述；第二种含义则是指工程状态的内因，也就是热棒自身运行状态，热棒是否正常工作以及是否发挥散热导冷作用，是热棒工程冷却地基作用的源头。

正如本书前面章节已经论述过的，热棒自身运行状态的判断早在热棒制作阶段已经通过制作工艺提供了检测设置，本书写作期间作者专门委派专业人员对青藏铁路和青藏公路既有的热棒工程的热棒工作状态进行了检测。

9.3.1 红外热像显示的热棒运行状态

红外热像仪是一种被动红外成像的仪器。

温度高于绝对零度(－273.16℃)的物体都在不断地辐射着红外线产生热辐射，大气选择性吸收形成三个“大气透射窗口”：短波(2.1 ~ 2.5μm)、中波(3 ~ 5μm)、长波(8 ~ 14μm)，热棒的红外辐射集中在中波红外和长波红外波段。

红外热像仪利用红外探测器、光学成像物镜接收被测目标的红外辐射信号，经过红外光学系统红外探测器的光敏源，利用电子扫描电路对被测物的红外热像进行扫描转换成电信号，经放大处理转换成标准视频信号，通过电视屏或监测器显示红外热图像。红外热像仪利用光学成像镜头、红外探测器接受被测目标的红外辐射能量，由探测器将红外辐射能转换成电信号，经放大处理转换成标准视频信号，通过电视屏或监测器显示红外热像图。这种热像图与物体表面的热分布场相对应，是被测目标物体各部分红外辐射的热像分布图。红外热像仪能够将探测到的热量精确量化，能够对发热的故障区域进行准确识别和严格分析。

利用这种原理制成的红外热像仪通过探测微小的温度差别产生热图像。热棒运行状态通过红外热像仪检测方法和热棒芯管温差测试法获得。

2014 年寒季末，即 2013 年 10 月至 2014 年 5 月初为该区域的寒季，环境温度是寒季最高时段，应用红外热像仪对青藏铁路北麓河高温冻土区 K1131 区域的热棒工作状态进行检测得出结果见表 9-1 和表 9-2。

检测结果说明，抽检时间为多年冻土区热棒工作季节的末段时间，环境温度是寒季时间最高时段，土层温度是一年最低时段(寒季末土层温度最低，暖季末土层温度最高)，是热棒工作最不利时间段，但是检测结果证明热棒都处在正常工作状态。

寒季末环境温度较高条件下红外热像仪检测的铁路热棒工作状态　表 9-1

时间	地段	冻土环境	软件解析热像图得出温度曲线	判断条件	判断结果
2014.05.03, 7:40	北麓河青藏铁路里程 K1131 地段	高温冻土区,环境温度 -7℃以下	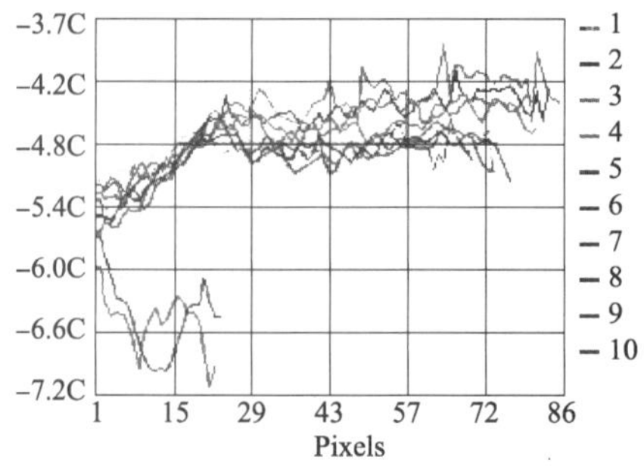	图中显示热棒冷凝段温度高分辨率高精度时为 -5℃左右	热棒正常工作
2014.05.03, 7:40	北麓河青藏铁路里程 K1131 地段	高温冻土区,环境温度 -7℃以下	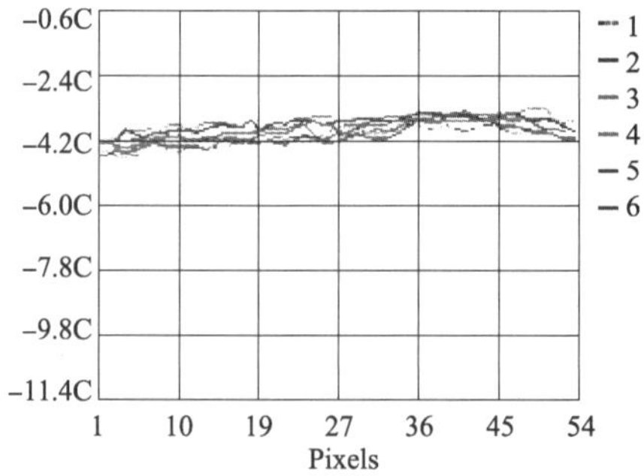	图中显示热棒冷凝段温度高分辨率高精度时为 -4℃左右	热棒正常工作
2014.05.02, 7:40	青藏铁路楚玛尔河地区高温冻土区 K1062 地段	环境温度 -9℃	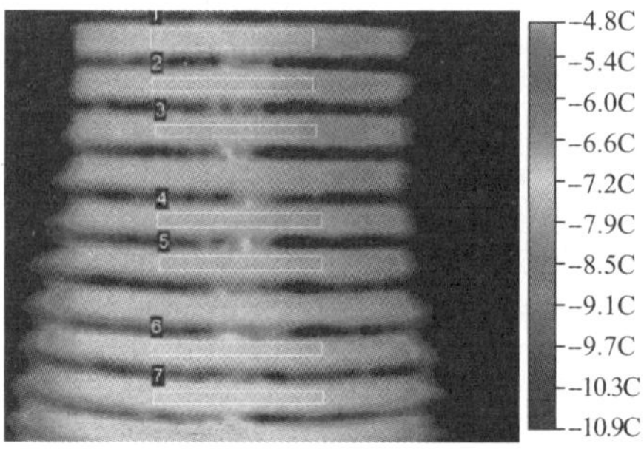	热棒管壁温度在 -8℃以上	热棒处于正常工作状态
2014.05.01, 13:20	青藏铁路秀水河地段 K1100 + 392 地段	环境温度 2℃	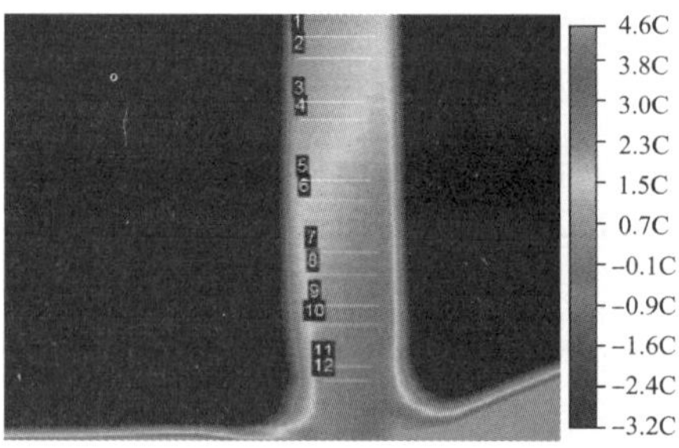	热棒管壁温度在 2℃以上	热棒处于正常工作状态

说明:为简化结果,每一热像图都略去,只留下专用软件分析热像图得出的温度曲线,留下两幅热像图说明曲线来源,而从热像图仍然可以清楚地看出温度状况

寒季末环境温度较高条件下红外热像仪检测的公路热棒工作状态　　表9-2

时间	地段	冻土环境	软件解析热像图得出温度曲线	判断条件	判断结果
2014.05.02 9:30	青藏公路北麓河地区K3042高温冻土区地段路基热棒	高温冻土区，环境温度-5℃以下	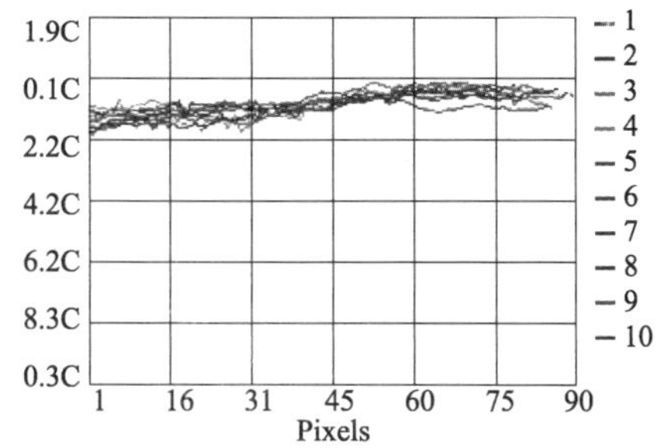	图中显示热棒冷凝段温度高分辨率高精度时为-5℃左右	热棒正常工作
2014.05.03, 8:12	北麓河高温冻土地区公路段K3049热棒	高温冻土区，环境温度-7℃以下	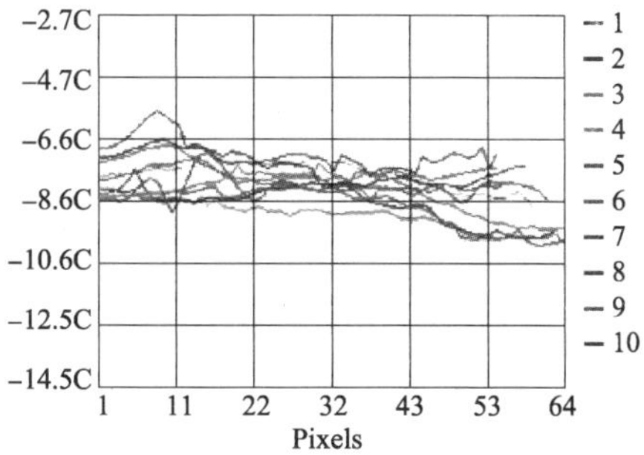	图中显示热棒冷凝段温度高分辨率高精度时为-4℃左右	热棒正常工作
201405,02 8:30	青藏铁路输变电塔基热棒（铁路北麓河附近）	环境温度-6℃	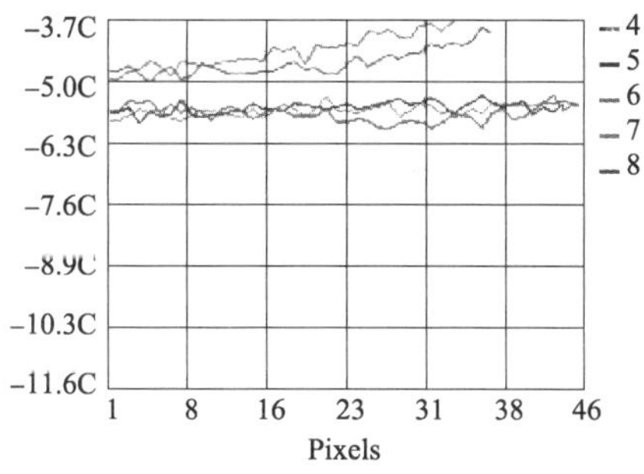	热棒管壁温度在-5℃以上	热棒处于工作状态
2014.05.01, 13:20;	青藏铁路输变电塔基热棒（铁路北麓河附近）	环境温度-6℃	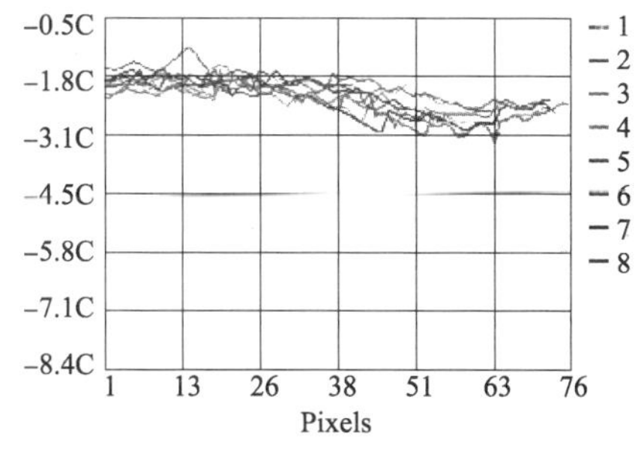	热棒管壁温度在-4℃以上	热棒处于工作状态
说明：为简化结果，每一热像图都略去，只留下专用软件分析热像图得出的温度曲线，便于判断热棒工作状态即可					

红外热像仪检测仅仅是典型条件、典型地段热棒工作状态的抽检，全面应用红外热像仪进行检测需要铁路、公路和输变电管理部门结合本部门的年度工程检查，将热像仪置于铁路轨检车等设备上面，形成正常工作手段，而要坐到这一点热像仪的后期软件分析还有必要进行改进，达到实时检测、实时分析、实时判断的应用水平。

9.3.2 热棒芯管测试运行状态

如前所述，热棒启动工作条件取决于热棒冷凝段所处的环境气温是否低于热棒蒸发段位置的地温值，二者存在温差而且必须是地温高于环境温度才能使热棒启动工作；热棒启动工作后内部工质开始液-汽相态转换，底部工质气化携带冻土热量到冷凝段从而向大气环境散热。

热棒冷凝段的散热条件表现在热棒工作以后，冷凝段管壁或翅片温度高于环境温度，才能保证液体气化携带的土体热量向大气环境散热，这种热传导的特点是低温温差之间的热传导。

由此可以通过不同手段判断热棒工作状态，除了红外热像仪以外还可以通过热棒芯管直接测试管壁温度，和环境温度对比，高于环境温度可以保证散热进行。

热棒冷凝端外壁温度测试控制因素较多，以下四个因素可影响温度测试的准确性：

(1)气温与风速。

(2)光照与地面长波辐射。

(3)热棒内部工质释放的热量。

(4)热棒周围其他热源辐射的热量。

以上四个因素中(1)和(2)为主要因素。在青藏高原上，通常夜间的温度较低，寒季最低气温可以达到 -20℃，在这样的温度下热棒的工作效率也是较高的。

数据采集的最佳时段是有效凸显冷凝段温度的关键因素，并减少外界环境因素的影响。通过分析热棒冷凝端不同时段的温度观察数据可知，在凌晨时段(1:00 ~ 7:30)冷凝端温度较低，能充分保证热棒处于工作状态。该时段无光照、风速均匀、数据散离度低，外界不确定因素对其影响较小。

热棒制作预设的芯管给热棒工作状态的测试提供了方便，2014 年对青藏铁路热棒工程典型地段热棒的工作状态进行了抽测，以了解 2004 年施工安装的热棒在当前的运行状态。

为了对比热棒在工作状态和非工作状态的温度差异，分别在凌晨和下午两个时间段对被抽检的热棒翅片、管壁、管壁底部温度值进行观测。如 4 月 15 日 7:00 ~ 7:30，气温为 -10 ~ -9℃，低温为 -1.5℃左右，热棒蒸发段与冷凝段温差较大，冷凝段大部分温度在 9℃以下，处在工作状态。4 月 15 日 15:00 ~ 16:00，气温为 3 ~ 4℃，低温为 -1.5℃。我们取抽检热棒与铁路钢轨和护栏进行温度对比，发现温度与对比物体温度差异不大，故可基本断定热棒处于非工作状态。

冷凝段温度由于受风速、气温等的影响随高度升高而基本呈线性递减关系，冷凝段与蒸发段间的温差高于气温。这种差异可以作为鉴别热棒正常工作或遭到破坏的关键因素。

抽检结果见表 9-3 和表 9-4，“Y”代表热棒正在工作状态，“N”表示热棒没有在工作状态，但是并不代表热棒损坏，当满足本报告所述条件时，热棒仍然会启动工作。

检测热棒布设位置有公路109国道、214国道，青藏铁路格—拉段线路两侧，检测热棒全部为江苏中圣高科技产业有限公司产品，规格参数符合《热棒》（GB/T 27800—2011）的标准和要求。

公路、铁路热棒在平面上的间距为3～4m，电网输变电塔基热棒围绕塔基布置。

表9-3和表9-4列出检测的具体情况和判断。

青藏铁路抽检热棒工作状态 表9-3

序号	编号	里程	测温位置	时间/环境温度	热棒规格/检测温度	工作状态
1	1-1	K1007	管壁	8:30/-3℃	9m/-2.1℃	Y
2	1-2		管壁	8:30/-3℃	9m/-2.8℃	Y
3	1-3		管壁	8:30/-3℃	9m/-3.1℃	Y
4	1-4		管壁	8:30/-3℃	9m/-2.0℃	Y
5	1-5		管壁	8:30/-3℃	9m/-2.6℃	Y
6	1-6		管壁	8:30/-3℃	9m/-3.1℃	N
7	1-7		管壁	8:30/-3℃	9m/-2.2℃	Y
8	2-1	K2937	翅片	21:45/-5℃	9m/-1.2℃	Y
9	2-2		翅片	21:45/-5℃	9m/-3.2℃	Y
10	2-3		翅片	21:45/-5℃	9m/-4.2℃	Y
11	2-4		翅片	21:45/-5℃	9m/-3.8℃	Y
12	2-5		翅片	21:45/-5℃	9m/-5.0℃	Y
13	2-6		翅片	21:45/-5℃	9m/-3.6℃	Y
14	2-7		翅片	21:45/-5℃	9m/-4.7℃	Y
15	2-8		翅片	21:45/-5℃	9m/-3.9℃	Y
16	3-1	K1152	翅片	9:15/-2℃	9m/-0.9℃	Y
17	3-2		翅片	9:15/-2℃	9m/-1.9℃	Y
18	3-3		翅片	9:15/-2℃	9m/-0.5℃	Y
19	3-4		翅片	9:15/-2℃	9m/-0.3℃	Y
20	3-5		翅片	9:15/-2℃	9m/-0.5℃	Y
21	3-6		翅片	9:15/-2℃	9m/-1.2℃	Y
22	3-7		翅片	9:15/-2℃	9m/-0.4℃	Y
23	4-1	K1131	管壁	7:30/-7℃	9m/-4.3℃	Y
24	4-2		管壁	7:30/-7℃	9m/-5.4℃	Y
25	4-3		管壁	7:30/-7℃	9m/-2.4℃	Y
26	4-4		管壁	7:30/-7℃	9m/-4.1℃	Y
27	4-5		管壁	7:30/-7℃	9m/-3.4℃	Y
28	4-6		管壁	7:30/-7℃	9m/-4.1℃	Y
29	4-7		管壁	7:30/-7℃	9m/-2.8℃	Y
30	4-8		管壁	7:30/-7℃	9m/-2.9℃	Y

续上表

序号	编号	里程	测温位置	时间/环境温度	热棒规格/检测温度	工作状态
31	5－1	K1233＋500	管壁	6:35/－9℃	9m/－8.2℃	Y
32	5－2		管壁	6:35/－9℃	9m/－5.6℃	Y
33	5－3		管壁	6:35/－9℃	9m/－6.8℃	Y
34	5－4		管壁	6:35/－9℃	9m/－4.9℃	Y
35	5－5		管壁	6:35/－9℃	9m/－7.2℃	Y
36	5－6		管壁	6:35/－9℃	9m/－7.0℃	Y
37	5－7		管壁	6:35/－9℃	9m/－6.8℃	Y
38	6－1	K1162	翅片	22:00/－8℃	9m/－5.4℃	Y
39	6－2		翅片	22:00/－8℃	9m/－6.2℃	Y
40	6－3		翅片	22:00/－8℃	9m/－4.7℃	Y
41	6－4		翅片	22:00/－8℃	9m/－7.8℃	Y
42	6－5		翅片	22:00/－8℃	9m/－4.2℃	Y
43	6－6		翅片	22:00/－8℃	9m/－5.0℃	Y
44	6－7		翅片	22:00/－8℃	9m/－3.0℃	Y
45	6－8		翅片	22:00/－8℃	9m/－4.4℃	Y
46	7－1	K1401	翅片	8:00/－3℃	9m/－2.4℃	Y
47	7－2		翅片	8:00/－3℃	9m/－1.1℃	Y
48	7－3		翅片	8:00/－3℃	9m/－3.2℃	N
49	7－4		翅片	8:00/－3℃	9m/－4.0℃	N
50	7－5		翅片	8:00/－3℃	9m/－2.9℃	Y
51	7－6		翅片	8:00/－3℃	16m/－3.0℃	Y
52	7－7		翅片	8:00/－3℃	16m/－2.1℃	Y
53	8－1	K1401(晚)	翅片	20:10/－4℃	9m/－2.8℃	Y
54	8－2		翅片	20:10/－4℃	16m/－3.1℃	Y
55	8－3		翅片	20:10/－4℃	16m/－3.6℃	Y
56	8－4		翅片	20:10/－4℃	9m/－1.1℃	Y
57	8－5		翅片	20:10/－4℃	9m/－2.7℃	Y
58	8－6		翅片	20:10/－4℃	16m/－2.2℃	Y
59	8－7		翅片	20:10/－4℃	9m/－3.4℃	Y
60	8－8		翅片	20:10/－4℃	16m/－2.5℃	Y
备注:						

青藏公路抽检热棒工作状态　　表9-4

序号	编号	109国道里程	测温位置	时间/环境温度	热棒规格/检测温度	工作状态
1	1-1	K2923	管壁	12:00/7℃	11m/6.0℃	N
2	1-2		管壁	12:00/7℃	11m/7.8℃	Y
3	1-3		管壁	12:00/7℃	11m/8.0℃	Y
4	1-4		管壁	12:00/7℃	11m/9.2℃	Y
5	1-5		管壁	12:00/7℃	11m/10.2℃	Y
6	1-6		管壁	12:00/7℃	11m/7.9℃	Y
7	1-7		管壁	12:00/7℃	11m/9.7℃	Y
8	2-1	K2937	管壁	19:40/-2℃	11m/-1.7℃	Y
9	2-2		管壁	19:40/-2℃	11m/-1.1℃	Y
10	2-3		管壁	19:40/-2℃	11m/-1.4℃	Y
11	2-4		管壁	19:40/-2℃	11m/-0.7℃	Y
12	2-5		管壁	19:40/-2℃	11m/-0.5℃	Y
13	2-6		管壁	19:40/-2℃	11m/-0.9℃	Y
14	2-7		管壁	19:40/-2℃	11m/-2.1℃	N
15	2-8		管壁	19:40/-2℃	11m/-1.4℃	Y
16	3-1	K2966	翅片	7:30/-6℃	11m/-5.4℃	Y
17	3-2		翅片	7:30/-6℃	11m/-2.9℃	Y
18	3-3		翅片	7:30/-6℃	11m/-3.5℃	Y
19	3-4		翅片	7:30/-6℃	11m/-4.7℃	Y
20	3-5		翅片	7:30/-6℃	11m/-2.4℃	Y
21	3-6		翅片	7:30/-6℃	11m/-5.4℃	Y
22	3-7		翅片	7:30/-6℃	11m/-3.7℃	Y
23	4-1	K2970	翅片	9:00/-4°	11m/-2.6℃	Y
24	4-2		翅片	9:00/-4℃	11m/-3.9℃	Y
25	4-3		翅片	9:00/-4℃	11m/-2.3℃	Y
26	4-4		翅片	9:00/-4℃	11m/-3.9℃	Y
27	4-5		翅片	9:00/-4℃	11m/-3.1℃	Y
28	4-6		翅片	9:00/-4℃	11m/-2.6℃	Y
29	4-7		翅片	9:00/-4℃	11m/-1.8℃	Y
30	4-8		翅片	9:00/-4℃	11m/-2.7℃	Y
31	5-1	K3042	翅片	21:45/-1℃	11m/-1.2℃	N
32	5-2		翅片	21:45/-1℃	11m/-1.7℃	N
33	5-3		翅片	21:45/-1℃	11m/-1.9℃	N
34	5-4		翅片	21:45/-1℃	11m/-0.6℃	Y
35	5-5		翅片	21:45/-1℃	11m/-0.9℃	Y
36	5-6		翅片	21:45/-1℃	11m/-0.2℃	Y
37	5-7		翅片	21:45/-1℃	11m/-0.5℃	Y

续上表

序号	编号	109 国道里程	测温位置	时间/环境温度	热棒规格/检测温度	工作状态
38	6－1	K3045	翅片	22:50/－3℃	11m/－2.1℃	Y
39	6－2		翅片	22:50/－3℃	11m/－2.3℃	Y
40	6－3		翅片	22:50/－3℃	11m/－1.5℃	Y
41	6－4		翅片	22:50/－3℃	11m/－2.2℃	Y
42	6－5		翅片	22:50/－3℃	11m/－1.2℃	Y
43	6－6		翅片	22:50/－3℃	11m/－2.7℃	Y
44	6－7		翅片	22:50/－3℃	11m/－3.0℃	N
45	6－8		翅片	22:50/－3℃	11m/－0.6℃	Y
46	7－1	K3049	翅片	23:30/－4℃	11m/－3.2℃	Y
47	7－2		翅片	23:30/－4℃	11m/－3.6℃	Y
48	7－3		翅片	23:30/－4℃	11m/－2.7℃	Y
49	7－4		翅片	23:30/－4℃	11m/－2.2℃	Y
50	7－5		翅片	23:30/－4℃	11m/－1.9℃	Y
51	7－6		翅片	23:30/－4℃	11m/－2.9℃	Y
52	7－7		翅片	23:30/－4℃	11m/－1.8℃	Y
53	8－1	K3050	翅片	00:10/－4℃	11m/－2.1℃	Y
54	8－2		翅片	00:10/－4℃	11m/－1.7℃	Y
55	8－3		翅片	00:10/－4℃	11m/－1.9℃	Y
56	8－4		翅片	00:10/－4℃	11m/－2.1℃	Y
57	8－5		翅片	00:10/－4℃	11m/－2.7℃	Y
58	8－6		翅片	00:10/－4℃	11m/－0.8℃	Y
59	8－7		翅片	00:10/－4℃	11m/－0.9℃	Y
60	8－8		翅片	00:10/－4℃	11m/－1.5℃	Y
61	9－1	K3079	翅片	6:30/－9℃	11m/－7.8℃	Y
62	9－2		翅片	6:30/－9℃	11m/－6.5℃	Y
63	9－3		翅片	6:30/－9℃	11m/－8.5℃	Y
64	9－4		翅片	6:30/－9℃	11m/－7.2℃	Y
65	9－5		翅片	6:30/－9℃	11m/－3.1℃	Y
66	9－6		翅片	6:30/－9℃	11m/－4.7℃	Y
67	9－7		翅片	6:30/－9℃	11m/－8.0℃	Y
68	10－1	K1162	翅片	8:30/－8℃	11m/－6.0℃	Y
69	10－2		翅片	8:30/－8℃	11m/－7.1℃	Y
70	10－3		翅片	8:30/－8℃	11m/－3.8℃	Y
71	10－4		翅片	8:30/－8℃	11m/－4.0℃	Y
72	10－5		翅片	8:30/－8℃	11m/－5.4℃	Y

续上表

序号	编号	109 国道里程	测温位置	时间/环境温度	热棒规格/检测温度	工作状态
73	10-6	K1162	翅片	8:30/-8℃	11m/-6.7℃	Y
74	10-7		翅片	8:30/-8℃	11m/-7.2℃	Y
75	10-8		翅片	8:30/-8℃	11m/-7.5℃	Y
76	11-1	K3137	翅片	20:00/-2℃	11m/-1.2℃	Y
77	11-2		翅片	20:00/-2℃	11m/-2.3℃	N
78	11-3		翅片	20:00/-2℃	11m/-3.1℃	N
79	11-4		翅片	20:00/-2℃	11m/-3.2℃	N
80	11-5		翅片	20:00/-2℃	11m/-1.5℃	Y
81	11-6		翅片	20:00/-2℃	11m/-0.7℃	Y
82	11-7		翅片	20:00/-2℃	11m/-0.5℃	Y

芯管温度检测表明，2005 年施工安装的青藏铁路路基热棒处于正常工作状态，2010 年前后安装的其他冻土工程热棒工作状态也正常。

热棒检测过程发现的工程裂缝：2005 年热棒安装以后 2006 年检查发现热棒附近有裂纹出现，作者认为这是冻土区普遍存在的寒冻风化现象造成的寒冻裂缝。冻土与冰在温度降低时收缩而开裂的作用，称为冻缩开裂作用，是产生寒冻裂缝的因素之一。寒冻劈裂裂缝在冻土区域是一种广泛分布的现象，既可出现在活动层，也可以出现在下卧冻土层。目前看到的和过去看到的青藏铁路冻土区路基工程中出现的寒冻裂缝主要分布在路堤边坡中上部位和坡脚附近，以及受热不均匀、温度差异较大的坡面交界处，由于双向不等量的吸热散热和水分条件变化较为频繁和剧烈，成为寒冻裂缝发育的部位。少量的路基顶面寒冻裂缝的发生则主要由于填土的黏聚力较小所致。

设置热棒的路肩、坡脚、平台坡脚处，由于热棒的冷却作用造成局部冻缩开裂形成寒冻裂缝，温度较差越大之处，产生寒冻裂缝的可能性越大。另外一个影响因素是路基填土本身的抵御寒冻劈裂变形能力，实际上是土体团聚体之间和团聚体内部的联结力，也即组成土的各组分的黏聚力。而这种联结-黏聚力取决于土的种类、温度和含水率，由于青藏铁路路基填土基本是黏结力较小的粗颗粒土，抵御寒冻裂缝的能力较差，易产生这种寒冻裂缝。

运营线路出现寒冻裂缝初期只要养护人员及时夯实，防止其进一步发展成为贯通长裂缝就可以，夯实或捣实裂缝可以固结表面松土，还可以减缓土体温度差异，减少产生裂缝的因素。

9.4 热棒技术应用展望

热棒传热理论和散热导冷技术的研究随着冻土区工程建设的展开和深入正在得到广泛应用和认可。热棒的基本传热过程和传热效果毋庸置疑，但是热棒在工程中的应用形式，热棒工程的结构形式，以及各类形式的热棒工程的散热导冷效果，还有待结合冻土区工程的不同要求、不同目的进行更深入探讨和观测试验研究。

热棒技术的创新和应用应该从两个方向进行，一是做出别人和过去没有做过的新型热棒,也就是进行原始创新研究和实践;二是在原有基础上做得比别人、比过去更好,也称之为继承性创新研究和实践。

如果说青藏铁路建设后期打开了热棒技术规模化应用的广阔领域的话,未来青藏宽幅高等级公路的建设给热棒技术研究和应用带来了更高的要求和更广阔的应用可能。

热棒技术的应用必须从以下几个方面突破和提高:

1)热棒技术的指导思想创新

热棒包括两个传热学的含义:一是散热,二是吸热。多年冻土区工程实践中应用的大多数是散热为主的热棒,季节冻土区应用的热棒既有抑制冻胀冰晶生长的散热热棒,也有可以供热的热棒束。

散热为主的热棒本身是一种无动力源的热虹吸管装置,它依靠土壤和大气的温差启动,启动时间大多是冻土区寒季,暖季融化期间则停止工作。供热热棒也即热棒束依靠一定自然动力源启动,也是在寒季启动工作,暖季无须工作。

热棒技术指导思想的创新方面作者浅显的认为,思想的创新可以在多年冻土区应用热棒的理论基础"冷却地基"的条件下,重视暖季热棒停止工作时的隔热措施,将热棒和隔热结合进行,研究实践更高效率的复合工程结构。同时深化研究提高热棒冷却效率、增加冷却强度和延长冷却时间的研究创新。在季节冻土区除了采取传统的防冻胀换填等工程措施以外,还应贯彻"加热地基"的技术指导思想,充分利用各类新型自然能源,深化研究供热热棒的创新和应用。

2)热棒工程结构的创新研究和应用

在热棒技术应用指导思想创新的基础上,拓宽思路,开展新型热棒工程结构研究,建议研究实验和应用采用以下几类工程结构。

(1)复合型工程结构研究和应用。为弥补热棒只能在寒季散热导冷,增加冻土层的冷量存储的单一性,和暖季可以减少传入冻土层热量的工程结构,构成复合工程结构。如:热棒+保温板,热棒+草皮,热棒+遮阳板等。

这种复合结构既可以充分发挥热棒寒季的冷却蓄冷作用,又可以发挥保温板、草皮暖季的隔热作用,遮阳板的通风隔热作用。目前热棒+保温板结构和热棒+草皮结构已经在青藏铁路、青海省柴木地方铁路路基工程中应用,热棒+遮阳板结构还没有实践应用,这种结构的好处是热棒既可以设置在遮阳板中间作为遮阳板的结构支撑,寒季在遮阳板通风良好的条件下,又可以充分发挥冷却地基的散热导冷作用,是理想的路基边坡防护工程措施。

(2)新能源驱动型热棒研究和应用。冻土区环境特征多为日照充足、风力风速强劲、适合太阳能和风能的应用,可以考虑研制由太阳能和风能提供驱动能源的驱动型热棒,在暖季让热棒驱动工作,为冻土层导冷降温。

这种新能源驱动型热棒是分离式的热棒,可以灵活设置,热棒内部可以参照空调或冰箱的制冷系统进行研制,这种热棒形式只是一种设想,尚未有人开始研究和试制。

(3)开展供热热棒的应用研究。作者在青藏铁路西格段进行的整治季节冻胀的科学研究和实际应用证明,本书提到的供热热棒结构可以有效地整治既有线路出现的季节冻胀问题,近年来东北严寒地区的哈大高速铁路出现的季节冻胀问题,除了应用换填、止水、阻水等措施处理以外,还可以应用本书提及的供热热棒方法。建议有关部门组织研究和推广应用。

(4)强制热棒工质启动的热棒技术研究。目前热棒依靠蒸发段和冷凝段的温度差启动工质的液-汽转换过程,设想如果能够施加外力作用,改变蒸发段和冷凝段温度差异,实现热棒的实时启动,则可以大大提高热棒的传热能力和传热效率,建议开始这方面的研究。

3)提高热棒热传输效率的深化研究

近十年来由于我国冻土区工程迅速开建,对热棒技术的需求激增,目前的技术基础都是来源于过去的积累,工程实践中发现的问题给热棒技术研究提出了一些新的研究课题。

(1)提高热棒传热效率影响因素的深化研究。在原有较粗放型研究基础上结合工程需求进行细化研究,利用室内试验条件和现场试验结合,深入定量研究热棒倾斜角度、环境温度对热棒传热性能的阶段性影响,环境温度和冻土温度的阶段性变化对热棒启动温差影响,热棒最佳倾斜角度的确定,热棒温度场的深化等,并在上述研究基础上改善热棒制作工艺。

(2)热棒运行状态普遍性检测和典型性检测技术的实用性研究。热棒规模化应用给热棒运行状态检测带来一定难度,充分利用红外热像检测技术,将红外检测仪与铁路工务检测车结合,研究大面积扫描的辨识度和分辨率问题。

(3)热棒工质回收技术和热棒更换技术储备研究。冻土区工程热棒技术的规模化应用自2001年至今已经近十四年,2005年施工安装的青藏铁路热棒路基工程至今也已经近十年,热棒的理论研究和实验室研究认为热棒寿命受热棒管壳内部冷凝气体的体积控制,不冷凝气体的体积阻止了管壳内工质的液-汽循环变化过程,热棒寿命停止,这个期限目前认为在30年左右,因此有必要现在开始深化研究热棒的更换方法。

停止工作状态的热棒更新方式有两种,一种是更换管内工质,另一种是更换热棒。

更换管内工质技术需要现场进行,受自然环境条件影响困难很多,主要困难是环保回收工质和注入新的工质,难度在于抽真空动力源和现场封口及避免工质泄露,已经进行过这方面研究工作,但是还不能形成实际应用。

更换热棒相对简单,只是割断原有热棒换插入直径适合的新热棒,更换仍然牵涉工质回收和防止泄露污染环境问题。

总之,热棒技术在我国冻土区工程中的应用方兴未艾,新的工程应用前景给传热和冻土科学技术人员带来新的动力,促进我们将我国冻土工程和传热技术的结合以及广泛应用提升到新的台阶。本书仅对此提出点滴的抛砖引玉之见,热棒的应用技术还有许多问题需要根据工程特点、工程设计目的进行改进,热棒的计算理论和工程效果预测理论以及实时监测和检测技术还需要完善和改进,作者仍然在冻土工程技术研究、生产、建设的第一线继续研究、生产和实践,力求为寒区工程建设做出更多的卓有成效的工作。

附件1　热棒工艺和热棒工程照片

一、热棒制作

附图1　高频焊接过程

附图2　高频焊接开花翅片热棒

附图3　钝化成膜处理

附图4　机械抽真空

附图5　水浴法启动试验

附图6　涂底漆后的热棒成品

二、热棒技术证书和专利

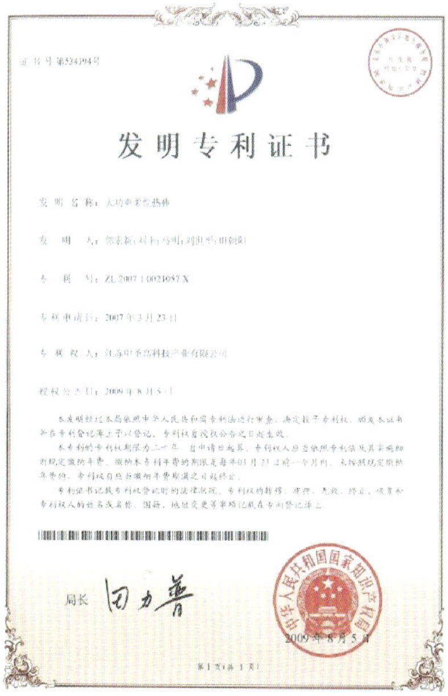

发明专利证书

局长 田力普

a)

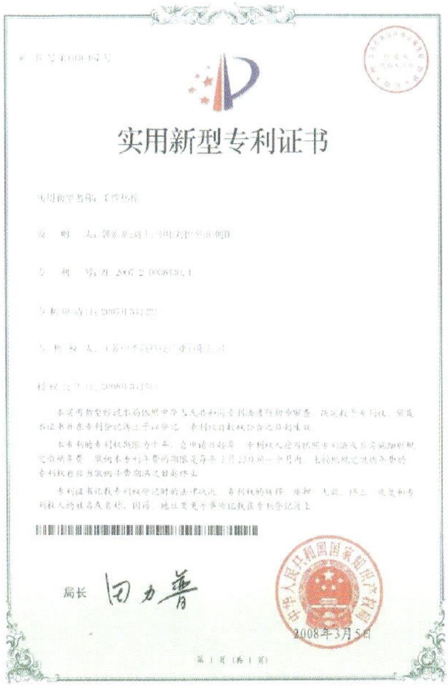

实用新型专利证书

局长 田力普

b)

附图7 大功率柔性热棒发明专利证书和实用新型专利证书

国 家 重 点 新 产 品

证 书

项目名称: 新型低温热棒　　项目编号: 2007GRC11026

承担单位: 江苏中圣高科技产业有限公司　　发证时间: 二〇〇七年十二月

有 效 期: 三年

批准机关: 科学技术部

科学技术部　商务部　国家质量监督检验检疫总局　国家环境保护总局

附图8 国家重点新产品新型低温热棒证书

三、热棒工程图片

附图 9　青藏铁路清水河 2001 年热棒路基试验工程

附图 10　青藏铁路北麓河“L”挡墙墙趾热棒加固

附图 11　青藏铁路北麓河低路堤热棒工程

附图 12　青藏铁路北麓河路堑及挡水埝热棒

附图 13　青藏铁路北麓河热棒路基

附图 14　青藏铁路开心岭热棒路基试验工程

附图 15　青藏铁路片石路基 + 热棒复合工程措施

附图 16　青藏铁路坡脚热棒

附图 17　青藏铁路红梁河坡脚热棒防止侧向热侵蚀

附图 18　运抵昆仑山隧道浅埋段的热棒

附图 19　青藏铁路路堤路堑过渡段热棒

附图 20　昆仑山垭口高路堤过渡段热棒

附图 21　雁石坪地段侧向热侵蚀防护热棒工程

附图 22　不冻泉地区斜插和直插复合热棒

附图 23　高温冻土区热棒综合防治路基工程

附图 24　楚玛尔河桥梁椎体热棒防护

附图25　沱沱河盆地热棒路基

附图26　清水河桥梁墩台热棒防护

附图27　青藏铁路路堤路堑过渡段热棒

附图28　昆仑山地区高路堤过渡段热棒

附图29　昆仑山高路堤热棒双排防护工程

附图30　昆仑山半路堤热棒防护工程

附图31　片石气冷路基+坡脚热棒

附图32　桥梁椎体热棒防护

附图 33　开心岭地区片石路基 + 热棒

附图 34　唐古拉山区桥梁墩台热棒防护

a)

b)

附图 35　中俄输油管道输变电塔基热棒工程施工和工程实景

a)

b)

附图 36　交通运输部高纬度多年冻土试验热棒施工和安装

a)

b)

附图 37　新疆 G219 发卡式热棒制作和施工图

a) b)

附图38 保温板+发卡式热棒复合路基施工现场

a) b)

附图39 青藏公路3104和3403直插和斜插热棒的不同效果

a) b)

附图40 青海公路鄂拉山隧道和姜路岭隧道进口热棒防护工程

a) b)

附图41 青海玉树214国道热棒路基施工

a)　　　　　　　　　　b)

附图 42　青藏铁路桥梁墩台病害整治热棒工程施工

a)　　　　　　　　　　b)

附图 43　青藏铁路 110kV 输变电塔基热棒

a)　　　　　　　　　　b)

附图 44　青藏铁路 400kV 输变电塔基热棒

a)　　　　　　　　　　b)

附图 45　青海省国家电网玉树 330kV 输变电塔基热棒

附图46　青海柴木地方铁路低路堤热棒工程

附图47　柴木地方铁路路桥过渡段热棒工程

附图48　青海柴木冻土湿地热棒路基

附图49　冻土湿地热棒试验段

a)　　b)

附图50　青藏铁路热管束防止季节冻胀试验工程

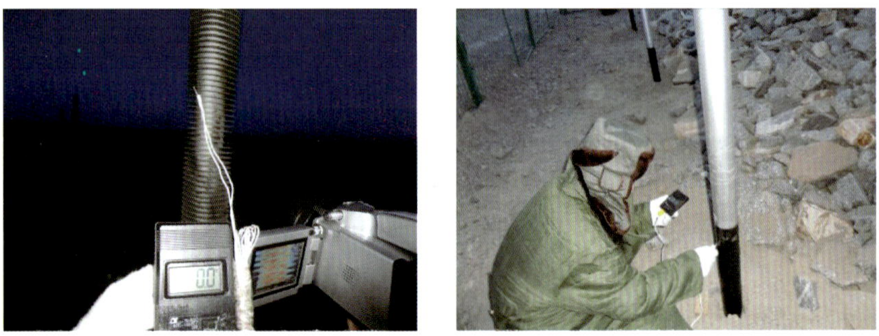

a)　　b)

附图51　热棒生产技术人员现场检测热棒运行状况(2013年青藏铁路和其他工程)

a)　　　　b)

附图52　青藏交直流联网工程热棒安装标准化施工工艺试点现场

a)　　　　b)

附图53　中圣集团向玉树灾区工程捐赠热棒

a)　　　　b)

附图54　国家标准(热棒)审查会议(左)和国家标准(热棒式管架)审查会议(右)

a)　　　　b)

附图55　青藏高原热棒工程自然环境之一

附图56　唐古拉山区冻土湿地环境

附件 2 《热棒》国家标准(报批稿)

ICS 93.010
P 02

中华人民共和国国家标准

GB/T ××××—××××

热 棒

Thermopr obe

(报批稿)

××××-××-××发布 ××××-××-××实施

中华人民共和国国家质量监督检验检疫总局
中国国家标准化管理委员会 发布

目 录

前　言

本标准按照 GB/T 1.1—2009 给出的规则起草。

本标准由全国交通工程设施(公路)标准化技术委员会(SAC/TC223)提出并归口。

本标准起草单位:江苏中圣高科技产业有限公司、南京锅炉压力容器检验研究院、中国科学院寒区旱区环境与工程研究所、南京工业大学、中铁西北科学研究院有限公司、中交第一公路勘察设计研究院有限公司。

本标准主要起草人:郭宏新、刘丰、业成、吴青柏、张红、熊智文、章金钊、刘世平、蒋俊。

热　　棒

1　范围

本标准规定了热棒的术语与定义、组成与分类、技术要求、试验方法、检验规则以及标志、包装、运输与储存。

本标准适用于寒区工程的热棒。

2　规范性引用文件

下列文件对于本文件的应用是必不可少的。凡是注日期的引用文件,仅所注日期的版本适用于本文件。凡是不注日期的引用文件,其最新版本(包括所有的修改单)适用于本文件。

GB 150—1998　钢制压力容器

GB 536　液体无水氨

GB/T 710　优质碳素结构钢热轧薄钢板和钢带

GB/T 1804　一般公差　未注公差的线性和角度尺寸的公差

GB 3087　低中压锅炉用无缝钢管

GB/T 3280　不锈钢冷轧板和钢带

GB/T 6052　工业液体二氧化碳

GB/T 13237　优质碳素结构钢冷轧薄钢板和钢带

GB 13296　锅炉、热交换器用不锈钢无缝钢管

GB/T 18851　无损检测 渗透检测

GB 50212　建筑防腐蚀工程施工及验收规范

JB 4708　钢制压力容器焊接工艺评定

JB/T 4709　钢制压力容器焊接规程

3　术语和定义

下列术语和定义适用于本文件。

3.1　热棒 thermoprobe

用于寒区工程,工作温度为200～333K(－73～60℃),蒸发段在下方、冷凝段在上方、管内凝结液依靠重力而回流的传热管。

3.2　基管 plain tube

用于制造热棒壳体的金属管。

3.3　工质 working fluid

热棒内用于传递热量的介质。

3.4　蒸发段 evaporator

热棒工质受热汽化的部分。

3.5 冷凝段 condenser

热棒工质放热凝结的部分。

3.6 绝热段 adiabatic section

热棒蒸发段与冷凝段之间、不与外界换热的部分。

3.7 不凝性气体 non – condensable gas

在工作温度和压力范围条件下,热棒管壳内不凝结的气体。

3.8 工作温度 operating temperature

热棒运行时的工质蒸汽温度。

3.9 稳定工作状态 steady operating state

设定工作条件下,在热棒管内或管外壁沿长度方向各点温度不随时间变化的工作状态。

3.10 额定功率 rated power

设定工作条件下,热棒所能传递的最大功率。

3.11 启动特性 startup

在一定条件下从热棒开始受热到进入稳定工作状态之前的特性,以时间为特性指标。

3.12 等温特性 isothermal

在一定的热负荷和工作条件下,热棒内部工质蒸汽温度沿长度方向呈现出温度均匀且相等的特征。

4 组成与分类

4.1 组成

热棒由基管、管腔、中心测温管和工质组成,基管与管腔分为蒸发段、绝热段和冷凝段三部分,根据使用条件蒸发段和冷凝段可带有传热翅片(图1)。

4.2 分类与代号

4.2.1 热棒按形状分为直棒和弯棒两类,直棒用代号Ⅰ表示,弯棒(又称L型)用代号Ⅱ表示。

4.2.2 热棒按结构形式分为三类:

a)冷凝段有翅片、蒸发段无翅片,代号为TPA。

b)冷凝段和蒸发段均无翅片,代号为TPB。

c)冷凝段和蒸发段均有翅片,代号为TPC。

4.2.3 翅片的形状分为四种:

a)螺旋圆盘翅片这[图2a)],代号为a。

b)齿型翅片[图2b)],代号为b。

c)轧制翅片[图2c)],代号为c。

d)纵向翅片[图2d)],代号为d。

4.3 型号与示例

热棒型号由八个单元组成,其结构如下:

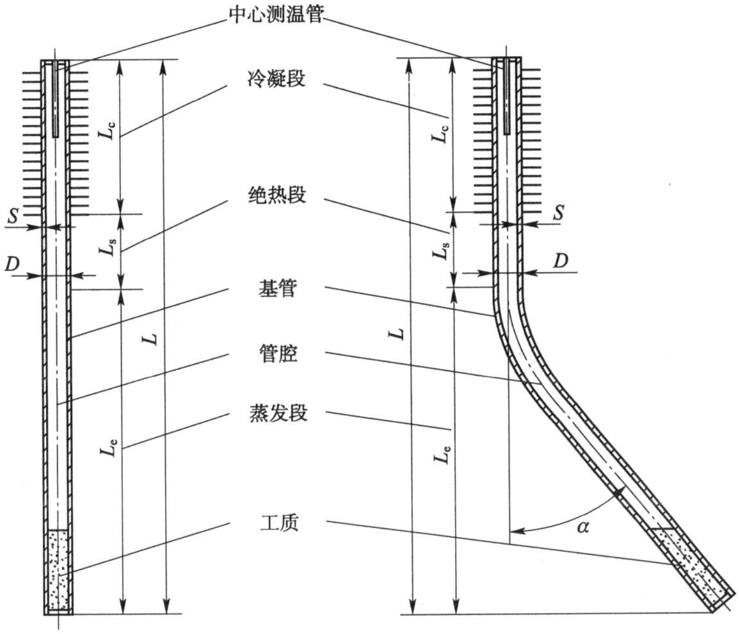

图 1 热棒组成与形状

D-基管外径，单位为毫米(mm)；L_c-冷凝段长度，单位为米(m)；L_s-绝热段长度，单位为米(m)；L_e-蒸发段长度，单位为米(m)；L-热棒高度，单位为米(m)；S-基管公称壁厚，单位为毫米(mm)；α-弯曲角，单位为度(°)

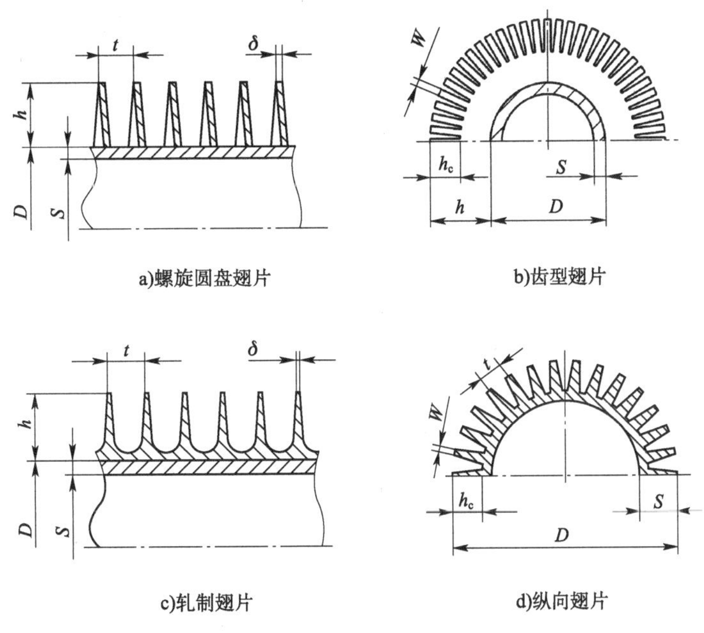

图 2 翅片形状示意图

D-基管外径，单位为毫米(mm)；h-翅片高度，单位为毫米(mm)；h_c-齿型翅片高度，单位为毫米(mm)；S-基管公称壁厚，单位为毫米(mm)；，t-翅片节距，单位为毫米(mm)；W-齿宽，单位为毫米(mm)；δ-翅片厚度，单位为毫米(mm)

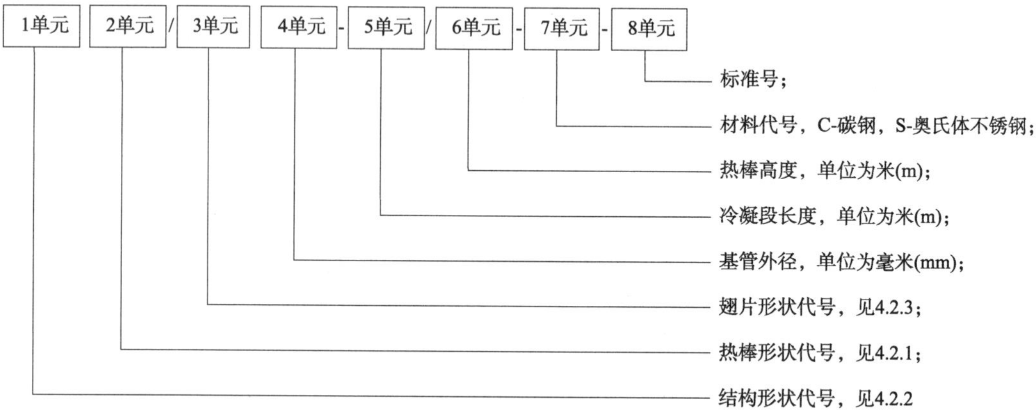

示例

热棒形状为Ⅰ型，基管外径为76mm，冷凝段长度为2m，热棒高度为9m，材料为碳钢，蒸发段无翅片，冷凝段有螺旋圆盘翅片的热棒，其标记为：TPA Ⅰ/a 76-2/9 – C – GB/T ×××× – ××××。

5 技术要求

5.1 一般要求

热棒管壳内外壁应进行防腐处理，外壁按 GB 50212 的要求执行，内壁采用化学成膜方法处理。

5.2 材料要求

5.2.1 用于制造热棒的基管应为冷拔(轧)无缝钢管，碳钢管应按 GB 3087 的规定选用，奥氏体不锈钢管应按 GB 13296 的规定选用。

5.2.2 用于制造翅片的钢带应为冷轧薄钢板或钢带。碳钢钢带应符合 GB/T 13237 和 GB/T 710 的规定，不锈钢钢带应符合 GB/T 3280 的规定。

5.2.3 热棒工质应选用优等品级的液体无水氨(液氨)或工业液体二氧化碳。液体无水氨(液氨)应符合 GB 536 的规定，工业液体二氧化碳应符合 GB/T 6052 的规定。

5.3 外观质量

用热镀锌做防腐处理的热棒外表面应具有金属光泽，无裂纹、凹坑及毛刺缺陷，焊缝平整光滑。用油漆做防腐处理的热棒外表面应成膜均匀、无裂纹及结疤，翅片间无镶入物。

5.4 规格尺寸与偏差

5.4.1 热棒规格尺寸

热棒规格尺寸见表 1。

热棒规格尺寸 表 1

D(mm)	S(mm)	L(m)	L_c(m)	L_s(m)	α(°)
30 ~ 45	2.5 ~ 3.5	≤6	≤2	≤1	≤90
45 ~ 60	3.5 ~ 4.5	≤9	≤3	≤1	≤90
60 ~ 80	4.0 ~ 5.5	≤12	≤4	≤2	≤90
80 ~ 100	5.0 ~ 6.5	≤20	≤5	≤2	≤90
90 ~ 110	5.0 ~ 7.5	≤30	≤6	≤3	≤90
110 ~ 130	6.0 ~ 8.5	≤40	≤8	≤4	≤90

5.4.2 翅片及开齿

翅片及开齿规格尺寸应符合表2的规定。

翅片及开齿规格尺寸(单位:mm) 表2

D	h	δ	t	h_c	W
30~45	≤25	≤2	5~20	5~20	2~8
45~60	≤25	≤2	5~20	5~20	2~10
60~80	≤30	≤2	5~25	10~25	2~10
80~100	≤40	≤2	5~25	15~35	2~12
100~120	≤50	≤2	5~30	20~40	2~12

5.4.3 尺寸偏差

热棒及翅片、开齿规格尺寸偏差应符合 GB/T 1804 中 c 级规定。

5.4.4 弯曲度

热棒管壳直线段的弯曲度应不大于 1.5 mm/m 。

5.5 焊接质量

5.5.1 管壳的焊接按 JB 4708 和 JB/T 4709 的规定执行,接头和坡口的型式及尺寸满足 GB 150—1998 附录 J 的规定。

5.5.2 管壳的焊接焊缝的外表面应进行渗透检测,渗透检测结果应达到 GB/T 18851 中 I 级合格要求。

5.6 气密性试验

5.6.1 热棒在冲装工质前应进行气密性试验,不得出现冒泡泄漏现象。

5.6.2 热棒充装工质后对充液管封口进行检漏,不得出现任何工质泄漏。

5.7 启动特性

热棒的启动特应符合表3的规定。

启 动 特 性 表3

热棒长度(m)	从加热开始至稳定工作状态所需时间(min)	热棒长度(m)	从加热开始至稳定工作状态所需时间(min)
≤4	≤3	≤16	≤6.5
≤6	≤4	≤20	≤8
≤8	≤5	≤30	≤8.5
≤10	≤5.5	≤40	≤9
≤12	≤6		

5.8 等温特性

热棒的等温特性应符合表4的规定。

等 温 特 性 表4

热棒长度(m)	冷凝段沿长度方向温度差(℃)	热棒长度(m)	冷凝段沿长度方向温度差(℃)
≤8	≤2	≤30	≤3.5
≤12	≤2.5	≤40	≤4
≤20	≤3		

6 试验方法

6.1 一般要求

对管壳外壁按 GB 50212 的规定执行。

6.2 材料要求

主要核查原材料的材质证明单是否齐全有效，必要时对原材料的主要性能指标(如，力学性能进行检验)。

6.3 外观质量

在充分照明条件下逐根目视检查。当目视判断不清时，应用放大镜检查。

6.4 规格尺寸

用分辨力0.5mm、精度A级的钢卷尺进行长度测量；用分辨力0.02mm、精度0.02mm的游标卡尺进行直径测量；用分辨力0.01mm、精度0.01mm的板厚千分尺进行厚度测量；用精度一级的刀口尺和塞尺进行弯曲度测量。

6.5 渗透检测

管壳外表面渗透检测应按 GB/T 18851 的规定执行。

6.6 气密性试验

6.6.1 充装工质前的气密性检验方法：将管壳内充满0.6MPa的空气后，完全浸没入水中，稳压时间应不少于10s，观察是否出现冒泡泄漏现象。

6.6.2 氨的检漏试验可用氦质谱检漏仪进行检漏，也可用酚酞试纸进行。

a) 氦质谱检漏仪法：将氦质谱检漏仪靠在充液管的封口处，观察氦质谱检漏仪的告警情况。

b) 酚酞试纸法：将潮湿的酚酞试纸敷在充液管的封口处，检查是否有氨泄露，若有微量泄漏，酚酞试纸颜色会发生变化，若无泄漏酚酞试纸颜色不发生变化。

6.6.3 二氧化碳的检漏试验，按照环境中二氧化碳浓度测定检测方法，用红外线二氧化碳分析器进行检测。

6.7 启动特性

6.7.1 试验条件

a) 试验环境温度：20℃ ±5℃。

b) 试验加热段、保温段和冷凝段长度：

——热棒蒸发段长度不大于9m时，其蒸发段长度的1/2为加热段，且不大于3m，其余蒸发段的长度与绝热段长度之和为绝热保温段长度，试验冷凝段长度为热棒冷凝段全长。

——热棒蒸发段长度大于9m时，其蒸发段长度的1/3为加热段，且不大于5m，其余蒸发段的长度与绝热段长度和冷凝段的1/2长度之和为绝热保温段长度，试验冷凝段长度为热棒冷凝段的1/2长度。

c) 倾斜角：试验时热棒与水平方向夹角应大于15°。

d) 冷凝条件：试验冷凝段在试验环境温度条件下、无风自然冷却。

e) 气密性试验结束72h。

6.7.2 试验装置：试验装置包括热电偶和计时秒表。

a) 中心测温管一般由直径8mm的不锈钢管制成，在热棒管腔内的有效长度不小于

500mm(图1和图3)。

b)热电偶测温范围为 -50 ~ +100℃,分辨率为0.1℃,精度为±0.1℃。

c)试验使用三个热电偶,布置方法如图3所示。

d)秒表使用前应检查并清零。

6.7.3 试验步骤

a)安装热电偶:将三个热电偶按图3给定的间距,紧贴在中心测温管内壁上。

b)加热试验蒸发段:蒸发段加热方法应选用以下两种方法:

——恒温水浴加热,水温高于环境温度20℃ ±5℃;

——低温电加热炉加热或其他方法加热,冷凝段的平均壁温高于环境温度20℃ ±5℃。

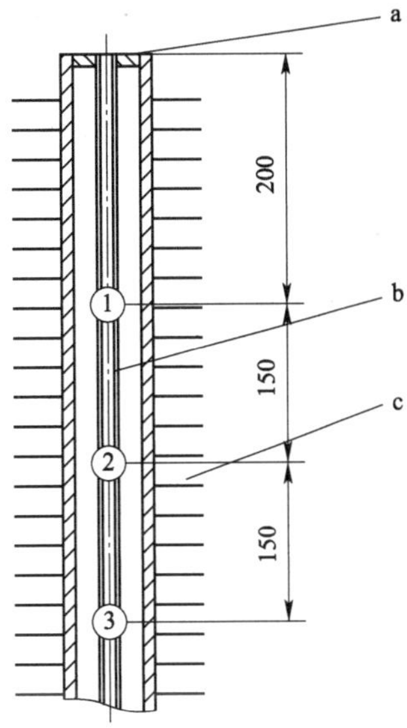

图3 中心测温管示意图
(尺寸单位:mm)
a-顶压盖;b-中心测温管;c-翅片;①②③-热电偶测点

6.7.4 结果处理

a)对试验蒸发段加热的同时,启动计时秒表。仔细观察三个热电偶的示值变化情况,直到三个示值不再随时间增加而上升为止,停止计时,读取秒表示值为第一次启动时间试验。

b)将热棒从加热装置中取出,待中心测温管温度冷却到室温,将热棒再次装入加热装置,重复6.5.3.b)和6.5.4.a)进行第二次、第三次试验。取三次的平均值为检测结果。

6.8 等温特性

6.8.1 试验条件、装置和步骤同6.7。

6.8.2 测量结果:当中心测温管测点①②③温度达到稳定工作状态后,将热棒冷凝段均分成四段,用红外测温仪分别在1/4、2/4、3/4处进行三次温度测量,计算三点间温度差,取最大值为测量结果。

7 检验规则

7.1 一般规则

热棒的检验分为型式检验和出厂检验,热棒通过型式检验合格后,才能批量生产。

7.2 型式检验

7.2.1 型式检验一般由国家法定的质量监督机构组织进行。

7.2.2 凡有下列情况之一时,应进行型式检验:

a)新产品试制定型鉴定或老产品转厂生产。

b)正式生产后,如结构、材料、工艺有较大改变,可能影响产品性能时。

c)产品停产半年以上,恢复生产时。

d)正常批量生产时,每年一次。

e)国家质量监督机构提出要求时。

7.2.3 型式检验的样品应从生产线终端随机抽取三根热棒,逐根进行检验。

7.2.4 型式检验的项目按表5规定执行。

检验项目表

表5

序号	试验项目	技术要求	试验方法	型式检验	出厂检验
1	外观质量	5.3	6.3	√	√
2	规格尺寸	5.4	6.4	√	√
3	渗透检测	5.5	6.5	√	√
4	气密性试验	5.6	6.6	√	√
5	启动特性	5.7	6.7	√	√
6	等温特性	5.8	6.8	√	×

注:√为检验项目,×为非检验项目。

7.2.5 型式检验中,任一根等温特性不合格时,该次型式检验为不合格;若其他项目出现不合格,应在同一批产品中加倍抽取样品,对不合格项进行检验,若仍不合格,则该次型式检验不合格。

7.3 出厂检验

7.3.1 热棒由其生产企业质量检验部门按表5规定,应随机抽取不少于2%的样品(不少于三根)进行检验。若检验全部合格则整个检验批合格,签发合格证,允许出厂;若检验存在不合格项,则加倍抽检;检验若还有不合格项,则逐根检验,剔除不合格品。

7.3.2 出厂检验中,剔除的不合格品允许返修,返修后重新对不合格项进行检验。

8 标志、包装、运输与储存

8.1 标志

热棒产品标志可采用铭牌或直接喷刷、印字等形式,标志应清晰,易于识别且不易随自然环境的变化而褪色、脱落。标志上应包括以下内容:

a)制造厂名称、地址及商标。

b)需方名称。

c)产品编号。

d)型号(标记)。

e)产品名称、规格、质量、件数。

8.2 包装

热棒的包装采用钢架或木箱。热棒间应放衬垫并做固定架,并应有防潮、防水措施。包装箱应随带如下文件:

a)产品合格证。

b)安装使用说明书。

c)装箱单。

d)质量证明书及签发日期。

e)制造厂技术质量部门印章。

8.3 运输

热棒产品运输时,应:

a)装运产品的车厢、船舱和集装箱应保持清洁,干燥,无污染物。

b)不得将产品同腐蚀性化学物品及潮湿性材料混装混运。

c)敞车运输时,必须用苫布盖好,以保证产品不被雨(雪)及其杂物浸入。

d)产品应装卸不得损坏和碰伤产品。

8.4 储存

热棒产品的储存应:

a)产品应堆放在库房内。露天堆放时,必须用苫布覆盖,同时下边要用木方等垫。

b)库房应清洁、干燥、无腐蚀性气氛。

c)库房内不得有腐蚀性化学物品和潮湿的物品。

d)库房应防止雨、雪浸入。

附录 A
(资料性附录)
常用规格热棒的额定功率

为了方便设计计算、选型,常用规格热棒的额定功率列于表 A.1 。

常用规格热棒的额定功率 表 A.1

D(mm)	S(mm)	L(m)	L_c(m)	L_s(m)	α(°)	额定功率(W)
30 ~ 45	2.5 ~ 3.5	≤6	≤2	≤1	≤90	200
45 ~ 60	3.5 ~ 4.5	≤9	≤3	≤1	≤90	240
60 ~ 80	4.0 ~ 5.5	≤12	≤4	≤2	≤90	300
80 ~ 100	5.0 ~ 6.5	≤20	≤5	≤2	≤90	500
90 ~ 110	5.0 ~ 7.5	≤30	≤6	≤3	≤90	700
110 ~ 130	6.0 ~ 8.5	≤40	≤8	≤4	≤90	1000

附件 3 《热棒式管架》国家标准(报批稿)

ICS 93.010
P 22

中华人民共和国国家标准

GB/T ××××—××××

热棒式管架

Pipe Supports With Thermopr obe

(报批稿)

××××-××-××发布 ××××-××-××实施

中华人民共和国国家质量监督检验检疫总局
中国国家标准化管理委员会 发布

目　录

前　　言

本标准按照 GB/T 1.1—2009 给出的规则起草。

本标准由全国交通工程设施(公路)标准化技术委员会(SAC/TC223)提出并归口。

本标准起草单位:江苏中圣高科技产业有限公司、中国科学院寒区旱区环境与工程研究所、南京市锅炉压力容器检验研究院。

本标准主要起草人:郭宏新、刘丰、吴青柏、业成、田朝阳、殷德庚、曾强、梁斌。

热棒式管架

1 范围

本标准规定了热棒式管架的术语与定义、组成与分类、技术要求、试验方法、检验规则以及标志、包装、运输与储存。

本标准适用于多年冻土地区管道工程。

2 规范性引用文件

下列文件对于本文件的应用是必不可少的。凡是注日期的引用文件,仅所注日期的版本适用于本文件。凡是不注日期的引用文件,其最新版本(包括所有的修改单)适用于本文件。

GB/T 1231 钢结构用高强度大六角头螺栓、大六角螺母、垫圈技术条件

GB/T 1804 一般公差 未注公差的线性和角度尺寸的公差

GB/T 2650 焊接接头冲击试验方法

GB/T 2651 焊接接头拉伸试验方法

GB/T 2652 焊缝及熔敷金属拉伸试验方法

GB/T 2653 焊接接头弯曲及压扁试验方法

GB/T 2654 焊接接头及堆焊金属硬度试验方法

GB/T 3098.1 紧固件机械性能 螺栓、螺钉和螺柱

GB/T 3098.2 紧固件机械性能 螺母

GB/T 3098.4 紧固件机械性能 细牙螺母

GB/T 3098.6 紧固件机械性能 不锈钢螺栓、螺钉、螺柱和螺母

GB/T 17116.1 管道支吊架 第1部分:技术规范

GB/T 17116.2 管道支吊架 第2部分 管道连接部件

GB/T 17116.3 管道支吊架 第3部分 中间连接件和建筑结构连接件

GB/T 18851.1 无损检测 渗透检测 第1部分:总则

GB/T 18851.2 无损检测 渗透检测 第2部分:渗透材料的检验

GB/T 18851.3 无损检测 渗透检测 第3部分:参考试块

GB/T 18851.4 无损检测渗透检测第4部分:设备

GB/T 27880 热棒

GB 50017 钢结构设计规范

GB 50205 钢结构工程施工质量验收规范

HG/T 20670 化工、石油化工管架、管墩设计规定

JGJ 118 冻土地区建筑地基基础设计规范

3 术语和定义

下列术语和定义适用于本文件。

热棒式管架 Pipe support with thermoprobe

带有热棒的支承架空管道系统的装置的总称。

4 组成与分类

4.1 组成

4.1.1 热棒式管架由热棒、固接件、管架柱、管架梁、管托或/和管吊架等部件组成。见图1。

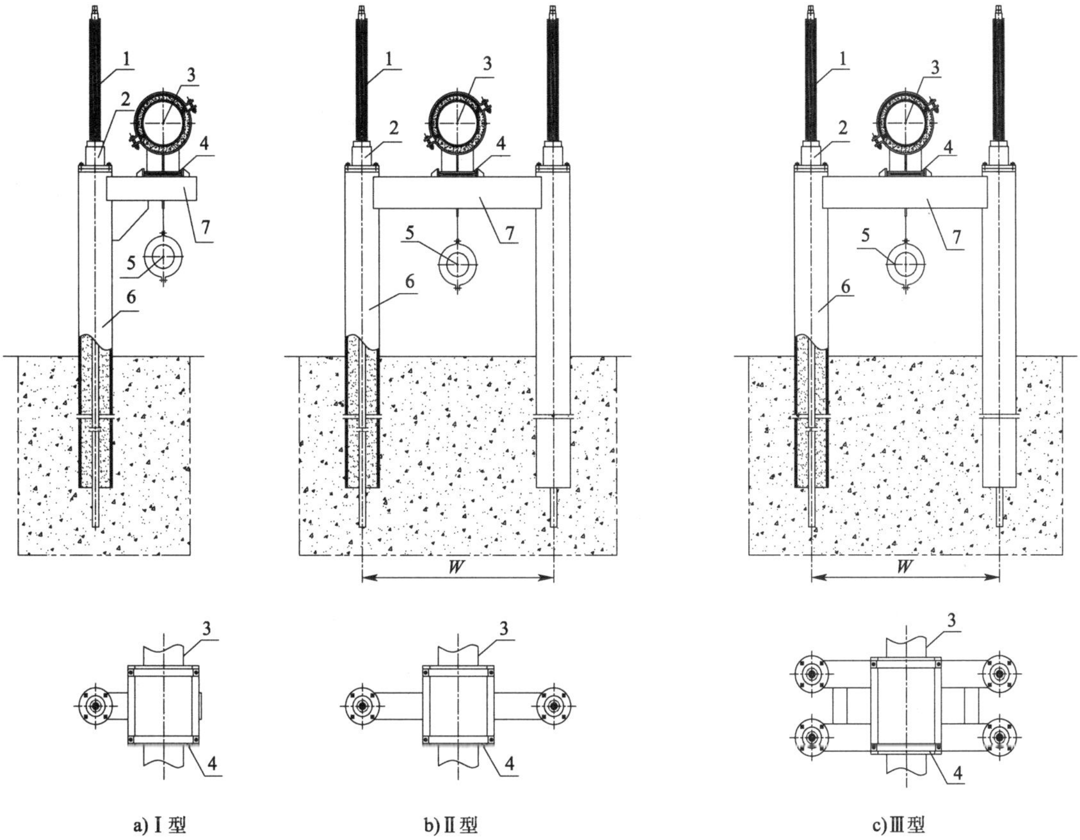

图1 热棒式管架形式

1-热棒;2-固接件;3-管道;4-管托;5-管吊架;6-管架柱;7-管架梁

4.1.2 管托由管卡、高效复合保温层、支座、滑动摩擦副、径向限位器和紧固件等部件组成,见图A.1。

4.1.3 管吊架由管卡、高效复合保温层、万向装置、吊杆、花兰螺栓(吊环螺栓)和紧固件等部件组成,见图B.1。

4.2 分类与代号

4.2.1 按结构形式可分为:单柱式(代号Ⅰ)、双柱式(代号Ⅱ)、四柱式(代号Ⅲ)。

4.2.2 按支承形式可分为:管托式(代号GT)、管吊架式(代号DJ)。

4.2.3 按管托形式可分为:单摩擦副式,底板长≤600mm(代号DM);双摩擦副,底板长>600mm(代号SM)。

4.2.4 按管吊架形式可分为:微可调型吊架式(代号A)、可调型吊架式(代号B)、吊环型吊架式(代号 C)、可调吊环型吊架式(代号 D)。

4.3 型号与示例

热棒型号由七个单元组成,其结构如下:

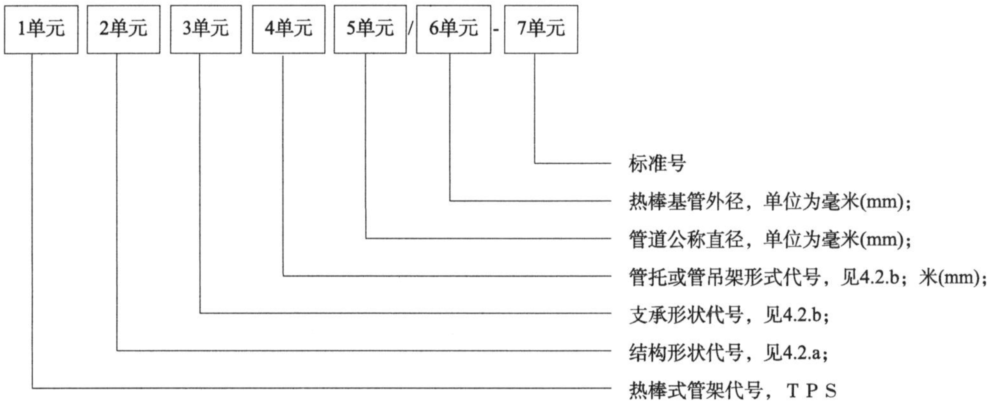

示例:

a)公称直径 DN1500 的管道,采用双摩擦副管托安装,使用热棒基管外径 ϕ89 四柱式管架,其标志为:TPS Ⅲ GT SM 1500/89—GB/T ××××—2013

b)公称直径 DN100 的管道,采用微可调型管吊架吊装,使用热棒基管外径 ϕ60 双柱式管架,其标志为:TPS Ⅱ DJ A 100/60—GB/T ×××××—2013

5 技术要求

5.1 一般要求

5.1.1 热棒的设计、制造、检验、验收应符合 GB/T 27880 中的规定。

5.1.2 热棒应采用固接件与管架柱连接。

5.1.3 热棒与管架的连接采用法兰、紧固件。

5.1.4 热棒插入冻土区域地基的冻层深度根据 JGJ 118 计算确定。

5.1.5 管托、管吊架的材料、设计、制造、安装、试验、检验和运行应符合 GB/T 17116.1、GB/T 17116.2、GB/T 17116.3 规范的要求。

5.1.6 滑动支座、导向(限位)支座用钢板对聚四氟乙烯板作为滑动摩擦副,也可用钢板对钢板作为滑动摩擦副,摩擦系数≤0.1。

5.1.7 管架结构应符合 GB 50017 和 HG/T 20670 标准规定。常见参数见附录 C。

5.2 材料要求

5.2.1 热棒的材料选用应符合 GB/T 27880 中的规定。

5.2.2 管托、管吊架的材料选用应符合 GB/T 17116.1 中的规定。

5.2.3 管架和连接件材料应符合 GB 50017 中的规定。

5.2.4 浇注料隔热层的综合导热系数≤0.2W/m.K,抗压强度≥7MPa,防火性能≥B1级,表面无裂纹或破碎。

5.2.5 当管道内介质温度≤-40 度时,应使用高密度聚氨酯(PUR)或聚异氰脲酸酯(PIR)绝热层。导热系数≤0.025W/m.K。

5.2.6 上摩擦副材料为 06Cr19Ni10(0Cr18Ni9)镜面不锈钢。当公称直径 DN≤300mm

时,厚度为1.5mm。当公称直径DN>300时,厚度为3mm。下摩擦副材料为聚四氟乙烯(PTFE)板,密度不小于2.2g/cm³。

5.3 外观质量

5.3.1 金属结构件应具有金属光泽,无裂纹、凹坑及毛刺缺陷存在。

5.3.2 构件切割面或加工面无毛刺,无尖角。

5.3.3 焊接接头焊缝应平整光滑。100%渗透检测,I级合格。

5.3.4 防腐涂层成形饱满,厚度均匀,无挂瘤,无流迹。

5.4 规格尺寸与偏差

5.4.1 热棒规格尺寸与偏差应符合GB/T 27880的规定。

5.4.2 管托结构规格尺寸参数应符合附录A的规定。

5.4.3 管吊架结构规格尺寸参数应符合附录B的规定。

5.4.4 管架载荷参数应符合附录B的规定。

5.4.5 管架的允许偏差应符合表1的规定。

管架允许偏差(单位:mm) 表1

管道公称直径DN	管夹直径公差Do
≤150	+1.5 0
>150~300	+2.5 0
>300~500	+3.5 0
>500~800	+5.0 0
>800~1200	+8.0 0
>1200~1800	+10.0 0
>1800	+15.0 0
管架柱高度	+10.0 0
两管架柱间对角线长	≤1‰管架柱长
管架柱、梁端面平面度	≤1
管架柱端平面与管架柱中心线的垂直度	≤1

5.4.6 尺寸偏差

尺寸公差的极限偏差应不超过GB/T 1804中规定的C级偏差值。

6 试验方法

6.1 一般要求

6.1.1 管托、管吊架的试验、验收按GB/T 17116.1、GB/T 17116.2的规定执行。

6.1.2 热棒的试验、验收按 GB/T 27880 的规定执行。

6.1.3 管架用紧固件的力学性能试验按 GB/T 3098.1、GB/T 3098.2、GB/T 3098.4、GB/T 3098.6 和 GB/T 1231 的规定执行。

6.1.4 管架焊接接头的力学性能试验按 GB/T 2650 ~ GB/T 2654 焊接接接头力学性能试验方法的规定执行。

6.2 材料要求

主要核查原材料的材质证明单是否齐全有效,必要时对原材料的主要性能指标(如,力学性能)进行检验。

6.3 外观质量

在充分照明条件下逐根目视检查。当目视判断不清时,应用放大镜检查。

6.4 规格尺寸

用分辨力 0.5mm、精度 A 级的钢卷尺进行长度测量;用分辨力 0.02mm、精度 0.02mm 的游标卡尺或直尺进行直径测量;用垂直度检查仪进行垂直度测量,用水平尺进行端面平面度测量。

6.5 渗透检测

管架焊缝渗透检测应按 GB/T 18851 的规定执行。

6.6 防腐涂层

管架表面防腐涂层按 GB 50205 中规定的要求进行。

7 检验规则

7.1 一般规则

热棒式管架的检验分为型式检验和出厂检验,热棒通过型式检验合格后,才能批量生产。

7.2 型式检验

7.2.1 型式检验一般由国家法定的质量监督机构组织进行。

7.2.2 凡有下列情况之一时,应进行型式检验:

a)新产品试制定型鉴定或老产品转厂生产。

b)正式生产后,如结构、材料、工艺有较大改变,可能影响产品性能时。

c)产品长期停产后,恢复生产时。

d)正常批量生产时,每两年一次。

e)国家质量监督机构提出要求时。

7.2.3 型式检验中,抽取的试样中经检验有某一项不合格时,应在同一批次产品中加倍抽取试样,对不合格项目进行检验。若仍不合格,则该次型式检验不合格。

7.2.4 型式检验的项目按表 7-1 中规定执行。

7.3 出厂检验

7.3.1 热棒式管架由其生产企业质量检验部门按表 2 规定进行检验,应随机抽取不小于 5% 的样品(不少于三件)进行检验。若检验全部合格,则整个检验批合格,签发合格证,允许出厂;若检验存在不合格项,则加倍抽检;检验若还有不合格项,逐件检验,剔除不合格品。

7.3.2 出厂检验中,剔除的不合格品允许返修,返修后重新对不合格项进行检验。

检验项目表

表2

序号	检验项目	技术要求	试验方法	型式检验	出厂检验
1	材料要求	5.2	6.2	√	×
2	外观质量	5.3	6.3	√	√
3	规格尺寸	5.4	6.4	√	√
4	渗透检测	5.3	6.5	√	√
5	防腐涂层	5.3	6.6	√	×

注:√为检验项目,×为非检验项目

8　标志、包装、运输与储存

8.1　标志

热棒式管架产品标志采用铭牌或直接喷刷、印字等形式,标志应清晰,易于识别且不易随自然环境的变化而褪色、脱落。标志上应包括以下内容:

a)制造厂名称、地址及商标。

b)产品编号。

c)型号(标记)。

d)产品名称、规格、质量、件数。

8.2　包装

8.2.1　热棒式管架的包装采用钢架或木箱。热棒式管架间应放衬垫,必要时采用固定架固定。应有防潮、防水措施。

8.2.2　包装箱应随带如下文件:

a)产品合格证。

b)安装使用说明书。

c)装箱单。

d)质量证明书及签发日期。

8.3　运输

热棒式管架产品运输时,应满足以下要求:

a)装运产品的车厢、船舱和集装箱应保持清洁、干燥、无污染物。

b)不应将产品同腐蚀性化学物品及潮湿性材料混装混运。

c)敞车运输时,应用苫布盖好,以保证产品不被雨(雪)及杂物浸入。

d)产品的装卸不应损坏和碰伤产品。

8.4　储存

热棒式管架(热桩)产品的储存,应满足以下要求:

a)产品应堆放在库房内,下边要用木方等进行衬垫。衬垫支点设置合理,堆放高度不得超过2.5m。露天堆放时,应用苫布进行覆盖。

b)库房内就保持清洁、干燥、无腐蚀性气氛。

c)库房内不应有腐蚀性化学物品和潮湿性材料。

d)库房应防止雨、雪浸入。

附录 A
(资料性附录)
管托结构规格尺寸参数

为了方便设计计算、选型,常用管托结构规格尺寸参数列于表 A.1 。

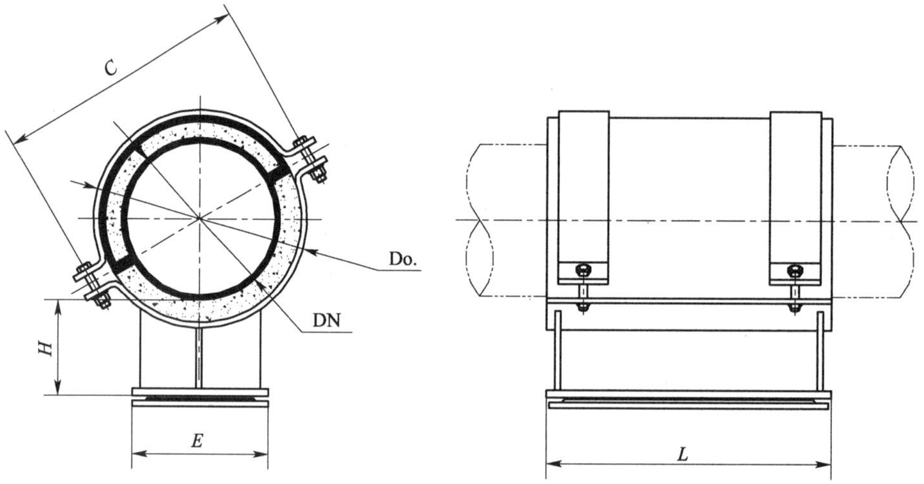

图 A.1 管托结构

管托尺寸参数 表 A.1

管道公称直径 DN (mm)	最大许用垂直载荷 (kN)	最大许用径向载荷 (kN)	H (mm)	E (mm)	Do. (mm)	C (mm)	L (mm)
80	3.15	30	212	132	300	380	315
90	3.15	30	224	132	300	380	315
100	3.15	30	224	132	320	400	315
125	4.62	40	250	132	344	424	335
150	6.50	40	265	132	372	472	335
175	9.25	40	280	200	400	500	335
200	11.2	40	300	200	440	530	335
225	14.0	40	315	200	460	600	335
250	18.5	75	335	200	460	600	400
275	22.4	75	335	265	500	670	400
300	25.8	75	335	265	520	710	400
350	36.5	75	400	335	580	800	400
400	48.7	75	425	335	640	950	400
450	60.0	75	450	425	700	1000	400
500	77.5	75	475	475	780	1120	400

续上表

管道公称直径 DN (mm)	最大许用垂直载荷 (kN)	最大许用径向载荷 (kN)	*H* (mm)	*E* (mm)	Do. (mm)	*C* (mm)	*L* (mm)
550	87.5	75	500	475	850	1200	400
600	122	106	530	560	900	1420	475
650	132	106	560	630	900	1420	475
700	155	106	600	630	1000	1500	475
750	185	106	600	710	1050	1600	475
800	212	106	670	800	1150	1800	475
850	243	106	670	800	1150	1800	475
900	272	106	710	900	1300	2000	475
950	325	140	750	900	1300	2000	530
1000	355	140	750	950	1380	2240	530
1050	387	140	800	1000	1380	2240	530
1100	450	140	850	1120	1500	2500	530
1150	500	140	850	1180	1500	2500	530
1200	530	140	900	1180	1600	2800	530
1300	670	170	950	1320	1700	3000	630
1400	825	200	1000	1400	1800	3200	710
1500	925	200	1060	1500	1900	3400	710
1600	1120	236	1120	1600	2000	3600	750
1700	1250	236	1120	1700	2100	3800	750
1800	1500	265	1180	1800	2200	4000	850
1900	1650	265	1250	1900	2300	4200	850
2000	1950	300	1320	2000	2400	4400	900
2100	2120	300	1320	2120	2500	4600	900
2200	2430	335	1400	2220	2600	4800	1000
2300	2800	335	1480	2340	2700	5000	1000
2400	3200	375	1560	2440	2800	5200	1100
2500	3650	375	1640	2560	2900	5400	1100
2600	4150	412	1730	2660	3000	5600	1200
2700	4600	412	1830	2780	3100	5800	1200
2800	5200	450	1930	2880	3200	6000	1350
2900	5800	450	2040	3000	3300	6200	1350
3000	6500	450	2150	3100	3400	6400	1350

附录B
(资料性附录)
管吊架结构规格尺寸参数

为了方便设计计算、选型,常用管吊架结构规格尺寸参数列于表B.1 。

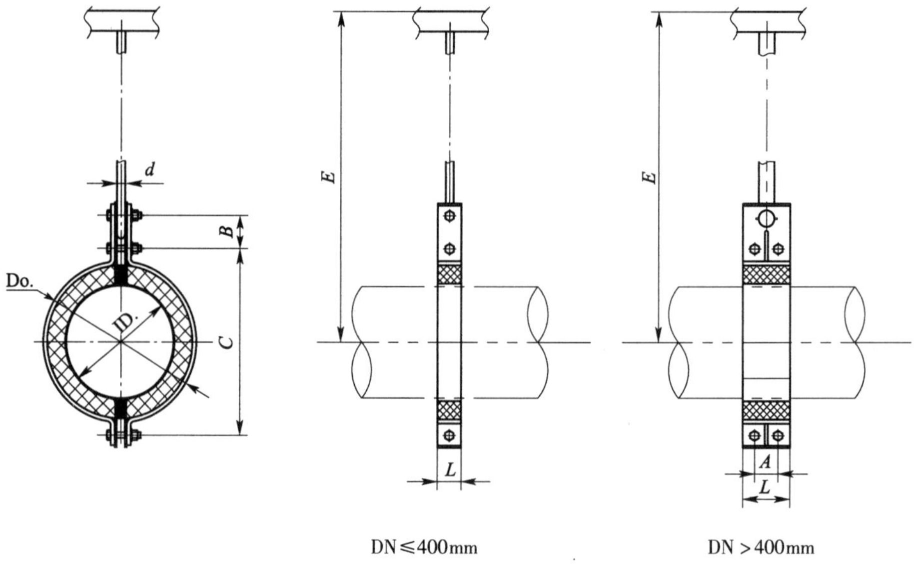

图B.1　管吊架结构

管吊架参数　　表B.1

管道公称直径DN (mm)	最大许用载荷 (kN)	d (mm)	B (mm)	E (mm)	L (mm)	Do. (mm)	A (mm)	C (mm)
80	3.15	12	200	300	100	300	—	380
90	3.15	12	200	300	100	300	—	380
100	3.15	12	200	350	100	320	—	400
125	4.62	12	200	350	100	344	—	424
150	6.50	16	200	400	100	372	—	472
175	9.25	20	200	400	100	400	—	500
200	11.2	20	200	450	100	440	—	530
225	14.0	24	200	480	150	460	—	600
250	18.5	24	200	480	150	460	—	600
275	22.4	30	200	500	150	500	—	670
300	25.8	30	200	550	150	520	—	710
350	36.5	36	200	600	150	580	—	800

续上表

管道公称直径 DN (mm)	最大许用载荷 (kN)	*d* (mm)	*B* (mm)	*E* (mm)	*L* (mm)	Do. (mm)	*A* (mm)	*C* (mm)
400	48.7	42	200	650	150	640	—	950
450	60.0	42	250	700	200	700	100	1000
500	77.5	48	250	800	200	780	100	1120
550	87.5	56	250	850	200	850	100	1200
600	122	64	250	900	200	900	100	1420
650	132	64	250	900	200	900	100	1420
700	155	64	250	1000	200	1000	100	1500
750	185	72	250	1050	200	1050	100	1600
800	212	80	250	1150	200	1150	100	1800
850	243	80	250	1150	200	1150	100	1800
900	272	90	250	1300	200	1300	100	2000
950	325	90	250	1300	200	1300	100	2000
1000	355	100	250	1380	200	1380	100	2240
1050	387	100	300	1380	250	1380	150	2240
1100	450	110	300	1500	250	1500	150	2500
1150	500	110	300	1500	250	1500	150	2500
1200	530	125	300		250	1600	150	2800

参 考 文 献

[1] 苏联科学研究院落西伯利亚分院冻土研究所. 普通冻土学[M]. 郭东信,刘铁良,张维信,译. 北京:科学出版社. 1988.

[2] 周幼吾,郭东信,邱国庆,等. 中国冻土[M]. 北京:科学出版社,2002.

[3] 徐学祖,王家澄,张立新. 冻土物理学[M]. 北京:科学出版社,2001.

[4] 吴紫汪,程国栋,朱林楠. 冻土路基工程[M]. 兰州:兰州大学出版社,1988.

[5] H. A. 崔托维奇. 冻土上的地基与基础[M]. 北京:中国工业出版社,1978.

[6] 铁道部第三勘测设计院. 冻土工程[M]. 北京:中国铁道出版社,1994.

[7] 臧恩穆,吴紫汪. 多年冻土退化与道路工程[M]. 兰州:兰州大学出版社,1999.

[8] 安维东,陈肖柏,吴紫汪. 冻土的温度、水分、应力及其相互作用[M] . 兰州:兰州大学出版社,1989.

[9] B. A. 库德里亚夫采夫. 工程地质研究中的冻土预报原理[M]. 兰州:兰州大学出版社,1992.

[10] 秦大河,丁一江. 中国西部环境演变评估(第二卷) · 中国西部环境变化的预测[M] . 北京:科学出版社,2002.

[11] 铁道部第一勘察设计院等. 青藏铁路高原冻土地区工程设计暂行规定[M]. 兰州:2001.5

[12] 叶尔绍夫. 工程冻土学[M]. 张长庆,译. 莫斯科:莫斯科国立大学出版社,1999.

[13] 孔祥谦. 有限单元法在传热学中的应用[M]. 北京:科学出版社,1998.

[14] 郭宽良. 计算传热学[M]. 北京:中国科学技术大学出版社,1989,8

[15] 铁道部科技教育司,铁道部科学技术信息研究所,中铁西北科学研究院. 国外铁路冻土技术文献汇编[G]. 2001.5

[16] 铁道部科学技术司. 青藏铁路多年冻土科研成果汇编[G] . 2002.

[17] 程国栋. 用冷却地基的方法修建青藏铁路[J]. 中国铁道科学, 2003,24(3).

[18] 张鲁新,原思成,杨永平. 青藏铁路多年冻土区路基变形裂缝发生机理及其防治[J] . 第四纪研究. ,2003,23(6).

[19] 王小军,曾辉辉,等. 青藏铁路多年冻土区次生不良冻土现象的调查分析. 铁道工程学报(增刊)[J] . 2003. 8.

[20] 全球气候变化研究的新认识——IPCC 第三次气候评价报告第一工作组报告概要[J]. 地球科学进展,2001,1(3).

[21] 吴青柏,李新,李文君. 全球气候变化下青藏公路沿线冻土变化响应模型的研究[J]. 冰川冻土,2001,23(1).

[22] 王绍令,赵秀峰,郭东信,等. 青藏高原冻土对气候变化的响应[J]. 冰川冻土,1996(18).

[23] 程国栋. 我国高海拔多年冻土地带性规律之探讨[J]. 地理学报, 1984, 39(2).
[24] 王志坚,张鲁新. 青藏铁路建设中的冻土环境问题[J]. 冰川冻土,2002,24(5).
[25] 程国栋. 局地因素对多年冻土分布的影响及其对青藏铁路设计的启示[J]. 中国科学(D辑), 2003, 33(6).
[26] 张鲁新. 青藏铁路多年冻土分布与特征[J]. 中国铁道科学,2001.
[27] 盛煜,张鲁新,等. 保温处理措施在多年冻土区道路工程中的应用[J]. 冰川冻土,2002,24(5)
[28] 冯文杰,李东庆,马巍,张鲁新. 不同边界条件下对多年冻土上限影响的模型试验研究[J]. 冰川冻土,2001,23(4).
[29] 吴青柏. 冻土地区热棒原理及应用前景[M]. //第一届全国寒区环境与工程青年学术会议论文集. 兰州:兰州大学出版社. 1994.
[30] 曹元平. 热棒技术在青藏铁路试验段中的应用[J]. 铁道工程学报(增刊),2003,8.
[31] 米隆,赖远明,张克华. 冻土通风路基温度场的三维非线性分析[J]. 冰川冻土,2002(24),6.
[32] 潘阳,吴存真等. 饱和水土体冻结过程中与热棒耦合传热的数值分析[J]. 江西科学,1998,16(3).
[33] 潘阳. 热棒解决土体冻胀问题的阿数值分析及应用研究[J]. 华东交通大学学报,1998,15(4).
[34] 吴存真,孙志坚,潘阳. 应用热棒技术解决寒区地基冻胀问题的理论研究[N]. 浙江大学学报(自然科学版),2002,24(3).

跋

书有序，意味着开始，后面是丰富的内容，书后有序，称为“后序”，意味着作者的工作还没有完成，这本书是结束，也是新的开始，意味着写成以后还有许多工作要做，还有许多问题需要研究和思考。

无论怎么样说，本书是作者参加青藏铁路建设和青藏铁路运营技术工作这段特殊历程的印证，是作者参加我国冻土区工程建设的印证，也是对冻土工程技术的思考。

相同或不同的数年前，本书的作者都是诚惶诚恐地怀着想为寒区工程、为青藏铁路做点事情的心叩开冻土区工程建设尤其是青藏铁路建设的大门的，对热棒这种特殊传热元件和它的推广应用是踌躇满志的。但是，正如马克思说的：在科学的进程中是没有平坦大道可走的，只有在崎岖小路上不畏艰险攀登的人，才有希望达到光辉的顶点。数年来，作者正是怀此信念，和寒区工程建设及青藏铁路的科学研究人员、工程技术人员一起，为了致力于热棒和热棒工程的推广应用，流下无数艰辛的汗水，也留下一串坚实的、攀登的脚印。

这本书讲的是热棒基础理论、基本应用技术研究和工程实践的技术性问题，但是这本书承载的却是作者和作者的老师们及朋友们对事业的追求和无限的责任感。

本书作者有的从事传热元件研究、生产、应用工作多年，从事热管技术为核心的余热回收换热技术多年，颇有建树，又义无反顾地投身核心是散热导冷的热棒技术的研究、生产；有的从事寒区科学技术研究多年，成为冻土学界的翘楚；有的从事岩土工程应用技术研究，从事冻土工程技术应用理论和工程技术研究多年，成为脊梁和中坚力量。多年的同甘苦、共命运的经历和精诚合作使这本书集合了众多的才智，闪耀着集体的智慧光芒。

热棒技术和严酷自然环境下的热棒工程密不可分，使得科学研究和患难之情结合在一起，冻土工程技术的点滴成就和进展，都是集体的力量，这是作者的深刻感受，因此，这本书不是单纯的学术著作，它还是历史，是中国一代又一代冻土科学技术人员奋斗的历史，也是青藏铁路建设参与者、寒区工程建设参与者的奋斗史。

仅以此书献给我们共同从事的寒区工程事业，和所有老师、朋友、同仁共勉。